André Loez

14-18
Les refus
de la guerre

Une histoire des mutins

Gallimard

Cet ouvrage inédit est publié
sous la direction de Martine Allaire

Le lecteur trouvera des compléments à l'ouvrage
(tableaux, bibliographie détaillée, témoignages et documents) dans l'annexe en ligne consultable à l'adresse :
< http ://www.crid1418.org/doc/mutins >.

André Loez, agrégé et docteur en histoire, enseigne au lycée Georges Braque d'Argenteuil et à l'Institut d'études politiques de Paris. Il est membre et webmestre du Crid 14-18 (Collectif de recherche international et de débat sur la guerre de 1914-1918).

Introduction

«Faites-moi fusiller mais je ne monterai pas aux tranchées, d'ailleurs ça revient au même.» Le soldat qui lance ces paroles de défi à son lieutenant se nomme Henri Kuhn. Il est menuisier dans le civil à Châlons-sur-Marne, et combat depuis trois ans au 20ᵉ régiment d'infanterie, avec lequel il vient de participer aux sanglants combats de Moronvilliers durant l'offensive du Chemin des Dames. Mais ce 29 avril 1917, avec deux cents de ses camarades, il entre en désobéissance.

Le départ pour les premières lignes était prévu à minuit, avec une longue et dure marche nocturne, dans un secteur exposé aux bombardements et aux gaz, afin de relever un autre régiment. Les soldats ont discuté toute la journée des combats à venir, et ils ont esquissé le refus à la soupe du soir : «On parlait qu'il ne fallait pas monter.» Le pain et vin aussitôt reçus, au lieu de mettre sac au dos, ils sont une centaine à quitter l'enceinte du camp où stationne le régiment, près de Mourmelon dans la Marne, à une dizaine de kilomètres en arrière du front. Quelques-uns font le tour des baraquements pour exhorter les autres à la désobéissance, comme le soldat François Collin, cultivateur près de Saint-Malo, 21 ans : « Tout le 2e bataillon s'en va, c'est la pagaille, les camarades ne montent pas, moi non plus je ne monte pas ! Allez, venez ! »

Dès lors, le désordre s'étend. À mesure que le camp entre en « effervescence », les gradés et les officiers accourent, ordonnent, haranguent. Ils tentent d'intercepter les hommes qui « se débinent » et vont se cacher dans les bois voisins à la faveur de l'obscurité qui tombe. Des conversations s'improvisent entre les chefs et les soldats qu'ils connaissent le mieux, pour les ramener dans le devoir, « en faisant entrevoir les conséquences de leur acte : les travaux publics ou le poteau d'exécution ». Mais les injonctions et les menaces tombent dans le vide. Aux ordres répétés de s'équiper et de remonter, les soldats opposent le silence, l'inertie ou la fugue. Pire, ils prennent la parole et contestent leurs supérieurs : « C'est oui ou c'est non ? — Non, vous me faites chier. » Un petit groupe de soldats — de mutins, désormais — parcourt le cantonnement en criant : « À bas l'armée, à bas les officiers, à bas les gradés. » Dans un complet renversement des normes, le camp militaire résonne du refrain de l'*Internationale* que les mutins reprennent en chœur.

Mais la transgression est aussi brève qu'elle est forte. Les mutins n'ont nulle part où aller. Ceux qui se sont esquivés seront tôt ou tard retrouvés. Les gendarmes racontent la recherche des soldats désobéissants :

Sur ordre de M. le Général commandant la 33ᵉ DI nous nous sommes mis spécialement à la recherche du soldat Bourgade du 20ᵉ RI inculpé d'abandon de poste au moment où sa compagnie montait aux tranchées. Nous l'avons découvert près d'un abri de bombardement au sud du quartier Fleurus (Camp de Châlons). Nous l'avons arrêté pour abandon de poste et, après avoir été fouillé, il a été remis à la prison du QG.

Les cachettes sont rares, et l'indiscipline difficile, dans une armée en guerre. Avec les efforts de répression et de remise en ordre que déploie l'institution militaire, la mutinerie se délite au bout de quelques heures. Bon gré, mal gré, au terme de longues discussions avec les officiers qui font alterner menaces et promesses, les soldats retournent à l'obéissance. Décidé à poursuivre l'action, le fantassin Thibault s'en désole. À ceux qui finissent par s'équiper, il lance, provocateur et amer : «Vous êtes des lâches, ce n'est que la frousse qui vous fait remonter. Vous voyez bien, nous, nous ne montons pas.» Mais sa désobéissance ne durera pas beaucoup plus longtemps. Isolé, avec trois de ses camarades, il est retrouvé et arrêté le lendemain matin. Le Conseil de guerre de la 33ᵉ division, dont dépend le régiment, se réunit quinze jours plus tard pour les juger. Tous quatre sont condamnés à mort[1].

Ce bref refus durement châtié ouvre l'intense mouvement d'indiscipline qu'on nomme les mutineries de 1917. Quelques semaines durant, des dizaines de milliers de soldats refusent ainsi de «remonter» aux tranchées, défient l'autorité et dénoncent la guerre. Ces hommes et leurs actes sont le sujet de ce livre.

Les contours et les silences des mutineries

Ce n'est pas la première fois que des soldats désobéissent au cours de la Grande Guerre, surtout à proximité d'offensives meurtrières. Dès 1914, de tels «incidents» se sont produits parmi les «poilus», vite étouffés ou réprimés. En ce sens, les faits décrits ci-dessus sont presque banals. La suite l'est moins: l'épisode n'est pas isolé et l'indiscipline s'étend. Le scénario du désordre ébauché par les hommes du 20ᵉ RI dès le 29 avril se prolonge aux mois de mai et juin 1917 en plus d'une centaine d'événements différents, dans les deux tiers des divisions de l'armée française, où alternent manifestations, désertions, refus, pétitions, chants, cris et confrontations, négociations pacifiques et affrontements violents. En des dizaines de lieux, chaque soir ou presque, des soldats improvisent des actes et des discours construisant un même mouvement de désobéissance.

Pourtant, sur le moment, cet événement n'est pas clairement identifié comme tel. Dans un courrier lu par le Contrôle postal, un soldat hésite sur la manière de nommer ce qui se passe dans l'armée française au printemps 1917, et qui semble pouvoir faire se terminer la guerre:

> Peut-être aurons-nous la fin plus tôt que nous croyons parfois; c'est que le moral des poilus ne devient pas bien épatant. Il y a un peu de scandale en ce moment et c'est un peu général partout. Un certain genre de grèves, quoi[2]!

L'indiscipline qui se généralise mêle en effet une grande variété de pratiques individuelles et collectives. La violence affleure quelquefois : celle des mutins qui règlent des comptes avec des chefs détestés, dont quelques-uns sont insultés («Buveur de sang! Assassin!»), frappés ou mis en joue ; celle de l'armée, avant même la trentaine d'exécutions qui viendront conclure la crise, lorsqu'un lieutenant-colonel tire à la mitrailleuse sur des soldats en révolte, faisant trois blessés et un mort. Le plus souvent, la désobéissance est pacifique, n'impliquant parfois que deux ou trois soldats qui crient leur dégoût du conflit («À bas la guerre! Vive la révolution!»), ou des individus isolés qui partent en permission sans autorisation. Ailleurs, des régiments entiers entrent en révolte, nomment des délégués, signent une pétition témoignant d'une «intention bien déterminée de ne plus retourner aux tranchées», manifestent sous un drapeau rouge improvisé et tentent de rejoindre Paris pour «parler aux députés» et «demander la paix».

Tous ces actes participent bien d'un même événement hors du commun, qui constitue le seul moment de refus ouvert de la guerre dans la société française en 1914-1918. Surgissement inattendu, et sans réel lendemain, de l'indiscipline dans une guerre meurtrière et depuis trente mois presque immobile, irruption de pratiques et de paroles civiles au cœur de l'institution militaire, rupture radicale et massive avec l'apparent consensus patriotique, brèche spectaculaire et multiforme de l'obéissance, les mutineries de

1917 voient agir ensemble, à la stupeur des officiers, des soldats aux origines sociales diverses, aux opinions politiques différentes et aux cultures protestataires dissemblables.

Mais faire l'histoire de cet événement et de ses protagonistes se heurte à de nombreux obstacles. Le premier concerne les silences des sources et des acteurs : le récit laconique de la mutinerie au 20ᵉ RI laisse dans l'ombre bien des éléments. Sur les deux cents soldats désobéissants, on ne connaît que quatre ou cinq noms. Les raisons, les préparatifs, la temporalité précise et les contours même des faits restent obscurs. À cela, une raison essentielle : la mutinerie s'écrit et se décrit peu. Si les responsables militaires déploient une intense volonté de savoir et multiplient les enquêtes et les rapports, ils sont en même temps gênés par le scandale de la désobéissance, et tentés de l'occulter et de l'étouffer. Les mutins eux-mêmes sont les plus silencieux. Parmi les centaines de témoignages combattants publiés ou inédits qui constituent un socle pour l'étude du conflit par les historiens, il a fallu attendre la fin des années 1970 pour disposer d'un très bref récit « de l'intérieur » d'une mutinerie, et il n'existe à ce jour que deux courts textes qui racontent cette expérience[3].

Surtout, comment peut-on comprendre l'irruption soudaine et simultanée de ces mobilisations ? Comment expliquer la variété des formes de refus ? Quelle est l'ampleur de ce mouvement, et quel sens lui donner ? Pour répondre à ces questions, il faut revenir sur les manières dont l'événement a été jusqu'ici compris, perçu et délimité.

Les mutineries : présence mémorielle et construction historiographique

Avec les mutineries, en effet, on n'aborde pas un aspect inconnu de la Grande Guerre. Dès l'origine, ces faits inouïs sont intensément commentés et discutés. Ils ont pourtant un statut mémoriel étrange, entre forte résonance — la question des exécutions, en particulier, alimente la controverse[4] — et difficulté à aborder le sujet de front. L'événement troublant de la désobéissance suscite à la fois un flot de publications et des silences durables : jugements, bilans et oublis des mémorialistes, généraux et dirigeants ; invectives des polémistes et des pacifistes ; euphémismes embarrassés des historiens dans l'immédiat après-guerre, enfin, en l'absence de tout témoignage direct[5]. Sans jamais être un «tabou», les mutineries n'ont qu'une présence incertaine dans l'espace public.

On le vérifie à travers leur place marginale dans la fiction de guerre, et surtout leur complète absence d'une production cinématographique pourtant abondante sur la Grande Guerre, où les enjeux de la Justice militaire sont fréquemment évoqués[6]. Ainsi, l'on fait souvent référence au film de Stanley Kubrick *Les Sentiers de la gloire* ; pourtant, celui-ci, adapté d'un roman dont l'action se déroule en 1916, ne concerne en rien les mutineries ni même le refus de guerre. Cela illustre la confusion très fréquente qui est faite entre les «mutins» de 1917 et les «fusillés» des années précédentes, nouveau signe d'un statut mémoriel ambigu et incertain[7].

L'événement a également une très forte charge politique, ce qu'a confirmé la controverse née du discours du Premier ministre Lionel Jospin à Craonne en 1998, qui l'évoquait à demi-mot[8]. Pièce importante des argumentaires pacifistes dans l'entre-deux-guerres, les mutineries ont également contribué à faire de Pétain un «sauveur», ce qu'il ne manque pas de rappeler dans les discours tenus à Vichy[9]. Cette résonance des mutineries dans l'espace public et politique est encore vérifiable dans les années 1950 et 1960, aux temps de la guerre froide et de la guerre d'Algérie, qui réactivent les questions que pose le risque révolutionnaire ou de la désobéissance militaire. C'est dans ce contexte, et en réaction à une profusion d'ouvrages plus ou moins sensationnalistes[10], que paraît le premier travail historique consacré aux mutineries et fondé sur des archives.

Les événements de 1917 deviennent objet d'histoire avec la publication en 1967 de l'ouvrage de Guy Pedroncini[11]. On doit insister sur ce livre, parce qu'il constitue la mise en forme des mutineries sur laquelle toutes les réflexions postérieures vont s'appuyer. Ses conclusions ont été reprises sans critique par l'historiographie[12], voire — privilège rare — dans les manuels scolaires[13]. L'ouvrage constitue en fait une réponse aux évocations antérieures des mutineries qui y voyaient l'effet d'un complot pacifiste, ou un exemple de répression sanglante avec des fusillés par centaines : pièces en main, il contredit ces deux idées. Il réduit en fait le caractère scandaleux ou exceptionnel de l'événement, en le limitant à la sphère militaire, simple réaction «contre les massacres des attaques sans espoir». Il attribue aux mutins une série de pensées et d'intentions attestant de leur patriotisme maintenu. L'assertion la plus forte, et sur laquelle on sera amené à revenir, est assénée en conclusion: «Les mutineries ne sont pas un refus de se battre, mais le refus d'une certaine manière de le faire[14].»

Mais une recherche neuve sur une division d'infanterie, menée en 1994 par l'historien américain Leonard Smith, révèle les limites de l'approche de Pedroncini, «biaisée et incomplète en raison de sa focalisation sur Pétain[15]». D'autres éléments permettent de relever la fragilité de nombreuses conclusions. Outre les citations dénuées de sources[16] (l'auteur cite plus souvent encore, à l'appui d'un argument, un carton entier, voire, sans plus de précision, les «archives de la Justice militaire[17]»), le recours fréquent dans l'ouvrage à une psychologie sommaire conduit à l'énonciation de généralités discutables («l'Allemand est brave et il se bat bien, lui aussi. Et puis, en tranchée, le vieil instinct joue: c'est lui ou c'est moi. Autant être chasseur que gibier») ainsi que de paralogismes assenés comme des évidences: «Les hommes sont demeurés fort calmes. Il s'agit donc d'une révolte essentiellement militaire[18]» — à croire qu'à l'ordre de la révolte militaire s'opposait le désordre de la révolte civile.

Se plaçant explicitement du côté du commandement et de l'armée, faisant l'éloge des «bons soldats», l'auteur voit les mutineries comme des «assauts contre les tranchées de la discipline».

Elles relèvent du registre médical : une « fièvre »
attestant d'une « maladie », un « mal » transmis
par « contagion », laissant des « séquelles », même
après sa « guérison ». Celle-ci serait l'œuvre de
Pétain, qui est l'objet d'une hagiographie spectaculaire et non déguisée : sont loués son « grand
mérite », sa « fermeté noble », sa « hardiesse dans
l'action », action d'ailleurs « efficace et profonde »
puisque, « chef de guerre impérieux », il a « su se
montrer à la hauteur du drame[19] ».

Cette lecture pathologique, dont on retrouve
de nettes traces dans la récente et par ailleurs
rigoureuse étude de Denis Rolland (les mutineries comme « moment de vertige », « instant
de faiblesse », « grogne », « symptômes d'un mal
profond[20] »), prend sa source dans les discours
portés par les Anciens Combattants. Dans un
court article de 1957, Maurice Genevoix, porte-
parole indiscuté de la « génération du feu », explique
les mutineries par le sentiment d'abandon ressenti
au cours de la guerre par les combattants, « comme
un abcès qui mûrit sournoisement aux profon-
deurs d'un organisme, et brusquement l'empoi-
sonne et l'enfièvre[21] ». Toutefois, l'effet le plus
dommageable d'une telle vision des faits tient
peut-être moins à ses attendus moraux ou politiques qu'à la conception mécaniste du social qui
la sous-tend. La désobéissance est considérée
comme une conséquence immédiate de difficultés
militaires : une « réaction aveugle » aux attaques
pour Guy Pedroncini, un « exutoire » pour Denis
Rolland[22]. Les causes qui lui sont assignées —
échecs militaires, lassitude de la guerre, dureté
des conditions de vie, montée dans un secteur

difficile — n'ont en fait rien de spécifique au printemps 1917. Surtout, la question de savoir comment et pourquoi on passe à l'acte, avec quels buts, quelles difficultés, quels risques, est presque entièrement délaissée. Ainsi, Denis Rolland écrit, à propos d'une des premières mutineries dont il reconstruit avec finesse le contexte, «les soldats ont *simplement* voulu se soustraire à une attaque[23]». Mais pourquoi s'y soustraire en 1917, et non les années précédentes ? Pourquoi, surtout, l'ont-ils fait en même temps que des milliers d'autres ? Comment s'est organisée leur action ? Et peut-il y avoir quoi que ce soit de «simple» à désobéir collectivement, dans une armée qui a exécuté près de cinq cents de ses soldats dans les trois premières années du conflit ?

Plus profondément, cette conception de la désobéissance, en ne prêtant pas attention aux acteurs, à leurs pratiques et à leurs représentations (les revendications des mutins sont pour Pedroncini un «leitmotiv monotone[24]»), rejoint la vision «spasmodique» du social, dans laquelle les individus passent mécaniquement de la détresse à la révolte[25]. Retrouver l'épaisseur d'un événement qui ne va pas de soi, à travers les pratiques et les expériences de ses acteurs, est d'autant plus nécessaire qu'un vif débat historiographique s'est récemment développé, autour des questions d'obéissance et de désobéissance dans la Grande Guerre.

Les mutins et la controverse du «consentement»

À partir de la fin des années 1990, porteurs d'un vaste projet de révision de la configuration historiographique (une «entreprise de démolition», comme ils l'écrivent avec franchise[26]), un groupe de chercheurs associés à l'Historial de la Grande Guerre de Péronne, et en particulier Stéphane Audoin-Rouzeau et Annette Becker, ont avancé un certain nombre de notions visant à renouveler l'explication du conflit. Ils soutiennent ainsi qu'une «culture de guerre» partagée explique l'adhésion des contemporains à la guerre. Cette adhésion intime et prolongée, selon eux sous-estimée, inséparable d'un patriotisme ardent et de la haine de l'ennemi, constitue un «consentement» au conflit, qui serait le fait majeur de la période[27].

On comprend que, dans un tel tableau, les refus de guerre aient dû être minimisés ou neutralisés. Ceux qui s'y intéressent, et Pedroncini le premier, y sont accusés de «complaisance historiographique pour les refus», et les événements de 1917 réduits à «la mutinerie de quarante mille hommes au total» sur «deux millions de combattants[28]». Sur le fond, ces auteurs, mobilisant les travaux de L. Smith et l'idée d'une «négociation de l'obéissance», opèrent un retournement interprétatif. Ils prolongent hardiment les conclusions déjà hasardées par G. Pedroncini déniant toute volonté de paix aux mutins, et font de ceux-ci «les plus patriotes des soldats-citoyens», se mutinant en définitive pour obtenir de meilleurs généraux, parce que «la guerre devait être victorieuse[29]».

Dès lors, l'image couramment diffusée des mutineries dans l'historiographie est celle, réductrice et rassurante, d'un événement mineur, heureusement surmonté et vite refermé. On évoque des désobéissances «tardives et limitées[30]», qui seraient une simple «négociation» de l'autorité[31], à la «marge» du conflit[32], ou encore une simple «grève des tranchées», loin d'une contestation de la guerre radicale ou politisée[33]. On le verra, ces images de mutineries «modérées» et de mutins «patriotes» ne correspondent pas aux réalités du printemps 1917.

Mais engager la discussion, et rappeler la diversité d'un événement précisément irréductible à une nature unique, ne signifie pas prendre la position opposée dans la controverse, et transformer les mutins en emblèmes du refus ou de l'antipatriotisme. On ne vise pas ici à remplacer une simplification par une simplification inverse. Bien plutôt, on aimerait critiquer les modèles d'explication de la guerre qui font de la volonté et de la conscience individuelles (le «consentement») le ressort des actes et des pratiques sociales.

Pour cela, il importe de replacer les soldats et les acteurs de la Grande Guerre dans les cadres collectifs où ils évoluent, pris dans des réseaux et des liens sociaux et institutionnels. C'est ce que l'on désignera ici comme une hypothèse sociologique: face au conflit, ce qui fait agir et «tenir» les soldats relève du fonctionnement social d'ensemble, et non d'une addition de décisions ou d'engagements renvoyant au patriotisme des

individus[34]. On s'aperçoit alors que faire la guerre
constitue moins un libre choix qu'une épreuve partagée et une évidence collective, rarement discutable — sauf peut-être en 1917.

Définir les mutineries : un continuum d'indiscipline

De quoi parle-t-on lorsqu'on évoque les « mutins »
et les « mutineries ? » Ce dernier terme n'a rien de
courant pour les contemporains. Le code de
Justice militaire prévoit le crime de « révolte » à
son article 217, mais celui-ci est relativement peu
employé à l'époque, par les tribunaux comme par
les témoins. Parmi les officiers qui sont en position d'autorité, à même de nommer ce qui se
déroule, l'hésitation est palpable. « Incidents »,
« faits d'indiscipline », « graves faits », « troubles »,
« désobéissance collective » sont autant de termes
qui reviennent de manière presque interchan-
geable, avec, parfois, la mention d'un caractère
« révolutionnaire » ou tout au moins « regrettable »
et « séditieux ». Dès lors, la question existe de
savoir si le mot de « mutinerie », relevant surtout
de la pensée militaire anglo-saxonne, est bien
adapté aux événements de 1917[35]. On maintiendra
pourtant l'usage des mots « mutineries » et « mutin »,
en l'absence d'alternatives efficaces — le motif de
la « grève » qu'on analysera ne nous paraissant
pas à même de le remplacer comme dénomination
d'ensemble, et d'abord parce que les cadres légaux,
institutionnels et événementiels des grèves et des
« mutineries » sont incommensurables. Des « muti-

neries», donc, faute de mieux, mais quoi au juste et concrètement?

Plusieurs travaux se sont efforcés d'en cadrer théoriquement la nature[36]. Les plus réfléchis partagent un constat simple: l'impossibilité d'assigner un sens unique et de recourir à un modèle *a priori* des mutineries, situations diverses dont l'originalité tient à la contradiction entre les valeurs structurant l'univers militaire (devoir, discipline, honneur, courage) et les pratiques de contestation qui y prennent place[37]. Peut-on s'en tenir à une définition générale, caractérisant la mutinerie comme une désobéissance collective au sein d'une armée? On risque cependant d'amalgamer ainsi des actes et des pratiques dont les sens et les espaces d'action sont différents, voire antithétiques. On ne saurait ainsi qualifier de «mutinerie» la désobéissance collective que constitue le délit de chasse de plusieurs soldats d'une escouade. Au-delà, quelle est la pertinence du critère «collectif»? Comment définir un seuil de participation à des actes de désobéissance, dans des situations régulièrement fluides, incertaines et informelles? Que faire des désobéissances individuelles qui sont explicitement adossées aux actes collectifs? Un soldat qui, seul, crie «Vive la paix! À bas la guerre!» dans son cantonnement en juin 1917, au plus fort de la crise, n'est-il pas un «mutin[38]»?

À la suite de la réflexion de Timothy Parsons consacrée aux mutineries est-africaines de 1964[39] — il y montre que les «étiquettes contradictoires» attribuées à ces faits révèlent qu'ils participent d'un «large continuum d'indiscipline», allant de

la grève au coup d'État en passant par les mutineries —, l'attention portée à la «continuité du
trouble militaire», à laquelle on doit ajouter les
formes individuelles de la désobéissance, conduit
à une étude relationnelle et pragmatique, centrée
sur les sens que revêtent les pratiques pour les
acteurs.

Ainsi, les mutineries sont à l'intersection de
deux logiques qui se recouvrent partiellement.
Une logique de réticence à la guerre, d'abord, qui
peut recouvrir des aspirations et des sens divers
suivant les individus, et s'actualiser par des pratiques d'une extrême diversité, loin d'être toutes
illégales. Elles vont de la désertion à l'expression
orale ou écrite du refus, de la mutilation volontaire à la fraternisation ou à la trêve, de la prolongation de permission à la recherche d'affectations
tranquilles et au manque de zèle pour les activités
guerrières volontaires (patrouilles, coups de main,
etc.), du refus de «marcher» à la manifestation
collective contre le conflit, enfin, comme cela se
produit fréquemment — et uniquement — entre
mai et août 1917[40].

La seconde logique est celle de l'indiscipline et
de l'illégalité. Celle-ci est de nature diverse également : ses différentes facettes reflètent les tensions et les spécificités de la vie au front. Chasse,
vol, pillage, faux en écriture, bagarres et violences,
insultes et outrages, délits et crimes sexuels,
meurtres, «ivresse publique et manifeste» surtout
coexistent avec les formes plus suspectes, aux
yeux des supérieurs, de l'illégalité que sont les
manifestations explicites de refus de la guerre ou
d'ordres militaires[41].

C'est pourquoi on étudiera des faits qui ne figurent habituellement pas dans l'historiographie des mutineries, dont de nombreuses situations individuelles où s'exprime un refus de guerre illégal et isolé, s'inscrivant cependant dans le continuum d'indiscipline général. Est «mutin», en ce sens, et suivant une définition pragmatique, celui qui agit durant les mutineries en participant de leurs logiques, seul ou au sein d'un collectif. Entre les actes les plus explicitement marqués comme des mutineries — crier «Vive la paix!», manifester, refuser de monter en ligne — et ceux qui ne participent que partiellement ou marginalement à leurs logiques — les combattants qui, lors des mutineries, s'enivrent et règlent des comptes avec un officier; ou refusent d'effectuer une corvée — se déploie une relation de continuité qu'il faut, au cas par cas, penser.

Cela implique de porter une attention permanente à cette pluralité des faits et représentations, en tenant compte des sens différents que l'événement peut avoir suivant les acteurs — généraux excédés, officiers dépassés, sous-officiers hésitants ou assurés, mutins décidés ou exaltés, témoins intrigués ou effrayés. Pour ne prendre que l'exemple du langage de la protestation, il apparaît que certains soldats, lors des mutineries, disent et pensent l'indiscipline dans le vocabulaire ordinaire et apolitique du désordre («raffut», «tapage», «chambard», «pagaille»), tandis que d'autres emploient le langage de la grève ou de la révolution, d'autres enfin celui du droit afin de faire valoir des revendications.

Ces écarts n'interdisent pas de penser ensemble

les mutineries, qui relèvent d'une même dynamique événementielle. On retrouve, dans le
« noyau » d'incidents les mieux connus, une même
séquence allant de la circulation de rumeurs à la
mobilisation et à la confrontation avec les officiers, avant une remise en ordre progressive,
séquence perceptible dans l'exemple du 20ᵉ RI
cité plus haut.

Les mutineries comme mouvement social

Si l'on se refuse à voir les mutineries comme
simple « réaction », comment rendre compte du
basculement sans précédent que représente ce
vaste passage de l'obéissance à la désobéissance
dans l'armée française au printemps 1917 ? Plus
que des causes à énumérer, ce sont des conditions de possibilité qu'on doit tenter de reconstruire, en cernant quelles spécificités contextuelles
ouvrent alors aux combattants, pour la première
fois, le choix de la mobilisation contre la guerre.

Celle-ci dépasse le cadre de l'armée : nous
posons résolument l'hypothèse que les mutineries
peuvent et doivent s'analyser comme un mouvement social d'un type particulier. En sortant de la
seule histoire militaire, on procède à un décalage
qui permet de mettre les mutineries en regard
d'autres événements depuis longtemps familiers
des chercheurs — émeutes, révoltes frumentaires,
grèves, manifestations, conflits sociaux... Cela
fait d'autant mieux ressortir le caractère exceptionnel des mutineries, un mouvement social qui
sort de tous les canons et de tous les modèles

usuels permettant de les penser. Buts incertains
et provisoires, absence complète de ressources
institutionnelles et organisationnelles, regroupe-
ment fragile d'individus aux expériences et aux
savoir-faire disparates, l'action collective qui se
déroule en 1917 dans le cadre contraignant de
l'armée en guerre est tout entière improvisée.
Comment donc, dans ce contexte improbable,
parvient-on ou non à agir et à se mobiliser[42]?

La question centrale devient celle de savoir qui
sont les mutins de 1917. Être soldat en 1914-1918
est un statut involontaire, provisoire et partiel,
n'épuisant pas l'identité des individus. Les soldats
français sont pour l'essentiel des civils mobilisés,
depuis plus ou moins longtemps. À leur expérience de la camaraderie, du combat et des
rapports sociaux spécifiques de l'armée préexiste
une vie sociale antérieure. Ce rappel est d'autant
plus important que les «soldats» ou les «combattants» sont souvent invoqués dans leur ensemble
sans autre forme d'interrogation sur les disparités
sociales que recouvrent l'uniforme et les différents
grades[43]. Or ces disparités dans l'espace social
peuvent permettre de comprendre autrement les
mutineries, en révélant les ressorts sociaux de
l'obéissance, de la désobéissance, de la formation
de groupes de mutins comme de l'émergence de
ceux qu'on nomme les «meneurs».

Retrouver l'identité sociale des mutins, tout en
restituant l'autonomie de leurs pratiques, conduit
enfin à prendre au sérieux le problème de leurs
représentations, autrement dit de leurs pensées
et de leurs raisons. Il est d'autant plus nécessaire
de le faire que, longtemps obsédés par une

question réductrice : «les mutins ont-ils été pacifistes ?», les historiens se sont peu gênés, ainsi
qu'on l'a vu, pour parler à leur place. Étudier ce
qu'espèrent, imaginent, disent, crient, chantent,
écrivent ou pensent les mutins, pour autant que
les sources et leur critique le permette, conduit
en fait à affronter d'autres enjeux que ceux, certes
décisifs, de leur rapport à la guerre et à la politique : comment, alors que le discours dominant
proscrit l'indiscipline, justifier leurs actes ? Quelle
signification a l'événement pour ses participants
au moment où il se déroule, si l'on arrête de le
penser à partir de sa fin — et donc en un sens de
son échec[44] ?

De plus, cette étude des mutins est inséparable
d'une série connexe de questions concernant le
fonctionnement de l'institution militaire mise en
crise, la manière dont elle réagit aux événements,
tente de les empêcher, de les cloisonner, d'identifier et d'arrêter les mutins. En creux, c'est évidemment une socio-histoire des pratiques répressives
et de la bureaucratie militaire qu'il faut tenter[45],
au plus près des acteurs, ici les officiers opposant
dans des interactions décisives leur rhétorique et
parfois leur résistance physique aux mutins. Sans
cette dimension, on perd de vue l'essentiel des
mutineries : leur extrême difficulté. Difficulté
d'agir, d'oser agir d'abord, d'agir ensemble et de
manière efficace ensuite, enfin, d'agir dans le cadre
de l'armée, une institution fondée sur la discipline
et l'obéissance, dotée de moyens multiples pour
les faire respecter et punir les transgressions.

On peut difficilement comprendre la situation
d'obéissance générale en 1914-1918 sans se pen-

cher sérieusement sur la rupture unique, en France, que constituent les mutineries. Rupture de courte durée, cependant, l'insuccès des mutins révélant la force d'inertie du conflit. Au travers de leurs pratiques transgressives, ce sont les conditions de stabilité de l'ordre social qui deviennent visibles. Ainsi, les mutineries permettent d'accéder, par l'irruption d'un événement exceptionnel, à l'ordinaire[46] : l'ordinaire des relations sociales et d'une institution telle que l'armée, l'ordinaire des normes et des valeurs de la société française du début du xxe siècle.

Les traces ambiguës du désordre

L'événement massif qui secoue l'armée et la société en mai-juin 1917 nous est accessible par de nombreux documents[47]. Une grande majorité est conservée dans les archives de l'armée : il s'agit avant tout des rapports par lesquels les officiers aux prises avec les mutineries relatent la désobéissance, et des directives émanant de leurs supérieurs. Mais ces sources sont ambiguës, prises dans des stratégies d'écriture lorsque ces chefs minimisent ou au contraire exagèrent la désobéissance pour jouer sur la réputation de telle ou telle unité. Pour les mêmes raisons, les *Journaux de marche* officiels des régiments ne mentionnent qu'exceptionnellement le désordre[48].

On peut les compléter par le Contrôle postal, familier des historiens de la Grande Guerre, fort intense en 1917. La source est d'un usage paradoxal. D'un côté, elle offre un accès direct, et

précieux, aux écrits des combattants, qui peuvent
se révéler d'une très grande richesse. Mais elle
présente en même temps une série de biais désormais clairement identifiés : le contrôle est, sauf
exception, peu fréquent ; en 1917, après trois ans
de guerre, les soldats sont lucides sur son existence, qui les conduit à des formes diverses d'autocensure ou de stratégies de contournement, en
particulier lors des mutineries. La forme même
de la source, enfin, qui ne présente à travers les
rapports qu'une infime sélection d'extraits par
rapport au total des lettres contrôlées, constitue
un biais sélectif et interprétatif majeur : les contrôleurs lisent et sélectionnent avec leurs préoccupations, qui ne recoupent pas ou pas entièrement
les nôtres. Aussi, contrairement à plusieurs travaux précédents, nous utiliserons le Contrôle
postal sans viser à reconstruire une «opinion»
majoritaire, pour autant que cette notion ait un
sens, en cherchant simplement à saisir quels
énoncés sont en circulation parmi les soldats,
quels mots sont employés pour décrire l'expérience des mutineries, et quels faits nouveaux
révèlent ces courriers contrôlés[49].

Les sources les plus riches sont celles de la
Justice militaire, qui juge et condamne les mutins,
au terme de procédures généralement bien documentées, consultables par dérogation[50]. Si un
quart de ses dossiers ont disparu, et si bien des
incidents n'ont jamais été jugés, réglés au niveau
infra-judiciaire, ces sources donnent un accès,
même biaisé et imparfait, à l'identité des mutins,
et à leurs paroles, consignées dans les interrogatoires. C'est d'autant plus important qu'on a dit

quel silence ils ont gardé, les témoignages publiés émanant essentiellement d'officiers ou de gradés, ou encore de témoins distants[51]. Quelques écrits directs et épars — affiches manuscrites, tracts, pétitions, graffitis relevés — permettent de compléter la connaissance des mutins.

Le croisement de ces documents a permis d'établir deux bases de données, une première consacrée aux 111 mutineries les mieux connues, permettant de comparer et de mesurer les niveaux de violence ou les formes de la protestation ; une deuxième consacrée aux soldats condamnés en 1917, comprenant 1700 individus environ, et permettant de fonder et d'affirmer le regard sociologique porté sur l'événement et ses acteurs, même si les silences des sources devront parfois conduire à suspendre l'interprétation.

L'analyse suit les temporalités de la guerre et des mutineries, partant de la situation d'obéissance générale de 1914 pour comprendre l'irruption de l'indiscipline, son intensité, son improvisation, et enfin la remise en ordre accompagnée de répression qui y met un terme. Elle souhaite proposer une nouvelle compréhension des événements qui soit moins tributaire du résultat final de ceux-ci, en restituant aussi fidèlement que possible comment les choses « se sont réellement passées » au printemps 1917, et quel était, dans ce moment singulier de la guerre, l'espace des possibles.

Chapitre premier

ENDURER L'ÉPREUVE

L'obéissance
et ses logiques de 1914 à 1916

Pourquoi les soldats français obéissent-ils, dans leur immense majorité, jusqu'en 1917 ? Cette obéissance doit moins aux raisons de tenir ou d'obéir que peuvent formuler les individus qu'aux cadres sociaux et symboliques mis en place au début du conflit, qui rendent évidente la participation à la guerre. Évidente, mais si éprouvante… C'est pourquoi on cherchera ici à comprendre ce qui prépare ou préfigure les mutineries, dans l'identité complexe des soldats-citoyens, dans leur rapport à la guerre, et dans leurs pratiques d'obéissance et de désobéissance.

L'hypothèse sociologique

De nombreux auteurs se sont étonnés, réellement ou dans un but rhétorique, de la ténacité des combattants français de 1914-1918, et plus généralement de la résilience de la société française dans la guerre. Dans un ouvrage dont le sous-titre est «L'incompréhensible», l'un d'eux se demandait «comment, avec de pareils sacrifices,

ces hommes ont-ils réussi à *tenir* pendant quatre ans et demi?[1]». On retrouve régulièrement cette même question : «Pourquoi et comment les Français ont-ils tenu[2]?» Enfin, certains historiens indiquent leur étonnement devant le caractère tardif et limité des mutineries :

> Finalement, ce qui doit d'abord retenir l'attention n'est pas le fait qu'un certain nombre de soldats se soient mutinés en 1917, mais qu'il ne se soit pas produit un mouvement d'insubordination, bien plus large, bien plus tôt, et d'une ampleur bien supérieure à celui qui suivit l'échec de l'offensive du Chemin des Dames[3].

La réalité de l'obéissance et la rareté des refus ont ainsi alimenté un débat où semblent s'affronter trois grands types d'arguments. D'un côté, on dénonce une «école de la contrainte[4]» qui soutiendrait une simplificatrice «hypothèse disciplinaire[5]», selon laquelle les soldats «ne tiennent au combat que parce qu'ils sont constamment et étroitement surveillés, brisés par leur hiérarchie, menacés constamment d'être exécutés par les leurs[6]». Or aucun historien n'a soutenu une telle «hypothèse disciplinaire». Tout au plus en trouve-t-on des linéaments dans une littérature para-historique et militante[7]. S'il n'existe pas d'«hypothèse disciplinaire», il existe bien une «hypothèse culturelle» qui fait de l'obéissance et de la ténacité des choix individuels explicites, appuyés sur une culture patriotique partagée. Elle renvoie à la notion de «culture de guerre», selon laquelle c'est le sens donné au conflit par cette «culture» qui explique et motive le choix d'y participer. Cette participation devient donc un «consentement», explicitement donné[8]. Si des versions différentes de cette hypothèse culturelle ont pu circuler, allant d'un versant extrême — la culture de guerre comme «pulsion "extermina-trice"[9]» — à des figures plus modérées — la culture de guerre comme «le champ de toutes les représentations de la guerre forgées par les contemporains[10]» —, elles partagent l'idée que la guerre a duré, et que les contemporains ont tenu, parce qu'il s'agissait d'un conflit ayant un «sens indiscutable[11]». Le sens, en retour, explique des choix : parce qu'ils y ont adhéré, les contempo-rains ont «voulu et continué» à faire cette guerre, ils ont «consenti» massivement à sa durée ou à sa violence[12].

Un troisième type d'explication se présente de manière plus nuancée et multifactorielle : sans nier que le conflit puisse avoir un «sens» pour certains acteurs, elle souligne les effets conjugués des facteurs culturels, sociaux, relationnels, insti-tutionnels, leur addition, leur conjonction ou leur alternance suivant les individus, les périodes et les secteurs du front. C'est l'hypothèse du «fais-ceau de facteurs» proposée par F. Rousseau[13]. C'est aussi «l'hypothèse sociologique» que nous chercherons à prolonger dans le présent travail, en déplaçant le regard de l'individuel au collectif : ce ne sont pas les individus qui tiennent, choi-sissent ou «consentent», mais les liens et méca-nismes sociaux qui se renforcent, assurant la ténacité, la cohésion et le conformisme de tous.

Le texte superbe, à la portée générale, et pour

cela très souvent cité, de Louis Mairet ne fait sens
que dans ce cadre :

> Le soldat de 1916 ne se bat ni pour l'Alsace, ni pour
> ruiner l'Allemagne, ni pour la patrie. Il se bat par
> honnêteté, par habitude et par force. Il se bat parce
> qu'il ne peut faire autrement. Il se bat ensuite parce
> que, après les premiers enthousiasmes, après le décou-
> ragement du premier hiver, est venue, avec le second,
> la résignation. [...] On a gradué ses sentiments au
> niveau des événements journaliers, et retrouvé son
> équilibre dans le déséquilibre. On n'imagine même
> plus que cela puisse changer. On ne se voit plus
> retournant chez soi. On l'espère toujours, on n'y
> compte plus[14].

Pour comprendre la continuation de la guerre,
nul besoin ici de « consentement » ni de l'hypothèse culturelle. Aussi, ses tenants affichent un
grand scepticisme envers de tels témoignages[15].
Surtout, ils minimisent l'importance de toutes les
formes d'indifférence ou de réticence face au
conflit : les fraternisations sont « surinterprétées[16] »,
les refus de guerre sont des crises « tardives et
limitées[17] », ou le fait de « marginaux[18] ». On est là
dans un raisonnement, au vrai assez peu rigou-
reux, du type « l'exception confirme la règle » : les
mutineries de 1917 seraient « un acte en marge
de la culture de guerre dominante, et sont donc
bien un marqueur en creux de l'étendue du
consentement de la société française[19] ».
Il n'est pas certain que l'argument soit très
fondé, surtout en ce qui concerne les stratégies
d'évitement ou les trêves et fraternisations, dont
l'abondance est aujourd'hui documentée sans
équivoque, et interdit de parler d'exception insi-

gnifiante[20]. La recherche d'une affectation peu
risquée devient au contraire une norme[21]. Les
engagements volontaires pour éviter une affectation dans l'infanterie, en particulier, revêtent
dès 1915 un caractère massif[22]. Surtout, le raisonnement par l'exception statistique, jamais formulé
de manière rigoureusement vérifiable, peut aussi
bien se retourner contre les documents choisis
par ses tenants pour appuyer «l'hypothèse culturelle»: qu'il s'agisse des journaux de tranchée censés illustrer le «sentiment national» des poilus[23],
des témoignages archétypiques du «consentement» émanant d'intellectuels bourgeois[24], ou
des constructions idéologiques décelables dans
les sermons des évêques, les théories des médecins
et les éditoriaux de la presse[25], on peut à bon
droit souligner qu'il ne s'agit pas d'une culture
partagée mais d'un discours dominant dont les
bases sociales sont restreintes.

Au-delà de ces limites en termes de corpus,
l'impasse de l'hypothèse culturelle nous semble
être sa focalisation permanente sur les *individus*,
leurs pensées, leurs discours, leurs représentations, leur «culture» réelle ou supposée. La question de la ténacité combattante ou de l'obéissance
est donc abordée sous l'*angle individuel* des
«raisons» de tenir ou de se battre. Les mobilisés
ont rejoint leurs régiments: c'est donc que chacun
voulait combattre. Les soldats ont «tenu» dans
les tranchées: c'est parce que chacun y consentait
et souhaitait sa continuation. Les mutins n'ont
pas provoqué la défaite: c'est donc qu'ils accep-
taient la continuation de la guerre[26]. De tels
raisonnements s'appuient cependant sur des infé-

rences («s'ils endurent, c'est qu'ils adhèrent»)
qu'ils ne sont jamais en mesure de prouver[27].

Surtout, cette façon d'aborder le problème passe
presque entièrement à côté de ce qui fait la spécificité d'une période telle que la guerre de 1914-
1918 : il s'agit, comme toutes les grandes épreuves
sociales (crises économiques, guerres, Terreurs
ou épidémies) d'un événement extérieur à la
conscience de chacun et affronté de manière très
largement collective. Cet élément est parfois
perdu de vue en raison du caractère individuel
d'un grand nombre de sources, en particulier les
témoignages (lettres, carnets, récits) à la première
personne, qui peuvent conduire les chercheurs à
mener, pour chaque témoin, une sorte d'examen
de conscience afin de savoir s'il «adhère» ou non
à la guerre — comme s'il avait le choix.

Mais que les contemporains veuillent ou non la
guerre, *il y a* la guerre à partir d'août 1914[28]. Elle
n'est pas un produit de leur choix, de la convergence de leurs volontés ou de la force de leur
sentiment patriotique, ni de leur culture ou de
leurs convictions intimes. Elle est un événement
extérieur qui s'impose à tous et à chacun, doté
d'une extraordinaire inertie, et que nul individu
n'est à même d'interrompre. Dès lors, il apparaît
assez vain, ou en tout cas insuffisant, de chercher
dans les consciences les «raisons» de tenir et de
combattre, dans la mesure ou aucun autre choix
n'est disponible. C'est bien ce qu'écrivait Louis
Mairet : «Le soldat de 1916 [...] se bat parce qu'il
ne peut faire autrement.»

Face à la réalité et à l'évidence de la guerre, les
individus et les sociétés s'adaptent. Les relations

sociales et les dispositifs institutionnels se resserrent pour leur permettre de «tenir». La faculté
de «tenir» n'est donc pas un choix ou une décision personnelle, mais relève du tissu social qui
encadre et relie les individus[29]. Ils produisent,
souvent, des discours qui tentent de donner du
sens à leurs actes, à leurs pratiques et à leurs
expériences, sans toujours y parvenir. Certains
de ces discours sont idéologiquement motivés,
d'autres sont clairement dépourvus de patriotisme ou d'une hypothétique «culture de guerre».
Mais aucun n'est une «exception» par rapport
aux autres: tous font sens dans une hypothèse
sociologique où la guerre s'impose à tous et où le
discours qu'on tient sur elle peut s'éclairer par la
position qu'on occupe.

On s'aperçoit alors, sans grande surprise, que
la tendance à tenir un discours idéologiquement
motivé sur la guerre est inversement proportion-
nelle à la proximité et à la durée de l'exposition à
celle-ci. Elle est en même temps directement cor-
rélée à la position sociale, hiérarchique et institutionnelle des individus. À la motivation de Joffre
ou Poincaré, des éditorialistes nationalistes, des
officiers d'active ou de réserve, ou d'une très
large partie des intellectuels, bien documentée
et largement étudiée, s'oppose l'absence de motivation explicite et la passivité, voire la démotivation croissante des soldats du rang exposés à la
violence de guerre et qui tentent par de nombreux
moyens de l'éviter, ou des civils les plus exposés
aux privations et aux dégâts sociaux du conflit.
On trouvera ainsi, aux mêmes dates, des expressions de motivation et de démotivation guerrière,

dont aucune n'est plus «vraie», mais qui reflètent simplement des positions différenciées dans l'espace social de la France en guerre[30].

Dans cette hypothèse sociologique, si la ténacité combattante ne tient pas à un choix ou à une motivation, elle relève donc du conformisme social, qui voit les individus, membres de sociétés fortement normées et hiérarchisées, accomplir sous le regard des autres ce qui relève autant de la loi que d'un devoir partagé, et prendre leur part à une expérience collective évidente. La difficulté à affronter la violence de cette expérience ne permet pas pour autant de s'y soustraire : les soldats de 1914-1918 évoluent dans un cadre qui ne leur laisse que très peu de choix. On fait la guerre parce qu'il y a la guerre. Elle devient la *situation sociale ordinaire* — et précisément parce qu'elle est extraordinaire, choquante, déstabilisante, les liens sociaux et les dispositifs institutionnels s'adaptent et se resserrent pour y faire face. C'est ce qu'on peut observer en rouvrant le dossier de l'entrée en guerre.

Entrer en guerre, une évidence collective

S'intéresser à la mobilisation et à l'entrée en guerre des Français ne peut se faire que dans un dialogue historiographique avec l'œuvre de Jean-Jacques Becker. Son étude est dite, à juste titre, fondamentale : à partir d'un socle factuel solidement établi, elle avance une interprétation globale de l'événement. Il analyse à la fois «l'Union sacrée» qui s'opère dans les milieux politiques, et

l'attitude de la population dans son ensemble.
L'étude de celle-ci met l'accent sur la force du
sentiment national et patriotique, élément explicatif décisif pour comprendre la participation à
la guerre d'une population dont l'auteur montre,
jusqu'au moment de la mobilisation générale, les
fortes réticences. L'étude fait ainsi se succéder
l'analyse de deux moments cruciaux : « l'annonce »
de la mobilisation, généralement empreinte de
surprise, de tristesse, encore émaillée parfois d'incidents antimilitaristes, et le « départ » des hommes
pour le front, dans une atmosphère nettement
plus résolue et souvent enthousiaste. Le but de
l'auteur est de comprendre cette « brusque mutation » qui constitue pour lui une acceptation de la
guerre à même d'expliquer l'ampleur des sacrifices consentis quatre ans durant[31].

Pour approcher « l'opinion », notion elle-même
discutable[32], la presse et les rapports de préfets
et d'instituteurs sont utilisés, le plus souvent en
lecture directe, comme si ces sources particulièrement situées sur le plan social et institutionnel
pouvaient livrer un accès transparent aux pensées
de tous les contemporains[33]. Toutefois, malgré
leur importance, ce ne sont pas ces éléments de
méthode qu'on voudrait ici discuter. On souhaite
plutôt interroger le glissement qui s'opère, dans
l'ensemble de l'ouvrage, d'une description des
conduites à une assignation des motivations.
Ainsi, pour expliquer le passage d'une tristesse à
l'annonce de la guerre à une résolution parfois
enthousiaste lors du départ, l'auteur propose une
explication par le sentiment patriotique relié à la
conscience d'une guerre juste et défensive :

    S'il est vrai, comme nous croyons l'avoir montré,
que, dans sa masse, la population française ne voulait
pas la guerre, comment, surprise au milieu de ses
pacifiques occupations, a-t-elle pu s'accorder d'une si
brutale rupture de sa vie quotidienne ? Peut-on admettre
que la soumission aux lois ait été suffisante ? On le
pourrait peut-être, si le départ s'était effectué au
milieu d'une morne résignation, mais ce ne fut tout de
même pas le cas. On pourrait également répondre que
l'attitude des mobilisés s'explique très aisément par le
sentiment du devoir envers la patrie. À notre sens cette
explication, tout en étant essentielle, n'est pas suffisante. Quelque vingt-cinq ans plus tard, la faible manifestation de ce sentiment montra qu'il ne répond pas à
de simples automatismes. Il a fallu qu'il trouve en
1914 des raisons particulières de s'exprimer[34].

Il s'opère un glissement du social — respect
des lois, conformité aux normes et au «devoir»,
explications jugées «pas suffisantes» — au mental :
les représentations et avant tout le «sentiment»
patriotique, exprimé de manière «particulière» en
1914, le pays s'unissant contre une agression
jugée intolérable. La pièce centrale de l'argumentation réside dans la référence explicite à la
défaite de 1940. Cette mise en parallèle d'un
patriotisme abouti et fonctionnel, celui de 1914,
et d'un patriotisme déficient et défaillant, celui
de 1940, est reprise de manière forte en conclusion
de l'ouvrage : si en 1914 «la France offre alors
vraiment le spectacle d'une nation[35]», ce n'est plus
vrai au moment de la Seconde Guerre mondiale,
la défaite étant «en grande partie le résultat [...]
du refus de l'opinion d'accepter véritablement les
sacrifices de la guerre[36]».
Or l'historiographie récente de la «chute de la

France» en 1940 a réintroduit la part de contingence qu'eut la défaite militaire, et fait définitivement justice des explications par un «sentiment national» insuffisant[37]. Si la France fut vaincue en 1940, ce n'est pas par défaut de patriotisme de sa population, ni par volonté de se soustraire aux «sacrifices», mais en raison d'une conjonction de circonstances complexes, dans lesquelles les facteurs militaires et les décisions des dirigeants tiennent une place prépondérante. Quelle que soit notre tentation de les lire dans le climat délétère des années 1930, la rapidité de la victoire allemande et l'issue même de la bataille n'avaient rien d'inéluctable.

En 1914, la victoire française de la Marne, début septembre, et donc la prolongation du conflit, sont tout aussi contingentes : la guerre aurait très bien pu se terminer environ cinq semaines après avoir commencé, par une victoire allemande. Que ferait-on alors des éloges au patriotisme inflexible du soldat de 1914, et de la France, «vraiment une nation»? N'aurait-il pas été possible de trouver, entre l'affaire Dreyfus, la querelle religieuse, la montée du socialisme et du nationalisme, les virulents débats sur la loi de trois ans ou les futilités du procès Caillaux, des signes avant-coureurs de la défaite de la Marne? Ce rappel invite à la prudence au moment d'assigner des motivations à «l'opinion» sur la base des victoires ou des défaites militaires[38], et, plus largement, devant les analyses évaluant la qualité, la profondeur ou la valeur du «patriotisme» et des sentiments supposés le nourrir. Il invite surtout à revenir du psychologique et du mental au social. J.-J. Becker conclut son ouvrage sur le constat d'une «puissance du fait national[39]» en 1914. Ce «fait national» est, de part en part, un fait social. Celui-ci est irréductible à la psychologie, à la culture ou au patriotisme des seuls individus.

Une description réaliste de l'entrée en guerre révèle en fait, plutôt que le «sentiment» des populations, l'efficacité qu'a atteint l'État-nation comme cadre social en 1914. Il repose sur des pratiques et des politiques — intégration économique et maîtrise du territoire, service militaire, identification des individus, diffusion d'une langue nationale et de modèles de comportement par la presse et la scolarisation obligatoire — irréductibles à un «sentiment[40]». Pour des hommes socialisés dans le cadre de l'État-nation, répondre à la mobilisation est la seule conduite socialement pensable, qu'on le veuille ou non. Il s'agit même d'une évidence collective : aucune autre possibilité réaliste n'est ouverte que le loyalisme, l'obéissance et le conformisme social. Ce dernier terme désigne l'ensemble des actes et des pratiques prenant place dans un cadre collectif et habituel, sans être précédés d'une délibération intime ou d'un choix réflexif[41].

Ainsi, la mobilisation de 1914 relève de l'évidence collective. Elle n'est pas le fruit de la peur (de la contrainte) ni de la volonté (du sentiment patriotique), mais a été rendue possible par un travail très intense de nationalisation des sociétés où le service militaire et la scolarité obligatoires tiennent une place centrale[42]. Les institutions militaire et scolaire partagent de plus la valeur essentielle du «devoir», qui est en congruence

avec les structures familiales et les modèles pré-
gnants de la culture de masse[43]. Tous ces éléments
forment un « habitus national » qui fait, à la mobilisation, la preuve de son efficacité, la participation
à la guerre étant, selon C. Charle, la « conduite la
moins coûteuse socialement[44] ». En fait, pour la
plupart, les questions « vais-je à la guerre ? n'y
vais-je pas ? » ne se posent même pas.

Un cas particulier est celui des militants socialistes, pour qui l'entrée en guerre est malaisément
vécue comme un reniement ou une incohérence
dans leur parcours jusque-là pacifiste. Dans leurs
textes, les « raisons » d'adhérer au conflit s'additionnent donc : tradition de « jacobinisme patriote »
du socialisme français, volonté d'abattre le mili-
tarisme allemand, d'être fidèle à l'esprit supposé
de Jaurès... Mais même en l'absence de ces
« bonnes » raisons, quelle autre attitude auraient-
ils pu adopter que le loyalisme ? Ne s'agit-il pas
moins d'un « ralliement » que d'une impasse
complète de la situation, où la réticence à la
guerre se heurte à l'inertie des événements qui
l'imposent ? C'est ce que suggèrent des documents
comme les notes prises le soir même du 31 juillet
par le jeune militant Jean Texcier :

> C'est la guerre européenne presqu'inévitable, quelque
> chose d'immense et de barbare qui déconcerte désarme
> et nous fait apparaître comme des pygmées. Où sont
> les déclarations d'antan. [...] Où sont les menaces :
> grève générale insurrection. On se sent pris dans la
> bourrasque comme dans un étau mouvant. Il vous
> emporte et vous immobilise. On est stupide, angoissé,
> désorienté[45].

Aussi, on peut voir dans les discours très construits émis ensuite par des hommes habitués à
bâtir des argumentations complexes moins des
raisons que des *justifications* à une attitude commune et évidente, très largement subie. De même,
il faut se garder de la tentation d'extrapoler leurs
« motifs » ou leurs « raisons » pour les attribuer à
l'ensemble de la population : c'est précisément la
méthode adoptée, dans une large mesure, par
J.-J. Becker, qui saisit quelques-unes des justifications mises par écrit par les instituteurs (les
adjectifs les plus fréquents dans leurs notes) pour
les assigner à « l'opinion ». Mieux vaut garder à
l'esprit que dans un contexte où tous adoptent,
bon gré mal gré, la seule conduite socialement
cohérente, ceux qui ont le plus de moyens discursifs et réflexifs se chargent d'attribuer un
« sens » à l'expérience qui s'impose, à plus forte
raison lorsqu'ils sont partie prenante, comme les
instituteurs, de l'effort de guerre et de son encadrement étatique.

Moins doté en ressources symboliques, plus
éloigné des institutions, le jeune soldat François
Barge n'a guère envie de faire la guerre. Dans ses
souvenirs, il note simplement, pour le jour de la
mobilisation : « Comme la loi le veut, il faut
obéir[46]. » Pour lui, pour beaucoup d'autres, l'explication par la « soumission aux lois » et l'appartenance à un État-nation efficace est largement
suffisante. Pour tous, en effet, l'extraordinaire de
la guerre est atténué, balisé et banalisé par l'ordinaire du travail étatique, institutionnel et social
qui l'accompagne. Toutes les interactions de l'été
1914 illustrent l'efficacité du travail social rendant

la mobilisation évidente — une obligation légale, un devoir multiforme — et assurant le conformisme de tous. Les manifestations «patriotiques» de l'été 1914, dont on sait qu'elles concernent des effectifs relativement faibles, sont essentiellement urbaines et surtout parisiennes[47], contribuent à rendre évidente l'entrée en guerre, comme dans la scène rapportée par le jeune François Boulet, sceptique mais impressionné :

> C'est la ruée, le monôme, la manifestation patriotique. Femmes, enfants, jeunes et vieux, tous suivent, défilent aux mâles accents des refrains patriotiques pendant que la foule des curieux applaudit avec frénésie. Pas un cri séditieux, pas une protestation, chacun veut aller de l'avant. Je ne sais si au pays le patriotisme est né avec autant de spontanéité ; mais ici, il est vraiment beau de voir tout cela. Et pourtant, je suis loin de partager ces théories[48].

On ne s'étonne guère que, sur son passage, il n'y ait «pas un cri séditieux» : la manifestation n'a pas besoin d'être nombreuse pour délégitimer toute autre attitude, d'autant que les rares réfractaires peuvent être arrêtés ou brutalement réduits au silence[49]. De telles scènes, rares en province et au moment de l'apposition de l'affiche de mobilisation, deviennent plus fréquentes lors du départ en train des mobilisés qu'accompagnent des chants et des encouragements. Là encore, nul besoin d'imaginer une «conversion» à la guerre procédant du «sentiment» de sa légitimité : une même séparation s'opère entre les conduites publiques, conformes aux attentes et aux règles sociales, et les impressions privées souvent plus mitigées.

La séparation avec les proches est aussi une division sexuée des rôles : aux femmes sont concédées les larmes et l'expression de la douleur ou de l'angoisse ; aux hommes, la tâche masculine et virile de défendre le pays envahi sans exprimer de réticence ni laisser voir de doute. Ce partage des tâches qui correspond en profondeur aux structures sociales est évoqué par Marc Bloch, à Paris : « La tristesse qui était au fond de tous les cœurs ne s'étalait point ; seulement, beaucoup de femmes avaient les yeux gonflés et rouges [...] Les hommes pour la plupart n'étaient pas gais ; ils étaient résolus, ce qui vaut mieux[50]. » C'est ce qu'illustre encore le cas d'Ivan Cassagnau, artilleur qui cache ses émotions au moment de se séparer de son épouse, le 9 août : « Nous sommes bouleversés. Elle s'efforce de maîtriser son émotion, moi aussi[51]. » Même volonté de faire bonne figure pour le soldat Despeyrières, le jour de la mobilisation puis lors du départ. Le 1er août, il se résigne dans une lettre à ses parents : « Et puis l'on est Français et l'on tient à faire son devoir, à ne pas flancher devant les camarades. » Le jour du départ, avec les autres jeunes mobilisés, « toute tristesse était bannie. Nous voulions crâner devant la population[52] ». Être « Français » est ici clairement une condition sociale plus qu'une identité intime, reliée non pas à un sentiment, mais à une norme (le devoir) et à des interactions (ne pas flancher devant les camarades).

La même disposition d'esprit est visible chez Étienne Tanty, qui redoute la guerre depuis la caserne du 129e RI où il fait ses classes, et note le 30 juillet 1914 que « la situation ne dépend pas de nous ». Lorsque survient la mobilisation, il est pris par les gestes ordinaires du soldat mobilisé qui suppriment la possibilité même d'un arrêt ou d'un refus : « D'ailleurs nous avons le mouvement, la préparation qui nous occupent, nous maintiennent loin de la réflexion. [...] Pour moi, je suis si abruti que je ne peux penser à rien[53]. » Quelques jours plus tard, le 4 août, il dispose d'un peu plus de temps pour revenir sur cette journée de la mobilisation qui ne lui a guère laissé le choix, et pour la raconter : « Le sergent-major entre, tout bouleversé, au bureau et, jetant le cahier de comptabilité sur la table : "La mobilisation est commencée !" Aussitôt, on renfile la tenue de guerre que nous avions placée dans le paquetage et les diverses opérations commencent[54]. » À aucun moment, il n'est question d'un choix, ou d'une délibération aboutissant à une résolution intérieure ; les gestes ordinaires à accomplir participent de cette expérience collective évidente. Tout au plus note-t-il le partage sexué des rôles qui conduit les hommes jeunes à s'endurcir et à faire bonne figure : « Mais il y a une chose qui me navre absolument : c'est de passer en ville et devant les pauvres femmes qui pleurent, je m'épouvante de ce que vous pouvez faire[55]. »

Ces manifestations de douleur conduisent, en retour, les hommes mobilisés à présenter le courage viril attendu d'eux dans la circonstance. C'est pourquoi, selon la formule de Louis Barthas, socialiste antimilitariste qui a toutes les raisons de refuser la mobilisation mais n'a, lui non plus, pas le choix, « tout le monde montra un vrai ou un faux courage[56] ». La situation de guerre conduit

les individus à afficher publiquement des comportements et même des émotions conformes à
ce qu'attend d'eux l'État-nation en guerre. Il peut
exister un décalage entre la réticence intime
au conflit et l'obligation d'y entrer ; ce décalage
débouche, en raison de l'intensité du contrôle
social et du travail d'encadrement collectif qui
préside à la mobilisation, sur l'affichage de l'unanimité et l'occultation de la peine, de la défiance ou
des doutes. Cette production de l'unanimité a lieu
également au sommet de l'État : le vote unanime
des députés le 4 août 1914, lors de la grande
séance de l'Union sacrée, est précédé d'objections, exprimées dans le secret des groupes[57].

   La mobilisation ordonnée par l'État reste une
situation extraordinaire, mais étatiquement définie
comme normale et ordinaire, et par là évidente
pour les individus. Cette évidence est renforcée
par les modifications profondes du cadre institutionnel et légal dans lequel évoluent les Français.
Entre le 1er août 1914, date de la mobilisation
générale, et le 4 août, date à laquelle sont prises
les principales mesures qui codifient le fonctionnement social en temps de guerre, on assiste à la
suspension ou à la disparition de bon nombre des
règles du temps de paix. La guerre, pensée comme
courte, conduit les dirigeants politiques à formuler ou à réactiver des règles d'exception pour
le jeu institutionnel et social suivant les conceptions qu'il se font de l'intérêt national[58]. La modification la plus importante concerne la mise en
place de l'état de siège, qui interdit les attroupements, oblige à posséder un sauf-conduit pour

voyager, et confère surtout de très larges pouvoirs de justice et de police aux autorités militaires au plan national et local, au détriment des préfets[59]. On institue parallèlement la censure de la presse avec pour consigne de «surveiller tout ce qui pourrait sembler une propagande pour la paix[60]». Surtout, les organes de la démocratie sont éteints ou écartés : les Chambres s'ajournent *sine die*, et lors de leur réunion fin décembre 1914, elles décident sans débat et unanimement le report des élections jusqu'à la fin de la guerre[61]. L'entrée en guerre suspend les conditions normales de la vie démocratique et le principe délibératif qui lui est inhérent, subordonné désormais aux impératifs de l'urgence et de l'efficacité militaire. La possibilité d'une libre expression des opinions, y compris pacifistes, encore valable à la veille du conflit, disparaît en droit et en fait. Le loyalisme envers l'État et la communauté nationale en guerre est désormais la seule conduite légale et admise. Le sentiment d'urgence est encore accru par l'inquiétude du début du conflit, avec le départ du gouvernement pour Bordeaux, le 2 septembre 1914[62]. Ce climat d'urgence ouvre la voie aux «pratiques de terrorisation» militaires et de gestion disciplinaire destinées à maintenir la cohésion des troupes combattantes et l'efficacité du commandement : exécutions sommaires, limogeages, rapidité et arbitraire de la Justice militaire à travers les Conseils de guerre spéciaux[63].

Le renforcement du contrôle social ne tient d'ailleurs pas uniquement à l'institution militaire et à l'action étatique. Les premiers moments de

la guerre voient ainsi, à Paris, des scènes de violence et de dégradation envers des magasins et
des affiches Kub et Maggi qui affichent, croit-on,
des signaux allemands ; et, durant tout le conflit,
une surveillance très intense — lettres de dénonciation, attroupements, intervention des agents —
se met en place pour rappeler chacun à son
devoir en cas de raid aérien[64]. Ces manifestations
d'« espionnite », selon la dénomination consacrée,
sont une des facettes, parmi d'autres, de mécanismes de surveillance sociale qui deviennent,
dans ce cadre légal bouleversé, habituels et légitimes. La pratique de la dénonciation — des
embusqués, des profiteurs, des espions, des étrangers suspects — connaît ainsi un remarquable
essor, tandis que le droit de la nationalité se
durcit et que des étrangers sont internés[65]. Ces
mesures participent d'un climat de soupçon fondé
sur une remémoration inquiète d'expériences
antérieures, de la défection de Bazaine dans la
guerre de 1870 à la hantise de l'espion allemand
issue de l'affaire Dreyfus, climat réactivé à l'été
1914 et visant à empêcher une défaite due à un
ennemi intérieur.

Ces formes multiples du contrôle social, au
service d'un effort de guerre dans lequel chacun
doit tenir sa place, s'accompagnent de « mobilisations » parallèles des femmes devenant marraines
ou infirmières[66], des civils non mobilisés voués
au soutien ou à la surveillance, des entreprises
participant par la production à l'effort patriotique[67], des enfants incités à soutenir les poilus
ou à se priver en leur faveur[68]. Il est à noter que,
loin d'être toutes « spontanées », ces mobilisations

sont instituées et encadrées par le tissu associatif
et les autorités étatiques. Dans ce dernier cas, ce
sont les programmes scolaires, les sujets d'examen, le travail des instituteurs qui assurent le
succès de la mobilisation[69]. Plutôt qu'une série
de conversions ou d'épiphanies individuelles et
patriotiques, on voit que le passage à l'état de
guerre suppose un réel travail social et institutionnel lancé dans les premières semaines du
conflit[70].

L'entrée en guerre permet aussi l'émergence
d'un type particulier de discours publics. Dès
l'origine, un discours dominant patriotique émerge
et se met en place, essentiellement à travers la
presse écrite où il obtient une situation de monopole. Il peut être dit dominant pour plusieurs
raisons convergentes : émis quasiment à l'identique par les membres des élites qui sont en même
temps les principaux producteurs de biens symboliques (écrivains, journalistes, intellectuels, savants,
hommes d'Église, hommes politiques), il est en
parfaite congruence avec les buts de guerre et les
modes de légitimation de celle-ci utilisés par l'ensemble des milieux dirigeants (politiques et militaires), tandis que la domination du discours est,
si besoin était, garantie par les mécanismes de
censure et de surveillance des propos dès lors
considérés comme subversifs ou inacceptables.

Cela ne signifie pas qu'il y a là une «propagande» au sens de «manipulation» que peut
recouvrir le terme : ceux qui participent, par leurs
éditoriaux, leurs ouvrages, leurs conférences, leurs
allocutions, au discours dominant peuvent être
parfaitement sincères et croire aux différents

thèmes qu'ils abordent. C'est le cas en particulier
de l'idée de «guerre défensive» et, par là, justifiée,
qui est au cœur de ces représentations[71]. La
question réside moins, encore une fois, dans les
croyances et les motivations profondes des individus que dans les effets sociaux de leurs prises
de position. Le contenu souvent circulaire de ce
discours a été maintes fois étudié, mais un fait
essentiel ne nous semble pas avoir été suffisamment souligné : le temps court de l'entrée en
guerre opère une complète redéfinition de ce qui
est dicible et de ce qui ne l'est pas, pesant dès lors
sur toutes les prises de parole, et ce jusqu'en 1918
voire jusqu'à l'après-guerre.

Il faut bien saisir la soudaineté de ce basculement : du jour au lendemain, le retour de l'Alsace-
Lorraine, espoir commun mais posture politique
marginale à la veille du conflit, devient une base
indiscutable de tout discours sur la guerre et ses
buts[72]. Inversement, le mot et l'idée même de
paix deviennent inacceptables et impubliables,
constituant un «indicible» (B. Gaïti) qui limite
très fortement les prises de parole publiques[73].
Ainsi s'explique l'interdiction de publication par
la censure, fin 1914, d'un discours de Wilson
parce qu'il a déclaré se faire le champion de la
paix[74]. Ce caractère indicible de la paix au début
du conflit est amplement illustré par la réception
faite au premier texte «pacifiste» d'ampleur, le
célèbre article de Romain Rolland dans la *Tribune
de Genève* intitulé «Au-dessus de la mêlée» où
l'écrivain suggère l'inutilité de la guerre dans des
termes fort mesurés. Ce texte ne paraît pas
en France, où il déclenche cependant parmi les

journalistes et les commentateurs qui y ont eu accès un tollé et une condamnation unanime et violente[75].

Dans cette nouvelle hiérarchie du dicible, l'exaltation de la patrie devient la norme, inséparable de la dénonciation de l'adversaire ; la légitimation de la guerre est inséparable de son euphémisation ou de sa déréalisation. La diffusion de ce discours dominant patriotique est assurée par les organes de l'État, à la fois censeur et producteur d'informations et d'images, par le biais du communiqué quotidien ou de la section cinématographique aux armées[76]. Mais au-delà des logiques étatiques, il faut tenir compte des reconfigurations affectant les champs littéraire et journalistique, et plus largement le domaine de l'imprimé : au début de la guerre, dans un contexte de raréfaction des ressources (papier et auteurs) et de diminution des paginations, l'expression du nationalisme ou du patriotisme devient la condition de survie d'une parution[77]. Enfin, de nombreuses institutions, hors du contrôle gouvernemental stricto sensu, participent comme on l'a vu à l'effort de mobilisation, et donc de mobilisation des esprits : les principales institutions intellectuelles, au premier rang desquelles les Académies, sont « mises à disposition » de l'effort de guerre, tandis que les universités et les sujets de concours en participent.

Tout contribue ainsi à rendre impossible et même en partie impensable un discours opposé à la guerre, critique envers les modalités de son déclenchement, de la mobilisation ou de telle ou telle décision prise, ou simplement nuancé[78].

Il y a donc une profonde et durable délégiti-
mation des discours opposés à la guerre — libres,
avant août 1914, de s'exprimer — mais aussi des
discours simplement réalistes, dont J. N. Cru se
fera après le conflit l'ardent défenseur[79]. L'effet
d'écrasement de ces discours patriotiques est tel
qu'ils dessinent, par l'évocation d'un moral infail-
lible ou d'un respect religieux pour le drapeau,
des modèles et des normes auxquels il devient
difficile de ne pas se conformer, au moins publiquement. L'effet le plus profond de cette formation
rapide d'un discours dominant est donc l'apparition d'une coupure entre les actes, les paroles et
les textes formulés *publiquement* et les pensées,
idées ou discours exprimés en privé et confiés par
écrit à un carnet ou à des proches. Plus un discours est public, plus il doit se trouver en
conformité avec l'ensemble des discours publics
qu'on peut dire dominants et patriotiques. On le
voit, par exemple, dans l'écart entre les notes
acerbes que le sous-secrétaire d'État Abel Ferry
consigne dans ses *Carnets secrets* et ses prises de
position publiques plus sobres voire timorées. En
avril 1915, il écrit d'une offensive désastreuse
qu'elle a «coûté quelque 45.000 hommes sans
résultat», mais se garde bien de porter une critique ouverte sur la conduite de la guerre en
Conseil des ministres[80].

Au total, la participation à la guerre en 1914
n'apparaît guère comme le produit d'un choix,
d'une résolution ou d'une délibération. Elle n'est
pas un acte motivé — même si beaucoup peuvent
formuler des motivations — mais résulte avant
tout du conformisme social dans l'efficace cadre

étatique, et sous le regard intense des autres. On comprend dès lors en quoi la désobéissance ultérieure des soldats ne relève pas d'une «démotivation» passagère et vite surmontée, mais révèle que d'autres choix et d'autres conduites sont devenus possibles et pensables, en raison d'une inflexion des cadres sociaux et symboliques de l'obéissance engagée dès la fin de l'année 1914.

S'adapter à la durée de la guerre

La bataille de la Marne puis l'enterrement dans les tranchées rendent impossible la guerre courte attendue tant par les Allemands que par les Français. Même si l'espoir d'une victoire rapide n'est pas abandonné immédiatement, la guerre dure, et cette durée met à l'épreuve les cadres sociaux et symboliques de l'obéissance tels qu'ils se sont fixés à l'été 1914. Des réalités inattendues s'imposent aux soldats et, par les lettres qu'ils écrivent, à une partie toujours croissante de la population : la mort de masse, la difficulté inouïe de la guerre et de la vie au front, l'éloignement de la victoire. Pourtant, le conflit continue, sur des bases fixées dans l'urgence et sur des présupposés faux. Une adaptation est nécessaire, mais elle ne peut se faire de manière frontale, et la paix demeure presque impensable et impossible à envisager pour la société française, par la conjonction de quatre aspects : l'occupation maintenue du nord-est de la France ; l'ampleur même des pertes qui nécessite rien moins que la victoire afin de les justifier ; le discours dominant, tel qu'il a été

formulé avant la découverte de la guerre industrielle, interdisant de douter ou de transiger ; le
récit des « atrocités allemandes », enfin, qui semble
en confirmer la légitimité.

La situation est donc déséquilibrée : un investissement total dans le conflit s'est fait sur la base
d'une guerre courte ; cet investissement est démesuré dès lors que l'épreuve dure ; cette démesure
même et les coûts exorbitants qu'elle a entraînés
empêche d'en sortir sans victoire. Au piège stratégique et tactique de tranchées bloquées et meurtrières s'ajoute le piège discursif d'une rhétorique
de guerre inadaptée à la nature réelle de celle-ci.
Les buts de guerre sont rendus à la fois indiscutables par les pertes subies, et inaccessibles par le
blocage du front. Pour concilier les dimensions
contradictoires de l'investissement des dirigeants
sur la guerre, de leur discours et de la réalité
du conflit, des adaptations se mettent en place,
dessinant de nouvelles formes de cohésion.

Pour affronter la mort de masse, la société
française doit ajouter au discours patriotique une
« économie morale du sacrifice[81] », visant à instaurer ou assurer, autant que possible, l'égalité
des Français devant la mort, le combat et « l'impôt
du sang ». Ainsi, les permissions sont instaurées à
partir de juillet 1915 pour tous les combattants
afin de rendre l'épreuve partagée plus juste[82],
tandis que la Croix de guerre (avril 1915), déco-
ration démocratique, matérialise la reconnaissance
de l'État envers leur sacrifice[83]. La loi Dalbiez
(août 1915), enfin, vise à répartir avec justice
et justesse les mobilisables et à lutter contre les
« embusqués », ces hommes vus comme échappant

indûment aux dangers, qui sont l'objet de débats
d'une extrême virulence[84]. La proximité temporelle de ces mesures ne doit rien au hasard : elle
signifie qu'après un an de guerre environ, au
milieu de l'année 1915, un nouveau cadre d'interprétation du conflit est apparu. La résignation
égalitaire, ou, plus exactement, la ténacité *conditionnée* à la justice et à l'égalité, a remplacé l'enthousiasme patriotique.

Cette exigence de justice et d'égalité, concré-
tisée par les mesures de 1915, et un an plus tard
par la suppression des Conseils de guerre spéciaux et l'instauration de la « Contribution extraordinaire sur les bénéfices exceptionnels » visant
à lutter contre les « profiteurs[85] », est portée par
une multitude de discours critiques et revendicatifs : éditoriaux d'une presse redevenant progressivement plus autonome (ainsi les efforts de
L'Œuvre pour réformer la Justice militaire[86]),
lettres de combattants à des députés ou à la commission de l'armée demandant leurs « droits[87] »,
débats parlementaires débouchant sur de véritables crises politiques. Derrière le consensus
apparent de l'Union sacrée, la vie publique redevient en 1915 et 1916 extrêmement conflictuelle :
rivalités et intrigues (« affaires » Sarrail et Joffre,
chute du cabinet Viviani), interpellations, campagnes de presse, réunion des Chambres en Comités
secrets retrouvant quelque peu l'ordinaire du
temps de paix.

Cette conflictualité nouvelle, inimaginable en
1914 dans le temps court de la mobilisation et
de l'unanimité affichée pour une guerre brève, si
elle est le « ferment de recréation du consensus[88] »,

a cependant des effets potentiellement déstabilisants pour le conformisme social. Consensus et
obéissance passent par une relégitimation de l'indignation, de la protestation et de la dissension,
possibilités ouvertes même aux combattants, qui
sont libres d'écrire à leurs députés ou à des journalistes. En ce sens, les mutineries de 1917 sont
moins l'irruption des protestations que la radicalisation dans leur mode et leur lieu d'expression.

La coexistence d'un effort de guerre indiscuté
et de virulents débats politiques et sociaux dessine
en tout cas une situation paradoxale pour les
combattants : soldats *et* citoyens, soumis à la
hiérarchie et à une autorité militaire dont l'ensemble du corps social discute en même temps, à
travers les permissions par exemple, les termes et
les pratiques.

Sous l'uniforme, des soldats-citoyens

En théorie, les soldats français sont, depuis la
Révolution, des soldats « citoyens », obéissant à
une autorité dont ils sont en même temps la
source, en vertu de la souveraineté populaire[89]. Il
y a là une spécificité fondamentale qui rend inenvisageable le niveau de brutalité disciplinaire au
quotidien pouvant exister dans d'autres armées,
correspondant à des sociétés et des systèmes politiques plus inégalitaires[90]. L'obéissance est conçue
comme une conséquence de l'exercice de la citoyenneté, autrement dit, un devoir civique, naturel et
évident. Mais la particularité de l'armée et de
l'obéissance républicaines est que ce devoir mili-

taire comporte également des droits dont la définition, l'exercice voire la revendication constituent
progressivement un des grands enjeux du conflit.
La tension réside évidemment dans le conflit ouvert
ou latent entre le vocabulaire et les pratiques de
la citoyenneté et les conceptions militaires de la
discipline, de l'honneur, et de l'obéissance. Le
devoir républicain et le devoir militaire ne se
recouvrent qu'avec difficulté[91]. Le régime républicain tente de concilier respect de la hiérarchie
et exercice de la citoyenneté[93], en particulier
grâce à la loi de 1889 qui égalise les conditions
du service militaire[92]. Au tournant du siècle, la
définition du «soldat-citoyen» semble stabilisée,
relevant d'une identité double qui confère des
droits et des devoirs, comme l'explique un juriste
en 1902 :

> Le soldat doit supporter courageusement les fatigues,
> et au besoin les privations ; — mais son chef doit
> montrer, en toute circonstance, une sollicitude cons-
> tante à s'occuper de son alimentation, de son coucher,
> voire même de son bien-être. Le soldat doit un salut
> correct à ses supérieurs ; — mais ceux-ci doivent lui
> répondre non moins correctement. [...] Toujours les
> devoirs sont accompagnés de droits, qui leur sont
> corrélatifs ; et le commandement ne saurait, sans être
> coupable, omettre d'exiger les uns, et de respecter les
> autres[94].

Toutefois, cette réciprocité des devoirs et des
droits n'est qu'apparente : la grande préoccupation de l'institution militaire est moins celle de
la garantie des droits du citoyen que celle de
l'exercice des devoirs et, en particulier, de l'obéis-

sance. Les penseurs de la chose militaire se rendent compte qu'à des citoyens il n'est sans doute pas possible de donner des ordres de la même manière qu'à des sujets ou à des professionnels du combat — ce que Jaurès, dans *L'Armée nouvelle*, perçoit comme une chance démocratique[95]. Un auteur résume l'idée qui sous-tend de nombreux débats : « Au lieu de dompter les hommes pour les faire obéir, les convaincre, ce qui vaut mieux[96]. » Bien des incertitudes demeurent cependant, qu'illustrent les questions autour des députés mobilisables : le devoir militaire prime-t-il l'exercice d'un mandat démocratique[97] ? Et il reste, comme le note François Cochet, un « décalage » entre les théories les plus élaborées du « soldat-citoyen » et les représentations communes des chefs militaires, « cette conception des troupiers comme matériau obéissant, silencieux et consommable[98] ».

C'est pourquoi l'entrée en guerre remet en question la figure du « soldat-citoyen », et montre que, loin d'être un statut stabilisé et normé, il s'agit bien d'un enjeu de luttes. En effet, ce statut, entre 1914 et 1917, est un enjeu d'affrontements et de tensions entre l'armée, les institutions républicaines, les combattants et les civils. C'est ce qu'illustre la genèse très conflictuelle des permissions, que le généralissime Joffre et les chefs militaires entendent retarder et restreindre, et que réclament civils et mobilisés avec une virulence croissante[99]. « Soldat » et « citoyen » constituent moins une entité unique que deux pôles mis en jeu dans une relation de pouvoir et de domination. Au début de la guerre, les citoyens mobilisés sont ainsi très

largement confinés dans le rôle du «soldat» et
privés des garanties que suppose le statut du
citoyen, conformément au modèle de l'entrée en
guerre courte qui semble légitimer, comme on l'a
vu, un resserrement et un durcissement des règles
du jeu institutionnel et social. Ainsi, le passage à la
situation de conflit conduit certains officiers à s'af-
franchir du respect des règles républicaines, en
particulier en ce qui concerne la discipline[100]. Le
droit de vote est évidemment reporté à l'après-
guerre. Plus profondément, le fonctionnement de
la Justice militaire au début du conflit témoigne
d'une mise entre parenthèses presque complète
des droits de l'individu et de sa défense au nom de
l'effort de guerre et de son efficacité. Ainsi s'explique l'arbitraire judiciaire revendiqué jusqu'au
sommet de la hiérarchie pour faire face, croit-
on, aux périls de l'invasion et de l'indiscipline.
Des exécutions sommaires sont ainsi pratiquées
en août-septembre 1914, tandis qu'on fait des
«exemples» devant des Conseils de guerre spéciaux, où le droit de grâce est suspendu (jusqu'en
janvier 1915) et le recours en révision supprimé[101].
La première année du conflit aboutit donc, sur le
plan disciplinaire, à un lourd bilan humain avec
près de cinq cents fusillés fin 1915, témoignant
d'un contexte où l'impératif de l'obéissance est
constitué en devoir sans contreparties suffisantes
en droits. Les cadres sociaux de l'obéissance sont,
alors, construits sans tenir compte du statut spécifique des «soldats-citoyens». C'est ce qu'atteste,
de même, le désintérêt de l'armée pour la question
des permissions et surtout pour leur attribution
égalitaire : elles sont perçues uniquement comme

un outil de gestion de la troupe et non comme un droit reconnu[102].

Mais une guerre longue nécessite des ajustements et des rééquilibrages. En ce qui concerne la Justice militaire, ceux-ci s'opèrent à partir de 1915, les recours en révision se faisant plus nombreux et aboutissant plus souvent[103]. Cette contestation s'effectue dans les espaces retrouvés de la critique et de la discussion publique : la Ligue des droits de l'homme fait campagne pour la suppression des Conseils de guerre spéciaux, de même que le député Paul Meunier, par ses articles dans *L'Œuvre*, ses visites aux parquets militaires et ses interventions à la Chambre[104]. La reconstitution partielle de la vie démocratique contribue ainsi de manière décisive à infléchir le statut des soldats et à en refaire des citoyens, ou du moins des justiciables plus ordinaires : les Conseils de guerre spéciaux sont supprimés le 6 avril 1916[105]. La répression des mutineries renversera en partie, mais pas entièrement, ces acquis de 1915-1916.

Ce retour à l'identité civile et citoyenne des combattants est, plus largement, accompagné par ceux des discours publics qui retrouvent, comme on l'a vu, une position critique, en particulier envers l'armée. Hostile à celle-ci et lettré, Étienne Tanty est à même d'apprécier, dès janvier 1915, les prises de position d'un Clemenceau, explicitement reliées à la question de la citoyenneté :

Vraiment, Clemenceau est très chic et parle des militaires comme s'il était soldat et s'était documenté sur place. Le gaspillage, le désordre, la sottise, l'incurie et l'incompétence ! Il les arrange comme ils le

méritent. Il fait de bon ouvrage républicain, contre
l'engeance qui prétend réduire les citoyens français
à l'état de chiens, en profitant de cette abominable
crise de sauvagerie où nous sommes depuis six mois
bientôt[106].

Au travail critique des hommes politiques et
des journalistes s'ajoutent les efforts des soldats-
citoyens eux-mêmes : les lettres qu'ils écrivent
contribuent à ouvrir et à alimenter le débat, tel ce
courrier d'un soldat justiciable au *Matin* en
février 1915 qui proteste au nom du «droit des
gens» contre une punition abusive[107]. Des courriers de même nature alimentent le débat législatif
sur les embusqués et les permissions, plusieurs
députés s'en faisant directement l'écho, comme
en septembre 1916 où deux députés évoquent à la
Chambre les «centaines de lettres» de soldats
qu'ils reçoivent[108]. On touche là un point très
important : la capacité d'action et de réaction de
certains combattants qui usent des droits qui leur
restent, difficilement, garantis (le droit d'écrire
librement et sans surveillance à leurs députés[109])
pour consolider ceux-ci ou en obtenir de nouveaux.

L'assouplissement essentiel est bien l'attribution de permissions, initiée en juillet 1915, qui a
des effets profonds sur plusieurs plans. Se développe en effet, dans le discours combattant puis
dans ses relais au Parlement et dans la presse,
l'idée d'un «droit» à la permission. Si l'institution
militaire résiste longtemps, l'intensité du débat et
la nécessaire réorientation des cadres symboliques du conflit vers l'égalitarisme conduisent à

la reconnaissance, d'abord implicite puis explicite, de droits pour les soldats. Le nouveau
ministre de la guerre Gallieni institue ainsi le
5 novembre 1915 un «droit de réclamation» des
soldats au ministère de la Guerre[110]. Un *Guide
pratique du Militaire*, paru en 1916, en est l'illustration : il consacre 17 pages aux permissions,
rappelle que «les militaires ont le droit d'expédier
leurs lettres sous pli cacheté», tente de clarifier
l'application de la loi Dalbiez, stipule les droits
en matière de solde ou de décorations, et indique
les voies de recours et de réclamation[111].

La revendication de leurs «droits» par les
combattants peut donc être vue comme une affirmation virulente de leur identité civile antérieure,
de leur appartenance à un cadre social et politique qui est celui de la République, et du fait
qu'ils ne sauraient être soumis à l'arbitraire juridique du fait de leur mobilisation. Mais ces
«droits» des soldats prennent également sens par
rapport à une autre facette de leur identité, celle
de combattants plus aguerris[112]. S'ils revendiquent
des droits, c'est aussi dans le cadre d'un «métier»
militaire qu'ils estiment faire de leur mieux
malgré les conditions effroyables. Les droits sont
alors pensés comme la contrepartie des difficultés
dans ce rude «travail» de la guerre. Une «conscience professionnelle» (Antoine Prost) s'est progressivement construite[113].

En effet, à partir de 1914, faire la guerre devient
comme le «métier» des «poilus» survivants, qui
se dotent de leur vocabulaire propre, de leurs
habitudes et de leurs savoir-faire, de leurs valeurs
également, parmi lesquelles le courage tient une

place centrale. Il ne s'agit jamais d'une professionnalisation complète qui entraînerait un oubli
ou une coupure d'avec le monde civil : des liens
complexes avec celui-ci sont au contraire développés tout au long de la guerre. Toutefois,
l'univers des tranchées est assimilé à un «travail»
à accomplir. La correspondance des frères Marcel
et Lucien Papillon en révèle de multiples exemples :
« Nous ne sommes pas des bleus dans le métier»,
écrit ainsi le premier en 1915, pour rassurer sa
famille après le récit d'un bombardement ; son
frère reprenant le terme de façon moins réfléchie,
un an plus tard : « Depuis 6 jours que nous sommes
dans un vacarme pareil, je commence à en avoir
assez de ce métier-là[114]. » Au moment des mutineries de 1917, un rapport des contrôleurs du
courrier indique que «la mentalité des poilus
devient celle d'un corps de métier : on est maintenant poilu comme on était en temps de paix
métallurgiste ou terrassier[115] ».
   Cette désignation de la guerre comme un
«métier», un «boulot», un «travail» a plusieurs
significations, bien différentes de ce que l'arrière
et l'armée ont supposé ou voulu instaurer en 1914
à travers l'enthousiasme patriotique assigné aux
soldats. Vivre la guerre comme un «travail», c'est
d'abord inscrire l'expérience du conflit dans la
continuité des expériences civiles, et ainsi le
rendre moins inacceptable et exceptionnel, en
retrouvant cette «stabilité dans l'instabilité» déjà
évoquée. C'est ensuite, sur le plan individuel,
relier le «devoir» patriotique à des expériences et
des habitus préexistants : on fait son travail au
front comme on le faisait avant-guerre, comme,

plus largement, on «fait son devoir» scolaire, familial, professionnel. Cet univers du travail comporte des éléments subis, des règles, des horaires, une discipline, une fréquente dureté. Enfin, cette idée de la guerre comme travail suggère des normes : ce qu'il est normal ou habituel de faire dans le cadre du travail, ce qui ne l'est pas (exiger «trop» des hommes ; ou exiger d'eux une tâche qui n'est pas la leur, comme de se battre au couteau[116]) ; ce qu'on attend en retour d'un travail bien fait (décorations, reconnaissance sociale, avantages, comme le fait de voyager en première classe car on a été en «première ligne[117]»).

Autrement dit, la guerre comme travail — envisagée donc comme une pratique, bien davantage que comme une culture — implique des contreparties que les mutins seront prompts à revendiquer, ce qui amènera à poser la question de la qualification des mutineries comme une «grève». La double identité des soldats-citoyens, à la fois professionnelle (le «métier» du combat donne des droits) et politique (ceux-ci doivent être garantis dans le cadre de l'égalitarisme républicain), alimente en tout cas un esprit critique et une attention aux abus, aux promesses non tenues, aux ruptures de l'égalité ou aux insuffisances du commandement. On le voit notamment autour de la question des décorations : de très nombreux soldats critiquent leur attribution lorsqu'elle est perçue comme arbitraire. Marius Perroud s'indigne quand il apprend que deux soldats seront décorés de la Croix de guerre sans avoir participé à une attaque en octobre 1916 : «Je n'ai pu retenir

un cri d'indignation. C'était d'abord une honte
pour ceux qui l'ont décernée et une honte aussi
pour ceux qui l'ont reçue. C'était de plus un
grotesque affront pour ceux qui ont été au combat,
bravant les balles et les obus. [...] C'est ainsi qu'en
France on récompense les bons *ouvriers*[118].» Les
mutineries prolongeront et radicaliseront certaines de ces critiques, qu'on peut voir exprimées
dès avant 1917 par de nombreux combattants.

Les soldats redeviennent des «citoyens» également du fait que leur identité militaire ne les
prive pas de contacts intenses et multiples avec le
monde des civils. Il en résulte une porosité inédite
de l'armée et de la société englobante. Les lettres
adressées par des soldats aux députés le montrent :
l'allongement de la guerre rend intenable le
modèle, imaginé par le haut commandement,
d'une armée de façon étanche séparée de l'arrière. Cet objectif, qui tient au souvenir de 1870
et des indiscrétions ayant accéléré la défaite française, témoigne aussi d'une volonté de revanche
des militaires sur la République et ses valeurs,
dont atteste l'ignorance dans laquelle est tenu
le gouvernement par le GQG au début de la
guerre[119]. Pourtant, cette coupure dont rêvent
bien des généraux, censée rendre la troupe plus
efficace et protéger mutuellement le front et l'arrière des nouvelles démoralisantes et des influences
néfastes qu'on leur attribue, est pratiquement
impossible à maintenir. Le courrier n'a jamais
été interrompu, et il est même facilité par la
«franchise militaire». Surtout, les permissions
créent un mode de liaison imprévu entre l'arrière
et l'univers tout aussi imprévu du front. Elles

permettent aux soldats de redevenir, un instant, des civils — alors même que la durée de la guerre tend à développer, au contraire, des formes de professionnalisation. Une série d'évolutions paradoxales se dessinent donc, qui touchent aussi bien l'identité des combattants que leur vision de la société en guerre et de la place qu'ils y occupent, ou encore l'emprise institutionnelle que l'armée exerce sur eux, à la fois renforcée et assouplie.

Ces soldats qui combattent sur leur sol ne sont pas, même au front, coupés des civils. Des contacts s'établissent, dans la zone spécifique de «l'arrière-front»[120]. Si les civils sont absents des lignes, bien entendu, leur présence apparaît pour les soldats à la «descente» des tranchées : on trouve aussi bien la fraction de la population locale qui a pu ou voulu rester sur place malgré l'occasionnel bombardement de l'arrière-front que les «mercantis» pratiquant le commerce du vin. Les débits de boisson préexistants ou provisoires, proches du front, sont des lieux de sociabilité et de contact entre soldats de différentes unités et avec les civils. Plusieurs d'entre eux joueront un rôle lors des mutineries, qui se déclenchent en grande majorité dans cet espace intermédiaire où coexistent villages partiellement détruits et baraques, où cantonnent et circulent des troupes nombreuses. On y rencontre aussi des colporteurs d'objets ou de journaux dont la présence, jusqu'en 1917, n'est pas réglementée[121]. Les soldats croisent donc de multiples figures de civils : le cultivateur qu'on aide à l'occasion, le marchand de vins, le colporteur, la prostituée, l'habitant qui loge les troupes de passage. Il reste aussi des églises où

civils et militaires peuvent se côtoyer à la messe[122].
Certains combattants, enfin, et plus particulièrement les officiers, reçoivent quelquefois la visite
d'épouses ou d'amies dans les cantonnements.

Ces contacts quotidiens (en dehors des séjours
aux premières lignes) se doublent d'une autre
forme de lien, lui aussi souvent quotidien : la
correspondance. On a estimé que quatre millions
de lettres circulaient chaque jour entre le front et
l'arrière, pour un total de dix milliards durant la
guerre[123]. De très nombreuses études en ont
montré toute l'importance, que rappellent tous
les témoignages, tel celui de François Boulet : « Il
faut voir la hâte fébrile avec laquelle chacun ouvre
son courrier pour se rendre compte de l'impa-
tience avec laquelle sont attendues les chères
nouvelles du pays[124] ! » Cela se décline de plusieurs
manières : les lettres sont évidemment un lien
affectif ; fréquemment, aussi, une injonction ouverte ou implicite à « tenir » de la part des correspondants de l'arrière ; elles renseignent sur les
événements à l'échelle locale mais aussi nationale
et internationale ; elles constituent, enfin, un
espace possible de confidence, de critique, et un
exutoire à l'expérience de guerre. Par le courrier,
les soldats peuvent ainsi briser l'isolement et l'incertitude dont les entoure fréquemment la hiérarchie : on demande à sa famille des journaux[125],
des nouvelles des autres fronts et de la vie politique, et quelquefois un « état de l'opinion » : « Tu
me feras plaisir, papa, en me disant ce qu'on pense
de la guerre au pays[126] », écrit ainsi H. Despeyrières le 9 juin 1915.

Enfin, la porosité de l'armée au monde civil, à

ses nouvelles et à ses évolutions, tient, bien sûr, à l'instauration des permissions, qui sont l'occasion d'un retour provisoire à la vie civile et permettent aux combattants d'élargir le regard au-delà de l'horizon immédiat et individuel de leur survie aux tranchées, sur les conditions de vie et le « moral » de l'arrière. Louis Barthas, par exemple, remarque l'évolution de la situation à l'intérieur au cours de trois permissions successives entre janvier 1916 et janvier 1917, et voit se développer un sombre pessimisme[127]. L'effet des permissions sur les identités combattantes est toutefois complexe : redevenir un « civil » (à travers le retour au travail et la reconstitution des sociabilités) est forcément partiel et provisoire, et face à ceux des civils — nombreux — qui semblent douter, ne pas comprendre voire manquer de respect à l'expérience de guerre, les permissionnaires peuvent être tentés de réaffirmer avec virulence leur identité militaire. D'autres se livrent à des provocations ou des violences envers les non-combattants[128]. On perçoit ainsi toute l'ambiguïté de la figure des soldats-citoyens, en perpétuel décalage : par rapport à une institution militaire dont ils sont amenés à contester l'arbitraire ; par rapport au monde civil qui leur oppose de fausses images de la guerre.

Tant l'instauration des permissions que la circulation du courrier inquiètent des chefs préoccupés du « moral » et de l'efficacité militaire de la troupe. Aux aménagements et aux assouplissements qu'ils ont dû concéder, ils vont opposer une nette mauvaise volonté dans l'exécution, comme on l'a vu pour la liberté du courrier destiné aux

parlementaires, et ajouter des dispositifs durcis
de surveillance. Le plus important est bien sûr le
contrôle postal, esquissé à partir de janvier 1915,
établi en juillet de la même année, et profondément réorganisé en décembre 1916[129]. Abel
Ferry le confirme, le 11 août 1915 : « Tu sais que
la correspondance venue du front doit être
désormais ouverte. Cette mesure déprime plus
les poilus que la prise de Varsovie », écrit-il dans
une lettre à sa femme[130]. La mesure, très mal
vécue, est immédiatement contournée par de nombreuses pratiques (autocensure, création d'alpha-
bets ou de codes, utilisation de langues anciennes,
soulignement de mots afin de donner des indica-
tions[131], remise de lettres à des permissionnaires,
utilisation de la poste ordinaire…)[132]. De même,
pour ce qui concerne le fonctionnement de la
Justice militaire, on observe, parallèlement aux
assouplissements obtenus et décrits plus haut,
des durcissements de la répression, notamment
pour ivresse ou « propos pessimistes[133] ». La réap-
propriation de certains droits par les citoyens les
expose en même temps à une surveillance accrue.
Cette tension continue de parcourir, comme on le
verra, les mutineries.

L'identité de ces hommes est donc complexe :
civils mobilisés espérant le retour au foyer, ils
sont devenus des *militaires* soumis à la discipline
de l'armée, tout en restant des *citoyens* attachés
à leurs « droits », que leur statut de *combattants*
aguerris les conduit également à revendiquer.

Les ressorts de la ténacité combattante

La guerre industrielle des tranchées surprend les combattants. «Je ne pensais pas que la guerre se déroulait ainsi: je pensais qu'il s'agissait d'attaques à la baïonnette, mais en réalité nous étions dans les tranchées où nous étions tués par des obus qui arrivaient on ne savait d'où[134]», écrit l'un d'eux, tandis qu'un autre envisage dès octobre 1914 la durée imprévue du conflit: «J'ai l'impression très nette que la guerre va être infiniment longue[135].» «Tenir» passe par des adaptations individuelles et, surtout, par un resserrement des relations sociales. Beaucoup d'historiens ont analysé les différents éléments ayant contribué à la ténacité combattante. Le terme de «faisceau de facteurs» a été proposé par Frédéric Rousseau pour en systématiser la présence, et souligner les liens entre eux: à aucun moment il n'existe d'explication unique à la ténacité, qu'il s'agisse du patriotisme, de l'alcool, de la religion ou de la résignation. Ces différents éléments, au contraire, s'additionnent et se combinent pour fournir aux individus des capacités à résister aux conditions effroyables de la guerre des tranchées[136].

Pouvoir «tenir», c'est d'abord apprendre à survivre. Le conflit impose ainsi ses apprentissages, en particulier sensoriels: les combattants apprennent à reconnaître le bruit des projectiles, et à comprendre ainsi leur direction[137]. Ils apprennent aussi à s'en préserver, en adoptant des «techniques du corps» spécifiques que raconte

l'artilleur Paul Mencier : « Je n'échappe que grâce
à mes plat-ventre. Ce truc me réussit toujours et
je ne fais pas faute d'en profiter[138]. » La dange-
rosité des tranchées, et surtout des attaques, ne
peut jamais être supprimée ; elle peut cependant
être réduite par l'expérience. Cette expérience de
la préservation de soi alimente, en retour, un état
d'esprit psychologique conduisant des soldats à
imaginer et à croire, de manière souvent dérai-
sonnable, qu'ils peuvent « passer à travers » la
violence de tel ou tel épisode, attirant sur eux la
« veine » par des médailles bénites et autres objets
chanceux[139], priant pour être, individuellement,
préservés, tel François Barge à la veille d'une
attaque à Verdun en mai 1916 :

> Enfin le commandant nous a raconté tout un tas de
> balivernes pour nous bourrer le crâne, comme il en a
> été ainsi depuis que je suis au front. [...] Et je me
> demandais si Dieu voudrait que je sorte de ce trou, de
> dessous les murs de Verdun. Je savais très bien que
> dans la section, même dans mon escouade, il y en
> aurait de tués, mais moi, peut-être, Dieu voudrait-il
> me protéger[140] ?

L'adaptation sensorielle et mentale au nouvel
univers des dangers du conflit passe également
par les continuités, ressenties et reconstruites, avec
l'univers civil. La religion, dans ce dernier texte,
l'atteste ; plus généralement les objets personnels,
l'aménagement du cadre de vie (les noms donnés
aux « rues » des tranchées), la pratique de l'arti-
sanat de tranchées et des rencontres sportives,
les jeux de cartes et les chants sont autant d'éléments transposés de la vie civile au front et

assurant le « moral des troupes » grâce à la « culture populaire ». Ces éléments constituent ce que F. Cochet a nommé les « béquilles » du combattant, parmi lesquelles l'alcool joue un rôle important, aussi bien au repos qu'en ligne et lors des « coups durs[141] ».

Peut-on aller jusqu'à dire qu'on s'habitue à la guerre ? Les acteurs du conflit eux-mêmes ont régulièrement dit et écrit que le conflit devenait routinier et qu'ils s'y habituaient : « La guerre devient monotone et plate[142] », écrit Henri Despeyrières le 30 octobre 1914 ; Abel Ferry, officier, va dans le même sens le 27 octobre : « Cette vie dans la tranchée est insipide. Dormir le jour ; la nuit organiser des postes d'écoute, veiller à la sûreté, faire le terrassier, le contremaître galonné[143]. » De même, les lettres de Marcel Papillon permettent de mesurer comment la guerre des tranchées devient une chose habituelle : « Depuis le mois d'octobre que l'on mène la vie des tranchées, l'on y est tellement habitué qu'on trouve ça tout naturel[144] », écrit-il en mars 1915. Le 6 décembre 1914, il avait écrit, dans un P.S. destiné à rassurer : « Il ne faut pas croire qu'en 1re ligne, on est plus malheureux qu'ailleurs. De temps en temps, nous avons des alertes, il est vrai, mais on commence à s'y faire, on se fait à son sort[145]. » On a indiqué ailleurs les efforts des soldats pour retrouver une banalité du quotidien permettant de supporter la guerre[146].

Cette résignation à un « sort » subi tient également aux rythmes du front, à la fois cycliques et imprévisibles : une alternance des situations de combat, de soutien et de « repos » est instaurée dès la fin de 1914, sans que ce rythme ternaire soit absolument respecté ni strictement délimité[147] ; sans, surtout, que les combattants aient une prise sur ce temps vécu autrement que par des rumeurs et la circulation de «tuyaux», ce qui en retour alimente une sensation d'impuissance ou une forme de résignation, exprimée par de nombreux témoins. Ainsi, François de Witte en 1915 : «On vit comme des machines, sans penser ni agir. Comme je regrette le temps passé ! Mais quoi ! Rien à faire sinon sans agir ni penser marcher en machines[148].» Enfin, ces rythmes répétitifs s'ajoutent à un phénomène plus large de banalisation de l'événement, rendu plus routinier par l'essor d'une bureaucratie militaire à laquelle sont soumis les sous-officiers et officiers, et qui contribue à ancrer l'expérience des tranchées dans une forme de quotidienneté ordinaire, significative de la capacité de l'institution à intégrer dans un système normé et routinier la réalité de la violence de guerre. Ainsi, le lieutenant Weber note pour septembre 1914 que «j'eus bien du travail ; je noircis bien du papier[149]». De même, les rapports conservés du sergent puis lieutenant Marc Bloch le montrent[150], comme le récit d'Adrien Brochard, sous-lieutenant à qui son capitaine indique en septembre 1915 : «[aux tranchées] chaque matin à 4 h 45, les chefs de section m'adressent le compte-rendu de la nuit : pertes, dégâts, consommation de munitions, renseignements sur l'ennemi et notamment avancement des sapes de mine que l'on doit attentivement écouter, etc...[151]» Tout comme l'extraordinaire de la mobilisation était accompagné et rendu

possible par le travail ordinaire et intense de
l'État qui l'accompagnait, l'impensable de la
guerre des tranchées est en partie ramené à une
routine bureaucratique par l'institution militaire.
Sur le plan individuel, chaque combattant en fait
l'expérience à travers les phases ritualisées et
routinières de l'expérience de guerre — appels,
relèves, corvées — et surtout, à partir de 1915, à
travers le cycle des permissions et les formalités
multiples qu'il comporte.

Mais le ressort essentiel de la ténacité tient à ce
qu'on a proposé d'appeler «l'espace public des
tranchées», l'univers du front (tranchées de première et de seconde ligne, cantonnement) où les
combattants évoluent en permanence sous le
regard des autres (camarades et officiers de
contact)[152]. Les règles présidant aux interactions
dans cet espace public sont un élément central
pour la cohésion de la société du front. Afin de
faire face à la violence du conflit, en effet, les
relations sociales se trouvent fortement resserrées
dans les unités, où se met en place un régime
émotionnel particulier, centré sur la valeur dominante du courage. Si les combattants des tranchées «tiennent», c'est parce que les liens sociaux
au front sont fortement resserrés, et que leurs
conduites publiques se conforment à des normes
partagées.

Marc Bloch, sergent en 1915, a dévoilé aussi
bien ce fonctionnement social que les normes sur
lesquelles il repose :

> Je crois que peu de soldats, sauf parmi les plus intel-
> ligents et ceux qui ont le cœur le plus noble, lorsqu'ils

se conduisent bravement, pensent à la patrie ; ils sont beaucoup plus souvent guidés par le point d'honneur individuel, qui est très fort chez eux à condition qu'il soit entretenu par le milieu : car si dans une troupe il y avait une majorité de lâches, le point d'honneur ce serait bientôt de se tirer d'affaire avec le moins de mal possible. J'ai toujours estimé d'une bonne politique de manifester ouvertement le dégoût très sincère que m'inspiraient les quelques froussards de ma section[153].

Nous sommes ici exactement dans le cadre de l'hypothèse sociologique que nous avons formulée, les pensées vers la « patrie » étant minoritaires et marginales pour le maintien de la ténacité, au contraire des interactions sociales. Le vocabulaire employé — « lâches » et « froussards », auxquels Bloch oppose un peu plus loin les « hommes sains » — est caractéristique d'une époque où l'identité masculine et militaire se fonde sur le courage. Il s'agit là d'une valeur socialement partagée, tant dans les milieux aisés, où elle reste liée à l'ethos aristocratique et à la notion d'« honneur[154] », que dans les milieux populaires, où être courageux, dur au mal, tenace, est un signe indispensable et valorisé de virilité[155].

Surtout, on voit quelles interactions découlent de ces représentations communes : la nécessité de faire preuve de courage est rappelée constamment par les chefs comme par les camarades. La vie en commun dans l'espace restreint de la tranchée ou du cantonnement soumet chacun à des regards très intenses, et à la nécessité d'afficher une conduite conforme à cette valeur fondamentale. F. Cochet montre ainsi en quoi la « honte collective » est érigée en « système de commandement[156] », ce que soulignent de nombreux témoignages combattants. Les officiers de contact (capitaines et surtout sous-lieutenants et lieutenants) exercent ainsi une autorité sur un mode paternaliste, alternant le souci du bien-être de «leurs» hommes et les rappels publics au courage. Plus largement, on se moque des soldats inexpérimentés qui se baissent pour saluer les balles[157]; on raille les blessés qui se plaignent trop pour une «sensibilité de femmelette[158]», et, à un jeune officier blessé qu'il est allé chercher entre les lignes, et qui pleure, un soldat lance : «Mon lieutenant, si vous pleurez comme ça, je vais vous ramener chez les Boches[159].» L'affichage du courage est bien l'élément central de l'espace public des tranchées, qui permet même de telles injonctions du bas en haut de la hiérarchie.

En effet, conformer son comportement à ce modèle du courage masculin est une nécessité qui permet d'affronter les chocs physiques, psychiques et émotionnels sans précédent de la guerre industrielle. Celle-ci redéfinit l'économie des émotions autour du courage, de la ténacité et d'une «insensibilité devenue obligatoire[160]», laquelle est notée par de nombreux témoins, comme Henri Despeyrières : «Je suis maintenant bien habitué à la mort et j'en vois tant partir que quelquefois je reste presque indifférent[161].» Cette économie des émotions, qui prolonge les codes d'expression des sentiments et des émotions existant dans le monde civil, bannit ainsi les larmes en dehors des moments intensément ritualisés que sont les messes et les enterrements[162], et fait au contraire du rire ou de la gaieté forcée un recours nécessaire. Comme l'écrit un soldat, « ici plus qu'autre part on doit s'empresser de rire de bien des choses, si l'on ne veut pas être obligé de pleurer[163] ». Le rire est aussi un affichage de la virilité ou du jeu avec le danger, comme lorsque des soldats arrivent à sortir d'une zone recevant des obus épars : « On est tellement habitué à ces histoires-là que l'on se gondole de rire après[164]. » Il est enfin une manière de partager l'épreuve, et donc une facette des liens de camaraderie souvent très intenses qui se développent au front, élément essentiel du maintien de la ténacité[165].

L'affichage du courage correspond, de plus, aux modèles de comportement promus par la société dans son ensemble. Ils le sont à la fois dans les discours dominants qui font l'éloge de la bravoure des soldats, en particulier de ceux qui sont déjà tombés, et par l'arrière qui partage la volonté de voir les soldats faire leur « devoir » avec « courage » sans quoi leur « honneur » est en cause. Ainsi, des lettres de la famille ou des proches peuvent rappeler aux combattants la primauté du devoir, et les astreindre à se conformer au modèle du courage masculin. C'est le cas fin 1914, entre Marcel Garrigue, du 280e RI, et son épouse Victorine. Lorsque les lettres du soldat montrent sa lassitude pour la guerre ou son dégoût pour les chefs et les embusqués, sa femme le rappelle à son rôle :

> Allons Marcel, aie de la patience, ne te décourage pas, cela durera peut-être encore cet hiver mais enfin tu reviendras, n'est-ce pas, fais ton devoir jusqu'au bout, que l'on n'ait rien à te reprocher [...] pense que

tu as des enfants. Ne te révolte pas, va ; vois si ta lettre s'était égarée comme cela découragé, oh vrai, tu m'as fait beaucoup de peine, ne reviens plus m'écrire comme cela, n'est-ce pas tu ne le feras plus. [...] Mon frère nous a écrit, il est tout à fait courageux ainsi que Aman et Borda. Je pense bien que tu les vaux et que tu ne rougiras pas d'avoir été un moment découragé car tu t'es trompé et tu n'y reviendras pas, alors encore une fois à bientôt, va, aie courage[166].

L'injonction au courage (le terme revient huit fois au total) et au devoir est alimentée par les exemples d'autres soldats, par la référence aux enfants, et par la volonté de ne pas «rougir», dessinant un univers social où chacun est mobilisé et où personne n'a le choix d'afficher doute ou faiblesse, sinon momentanée, comme veut le croire cette épouse.

La structuration des rapports sociaux autour du courage affiché dans les interactions entre hommes du front, et vis-à-vis de l'arrière, crée une situation particulière, dans laquelle le refus et la désobéissance peuvent être vus comme une «lâcheté». Ce dispositif nécessitera de la part des mutins actifs ou potentiels tout un travail de légitimation des conduites transgressives, afin d'échapper à l'opprobre qui touche les couards ou les «femmelettes». Ils tenteront, en effet, de faire de la révolte un signe de courage.

Un rapport ordinaire à la guerre

Si la guerre est indiscutable et évidente en 1914, à tel point que les insoumis sont peu nombreux

ou réduits au silence, les pacifistes tel Romain
Rolland voués aux gémonies, et l'obéissance, générale, ce n'est plus le cas au printemps 1917. Des
combattants et des civils, en nombre croissant,
dénoncent la guerre, et arrêtent de la faire —
quelle que soit l'interprétation que l'on donne de
leurs actes et de leurs paroles. Pour le comprendre,
et dessiner les conditions de possibilité d'une
action collective telle que les mutineries de 1917,
il importe de sortir de la fausse dichotomie dans
laquelle reste parfois prise l'histoire de la Grande
Guerre, entre « patriotisme » et « pacifisme ». On a
tenté de montrer ce qu'avait d'inadapté le premier
terme pour décrire le conformisme général à la
situation de guerre. Le second, dont les sens en
1914 sont très divers, est encore plus inapproprié
pour décrire la majorité des conduites et des attitudes, tant l'opposition idéologique ouverte est
rare. Les deux termes sont surtout réducteurs et
empêchent de comprendre les situations complexes et intermédiaires où la réalité de la guerre
place nombre d'individus[167]. On peut ainsi être
« patriote » et vouloir que la guerre s'arrête le plus
vite possible, ou vouloir en sortir, et, à l'inverse,
être « pacifiste » tout en continuant à se battre
quatre ans durant, comme Louis Barthas[168]. Enfin,
penser le rapport au conflit uniquement en lien
avec les pôles idéologiques opposés du « patriotisme » et du « pacifisme », renvoyant à des conceptions conscientes et ouvertement formulées de la
Patrie, de la Nation, de la Victoire, de l'Ennemi,
de la Paix ou de la Révolution, passe à côté du très
grand nombre de représentations et de conduites

qui ne sont ni intellectuellement construites ni explicitement motivées.

Ce rapport au conflit des combattants des tranchées, souvent moins construit et plus ordinaire que ne le laissent penser les argumentaires clairs et motivés que l'on trouve chez les plus lettrés des témoins, s'exprime d'abord à travers la perception d'une guerre injuste et la dénonciation de son coût, liée aux inégalités réelles de la société en guerre et aux conditions effroyables du combat. « L'énormité inutile de nos pertes[169] » est ainsi notée par un très grand nombre de combattants, quelle que soit leur position hiérarchique et leur origine sociale ou politique. Le patriote prêtre-lieutenant Weber note pour octobre 1914 : « Je pensais au mot "guerre d'usure" et le traduisais "guerre d'extermination"[170]. » Ce sont les mêmes termes qu'emploie Marcel Papillon début 1915 : « Ce n'est pas une guerre qui se passe actuellement, c'est une extermination d'hommes[171]. » Abel Ferry, grâce à sa position singulière qui lui permet de voir « la guerre d'en bas et d'en haut », va très souvent dans le même sens. Il note, en avril 1915 : « Revenu de la Woëvre écœuré de l'aisance avec laquelle ces égoïstes vieillards que sont les généraux sacrifient des milliers d'hommes[172]. » Et, en mai, dans son carnet de route, il écrit : « Il n'y a pas une note, pas un document, pas une sanction prise pour éviter le gaspillage terrifiant fait partout des vies humaines, gaspillage souvent démoralisant[173]. » Enfin, il écrit à sa femme dans une lettre du 21 mai 1915 décrivant les Éparges : « L'art de la guerre se réduit à être un boucher méthodique. Ce mons-

trueux grignotage de la France m'écœure[174]. » Il
ne s'agit là en rien d'une prise de position contre
la guerre : le jacobinisme patriotique de Ferry est
indiscutable. Mais, comme beaucoup, il prend
conscience d'un coût disproportionné, ce qui
s'affiche dans les courriers contrôlés en 1916
étudiés par A. Cochet : « on pourrait citer par
centaines les métaphores de carnage, boucherie,
orgie, abattoir[175] ». Ainsi, un soldat écrit : « Le mot
"guerre" est trop beau, c'est assassinat qu'il faut
dire[176]. » Les pertes dont on a été témoin sont
également reliées au sort de chacun : « Nous
sommes dégoûtés de voir tomber tous nos camarades. On se dit : ton tour viendra aussi[177]. » C'est,
enfin, l'absence de résultats qui est mise en
parallèle avec l'énormité des pertes humaines :
« Tous nous devons y passer car c'est la fin du
monde de voir tant d'hommes tués pour aboutir à
rien du tout[178]. » Cette conscience du coût de la
guerre, liée aux conditions inédites du combat,
s'oppose aux multiples manières dont la mort de
masse et le lourd bilan humain des opérations
sont minimisés et euphémisés par le discours
dominant et le commandement[179], et conduit des
combattants à un doute radical sur la possibilité
de la victoire ou le sens de la guerre, comme
Louis Chirossel : « C'est toujours la même chose,
beaucoup de vies supprimées. C'est le seul bilan
de cette guerre absurde[180]. »

Surtout, cette disproportion des pertes et des
résultats est d'autant plus mal ressentie qu'on y
perçoit une rupture de l'égalité, idée qui explique
la hantise des embusqués exprimée par de très
nombreux soldats. Non seulement les pertes sont

trop lourdes, mais elles sont perçues comme inégalitaires: «C'est nous seuls qui combattons[181]», écrit H. Despeyrières en 1915. En effet, une lecture sociale des sacrifices et de leur inégalité se fait jour, comme chez Marcel Papillon en mai 1915: «Maintenant les ¾ des soldats sur le front sont des pères de famille (et c'est étrange, les riches sont très rares).» Le même écrit, un peu plus tard: «Ah, si je reviens, on pourra m'en parler de la guerre. Égalité, derrière la porte[182]!» C'est cette perception d'une inégalité devant la mort qui est à l'origine des mesures et des discours égalitaires visant les «profiteurs» et les «embusqués». Cette perception de l'injustice correspond à des inégalités très réelles. Comme les profits de guerre, «choses concrètes», les injustices sont tangibles en 1914-1918. La perception d'une guerre injuste et d'un «hiatus abyssal entre ceux qui se battent et ceux qui ne se battent pas[183]» alimente l'espoir et l'attente de sa «fin».

Pour le comprendre, il faut abandonner le présupposé, qui imprègne tant d'études, selon lequel *tous* les combattants se détermineraient en termes clairs et conscients sur le sens du conflit[184]. Ces représentations construites et idéologiquement motivées sont bien formulées par l'infime fraction la plus lettrée de la population. Mais si l'on s'éloigne des textes et des témoignages écrits par les mieux dotés culturellement des combattants, en même temps que l'on se rapproche des premières lignes et des soldats du rang, les justifications du conflit se font plus banales, voire absentes. Cet écart entre ceux qui construisent et croient au «sens» de la guerre, et ceux qui la font

sans y adhérer ni se montrer motivés, est lisible
dans la correspondance de Jean Norton Cru, dès
le début de l'année 1915. Il constate que ses priorités ne sont pas les mêmes que celles de ses
soldats du 240ᵉ RI :

> Dire que plus d'un de ces paysans sont prêts à payer
> leur retour immédiat au pays par la paix la plus igno-
> minieuse pour leur patrie. Je dois souvent employer
> l'éloquence unie à l'indignation pour les rappeler à la
> raison[185].

On remarque qu'il s'agit à la fois d'un hiatus
hiérarchique (il est sergent à cette date) et
social (le bourgeois condamne les «paysans»).
On retrouve un hiatus similaire dans la correspondance de Robert Hertz, celle-là même qui est
lue par plusieurs historiens comme un exemple
optimal du «consentement» voire du «contentement» de combattre[186]. Or, si ce consentement
est sans aucun doute lisible dans les lettres de
l'intellectuel durkheimien, de très nombreuses
notations indiquent qu'il constitue une exception
parmi ses camarades du 44ᵉ puis du 330ᵉ RI, qui
manifestent leur indifférence ou leur réticence
pour une guerre qu'ils semblent bien davantage
subir. C'est d'abord visible lors de son changement d'affectation, le 24 octobre 1914, où il est
un des seuls soldats territoriaux à répondre à une
demande pour 45 volontaires devant passer dans
l'active[187]. Son enthousiasme pour rejoindre une
unité combattante semble relativement peu partagé, plusieurs soldats étant surpris de le voir
s'exposer ainsi : «Quand j'ai quitté le 44ᵉ plusieurs

s'étonnaient et semblaient me dire, "Comment toi, un homme marié?"[188]. » Cet étonnement montre que, pour ses camarades, le fait d'avoir une famille doit conduire évidemment à ne pas s'exposer au danger, et qu'on partage plus la « crainte » du conflit que le « contentement ». D'autres regards du bourgeois parisien sur ses compagnons révèlent un écart similaire dans la façon de concevoir la guerre, et même une opposition entre le sacrifice conscient et volontaire qu'Hertz a fait de sa vie, et la volonté de « s'en tirer » qui domine chez les autres, ce qu'il note fréquemment avec désapprobation. Après un enterrement le 25 novembre 1914, il dénonce auprès de sa femme la « religion de la frousse » des épouses priant pour que leur mari revienne sauf[189].

Son séjour aux tranchées, trois jours plus tard, lui fait découvrir une dimension supplémentaire de l'écart entre son patriotisme et l'aspiration majoritaire de ses camarades à la « tranquillité » et au retour. Lorsqu'on leur demande d'effectuer des tirs peu efficaces sur la tranchée adverse, Hertz note leur réaction :

> On était bien tranquilles — les Boches étaient bien sages et voilà qu'on va les réveiller pour rien — et qu'ils vont nous envoyer des shrapnells — on s'entendait pourtant bien. Vois-tu qu'un de ces jours les généraux nous auraient trouvé en train de se serrer la louche avec les Boches ou de faire une manille près du ruisseau. [...] Les Boches sont comme nous, ils aimeraient mieux être chez eux[190].

Il parvient au cours de plusieurs conversations à comprendre un peu mieux les raisons de ces

différences, qui dessinent pour nous très clairement l'écart entre le rapport construit à la guerre
qui est celui des militants, des élites et des intellectuels, et le rapport ordinaire à une guerre
subie qui est celui du plus grand nombre. Il discute avec un camarade à qui il a confié son
«contentement», mais qui considère au contraire
la guerre «comme une interruption odieuse de sa
carrière productive et de sa vie familiale [...] tout
son espoir était d'en sortir sain et sauf le plus vite
possible (je cite celui-là parce que c'est un homme
grave, religieux et réglé par son devoir — mais
il ne sentait à aucun degré la "religion de la
guerre")[191]. »

L'opposition n'est certes pas celle du pacifisme
et du patriotisme, et la réticence à la guerre n'empêche pas de faire son «devoir» tant que dure le
conflit. Plus loin, Hertz se rend compte de ce que
les justifications construites du conflit restent
parfaitement extérieures aux soldats de la section
qu'il commande, et qu'il tente régulièrement
d'exhorter. À ces justifications l'un d'eux oppose
simplement le coût démesuré du conflit :

> Vois-tu, les catholiques et les socialistes seuls savent
> <u>pourquoi</u> ils se battent. Les autres ont seulement un
> excellent fond de patience et de bonne humeur, mais
> leur <u>raison</u> paysanne proteste <u>contre</u> la guerre et
> refuse son assentiment. Un charmant petit «bleu»
> (nous avons avec nous quelques soldats de l'active),
> un Breton aux yeux clairs et au visage rieur, comme je
> lui disais : «Oui, ça coûte cher, mais si ça vaut ce prix-
> là ?», il m'a répondu, gravement : «Oh sergent ! Je
> crois qu'il n'y a rien au monde qui peut coûter <u>aussi</u>
> <u>cher que ça</u> !» Ils ont une sorte de répugnance
> instinctive à la phrase, au lyrisme. Je leur ai lu le

manifeste socialiste, du Barrès, l'article de Lavisse aux soldats de France. Rien de tout cela ne m'a paru mordre[192].

Au total, deux modes de participation au conflit se dessinent. D'un côté, pour Hertz, l'événement est compris et intégré dans des grilles de lecture idéologiques cohérentes, ainsi que dans des habitus sociaux d'encadrement et de domination (il tire une grande fierté de son rôle de sergent[193]), débouchant sur une participation motivée en paroles (le «contentement») et en actes (le volontariat). De l'autre, pour les combattants qu'il côtoie, c'est une guerre à laquelle on participe parce qu'on n'a pas le choix (fréquemment, comme on l'a vu, sur le mode de la «conscience professionnelle»), mais dont on voudrait qu'elle s'arrête pour reprendre sa «vie familiale», et dont on cherche par diverses pratiques (ne pas se porter volontaire, ne pas tirer sur la tranchée adverse) à réduire le danger. Ce rapport ordinaire au conflit est, sous la plume de ce témoin, celui du plus grand nombre[194]. Il n'exclut pas, bien évidemment, le souhait de la victoire ou l'expression occasionnelle de l'hostilité envers l'ennemi[195]; mais sa dimension fondamentale est passive et non construite : on fait la guerre pour d'autres raisons que celles des intellectuels comme Hertz, plus banales, plus évidentes aussi. On la fait surtout sans raisons : parce qu'on n'a pas le choix, parce qu'*il y a la guerre*. Dès lors, plus que des *raisons* de faire son devoir (pour la Patrie, l'arrière, les camarades tombés ou vivants, par crainte de la discipline ou des chefs, ou par fidélité envers

eux...), on trouve des *moyens* de tenir : correspondance, camaraderie, alcool, indifférence et
fatalisme. On le fait surtout parce qu'il n'y a, littéralement, rien d'autre à faire et nulle part où
aller. On touche là à un point essentiel : tout
comme en août 1914 la participation à la guerre
ne se discute pas parce qu'elle est une évidence
— sans besoin de chercher des sentiments patriotiques partagés ou « profonds » —, de même entre
1914 et 1917 on continue à faire la guerre en
raison de l'inertie de l'événement. Nul n'a été à
même de l'empêcher en 1914 ; nul n'est à même
de l'arrêter ensuite.

Cette indifférence, enfin, doit se comprendre
comme une manifestation des positions différenciées dans l'espace social de la guerre et d'avant-
guerre, comme le signe du clivage social perçu
entre « eux » et « nous », comme l'explique Richard
Hoggart dans un autre contexte :

> Il n'a jamais été facile, en temps de guerre, de
> convaincre complètement les classes populaires de la
> justesse de la cause nationale et de la vilenie du camp
> adverse : l'intérêt qu'ont « les autres », « les gros », à la
> guerre, est trop évident. Il serait d'ailleurs ridicule
> d'attendre de l'« homme ordinaire » qu'il se conduise
> comme Rupert Brooke quand il reçoit sa feuille de
> route. Il « y va » parce qu'il est bien obligé d'y aller,
> parce qu'« ils finissent toujours par vous avoir », parce
> qu'« ils ont tous les atouts en mains ». [...] Le service
> militaire et même la guerre sont avant tout une grande
> machine compliquée et anonyme[196].

Le conflit et l'institution militaire sont subis,
comme sont subies les données structurelles de la
domination sociale en temps de paix. Ce rapport

«désidéologisé» et ordinaire au conflit, l'envisageant comme une épreuve qu'«ils» infligent et qu'on voudrait abréger, s'exprime dans l'analyse que fait Annie Kriegel de l'opinion face à la «prolongation de la guerre». Elle commente une lettre de l'écrivain (et vaguemestre en 1914-1918) Émile Guillaumin, où celui-ci constate et redit le peu de motivation des soldats et des civils pour le conflit qui se prolonge dès le 10 novembre 1914 :

> Ton navrant d'un combattant des tranchées : «Faudra-t-il que nous restions encore longtemps ici ? Pense-t-on nous y faire passer l'hiver ?»
>
> Ton larmoyant des femmes inconnues du train : «Mais est-ce que ça va durer encore longtemps, mon dieu ! Est-il possible que ça dure encore longtemps ?» [...]
>
> Je vous ai dit aussi, je crois, combien avaient été lamentables les départs des derniers détachements, saoulerie agressive ou résignation morne, immensément morne.
>
> Dans la population civile, d'autre part, j'ai entendu dire et redire ce mot terrible : «C'était bien entendu d'avance ; on voulait nous saigner, épuiser le peuple. Quand le nombre qu'on voulait faire tuer sera atteint, on s'arrêtera. [197]»

S'appuyant sur le désarroi d'un pacifiste qui voit bien que le découragement ou la démotivation ne se traduisent pas en opposition formulée et cohérente au conflit, Annie Kriegel précise :

> Ce serait un contresens historique — et probablement philosophique — que d'interpréter n'importe quelle banale et naturelle aspiration à la paix (laquelle aspiration ne date pas de 1917 mais du premier jour

de la guerre) comme une prise de position politique qui peut amener celui qui la nourrit au défaitisme. C'est ce que montre Dumoulin dans une lettre à Monatte du 6 février 1916 : « Eh oui, ils [les soldats] en ont plein le dos, ils aspirent à la paix, mais ils n'analysent rien, ils n'argumentent sur rien, ils ne raisonnent rien. C'est ainsi qu'il est possible de faire la guerre avec des gens qui n'en veulent pas[198]. »

On ne saurait mieux résumer la situation des combattants de la Grande Guerre en France, et l'absence de choix comme de construction discursive qui les caractérise dans leur grande majorité, suivant l'hypothèse ici suivie. Il existe à la fois une «banale et naturelle aspiration à la paix», et une absence de discours construit pour la hâter. Il s'agit là d'un point dont on ne saurait trop souligner l'importance dans la perspective des mutineries. Subir l'événement guerrier ne signifie pas qu'on ait les ressources symboliques pour le contester, ou même souhaiter le contester. Le rapport ordinaire au conflit des combattants, qui le subissent comme une épreuve, une interruption de la vie professionnelle et familiale, et espèrent qu'il se termine, empêche aussi bien leur adhésion aux argumentaires patriotiques que la formulation d'argumentaires inverses, révolutionnaires, pacifistes ou défaitistes. Ceux-ci restent le fait d'une minorité de militants tout comme, symétriquement, les poèmes patriotiques restent le fait d'hommes éloignés (par leur grade, leur fonction, leur milieu social et/ou leur culture) des soldats du rang. La participation de ces derniers à la guerre reste, tout du long, vécue avant tout sur un mode passif et involontaire. C'est, par exemple, l'expérience du cultivateur savoyard Marchand, correspondant à des habitus antérieurs de soumission à l'ordre social : « Plusieurs souhaitent de recevoir de coup de pied [en ferrant les mulets] pour aller en convalescence ; même mon adjudant est plus découragé que moi ; moi, toujours comme tu me connais ; je me soumets avec bon cœur à ce que l'on ne peut pas empêcher[199]. » Jules Maurin a montré le lien entre la soumission aux événements guerriers subis et les positions dominées dans l'espace social d'avant-guerre, dont témoigne cette lettre écrite par un homme après de rudes corvées en 1915 : « Nous avon trabaillé 3 nuit malgré quil fessé bien mové, fau bien se soumestre[200]. »

Ce rapport ordinaire au conflit s'explique également par une moindre maîtrise de ses tenants et aboutissants, compréhensible si l'on veut bien se souvenir que les combattants sont issus des milieux les plus socialement dominés avant 1914[201]. Leur compréhension des causes de la guerre et des complexes conditions de la paix n'est pas également partagée, comme ne sont jamais également partagées les compétences politiques en temps de paix[202]. On trouve ainsi dans de nombreux témoignages l'expression d'idées confuses ou naïves sur la guerre, ses acteurs et ses événements. On le voit chez un autre cultivateur, Gabriel Thivolle-Cazat, qui formule ce souhait imprécis en novembre 1915 : « Que ça finisse comme ça voudra, mais que l'on rentre chez soi[203] ! », comme dans les discussions vagues que rapporte E. Tanty en juin 1915 : « Autrefois, les poilus ne parlaient que de "Guillaume" et n'accusaient que "Guillaume"; maintenant ils commencent à murmurer contre d'autres. Ils s'aperçoivent qu'ils en ont assez de souffrir et de crever pour rien, et d'être l'éternelle vache à lait[204]. » Ce rapport à la guerre caractérisé par l'impuissance et l'indifférence — non à l'issue du conflit, mais aux «sens» que les discours dominants cherchent à lui conférer — se retrouve dans les rapports du contrôle postal.

Ils indiquent tous que l'écrasante majorité des correspondances ne contient, tout au long du conflit, aucune information pour ou contre la guerre, aucune justification du conflit, ni de l'indiscipline, et se limite à des considérations privées et domestiques[205] :

> Les neuf dixièmes des lettres ne disent rien du tout et représentent la masse docile, dévouée, patiente et silencieuse. On se préoccupe toujours vivement des travaux agricoles, des vendanges, etc. [...] Dans quelle mesure de pareils textes [pacifistes] représentent-ils un état étendu des esprits, c'est ce qu'il est difficile de décider. Pour le contrôleur qui les recueille épars ça et là, entre cent ou deux cents lettres insignifiantes, ils demeurent à l'état d'exception[206].

S'ils formulent peu de discours pour ou contre la guerre, tous les combattants espèrent qu'elle se termine.

Attendre et espérer la « fin »

En effet, bien davantage que la Patrie ou la « paix », c'est la « fin » du conflit qui préoccupe un grand nombre de soldats, dès lors que la guerre courte se révèle une illusion. Quel que soit le degré de construction et de profondeur de leur possible patriotisme, les civils mobilisés en 1914-1918 éprouvent une «banale et naturelle» envie de retour au foyer. Leur horizon est d'abord celui, personnel, du retour à la normale, de la préservation de soi et de la prolongation de la vie. Aussi il faut insister, à la suite de Rémy Cazals, sur la polysémie du terme de «paix» en 1914-1918[207]. À côté de la paix victorieuse, permettant de récupérer l'Alsace et la Lorraine ou de faire payer l'Allemagne, que défendent les patriotes et ceux que l'on nommera avec la prolongation du conflit les «jusqu'au-boutistes», à côté également de la paix «blanche», sans annexions ni indemnités, progressivement défendue par de petits groupes pacifistes, il existe la «paix vague» des combattants ordinaires. Elle correspond à ce rapport ordinaire au conflit que nous avons identifié : de la même manière que son déclenchement est apparu à beaucoup incompréhensible et en tout cas hors de leur emprise, sa «fin» est souhaitée et rêvée sans que soient nécessairement formulées des conditions réalistes de paix ou les équilibres militaires, diplomatiques et territoriaux permettant d'y parvenir[208].

Ainsi, dès le 15 septembre 1914, F. Cochet relève chez le soldat Raoul Buchet ce souhait de la fin : «Enfin nous désirons tous la paix, mais quand sera-t-elle[209] ?» La semaine suivante, le 21 septembre, avant l'installation dans les tranchées, c'est le soldat Pierre Rivat qui écrit : «Il me tarde que cette vie finisse[210].» La prolongation

des combats ne suspend pas entièrement l'espoir
d'une fin rapide, qu'on retrouve chez Marcel
Garrigue le 18 octobre 1914 : « Je pense bien que
bientôt ça finira il le faudra bien pour tout le
monde[211]. » En novembre, enfin, Étienne Tanty
explique dans une lettre : « On n'a plus qu'une idée,
je dirais presque une monomanie, une obsession :
la fin, la paix[212]. » Ces souhaits de « fin » ou de
« paix » (toujours au sens encore minimal et
vague qui renvoie uniquement au retour au foyer)
s'accroissent évidemment avec la guerre des tranchées, plus meurtrière et plus longue que prévu.

La vive conscience de la disproportion des
pertes et la hantise des injustices s'articulent à la
stupeur devant la durée imprévue de la guerre.
En décembre 1914, l'enlisement dans une campagne d'hiver ne fait aucun doute pour François
Boulet : « Tout va à merveille, ici, mais hélas ! On
nous annonce la guerre très longue[213]. » Cette prise
de conscience de la durée, ajoutée à la dureté de
l'épreuve, et à l'effroi devant la mort de masse,
alimente bien chez les soldats un souhait intense
de la « fin » du conflit. Il est envisagé moins comme
un problème militaire et diplomatique à résoudre,
au nom d'une construction idéologique, que
comme une épreuve dont on voudrait qu'elle se
termine sans pouvoir formuler d'hypothèses réalistes pour cela. Là encore, il faut distinguer (faute
de pouvoir vraiment mesurer) entre les soldats
qui restent attachés à un vague souhait de retour
sans envisager la défaite (le retour au foyer est
« notre plus cher désir à tous », note Emile Mauny
après deux semaines de front en 1915[214]), et ceux
pour qui cette volonté de fin prime absolument

sur la victoire, tels les «paysans» auxquels Jean Norton Cru reprochait un désir de «retour immédiat», ou Étienne Tanty qui écrit le 29 janvier 1915 : «Tout le monde en a plein le dos de la guerre, on ne soupire plus qu'après la paix, quelle qu'elle soit[215].»

Ces souhaits sont réactivés et réitérés chaque fois que le rythme de la guerre conduit à mesurer le temps passé ou à se projeter dans l'avenir. Ainsi, chaque passage d'une année est l'occasion de souhaiter la paix, de 1915 («L'année qui arrive apportera, espérons-le, la paix si ardemment désirée[216]») à 1916 («Triste année qui va se terminer. Quel sera l'avenir? Les souhaits de bonne année n'existent plus, ce qu'il nous faut, c'est la fin de ce massacre[217]»; «Voici donc chers amis 15 de passé, année sombre et lente, que 16 nous donne la paix[218]») et 1917 («Je souhaite ardemment que la guerre finisse cette année et le plus tôt possible pour pouvoir retrouver [les miens][219]»). De même, l'anniversaire de l'entrée dans le conflit, en 1915, conduit à une réflexion sur sa durée, pour le fantassin Despeyrières («Pour moi la première année de guerre finit aujourd'hui. Que de tristes choses se sont passées durant cet espace de temps qui d'habitude passait si vite[220]!») comme pour le médecin Laby («Un an de guerre!! — C'est long... Encore combien?????...[221]»). Marcel Papillon écrit en juillet de la même année : «Quand donc finira cette misère? Je commence à être dégoûter singulièrement. C'est la guerre de cent ans[222].»

À la fin de 1914 et au cours de l'année 1915, le souhait de la «paix» ou de la «fin» est essentiel-

lement relié aux opérations militaires prévues,
dont on attend le succès. En mai 1915, à la veille
d'offensives qui provoqueront chez lui une vive
désillusion, H. Despeyrières note :

> Nous serions à la veille d'une offensive générale,
> d'une offensive qui se produirait sur tous les fronts et
> à laquelle toutes les unités de combat prendraient
> part. Réussirons-nous ? Ce serait la paix car du soldat
> au général en passant par tous les gradés, tout le
> monde en a «plein le dos»[223].

De même, Marcel Papillon écrit, à la veille des
offensives de septembre 1915 : «Je crois que d'ici
15 jours, il y aura un grand changement. [...]
Advienne que pourra, mais que ça finisse[224].» Jean
Norton Cru, enfin, souscrit les mêmes espoirs
dans une lettre du 28 septembre 1915 : «Nous
sommes pleins d'espoir, et tout heureux que la fin
semble devoir être plus proche[225].» L'année 1917
réactivera, comme on le verra, ces représentations d'une offensive «finale». Pourtant, en 1915
même, la répétition des attaques sans succès, au
coût humain disproportionné, repousse la «fin»
attendue et commence à alimenter l'idée que
toute décision militaire s'avère impossible. Dès
lors, on trouve l'expression d'un souci de «paix»
indifférencié et non relié aux opérations militaires, comme chez M. Papillon qui réagit au
souhait de fin d'un correspondant : «J'ai également reçu une lettre de M. Mollion, il voudrait
bien que ce fût fini. *MOI AUSSI*[226].» On peut lire
cette même idée sous la plume d'Étienne Tanty,
qui décrit la désillusion partagée au sein de son

unité, le 19 juin 1915, et le «changement de mentalité» général:

> Chez la plupart, l'idée se fixe que l'on ne pourra pas les reconduire à la frontière par les armes et que seule la diplomatie peut faire le travail où échoua le canon; le poilu commence à reprocher au gouvernement de ne pas agir en ce sens, de ne pas négocier. Il compte sur une paix honorable, une paix boiteuse, une paix en queue de poisson, l'idée est la même chez tous[227].

Une même indétermination de la «fin» se lit dans la lettre du 17 juillet 1915 de Despeyrières, qui pense que «la fin approche»: «La débâcle finale ne tardera pas à se déclencher soit chez nous, ou plutôt, il faut l'espérer, chez les Boches[228].» Certains en viennent même à souhaiter «débâcle» ou effondrement, pour hâter la fin, comme Tanty quelques semaines plus tard: «Si seulement on amenait la banqueroute au plus vite[229]!»

Ainsi, on voit apparaître un motif important qui imprègne de façon croissante le rapport à la «fin» des soldats: l'attente et l'espoir d'événements extérieurs censés amener la paix. Ces événements peuvent être réels ou imaginaires, effectivement lus dans les lettres et les journaux, ou simplement rapportés par les rumeurs qui circulent dans les tranchées, ils deviennent pour les combattants une solution rêvée à l'impasse dans laquelle les plonge le conflit. D'un côté, la guerre leur apparaît insupportable et interminable; en même temps, la «paix» sans victoire reste difficilement dicible; enfin, la victoire paraît de plus en plus improbable. C'est pourquoi l'espoir de «fin» des soldats va s'articuler à tous les éléments extérieurs qui semblent pouvoir amener la paix de manière plus ou moins magique. Cette irruption magique et souhaitée de la paix, caractéristique d'une vision ordinaire du conflit, se lit ainsi, par exemple, dans les lettres d'Émile Mauny. Le 30 mars 1916, il écrit, en pleine bataille de Verdun et de manière complètement irréaliste au vu des événements : « Nous voudrions bien tous que la paix se signe enfin. Quelle vie de traîner partout alors qu'on a une famille, une maison[230]. » Certains articulent ces espoirs à la diplomatie, qui semble à même de compenser l'immobilité du front. « Cela pourrait finir vite » si d'autres pays s'en mêlent pour Germain Cuzacq en janvier 1915[231] ; c'est également ce que pensent de nombreux soldats pour l'année 1916 : « Espérons que la Roumanie nous empêchera d'avoir une campagne d'hiver[232]. » Par ailleurs, l'espoir d'une paix magique ou providentielle peut se diffuser à travers des rumeurs ou des prophéties. Le journal de Marie Escholier en montre la présence à l'arrière, dans le monde rural, fin 1914 :

> Les prédictions vont leur train. Toutes annoncent la mort de Guillaume et la fin de la guerre, les unes fixent au 19 octobre, les autres au 25 décembre la réalisation de ces prophéties. [...] Les journaux ont annoncé que le Kaiser est malade et nos paysans espèrent sa mort comme un beau miracle. Ils sont sûrs que ce serait la fin de leurs maux. Morte la bête, mort le venin[233].

Au front, Robert Hertz évoque parmi les « poilus » de Mayenne une telle prophétie, annonçant la fin de la guerre pour décembre 1914, révélant encore une fois la distance qui existe entre son patrio-

tisme conscient et motivé et le souhait, sur le mode
de la superstition, de retour des soldats ordinaires
qu'il côtoie : « Cette grande détresse développe
la crédulité collective[234]. » On retrouve des phénomènes du même ordre dans les rumeurs « apocalyptiques » qui traversent l'URSS des années 1920
et 1930, laissant espérer par un événement extérieur et imaginaire la chute libératrice du régime
subi et honni[235]. La rumeur ou la prophétie permettent d'imaginer la fin d'une expérience subie,
sur laquelle on n'a aucune prise. C'est une fonction comparable que remplissent les « utopies
brèves[236] » (R. Cazals) formulées par de nombreux
combattants, dans lesquelles ils imaginent des
solutions à la fois évidentes et fantaisistes pour
amener la fin de la guerre, comme une épidémie
ou l'injonction à moitié sérieuse de ne plus
travailler la terre à une épouse :

> Je ne crois plus qu'à un miracle pour nous délivrer.
> J'espère qu'il se produira. Il faudrait le choléra pour
> les armées ; et alors peut-être que ça finirait faute de
> combattants (A. Girard, 1915).
> Je voudrais que tu ne travailles plus ces terres ; et si
> tout le monde faisait ainsi, la guerre ne pourrait durer
> plus longtemps mais, malheureusement, c'est encore
> un problème difficile à résoudre : un s'arrêtera et les
> autres continueront[237] (H. Sénéclause, 1916).

À l'été 1915, Marcel Papillon invoque, lui, la
sécheresse pour « que l'on ne récolte pas un radis
(les Boches comme nous) et que la guerre se
termine »[238]. On voit ici combien le souhait d'abréger l'épreuve prime sur l'impératif de la victoire
et sur le réalisme. De même, en 1917, les soldats

du lieutenant Émile Morin au 42ᵉ RI imaginent-
ils de déclarer un « match nul », « chacun retour-
nant chez soi, il n'y aurait ni vainqueurs ni
vaincus[239] ».

Telle est la disjonction complète entre la volonté
que la guerre s'arrête, partagée par de nombreux
combattants, et le pacifisme argumenté, qui reste
le fait d'une minorité et se développe faiblement
à partir de 1915[240]. Cette très forte volonté que la
guerre s'arrête, insistons-y, n'équivaut ni à un
souhait de défaite, ni à une construction idéologique ou militaro-politique claire et précise. Son
imprécision est en même temps sa limite. Mais
elle explique la croissance des pratiques de réticence ou de désobéissance au conflit, signe d'un
profond blocage de la situation, au cours de
l'année 1916, lorsque la fin de la guerre ne peut
être imaginée qu'à travers d'improbables concours
de circonstances, ou un retour magique à la
bonne volonté des belligérants : la bataille défensive de Verdun puis l'insuccès de la Somme ne
permettent guère d'espérer une issue militaire au
conflit, tandis que l'occupation du nord-est du
pays se maintient.

De 1914 à 1917, la paix reste de ce fait largement indicible, malgré un assouplissement
attesté par la publication en volume d'*Au-dessus
de la mêlée*, et par la réflexion des essayistes qui
recommencent à dessiner la paix future et ses
conditions[241], tant la carte de guerre rend son
évocation toujours particulièrement difficile. C'est
ce que note Abel Ferry dans ses carnets, le
2 février 1915 : « Le pape a donc ordonné des
prières pour la paix. Quelle paix ? La paix alle-

mande ? Car en l'état de notre territoire envahi il ne peut s'en faire d'autre[242].» Cette donnée structurelle est inchangée jusqu'à la fin du conflit et pèse sur tous les discours de paix. Elle explique les soupçons adressés aux hommes politiques qui semblent pouvoir l'incarner et ainsi reconnaître une défaite : le discours du député socialiste Brizon contre les crédits de guerre le 24 juin 1916 déchaîne de violentes protestations[243], tout comme les démarches de Caillaux en Italie et sa position officieuse de chef du «clan pacifiste[244]». De même, la figure de Briand suscite les craintes de Ferry : «Il est capable de toutes les paix, de la plus glorieuse comme de la plus petite, pourvu que ce soit lui qui la fasse[245].»

La réticence en pratiques

Avant le printemps 1917 et le temps de l'action des mutineries, la paix reste indicible. La réticence à la guerre se manifeste alors par différentes pratiques, légales ou illégales, individuelles ou collectives. En effet, les cadres sociaux et symboliques de l'obéissance, s'ils ne laissent aucune place à la contestation ouverte, permettent aux combattants de chercher à réduire leur exposition au danger en échappant à l'expérience des tranchées[246].

Ainsi, on voit se déployer dès le début de la guerre de très nombreuses stratégies d'évitement, qui conduisent les mobilisables à rechercher des affectations peu dangereuses. Il existe bien évidemment un mouvement inverse, qui porte vers

l'infanterie des hommes trop âgés ou préalablement affectés à des unités non combattantes,
signe que certains manifestent une adhésion idéologique forte à la guerre. C'est le cas, on l'a vu,
de Robert Hertz. C'est toutefois le mouvement
contraire qui est numériquement le plus important, et de loin : les engagements volontaires de
1915 à 1918 indiquent clairement qu'en devançant
l'appel pour la marine, l'artillerie ou le génie, on
cherche à éviter l'expérience meurtrière des fantassins[247]. Ces stratégies d'évitement sont relayées
et soutenues par les soldats incorporés qui donnent
des conseils aux plus jeunes et expriment leur
souhait de ne pas les voir arriver au front. Dès le
début de la guerre, dans des lettres du 18 et du
25 septembre 1914, Marcel Papillon évoque avec
ses parents le cas de son frère Lucien, bientôt
appelé sous les drapeaux : « J'ai vu l'appel de la
classe 1915. Pour Lucien, le *meilleur* pour lui serait
je crois le Génie [...] qu'il s'évite d'aller dans
l'infanterie, car ce n'est pas encourageant[248]. »
Delphin Quey conseille à son jeune frère en 1916
de se faire porter malade[249].

Individuellement, chacun recherche une affectation moins risquée. Rendue difficile à justifier
par le discours hostile aux embusqués, cette course
au « filon » est cependant générale. Passer dans
l'aviation, l'artillerie, le génie, l'intendance ; être
affecté à la Compagnie hors rang (CHR)[250], devenir signaleur, téléphoniste, cuisinier, brancardier,
traducteur ; obtenir une permission agricole,
familiale, matrimoniale, un billet d'hôpital ou un
stage de formation ; passer à l'armée d'Orient ou
dans les colonies, enfin, deviennent autant d'échap-

patoires recherchées[251]. Le but est bien de ne plus
combattre, ainsi dans cette situation rapportée
par H. Despeyrières dès décembre 1914 : « On
a formé une section de dépôt. Presque tout le
monde, je n'ai pas besoin de vous le dire, aurait
voulu en faire partie pour ce seul contentement
de rester en arrière[252]. »

Cette recherche d'une affectation peu dangereuse, signe net — non discursif mais matériel —
d'une réticence pour le conflit et sa violence, n'a,
ici encore, aucun lien avec un discours contre
la guerre. Le passage du temps et la durée de
l'épreuve amènent ainsi des soldats se définissant
comme patriotes à chercher des occasions de
sortir du conflit. En mai 1917, l'un d'eux écrit à
un correspondant à l'arrière : « Si tu pouvais me
donner quelque filon vraisemblablement sûr, je
t'assure qu'*avec tout mon patriotisme je mettrais
les bâtons* car la vie militaire est de plus en
plus dégoûtante[253]. » De même, Lucien Laby, par
exemple, au patriotisme motivé et affiché, finit
par saisir une occasion de sortir de la guerre en
1917 : « Mal dormi : ça me fait un drôle d'effet de
partir d'ici. Ce qui me coûte le plus est de quitter
mon vieil ami Touyeras. Oui, mais aussi, c'est la
vie assurée ! — Je suis gracié[254] ! ! » La survie individuelle prime sur le patriotisme et même sur la
camaraderie. La « fin » et la « paix » sont bien deux
perspectives différentes.

C'est ce que montrent, de même, les réactions
des soldats touchés par une « fine blessure », comme
Lucien Papillon qui note lorsqu'il est évacué : « Je
suis mieux là que dans les tranchées[255]. » La
bonne blessure offre une porte de sortie à la fois

précieuse et inattaquable (le courage ne peut être mis en cause, au contraire) à des combattants dont le rapport ordinaire à la guerre les conduit à souhaiter, avant tout, en réchapper. Le même combattant note, de façon laconique : « Pessin a de la veine, il est blessé au genou[256]. » À ces échappatoires légales s'ajoutent des stratégies et des pratiques moins licites qui révèlent, de même, la réticence croissante pour le conflit et sa violence. Prenant exemple sur la « bonne blessure », la mutilation volontaire se développe[257]. Aux tranchées, c'est le « vivre et laisser vivre » qui s'installe : il s'agit de diminuer l'exposition au danger par une régulation mutuelle de la violence et des trêves, qui permettent à l'occasion de véritables fraternisations[258]. Là encore, nul pacifisme construit dans ces pratiques ordinaires de la guerre des tranchées, mais un souhait partagé de faire baisser ou cesser la violence et son intensité. On voit que ces stratégies et ces adaptations — comme les quelques jours de permission supplémentaires que s'octroient les combattants au mépris du règlement[259] — n'existent qu'à la marge d'un dispositif de guerre qui ne permet pas la contestation ouverte. Confrontés à la réalité et à l'inertie de la guerre des tranchées, et à la force des cadres sociaux et symboliques de l'obéissance, les combattants n'ont d'autre choix global que de « tenir » et d'obéir, en aménageant de petits espaces de liberté ou de minimisation du danger. Si le souhait de la « fin » est partagé, le conformisme social reste la règle, même si l'on peut obéir avec plus ou moins de zèle, ainsi, en ne se portant pas volontaire[260].

Ces limites à la désobéissance sont d'autant plus fortes que le coût de l'indiscipline est élevé. Les exécutions font l'objet de mises en scène publiques. Paul Ricadat raconte une telle scène : « Le coup de grâce lui est donné par un sergent et à tour de rôle les compagnies défilent devant le corps. Rares sont ceux qui peuvent retenir une larme, l'émotion de tous est à son comble[261]. » Au-delà de ces événements extrêmes que sont les exécutions, il ne faut pas sous-estimer les dispositifs ordinaires de la punition et de la stigmatisation. Les privations telles que le report de permission, la privation de tabac, ou les brimades sont très durement ressenties, et L. Papillon évoque dans une lettre le sort peu enviable d'hommes sortis sans autorisation : « Ils ont attrapé 8 jours de saldepolisse cela ne donne guère envie de sortir[262]. » Les corvées les plus dégradantes, enfin, servent de sanction, tandis que l'envoi en première ligne reste la véritable punition[263].

Surtout, dans une société très fortement mobilisée pour la guerre et dont tous les discours font l'éloge du devoir et du courage, désobéir c'est s'exposer à un déshonneur public et profond. Le chef d'une section de discipline raconte ainsi comment il a rappelé à l'ordre un soldat : « Si tu es déserteur, tu seras affiché à la poste et à la mairie ; plus tard, si tu veux rentrer en France, tu passeras au conseil de guerre[264]. » Ces rappels à la contrainte à la fois institutionnelle (le Conseil de guerre) et informelle (le regard des autres, combattants et civils) contribuent à maintenir l'obéissance du plus grand nombre entre 1914 et 1917.

Pourtant, dans cette même période des désobéissances collectives surviennent, préfigurant
en partie les mutineries. Ici et là, une unité peut
protester ou entonner une chanson subversive[265].
Surtout, les refus d'attaquer survenant dès 1915
inquiètent la hiérarchie. Si certaines affaires ont
été connues et sanctionnées sur le moment, on
découvre dans les témoignages plusieurs épisodes
de refus collectifs d'obéissance, illustrant les vues
de Jean Norton Cru qui évoquait les nombreuses
attaques «commandées» mais non «sorties[266]».
En effet, ces refus d'obéissance se déroulent
essentiellement lors des situations de combat,
lorsque tout ou partie d'une unité refuse de sortir
des tranchées pour attaquer. Ces épisodes sont
complexes, dans la mesure où ce refus peut aussi
bien illustrer un ajustement de l'autorité — quand
des chefs convaincus eux-mêmes de l'ineptie
d'une opération «couvrent» leurs subordonnés
qui ne sortent pas — qu'une véritable rupture,
lorsque des ordres répétés d'attaque ne sont pas
suivis d'effet.

H. Despeyrières en témoigne. Son régiment
doit attaquer à plusieurs reprises en mars 1915,
et de manière plus ou moins concertée ces ordres
ne sont pas obéis :

> Les hommes de la 12e ont prévenu leur lieutenant
> qu'ils ne partiraient pas le lendemain et lui ont
> rapporté le vin et l'eau de vie qui leur avaient été
> distribués. [...] On crie «en avant! En avant!».
> Personne ne bouge et ma foi en ce moment je songe
> qu'on a bien raison car de suite après l'explosion une
> terrible fusillade s'est déclenchée chez les Boches[267].

L'absence de mise en cause des officiers, l'absence de discours revendicatifs, et surtout le fait que cette désobéissance soit explicitement reliée à une volonté de préservation de soi expliquent que tout advienne au moment crucial du combat. On en connaît d'autres exemples, comme les cas du 305e RI en novembre 1914, du 56e RI à Souain en mai 1915, du 96e RI au Chemin des Dames en avril 1916, des 140 et 154e RI à Verdun en mai 1916. Les faits sont caractérisés comme des « défaillances [268] » et, pour cela, alternativement punis avec une extrême sévérité, ou complètement étouffés [269].

Directement corrélés à la pénibilité du contexte militaire, survenant dans des troupes très durement engagées, ces actes de désobéissance collective ne connaissent, à la différence des mutineries, ni généralisation ni effet d'entraînement. Les lieux sont également différents, la plupart de ces faits se déroulant aux tranchées, au moment d'en sortir. En ce sens il s'agit sans doute davantage de pratiques de mise à l'abri que d'actions revendicatives. Ainsi, les doléances en sont généralement absentes, même si un des condamnés de Flirey pourra lancer à ses juges que « ce n'était pas notre tour », cherchant à légitimer la désobéissance en pointant une rupture de l'égalité devant la mort [270]. Certains peuvent relier ces actes à l'espoir et à l'attente de la fin, tel le cultivateur drômois Henri Sénéclauze, qui note en en mai 1916 : « Il paraît que le 140 s'est presque refusé à remonter aux tranchées le dernier coup : si ça pouvait devenir général [271] ! »

À cette date, justement, les conditions de possibilité d'une généralisation sont absentes : l'intensité des combats, l'isolement des unités, l'évidence et l'inertie de la guerre, la répression visible des «défaillances», la stabilité enfin des horizons d'attente ne permettent pas d'ouvrir le choix de la désobéissance collective pour toute l'armée. Dans les termes devenus classiques d'Albert Hirschman, qui distingue loyauté, prise de parole (*voice*) et défection (*exit*), la première attitude reste la seule conduite socialement envisageable[272]. Les événements du premier semestre 1917 vont remettre en cause l'inertie de la guerre et bouleverser la configuration et les représentations, laissant penser qu'à cette situation bloquée et prévisible succède un contexte fluide et instable, où l'action collective devient possible et la «fin» plus proche.

Chapitre II

PASSER À L'ACTE

Causes et contextes des mutineries

Mobilisé comme artilleur, le philosophe Alain notait dès la fin de 1914 les réticences pour la guerre, le manque d'enthousiasme de nombreux contemporains et leur défiance envers l'armée. Dans les réflexions qu'il publiait en 1921 sous le titre *Mars ou la guerre jugée*, il écrivait :

> On sait qu'il n'y a jamais eu de guerre sans quelque mouvement de mutinerie. De tels événements sont mal connus, et toujours expliqués par des causes accidentelles, comme la mauvaise nourriture, ou une bataille malheureuse, ou la faute lourde d'un chef. Comme si l'on voulait oublier et faire oublier. Selon mon opinion, de telles causes sont plutôt des occasions que des causes. La révolte est au fond, et permanente, je dirais presque d'institution dans n'importe quelle troupe[1].

Le problème est bien de comprendre pourquoi cette révolte «permanente» ne s'actualise visiblement qu'au printemps 1917 dans l'armée française. Pour saisir les conditions de possibilité de l'événement, le déclenchement de la désobéissance et les logiques du passage à l'acte, il faut reconstruire l'extraordinaire densité événementielle du premier semestre 1917. Dans cette période, et en particulier fin mai 1917, « quelque chose se passe » avec plus d'intensité qu'à aucun autre moment depuis le début de la guerre. La situation est perçue par les combattants comme exceptionnellement instable et ouverte, ce qui modifie leurs représentations de l'avenir et leurs horizons d'attente[2]. Cette instabilité ressentie ouvre, en retour, la possibilité des actions collectives, et permet de recourir au « choix tactique » de la révolte[3].

L'attention portée ici à la manière dont les combattants français se représentent leur situation au printemps 1917 vise, au fond, à proposer à nouveaux frais une alternative aux explications courantes des mutineries (lassitude, fatigue, accumulation de griefs, etc.) : pourquoi, à ce moment précis de la guerre, lorsqu'ils reçoivent l'ordre de « monter aux tranchées » dans une situation militaire qui ne diffère pas fondamentalement des années qui précèdent, la réponse des combattants n'est-elle plus l'obéissance, enthousiaste, résignée, routinière ou désespérée, mais la désobéissance individuelle et collective ?

La nouvelle donne de l'année 1917

Le souhait que la guerre se termine, perceptible dès les premières semaines du conflit chez certains, imprègne fortement les représentations au début de 1917, après presque trois années de guerre, et à la sortie de l'hiver le plus froid sur le front ouest. À l'alternance devenue presque habituelle de l'immobilité, au cœur de l'hiver, et des opérations militaires majeures qui la suivent, s'ajoute le souhait de sortir d'une guerre interminable et des signes de plus en plus nets que la «fin» peut approcher. Ainsi, la proposition de paix de l'Allemagne, en décembre 1916, parue en «lettres énormes», suivie de l'effort de paix de Wilson, a semblé ouvrir des perspectives nouvelles[4]. Ensuite, quatre éléments supplémentaires contribuent à constituer un horizon de fin de guerre plus proche et plus crédible dans les premiers mois de 1917, et à faire «bouger» la situation perçue : la révolution russe et l'entrée en guerre des États-Unis, à l'extérieur ; l'avance suite au recul allemand du mois de mars et les préparatifs de l'offensive d'avril à l'intérieur. On peut connaître la manière dont ces éléments sont appréhendés à travers les témoignages et les lettres saisies par le contrôle postal, sans chercher à y lire et à mesurer un état d'esprit majoritaire, ce que cette source ne permet guère, mais en étudiant quels énoncés sont en circulation, quels événements sont connus et commentés dans les unités, afin de délimiter les contours non d'une opinion mais des représentations partagées de l'avenir.

En mars et en avril, on apprend l'abdication du Tsar et la déclaration de guerre américaine. La réception de la révolution russe et de l'entrée en guerre des États-Unis présente, initialement, un caractère incertain et ambigu. D'abord, ces événements lointains sont relativement mal connus et leur importance pas nécessairement mesurée par des combattants partiellement privés, pendant les longues périodes de première ligne, des journaux et des nouvelles de l'extérieur que ceux-ci rapportent. Ensuite, si ces événements suscitent un espoir, celui-ci est tempéré ou rapidement diminué par l'absence de conséquences directes et mesurables dans le quotidien. Certains combattants voient pourtant dans ces informations un élément pouvant faire «finir» la guerre.

La nouvelle de la chute du Tsar parvient en France à la mi-mars 1917, soit avant l'offensive Nivelle[5]. Elle suscite des réactions partagées, certains la voyant comme salutaire, écartant un Tsar autoritaire à l'entourage germanophile, tandis que des combattants associent ce bouleversement à un risque de «lâchage» du front est. Beaucoup de réactions d'officiers sont ainsi marquées par la méfiance, comme celle du lieutenant Kahn à même de comprendre, le 18 avril, que si «les Russes ont l'air de flancher» ce seront «quelques centaines de milliers de Boches de plus contre nous[6]». Pour nombre de soldats du rang, cependant, ces nouvelles s'articulent à la volonté de «fin» imprécise et intense, ce que relèvent des contrôleurs du courrier:

> En Russie, le peuple a l'air d'en avoir assez, la fin est plus proche qu'on ne le croit réellement, ce ne sera pas trop tôt, car depuis 3 ans que cela dure tout le monde commence à en avoir par-dessus la tête[7].

L'événement extérieur est relié à la perception personnelle — et ici construite comme générale — d'une guerre interminable. De même, la nouvelle de l'intervention américaine peut faire espérer la fin:

Depuis quelques jours, des événements imprévus
nous font entrevoir une fin proche des hostilités, la
révolution russe, les troubles en Allemagne, l'intervention Américaine nous donnent bon espoir[8].

On voit bien dans ce dernier exemple en quoi
la conjonction d'événements multiples, qui caractérise le printemps 1917, peut contribuer à dessiner un horizon de «fin» plus crédible. Il faut se
garder de projeter sur les combattants de 1917
les perceptions postérieures de l'Amérique comme
puissance majeure : mal connus et lointains, les
États-Unis ne semblent pas pouvoir apporter une
aide décisive et immédiate, mais l'aide qu'ils vont
apporter alimente certains espoirs de fin, comme
chez ce fantassin pour qui, début avril, «on peut
être à peu près sûrs d'être rentrés pour le prochain
hiver[9]».

À ces nouvelles illustrant l'évolution inédite des
forces en présence il faut ajouter le retour partiel de
la guerre de mouvement. Le 16 mars 1917, en effet,
l'Allemagne ordonne un repli stratégique sur des
positions préparées à l'avance, afin de raccourcir
ses lignes de communication pour défendre des
lignes mieux organisées[10]. Ce repli, dans l'Oise, la
Somme et dans l'Aisne, est perçu comme le début
d'un recul définitif, et, surtout, à travers l'avance
des troupes franco-anglaises à la suite des Allemands, il donne à une partie des combattants
l'impression de la poursuite et de la victoire.
L'effet de cette avancée nous semble avoir été
généralement sous-estimé, en raison de la grande
déception ultérieure due à l'offensive Nivelle.

D'abord, ces avancées indiscutables à la suite des Allemands en retraite sont présentées comme de réelles victoires par des journaux depuis longtemps sevrés de nouvelles triomphales. On peut ainsi suivre cette mise en discours de l'avancée alliée dans les titres du *Petit Parisien* : « La libération commence » (18 mars) ; « Ils ne sont plus à Noyon. Ils sont chassés de Péronne » (19 mars) ; « Sur les talons des Allemands » (20 mars) ; « La vertigineuse avance » (21 mars). L'emphase du discours correspond à la frustration antérieure ; et, dans l'incertitude de l'avenir et des raisons réelles du repli, contribue à faire croire à une « fin » plus proche, même si dans le corps des articles le ton est plus nuancé[11]. Ces impressions sont partagées par les combattants concernés, conduits à avancer leurs positions et à sortir des tranchées dans une « poursuite » qui rompt radicalement avec l'expérience de l'immobilité antérieure. Témoin indirect, Ernest Répessé suit avec intérêt l'évolution de la situation : « Voilà du beau travail. Souhaitons que cela dure et que nous les chassions bientôt de France et de Belgique[12]. » Directement impliqué, lui, dans la « poursuite », Bernard-Henri Croste écrit lui aussi, fin mars : « Ça c'est la guerre de mouvement si chère aux Français et impatiemment attendue. Sûrement nous allons percer. Et toutes nos fatigues disparaissent[13]. » De même, dans leur courrier, de nombreux soldats évoquent cette expérience inédite de l'avance, de la poursuite et de la victoire possible. Le contrôle postal du 24 mars 1917 en porte la trace, dans plusieurs unités :

Notre bataillon avance sans trouver un seul boche dans les tranchées, ça ne va pas mal, espérons que ça va continuer et que ce sera bientôt fini.

Je vous dirai que maintenant, nous sommes en route pour la victoire. C'est beau de voir les boches fuir devant soi. Enfin, faut espérer que la fin sera pas loin. Les boches se barrent à grand train[14].

On remarque, à chaque fois, le lien fait par ces combattants entre l'expérience personnelle du mouvement, et l'espoir plus général de «fin» auquel celle-ci contribue.

Il faut souligner la nouveauté radicale d'une telle expérience de la «poursuite» et de l'avance rapide pour ces soldats, opposée en tous points aux expériences précédentes de retraite, de stabilisation du front et d'enterrement depuis 1914; d'avancées rares, limitées et meurtrières depuis. Cette expérience a donc son importance, même si elle reste en partie limitée aux unités assurant la «poursuite», en particulier les 33e et 37e Corps d'Armée, où l'on trouve par exemple les 77e DI et 158e DI, qui connaîtront d'intenses mutineries[15]. Elle s'inscrit toutefois dans le contexte plus large de la préparation d'une offensive de printemps, depuis longtemps devinée, et perçue comme «décisive».

Au Chemin des Dames,
l'offensive «finale» et son échec

Au printemps 1917, le généralissime Nivelle prépare une offensive devant apporter la «percée», la poursuite et la victoire, en rompant les lignes

allemandes dans l'Aisne, au Chemin des Dames[16].
Son échec, s'il n'explique pas à lui seul les mutineries comme on l'a souvent dit, contribue à
modifier les horizons d'attente et le rapport à la
«fin» de la guerre, permettant la désobéissance
collective. En effet, cette offensive est espérée et
devinée par les combattants comme «décisive»
et «finale[17]». En voyant s'accumuler le million
d'hommes devant attaquer, et l'énorme matériel
prévu, les soldats anticipent la bataille. Arrivant
près du Chemin des Dames le 14 avril, un chef de
poste radio observe et déduit sans équivoque:
«Chemins défoncés, routes encombrées, nombreuses troupes en marche vers le front. Tout cela
sent l'offensive proche[18]...» L'ampleur des préparatifs conduit à croire au succès, à la «dernière
attaque», comme l'écrivent des soldats:

> J'ai bien confiance dans le succès prochain et
> nombreux sont ceux qui comme moi espèrent entre-
> prendre avec chance la bataille qui nous donnera la
> paix[19].
> Nous sommes toujours au même endroit et vivement
> la musique, la dernière attaque pour rentrer chez soi
> victorieux[20].

La «paix, la «fin» et le «retour» sont attendus
par ces combattants. Si ces espoirs ont pu exister
en 1915-1916 à la veille des offensives, ils changent
de nature en 1917 en lien avec le contexte général
plus instable et en raison des moyens mis en
œuvre. La présence des chars contribue à donner
confiance, comme dans le témoignage de G. Veaux:
«Cette fois-ci, c'est notre matériel, aidé de tous les
perfectionnements que la science a pu inventer,

qui va broyer le Boche et ouvrir la route devant nos fantassins[21].» On retrouve dans le courrier contrôlé ces anticipations contribuant à dessiner une offensive future qu'on espère moins meur-trière que les assauts de 1915 et 1916, grâce à l'ampleur des moyens, en particulier de l'artil-lerie lourde :

C'est effroyable de voir toute l'artillerie accumulée dans ce coin, il y a jusqu'à des 400 mm comment veux-tu que les boches résistent à cette avalanche[22].

Maintenant j'ai confiance dans la victoire finale, nous avons une artillerie formidable autour de nous[23].

Ainsi, quatre jours avant la bataille, le 12 avril, c'est presque une scène de fête que décrit Louis Désalbres, avec la promesse de la «percée» que partagent les combattants du 128e RI auquel il appartient :

Le moral des hommes est grand. C'est même de l'enthousiasme, on plaisante, on s'interpelle dans toutes les sections. Ça va être la percée. Le Boche va recevoir une avalanche sur le dos. C'est la fin de la guerre pour cette année[24].

Ces impressions directes et partagées sont relayées et confirmées par les représentations confiantes diffusées dans la presse, avant l'at-taque, alimentées par le généralissime lui-même qui a promis la victoire et joué son poste sur cette certitude[25]. L'historien et soldat territorial Jules Isaac note ainsi le terme «victoire décisive» employé dans certains journaux comme ici *La Victoire* de G. Hervé[26]. L'ensemble de ces préparatifs, matériels et discursifs, liés au souhait maintenu de fin de guerre que partagent tous les combattants, explique la confiance lisible dans de très nombreuses lettres contrôlées («Vous allez voir comment on va les déloger [...] ce sera fini pour l'hiver[27].»), et dans les rapports de synthèse qui tentent d'établir l'état général du «moral», d'un optimisme sans équivoque: «La note dominante est donc de la confiance absolue aussi bien dans la population de l'arrière que chez les soldats du front[28].»

Enfin, l'idée d'une offensive «finale» se construit à travers les paroles des chefs et des officiers qui annoncent effectivement la fin de la guerre, dans les discours et les annonces visant à exhorter les troupes avant l'attaque[29]. Il s'agit d'un élément important, dans la mesure où les «promesses non tenues» de l'institution seront un reproche majeur adressé aux chefs durant les mutineries. Surtout, l'échec de l'opération est rapporté à l'emphase des discours qui la précèdent et l'accompagnent. Celui-ci est donc plus durement ressenti, parce que la «fin» avait été clairement promise. Ces promesses d'attaque, de poursuite et de victoire sont explicitement formulées par de très nombreux officiers, et admises par des combattants pour qui elles correspondent au souhait intime de «fin». Certains de ces discours nous sont connus, ainsi à la 6e et à la 166e DI:

> Brève harangue de notre colonel: «L'offensive à laquelle vous allez participer va porter la guerre sur le territoire allemand[30].»

> Le colonel nous réunit tous pour nous faire le *speach* d'usage avant chaque casse-gueule : « Dernière bataille… Victoire assurée… Préparation d'artillerie telle que les Boches seront tous tués, etc. »[31]

La réception de ces promesses est généralement positive, comme la réaction d'un soldat à la « brève harangue » ci-dessus : « Espoir énorme et confiance ; l'enthousiasme renaît : on va donc en finir[32]. » Dans un régiment d'artillerie, l'espoir de fin se voit même transmis à l'arrière, sans doute dans le souci de soutenir également le moral des civils : « Le commandant a réuni les 3 batteries pour nous dire d'avoir confiance, d'écrire à nos familles que notre victoire est assurée[33]. » Et aux grands discours, formulés par les chefs des unités, s'ajoutent les propos moins formels tenus au niveau de la compagnie ou de la section par les officiers subalternes. Moins construits et moins grandiloquents, ils partagent pourtant le même thème, ainsi au 40e RA : « Notre Lieutenant nous a dit que c'était la dernière attaque qu'on faisait. Si c'était vrai[34] ? » Ces discours ont également pour fonction de justifier la suspension des permissions, caractéristique des veilles d'opérations majeures : le taux global de permissions diminue à 4,85 % en avril, et même 3,84 % à la date du 20 avril[35]. Les causes en sont connues, comprises et parfois acceptées, ce que révèlent par exemple les courriers lus au mois de mars : « D'ici un mois et demi il peut y avoir du nouveau et je vous assure que je me passerai volontiers de cette permission pour voir finir cette guerre dans le courant de l'année[36]. » La permission, conçue comme paix personnelle et provisoire, perd sa raison d'être si la guerre se termine. On mesure bien l'intensité de la croyance à la fin qu'éprouvent certains soldats dans le fait qu'ils acceptent de renoncer aux permissions, si chèrement réclamées et défendues depuis leur instauration. On lit un tel sacrifice dans une lettre d'un soldat du 131e RIT aux tous premiers jours de l'offensive :

> On nous a dit que l'heure n'était pas aux permissions mais tant mieux car les permissions n'ont plus maintenant leur raison d'être ce n'est que le retour définitif qu'il nous faut[37].

Après l'attaque, l'enjeu des permissions promises sera rappelé par ceux qui y ont participé, dans des termes caractéristiques de la posture critique adoptée par certains soldats-citoyens, et qui sera radicalisée au cours des mutineries, comme dans ce courrier du 296e RI :

> On nous a bien promis 7 jours de permission tous les 4 mois mais fiez-vous aux promesses des chefs sous notre ineffable république. Que de comptes à régler après la guerre[38].

Mais on trouve aussi des expressions bien plus réglées et institutionnalisées de ce reproche. Le *Petit Parisien* du 23 mai indique qu'un député a écrit au ministre de la Guerre Painlevé pour s'inquiéter publiquement du non-respect du droit à la permission[39]. On voit à travers cet enjeu des permissions combien la parole de l'institution militaire a été mise en jeu, à la veille de l'offensive Nivelle. Des promesses — rétrospectivement fort imprudentes — de succès complet, d'avance rapide, d'attaque peu meurtrière et de victoire finale ont été explicitement formulées. Au nom de cet horizon d'attente, les officiers ont convaincu les soldats d'en « mettre encore un coup », d'abandonner leurs permissions, et de croire la fin de la guerre proche. On commence à comprendre pourquoi, devant ces promesses non tenues, des combattants se sentiront déliés de leur « devoir » et passeront à la désobéissance ouverte.

La fin de la guerre constituait à la fois un espoir et un horizon réaliste, légitimé par les chefs. Comme on sait, ce fut l'inverse et le désastre. Un combattant écrivait au mois de mars : « L'eau de l'Oise et de l'Aisne vont couler rouge[40]. » C'est le cas, mais au détriment de l'armée française. On a longtemps fait de cet échec du 16 avril 1917 la cause unique des mutineries. Cette imputation causale, partiellement présente chez certains contemporains[41], a été mise en avant avec force par G. Pedroncini dans son ouvrage de 1967, et très largement reprise par l'historiographie[42]. Plusieurs éléments permettent toutefois de dépasser cette hypothèse. Un premier point à prendre en compte est le décalage temporel important entre l'offensive, dont l'échec est consommé fin avril-début mai, et les mutineries dont le pic d'intensité se place un mois plus tard. Très durement engagé le 16 avril, le 146e RI se mutine ainsi le 25 mai ; le 85e RI, lui aussi éprouvé au Chemin des Dames à la mi-avril, se mutine le 25 juin, après vingt jours de repos. S'il existe un lien entre l'offensive et la désobéissance, il apparaît ni direct, ni immédiat. D'autant que des unités mutinées n'avaient pas

combattu au Chemin des Dames : c'est le cas de la
5e DI, qui sort de plusieurs mois de repos visant à
la préparer à la poursuite, au moment où y éclate
la désobéissance. Ce simple contre-exemple
invalide déjà l'idée d'une explication générale des
mutineries tenant à une « réaction aveugle » à l'offensive Nivelle[43]. En systématisant l'analyse, on
constate que sur les 85 unités d'infanterie mutinées
les mieux connues, seules 22 sont engagées le
16 avril 1917. Inversement, 19 unités sont au repos
complet dans les semaines précédant les mutineries, et 8 en secteur loin du Chemin des Dames,
les autres participant aux combats de la fin avril et
du début du mois de mai. On le voit : un nombre
significatif d'unités mutinées n'ont pas fait l'expérience de la bataille. L'explication des mutineries
par une simple « réaction » des soldats ayant vécu
l'offensive ne correspond donc pas à la réalité. Il n'y
a là, au fond, rien de surprenant, dans la mesure
où le lien entre échec militaire et désobéissance
relève de la fausse évidence. Rien ne prédispose
des soldats épuisés, durement touchés par des
pertes et éprouvés par un échec militaire, à devenir
des révoltés. La souffrance et les pertes peuvent
aussi bien démobiliser que mobiliser pour l'action
collective, en brisant les corps et les esprits, et en
déstructurant les relations sociales qui peuvent
faire naître la protestation[44].

Le bilan humain de l'offensive reste difficile à
établir, même si on peut sans doute estimer à
35 000 dans la première semaine le nombre des
morts[45]. Toutefois, ce chiffre importe moins que
la manière dont le désastre est perçu et commenté
par les soldats. Ce n'est pas tant l'ampleur des

pertes qui est en cause, que l'ampleur du décalage entre anticipations et réalité. C'est d'un même décalage entre espoirs et piétinement des offensives que procèdent, dans l'armée allemande, les fléchissements de Verdun et la déstructuration qui suit l'été 1918[46]. Ce décalage alimente chez de nombreux combattants des réactions vives et une conscience de l'inutilité des offensives, dont les mutineries porteront la trace. Plus largement, les évocations de la bataille par les soldats dans leurs courriers et leurs discussions produisent un récit alternatif aux marques de satisfaction officielles et aux dénégations embarrassées du discours dominant devant la réalité du désastre[47].

Un soldat écrit ainsi à l'arrière, de retour de l'est du front: «Nous n'avons été qu'à moitié heureux dans notre affaire du Cornillet, beaucoup d'officiers ont péri[48].» Un autre raconte, avec la terminologie caractéristique utilisée dans l'argot des tranchées pour désigner l'échec: «On est tombés sur un bec et il y a 3 régiments 95, 85 et 29 complètement esquintés[49].» Ces lettres sont également adressées à d'autres soldats, ce que révèle cet extrait, début mai:

> D'ailleurs par les lettres que reçoivent les camarades nous savons que l'attaque de Champagne a été une tuerie sans exemple[50].

Un partage de l'information, non spécifique au printemps 1917 mais accéléré et intensifié, se met bien en place afin de compenser l'absence d'informations ou de contourner les déformations, et de construire des représentation réalistes de la situation[51]. On retrouve de tels efforts chez les civils à l'arrière, informés par les combattants, tentant d'en savoir plus, illustrant ce que John Horne a justement nommé un «circuit privé» de transmission des nouvelles, et citant une correspondance contrôlée en avril dans la région de Bordeaux : «Robert me dit que l'offensive a raté. Je m'en doutais bien et il suffit, pour être édifié, de lire entre les lignes des communiqués ou de certains articles de journaux[52].» En effet, les journaux évoquent la bataille de façon plus ou moins détournée (ainsi, le 3 mai, l'article très virulent d'Abel Ferry dans *Le Petit Parisien*[53]), dessinant une situation d'indignation générale qui contribue à rendre possibles les mutineries.

Si cette apparition de la critique des opérations dans l'espace public est remarquable, elle reste évidemment très en deçà de la réalité de l'offensive. C'est pourquoi nombre de combattants continuent d'exercer leur esprit critique et leur scepticisme envers les discours officiels : «Il est aisé de comprendre à travers les beaux discours des bourreurs de crâne que notre récente offensive de Champagne a été un aussi lamentable four que toutes les devancières[54]», écrit un soldat fin avril ou début mai. La circulation des informations dans l'armée permet bien de connaître l'échec alors même qu'il est nié ou minimisé par le commandement. Les réactions des combattants à cette offensive manquée sont fréquemment exprimées sur le mode de la colère et de l'indignation. On le trouve ainsi sous la forme d'une dénonciation de la «honte» :

Pourquoi avoir fait tomber tant d'hommes en Champagne ? Pour faire quoi ? C'est honteux, quelle boucherie ! Si encore cette offensive devait servir à quelque chose [55] !

On a peut-être avancé un peu mais avec des pertes terribles et prendre quelques tranchées démolies avec tant de morts pour ça ce n'est pas payé, c'est une honteuse boucherie [56].

La «boucherie» est un thème récurrent de ces courriers, comme le «sang» gaspillé : «Ils disent qu'on avance, c'est toujours intéressant de faire un communiqué avec le sang des autres [57].» De même, un contrôleur du courrier note, entre le 25 avril et le 10 mai, la recrudescence des termes désignant le désastre : «Les résultats de l'offensive provoquent une déception générale, sans cesse reviennent les mots : fiasco, bec de gaz, loupée, ratée, massacre, boucherie, échec [58].» On doit prendre en compte ces indignations, et ne pas occulter les émotions des soldats : si les mutineries ne se réduisent pas à une réaction de colère, il entre dans l'événement une part de dégoût pour la guerre et en particulier pour cette dernière offensive. De plus, celle-ci a durablement associé à des noms de lieux (Craonne, Laffaux, Hurtebise, Cerny) une sombre notoriété, réactivée lors des mutineries lorsque parviennent aux unités des ordres d'y monter en ligne [59].

Quelle «fin» de la guerre au lendemain du désastre ?

Comment imaginer que la guerre puisse se terminer si l'offensive «finale» a échoué ? Deux

types d'interprétation de la situation coexistent et
se répondent : d'un côté, après cette nouvelle déception, la victoire semble impossible et la guerre
interminable, de l'autre, on assiste à une profusion
de désirs, d'espoirs et de perspectives de «fin»
alternatives, par la famine, la révolution ou un
événement providentiel. On retrouve bien le rapport
non construit à la «fin» de la guerre qui conduit
certains soldats à espérer que «ça se termine»
sans pouvoir formuler comment — encore moins,
en fait, depuis que la victoire promise s'est révélée
inaccessible. Cela témoigne d'un horizon mental
dans lequel la prolongation de la guerre apparaît
impossible et insupportable. Comme l'écrit un
sous-officier, fin avril : «Si la guerre de tranchées
n'est pas finie pour septembre, nous aurons du
mal pour faire marcher les poilus[60]. »

Pour certains, la fin est simplement reportée,
une fois encore, à l'année suivante, la grande
opération annuelle n'ayant pas abouti : «Je ne
sais pas ce que nous allons faire maintenant mais
nous ne mettrons pas les boches dehors cette
année[61]. » Plus encore, pour un soldat du 330e RI,
ce sont plusieurs années de guerre qui doivent
suivre : «Nous avons pris la purge dans notre
offensive de Champagne et une belle purge. En
faisant du travail comme cela nous ne les aurons
pas et nous en avons pour plusieurs années[62]. »
D'autres expriment plus nettement leur impression que, si cette offensive a échoué, rien ne peut
amener la victoire et la fin :

> C'est toujours pareil, toujours la guerre et jamais
> connaître la fin. Cela ne donne pas de courage pour

rien, parce qu'on voit que rien ne dénote la fin et qu'il faut toujours attendre le morceau qui doit nous frapper[63].

On perçoit ici la difficulté qu'il y a à se résigner à retourner à la guerre des tranchées — expérience d'attente et de vulnérabilité impuissante — quand la percée et la «fin» avaient été entrevues. Dès lors, certains tirent argument de ce blocage complet et de l'impossibilité de la victoire attestée par l'échec pour suggérer qu'«on» en finisse, comme dans cette lettre de début mai émanant du 270e RI : «Notre offensive comme toutes a échoué, il n'y a qu'à signer la paix puisque personne ne peut rien faire[64].» On remarque que la «paix» dont il s'agit n'est pas précisée, non plus que ses signataires — on retrouve bien ce rapport vague et imprécis à une fin d'autant plus ardemment souhaitée qu'elle se dérobe encore. La même idée d'une impossibilité de victoire militaire se lit au 85e RI, qui se mutinera effectivement quelques semaines plus tard :

> Plus cela ira maintenant et plus les troupes seront épuisées, les attaques ne réussiront plus, le fantassin rebuté par ce qu'il a vu en Champagne ce qu'il verra encore, lui donnera à réfléchir avant d'aller à la fourchette il aura raison d'ailleurs ![65]

L'annonce de l'indiscipline future est explicitement reliée à l'inutilité des attaques, qui la légitime par avance. Les visions de l'avenir à la fois pessimistes et réalistes qu'expriment ces courriers, ne croyant plus la victoire possible, indiquent l'effet spécifique de l'échec du Chemin des

Dames. Il diffère des précédents lendemains d'offensive par les anticipations qui lui préexistaient. Dans certains cas, et chez les soldats que leur écriture désigne comme les plus dominés socialement, cet échec alimente une forme de nihilisme ou de désespoir :

> Enfin mon seul désir c'est la fin de la guerre, sa vaudra mieux que tout ce qui peuve nous donner care apprésent je ne conte plus sure la permission care il ne marche pas assez bien pour que j'ai le bonheur dit revenire, enfin la seule chose que je demande la fin de ce carnage le plus vite[66].
>
> Je ne cest s'ils ne prendront pas une décision pour en finir avec ce carnage monstrueux qui ne sesse pas jour et nuit enfint je ne puis pas comprendre ou il veule aboutir si c'est la fin du monde ou quoi[67].

« Ils » désigne dans ce dernier extrait les responsables de la guerre ou de sa durée, dans un texte caractéristique du rapport non construit et non maîtrisé au conflit qu'on a pu identifier.

Mais à côté des représentations qui imaginent une guerre interminable suite à l'échec, et comme par compensation à un avenir aussi désespérant, de nombreux soldats formulent et imaginent des « fins » alternatives à la victoire. L'un d'eux l'explique : « Il n'y a rien à faire, ce n'est pas par les armes que l'on viendra à terminer la guerre, c'est autrement, c'est donc inutile de combattre[68]. » Pour terminer « autrement » la guerre, ces combattants retrouvent les « utopies brèves » déjà évoquées, adaptées au contexte plus troublé et plus difficile du printemps 1917, imprégnées en tout cas de l'immense espoir de fin préexistant à l'échec qui se voit réinvesti dans ces solutions et ces «fins» rêvées ou redoutées.

Certaines de ces représentations sont particulièrement vagues, indices d'un rapport entièrement subi à la guerre, à son issue et à ses «responsables» lointains. C'est ce que révèle un courrier tel que celui contrôlé au 355e RI vers le 10 mai 1917: «Enfin vivement la fin et qu'ils nous accordent la paix car j'en ai assez de leur guerre[69].» On lit encore ce «ils» lointain pouvant faire cesser la guerre dans une lettre contrôlée début juin: «Je me demande ce qu'ils attendent pour finir ce fourbi là car les poilus commencent à en avoir mar[70].» Une lettre du mois de mai, enfin, permet bien de relier ces représentations à une position dominée dans l'espace social: «Il faut bien s'y soumettre puisque ça ne veut pas finir, pourtant on aurait bien besoin que ça finisse vite car on en a tous assez[71].» La fréquence de telles représentations est perçue par les contrôleurs du courrier, qui écrivent, ainsi pour le 140e RI, au mois de juin: «Les hommes veulent la paix, on ne précise guère les moyens[72].» Cette imprécision contribuera à rendre possibles les mutineries, vues comme un de ces événements permettant que «ça» se termine, comme le souhaite ce soldat du 330e RI: «Le moral commence à baisser chez nous, nous sommes fatigués de cette boucherie, il serait temps que ça finisse[73].»

D'autres représentations de la fin souhaitée sont, au contraire, plus construites et reliées à des informations politiques. Un soldat évoque la paix discutée par la «chambre allemande» pour que «ça finisse[74]». On lit un espoir comparable placé dans la Chambre française, début mai : « À la chambre les députés ont voté une loi pour nous faire avoir une indemnité de tranchée. Ils auraient mieux fait d'en voter une pour faire finir la guerre[75]. » Notons encore l'écart entre la représentation de ce combattant et la réalité politique — comme si une loi française pouvait faire finir la guerre, comme si la Chambre de 1914 pouvait voter une telle loi. Derrière ce rapport au politique à la fois marquant et confus se lit bien l'intensité des espoirs de « fin ».

Un élément d'importance les alimente, lié aux conditions socio-économiques bien plus difficiles que commencent à ressentir des combattants et leurs proches. Avec la cherté de la vie, le thème de la « misère » et de la « famine » pour faire finir la guerre est ainsi relié à des expériences concrètes et inquiétantes, dès avant l'attaque du Chemin des Dames. On lit ainsi dans des courriers, dès la mi-mars :

> D'après ce que tu me dis du prix des denrées, notamment des pommes de terre, non seulement cette guerre ne peut durer, mais ce qui m'inquiète c'est de savoir comment nous vivrons l'année prochaine[76].

L'idée est relayée au-delà des soldats, la perspective d'une famine étant alors discutée dans *Le Journal* de Charles Humbert[77] comme par la Commission de l'Armée du Sénat[78]. Ces représentations de la fin par la famine et la misère sont très nettement réactivées après l'échec de l'offensive, qui les rend à la fois plus plausibles — le retour à une guerre d'usure épuisant les res-

sources — et plus souhaitables. Chacun use de
ses références pour imaginer ce que cette «fin»
pourrait être :

> Maintenant on cause d'aller en permission mais
> jamais de la fin de la guerre qu'on n'y croit plus et se
> ne sera que la famine qui l'arrêtera.
> J'ai le caractère tellement aigri, que je serais bien
> content de voir la révolution éclater en France ou
> la famine, quelque chose qui pourrait faire finir la
> guerre, maintenant qu'il n'y a plus de nourriture on
> nous donne de l'argent pour nous boucher le bec, en
> attendant le bonhomme s'affaiblit et ne pourra plus
> s'en relever, enfin c'est la destruction complète de la
> basse classe.
> Hier il y avait un breton qui rentré de permission
> était de quelques lieues de Rennes il dit que dans son
> pays beaucoup de vaches crèvent de faim rien a leur
> donné du jonc en fleure enfin il faut que la guerre fini
> par la misère toute à fait jamais sa ne finira par les
> armes pourtant il en tombe des bons hommes en
> Champagne ces jours-ci[79].

Trois soldats d'unités différentes, dont l'un aux
références socialistes et un autre manifestement
rural, évoquant tous trois la «famine» ou la
«misère» pouvant faire finir la guerre en l'absence
d'issue militaire. L'existence de telles craintes
dans des sphères sociales différentes, même chez
ce qui n'est peut-être qu'une minorité de soldats,
est révélatrice. Elle prend sa source dans des
expériences partagées avec les civils, comme cet
échange entre un soldat et son épouse sur la vie
chère, idée immédiatement reliée à la «fin» : «Tu
me dit que la marchandise augmente toujour
c'est par là que nous aurons la fin ce seras jamais
par les armes.[80]» De même, la simple expérience

d'une période sans pluie conduit à anticiper un échec de l'agriculture, perçu comme une chance par un soldat :

> Jusqu'à la nature qui s'en mêle voilà maintenant le beau temps mais pas une goutte d'eau donc rien ne poussera, c'est ce qu'il faut ne nous en plaignons pas[81].

Il est significatif de voir des cultivateurs souhaiter de mauvaises récoltes[82]. La conscience de cette transgression est même très vive dans le courrier suivant, qui évoque le manque de pain :

> Je voudrais non seulement que l'on n'en mange du moisi [pain] mais je voudrais qui y an nés plus du tout hosi bien sur le front ca lintérieur set très dur de souété à ses parent quil net plus de pain. Mais sependant il niya que sete question la qui peut faire finir la guerre. Je marète ladessus car vous diriez que je suis révolutionnaire[83].

Ce soldat, qui se démarque de toute politisation, relie son expérience concrète du pain moisi au souhait que la guerre cesse. On voit donc que les horizons d'attente se construisent par des processus sociaux, dans un entre-deux qui relie les expériences, informations et curiosités individuelles à des préoccupations et des représentations partagées autour du thème de la « fin ». Dans l'ensemble, on doit s'intéresser d'autant plus à ces représentations qu'elles sont formulées sur le mode du constat et du fatalisme. Manger du pain moisi et apprendre qu'on nourrit les vaches de jonc ne relève pas du pacifisme ni d'un rapport construit et militant à la guerre : ce sont plutôt

des indices qui conduisent à construire un horizon
de «fin» proche et probable, et à croire la continuation du conflit intenable.

Tous les courriers contrôlés, cependant, n'ont
pas cette neutralité interprétative, et des soldats
plus ouvertement pacifistes peuvent mettre l'accent
sur la nécessité de faire «craquer» les civils,
comme dans cette lettre de la mi-mai : «Tant que
vous ne crèverez pas de faim, la guerre ne finira
pas, au contraire[84].» Même minoritaires, de tels
discours, dont l'animosité pour l'arrière doit également être reliée aux rancœurs et aux ressentiments éprouvés durant les trois années qui
précèdent[85], sont significatifs. Après l'échec du
Chemin des Dames, il est possible de souhaiter
que «ça» finisse au point de désirer la famine :

> Tu me dis que la misère devient grande à Paris pas
> assez car cela ne finira que par la misère, la famine
> d'un côté comme de l'autre. Eh bien, vivement que
> cela vienne et que cela finisse[86].

Ainsi, des discours extrêmes, signalés comme
tels par les contrôleurs, indiquent qu'une fin à
tout prix paraît souhaitable à certains, dans les
premières semaines de mai : «Je me réjouis quand
j'apprends que tout manque et que tout le monde
est réduit au même régime. Tous nous désirons la
paix[87].»

Ces discours attestent de la profondeur du
souhait de «fin» chez ceux qui les formulent. Ils
révèlent en même temps une dimension socio-
économique généralement oubliée dans le contexte
de 1917 : loin d'être uniquement relié à une situa-

tion militaire difficile faite d'attaques promises et
ratées, celui-ci a plusieurs dimensions, qui correspondent aux identités multiples du soldat-citoyen
— lequel perçoit aussi bien le blocage militaire
que la cherté de la vie[88] ou l'évolution de la
situation internationale. S'il faut se garder de les
généraliser, l'apparition de telles idées parmi les
combattants est un signe d'une recomposition
générale des discours sur la guerre, la promesse
de la «fin» par la victoire militaire ayant reçu un
démenti des faits et devant trouver d'autres modes
d'actualisation. Il est à noter que l'idée d'une
action collective contre la guerre n'est, entre la
mi-avril et la mi-mai, pas encore présente. On
verra quels événements du mois de mai 1917, dans
l'armée, la société et à l'étranger, vont devenir
autant d'alternatives pensables à la guerre. Ce
sont d'abord les soubresauts de la hiérarchie
militaire qui intriguent.

De Nivelle à Pétain, le trouble de l'armée

Une dimension relativement moins connue des
conséquences du « 16 avril » tient à ses effets sur
l'institution militaire. La chronique du remplacement de Nivelle par Pétain, embrouillée par les
contradictions des mémorialistes, reste obscurcie
par la légende dorée, précocement solidifiée, qui
veut que la nomination de Pétain ait «rassuré»
ou «guéri» l'armée[89]. Pièce centrale de l'argumentation de G. Pedroncini, cette vision de Pétain
en thaumaturge ne rend pas compte du trouble
persistant de l'institution militaire. Elle n'épuise

pas les effets du désastre militaire sur l'armée, qui connaît une nouvelle recomposition due aux pertes.

C'est un des effets concrets de l'offensive : les pertes presque toujours très lourdes vident les rangs, en particulier pour les officiers relativement plus touchés que les soldats durant le conflit. On en perçoit les effets dans les unités ayant connu des mutineries : le colonel blessé et évacué au 321e RI, la perte de 11 officiers au 3e bataillon du 32e RI, de 28 officiers au 162e RI[90]. Lors des incidents, il arrive que des chefs tout juste promus, nommés ou déplacés soient désemparés par leur méconnaissance des mutins : «Toi, ta gueule, tu ne nous connais pas», dit un de ceux-ci au colonel du 329e RI le 25 mai[91]. Ce fort renouvellement est aussi sensible chez les combattants. On trouve ainsi le soldat Mathieu arrivé au 97e RI le 17 mai, et participant à la mutinerie du 3 juin[92], ou le soldat Laffite, à la 10e compagnie du 71e RI, qui, trois jours seulement après son arrivée, se fait arrêter pour avoir avec d'autres crié «à bas la guerre, vive la paix, des chefs il n'en faut plus, vive la sociale, ce ne sont pas vos ficelles qui nous font peur[93]». On peut donc attribuer à l'offensive Nivelle, et aux renouvellements qu'elle entraîne, une relative déstructuration des rapports d'autorité, dont on sait l'importance centrale dans la constitution et le maintien des cadres sociaux de l'obéissance.

Des effets de fragilisation au moins aussi importants de l'échec du 16 avril tiennent à l'image de l'institution militaire qui s'en dégage. Le système qui encadre les combattants est perçu, d'un coup, comme instable et fragile, et un espace pour l'action commence à se dégager. Cela tient d'abord à une remise en cause du statut, du courage et de la compétence des officiers, ainsi sur des graffitis de permissionnaires :

> Les officiers sont des assassins qui nous conduisent à la boucherie ; À l'école, nos officiers ; Napoléon, si tu voyais les officiers d'aujourd'hui[94].

On l'entend également dans les procès-verbaux rapportant des paroles de mutins devenues, au printemps 1917, plus critiques et plus directes : « Nous sommes commandés par des nouilles qui font massacrer le monde[95]. » Ces critiques jouent un rôle important dans la mesure où la compétence d'un chef constitue, dans l'univers militaire, un des fondements unanimement reconnus de l'obéissance et de l'autorité. Au-delà, l'échec conduit les responsables politiques à envisager des remplacements et des sanctions, dont les nouvelles apprises et commentées par les soldats accroissent l'image de fragilité de l'institution.

Après l'insuccès d'une offensive préparée sous le gouvernement Briand, imposée à un gouvernement Ribot plus réticent, à l'image de Paul Painlevé, ministre de la Guerre sceptique, il est très difficile d'envisager que Nivelle puisse rester en place. Son remplacement devient un enjeu politique majeur, comme « l'affaire Joffre » dans les années précédentes — mais avec cette différence que ce remplacement apparaît bien plus clairement comme une sanction, après à peine quatre mois au commandement suprême. Les enjeux de ces manœuvres politico-militaires dépassent, comme dans le cas de Joffre, le seul souci de l'effort de guerre : à la nécessité de remplacer le responsable de l'échec s'ajoute, pour de nombreux parlementaires, la volonté de contrôler davantage et le haut commandement, et le gouvernement. Ils sont eux aussi informés de l'échec par des lettres de combattants[96] et des enquêtes personnelles dans la zone des armées[97]. Acteur majeur de ces démarches, Abel Ferry note au printemps 1917 : « Reste à liquider calmement Nivelle, rouage inutile. C'est à quoi je m'emploie[98]. » Cette « liquidation » est préparée par une campagne de presse dans *L'Œuvre*[99], et relayée par de nombreux parlementaires et officiers supérieurs qui font pression en coulisse sur Painlevé, déjà mal disposé envers le généralissime avant le 16 avril[100]. Ces manœuvres aboutissent en deux temps : préparant le terrain, la nomination de Pétain comme chef d'état-major général, avec des attributions étendues, est annoncée le 30 avril, en même temps que l'éviction de Mangin, second de Nivelle[101]. Puis Pétain remplace officiellement Nivelle comme général en chef le 15 mai, décision prise le 10 mai et différée pour « adoucir la transition » selon Painlevé[102]. Ce remplacement est généralement décrit comme ayant des effets positifs et stabilisateurs dans les discours très construits et convenus de l'entre-deux-guerres (« c'est le général Pétain, et lui seul, qui a rendu sa foi à l'homme des tranchées », écrit sans excès de nuances un colonel[103]), largement repris par les historiens. Un regard sur les réactions des officiers et des soldats montre une réalité plus

complexe, où le trouble et la fragilité soudaine
révélés par l'institution désarçonnent plus que
Pétain ne rassure.

On peut d'abord dissiper une légende très largement répandue qui veut que Pétain ait été
appelé pour lutter contre les mutineries, voire
«sauver» l'armée[104]. Un simple regard sur la
chronologie interdit en effet d'y croire, puisque
les dates de cette nomination (30 avril, 15 mai)
précèdent les mutineries, celles-ci n'étant connues
au sommet de l'État qu'à partir des 26-28 mai
1917[105]. De plus, l'arrivée du nouveau général en
chef n'est pas vue par les contemporains comme
l'événement providentiel décrit par tant d'auteurs
postérieurs. Certes, Pétain n'est pas, depuis Verdun, un inconnu, et l'idée veut qu'il détienne une
bonne réputation parmi les fantassins, en raison
de son authentique volonté de préserver les effectifs dans la guerre industrielle[106]. C'est pourquoi
on trouve, dans les lettres et les témoignages, de
réelles notations positives au moment de sa
première nomination, le 30 avril :

> La nomination du général Pétain nous avancera
> peut-être. Vous savez que c'est lui qui a dit à Verdun
> «On les aura.[107]»
> En attendant Nivelle est remplacé par Pétain pour
> le plus grand bien de l'armée française. Ce dernier est
> un bon, je te l'assure[108].

On note que ces courriers ont été écrits dans la
première semaine de mai, avant les mutineries et
avant même la nomination définitive de Pétain
comme généralissime. Après celle-ci, un autre
soldat écrit : « Le général Nivelle est bien remplacé,

le choix a été excellent. Je crois que tout le monde sera content de Pétain. Pétain est l'homme qui plaît aux poilus[109].» Au-delà de l'individu, on commente toutefois *l'événement* du remplacement, qui indique une fragilité de l'armée, dans la mise en cause de son plus haut responsable. On s'appesantit parfois plus sur ce dernier que sur son successeur, comme ce soldat, dès le début du mois de mai : «Sais-tu que Nivelle est à moitié remplacé par Pétain. En voilà encore un qui a réussi à faire tuer du monde et qui a tombé sur un bec avec son offensive[110].» De même, chez Honoré Coudray le 17 mai, où l'on lit une certaine incertitude devant les nouvelles : «Que penser de ce qu'enregistre la presse ? Pétain élevé à la dignité de généralissime. Le public éclairé n'a certes pas été surpris de cette détermination et d'un autre côté il est certain que Nivelle, pas chanceux, a été presque nivelé[111].» On lit également le trouble ou l'inquiétude, dans le témoignage du capitaine Morel-Journel, qu'il vaut la peine de citer longuement pour prendre la mesure de la déstabilisation de l'armée en 1917 :

[26 avril] Nous avons eu, dit-on, plus de cent mille hommes tués ou blessés. Le 1er corps, devant lequel la préparation d'artillerie avait été insuffisante, a été fauché par les mitrailleuses ; le général qui le commandait et deux divisionnaires ont été «limogés». [...] Le général Nivelle, qui avait obtenu carte blanche, va certainement perdre, auprès du gouvernement et du Parlement le prestige qu'il avait déjà perdu en partie auprès du ministère de la guerre. [30 avril] Pétain est nommé chef d'État-Major général de l'armée. Il sera le conseiller du ministre et du comité de guerre, le grand chef. Enfin, voici *the right man in the right place*.

[...] Toutes sortes de bruits courent sur Mangin : on va jusqu'à raconter qu'il s'est suicidé![112]

L'évaluation des résultats militaires de l'offensive se double d'une évocation des sanctions, d'une analyse des rapports de force entre le politique et le militaire comme au sein de l'armée, et enfin de rumeurs extrêmes sur le sort du principal adjoint de Nivelle, alors l'un des généraux les plus connus, controversé et prestigieux, significatives d'un trouble profond. Ainsi, et même si l'on doit prendre garde au fait que les officiers commentent davantage que les soldats une nouvelle affectant leur sphère professionnelle directe[113], c'est une mention de l'incertitude liée à ces changements qui est bien plus fréquente dans nos sources, et ce dès la fin du mois d'avril, avant les mutineries.

Cette incertitude est visible, avec une alternance comparable entre « confiance » et « désarroi », chez le lieutenant du Fontenioux à la 168e DI :

> La nomination de Pétain comme Chef d'État-Major général et attaché au gouvernement paraît bien extraordinaire. Lequel des deux commande, Nivelle ou lui ? Personne ne le dit. Puis c'est le départ de notre Commandant d'Armée, Mangin, qui nous étonne. On assure en même temps que ses collègues Anthoine et Mazel sont également remerciés. Personne autour de moi n'y comprend rien. Pétain a bonne presse : il inspire confiance, c'est vrai, mais tous ces changements ont l'air de traduire bien du désarroi[114].

De même chez le capitaine Henri Désagneaux, le 1er mai[115], et dans le témoignage du général Nayral de Bourgon où l'évocation de l'éviction de

Nivelle, qui «n'excita ni surprise ni regrets», est couplée à des rumeurs révélatrices de remplacement de «"Poincaré-la-guerre" par "Caillaux-la-paix"»[116]. Il est remarquable que chez ces quatre officiers le commentaire des informations officielles se double d'une nette attention aux rumeurs et aux bruits, signe d'un contexte d'incertitude accrue.

Elle se lit chez les combattants dont de nombreux courriers attestent d'un trouble parallèle, centré sur une vision d'une institution militaire déstabilisée. C'est parfois une réflexion vague et générale: «Chez nous grand chambardement de généraux, quelle pagaille, quelle salade[117].» On lit une réflexion plus aboutie sur un trouble que l'armée tenterait de cacher ou d'atténuer dans un courrier d'un soldat du génie: «Les journaux semblent nous préparer au remplacement du Général Nivelle par le Général Pétain, ceci serait un aveu de l'échec de notre offensive en Champagne[118].» Un soldat du 298e RI écrit, lui, début mai: «On disait qu'à la suite de cette malheureuse offensive Nivelle serait démissionnaire c'est sans doute des canards cependant la fin viendra peut-être bien un jour[119].» On voit que sans être absolument convaincu de la nouvelle reçue de manière informelle, il la relie à l'horizon de «fin» de guerre resté prégnant au-delà de l'échec.

Il est net en tout cas que le changement de généralissime n'a pas d'effet univoque. Si certains se félicitent de l'identité du nouveau commandant, d'autres voient dans ce remplacement précipité un signe de faiblesse ou de fragilité de l'institution, forcée de reconnaître par là son échec.

Cette déstabilisation institutionnelle est confirmée dans le rapport officiel du 3ᵉ bureau du 30 mai, le premier à tenter d'expliquer globalement la crise d'indiscipline :

> Les flottements survenus dans le haut comman-
> dement après le 16 avril ont eu des répercussions plus
> défavorables encore sur l'état d'esprit des troupes.
> Toute la période d'ordres, de contre-ordres de la fin
> d'avril a été tout à fait néfaste[120].

Ces flottements sont d'autant plus troublants qu'ils sont amplifiés et déformés par des combattants qui imaginent des généraux punis ou suicidés. S'appuyant sur la réelle mise en cause du haut commandement par les parlementaires, ils veulent croire à un châtiment exemplaire de chefs incompétents. En effet, dans un contexte où la parole publique est bien plus libre qu'en 1914, douze interpellations consacrées à l'offensive sont déposées entre fin avril et début mai. Les journaux en publient les motifs, d'une stupéfiante vivacité, comme celui du député de la Charente Jean Hennessy sur « La nécessité de déférer devant un Conseil de guerre constitué à cet effet, et dans un délai d'un mois, les officiers généraux commandant devant l'ennemi, lorsqu'ils sont relevés de leur commandement[121] ». Autrement dit : un député annonce publiquement vouloir traduire en Conseil de guerre des généraux ! Mangin et Nivelle sont évidemment visés. L'interpellation est d'ailleurs prolongée par une proposition de loi, elle aussi rendue publique, visant à réformer le code de Justice militaire afin d'y introduire des

sanctions pour les «fautes personnelles des
grands chefs[122]». On perçoit ici quels effets déstabilisateurs peut avoir, pour l'armée, la revivifi-
cation démocratique dont on a suivi les étapes
depuis 1915. Ainsi, ces interpellations, largement
relayées par la presse, peuvent d'abord fonctionner
comme un signe de l'échec pour les soldats :

> Mon avis est que notre offensive n'a pas marché
> comme on l'espérait, que nos pertes ont été considé-
> rables et nos gains presque nuls. Pourquoi d'ailleurs
> certains députés vont-ils interpeller à la Chambre ?
> Pourquoi relève-t-on certains grands chefs[123] ?

Elles alimentent surtout des fantasmes de punition, comme pour ce combattant : «Les fameux
Nivelle et Mangin sont relevés de leur haut
commandement ils auraient mieux fait en les
faisant fusiller. Aussi à la Chambre il paraît que
ça va ch… ces jours-ci[124]. » Certains vont plus loin
et imaginent des sanctions réparatrices. On le
voit par exemple au 279ᵉ RI : «Quant à l'affaire
de Champagne dont tu me parles, on en entend
parler ici aussi. C'est du propre ; il paraît qu'il y a
3 généraux qui vont être traduits en conseil de
guerre[125]. » L'idée de la punition des responsables,
qui survivra au-delà de la guerre pour constituer
un *topos* de certains engagements pacifistes et
antimilitaristes[126], révèle des éléments importants : un renversement espéré des hiérarchies, la
perception d'une crise institutionnelle grave, un
déplacement souhaité du risque et de la violence
redoutée vers les chefs. On en trouve un même
indice dans le courrier suivant :

Nous jubilons tous de voir les interpellations qui vont avoir lieu à la Chambre sur l'offensive en Champagne du 16 au 30 avril et que les officiers généraux qui ont fait des gaffes soient traduits en conseil de guerre avant un mois. Si tout ce pastis pouvait amener la paix! Tous nous ne demandons que cela[127].

Dans ce discours, la condamnation espérée des généraux est reliée au fonctionnement du système institutionnel et juridique dont on veut croire qu'il va, enfin, exercer ses redoutables prérogatives non plus sur les combattants mais sur des chefs incapables. On espère par là une primauté du politique sur le militaire. On imagine enfin que ces éléments confusément appris et compris — «tout ce pastis» — s'inscrivent dans l'horizon décrit comme partagé — «tous nous ne demandons que cela» — de la fin souhaitée. Enfin, ce texte révèle l'extrême porosité de l'armée aux nouvelles volatiles tenant au contexte politique, qui constitue un phénomène central. Il importe d'avoir présentes à l'esprit ces représentations d'une armée mise en accusation, à travers des généraux supposément jugés, au moment d'envisager les discours et représentations des mutins. La déstabilisation de l'institution militaire que dessinent l'échec et son aveu l'expose à des demandes et des revendications construites comme légitimes. L'arrivée de Pétain ne constitue donc pas un événement uniformément rassurant ou stabilisateur: elle peut être perçue, à travers les rumeurs qui l'accompagnent, comme l'aveu d'une faiblesse, l'indice d'un trouble, et le signe que, l'armée commençant à reconnaître voire à

juger ses erreurs, la revendication va devenir
possible.

On le voit dans un graffiti de mutin, contre-
disant l'idée d'une confiance accordée immédiatement au nouveau général en chef par les
combattants : « Pétain, fais gaffe à la Champagne,
fais pas comme Nivelle. »[128] Phrase significative
qui indique que s'instaure pour celui qui l'écrit
un rapport de force se traduisant par un avertissement adressé au sommet de la hiérarchie. Les
mutineries participent par certains côtés d'une
telle logique : celle d'éprouver, par des revendications ou des manifestations, le nouveau pouvoir
mis en place. Nous en avons un exemple concret
à travers la mutinerie d'une compagnie du 74e RI,
le 7 juin, une semaine après la grande mutinerie
bien connue de la 5e DI à laquelle ces hommes
appartiennent. Un interrogatoire révèle que ces
mutins ont désobéi tout en imaginant des émeutes
à Soissons, et parce qu'ils croyaient le général
Lebrun, commandant le CA, arrêté[129]. Ces images
et ces rumeurs autorisent en quelque sorte l'indiscipline : l'obéissance n'est pas due dans les mêmes
termes à une armée décapitée, mise en accusation
ou déstabilisée, et le procès rêvé d'un général
atténue la culpabilité potentielle des mutins.

Cela conduit d'une configuration fermée à une
configuration plus ouverte des opportunités : la
faillite de Nivelle expose l'armée à une mobilisation revendicative, lorsque, par les remplacements, sanctions et interpellations qu'elle affronte,
elle semble avoir des comptes à rendre ; elle
l'expose aussi à une contestation plus globale
lorsque des rumeurs imaginent le suicide ou le

Conseil de guerre pour des généraux dans une
logique du renversement généralisé des hiérarchies et des possibles. De telles rumeurs deviennent
plus fréquentes au cours du mois de mai, et plus
extrêmes, ainsi lorsqu'un combattant exprime sa
colère contre les officiers et imagine un châtiment
violent : «Un colonel d'artillerie a été passé à
l'arme blanche d'après le bruit qui court[130].» Ces
rumeurs participent en fait d'une perception plus
large qui voit l'ordre social entièrement renversé
ou déstabilisé. Si, du 16 avril au milieu du mois
de mai, l'armée et la société apprennent à faire
face aux conséquences complexes, troublantes et
douloureuses de l'échec, la fin du mois de mai
voit un changement de nature dans les représentations. Dans une armée fragilisée et plus que
jamais poreuse aux nouvelles extérieures et aux
rumeurs, l'horizon d'attente de «fin» de la guerre,
partiellement abandonné avec l'échec militaire,
vaguement reporté sur des espoirs de «famine» ou
la mise en cause des généraux, est puissamment
réactivé par les événements déstabilisateurs qui
s'enchaînent fin mai : grèves, conférence de Stockholm, radicalisation révolutionnaire en Russie,
premiers signes d'indiscipline, rumeurs sanglantes.
Cet horizon modifié ouvre, en retour, la possibilité
de la désobéissance individuelle et collective.

Une «fin» de la guerre par la Russie,
Stockholm ou les grèves ?

Les mutineries débutent fin avril 1917, restent
limitées à des incidents épars début mai, avant de

se généraliser et de s'accélérer à partir du 20 mai, de connaître un pic d'intensité entre le 30 mai et le 7 juin, où l'on compte quotidiennement une douzaine d'incidents, puis de décroître. Le contexte précis de la mi-mai au début du mois de juin doit donc être reconstruit, car il constitue l'arrière-plan direct des mutineries. Ce contexte — ces contextes, tant les événements sont nombreux — joue un rôle important, en semblant modifier la configuration générale de la guerre. Ces faits perçus par les soldats créent une intense impression de désordre qui ouvre des choix, là où aucun choix n'était ouvert. Le lien entre les contextes et les mutineries est multiforme : il tient à la fois à l'impression que la « fin » de la guerre approche, par la grève ou la révolution à Paris et Petrograd, et à la prise de conscience du fait qu'il devient possible et envisageable d'y contribuer par une action collective. C'est une fenêtre d'opportunité qui semble s'ouvrir pour la contestation de la guerre, dans les quelques jours à partir de la fin du mois de mai où s'additionnent les nouvelles troublantes et imprévues, à travers les canaux d'information multiples que sont la presse, le courrier, et surtout les discussions lors des déplacements d'unités et des départs en permission, qui concernent jusqu'à 70 000 hommes par jour en mai 1917[131].

Un élément essentiel de cette situation changeante tient à la résurgence du pacifisme en lien avec la révolution russe et la conférence prévue à Stockholm. Pour mesurer son influence, on doit d'abord écarter un écueil consistant à imaginer une traduction directe des événements extérieurs dans les mutineries, comme si, pour jouer un rôle, ces faits devaient nécessairement opérer une jonction, par l'intermédiaire de propagandistes secrets et d'agents révolutionnaires, avec les soldats du front. C'est une telle perspective qui motivait largement l'enquête de G. Pedroncini, et ses conclusions tranchées quant à l'absence de tout lien ou de toute influence extérieure sur les mutins. Sortir de ce schéma implique de considérer quels sont, pour les soldats, les modes d'appropriation autonomes d'information mis en œuvre, et la manière dont ces éléments contextuels peuvent être subjectivement articulés aux mutineries. Qu'ils n'aient pas de liens étroits et concrets avec des socialistes, des pacifistes ou des « maximalistes » russes, comme on les nomme alors, n'implique pas que les mutins n'aient pu y trouver des exemples, des modèles et des mobiles pour l'action, et placer dans leurs actes des espoirs de « fin ». Suivant quelles logiques ?

On observe des changements dans les représentations de la Russie aux mois d'avril et surtout de mai, lorsque l'espoir de fin reporté et l'instabilité générale du contexte, associés à la publication de propositions de paix des « maximalistes » (repris ainsi dans *L'Humanité* le 14 mai), font entrevoir une issue possible au conflit. Fin mai, de plus, des séries d'articles ne se contentent pas de détailler les positions des différents groupes et acteurs politiques, mais évoquent ouvertement les brèches dans la discipline militaire. Ainsi, à partir du 20 mai, *Le Petit Parisien* commence une série intitulée « La révolution russe au jour le jour », mentionnant les fraternisations et les comités de soldats, allant jusqu'à reproduire des délibérations des soviets, comme l'abolition du salut et les droits des soldats comme «citoyens», le 25 mai. On peut aussi y lire, le 31 mai, une harangue stupéfiante : «Citoyens-soldats [...] Faisons régner ici l'égalité ! Renvoyons nos officiers ! Élisons ceux qui nous paraissent dignes de nous commander[132].» Dans *l'Illustration*, enfin, on peut voir des dessins de soldats sous le drapeau rouge, ce dont s'indigne un officier qui a entendu lors de la mutinerie de son 370e RI un soldat s'exclamer : «Les Russes étaient à cent ans en arrière, ils sont maintenant à cent ans en avant du reste l'humanité[133].»

Ces nouvelles dessinent ainsi un modèle possible à l'action des mutins. On le vérifie numériquement, sept mutineries comportant une référence explicite à la Russie, comme à la 70e DI où un soldat cite en exemple à un ami les «mesures prises contre les officiers» par les soviets[134]. Le modèle des soldats russes est loin d'être majoritaire, mais il n'est pas inexistant. Surtout, même lorsque les mutins ne disent pas s'inspirer des soldats russes en révolution ou des socialistes pacifistes de Russie, l'action et les discours de ceux-ci, lointainement perçus et interprétés, participent d'un horizon déstabilisateur. On le voit dans les commentaires saisis par le courrier, ainsi la crainte du caporal Maret, écrivant le 16 mai à ses parents «on dit que la Russie va lâcher, alors nous si nous continuons, qu'est-ce que nous allons déguster[135]», et l'inquiétude d'un combattant très instruit, le normalien Marcel Clavel, qui écrit de même à ses parents le 15 mai 1917 :

> Le journal qui arrive à l'instant me donne un mau-
> vais son de cloche sur la Russie. Ah! ces utopistes!
> Nos conventionnels étaient un peu plus réalistes que
> les socialistes du Comité des ouvriers et soldats[136]!

On trouve cependant chez les soldats du rang
des commentaires plus vagues, où l'on retrouve
l'idée que des événements lointains, même mal
connus ou mal compris, peuvent amener la «fin».
Ainsi, cette idée d'un «lâchage» n'est pas forcément évoquée avec crainte par certains combattants dans la mesure où cela participerait d'une
«fin» plus proche, comme ici autour du 10 mai:

> Le bruit court avec persistance ici depuis deux jours
> que la Russie nous aurait lâchés! Si c'est vrai je crois
> qu'il faut y voir le commencement de la fin[137].

Un autre soldat a entendu la même rumeur,
alimentée sans doute par une suggestion de paix
séparée formulée par des révolutionnaires, à la
mi-mai: «Je ne sais pas si c'est vrai, le bruit court
que la Russie a fait une paix séparée[138].» Cette
même idée est reprise et critiquée par un correspondant qui est sans doute un gradé, et qui
témoigne des discours tenus par les soldats ordinaires vers la même période: «Ces Russes nous
laissent pas mal tomber les hommes au front au
lieu de désespérer sans réjouissent croyant que
tout cela amène la fin[139].»
Cette perspective de la paix du côté russe est,
au total, bien moins condamnée qu'approuvée
dans les courriers contrôlés, car elle implique
une fin de la guerre dont les soldats français ne

pourraient être tenus pour responsables. Au même moment, un autre soldat écrit que les Russes dont il imagine la volonté de paix ont «raison» et peuvent permettre que «ça» finisse, idée exprimée avec une imprécision caractéristique :

> Voici que les Russes demandent la paix, ils ne veulent plus rien savoir, sans compter qu'ils ont bien raison. Je pense que cela va peut-être bien décider quelque chose et vivement que ça finisse d'un côté ou de l'autre[140].

Dans l'ensemble, on constate l'effet décalé dans le temps de cette révolution, à travers les surenchères des groupes qui s'y disputent le pouvoir, et qui sont lues à travers une grille de préoccupations spécifique aux combattants français : un pays s'apprête-t-il à sortir de la guerre ? Cela amènera-t-il la fin ? Pour certains, les événements de Russie dessinent une fin possible et plausible au conflit, plus plausible sans doute que les propositions de paix austro-allemandes de fin 1916 car séparées du front ouest et non soumises à des négociations entre alliés. Ces représentations s'articulent aux faits relatés par la presse :

> J'ai pu acheter hier et aujourd'hui l'édition départementale du *Petit journal*. À sa lecture il semble que la Russie est à la veille de lâcher pied. Il se pourrait bien que ce soit le fait qui amènera la fin de la guerre[141].

Elles relèvent également des modes de discussion et de transmission d'informations non vérifiées mises en évidence plus haut, attestant d'une porosité de l'armée aux «bruits» et aux nouvelles déstabilisatrices, comme dans ce courrier contrôlé, mi-mai : « Ici le bruit court que le Russes ne se battent plus, qu'ils veulent signer la paix, on ferait bien d'en faire autant, ce ne serait pas trop tôt[142]. »

Au total, la révolution russe fournit des exemples et des espoirs de «fin», à défaut de trouver de nombreux militants. Elle pourra cependant inspirer certains modes d'organisation des mutins formant des comités, comme on le verra. De plus, elle est relayée en France par la révolte du corps expéditionnaire russe, à partir du 13 mai 1917, qui inquiète le haut commandement. Les troupes russes sont retirées du front et isolées à l'arrière, avant la grande mutinerie du camp de la Courtine. On ne dispose d'aucun élément précis permettant de relier cette révolte des soldats russes en France aux mutineries françaises, mais les contacts entre les deux groupes sont une possibilité[143]. En tout cas, la révolution russe donne une visibilité plus grande encore au thème de la paix et à la perception d'une instabilité, alors même que l'on discute d'une conférence socialiste pacifiste devant se tenir à Stockholm, dans la continuité des conférences pacifistes précédentes de Kienthal et Zimmerwald.

L'initiative de cette conférence est due au parti socialiste des États-Unis, ainsi qu'au Belge Camille Huysmans. Sa perspective provoque des débats parmi les socialistes, progressivement tranchés : les socialistes minoritaires en France, opposés à la guerre, s'y rallient dès le 6 mai ; le soviet de Petrograd appelle solennellement à s'y rendre le 15 mai ; le congrès du parti socialiste français

décide finalement d'y participer le 28 mai 1917,
au moment où le mot «Stockholm» a, selon l'expression de Madeleine Rébérioux, une «portée
quasi hypnotique» dans l'opinion socialiste, tant
sont forts les espoirs de paix qui s'y relient[144].
Ceux-ci n'ont pas débouché sur la paix réelle, et
les autorités françaises et allemandes ont interdit
à leurs ressortissants de se rendre à la conférence, ce qui eut pour conséquence son effilo-
chement puis son annulation. On ne doit pas pour
autant tenir pour négligeables les espoirs, les
anticipations et les mobilisations qui tendaient à
voir dans «Stockholm» un réel espoir de paix —
si l'on tient à intégrer dans le récit historique la
«vision des vaincus[145]».

En effet, cet espoir inabouti peut motiver de
réelles conduites, chez plusieurs soldats qui y
voient une perspective de «fin», ou réagissent,
après le 4 juin 1917, au refus de délivrer des
passeports pour les socialistes français. L'espoir
ou la déception de Stockholm constituent ainsi
des motifs présents à l'arrière-plan des mutineries,
contribuant à les rendre pensables et possibles.
Ainsi, plusieurs soldats s'en emparent durant la
période, comme d'un nouvel élément tangible, bien
que souvent perçu de manière vague et diffuse,
susceptible de faire «finir» le conflit. Comme la
nouvelle des grèves, c'est à partir de la mi-mai, et
surtout entre la fin du mois et le début de juin,
dans une période très étroite, que circule l'information de la conférence. On lit d'abord, autour
du 10 mai, les conversations autour de Stockholm
dans un régiment territorial:

Je crois que la conférence qui va commencer le 15
en Suède va nous amener la fin car tout le monde en a
assez, aussi bien l'officier que le soldat et avec cela le
général Famine va se mettre de la partie c'est lui qui
aura raison de tous ceux qui veulent aller jusqu'au
bout[146].

On retrouve ici l'idée de la « famine » censée
terminer le conflit, au moment où la conférence
est annoncée sans que la participation des socialistes français soit confirmée. Celle-ci l'est au
lendemain de leur congrès du 28 mai, ce qui
provoque une recrudescence des commentaires
dans un temps très court qui correspond exactement au pic d'intensité des mutineries, fin mai-
début juin. Comme toujours, les visions de
l'avenir sont imprécises, hésitantes, mais indiscutablement orientées vers la « fin » :

Je vois que les socialistes font des progrès, ils sont
tous bien d'accord pour aller actuellement à la conférence de Stockholm. Ah, s'ils pouvaient arriver à
quelque chose, c'est-à-dire à une entente internationale
et qui nous amène ce jour tant désiré[147].

J'ai espoir qu'un grand changement aura lieu, les
grèves actuelles jouent déjà un grand rôle, maintenant
si tu vois les journaux, la conférence de Stockholm
amènera sûrement un changement dans les affaires[148].

Un soldat écrit, de même, le 30 mai : « On espère
dans la conférence internationale de Stockholm[149]. »
Cette idée se retrouve à la 77e DI, dont les mutineries interviendront le 2 juin : « J'ai vu que les
socialistes avaient décidé d'aller à Stockholm.
Qu'ils s'arrangent vite car on commence à en
avoir assez de cette vie de martyrs. Je ne sais pas

ce qui se passera si on nous fait attaquer mais le moral n'est pas bon du tout[150]. » Une autre lettre de la fin mai est révélatrice de la manière dont l'événement est commenté au front, dans l'imprécision et en conjonction avec un horizon de fin de la guerre :

> Ici, tous les soldats commentent Stockholm. La plupart ne savent pas au juste ce que c'est. Mais ils regardent ce mot comme quelque chose de nouveau, comme une branche de salut, une chance de paix[151].

En cela, « Stockholm » rejoint la « Russie » dans des représentations mobiles où le contenu des nouvelles compte moins que leur nouveauté, leur facteur d'incertitude et leur adéquation à l'horizon de « fin ». Mais la différence qu'introduit cet événement est double, en raison des enjeux politiques qui y sont liés et surtout de l'échéance précise qu'il représente. Soldat territorial éloigné des combats, attaché à commenter les soubresauts de la vie publique, et à éviter une révolution qu'il craint confusément, l'historien Jules Isaac mesure effectivement le lien fait par tous à l'époque entre « Stockholm » et la « fin », le 6 juin 1917 :

> L'affaire de Stockholm n'est pas une petite affaire, bien qu'elle soit menée par de petites gens : mais son importance vient de ce qu'elle repose sur cette réalité profonde qu'est l'intense désir de paix dont les masses sont animées partout[152].

Un autre intellectuel, Jean Pottecher, socialiste, croit percevoir le potentiel révolutionnaire du moment, l'annonce de Stockholm pouvant causer

la désobéissance[153]. On retrouve effectivement la
perspective ou l'idée de cette conférence au principe de certaines actions durant les mutineries.
Ainsi, le 30 mai, le soldat Barjolle du 274e RI
répond à son capitaine lui demandant où il se
rend, à la tête d'un groupe de 55 mutins : « Je vais
à Stockholm[154]. » Arrêté, bien sûr, il n'ira nulle
part. Le lien entre l'indiscipline militaire et la
conférence pacifiste est toutefois net.

L'importance de l'enjeu est encore attestée par
la réactivité du commandement à cette question.
Tenu informé de la hausse des faits de mutineries
fin mai, Pétain estime que la délivrance des passeports pour Stockholm pourrait accréditer les
espoirs de paix et de « fin » formulés par les
mutins. Il fait donc pression sur le gouvernement,
le 31 mai, pour que les passeports soient refusés[155].
Les mutineries sont alors une réelle affaire d'État,
comme on le verra. Début juin, l'annonce de cette
interdiction est scrutée avec attention par des
combattants qui en ont fait une échéance et un
prétexte possible à la désobéissance. Georges
Cuvier le décrit à la 69e DI :

> Par les journaux lus avec avidité, on sait qu'une
> conférence doit se réunir à Stockholm, pour rechercher
> des bases de paix. Naturellement nos députés paci-
> fistes veulent s'y rendre ; ils ont demandé au Gouver-
> nement leurs passeports [...] Les Poilus attachent à ce
> fait une importance capitale. Un mot d'ordre circule :
> « coup de chambard s'il y a refus » [...] Le jour où la
> réponse à la brûlante question doit être connue, il y a
> foule pour guetter les porteurs [de journaux][156].

On trouve effectivement à plusieurs reprises
des traces directes de cette attente ou de la colère

face au refus des passeports dans l'action protestataire durant les mutineries. Au 108ᵉ RI, un soldat témoigne de son inquiétude face à cette décision et la relie à l'indiscipline : « Je ne sais ce que va produire le refus aux socialistes de se rendre à Stockholm, sans doute ça va surexciter les esprits[157]. » Le 2 juin, ce sont des soldats de la 62ᵉ DI qui refusent d'effectuer une relève. Parmi les motifs exposés à l'officier qui enquête, un des soldats explique : « On a refusé d'autoriser d'aller à Stockholm les gens qui voulaient parler de la paix, ce ne sera jamais fini[158]. » On remarque que ces « gens » ne sont pas ici désignés comme des socialistes ou des pacifistes : nouveau signe que l'espoir de « fin » de certains soldats est irréductible à des étiquettes ou des catégories nettement politisées. Le 5 juin, ensuite, au bivouac du 21ᵉ RI, deux soldats haranguent leurs camarades en ces termes : « Pas de passeport pour Stockholm, pas de passeport pour les tranchées[159] ! » De même, le principal organisateur de la mutinerie de Cœuvres, le soldat Georges Pernin, a fait de cette question un élément central de sa mobilisation[160]. On retrouve, enfin, des tracts ronéotypés intitulés « à Stockholm ! » sur les mutins du 298ᵉ RI, fin juin, au moment où la conférence n'est plus tout à fait envisageable, ce que déplore ce tract :

> Que d'espoir ce mot, ce nom d'une ville avait mis dans le cœur d'un peuple. Ce mot était synonyme de Paix. Des délégués de toutes les puissances devaient se rencontrer à Stockholm pour parler de Paix. [...] Le Gouvernement Révolutionnaire Russe nous invite à une conférence internationale et nos gouvernants refusent les passeports ! Ils ne nous donnent qu'un

seul droit, celui de nous faire massacrer. [...] Nos
camarades du Gouvernement provisoire de Russie
nous convient à parler de Paix à Stockholm, il faut
que nous y allions. Si nous en sommes empêchés,
agissons sans retard[161].

On tient là les indices, chez un certain nombre
de mutins, d'une politisation, d'une volonté et
d'une capacité à relier le mouvement des mutineries à un enjeu plus large dont il nous faudra
comprendre les ressorts.

Souligner l'importance du contexte politique en
mai 1917 ne revient pas à soutenir que la perspective d'une paix par la « Russie » ou « Stockholm »
devient générale ni même majoritaire parmi les
combattants, même si ce thème informe de
manière forte plusieurs actes de mutinerie. Ce que
l'on peut montrer et vérifier, en revanche, c'est
que les énoncés et éléments disponibles, auxquels
l'espoir de « fin » du conflit peut se raccorder, se
multiplient avec rapidité ; que la configuration
générale des possibles évolue avec un contexte
perçu par tous comme plus mouvant, instable et
imprévisible — qu'on s'en félicite ou qu'on le
condamne ; que les nouvelles et les rumeurs invé-
rifiables, ou accréditées en dehors des circuits
officiels de transmission des informations, permettent à certains d'imaginer des issues possibles
et proches au conflit. C'est dans ce contexte perçu,
dans le temps très bref où se succèdent ces
événements, comme porteur de fins possibles que
certains soldats deviendront des mutins, y voyant
une opportunité et une occasion de passer à l'acte.

La première grande vague de grèves du conflit

survenant à Paris et dans d'autres villes au mois de mai 1917 accroît évidemment cette instabilité réelle et ressentie. En effet, les mutineries ont lieu dans un contexte social agité[162]. Les grèves parisiennes du mois de mai, en particulier, constituent un arrière-plan aux mutineries, les pics d'intensité des deux mouvements correspondant presque exactement, une nouvelle fois, fin mai-début juin. Nombre de soldats et de mutins veulent croire que dans ce mouvement social dont ils perçoivent des nouvelles souvent déformées existe un potentiel d'instabilité pouvant permettre de «finir» la guerre. Surtout, ils sont des témoins directs ou indirects, à travers ces grèves d'ampleur, d'une brèche massive et inédite du conformisme social en temps de guerre, fournissant un exemple de démarches revendicatives, montrant que la rupture avec les comportements d'obéissance est envisageable; dessinant peut-être un mouvement social conjoint.

Là aussi, il convient de prêter attention à la chronologie, pour comprendre comment les perceptions d'abord diffuses d'une «fin» possible par la grève sont précisées et radicalisées à la fin du mois de mai, alors que le conflit social lui-même change de nature. Initialement, celui-ci est en effet peu politisé, même si le 1er mai 1917 a été, pour la première fois, l'occasion d'un important rassemblement opposé à la guerre place de la République, entraînant des heurts avec les forces de l'ordre, aux cris d'«À bas la guerre[163]!». Les grèves d'ampleur qui suivent sont toutefois peu politisées: ce sont les «midinettes», ouvrières de la couture, qui défilent dans Paris afin d'obtenir

la « semaine anglaise » (se terminant le samedi
midi) et des augmentations de salaire : « On aura
nos vingt sous[164]. » La mobilisation est forte et
durable, mais, dans un premier temps, la contestation de la guerre y est absente ou très marginale.

Pourtant, cette vague de grèves alimente au
front des craintes et des espoirs. Cette ambiva-
lence est perceptible lors des premières nouvelles
en mars, dans un courrier d'un soldat du 98ᵉ RI à
son épouse :

> Tu m'apprends une mauvaise nouvelle, comme tu
> dis, vu que vous êtes en grève. Faut espérer que ça ne
> durera pas, car ça pourrait parfois aller très mal. Mais
> c'est ce qu'il faudrait peut-être. Si ça allait plus mal
> dans le civil on aurait des chances de finir plus tôt[165].

L'indécision caractéristique de bien des soldats
au printemps 1917 se retrouve : on craint à la fois
la grève pour ses conséquences possibles, en même
temps qu'on l'espère presque dans la mesure où
elle peut faire « finir » le conflit. Ensuite, si les
grèves sont relativement peu mentionnées au
cours du mois d'avril, c'est à la fin de mai et début
juin que le thème revient régulièrement dans les
correspondances et les discussions, au moment
où interviennent une politisation et une radicalisation du mouvement. Une mutation survient
autour des 28-30 mai dans les mobilisations parisiennes : aux couturières s'ajoutent les « munitionnettes » des usines d'armement, tandis que les
cortèges se font plus nombreux et plus massifs,
comptant 54 000 grévistes le 30 mai, date à
laquelle des milliers d'ouvrières passent à Issy et

Boulogne afin de débaucher et de mobiliser. Le
cortège traverse ensuite Paris, diffusant des
rumeurs de «révoltes d'annamites et d'empoison-
nement de viandes», aux cris de «Vive la paix!»
et derrière des pancartes «À bas la guerre», sous
le drapeau rouge[166]. En effet, le contenu de la
mobilisation devient nettement orienté contre la
guerre, ce que confirment deux manifestantes du
30 mai, disant à des soldats belges que «ce n'est
pas pour la grève que nous faisons cela, c'est pour
la paix[167]».

Cette radicalisation est notée par les combattants, tel Henri Charbonnier qui passe par Paris
le 2 juin de retour de permission, et mentionne
«la grève des munitionnettes, [...] demandant la
paix et le retour des maris[168]», ou Robert Trocmé,
dont l'unité est chargée de réprimer les manifestations ouvrières devenues inquiétantes («des
fleurs rouges à leurs corsages, des regards de
défi») dans la capitale[169]. Transmises sur le front
par journaux et surtout par les canaux parallèles
de circulation des informations déjà évoqués, ces
grèves plus politisées contribuent à dessiner un
horizon instable et incertain. Elles sont alors
systématiquement reliées à une perspective de fin
de guerre, comme l'écrivent plusieurs rapporteurs
du contrôle postal: «Les grèves de Paris intéressent beaucoup les hommes qui semblent en
être très satisfaits, pensant qu'elles amèneront la
fin de la guerre[170].» On trouve en effet l'expression
de cette idée dans de nombreuses correspondances,
fin mai-début juin, avides de nouvelles et d'une
aggravation de la situation:

Toute ces grèves faciliteront peut-être la fin de la guerre et ce ne sera pas trop tôt. Qu'en penses-tu par là-bas[171] ?

Que se passe-t-il actuellement à Paris, des grèves éclatent partout. En êtes-vous aussi du mouvement? Est-ce cette fois le commencement de la fin? Je vous assure qu'on en a marre à la fin[172] !

Il y a beaucoup de femmes grévistes d'après ce que l'on dit. Elles ont bien raison. Si au moins les femmes pouvaient décider de la fin[173].

Pour comprendre ces représentations, il faut voir que le motif de la grève permet aux soldats d'imaginer une fin réaliste (et reliée consciemment ou inconsciemment au thème, antérieur au conflit, de la grève générale, que l'Union sacrée avait refoulé), tout en compensant le blocage militaire qu'ils vivent. D'une certaine manière, l'enthousiasme de ces soldats pour les grèves vient de ce qu'elles semblent les décharger de la responsabilité d'obtenir la «fin» et la victoire, dont ils voient combien, dans la réalité des combats, elle les élude. Même pour des hommes qui ne manifestent pas de croyance irraisonnée dans une solidarité entre grévistes et soldats, les mouvements sociaux contribuent à modifier le rapport de forces entre ceux qui souhaitent la fin du conflit et les jusqu'au-boutistes :

On a bien parlé des grèves en Allemagne, mais en France elles commencent à se dessiner aussi, cela va sans doute décider ceux qui peuvent entamer les pourparlers de paix à être moins exigeants[174].

L'espoir de fin s'articule pour certains à une culture politique qui valorise la grève, dans une

acception révolutionnaire, et en permet une
appréhension favorable pour autant qu'elle ne se
laisse pas désarmer par des hausses de salaires :

> Alors cette grève que nous attendions tous avec
> impatience est finie ; nous espérions que les femmes
> allaient voir que notre infect gouvernement va nous
> mener à la boucherie jusqu'au dernier et que l'après-
> guerre sera la famine, mais non, encore cette fois on
> va se contenter d'une petite augmentation de salaire
> [...] Nous n'aurons la paix que lorsque les capitalistes
> jugeront qu'il y a assez de prolétaires tués. Le gouver-
> nement a peur de nous, il a surtout peur des femmes
> contre lesquelles il ne pourrait rien faire si elles récla-
> maient la fin de la guerre[175].

Rares sont les sources témoignant d'un rapport
aussi construit au sens social et politique des
grèves. Elles attestent bien davantage de l'incertitude supplémentaire — ajoutée, répétons-le, aux
rumeurs sur l'armée, aux nouvelles de Russie et
de Stockholm, exactement en même temps —
susceptible de s'articuler à un horizon de «fin»
partagé. Dans le témoignage d'Albert Filoche,
enfin, les situations d'interaction décrites — celles
de discussions entre camarades, d'échanges entre
officiers et soldats, de nouvelles transmises par
les permissionnaires — montrent en quoi la réception de la nouvelle des grèves, indépendamment
de son sens social et politique, correspond à des
représentations latentes chez les soldats et vient
rendre envisageable une brèche dans l'inertie du
conflit :

> [1er juin] Dans notre trou, des poilus discutent sur la
> Paix, escomptant beaucoup la grève des midinettes.

On commente les dires du commandant du 2ᵉ bataillon du 124ᵉ qui a dit à ses hommes : « la guerre sera finie dans un mois ». Cette phrase sortie, dit-on, de la bouche de ce chef a fait impression. Mes naïfs compagnons se leurrent, se bercent d'illusions. Mais l'espoir de voir prochainement finir la tuerie leur donne du cœur au ventre.

[8 juin] Un camarade m'accoste : il y a des grèves à Laval, ça boude. C'est presque joyeusement que l'on dit : « Ça tire à la lie. Faut que ça finisse. » Il est facile de voir que dans l'âme de chaque poilu passe un souffle révolutionnaire et, dans son désir de voir la fin de la guerre, l'homme des tranchées en désespoir de cause s'accroche à tout[176].

Il faut se garder de généraliser ou d'étendre dans le temps ces manifestations de joie à l'annonce des grèves. Elles sont regroupées dans le temps très court — du 25 mai au 10 juin environ — du pic d'indiscipline qu'elles accompagnent à l'arrière-plan. Le contexte des mutineries est ainsi celui d'une fin rêvée du conflit par l'instabilité généralisée qu'une conjonction d'éléments permet de percevoir. Le reflux des grèves modifie ensuite nettement les représentations, et on peut le rapporter au reflux des mutineries : comme celles-ci, elles ne cessent pas entièrement, mais elles cessent de faire partie, même en imagination, d'une vague ample et cohérente avec la fin de la guerre en perspective.

La vague de grèves fait toutefois plus que servir d'arrière-plan réel et rêvé aux mutineries : comme la révolution de Russie, elle offre également des modèles d'action et de justification aux mutins. Le développement parallèle des grèves et des mutineries permet l'appropriation par les soldats du vocabulaire et des modes d'action de la grève. « Le cochon de civil à l'abri des balles fait grève et obtient ce qu'il veut. Pourquoi que les soldats ne feraient pas de même ? », s'interroge un soldat du 36e RI suite à la mutinerie de son unité le 29 mai[177]. On tentera de comprendre les ressemblances et les différences entre l'action des mutins et une « grève ». On mesure déjà combien le mouvement social de l'intérieur contribue à rendre possible celui des combattants. Ce rôle déstabilisateur est d'autant plus fort que des rumeurs ahurissantes commencent à circuler.

Les rumeurs du désordre et l'imaginaire de la crise généralisée

En effet, les grèves elles-mêmes ne sont qu'un motif visible, directement perceptible à travers la presse et les liens personnels réactivés pour les soldats des régions industrielles, d'un désordre intérieur perçu et espéré comme plus large. Elles sont rattachées dans nombre de correspondances ou de témoignages à une situation quasi insurrectionnelle, instable, plus fantasmée que réelle, et qui participe de l'arrière-plan perçu des mutineries. Ainsi, fin mai, de nombreux soldats croient Paris en « révolution ». Des courriers émanant du 59e RI le 1er juin montrent dans quels termes ces représentations se construisent :

> Depuis hier les permissions sont supprimées pour Paris et la banlieue. Il faut vraiment qu'il se passe quelque chose d'anormal et si vous pouvez, donnez-

moi quelques renseignements. La fin de la guerre est
sans doute plus proche qu'on ne le pense il serait
grand temps que cela finisse.

Tu sais, si cela continuait de barder à Paris tous les
poilus en serai contents car peut-être que cela fera
finir cette maudite guerre plus tôt qu'on ne pense et
que nous aurons bientôt le plaisir de vous revoir[178].

L'indice indiscutable que représente la suppression des permissions pour Paris (signe de la
volonté de l'armée d'empêcher la «contagion»
réciproque du front et de l'arrière) s'articule
aux récits, nouvelles, rumeurs et discussions qui
contribuent à dessiner un contexte d'une grande
instabilité, relié à l'idée toujours prégnante d'une
«fin» pouvant se rapprocher :

D'après les dires de quelques-uns qui sont de retour
de permission, il y a eu un peu de chambard dans la
capitale, si seulement c'était la fin qui se présentait[179].

Les récits de désordre dans la capitale sont
accrédités par les permissionnaires, qui peuvent
déformer ou exagérer leur importance, comme
dans ce courrier contrôlé au 30ᵉ BCP :

Nous avons eu ces jours derniers une petite alerte,
non personnelle mais générale. Un tas de permissionnaires revenant de 24 heures nous ont rapporté que la
révolution était là ; certains magasins étaient incendiés,
notamment la Samaritaine ; jugez de l'effet produit ;
tout le monde en chantait d'espérance[180].

Ce texte montre de manière saisissante combien
certains soldats attendent la «fin» d'une révolution à l'intérieur dont ils croient apprendre les

signes. Un soldat de la 5ᵉ DI évoque, lui, des charges de police ayant fait «une cinquantaine de victimes» dans la capitale[181]. Les rumeurs les plus extrêmes sont ainsi celles qui imaginent un tel déchaînement de violence, et le Louvre ou les Invalides en feu, dans une rumeur évocatrice de la Commune[182], ou encore les magasins Dufayel incendiés[183]. On retrouve ce motif de l'affrontement et de la violence intérieure dans le témoignage d'Henri Charbonnier, le 9 juin («Beaucoup parlent de la menace de grève des chemins de fer. On aurait aussi tenté de faire sauter une poudrerie à Bourges, et tué plusieurs Annamites[184]») et dans d'autres lettres saisies par le contrôle postal : «Nous avons appris par d'autres permissionnaires que dans beaucoup d'endroits les gens crient et se battent c'est donc un commencement d'émeute ce qui pourrait abréger la guerre[185].» Aussi flous soient-ils, ces événements perçus font espérer la «fin».

Ces rumeurs, dont participe au premier chef la «rumeur des Annamites» que l'on va étudier, sont le signe à la fois d'un contexte perçu comme révolutionnaire et instable, dont l'instabilité même peut précipiter la fin du conflit, et d'un déplacement fantasmé de la violence subie par les combattants vers l'arrière. En effet, on sait les rapports très complexes entretenus par les combattants avec la société englobante souvent désignée comme «l'arrière», terme pratique qui fait écran à la diversité des représentations, allant de la fidélité aux proches à la colère contre les «embusqués» réels ou imaginaires. On en voit l'expression dans un texte original, saisi par le

contrôle postal début juin, une chanson composée
par un soldat, incitant à la violence et à la subversion les grévistes parisiennes, portant explicitement des images révolutionnaires ainsi qu'une
opposition aux généraux et aux embusqués :

> Allons Mesdames un bon mouvement/Faites donc
> sauter les munitions/À bas la guerre (bis)/Faites donc
> sauter les usines/Allez piller les Invalides/À bas la
> guerre[186].

Ce discours radical est le signe que la période
exceptionnellement instable des mutineries voit
resurgir des représentations jusque-là tues et mar-
ginalisées en même temps que les groupes qui en
étaient porteurs[187]. Il est important de noter que
ces représentations n'émanent pas uniquement
de soldats qui approuvent l'idée d'une instabilité
ou d'une «révolution» possible. Cela inquiète
aussi ceux qui sont attachés à la discipline et à la
stabilité de l'édifice social, comme Léon Perrin,
en mai : «Rien ne va plus, quelques poilus rentrant
de permission nous rapportent de mauvaises nouvelles. Des civils embusqués à l'arrière, prêchent
les grèves et la révolution[188].» Il est en tout cas
manifeste que l'arrière devient porteur d'imprévu
et d'inquiétude dans des proportions inédites.

On le vérifie dans les rumeurs qui circulent,
dont l'analyse offre un accès privilégié au fonctionnement d'un imaginaire social et aux
modes de circulation des informations[189]. Ainsi,
la «rumeur des Annamites», terme qui désigne
un ensemble changeant de représentations, est
avancée par des mutins d'au moins neuf divisions

comme motivation ou comme explication de leurs actes. Son thème central peut se résumer ainsi : à l'arrière, on a fait tirer des troupes coloniales, Noirs ou Indochinois (Annamites) sur des femmes grévistes. Deux soldats de la 5ᵉ DI, unité où la rumeur s'est d'abord manifestée, l'évoquent dans leur interrogatoire. Maurice Cléroux, interrogé après coup, raconte : « On disait que c'étaient des permissionnaires du Génie à Léchelle [le 28 mai 1917] qui avaient rapporté le bruit que les Annamites avaient tiré sur les femmes à Paris avec des mitrailleuses. » Pierre Chauvière ajoute, de même : « Ce qui nous a décidés tous les camarades et moi, c'est le récit fait par des permissionnaires de répressions sanglantes faites par les Annamites avec des mitrailleuses[190]. »

L'origine exacte de la rumeur n'est pas connue. Comme souvent, toutefois, le débat sur les origines d'un phénomène d'histoire culturelle est relativement moins important que ses modes de diffusion et de transformation[191]. Si on ne connaîtra sans doute jamais avec certitude sa genèse, on dispose de quelques éléments. Le motif d'une armée tirant sur une foule de femmes grévistes est présent dans les journaux, dès le mois de mars, mais pour illustrer la crise attribuée à l'Allemagne. On peut ajouter deux indices supplémentaires : à Firminy, le 20 mai, des ouvriers chinois auraient été tués[192] ; tandis que le 28 mai c'est une rixe conduisant à la mort d'un soldat arabe qui est rapportée par la presse[193]. La rumeur est ensuite alimentée par des récits excessifs de femmes grévistes, dans des lettres aux soldats :

« Tu sais ça barde par ici ; plusieurs femmes ont été tuées aux usines de Billancourt[194]. »

Le mélange entre ces différents faits et ces multiples origines est probable. En tout cas, la diffusion de cette rumeur tient à ses puissantes vertus mobilisatrices : en inversant les récits d'atrocités diffusés au début de la guerre, elle légitime l'indiscipline de soldats qui entendent rétablir l'ordre et la normalité en protégeant leurs épouses et leurs proches[195]. Les mutins tirent argument de cette atrocité imaginaire pour justifier leurs actes, comme ces soldats évoqués plus haut de la 5e DI, ou Victor Milleret au 152e RI, qui explique ainsi à un capitaine son indiscipline du 21 juin :

> Mon père ne veut plus être exposé à se voir fusillé à Paris, sans défense, par des Annamites, pendant que je suis ici, au lieu de lui venir en aide[196].

On retrouve ce thème de la protection des femmes et des civils fin juin, au 298e RI, où la rumeur n'est pas entièrement dissipée. Un soldat raconte le refus d'obéissance et le dialogue qui s'instaure avec le colonel :

> Nous avons tous crié devant lui qu'on refusait de marcher qu'on ne monterait plus en ligne. « Mais, mes enfants, nous a-t-il dit, vous ne serez pas les plus forts, il y aura des sanctions de prises et de très sévères, le régiment sera dissous, ce n'est pas à vous à faire cela, c'est à vos parents, à vos familles qui sont à l'arrière... » — Non, non, ils ne le peuvent pas, on tirerait sur eux, c'est à nous qui sommes les plus forts qui sommes armés à le faire, nous avons répondu[197].

À cette volonté de protection, il faut ajouter la dimension du genre et de la xénophobie. Le sens sexué de la rumeur est parfois explicite, comme chez le soldat Robin le 5 juin au 21e RI : « Nous ne voulons pas monter aux tranchées pendant que les Annamites baisent nos femmes[198]. » L. Smith a proposé de l'analyser comme une réaffirmation de la nature patriarcale des relations sociales en France, et une volonté des soldats de rétablir leur domination sur les femmes, fragilisée par leur éloignement et la présence de troupes étrangères[199]. On peut toutefois nuancer cette idée, en lisant les courriers, nombreux, qui donnent volontiers aux femmes un rôle actif et non subordonné aux hommes, comme dans cette lettre à la fois très amoureuse et très lasse d'un artilleur, au mois de juin, qui appelle à la révolte des femmes :

> Ma bien aimée blanche [...] Pauvres petites femmes à quant serez-vous à nous à jamais vous quittés. Nous qui vous adorons. Si vous nous aimés n'attendez pas plus tard révoltez vous nous serons sauvés sans cela nous mourrons tous jusqu'au dernier. C'est une guerre à jamais finir[200].

Il n'existe pas, même en 1914-1918, de modèle unique et absolu de répartition des rôles sexués[201]. S'il y a un sens sexué à cette rumeur, il tient à la réaffirmation d'un lien entre avant et arrière, soldats et civils, citoyens sous l'uniforme et grévistes, et à la construction d'une solidarité « familiale » reliant les mutins et leurs épouses « visées » par les troupes noires ou annamites, face à l'arbitraire du pouvoir. Le choix des exécuteurs supposés n'a bien sûr rien d'anodin : désigner des

troupes coloniales permet à la fois de suggérer la
traîtrise ou le désarroi des autorités (des troupes
«blanches» n'auraient pu accomplir un tel acte)
et d'accentuer la barbarie du crime, en soulignant
l'origine lointaine et, dans le cas des Noirs, sau-
vage de ses auteurs, correspondant aux stéréotypes courants durant le conflit[202]. On perçoit
d'ailleurs par endroits des représentations imprégnées du racisme colonial — qui est courant en
1914 —, comme chez un soldat du 221e RI dont
la manifestation, début juin, a été encadrée par
des troupes africaines :

> Et tout ses sales biquot nous on tirés dessus, il y en a
> eu des tués et des blessés. Voilà la civilisation, des
> sauvages pour nous faire la loi. C'est honteux, nous ne
> sommes plus des Français[203].

La ligne de partage raciale est, en même temps,
un clivage social[204]. Des conflits très nombreux
opposent Français de métropole, étrangers et
coloniaux, ceux-ci étant parfois vus comme des
«embusqués», ou accusés de permettre la mort
des Français qu'ils remplacent à l'arrière. On
perçoit de tels ressentiments dans cette variante
de la rumeur émanant d'un soldat du 298e RI :

> Enfin on veut sans doute l'extermination de la race
> française pour que l'étranger vive mieux en France.
> Les annamites et tout le reste vivent en France pendant
> que les français se font crever la peau. Les étrangers
> règnent en maître partout chez nous par tous les
> moyens dans le nord par la guerre le centre et le sud
> par la paix dans nos usines nos commerces et même
> les noirs pour nous mater, en cas de rébellion, elle est
> jolie la France ce que l'étranger doit rigoler[205].

Cette rumeur aux sens multiples s'articule en retour à l'impression générale d'une «fin» proche au conflit. L'idée que ces violences et troubles intérieurs peuvent rendre la guerre «moins longue» est ainsi présente au 415ᵉ RI, où de nouvelles variantes apparaissent :

> J'ai appris aussi qu'il se passait des drôles de choses à l'intérieur à St Etienne il y a eu 163 civils de tué par les anamites car les civils se révolte comme cela pettetre que la guerre sera moins longue car je crois qu'à Paris c'est un peu la même chose c'est un camarade de parlas qui a reçu hier à ce sujet[206].

Enfin, l'indiscipline qui est déclenchée ou facilitée par cette rumeur est, à son tour, connue et commentée à la fin du mois de mai. Les rumeurs de mutineries alimentent ensuite les mutineries : c'est le dernier élément, et en un sens le plus important, de ce contexte instable.

Par des lettres («Bonne chance, fais attention à toi et faites comme nous», écrit fin juin un mutin du 298ᵉ RI à un camarade du 346ᵉ RI[207]) et surtout lors des déplacements et départs en permission, les soldats s'informent les uns les autres des mutineries en cours. Le 3 juin, au 359ᵉ RI, un officier impuissant note : «Il y a de l'effervescence dans toutes les compagnies ; les hommes reçoivent des lettres de copains les renseignant sur l'état d'esprit actuel et les engageant à ne plus marcher[208].» Leur inquiétude est justifiée : la nouvelle apprise des mutineries, souvent amplifiée et déformée, facilite le passage à la désobéissance. On comprend bien en effet en quoi il devient plus facile de passer à l'indiscipline lorsqu'on apprend que celle-ci est généralisée. En l'absence de tout exemple extérieur de mobilisation, l'inertie de la guerre et l'efficacité des cadres sociaux de l'obéissance n'offrent, le plus souvent, aucune alternative ni aucun choix. Inversement, la nouvelle d'une ou de plusieurs mutineries fait espérer aux soldats les plus désireux que le conflit s'arrête, dont l'horizon d'attente s'est construit sur la nécessité d'une «fin» rapide, qu'elles puissent être une occasion d'y parvenir.

La diffusion de la nouvelle des mutineries offre donc à certains soldats un modèle d'action et une perspective d'avenir correspondant à un horizon d'attente intériorisé, et permettant, par l'irruption d'un événement inattendu et vu comme positif, de passer à l'acte. Le problème de la généralisation, dont ces soldats sont conscients, est résolu par la déformation consciente ou inconsciente qui fait des mutineries un phénomène énorme comprenant «tous» les soldats :

> Je te dirait qu'ici tous les camarades c'est-à-dire ceux qui sont dans mon régiment le 362 ainsi que le 23ᵉ, 133ᵉ, le 229 le 170 ainçi que plusieur autres ont refusé de monter attaqué c'est la grève[209].

Cette déformation conduit jusqu'à imaginer une violence à même, pour ceux qui l'apprennent, de précipiter la fin : «Je crois bien qu'il faudra que ça finisse bientôt car les troupes commencent à se révolter le 91 a tué son colonel[210].» Faire des mutineries un événement grave et massif attribue à la vague d'indiscipline apprise la capacité de faire se terminer le conflit — et facilite ainsi les passages à l'acte dans cette perspective. Ces rumeurs permettent aux mutins potentiels un passage à l'acte appuyé et accompagné par ces nouvelles amplificatrices. La mutinerie du 296e RI de Louis Barthas s'appuie ainsi sur la rumeur inexacte d'une mutinerie antérieure qui aurait fait deux morts parmi les officiers ou les civils à Sainte-Menehould[211]. Ces déformations, qui ont pour source un amalgame entre les mutineries de la 71e DI dans la région (causant effectivement un mort accidentel lors d'un déplacement en train) avec d'autres faits où des officiers ont pu être menacés, constituent un arrière-plan fictif et exagéré qui légitime paradoxalement la désobéissance modérée et relativement pacifique des camarades de Barthas.

Si l'information tenant à d'autres mutineries ne constitue pas une cause unique de la mobilisation, elle en représente l'arrière-plan, d'autant plus important que les exagérations volontaires ou involontaires prêtent au mouvement et à la dynamique d'indiscipline un caractère violent ou généralisé.

Les conditions du passage à l'acte

Les mutineries se déclenchent en lien avec ce contexte perçu comme instable, lorsque des soldats reçoivent et croisent deux types d'informations : une menace pesant sur eux, et un exemple d'indiscipline leur donnant un espoir d'y échapper. La désobéissance est d'abord liée à la perception d'un danger. Les refus d'obéir et les manifestations collectives contre la guerre ont lieu lorsqu'une troupe reçoit, ou croit recevoir, un ordre de « remonter » aux tranchées ou d'attaquer.

Dans la brève mutinerie du 54e RI, le 25 mai, c'est ainsi la rumeur d'une attaque qui explique le passage à la désobéissance, associée à l'idée que cette opération est anormale ou injuste. Un chef de bataillon le raconte :

> Un « tuyau » comme il en court toujours en pareil cas circulait dans le bataillon. On disait que le bataillon allait reprendre une position qui avait été perdue. On ne précisait d'ailleurs ni la position, ni le corps qui l'avait perdue. On disait simplement : « Il y a un sale coin de perdu, c'est le bataillon qui va le reprendre[212]. »

La nouvelle n'a pas besoin d'être identifiée ou précisée pour être (dé)mobilisatrice. On le cons- tate de même au 308e RI, le 2 juin 1917, où un capitaine raconte que « ses » hommes ont discuté avec des permissionnaires qui leur ont raconté les émeutes parisiennes et évoqué des tranchées « dans un état épouvantable, démolies et remplies de cadavres » qu'ils seraient chargés de reprendre[213]. La perspective d'effectuer des attaques sanglantes est, de même, fortement présente à l'origine de la mutinerie du 128e RI, le 20 mai. Les soldats vont, suivant leur mode de raisonnement indiciaire, interpréter les faits inhabituels afin de prévenir un départ à l'offensive. Dans cette unité, le colonel décide d'alléger le chargement des hommes en faisant placer les sacs sur des voitures, ce qu'ils perçoivent comme le signe d'une attaque pro- chaine[214].

Des courriers saisis par le contrôle postal montrent comment cette perspective d'attaque a été à l'origine de l'action collective, malgré les démentis des officiers :

> Juste au moment de la soupe, il fut décidé dans tout le 3e bataillon et le 2e bataillon aussi que personne ne monterait. Les officiers ayant eu vent de cette rumeur passèrent dans leurs compagnies à la soupe afin de sonder les poilus et les exhorter au calme et à monter quand même. Rien à faire, tout était décidé : à 17 h, heure du rassemblement, tous sortirent dans la rue en veste et calot et entonnèrent l'*Internationale*. Les fusils mitrailleurs étaient braqués et prêts à tirer si une compagnie avait le malheur de monter. Commandant, colonel et général de corps vinrent supplier les hommes : ce dernier fut hué au cri de « à mort ». Vous voyez d'ici le tableau[215].

On perçoit en même temps comment une mobilisation se dote de sa dynamique propre et finit par inclure des éléments — le chant en particulier — qui ne relèvent pas d'un simple refus de monter, mais d'une expression revendicative. La perspective de l'attaque, et la menace qu'elle représente, n'est pas l'explication générale de cette indiscipline, mais plutôt le prétexte de son déclenchement.

Les représentations de la remontée en ligne comme particulièrement éprouvante ou menaçante sont encore visibles dans d'autres unités. Au 17e RI, le lieutenant-colonel rapporte la croyance des soldats selon laquelle « on allait attaquer des carrières formidablement organisées[216] » ; de même à la 5e DI, dont les hommes croyaient devoir attaquer à Craonne où, « racontait-on, on est bombardé avec du 420[217] ». Dans cette unité, un homme du 74e RI précise : « Je te dirai qu'hier soir nous devions monter au Chemin des Dames ou dans les environs, pour prendre les lignes [...] nous savions très bien que nous y resterions tous[218]. » On voit ici quelle terrible réputation ont acquis, depuis l'offensive Nivelle, ces secteurs[219].

Mais le déclenchement de la désobéissance n'est pas lié qu'à ces perspectives de tranchées ou d'attaques, presque habituelles pour les combattants. Pour la première fois, cela s'accompagne de nouvelles déstabilisantes et d'exemples d'unités s'étant déjà mutinées. On retrouve en effet cette double dimension dans la plupart des mutineries, y compris tout au début de la crise de discipline. Le précoce refus de « monter » et d'attaquer qui se manifeste au 321e RI à partir du 2 mai est, ainsi, relié à des anticipations douloureuses du secteur, reliées à la circulation d'informations accélérée caractéristique de la période, ainsi qu'à la réputation du Chemin des Dames : les soldats expliquent que des artilleurs leur ont dit que la préparation était insuffisante ; ils font également référence à l'échec du 16 avril[220]. En même temps qu'ils perçoivent la menace, ils entrevoient une issue, ce que rapporte un officier, à qui des soldats disent que « beaucoup d'hommes n'étaient pas montés dans d'autres bataillons »[221].

Ce n'est pas un « simple » refus de monter en ligne dans un secteur dangereux qui débouche sur la désobéissance, mais une conscience double de la menace que représentent les tranchées et d'une issue que semble représenter le fait de « ne pas monter» et dont d'autres unités ont fait l'expérience.

Les premières mutineries, vite connues, puis la grande mutinerie de la 5ᵉ DI les 28 et 29 mai, ont ouvert les choix des combattants. On le vérifie à travers les exemples nombreux où les désobéissances collectives s'appuient sur ce choix désormais possible de l'action collective. Un chef en fait le constat atterré au 21ᵉ BCP, et indique bien en quoi un acte impensable auparavant est devenu envisageable depuis que la «fameuse» 5ᵉ DI a promené dans l'arrière-front sa sonore désobéissance :

> Hier matin il est passé dans le cantonnement des troupes qui avaient refusé de monter en lignes, qu'on avait pu désarmer mais qu'on n'avait pas fusillées : immédiatement cet exemple funeste a fait naître dans l'esprit de nos chasseurs l'idée qu'une pareille chose était possible[222].

Le fait que ces troupes mutinées n'aient pas été, sur le moment, réprimées joue donc un rôle important dans la diffusion de l'indiscipline. D. Rolland a raison d'y insister : «L'attitude des officiers, hésitant à employer la force et privilégiant la discussion, laisse croire aux hommes que leurs revendications sont acceptées[223].» Cette absence de répression des mutineries initiales a permis de rendre imaginable un succès de l'action collective — et donc l'adoption du même choix dans d'autres unités vite informées. Craindre une menace et percevoir une issue, ou en tout cas un modèle d'action grâce auquel il est possible d'y échapper, se conjugue au moment du passage à l'acte.

Ce modèle d'action peut être transmis par des civils, dans le cas du 129e RI où un capitaine raconte : « À l'arrivée à Ploizy, j'ai entendu des femmes dire : ceux qui vous ont précédé n'ont pas voulu marcher[224]. » On en connaît de nombreux autres exemples[225]. C'est surtout la circulation des soldats, et avec elle des nouvelles, dans l'espace relativement restreint de l'arrière-front, dont N. Mariot a reconstitué graphiquement la densité en troupes à cette période, qui conduit à percevoir ces exemples extérieurs de désobéissance, qui deviennent autant d'issues possibles[226]. Surtout, ce sont des individus — doit-on déjà les nommer « meneurs », ou entrepreneurs d'action collective ? — qui se chargent de rendre explicite le choix et la possibilité de l'indiscipline pour leurs camarades. On le voit au 57e BCP, lorsque les juges, à l'audience, cherchent à élucider — comme nous, pour d'autres raisons — le moment du passage à l'acte :

> — Mais enfin les soldats ne se sont pas groupés tout seuls, il a bien fallu qu'il y eut un mot d'ordre ?
> — L'après-midi un soldat de la 9e Cie est passé dans les cantonnements pour faire de la propagande, on l'a écouté[227].

Dès lors, les conditions du passage à l'acte sont diverses, correspondant aux sociabilités et aux situations propres à chaque unité. Au 308e RI, le 2 juin, la décision de désobéir circule à mots couverts. Le caporal Baron raconte : « À 18 h le

sergent Lavergne m'a dit "quand on sifflera, tout
le monde se mettra en tenue et partira à l'arrière[228]". Inversement, d'autres unités connaissent
des prises de parole publiques, présidant au
déclenchement de l'indiscipline, comme au
18e RI :

> Ce fut dans la soirée, lorsqu'on nous ordonna de
> nous rassembler pour le départ, que la mutinerie
> éclata après une sonnerie de clairon appelant à la
> révolte, un poilu juché sur une caisse, harangua ses
> camarades[229].

De même, le soldat Brandon, du 307e RI, lance
un discours démobilisateur le soir du 31 mai près
de Saint-Bandry. Des soldats se rassemblent pour
l'écouter, alors qu'il prononce un discours juché
sur un pan de mur : « On veut nous faire tuer, il
ne faut pas marcher[230]. » Ces harangues peuvent
également s'adresser à d'autres unités, dans des
lieux de passage et de transit. Honoré Coudray
relate ainsi l'emplacement choisi par des mutins
du 30e BCA pour convaincre les troupes se diri-
geant vers le front à partir de Fère-en-Tardenois :

> Pendant le parcours, des groupes de soldats, le
> bâton à la main et le bidon en bandoulière, nous ont
> incité à la révolte. Au carrefour de Fère, des chasseurs
> du 30e alpins avaient accroché à un buisson un fanion
> rouge et, nous le montrant du doigt, s'écriaient
> convaincus : *Révoltez-vous, n'y allez pas*[231] !

Pour la première fois, la désobéissance collective, ainsi promue et transmise, est devenue possible et pensable aux combattants français. Le
travail de ces soldats qui incitent à l'indiscipline

se conjugue aux bouleversements perçus du contexte civil et militaire, et préside au passage à l'acte.

Au total, la fin du mois de mai 1917 est assurément perçue comme un moment de grave instabilité. Elle l'est d'autant plus que nombre de soldats perçoivent les nouvelles troublantes sur un mode non construit et confus. Cette confusion, systématiquement interprétée comme une possibilité de « fin », se lit par exemple dans cette lettre où un soldat du 168ᵉ RI raconte la mutinerie de son unité, annonce sa possible désertion et la justifie par un contexte très instable, et une volonté qu'« ils » fassent « finir » la guerre :

> Je ne sais pas si j'attendrai bien mon tour si ça marche mal à Paris, ça va mal aussi ici, hier tout le monde s'est révolté et a chanté l'*Internationale*. On ne va pas tarder à faire comme les Russes. D'abord je ne vois pas pourquoi on ne va jamais en permission, en plus, ils nous font crever de faim, plus jamais de repos et ils parlent de nous rogner encore nos rations. Alors, que va-t-on nous donner s'il n'y a plus rien, ils n'ont qu'à faire finir la guerre car il y en a plus qu'assez[232].

Paris, les Russes, les promesses non tenues, la famine et les rations en baisse participent d'une même perception d'un avenir incertain, où la fin est espérée et où l'action devient possible. Si chaque mutinerie est le plus souvent isolée des autres unités et des autres actions collectives, les mutins construisent dans leurs représentations des liens multiples. Ceux-ci les relient à l'arrière, d'abord à travers les proches et les épouses qui les informent du contexte changeant et instable. Le lien est donc fait avec des mobilisations sociales attestant d'une possibilité de rupture, avec des issues possibles au conflit, par la misère, l'action des Russes ou encore des pacifistes à Stockholm. Le lien est fait, enfin, avec un mouvement d'indiscipline perçu comme plus violent et plus vaste, auquel ils peuvent participer. Ces différents éléments s'additionnent et se mélangent dans un temps très court, entre le 25 mai et le 5 juin environ, lorsqu'une action collective semble, pour la première fois, possible.

À ce moment précis, l'horizon d'attente intériorisé et déplacé de fin de la guerre se conjugue avec une situation perçue comme dégradée, menacée et instable, et une structure des opportunités plus ouverte, pour rendre possible et pensable le choix de la désobéissance collective et de la mutinerie. Au fond, ce choix s'ouvre parce que survient, pour la première fois depuis août 1914, l'imprévu. Des combattants ont clairement exprimé en quoi une rupture du quotidien de guerre était nécessaire pour que puisse arriver la « fin » ou survenir une mobilisation :

> Comme ça marche, la guerre peut durer encore bien longtemps. Je compte toujours sur des événements imprévus, la guerre ne peut finir qu'avec cela, je le répète, jamais par les armes nous en verrons la fin[233].
> Je lis sur le journal qu'à Paris tout n'est pas rose et qu'à la Gare de l'est au départ des permissionnaires sur le front tout ne va pas droit, vivement que tout s'enchaîne car il faut des événements imprévus pour rentrer chez soi car jamais nous n'aurons les boches et il n'y a que des *Imbéciles* qui pensent le contraire, et gens sans instruction[234].

En mai-juin 1917 s'ouvre bien un «temps de l'action» pour les mutineries par l'accumulation exceptionnelle d'événements et de rumeurs. Ce sont, à l'inverse, des nouvelles rassurantes ou stabilisatrices qui s'additionnent au début du mois de juin. Outre la répression, la très sévère reprise en main de l'armée s'associant à une dispersion des fauteurs de trouble en permission met fin à cette période d'opportunités politiques nouvelles pour les combattants. D'abord lorsque le président du Conseil intervient le 1er juin pour calmer l'opinion, contredire les rumeurs de paix et nier la possibilité du compromis[235]. Ensuite lorsque le refus des passeports pour Stockholm est rendu public, provoquant comme on l'a vu la colère de quelques soldats mais rendant moins plausible la «fin» providentielle que la conférence pouvait incarner pour les moins militants d'entre eux.

Aux rumeurs effrayantes succèdent, de plus, les démentis progressivement parvenus au front. Ainsi son épouse écrit à Jules Isaac, au front, le 8 juin : «Les gens de la campagne s'imaginent que Paris est à la veille d'une révolution, alors qu'il me paraît calme et d'aspect habituel[236].» Effectivement, après les «trois glorieuses» des 29-30-31 mai (J.-L. Robert), les grèves s'achèvent et s'effilochent dans la première semaine de juin, les couturières, notamment, ayant obtenu d'importantes satisfactions[237]. Un soldat du 36e RI est, lui, rassuré quant aux prétendus méfaits des Annamites, dès le 8 juin :

Je reçois une lettre où je vois qu'on nous a fait courir
des bruits qui sont faux vu que l'on me dit que l'on n'a
pas tiré sur les femmes grévistes suivant ce qu'on nous
avait assuré, que c'étaient les annamites qui auraient tiré sur les femmes, tant mieux que ce soit le
contraire[238].

La première semaine de juin, celle de la déprise
progressive du mouvement, est ainsi celle du
retour de permission des soldats ayant passé la
fin mai dans la capitale, à même de démentir les
rumeurs sur lesquelles pouvait se fonder l'espoir
de « fin » et la possibilité de se mutiner. À ce calme
social semble s'ajouter l'apaisement politique.
Les votes de l'ordre du jour et des buts de guerre
par la Chambre et le Sénat (ce dernier vote unanime) à l'issue des Comités secrets est, de même,
appris début juin, *Le Petit Parisien* titrant même :
« L'Union sacrée renouée[239] ». À un cycle de nouvelles déstabilisantes succède donc un cycle complémentaire de nouvelles rassurantes. Le temps
de l'action des mutineries se referme : il a rendu
possible un événement d'une rare intensité.

Chapitre III

REFUSER LA GUERRE

Les formes et l'intensité des mutineries

Cela peut surprendre : il n'existe aucun état des lieux fiable des mutineries[1]. Si les ouvrages existants ont pour réputation d'avoir « établi les faits », on ne parvient pourtant pas à savoir avec précision, à leur lecture, combien de mutins et combien de régiments sont concernés par le mouvement de désobéissance de 1917. Ainsi, G. Pedroncini évoquait en 1967 l'existence de 250 mutineries, dans 68 divisions ; chiffres qui diffèrent de ceux proposés par D. Rolland, en 2005 : 163 mutineries, mais dans 78 divisions. Cette incertitude dans la pesée globale du désordre s'explique par la difficulté qu'il y a à savoir quoi compter au sein du « continuum d'indiscipline » de 1917. À partir de combien de soldats se déroule une « mutinerie » ? Qu'inclure dans une liste des incidents, lorsque les mêmes individus et les mêmes unités peuvent passer d'un mode d'action à l'autre sur plusieurs jours ?

La situation de la 69e DI illustre ces problèmes. Cette division, durement engagée depuis le 16 avril 1917, comporte un « dépôt divisionnaire » et trois régiments : le 162e, le 151e et le 267e RI, descendus en arrière du Chemin des Dames vers la mi-mai. L'indiscipline y commence le 21 mai au soir lorsque des hommes du 162e cantonnés à Coulonges, croyant qu'ils doivent remonter en ligne sans repos et sans permissions, protestent et chantent l'*Internationale*. Le lendemain, à 19 heures, c'est une autre manifestation, également au son de l'*Internationale*, qui se déroule dans le village voisin (7 kilomètres) de Ronchères où se trouve le dépôt divisionnaire, qui aboutit à la fouille par des soldats du 162e et du 267e, couteau en main, du logement de l'officier commandant le dépôt. Celui-ci doit recevoir trois délégués qui lui exposent leurs doléances et qu'il réussit à calmer. Le désordre reprend deux jours plus tard, le 24 mai au soir, où de nouvelles discussions mettent aux prises soldats et officiers, ces derniers étant vaguement menacés ; ils le sont encore plus le lendemain 25 mai dans le cantonnement où s'est rendu le 162e, à Goussancourt, lorsque des hommes chantent encore une fois l'*Internationale* et jettent des pierres au colonel Bertrand[2].

Comment comptabiliser cette indiscipline étalée sur cinq jours réunissant deux, voire trois unités (162e RI, 267e RI, et le DD69), se déroulant en trois lieux différents ? S'agit-il d'une même mutinerie, de deux, de trois, de quatre ? Que faire, de même, des nombreux faits impliquant des soldats d'unités différentes, parfois réunis en de brefs meetings nocturnes, comme la nuit du 1er au 2 juin à Tigny où des hommes des 24e, 28e, 109e, 119e RI, 20e BCP et 22e RA se retrouvent sans qu'on sache exactement combien, dans quelles proportions et pour quoi faire ? Toute tentative de

décompte de l'indiscipline se heurte à la fluidité
des situations, dans le temps, dans l'espace, et
dans l'armée, au-delà des découpages régimentaires. Là se trouve la raison profonde du «mélange
étonnant entre événements et régiments» des listes
de mutineries présentes dans l'historiographie[3].
Cela explique, au fond, pourquoi toute mesure de
celles-ci est en même temps un choix sur leur
nature.

Il existe une deuxième série de problèmes expliquant la difficulté à délimiter l'événement, tenant
aux sources même qui permettent de le connaître.
Celles-ci sont très lacunaires, comme il est fréquent
pour des événements interdits. Au-delà de la
quasi-absence de témoignages directs, les archives
militaires présentent des vides et surtout des
insuffisances, nombre de faits n'étant évoqués
que très brièvement ou par une pièce unique.
Ainsi, on a dû écarter la centaine environ d'«incidents» cités par G. Pedroncini ou D. Rolland
(dans ses annexes), qui n'ont aucune source identifiée permettant de les connaître. Bon nombre
de ces «faits» renvoient simplement à des condamnations judiciaires dans telle ou telle unité, dont
en réalité on ne sait rien; un plus grand nombre
ne renvoie à aucune source archivistique précise
en dehors de la liste des incidents d'indiscipline
compilée par l'armée elle-même d'une manière
qui nous est inconnue[4]. Autrement dit: il existe
de nombreuses «mutineries» citées par l'armée
puis les historiens dont on ne sait rien ou presque,
ce qu'attestent les points d'interrogation qui les
accompagnent dans la liste publiée par D. Rolland[5].

Les contours de l'événement sont bien difficiles à connaître.

Même en écartant ces faits obscurs, on compte 111 mutineries dans 61 divisions[6]. Mais surtout, on constate que sur ces 111 mutineries les *mieux renseignées*, 30 ne nous sont connues que par une seule source ; que pour 26 d'entre elles on ne dispose d'aucune archive judiciaire, et qu'en tout entre la moitié et les deux tiers d'entre elles peuvent être dites à un titre ou à un autre « mal documentées », c'est-à-dire qu'on ne dispose pour elles que de quelques documents souvent parcellaires, brefs ou incomplets : un ou deux rapports allusifs, une procédure judiciaire laconique, une mention au passage dans un témoignage, un ou deux extraits de lettres relevés par le contrôle postal, dans lesquels un soldat raconte la désobéissance collective de son unité. Au total, il n'y a que pour une cinquantaine de faits relevant des mutineries que l'on peut confronter les documents et parvenir à une connaissance minimale, non allusive, des événements.

Il faut apporter à ce constat d'incertitude un élément complémentaire qui l'explique et le nuance. Cet état de nos connaissances indique en même temps que les mutineries restent un événement sous-estimé. En effet, le caractère fragmentaire des sources tient à plusieurs formes d'occultation et de minimisation au sein même de l'armée et au cours même de l'événement. On trouve ainsi de très nombreux courriers de soldats faisant état d'incidents dans des unités, non rapportés par le commandement, en mai et juin ; on trouve également des informations dans des sources allemandes non directement corroborées par des sources françaises[7] ; on trouve encore des incidents pour lesquels des soldats ont été jugés par le Conseil de guerre de leur division sans qu'aucun rapport ne soit « remonté » vers le GQG, comme au 77e RI, et ce malgré l'intervention au cours de la mutinerie d'un haut gradé comme le général Niessel[8] ; on trouve enfin des faits mentionnés dans des témoignages (L. Barthas, mais aussi H. Désagneaux, J. Varenne, etc[9].) mais entièrement absents des archives de l'armée, de l'unité et de la Justice militaire.

On doit donc faire le constat, pour l'ensemble de ces faits où manquent les documents officiels, d'une volonté d'occultation et de sous-estimation au niveau des régiments ou bataillons affectés par l'indiscipline. Une note du général en chef Pétain fait allusion, le 9 juin, à ce problème : « Certains officiers ont caché à leurs supérieurs les indices du mauvais esprit qui régnait dans leurs régiments[10]. » La mention des *régiments* et non des *divisions* indique que ceux qui sont soupçonnés d'étouffer l'indiscipline sont les colonels (traditionnellement surnommés « père du régiment »), très attachés à l'honneur et à l'image de leurs corps, pouvant être sanctionnés s'ils n'ont pas su y prévenir le désordre[11]. D'autres peuvent ne pas avoir voulu consigner l'indiscipline par empathie pour des hommes dont ils trouvaient les demandes justifiées[12].

La conséquence de ces logiques d'occultation est double. Elles limitent à la fois le champ sur lequel peut porter une investigation précise, les faits pour lesquels on dispose de documents suffisants en variété, en nombre et en précision restant peu nombreux, moins d'une cinquantaine. Mais elles indiquent en même temps que l'ampleur de l'événement est bien supérieure à l'idée que peut en donner un simple parcours dans les archives militaires, et dans celles du GQG en particulier. Cette ampleur plus grande, on a pu l'approcher, «découvrant» pas moins de 27 «mutineries» jusqu'alors non présentes dans l'historiographie, même si le plus souvent cette «découverte» ne correspond qu'à cinq ou six lignes dans une lettre saisie par le contrôle postal ou un témoignage. À la lecture des historiens précédents, on pourrait penser, ainsi, que rien ne s'est passé au 297ᵉ RI en mai-juin 1917. Pourtant, le 16 juin, le contrôle postal de cette unité relève, parmi d'autres de même nature, l'extrait suivant :

> Il vient de se passer une petite histoire à la 18ᵉ Cie. Je t'assure que ça faisait vilain. Le colonel, le commandant, le général même ont été obligés d'intervenir. Le drapeau rouge flottait et tout le monde criait «à bas la guerre»[13].

Une mutinerie brève mais intense s'est produite dans cette unité, «petite histoire» qui n'a pas laissé d'autres traces. L'ampleur de cette sous-estimation reste évidemment difficile à cerner ; et bien des faits restent sans doute à repérer, en particulier à travers la parution ou la découverte de témoignages. C'est par la publication des *Carnets* du caporal Clergeau en 2001 que l'on est amené à connaître la protestation sonore de son 206ᵉ RI, le 17 juin 1917 près de Nancy, totalement inconnue par ailleurs :

Toujours est-il que quand les hommes ont su que leur prêt (échu du 16) ne leur serait payé que le 18 au soir, ils sont sortis des baraques en criant: «Le prêt, le prêt!» Dix ou vingt ont lancé ce cri, des centaines se sont joints à ces 10 ou 20 et finalement les trois quarts du camp criaient. Le cri de: «La Paix» et de la «Révolution» a même été poussé. Bref, le colonel de l'infanterie s'est enquis de ce que signifiait ce vacarme. Le général de division l'a su et est ici ce matin, il a réuni les officiers... et je ne sais ce qu'il va leur dire. Tout cela noté sans commentaire[14].

Autre découverte, au 49e BCP, dont on ne sait rien de l'indiscipline en dehors d'une brève notation dans les *Carnets* de Lucien Laby, alors même que sa division était considérée comme une de celle «dont les efforts ont été couronnés de succès», sans cas de mutinerie[15]. De même, on ne connaissait pas ce refus précoce de combattre au 174e RI, le 12 mai 1917, très brièvement rapporté par le témoignage de Léon Chalmette:

12 mai. Agitation au régiment. Le 3e bataillon rouspète de remonter en ligne, et cependant il faut aller relever le 409e. Nous autres, le 1er bataillon, nous ne montons que demain. Pour moi, je m'en fous car je suis pour partir en perm[16].

Le caractère laconique de la mention indique en même temps que l'incident a probablement été vite refermé, et qu'il peut être tu sans difficulté — comme l'étaient, du reste, les fraternisations, refus de sortir ou de marcher des années précédentes[17].

Il existe des limites à cette sous-estimation: il

paraît assez peu probable que des événements massifs, mobilisant des milliers ou des centaines de soldats sur plusieurs jours, aient pu être cachés au GQG par les chefs des unités. L'occultation concerne bien davantage des événements brefs et rapidement résolus par l'intervention des officiers. Elle suggère en tout cas que la séparation souvent effectuée entre unités « touchées » et « non touchées » par les mutineries sur la base des dénombrements de l'armée est à relativiser sérieusement.

La sous-estimation des mutineries apparaît plus grande encore à la lumière des sources allemandes qui les mentionnent. Des travaux récents montrent que le haut commandement allemand a reçu des informations précises et nombreuses dès le début des mutineries, à travers des interrogatoires de prisonniers et des courriers interceptés. Or pour nombre d'unités concernées (30e, 44e, 120e, 132e, 156e, 337e et 418e RI, 46e BCP), *aucune* source française n'indique d'indiscipline. En d'autres termes, les sources allemandes élargissent encore l'ensemble potentiel des unités concernées par les mutineries. Si l'erreur des services de renseignement allemands est possible, il est également plausible qu'il s'agisse d'une indiscipline à la localisation différente, plus proche des premières lignes, ce que suggère par exemple le cas, inconnu par ailleurs, du 156e RI qui aurait connu un incident aux tranchées et obtenu d'en redescendre[18].

Que peut-on retenir de ces estimations globales des mutineries ? En premier lieu, un ordre de grandeur des faits, à peu près celui qui est déjà connu : moins d'un tiers des divisions servant sur le front ouest en 1917 semble ne pas avoir connu de désobéissances collectives. Mais surtout qu'il faut accepter que demeure une part d'incertitude, et qu'on peut distinguer le «noyau» de faits bien connus du «halo» plus large d'indiscipline, dont l'ampleur apparaît généralement sous-estimée. Entre les deux, et au-delà vers les unités supposées «non touchées», des transitions difficilement perceptibles et mesurables indiquent qu'il faut chercher d'autres formes d'appréciation de l'événement que les additions d'unités ou d'incidents. C'est ce que révèlent, de même, les tentatives de comptage des individus *dans* les mutineries.

Celles-ci sont d'ampleur très variable : à la 41e DI, par exemple, des documents concordants permettent d'estimer à deux mille environ le nombre de mutins, issus de deux régiments, qui entourent et molestent deux généraux le 1er juin ; inversement, au 31e BCP, seuls deux soldats sont jugés pour leur désobéissance, qui a pris la forme d'une courte pétition demandant du repos, ne recueillant que 36 signatures le 11 juin 1917[19]. Ces écarts d'ampleur et de nature n'ont pas empêché la spéculation sur le nombre total de mutins. Pour cela, les chercheurs ont tenté de compenser l'absence d'informations sur de nombreux faits par plusieurs opérations, discutables sur le plan méthodologique, telle que l'application de coefficients multiplicateurs. Les résultats de ces tentatives de chiffrage fournissent un ordre de grandeur encore incertain, entre 30 000 et 80 000 «mutins»[20]. Toutefois, tant la mise au point de ces chiffres

que leur usage dans les argumentations posent
des problèmes[21].

Ces chiffres de «mutins» reposent en fait sur
des estimations séparées, mutinerie par mutinerie, qui sont ensuite additionnées, ou ramenées
à une «moyenne» et multipliées : 2 000 mutins à
la 41ᵉ DI, contre 36 seulement à la 43ᵉ, dans
l'exemple qui précède. Mais si les données de
départ sont douteuses, elles fragilisent évidemment le total. Or, les sources, dont on vient de
montrer l'imperfection pour délimiter le «halo»
d'indiscipline de 1917, sont encore plus incertaines dès lors qu'il s'agit de compter des mutins,
même au sein du «noyau» d'incidents les mieux
connus. En effet, de très nombreux incidents ne
donnent aucune information quant au nombre de
mutins, en particulier dans les brèves mentions
saisies au vol par le contrôle postal. Parfois, l'indication du nombre ne fait que reprendre la
nomenclature militaire : on parle alors de la mutinerie d'un «régiment», d'un «bataillon» ou d'une
«compagnie», comme dans les documents cités
plus haut, la lettre d'un soldat du 297ᵉ RI évoquant
la «18ᵉ compagnie», et le témoignage de Chalmette parlant d'agitation au «3ᵉ bataillon». Mais
on ne sait évidemment pas si les mille hommes
du bataillon «rouspètent» ou s'il ne s'agit que de
300 ou 100 ou 50 soldats. De telles incertitudes
sont, de loin, le cas de figure le plus fréquent.
Elles sont encore alimentées chaque fois qu'un
témoin évoque une «effervescence» évidemment
impossible à quantifier, comme cet officier du
129ᵉ RI qui est interrogé sur le début de la muti-

nerie, le 28 mai: «J'appris par les officiers mitrailleurs qu'il y avait de l'effervescence au 1er bataillon[22]. »

Les chiffres qui émanent de rapports d'officiers restent très incertains, en dehors des quelques cas où les chefs font procéder à un appel des absents[23] et des très rares documents où l'on peut concrètement compter des mutins, à travers leurs signatures sur une pétition, comme au 298e RI où ils sont 1 006[24]. Mais compter des manifestants n'est pas chose facile, à plus forte raison lorsqu'on tâche en même temps d'empêcher leur indiscipline[25]. Ainsi, pour un autre incident survenu plus tard à la 41e DI, le 4 juin au soir, un officier témoin des faits indique qu'il y a «entre 50 et 150 manifestants »[26]. Le caractère souvent nocturne des faits ne facilite pas les choses, comme au 85e RI, où le capitaine Brochand évoque «une nuit assez noire, permettant difficilement d'évaluer le nombre des manifestants[27] ». Les raisons profondes de ces incertitudes tiennent à la fluidité des événements pour les témoins comme pour les acteurs. Après avoir raconté un début de «vive effervescence» à la 9e DI, un officier explique la difficulté à mesurer l'événement:

> Le nombre des mutins n'a pu être déterminé avec précision et eux-mêmes ne l'ont pas connu très exactement. Quand nous avons questionné les inculpés à ce sujet, ils nous ont donné des chiffres dissemblables, l'un parlant de 2 à 300, un autre de 500, un troisième au contraire parlant d'une cinquantaine. [...] Beaucoup d'hommes se tenaient mêlés aux révoltés tout en étant simplement des badauds ou des curieux[28].

Les participants comme les témoins ne peuvent quantifier avec exactitude un événement par nature imprévu, mouvementé et incertain.

Mais ces comptages imparfaits révèlent un problème plus profond : les acteurs des mutineries ont-ils un même investissement dans l'action collective ? Même un chiffre fiable de «mutins» (1 006 signataires au 298e RI, 800 manifestants à la 5e DI) renvoie à diverses conduites et différents degrés d'indiscipline. C'est ce que montrent les interrogatoires des principaux suspects pour cette dernière affaire, aux sens très différents. Citons les noms et les réponses de six d'entre eux[29] :

> VOËGTLIN : «J'ai pris part à la manifestation du 29. J'ai suivi le mouvement.»
>
> DAUDRUNEZ : «J'ai été poussé par un sentiment de curiosité, mais je désapprouve le but de ces manifestations, ayant ma famille en pays envahi.»
>
> HATTENVILLE : «J'ai participé à la manifestation dans un but de curiosité. Le 30 j'ai fait comme les camarades. Parler à haute voix est préférable au silence.»
>
> LABOURG : «Les camarades ont dit : "Si vous en avez marre de la guerre, suivez-nous." J'ai suivi car voilà trois ans que cela dure.»
>
> COQUELIN : «J'ai fait comme les camarades mais je n'ai manifesté que le 29. Nous voulions manifester en faveur de la paix.»
>
> MATHIAUD : «Je savais qu'on commettait une faute grave, mais j'ai suivi comme tout le monde sans bien avoir le temps de réfléchir.»

S'il faut évidemment faire la part des stratégies de défense visant à minimiser l'intensité et le caractère volontaire de la participation au désordre, il apparaît tout de même qu'on peut voir parmi ces

manifestants un investissement inégal, en signification et en actes, dans la désobéissance. Il va
du réel souci de militer pour la «paix» à la simple
«curiosité», en passant par la volonté de faire
«comme les camarades» et celle de «parler
à haute voix». Aussi, lorsqu'on additionne des
«mutins», on amalgame en fait des conduites
diverses ayant des sens pour partie incommensurables. C'est vrai non seulement entre les faits
très différents que sont une pétition et une manifestation, mais aussi à l'intérieur de chacun de
ces actes de désobéissance.

Ces exemples illustrent l'impossibilité de quantifier avec exactitude l'indiscipline. Aussi, on ne
cherchera pas à établir un nouveau «total» de
mutins, et encore moins à le rapporter à l'ensemble des combattants alors sur le front[30]. On
peut tout au plus confirmer le constat d'un mouvement n'impliquant qu'une minorité des combattants, un sur quinze ou vingt peut-être. Mais
cette proportion minoritaire ne doit pas être mal
interprétée. Elle est en fait exactement comparable au niveau ordinaire des mobilisations
sociales à l'époque contemporaine, y compris
lorsqu'il est moins coûteux de protester et d'agir.
En effet, qu'il s'agisse du nombre de sans-culottes
actifs par rapport à la population totale des
sections parisiennes sous la Révolution, de la
proportion des grévistes ou même des syndiqués
par rapport à l'ensemble des travailleurs, sans
parler même du chiffre des résistants, l'engagement et le refus sont toujours et partout l'exception numérique[31]. On retrouve là, en fait, un
acquis fondamental des sciences sociales, où des

recherches ont montré que la participation à une action collective tendait toujours vers un faible pourcentage des individus potentiellement concernés, en raison des coûts de l'action[32]. De nombreux travaux indiquent que les «dissidents actifs» représentent presque toujours une minorité proche de 5 % des populations étudiées — soit à peu près le «taux» de mutins auquel permettraient d'arriver les fragiles estimations actuelles[33]. En ce sens, en admettant que les comptages des officiers permettent d'approcher la réalité, le nombre des mutins n'aurait rien que de très «normal». Que les soldats mobilisés soient minoritaires ne fait pas de leur mobilisation un événement minime ; inversement, imaginer un basculement généralisé dans la désobéissance est parfaitement improbable, quel que soit le contexte : il ne peut pas plus y avoir 100 %, ou même 50 %, de mutins que de militants, de syndiqués ou de résistants.

On ne peut cependant en rester à ce constat d'une mobilisation ordinaire et dans la «moyenne» : celle-ci sous-estime la radicalité de la transgression que représentent les mutineries, bien différentes en cela des grèves et des manifestations dans le monde civil, les mutins risquant clairement l'exécution dans un défi direct à l'institution militaire. C'est pourquoi on devra revenir sur la question centrale des coûts de l'indiscipline, après avoir cherché à «mesurer» autrement les mutineries, en retrouvant la diversité de leurs formes.

De l'individuel au collectif, la morphologie des mutineries

Envisager les mutineries comme une «crise de la discipline globale» où les différents éléments font sens les uns par rapport aux autres[34] conduit à dépasser les dichotomies entre pratiques individuelles et collectives de désobéissance, entre «mutineries» au sens habituel et désertions. Il faut en réalité comprendre que la *possibilité du désordre* libère des formes multiples de réticence et d'illégalité, dont les plus spectaculaires et les plus surprenantes pour les contemporains sont les actions collectives menées contre la guerre. Mais celles-ci doivent se comprendre dans la continuité de nombreuses autres pratiques, avec lesquelles les frontières sont changeantes et poreuses, à commencer par tous les «incidents individuels», jusqu'ici très mal connus, qui se déroulent dans le cours temps de l'action du printemps 1917.

On peut ainsi prendre le cas de la 7e DI, se trouvant en Lorraine durant toute la période, jusqu'ici considérée comme «non touchée» par l'indiscipline. En étudiant ses condamnations en Justice militaire pour l'année 1917, on s'aperçoit en fait que si aucun acte collectif de désobéissance ne semble avoir été jugé (sans pouvoir être sûr qu'aucun n'a eu lieu), de nombreux individus isolés peuvent y être dits mutins par leurs actes et leurs discours[35]. En effet, fin mai, c'est le soldat Goupy qui crie «À bas la guerre!», «Vive la révolution!» et «Je t'emmerde, toi» au sergent lui disant de se taire. Plus collectif, mais encore limité à un tout petit groupe, six autres soldats du 104e RI sont arrêtés ensuite pour avoir crié «À bas la guerre!» et chanté l'*Internationale* dans un train les conduisant vers Verdun le 26 juin. Le 26 juin, de même, le soldat Mourey crie «À bas la guerre!» en gare de Bar-le-Duc, imité le 30 juin par le soldat Le Creut qui crie «À bas la guerre!» dans le village de Jubécourt, tandis qu'à Verdun, le 29 juin, on a arrêté le soldat Paillet du 101e RIT pour avoir dit tout haut: «À bas les gradés... il n'en faut plus [...] Il ne faut pas écouter les gradés... S'ils rouspètent... Il faut leur faire comme on a fait à X... régiment». Début juillet, le soldat Ménard insulte et menace les employés d'une gare et crie sur le quai: «À bas la guerre, vive la révolution!». Enfin, le soldat Mouette célèbre le 14 Juillet en traitant de «vaches» des gradés qu'il menace, et en criant: «Pour qui est-ce qu'on se bat... je me fiche d'être Français». De nombreux autres incidents individuels pour lesquels les paroles ne sont pas rapportées émaillent les mois de mai, juin et juillet et pourraient sans doute être ajoutés à cette liste. Par contraste, dans la période qui précède, ne compte *aucun* incident comparable pour les années 1914 à 1916 prises ensemble[36]. On voit ainsi que, même loin du Chemin des Dames et des manifestations collectives pour ne pas y «monter», la période des mutineries conduit des individus à désobéir isolément, par des cris, des menaces, des chants, des protestations. Ceux-ci sont, comme on l'a vu, informés par des lettres, et surtout par des permissionnaires, de l'indiscipline plus générale:

sur sept incidents identifiables à la 7ᵉ DI, trois
ont lieu dans des gares ou des trains, où se
mélangent soldats de différentes unités.

C'est pourquoi on constate, encore une fois, le
caractère artificiel de la séparation entre unités
«touchées» et «non touchées» par les mutineries,
dans la mesure où l'absence de désobéissance
collective dans cette unité n'indique pas l'absence
de contestation de la guerre ou de remise en
cause de la discipline. Plusieurs individus isolés y
sont des mutins : le véritable enjeu serait alors
de savoir pourquoi ceux-ci restent solitaires,
quand dans d'autres unités des actions collectives
«prennent». Peut-être parce qu'ils agissent souvent
de manière emportée et non préparée, comme
le soldat Poulain à la 11ᵉ DI, qui entend lancer
une mutinerie le 4 juin 1917, criant «Vive la révolution!», fusil en main, à la porte de son cantonnement[37]. Mais il reste en fait seul dans son
indiscipline, sans doute en partie à cause de son
ivresse et parce qu'il n'y croit lui-même qu'à
moitié :

> J'étais dans mon cantonnement, des camarades
> m'avaient fait boire plus que de raison, ils revenaient
> de permission et m'ont poussé à chanter disant qu'ils
> voulaient faire la Révolution. Je suis sorti et j'ai vu des
> camarades du 2ᵉ peloton et pour faire le mariole j'ai
> crié «Vive la Révolution». Les sergents Boursenet et
> Pageolle sont sortis, m'ont rappelé au calme, et je suis
> rentré dans mon cantonnement[38].

L'incident individuel vite refermé est ici le fait
d'un soldat qui a trop bu et y a vu un moyen de
«faire le mariole», empruntant pour cela les formes

et les termes des mutineries dont il est contemporain.

L'alcool est ainsi très fréquemment présent dans ce type d'actes, nombreux, où se fait entendre une parole provocatrice et désinhibée. C'est également le 4 juin que le soldat Lassablière du 30ᵉ RI est arrêté pour outrages à supérieur et provocation à la désobéissance, après qu'il s'est adressé à des soldats du RICM avec des paroles où se mêlent l'indiscipline et le défi : « Vous montez là-haut ? Il ne faut pas monter ! [...] Le capitaine et toi, je vous emmerde [...] Tous les coloniaux sont des cochons[39]. » Là aussi, l'alcool est invoqué à l'origine de cet acte isolé et peu efficace par un soldat qui dit avoir « eu tort de boire un coup[40]. » On voit se mettre en place les éléments qui seront au cœur des justifications des mutins arrêtés, et on perçoit surtout la continuité entre ce type d'actes et les pratiques de menace ou de provocation qui préexistent aux mutineries. Pourtant, s'il faut prendre en compte le rôle de l'alcool et d'une propension presque habituelle à la transgression chez les soldats, la fréquence accrue de tels actes au printemps 1917 indique que la boisson ne fait qu'accompagner un processus plus large de libération de la parole qui voit des soldats contester, seuls ou en groupe, la continuation de la guerre et le discours dominant. Les incidents individuels révèlent ainsi, dans toute l'armée et non seulement dans les divisions « mutinées », une faculté nouvelle d'expression d'opinions et d'idées subversives et séditieuses. L'indiscipline massive rendue possible dans les unités où se déroulent des manifestations se traduit, ailleurs, par des prises de parole parfois très construites et politisées.

Ainsi, ce n'est pas l'alcool qui explique les paroles du soldat Ducros, du 19e RI : témoin indirect d'une mutinerie, la nuit du 22 au 23 juin, il dort dans une baraque lorsque lui et ses camarades entendent des coups de feu au loin. À un soldat qui se plaint du bruit, Ducros répond : « Espèce de vendu, ce sont des types au moins à ce régiment, ils travaillent contre le drapeau [...] Vive le 118e, tout le monde devrait en faire autant, la guerre finirait plus vite, on ne marchera plus[41]. » Outre le fait qu'on apprend, une fois encore, et de manière indirecte, une mutinerie dont on ne savait presque rien au 118e RI (et dont on ne sait toujours pas grand-chose), on voit que la dynamique générale d'indiscipline est connue et commentée en dehors des unités où survient la désobéissance collective, y trouvant parfois un écho isolé.

De même, au 28e BCP à la fin du mois d'août : si l'alcool a pu donner du courage au chasseur Barthélémy, les propos qu'il tient aux officiers lorsqu'il apprend qu'il doit monter en ligne relèvent bien d'une prise de parole à la fois transgressive et politisée. Il commence par dire, très simplement, « Je n'irai pas », lorsqu'on annonce la montée en ligne[42]. Après s'être enhardi en buvant, peut-être pour oublier cette perspective (« j'avais bu étant au lavage deux litres de vin avec mes camarades[43] »), ce sont des propos bien plus subversifs qu'il va tenir aux officiers qu'il va trouver pour porter une « réclamation » : « Tas de vaches, tas de salauds, c'est vous qui faites durer la guerre, buveurs de sang, tas de richards, on vous aura après la guerre, si on a le bonheur d'en sortir[44]. » On ne saurait écarter cette prise de parole au motif que son auteur est ivre : les représentations que l'alcool libère peut-être relèvent des discours subversifs qui se généralisent au cours des mutineries.

La nature double de ces incidents individuels, relevant à la fois des transgressions habituelles de l'autorité et des mutineries où s'exprime un inédit refus de la guerre, se voit tout aussi nettement dans le cas du soldat Labaume. Il appartient au 4e BCP de la 11e DI, où aucun incident collectif n'est connu. Il est condamné à mort (peine commuée) pour avoir, le 17 juin au soir, crié « Vive la révolution ! ». Arrêté, il refuse d'entendre raison, frappe un sergent, et crie encore : « Je me tairai si je veux, je m'en irai si je veux. Vive la révolution, à bas la guerre[45] ! » La lourdeur de la peine, alors que Labaume est plutôt bon soldat (« une certaine réputation de bravoure parmi ses camarades[46] »), s'explique par les insultes et les menaces adressées au commandant (« il faut le zigouiller lui aussi [...] assassin, bandit, enculé[47] »), mais aussi par la crainte que cet incident isolé ne puisse se généraliser : « Il y avait de l'effervescence à la compagnie », raconte un sergent à l'audience, en employant le terme caractéristique qui sert à décrire les débuts de l'indiscipline[48].

L'étude des incidents individuels complète donc la vision que l'on peut avoir de la « crise de discipline » lors des mutineries : ceux-ci montrent, bien au-delà des unités « touchées » par les désobéissances collectives, la fragilisation du lien d'autorité et l'expression de paroles contestataires, avec une fréquence, une étendue et une radicalité jamais vues jusqu'alors. Ces incidents s'inscrivent en même temps dans la continuité de pratiques antérieures dans la société des tranchées, où l'alcool enhardit les «mauvaises têtes», mais se chargent de sens nouveaux dans un contexte où le refus de la guerre semble plus facile à exprimer. Plus de choses apparaissent possibles et dicibles aux individus, surtout si l'on se souvient qu'ils agissent et s'expriment dans un contexte où l'on croit souvent l'indiscipline généralisée et très grave (soldats tués, généraux en fuite, dirigeants démissionnaires...).

Pour comprendre le passage de l'individuel au collectif, on peut s'intéresser à une deuxième forme majeure de l'indiscipline au printemps et à l'été 1917 : les départs du front, entre désertion et permission non autorisée. Là encore, une pratique antérieure, encore assez mal connue[49], connaît une extension massive durant la brève période où éclate la désobéissance. Avant 1917, on déserte moins de façon durable et motivée que pour se soustraire provisoirement à l'univers du front, soit pour régler une affaire dans le «civil», soit parce que l'attente de la permission est trop longue ou celle-ci trop brève, soit enfin parce qu'on «n'en peut plus» de la guerre. Permissions prolongées, départs non autorisés, retards plus ou moins excusés sont ainsi des pratiques fréquentes dès 1915[50].

Nous l'avons vu, le printemps 1917 change la donne du point de vue des permissions et des désertions, questions étroitement liées (l'absence de la première pouvant motiver la seconde) : à l'accumulation des retards s'ajoute la remise en cause d'une parole officielle qui promettait victoire, permissions ou repos après la bataille du Chemin des Dames, et maintient au contraire les soldats au front. Dans ces conditions, on assiste à des protestations collectives pour réclamer la fin de la guerre et les permissions dues. Mais on constate surtout, sans expression ni revendication, l'ampleur massive des départs non autorisés, depuis le front vers l'arrière — des « désertions » complémentaires des « mutineries » au sens habituel.

Leur étude est rendue difficile par le manque de sources. Acte non expressif et furtif par définition, la désertion ne peut être connue que si l'on arrête ses coupables, ou si l'on en parle. En mobilisant les archives de la Justice militaire et les témoignages ou le contrôle postal, on parvient à se faire une idée du phénomène, mais peu de certitudes comptables[51]. Une manière de résoudre le problème est de réduire la focale, et de mesurer à l'échelle de plusieurs unités l'évolution des désertions. On l'a reconstituée dans les cinq divisions d'infanterie pour lesquelles on a établi une base de données complète des condamnations en 1917, où l'on observe une très nette hausse de ces désertions sanctionnées : leur nombre double à la mi-mai 1917 ; il triple à la fin de mai et au mois de juin, et reste tout l'été à un niveau élevé, jamais atteint depuis 1914[52].

La Justice militaire fournit donc un premier indicateur du développement des désertions, indéniablement liées au contexte à la fois militaire et

disciplinaire de l'année 1917, et se traduisant par
une ampleur sans précédent des départs illégaux.
On pourrait penser, toutefois, que ces désertions
croissantes restent minimes en valeur absolue :
273 soldats jugés déserteurs en mai-juin, au sommet de la crise, dans cinq divisions qui peuvent
alors regrouper près de quarante mille hommes
au total, cela paraît dérisoire. C'est ici qu'il
convient de se distancier de la source judiciaire
pour trouver d'autres modes d'appréciation du
phénomène. On sait, en effet, que toutes les désertions ne sont pas jugées, à plus forte raison lorsque
une indiscipline par ailleurs massive voit des
soldats protester, manifester, se révolter, actes
infiniment plus graves pour la hiérarchie comme
dans les textes juridiques. Quand la désertion se
résume à une absence non autorisée ou à un
retard au retour, il est habituel que les officiers de
contact «ferment les yeux» ou prononcent des
sanctions disciplinaires et non judiciaires. Cette
tendance à la mansuétude ou du moins à la non-
pénalisation, quasiment érigée en système dans
l'armée allemande, fait de la désertion tolérée un
mécanisme d'ajustement à la dureté des combats[53].
Par ailleurs, il est d'autant moins envisageable
de poursuivre tous les déserteurs que d'autres
formes jugées plus inquiétantes de désobéissance
se diffusent. C'est pourquoi on constate dans
l'armée française, en même temps que leur
accroissement, un net effet d'éviction judiciaire
des désertions au moment — mai, juin, juillet —
où les Conseils de guerre font face à l'indiscipline
plus large, moins habituelle et perçue comme plus
«grave» des mutineries «collectives»[54].

Ce phénomène est net pour la 77ᵉ DI, où l'on dispose de deux séries de chiffres : les déserteurs jugés et les «absents» comptabilisés au mois de juin, dans trois des régiments qui la composent. La justice militaire n'y condamne que 27 soldats pour désertion. Les hommes n'étant pas présents dans leur unité sont pourtant dix fois plus nombreux : 299 absents pour 1881 soldats en secteur[55]. Ce rapport de 1 à 10 entre les désertions poursuivies et les absences constatées dans une division, certes fortement traversée par l'indiscipline, indique bien l'ampleur du phénomène. On peut donc ici estimer à environ 15 % des effectifs les soldats partis sans autorisation, chiffre qui dépasse fortement le «taux» de mutins évoqué plus haut et calculé uniquement (et malaisément) à partir des manifestations collectives.

De nombreuses sources confirment le caractère massif de ces départs illégaux, qui redessinent les contours du mouvement d'indiscipline. Dans son journal, Camille Rouvière, au 231ᵉ RI, évoque le 10 juin une «épidémie de désertion»[56]. On lit dans les lettres contrôlées par l'armée les raisons et les modalités de ces départs. Un soldat de la 27ᵉ DI écrit ainsi, début juin : «Les 20, 21, 22 mai on s'était battus comme des lions et on n'est pas redescendus nombreux : 65 de pertes pour 100... Il y en a beaucoup qui partent sans permission[57].» Le départ illégal est ici envisagé comme une compensation normale à l'effort militaire. L'ampleur de ces défections est également soulignée au 7ᵉ BCP, qui ne semble pas avoir connu de désobéissance collective ouverte, et où un brigadier s'alarme : «D'innombrables poilus sont partis en permission sans autorisation et rien ne les arrête. Vivement la fin de la guerre car je crois que ça tournera mal[58].» Au 370e RI, début juin également, un soldat constate : «On nai pas nombreux maintenan dans les compagnie il a presque la moitier qui font la grève à l'arrière[59].» Fin juin, c'est un soldat du 298e RI qui évoque ces départs très importants, et souligne que l'armée ferme les yeux, voire qu'elle cautionne et légalise *a posteriori* ces actes :

> Des soldats du 38e, du 140e, du 217e et du 221e sont partis en permission en bande et sans autorisation, ils ont reçu leurs titres signés 48 heures après[60].

Si on n'a trouvé aucune trace de cette prétendue validation institutionnelle qui nous paraît peu probable, sa mention indique bien que le départ semble alors un acte tout à fait banalisé par l'ampleur même du phénomène. On retrouve encore cette perception pour un soldat du 70e RI, qui imagine lui aussi une régularisation massive de départs tout aussi massifs, et indique la fluidité des formes de désobéissance, en mentionnant en même temps une manifestation :

> Chez nous il y en a beaucoup qui sont partis en perme sans permission et on dit que le Colonel leur envoie leur permission derrière eux tu vois comment que ça marcher et beaucoup qui se révoltent avec le drapeau rouge qui se promène dans les rues tu vois d'ici le moral[61].

On doit en effet préciser que les désertions massives ne sont pas exclusives d'autres pratiques, plus expressives et organisées, de désobéissance. Elles sont une autre forme de refus participant d'un même contexte[62]. En reprenant de nouveau les catégories élaborées par Albert Hirschman, on pourrait les caractériser comme une défection (*exit*) plutôt qu'une prise de parole (*voice*)[63]. On peut dès lors se poser la question du *choix* de cet acte par rapport à une protestation collective : correspond-il, chez ceux qui l'effectuent, à une volonté de désobéir non construite, non politisée, s'opposant par là aux manifestations revendicatrices où se déploient les signes — drapeau rouge et *Internationale* — de la révolte ? Est-il lié à une volonté de minimiser les risques, chacun sachant que les désertions brèves sont peu punies, à l'inverse des protestations et des révoltes ? Peut-il enfin y avoir des déterminants sociologiques au répertoire d'action des individus, et au choix de la désertion plutôt que de la protestation[64] ? On peut dès maintenant apporter quelques indices en ce sens. Ainsi, le choix de la désertion comme forme minimale, non construite et non expressive, de la désobéissance se lit dans le courrier d'un soldat de la 27e DI, mi-juin :

> Je te diré que sa fet vilain pour les permissions toule monde par sen [sans] perme alor sa barde car plus personne veut en foutre un coup enfin sa sera patrotot, card il y en a mare de sette guerre met petêtre sa finira set jourdsi, il fot lespéré nou somme 60 a 80 que den 1 moi doivent encor partir enperme et si vel pala [s'ils ne veulent pas la] donné ébien nou la prendron card nous sommes tous entendu[65].

Ce soldat décrit le phénomène généralisé du départ sans « perme », en même temps qu'il l'envisage pour lui-même. Toutefois, on voit ici que si la désertion peut refléter un répertoire d'action plus simple et moins politisé, elle est bien conçue comme un choix tactique (« Si... eh bien... »), reliée à un horizon de « fin » de guerre souhaitée, et mise en pratique à travers du collectif (« nous sommes tous entendus »). En ce sens, les désertions massives de mai-juin-juillet 1917 participent pleinement de l'histoire des mutineries.

Elles reflètent la tension entre des actes ordinaires, présents depuis le début du conflit, facilités par un contexte général où l'indiscipline semble massive et où bien plus de soldats partent ou désertent, et des actes motivés précisément par ce contexte exceptionnel qui conduit à refuser la guerre, en quittant le front. Le premier type de conduite est illustré par le déserteur Antoine Farion, du 45e RA. Il déserte entre le 26 mai et le 2 juin, et se trouve rapidement arrêté, le 15 juin, par les gendarmes. Les causes de sa désertion apparaissent sans lien avec l'indiscipline généralisée, mais il est net que celle-ci a pu faciliter le passage à l'acte :

> Sur l'annonce d'une punition injuste que m'infligeait le Maréchal des Logis de la 3e section, je suis parti en lui disant qu'il était la cause de ma désertion. [...] Je suis parti vers midi du Bois Marteau, j'ai pris le train de permissionnaire à Épernay jusqu'à Lyon, on ne m'a jamais demandé mon titre de permission. [...] — Qu'avez-vous fait ensuite ? — J'ai travaillé à la culture dans des fermes[66].

Si le titre de permission n'est pas contrôlé, c'est parce qu'en même temps l'indiscipline massive des permissionnaires dans les gares et les trains, qu'on va décrire, renverse les règles ordinaires, déjà peu efficaces, qui entourent ces départs. On voit jusqu'où s'étend le «halo» des mutineries, qui permettent et facilitent une désobéissance aux causes et aux buts variés.

Lorsque les soldats partent vers l'arrière, leurs buts ne sont pas toujours nettement affirmés. Si le soldat Moreau, du 90e RI, dit avoir déserté le 9 mai parce qu'il avait «le cafard»[67], dans d'autres cas, cependant, la désertion relève à la fois d'une volonté personnelle de quitter le front et d'une contestation plus motivée. C'est ce qu'explique le soldat Mounier du 70e RI. Il manque à son unité lors de l'appel du 2 juin, ne se présente que le 8, et est interrogé le 17 :

> Je suis rentré [de permission, le 31 mai] au bureau réclamer mon prêt et mes frais de route, on m'a répondu que je n'y avais pas droit étant rentré le 31 mai. Alors de colère ayant le cafard je suis parti. Avec tous les bourrages de crâne on en a assez de la guerre[68].

Comme d'autres événements lors des mutineries, les désertions et départs illégaux relèvent d'un double registre : une volonté personnelle d'obtenir ses «droits», sa «perme», de sortir quelque temps du conflit, reliée à une volonté plus profonde que celui-ci s'arrête. C'est pourquoi on ne peut prendre la revendication des permissions comme une simple demande «corporative», et les désertions comme une manière de les

obtenir : on quitte aussi son unité en mai-juin 1917
parce qu'on en a assez de la guerre. On conteste
en fait celle-ci de la manière la plus directe qui
soit : en n'y allant pas ou en la quittant[69].

Surtout, ces désertions sont loin de s'effectuer
toujours dans le contexte calme des cantonnements et de la zone de «repos», éloignés des
combats. Certaines d'entre elles s'apparentent en
fait à des refus de monter tout près des premières
lignes. Elles peuvent également être collectives.
On le voit au 338ᵉ RI, le 19 mai 1917, où le départ
vers l'arrière de deux soldats, un cultivateur et un
tuilier, apparaît comme une tentative imprécise,
à mi-chemin de la désertion et du refus collectif
de «marcher», pour ne plus combattre. Jugés pour
«abandon de poste», ils déclarent, avant d'être
condamnés à dix ans de travaux forcés :

> Je suis fatigué de prendre les tranchées et je ne veux
> plus y retourner, c'est pour cette raison que je suis
> parti et me rends volontairement.
> Dans un moment de faiblesse l'idée m'est venue de
> partir, j'ai donc quitté la cave et je revenais dans le
> boyau lorsque j'ai rencontré Martin qui se dirigeait
> également vers l'arrière. [...] Nous nous sommes
> simplement rencontrés comme ça, et, en causant,
> nous nous sommes décidés à aller à l'arrière sans
> avoir l'intention de déserter. [...] Nous nous sommes
> reposés près d'un petit village démoli. Et, voyant que
> nous avions mal fait, nous avons décidé de nous rendre
> aux gendarmes que nous verrions[70].

Un acte individuel se transforme en entreprise
conjointe, au but incertain et surtout négatif,
puisqu'il n'y a pas vraiment d'endroit où aller.
On voit qu'il n'existe pas de séparation nette entre

les départs en permission individuels et des refus
de marcher ou de «monter» collectifs, mais que
ces actes peuvent se recouvrir, en faits et en
représentations pour les soldats, chez qui ils
relèvent d'une même volonté de sortir un moment
du conflit.

Les actes de désobéissance collective eux-
mêmes sont très divers. À côté des manifestations
sonores, mêlant chants, cris et revendications,
attirant l'inquiétude de l'armée et l'attention
des chercheurs, il existe toute une gamme de
conduites furtives et silencieuses, et de refus inex-
primés, là aussi dans une continuité avec des
pratiques antérieures. Ces «refus de monter» se
généralisent au printemps 1917, et leur localisation change: ils ont lieu au cantonnement,
avant que les unités se trouvent en secteur où la
désobéissance est plus risquée et plus coûteuse.
On a évoqué en introduction le cas du 20ᵉ RI dont
les soldats se sont dès le 29 avril 1917 «débinés»
et «éparpillés» dans la nature, selon les termes
d'un des mutins[71]. On retrouve cette forme de
désobéissance tout au long de la période, où les
soldats peuvent littéralement s'échapper et se
cacher pour ne pas monter en ligne, comme le
font une centaine d'entre eux du 321ᵉ RI à Vendresse quelques jours plus tard, puis des hommes
du RICM début juin, et encore deux compagnies
du 75ᵉ RI réfugiées dans une creute le soir du
7 juin[72]. C'est, de même, le cas au 308ᵉ RI où un
bataillon devant effectuer une relève se soustrait
à ses officiers et s'évanouit dans la nature, le
2 juin:

> À la sortie de Terny, en traversant un bois, quelques
> coups de sifflet étaient partis de la colonne ; au même
> moment, tous les hommes s'étaient enfoncés dans le
> bois. Malgré les rappels de leurs sous-officiers, le
> bataillon avait disparu complètement ; on ne savait
> pas au juste la direction qu'il avait prise[73].

Eux aussi finiront par se cacher dans une
creute, avant de se résigner à obéir. Autre forme
de refus, les combattants, sans disparaître, peuvent
également opposer verbalement un refus aux officiers qui leur donnent l'ordre de s'équiper puis
de «monter». On trouve de tels épisodes par
exemple au 66e RI, le 17 mai ; au 90e RI, le 20 mai,
où le refus d'embarquer a d'abord lieu dans un
silence total ; au 53e BCA le 1er juin où les hommes
refusent de se rassembler ; le 3 juin au 3e groupe
d'artillerie de tranchées de la 170e DI où une
centaine d'artilleurs déclarent refuser de se rendre
aux lignes[74].
Pour beaucoup de soldats, il s'agit d'un degré
supplémentaire franchi à partir d'une pratique
habituelle, qui est de manifester de la mauvaise
volonté au moment où il faut quitter le repos ou
le cantonnement et revenir dans l'univers mor-
tifère des premières lignes et des «tranchées
carcérales»[75]. Ces brefs refus relèvent, de plus, de
ce que l'anthropologue James C. Scott a nommé
les «armes des faibles», c'est-à-dire les manières
dont des groupes fortement contraints et socialement dominés peuvent, à l'intérieur de cette
domination, trouver soit des marges de liberté,
soit des manières d'obéir sans zèle, de façon minimale, avec maladresse ou lenteur, accompagnées
de dérision ou d'atteintes symboliques aux puis-

sants[76]. On peut aussi faire un lien entre ce registre de la résistance sans transgression et les pratiques de freinage à l'usine et l'atelier, où l'on produit moins vite que ce qui est demandé[77].

Cela apparaît parfois lors des mutineries : au 164e RI, le 30 juin, plusieurs soldats font connaître leur refus d'aller aux tranchées. Leur désobéissance prend moins la forme d'un refus radical que d'une mauvaise volonté évidente à obéir. Un des sous-officiers décrit l'attitude de ses hommes :

> Sans refuser précisément de s'équiper, ils disaient qu'ils avaient le temps de le faire. Le temps passant, j'ai prescrit aux hommes de se mettre en tenue ; certains répondaient qu'ils ne se mettraient pas en tenue et exhortaient les autres à ne pas le faire ; d'autres au contraire prenaient leurs équipements et les mettaient en traînant et en observant ce que faisaient leurs camarades[78].

Un autre officier, témoin et acteur des mêmes faits, rapporte la force d'inertie corporelle qu'opposent ces combattants aux ordres et à la perspective de monter en ligne : « J'ai d'abord cherché à faire partir les hommes qui étaient en armes, et à les envoyer au lieu du rassemblement ; j'ai eu quelque peine à y parvenir et j'ai dû prendre les hommes un à un par le bras[79]. » Si quelques soldats font entendre au cours de cet incident des revendications et des doléances, et sont actifs dans leurs « exhortations » à ne pas monter, la majeure partie d'entre eux opposent simplement la lenteur de leurs corps aux ordres reçus, trouvant là une manière de « désobéir dans l'obéissance », de contester sans illégalité et sans se mettre en faute. On peut dresser un parallèle entre de telles conduites et les actes des «rappelés» ou «disponibles» ne voulant pas l'être durant la guerre d'Algérie : obéir avec lenteur, ralentir l'embarquement, c'est une manière de signifier à l'institution qu'on entend échapper à son emprise, sans contredire entièrement les règles qu'elle édicte et sans pouvoir sortir d'une situation d'où le choix est absent[80]. De même, alors qu'une mutinerie a duré une heure et demie au 46ᵉ régiment d'artillerie, l'un des mutins qui a fini par obéir comme les autres désigne et minimise ainsi sa désobéissance : «Nous sommes montés tout de même, nous avons simplement *retardé* notre départ[81].» Paradoxalement, cette lenteur à obéir révèle la force de l'emprise institutionnelle, qui finit par l'emporter.

Plus largement, les mutineries voient bien la réutilisation d'un registre habituel de protestation, par lequel des soldats font connaître leur mauvaise volonté avant de monter en ligne. Les acteurs eux-mêmes font référence à ces pratiques antérieures qui leur servent de grilles de lecture. Ainsi, au 75ᵉ RI, le 7 juin, l'indiscipline semble d'abord placée dans la continuité de pratiques de mécontentement sans véritable transgression, ce que raconte un soldat :

> Il y avait à ce moment-là dans le cantonnement une certaine effervescence, on criait, on palabrait, on poussait des cris, mais je n'y ai pas prêté plus d'attention parce que c'était une chose qui se produisait quelques fois, de rouspéter et de marcher ensuite[82].

Toutefois, contrairement à ce qui se passe ordinairement, plusieurs centaines de soldats, loin de « marcher ensuite », iront cette fois plus loin dans l'indiscipline, en se soustrayant aux appels et aux ordres et allant jusqu'à se cacher dans une creute. Le registre ordinaire du refus provisoire et de l'inertie se transforme en pratique plus radicale de désobéissance.

Ainsi, un des apports importants du travail de Denis Rolland a été de montrer que ces actes pouvaient avoir lieu très près des lignes, dans des situations de tension militaire, où l'on doit relever une unité durement engagée ou appuyer une opération : c'est ce que refusent de faire, par exemple, des soldats du 159ᵉ RI et du 60ᵉ BCP devant soutenir une attaque, le 4 juin[83]. Ces refus d'aller aux tranchées et donc de combattre sont pris extrêmement au sérieux par la hiérarchie qui y voit, à juste titre, un affaiblissement de la capacité militaire des unités et plus largement de l'armée, en de nombreux points du front[84]. C'est pourquoi il faut prendre garde, dans le regard rétrospectif qui est parfois posé sur eux, à ne pas considérer comme minimes ou allant de soi de tels actes. En effet, par leur caractère généralement silencieux et négatif, les refus de combattre ont pu donner prise à des sous-estimations ou des surinterprétations manifestes. C'est le cas dans un article de J.-J. Becker, où ils en viennent à résumer presque entièrement l'indiscipline :

> Le plus souvent les « mutins » se contentèrent de refuser de monter en ligne. Ce qu'ils demandaient, c'était que cessent des attaques sanglantes et inutiles et que le régime des permissions soit amélioré[85].

On observe que le rejet des ordres pour monter en ligne est présenté comme un acte en fin de compte modéré ou limité que les soldats « se contentent » d'effectuer. La dimension transgressive et militairement préoccupante de celui-ci disparaît[86].

Mais un refus a-t-il besoin d'être idéologiquement motivé pour être pris au sérieux par les historiens ? En quoi le refus d'aller aux tranchées, où l'on met collectivement en pratique une volonté de ne pas combattre, serait-il moins un *refus de la guerre* qu'une dénonciation de celle-ci dans un tract pacifiste ? Les refus de monter durant les mutineries, s'ils ne sont pas nécessairement argumentés, sont la manière trouvée par de nombreux soldats pour que s'arrête leur guerre. Ce faisant, ils s'exposent à des peines généralement plus lourdes que les soldats qui crient « À bas la guerre ! » depuis un train, parce que leurs actes, répétés et presque généralisés, remettent en cause bien plus frontalement la continuation de celle-ci. C'est pourquoi on ne saurait en faire des actes minimes.

De plus, cette pratique n'est pas exclusive de formes plus construites et expressives d'action. On l'observe dans la mutinerie des artilleurs du 46e RA, le 18 juin dans les Vosges. Au simple refus s'ajoutent le reproche et la revendication, comme le raconte un sous-lieutenant dans son rapport :

> Certains hommes discutaient l'ordre donné, prétendant ne pas vouloir partir. C'est à ce moment que j'entendis le canonnier Gros tenir les propos suivants à ses camarades : « Il n'y a rien à faire, je ne marche

pas. Ne montez pas. On nous a promis du repos, qu'on nous le donne.» Immédiatement je l'interpellai et il me répondit en gesticulant : «Je ne refuse pas de partir, mais on nous a promis du repos, aucun de nous n'ira aux tranchées avant de l'avoir eu[87].»

Le refus ouvre en fait, comme c'est souvent le cas, une phase de dialogue et d'interaction, dans laquelle les officiers ordonnent ou exhortent les soldats à «monter», tandis que les soldats, ou certains d'entre eux, doivent expliquer pourquoi ils ne veulent pas obéir. Aux refus «négatifs» s'ajoutent donc des refus «revendicatifs», lorsqu'il est fait référence à ce que veulent les combattants pour bien vouloir monter : le respect d'une promesse, l'attribution de permissions, le repos qui leur est dû... Ces revendications, qui affleurent quelquefois lors des «refus de monter», sont au cœur des mutineries les mieux connues, qui procèdent par manifestations et expression de doléances. Ce sont ces formes organisées et inédites de la protestation qui ont le plus marqué les contemporains.

Ces actes dérivent d'abord du refus de «monter» : c'est généralement l'annonce ou la perspective d'un départ pour les tranchées qui débouche sur une mobilisation des soldats. Mais à la différence de ces refus évoqués plus haut, la protestation n'a pas qu'une dimension négative ou furtive. Des revendications s'y expriment, parfois portées par des délégués, désignés par leurs camarades ou par les officiers. Les soldats peuvent écrire des pétitions (31e BCP, 298e RI), chanter l'*Internationale*, et surtout manifester, comme aux 329e RI, le

26 mai, au 60ᵉ BCP le 31, au 25ᵉ RAC le 2 juin ou encore au 42ᵉ RI le 7 juin. Ainsi, à la 5ᵉ DI, ce sont deux manifestations successives qui ont lieu les 28 et 29 mai, alimentées d'abord par les soldats du 129ᵉ RI puis progressivement grossies de ceux du 36ᵉ, les soldats défilant en ordre et sans cris. Des insignes rouges s'y font voir, comme dans la plupart des autres manifestations, où se font entendre des cris eux aussi très variés, «À bas la guerre!» étant le plus fréquent. On note, de même, la diversité des doléances, allant des permissions au repos et à la fin de la guerre, variété de degré et de nature des revendications qu'on cherchera à éclairer.

On peut tenter de classer ces désobéissances collectives suivant deux critères complémentaires : le caractère conditionné ou non de l'indiscipline, et son caractère plus ou moins violent. Certaines mutineries voient ainsi les soldats désobéir tout en indiquant qu'ils obéiront ultérieurement «si» ils obtiennent satisfaction sur tel ou tel point, comme les artilleurs évoqués ci-dessus. Au 217ᵉ RI, qui refuse plus de dix jours durant d'aller combattre, c'est un véritable bras de fer qui semble engagé avec l'autorité, comme l'explique son chef de corps :

> Le mouvement est créé, entretenu, généralisé en vue d'obtenir un repos prolongé et des permissions. Le mot d'ordre est le suivant dans tous les bataillons : «Ne pas monter en ligne avant d'avoir obtenu satisfaction sur les points indiqués[88].»

Ce caractère conditionné de la désobéissance (au respect d'une promesse, aux permissions, au repos, mais aussi parfois à une discussion sur la « paix ») explique pourquoi ces actes sont généralement maîtrisés et encadrés par les mutins, attachés à présenter leurs revendications sous des formes réglées et acceptables, ce qui peut conduire à les apparenter à une forme de « grève » militaire, point sur lequel on devra revenir.

D'autres manifestations, à l'inverse, apparaissent sans but immédiat ni négociable : les soldats y expriment leurs doléances sans proposer d'obéir s'ils obtiennent satisfaction. Ils font alors savoir leur refus de monter ou leur opposition à la guerre dans son ensemble, à laquelle ils se soustraient donc entièrement (et non conditionnellement), en paroles et en actes, lors de leur mutinerie. C'est le cas par exemple au 85e RI qui manifeste la nuit du 25 juin, aux cris de « Vive la paix ! » et de « C'est la révolution ! Nous n'irons plus à la Villette ! On ne nous mènera plus à l'abattoir[89] ! »

On ne peut donc ranger les mutineries, au sens le plus courant du terme désignant ces désobéissances collectives et expressives, dans une catégorie unique. Le refus conditionné s'y exprime autant — et parfois en même temps — que le refus radical. Cette nature double explique le caractère alternativement ordonné et violent de ces incidents : si au 217e RI l'on tente d'obtenir satisfaction par un respect scrupuleux des formes et des officiers au sein même de la désobéissance (« Les meneurs préconisent l'union et l'entente, l'obéissance aux ordres des officiers visant le service intérieur, la correction, la discipline et, par dessus tout, le calme et la sobriété[90] »), d'autres

mutineries tendent vers l'émeute et la confrontation. Menaces, coups, coups de feu en l'air et
parfois en direction des officiers y apparaissent.
La manifestation de la 41e DI met sérieusement
en danger la vie du général Bulot, tout comme au
85e RI, où le coup de feu tiré par le soldat Denison
sur le sous-lieutenant Thomas est détourné de
peu[91].

Ces derniers actes sont évidemment très fortement réprimés, d'autant plus que dans certains
cas ils s'accompagnent d'une volonté proclamée,
bien que souvent imprécise, d'aller « à Paris »,
qu'on examine à la fin du présent chapitre. On
voit en tout cas que l'événement dérape et déborde
parfois les efforts de ceux — officiers et mutins
même — qui voudraient l'encadrer et le réduire.
C'est pourquoi la réduction postérieure et supplémentaire des mutineries à une « négociation » de
l'obéissance ou de l'autorité par des historiens
n'est pas tenable, même dans un sens métapho-
rique, au vu des faits parfois violents qui peuvent
se dérouler[92]. Peu de négociation en vérité au
18e RI (celui du célèbre Moulia) le 27 mai, où une
grenade est lancée dans la cour où dîne un officier, et où le soldat Canel menace un militaire :
« Il a chargé son fusil et mis en joue un conducteur
d'auto-camion en lui criant "arrête-toi ou je te
zigouille"[93]. » Aussi peu de négociation au 153e RI,
le 22 juin, où des soldats entourent une maison
dans laquelle s'est réfugié un officier, aux cris de
« Pendons-le ! à mort[94] ! », ou au 82e RI, la nuit du
28 mai, aux cris de « Nous ne remonterons pas
aux tranchées ! À bas la guerre ! » et où un colonel
est frappé dans l'obscurité à coups de bâton[95].

De ces débordements, ne débouchant presque jamais sur un réel affrontement, mais souvent à la limite de celui-ci, participent enfin les incidents ferroviaires impliquant des «mutins» permissionnaires. Parfois laissés de côté dans l'étude des mutineries de 1917, ils relèvent pourtant bien de la crise globale de discipline. Ils révèlent aussi une dimension festive des mutineries qui n'est pas limitée au seul réseau ferré. À partir du 30 mai et jusqu'à la fin de l'été, gares et trains de permissionnaires sont le théâtre de nombreux actes de désobéissance, dus à des soldats partant en permission ou en revenant, et qui continuent de pratiquer une indiscipline détachée cette fois d'enjeux directs et «négociables» comme le fait de ne pas se rendre aux tranchées ou d'obtenir repos et, justement, permissions. Mais cette absence de revendications libère en même temps des actes et des discours plus extrêmes, s'apparentant souvent à un défoulement[96]. On retrouve là encore une continuité avec les pratiques ordinaires et antérieures des permissionnaires se livrant à une «vendetta ferroviaire», face à leurs conditions de transport inacceptables[97]. Mais le nombre de ces actes explose à la fin du mois de mai, en raison des départs massifs — autorisés ou non. 118 incidents sont recensés en deux mois par le GQG, d'autres ayant pu passer inaperçus selon les formes d'occultation de l'indiscipline bien connues désormais[98]. Surtout, les actes qui y sont pratiqués et les discours qui s'y expriment sont d'une nature nouvelle. Comme dans les désobéissances au front, les signes de la lutte sociale — *Internationale* et drapeau rouge — sont régulièrement déployés, de même que les cris subversifs d'«À bas la guerre, vive la révolution !». De plus, certains de leur anonymat dans des trains où se mélangent des hommes de différentes unités, encadrés par un personnel civil ou militaire qui ne les connaît pas et n'a donc presque aucune autorité sur eux, les soldats se livrent à des violences contre le matériel et le personnel sur une échelle jusqu'alors inconnue.

La gare de Sezannes, dans la Marne, voit ainsi passer des permissionnaires plus ou moins calmes depuis 1915. Mais ce 31 mai 1917, elle est le théâtre d'une série inédite d'actes d'indiscipline, désordonnés et violents. Les soldats, qui ont laissé les portières de train ouvertes, poussent des cris séditieux à l'entrée du train en gare, chantent l'*Internationale*, arborent un drapeau rouge en s'avançant sur les marchepieds. Ensuite, alors que l'on tente de réatteler la locomotive, les mutins s'y opposent ; lorsque le train tente de repartir, ils tirent le signal d'alarme ; lorsque les agents du chemin de fer essayent de désactiver le signal d'alarme et les freins de secours, ils les menacent, et lorsque les gendarmes tentent de protéger les agents, ils se saisissent d'un de leurs revolvers et en tirent les six coups en l'air. Pour compléter ce tableau scandaleux qui a conduit à «un stationnement forcé de 1 heure 19 », des fûts de vin d'un train de marchandises voisin sont défoncés et mis à perce[99].

De tels renversements de l'autorité deviennent quotidiens au mois de juin, et peuvent aller plus loin encore, en discours et en actes. À Dormans le 6 juin, cinquante soldats menacent d'un couteau ceux qui les encadrent, profèrent les «pires menaces contre le gouvernement et les chefs» et crient: «Vive la révolution, à bas la guerre, on coupera le cou aux galonnés, aux civils et aux flics[100].» À Noisy-le-Sec, également le 6 juin, un homme tombe du train suite aux débordements. Un lieutenant qui admoneste trois permissionnaires est roué de coups[101]. Des scènes surprenantes deviennent banales. Un soldat du 417e RI décrit, le 19 juin, à son retour de permission, un voyage moins agité qu'à son départ: «Le retour a été un peu moins mouvementé; cependant j'ai vu un chef de gare qui a été complètement déshabillé par les permissionnaires[102].» Que devait-ce être au voyage aller! Dans ces faits se mêlent différentes formes et différents sens de l'indiscipline: à la libération des paroles et des chants subversifs s'ajoute le plaisir du défoulement et du renversement de l'autorité, et souvent de la boisson. Ces faits sont généralement écartés du récit historique, et leurs auteurs exclus du «total» des mutins[103], au prétexte qu'ils sont dus à l'alcool ou manquent de «sérieux»[104].

On y retrouve pourtant des formes construites d'organisation et de protestation. Coordonnant leurs efforts afin d'échapper aux punitions[105], les soldats permissionnaires lancent depuis leurs trains des messages d'une grande variété dans leur construction et leur degré de politisation, allant, pour les graffitis tracés sur les wagons des trains, d'une mise en cause brutale ou humoristique des embusqués («Guerre aux gendarmes, les boches après») ou de l'armée («Les officiers sont des assassins qui nous conduisent à la boucherie») à des prises de position politiques («À bas les capitalistes»); à des paroles opposées au

conflit, enfin, participant de l'horizon partagé de
«fin» de guerre: «À bas la guerre!» (16 % des
inscriptions); «Vive la paix ou la révolution le
poilu en a marre»[106]. Et si le plaisir du vandalisme est indéniable, lié à l'établissement d'une
forme de toute-puissance provisoire du groupe
des mutins, pouvant aussi être un exutoire aux
tensions, aux ressentiments et aux angoisses nés
du conflit, il n'est pas la seule dimension de ces
actes. D'abord, les ressentiments envers les non-
combattants considérés comme des «embusqués»
— employés de chemin de fer, officiers et soldats
administrant les gares et les trains, gendarmes...
— ne sont pas des «pulsions» mais traduisent, au
contraire, la perception d'un profond déséqui-
libre et d'une injustice dans la manière dont
l'effort de guerre est affronté, clé de lecture très
importante des représentations combattantes.

L'absence d'enjeu direct, autrement dit le fait
que les soldats partant en permission n'ont rien à
obtenir de leur indiscipline, ne veut pas dire que
ce qu'ils disent ou écrivent ne doive pas être pris
au sérieux. Précisément parce qu'ils n'ont rien
à obtenir, et pas de formes à respecter dans
des négociations serrées avec des officiers qu'ils
connaissent bien, certains soldats peuvent aller
plus loin dans l'expression de ce qu'ils pensent de
la guerre ou de l'armée. La dimension festive,
scandaleuse et désordonnée des incidents ferroviaires n'interdit pas de rapporter les discours
qui s'y tiennent au contexte global de la crise de
discipline. Les pratiques de défoulement ne sont
d'ailleurs pas limitées au réseau ferré. D'autres
mutineries comportent ces aspects, qui repré-

sentent en fait une facette toujours latente du comportement des combattants dès lors que la désobéissance ouvre une brèche dans la discipline militaire, rendant possibles des transgressions de différents ordres.

On le voit ainsi au 75ᵉ RI, avant que les soldats n'accomplissent l'acte bien plus sérieux et inquiétant pour la hiérarchie du refus de monter, lorsque les soldats troublent un concert de leur irrépressible chahut :

> Hier on a fait la fête au régiment, le colonel a voulu savoir le moral de son bataillon, mais aussi il l'a su : vers la fin du repas il a voulu faire traverser quelques musiciens en jouant à travers de nous. Tout le bataillon s'est mis à siffler et à les traiter d'embusqués. Les autres attrapent des bouteillons et tapent dessus comme sur des cymbales[107]...

Incident dérisoire ou sérieux ? On y retrouve en tout cas, sous des formes festives, la logique opposant «poilus» et «embusqués», ainsi qu'un défi à l'autorité des officiers. De même, le vandalisme peut accompagner les désobéissances collectives, comme au 60ᵉ BCP, où la mutinerie visant à ne pas monter, le 2 juin, s'est aussi traduite par une cinquantaine de phares brisés sur les automobiles militaires prises pour cible[108]. Le désordre, le chahut et la destruction ne sont pas le fait de «pulsions» de permissionnaires à isoler de la «grève» des mutins, mais une dimension toujours possible de leur rupture de l'obéissance, ajoutant des centaines d'actes et des dizaines de milliers d'hommes aux incertaines additions des mutins évoquées précédemment.

Enfin, on remarque le peu de fraternisations et de désertions à l'ennemi qui se produisent lors des mutineries. On ne trouve que quelques indices en ce sens, ainsi au 146e RI, par exemple, où le soldat Olivier suggère vigoureusement de « faire camarade », suivant l'expression consacrée, le 2 juin 1917 : « À partir de maintenant on devrait tous faire camarade, le premier qui voudrait marcher on lui mettrait une balle dans le cigare[109]. » D. Rolland évoque de même des passages à l'ennemi à la 164e DI où des soldats racontent que les déserteurs se comptent « par centaines », et au 359e RI qui compte 534 prisonniers, chiffre très élevé et suspect[110]. Il existe aussi deux allusions à des fraternisations, à la 27e DI (52e et 75e RI), début juin, en secteur au Chemin des Dames[111]. Il est bien évidemment probable que d'autres faits soient survenus dont nous n'avons pas connaissance. On remarque toutefois que ce type de désobéissance semble limité dans l'armée, minime au vu des autres formes d'indiscipline. Se mettre en contact avec l'ennemi ou le rejoindre ne semble pas un but des mutins ni une forme privilégiée de leur action, ce qui a été noté par des historiens, distinguant la dynamique d'indiscipline française du cas russe où le défaitisme révolutionnaire prôné par les bolcheviks s'était traduit par un effort pour développer précisément ces fraternisations[112]. Sans même évoquer les spécificités nationales, politiques et sociales qui éclairent cette différence, on peut avancer deux types d'explication à ces faibles contacts avec l'ennemi lors des mutineries.

La première est d'ordre militaire : la configuration du front et des opérations au printemps

1917 est peu propice, du côté français, à des fraternisations et des désertions massives. On sait que ces dernières, toujours risquées, ont tendance à se produire avant tout dans des troupes faisant face à une offensive, fragilisées par un engagement militaire éprouvant et de lourdes pertes. En dehors de ces contextes, la désertion volontaire à l'ennemi reste une pratique minoritaire qui n'est réellement envisagée que par des soldats en situation de complète domination sociale et de stigmatisation, tels les Flamands de l'armée belge[113]. Les trêves et fraternisations, enfin, supposent l'instauration de règles et de routines, dans des tranchées stables[114], ce qui n'est pas encore possible dans les secteurs récemment bouleversés et disputés de la Champagne où se déroulent d'abord les mutineries, et où des opérations offensives et défensives continuent très avant en mai et juin.

Plus profondément, les formes prises par l'indiscipline des soldats français correspondent au dilemme qui est le leur depuis 1914 : la guerre apparaît insupportable, mais, le nord du pays étant envahi, il n'est pas envisageable pour la grande majorité d'entre eux d'abandonner la défense des lignes et de permettre une poursuite de l'invasion (un petit nombre de mutins affirme toutefois son indifférence sur ce point comme on le verra). C'est ce qui explique la vivacité avec laquelle ils peuvent se saisir des espoirs de fins alternatives, seules à même de résoudre ce dilemme entre souhait du retour et obligation de la guerre défensive ; c'est ce qui explique aussi pourquoi certains mutins déclarent à leurs officiers ne pas vouloir « laisser passer » les Boches, ce qui est parfois monté en généralité et pris pour une expression de jusqu'au-boutisme[115]. En réalité, le souhait de fin de la guerre, la volonté d'y contribuer par les mutineries et le refus de provoquer volontairement la défaite ne sont pas incompatibles — surtout si l'on se souvient du caractère souvent diffus et non construit des représentations combattantes — mais il implique la nécessité de trouver des formes d'action pouvant être à la fois radicales dans le refus de combattre, et non périlleuses pour l'équilibre défensif du front, apparaissant dès lors plus légitimes pour les tenants de l'ordre et de l'effort de guerre. C'est aussi pourquoi les mutins agissent avant de se trouver aux tranchées, où le choix de l'indiscipline et de la protestation, déjà réduit auparavant, n'existe pratiquement plus, en dehors des formes réglées du «vivre et laisser vivre». Ailleurs, ce choix s'étant exceptionnellement ouvert au printemps 1917 débouche sur ces pratiques très variées que nous avons recensées : la provocation individuelle sous la forme de discours opposés à la guerre ; les désertions à l'intérieur et départs non autorisés ; les refus de monter et dispersions furtives de soldats ne voulant pas aller aux tranchées ; les manifestations collectives exprimant des revendications et des protestations ; les scènes de désordre et de scandale, principalement le long des voies ferrées.

Ces formes d'action partagent un élément essentiel : le refus de la guerre. Celui-ci peut être radical ou conditionnel ; complet ou provisoire (le temps du repos ou d'une permission) ; individuel ou collectif ; exprimé, argumenté, ou directement mis en pratique par le départ et le «refus de monter». Les mutins ont pour point commun de ne plus vouloir combattre. Au-delà de la variété des discours qu'ils tiennent sur la guerre, le point de convergence fondamental de leurs *pratiques* consiste à contester ou du moins à suspendre, un bref moment, leur participation au conflit.

Du front à l'arrière, rythmes et espaces du désordre

Mesurer l'intensité des mutineries suppose également de restituer leur extension spatiale et leur dynamique temporelle. On peut décrire cette dernière en comptant le nombre d'unités quotidiennement mutinées, en se limitant aux actes collectifs, plus aisés à connaître et à compter (fig. 1).

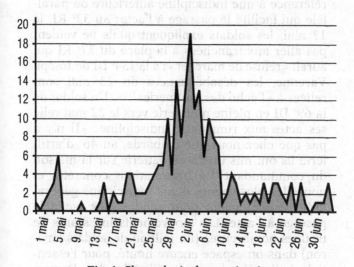

Fig. 1. Chronologie des mutineries
Nombre de régiments connaissant une désobéissance collective dans l'arrière-front, 29 avril-2 juillet 1917[116]

Le mouvement comporte une phase croissante, entre la fin du mois d'avril et la fin mai, en lien avec les contextes troublés précédemment évoqués, échec militaire, mouvements sociaux, interpellations politiques et rumeurs déstabilisantes. Cette croissance progressive est surtout sensible après la mi-mai. On note encore combien il est impossible de faire de la nomination de Pétain comme général en chef (le 15 mai) le point de départ d'une stabilisation. Au contraire, les mutineries peu nombreuses auparavant se multiplient à partir de cette date, suivant des mécanismes d'engendrement multiples. Elles font presque toutes référence à une indiscipline antérieure ou parallèle qui facilite le passage à l'acte : au 32e RI, le 17 mai, les soldats expliquent qu'ils ne veulent pas aller aux tranchées à la place du 77e RI qui aurait « refusé de marcher » ; à la 154e DI de Joseph Varenne, les désobéissances du 23 mai sont reliées à « l'écho des mutineries[117] ». Un soldat de la 69e DI en pleine mutinerie vers le 22 mai relie ses actes aux rumeurs d'indiscipline : « Il n'y a pas que chez nous que ça barde, au 46e d'artillerie ils ont mis un 75 en batterie sur la maison du commandant[118]. » Informations concrètes et nouvelles plus vagues d'une indiscipline généralisée se conjuguent pour rendre plus facile le passage à l'acte. Les mouvements incessants de troupes nombreuses (un million de soldats environ) dans un espace encore limité, pour l'essentiel, à l'arrière-front du Chemin des Dames, permettent la diffusion de la nouvelle des mutineries, alimentant à son tour l'indiscipline. Les cartes établies par N. Mariot montrent cette densité des troupes, dont seul un pourcentage «infime» n'a «jamais entendu parler des incidents»[119].

La fin du mois de mai apparaît comme un tournant, ouvrant une semaine d'extrême désordre, avec dix ou quinze régiments mutinés quotidiennement début juin, au pic de la crise de discipline. Ce tournant correspond à la grande mutinerie de la 5e DI, qui joue un rôle décisif en raison de son extrême visibilité[120]. Le 28 mai, des permissionnaires transmettent aux soldats de cette division l'information des nombreux incidents qui commencent à se produire, ainsi que la fausse nouvelle du massacre perpétré par les Annamites. S'ouvre alors une désobéissance massive qui dure deux jours aux 129e et 36e RI, se prolonge encore une semaine aux 74e et 274e RI, prend la forme de manifestations revendicatives où est bientôt formulé le projet de se rendre à Paris par train. Rendez-vous est pris pour le 30 mai, date à laquelle la hiérarchie parvient à reprendre la main, et à faire embarquer en camion au petit matin les mutins afin de les éloigner et de résorber l'indiscipline. Cet événement constitue à la fois une prise de conscience pour le haut commandement, et un exemple extrêmement voyant d'indiscipline pour d'autres soldats.

C'est en effet le trajet des hommes de la 5e DI en camion dans l'arrière-front qui assure une ample diffusion à leurs actes, au moment précis où le contexte global est perçu, à travers les rumeurs qui circulent de façon accélérée, comme porteur d'une crise généralisée (grèves, émeutes,

conférence de Stockholm, indiscipline massive).
Au cours de leur trajet, les mutins de la 5ᵉ DI
poursuivent leur mouvement et en assurent
la publicité, comme le racontent de nombreux
témoins, ainsi au 20ᵉ et 21ᵉ BCP :

> Dans beaucoup de camions on chantait l'*Interna-*
> *tionale.* De la presque totalité d'entre eux partaient
> des cris séditieux à l'adresse des rares chasseurs qui
> stationnaient dans les rues du village [Dommiers] :
> «Faites comme nous. Ne marchez pas. On en a marre.
> On nous renvoie à l'arrière. A bas la guerre. Vive la
> paix.»[121]

Le transport de la 5ᵉ DI, auquel s'ajoutent les
lettres qu'écrivent ses soldats et les tracts qu'ils
lancent dans un effort de «débauchage», joue
bien le rôle de «puissant catalyseur» de la désobéissance[122]. À la suite de ces mutins, de nombreuses unités basculent dans une indiscipline
massive : les 20ᵉ et 21ᵉ BCP qui les ont vu passer
et tiennent des réunions dès le 30 mai au soir afin
d'organiser leur désobéissance ; la 41ᵉ DI qui a
été en contact avec la 5ᵉ et connaît à son tour une
manifestation violente le 1ᵉʳ juin ; plus généralement toutes les unités stationnées dans la région
du Soissonnais, qui tentent de s'organiser et de
les imiter : on assiste aux réunions et manifestations des 17ᵉ et 109ᵉ RI à Mercin, reprenant le
projet d'aller à Paris, le même jour, et à la mutinerie des 149ᵉ et 158ᵉ RI. L'«effervescence»
semble alors générale. C'est le lendemain, 2 juin,
que débute la mutinerie dite de «Cœuvres», rendue
célèbre par Joseph Jolinon, qui voit le 370ᵉ RI (lui
aussi en contact avec la 5ᵉ DI) s'installer, en

armes et quatre jours durant, à Missy-aux-Bois, où il est assiégé et finit par se rendre[123]. La mutinerie la plus durable a lieu durant cette période, au 217e RI : c'est du 4 au 12 juin que les mutins, tout en observant les formes extérieures de la discipline, refusent d'obéir et constituent leur propre hiérarchie au camp de Mourmelon, tandis que de nombreuses autres unités connaissent à leur tour des mutineries plus (77e DI) ou moins (296e RI, 53e, 54e, 115e BCA...) bien documentées, et que les autres régiments de la 5e DI se mutinent à leur tour les 5 et 6 juin.

Sur le plan spatial, si l'on constate une forte inscription dans les régions du Soissonnais et du Tardenois, cette indiscipline commence à déborder la zone des combats du Chemin des Dames, en lien avec les déplacements conjoints des unités et des nouvelles (fig. 2).

On assiste bien fin mai-début juin à une généralisation et à une extension de l'indiscipline, en lien avec la perception d'une déstabilisation globale de l'ordre social, permettant la « fin » de la guerre ou au moins la désobéissance collective. Cette perception est alimentée, en particulier, par les nouvelles déformées de l'arrière et des mutineries qui font croire à des révoltes violentes, surtout après la mutinerie de la 71e DI où les coups de feu tirés alimentent des rumeurs amplifiant le désordre : « Le 217 qui devait embarquer le 9 a refuser d'embarquer. Il on tuer un commandant, 4 gendarme et 6 civils à Ste Ménéhould[124]... »

Mais cette généralisation de l'indiscipline inquiète la hiérarchie, la conduit à prendre des

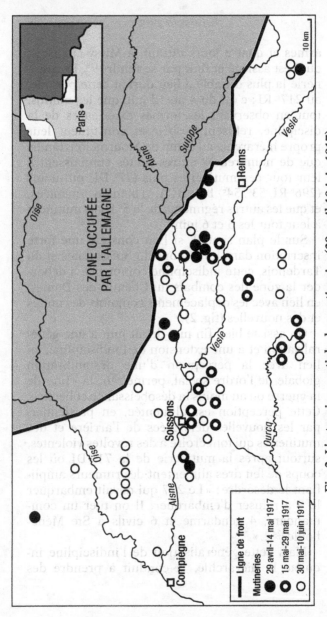

Fig. 2. L'extension spatiale des mutineries (29 avril-10 juin 1917).

Ligne de front

Mutineries

● 29 avril-14 mai 1917
◉ 15 mai-29 mai 1917
○ 30 mai-10 juin 1917

ZONE OCCUPÉE PAR L'ALLEMAGNE

Oise
Suippe
Aisne
Vesle
Reims
Soissons
Vesle
Aisne
Oise
Ourcq
Compiègne

Paris

10 km

mesures de plus en plus strictes, et à prononcer des peines de plus en plus sévères : les premières condamnations à mort sont ainsi rendues le 26 mai 1917, et exécutées le 10 juin, tandis que la mutinerie de la 14ᵉ DI est réprimée par des tirs de mitrailleuse le 7 juin (un mort et trois blessés)[125]. Les coûts de l'indiscipline commencent à se matérialiser. En particulier, le 10 juin sont exécutés les mutins du 20ᵉ et 21ᵉ BCP (Buat et Brunet), et le 12 juin sont exécutés à la fois ceux du 18ᵉ RI (Didier, Lasplacettes, Canel et, en théorie, Moulia) et ceux du 70ᵉ BCA (Dauphin, Renauld), même si l'effet de ces peines n'est ni univoque ni immédiat et n'empêche pas que de nouvelles mutineries se produisent[126]. On a vu, de même, comment des nouvelles rassurantes et « stabilisatrices », dans la première semaine de juin, succédaient aux rumeurs troublantes et inquiétantes des derniers jours de mai. À une phase d'accroissement de l'indiscipline succède donc une phase de reprise en main, qui voit en même temps apparaître de nouvelles formes et de nouveaux espaces pour la désobéissance.

Le reflux des mutineries dans la deuxième moitié du mois de juin n'est pas total : refus de monter en ligne des 67ᵉ, 115ᵉ, 117ᵉ, 143ᵉ, 152ᵉ, 164ᵉ ou 297ᵉ RI, pétition massive signée par plus de mille hommes au 298ᵉ RI, accompagnée de « conférences pour la paix » tenues plusieurs jours durant par un soldat ; agression d'un officier au 153ᵉ RI le 22 juin, manifestation nocturne et violente du 85ᵉ RI le 25 juin. Ce reflux est dû en partie aux mesures répressives. Il tient surtout aux hausses massives des taux de permissions permettant de disperser vers l'intérieur les troupes revendica-

trices et considérées comme peu sûres et d'en
effriter par là la capacité de mobilisation. On
atteint ainsi le plus haut taux de permissions pour
l'ensemble du conflit le 1er juillet 1917, avec
16,35 % et 450 000 hommes en permission, correspondant exactement à la fin de la dynamique
d'indiscipline[127].

Mais cette troisième phase, après le 15 juin, où
l'on constate une diminution progressive des
désobéissances collectives, voit se développer les
autres formes d'indiscipline : incidents individuels plus nombreux, départs non autorisés en
permission, et désordres dans les trains. En effet,
les départs massifs en permission, en substituant
aux lieux et aux interlocuteurs habituels des combattants les trains et les gares de permissionnaires,
et le personnel d'encadrement et de surveillance
du transport, ouvrent la possibilité de ces chahuts
et de ces scandales dont l'enjeu n'est plus de ne
« pas monter », mais de transgresser bruyamment
et visiblement les règles. Aux revendications
souvent claires et calmes des mutineries succède
une indiscipline tendanciellement plus désordonnée et festive, s'accompagnant de graffitis sur les
trains et de dégradations diverses du matériel,
culminant de même en juillet avec deux cents
bris de glaces et quinze bris de portière quotidiens sur un seul réseau[128].

Parallèlement à ces transformations, les mois
de juillet et août sont ainsi marqués par une très
forte diminution des mutineries, alliée à une
extension géographique plus grande, en lien notamment avec des déplacements d'unités s'étant
mutinées ou ayant appris dans l'Aisne des muti-

neries voisines : les Vosges, la Haute-Marne ou la Meurthe-et-Moselle deviennent concernées, avec des événements qualifiés de « limités » ou dont la « gravité diminue » par les historiens [129]. C'est bien plutôt le contexte qui les accompagne dont la « gravité » est moindre et leur fréquence plus faible, les faits eux-mêmes reproduisant pour l'essentiel la séquence événementielle régulièrement présente lors des mutineries précédentes, et s'accompagnant parfois de violences ou de menaces sérieuses.

Plus généralement, on assiste à une réelle modification de l'inscription spatiale des mutineries (fig. 3).

Presque tous les secteurs du front sont désormais concernés, de l'Oise aux Vosges ; une bande du front plus élargie est touchée, ce qu'attestent les désordres rapportés dans l'Aube [130] ; surtout, on commence à voir, à travers les incidents ferroviaires, l'écho de l'événement à l'arrière. Il convient de s'y attarder car ce point est généralement sous-estimé : à partir de la mi-juin, les mutineries cessent d'être un événement « militaire » (ce qu'elles n'ont jamais complètement été, les soldats-citoyens s'informant en permanence de la situation générale) pour investir l'espace public sur l'ensemble du territoire.

Il faut rappeler ici que dès la fin du mois de mai 1917, la capitale, où de nombreux habitants sont bien informés [131], constitue un deuxième foyer d'agitation avec des incidents dans les gares et des cris d'« À bas la guerre ! » dans les manifestations grévistes. Ces échos civils de la désobéissance militaire se généralisent au cours du mois

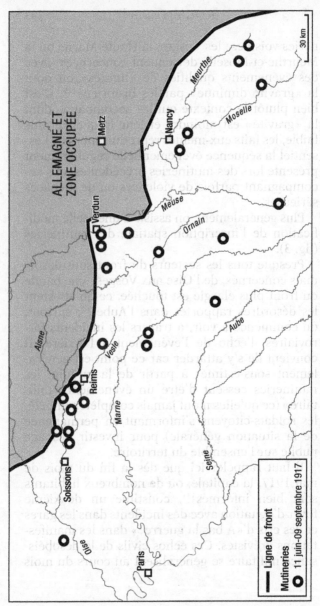

Fig. 3. L'extension spatiale des mutineries (11 juin-09 septembre 1917).

ALLEMAGNE ET
ZONE OCCUPÉE

— Ligne de front
Mutineries
○ 11 juin-09 septembre 1917

30 km

de juin en lien avec les actes des permissionnaires. Ainsi, le désordre que connaît la gare
d'Angers du 15 au 24 juin 1917 ressemble en tous
points à celui de l'armée : cris «À bas la guerre,
vive la révolution!», drapeau rouge, chant de l'*Internationale*, liens entre les femmes et les soldats
pour contester l'autorité, insultes envers les officiers[132]. On dispose de sources éparses et de brefs
témoignages qui permettent de savoir que l'indiscipline et les mêmes cris d'«À bas la guerre!» se
rencontrent ainsi dans de nombreuses gares,
plus ou moins loin du front : Bar-le-Duc[133],
Angoulême[134], Bordeaux[135], Aillevillers (Franche-
Comté)[136], Libourne[137], Saint-Pierre-des-Corps[138] ;
Poitiers et Coutras[139] ; à Lorient et Vannes[140],
dans le Finistère[141] ; des incidents sont également
signalés à Troyes[142], Aurillac, Lyon, Nantes, Tours,
Trélazé[143]...

Mais d'autres formes de «mutineries» surviennent à l'intérieur que ces désordres ferroviaires. L'autoritarisme et la discipline pointilleuse
de la hiérarchie sont violemment remis en cause
par la foule à Aurillac, le 17 mai, où les habitants
prennent fait et cause pour un sergent blessé qui
a omis de saluer un supérieur, et provoquent une
émeute; de même à Limoges ou Lorient[144]. Ce
sont également les soldats en partance vers l'armée
d'Orient qui se livrent, dans le climat de relâche-
ment généralisé de la discipline, à des désordres
tournant parfois à l'émeute : à Nîmes, le 14 juillet,
ou à Béziers, le 30 août, des soldats se livrent à
des pillages et à des agressions envers les habitants[145]. C'est de même à Marseille que doivent
s'embarquer les hommes du 176e RI le 9 août,

lorsqu'ils se mutinent pour obtenir des permissions, seule désobéissance collective de l'intérieur qui adopte exactement la même forme qu'au front[146]. En Orient, des mutineries similaires à celles du front ouest surviennent, comme le 6 juillet au 242e RI, où les soldats réclament : « La loi nous donne droit à des permissions. Elles nous furent toujours accordées avec parcimonie. Elles nous furent promises maintes fois mais très rarement accordées. Nous ne croyons plus aux promesses[147]. »

Malgré le caractère lacunaire des connaissances, ces éléments permettent de dresser un tableau saisissant, lisible sur la carte générale (fig. 4), de l'étendue de la crise de discipline.

On voit donc qu'au « noyau » d'incidents localisés près du Chemin des Dames et au « halo » de faits d'indiscipline militaire, variés dans leur forme et leur intensité, qui sont mal connus mais commis sur tout le front, s'ajoute enfin l'« écho » de l'événement très loin dans le pays. Cette dynamique d'extension spatiale correspond, pour l'armée, à une diminution de la gravité, puisque la situation militaire des premières lignes n'est évidemment pas menacée par des dégradations ou les cris d'« À bas la guerre ! » poussés dans les gares de l'intérieur. Elle atteste toutefois d'une ampleur et d'une intensité sous-estimées de l'événement, lequel met en cause, de façon durable et étendue dans l'espace, l'obéissance et le conformisme.

ALLEMAGNE ET ZONE OCCUPÉE

Quimper
Lorient
Vannes
Angers
Paris
Troyes
Nantes
Tours/Saint-Pierre des Corps
Poitiers
Angoulême
Limoges
Lyon
Coutras
Aurillac
Bordeaux
Libourne
Nîmes ▲
Béziers ▲
Marseille ▲

100 km

— Ligne de front

✸ Troubles liés aux civils et aux permissionnaires dans les gares et localités de l'intérieur

▲ Troubles et mutineries des soldats en partance pour l'armée d'Orient

▨ Zone des principales mutineries et du désordre ferroviaire généralisé

Fig. 4. Les incidents à l'intérieur et l'écho des mutineries (mai-août 1917).

L'autorité bafouée, l'armée déstabilisée

Comprendre l'événement, ce n'est pas seulement en retrouver les données — nombre,
dates, lieux, rythmes. C'est également revenir aux
représentations des contemporains, et leur
surprise ou leur stupeur. Cet effort est un contre-
point utile aux lectures iréniques des mutineries
qui y voient une «négociation»: ce n'est évidemment pas en ces termes que les choses sont
perçues sur le moment même. Si des officiers
sont parfois contraints de «négocier», c'est après
avoir constaté, effondrés, la rupture de la situation
normale d'autorité et d'obéissance qui précède
les mutineries, et avant de châtier souvent très
durement ceux qu'ils estiment responsables.

En ce sens, les mutineries sont «graves» et
vécues comme telles par les contemporains, en
particulier les dirigeants politiques et militaires,
qui constatent la rupture provisoire mais nette de
la discipline militaire, l'impossibilité de compter
opérationnellement sur les unités mutinées, et le
risque latent qu'elles semblent faire peser sur
l'ordre social. Ainsi, sans faire des mutins les
révolutionnaires qu'ils n'étaient pas, dans leur
immense majorité, on peut retrouver ce qu'eut de
déstabilisant et d'inquiétant leur mouvement,
rompant radicalement avec le conformisme et les
certitudes antérieures. Pour beaucoup, un tel
mouvement avait quelque chose d'impensable,
comme l'écrit un soldat, témoin stupéfait des
mutineries à la 5e DI: «Il s'est passé des événements auxquels je n'aurais jamais pensé surtout

chez nous[148]. » Ce caractère inouï de l'événement tient d'abord au renversement, complet bien que provisoire, des relations d'autorité. Cette suspension de la maîtrise sur les corps des mobilisés par l'institution militaire est peut-être le meilleur indicateur de l'intensité des mutineries. De nombreux témoins l'écrivent : durant les mutineries de 1917, les soldats « ne veulent plus rien savoir », façon de dire qu'ils n'en font qu'à leur tête, ou que les ordres qui leur sont donnés et les discours qui les accompagnent ne sont plus respectés ni entendus. Une femme de la région de Soissons qui a été témoin des mutineries à la 5e DI l'exprime exactement dans ces termes : « Ils ne veulent plus rien savoir[149]. » Un soldat du 205e RI également :

> Les hommes ne veulent plus rien savoir. Cette nuit il y a une compagnie qui n'a pas voulu aller aux travaux et les esprits sont très surexcités au régiment et dans tous, du reste, le moral est bien bas et toutes les lettres de n'importe quel coin qu'elles viennent prouvent que nous en avons tous assez[150].

Un autre soldat, territorial, est témoin des mutineries et les désapprouve à moitié dans une lettre à un ami, constatant en tout cas qu'il n'y a, là non plus, « rien à faire » : « Les cuirassiers ont été obligés de venir mettre l'ordre, mais rien à faire. Ils n'ont pas monté en ligne et ils sont encore là et ils ne marcheront que quand cela leur fera plaisir[151]. »

Ce que disent ces contemporains, c'est que, pour un bref moment, il n'y a plus de prise sur les mutins, et, au-delà, sur l'ensemble des soldats qui

partagent un rejet de la guerre et de l'armée. Si
des transgressions de l'autorité et des ruptures de
l'obéissance pouvaient avoir lieu avant 1917, elles
n'impliquaient pas une remise en cause du lien
personnel avec les officiers ou du conformisme
global. C'est ce à quoi on assiste lors des mutineries, dans différentes situations qui montrent
la suspension, durant période de la crise de
discipline, des règles du jeu social devenu usuel
en temps de guerre.

Ce renversement complet se lit dans le témoignage d'un commandant de cavalerie, qui s'indigne rétrospectivement du peu de respect envers
les officiers dans les gares durant les mutineries :
« Quand un officier passait, non seulement on ne
lui laissait pas la place libre, non seulement on ne
le saluait pas, mais on l'injuriait, et on menaçait
de le frapper[152]. » On lit de même cette suspension
de l'autorité dans un courrier saisi au 297e RI :

> Hier encore il y a des compagnies qui ont fait mau-
> vais avec un drapeau rouge en tête. Les officiers ont
> tenté de les calmer, mais ils n'osent guère punir[153].

À tort ou à raison, ce témoin imagine des soldats presque tout-puissants, et des officiers réduits
à l'impuissance. De même, sans ponctuation
excessive, le soldat Gagneux du 133e RI se réjouit
de l'inversion des rôles :

> Il y en a qui ont sifflé le colonel plus ils ont tombé
> sur le général qui a mis les voiles est en ce moment on
> ne voit aucun officiers ils sont tous cachées cest nous
> qui somme patron ha que ça va bien enfin en per-
> mission je te raconterais le reste et en plus les permis-

sions qu'ils avaient suspendus il faut quelle reprennent
ou autrement ça va chier.[154]

On verra qu'une fois le moment de désarroi
de l'autorité refermé, les officiers ne seront plus
« cachés », et qu'on « osera » punir sévèrement. Ce
désarroi existe pourtant bien, visible, par exemple,
dans le témoignage très frappant du lieutenant-
colonel (capitaine en 1917) Lebeau, au 97e RI,
que nous avons retrouvé, et qu'il vaut la peine de
citer longuement. Le 4 juin, près de Braine, il fait
face à « ses » soldats qui ne lui obéissent plus, et à
trois chasseurs d'un bataillon de la même division
venus les débaucher, dont un qui « harangue » ses
hommes et les incite à désobéir et à marcher sur
Paris. La transgression lui paraît si forte qu'il
envisage des actes extrêmes, le meurtre ou le
suicide :

Je sors mon pistolet et je l'arme. L'homme est à
40 m. Je risque le manquer. Je dis à un s/lieutenant
qui est auprès de moi : « Allez me chercher un mousqueton chargé et armé. » Le s/lieutenant revient. Au
moment où il me passe le mousqueton, un médecin
prend l'arme et me dit : « Mon capitaine, ne faites pas
cela, les choses peuvent s'arranger autrement. » À ce
moment les 3 chasseurs s'éloignent. Nous restons seuls,
en face de mes hommes. Pour réfléchir, je m'écarte,
après avoir prévenu mes officiers. Je me dirige vers
une piste qui mène à la route de Braisne. Un dur
combat se livre en moi. S'ils veulent partir, comment
les en empêcher ? Tirer, en tuer un, en tuer dix, et
après. Douloureusement je pense : tu iras vers eux. Tu
leur parleras du déshonneur qui va entacher le
Drapeau du Régiment. Tu leur demanderas de te tuer
avant de partir. S'ils ne le font pas, tu te tueras devant
eux. Peut-être alors réfléchiront-ils[155].

Il est dissuadé de son geste par un colonel qu'il croise ensuite. Reste la sensation d'un temps où les règles normales de l'institution militaire et des relations entre soldats et officiers sont complètement renversées, et où tout devient possible et pensable à l'un d'eux pour en finir avec cette transgression, et rétablir la normalité, au prix même de sa propre mort. On n'est pas ici, assurément, dans la négociation ou la grève, et si le refus de monter aux tranchées peut rétrospectivement apparaître « limité » aux historiens, c'est bien d'une transgression absolue qu'il s'agit pour certains contemporains.

Du côté des mutins, certains ont recherché ce renversement. C'est parfois la volonté d'abattre explicitement l'autorité, de la bafouer, qui s'exprime dans leurs actes, en particulier dans les quelques mutineries qui mettent aux prises soldats et officiers. C'est de cette manière que l'on peut interpréter le véritable déchaînement d'hostilité auquel doit faire face le général Bulot, le 1er juin, à la 41e DI, comme le raconte ce rapport :

> Ils molestèrent le général en lui arrachant les étoiles des manches et la fourragère, pendant que d'autres enlevaient le fanion de la voiture[156].

Il faut imaginer la scène, jusque-là impensable, de revanche sur l'autorité que cela représente. Comment ne pas voir dans ces actes des mutins, et dans ces atteintes aux signes vestimentaires de l'autorité, un écho aux gestes puissants et symboliques de la dégradation militaire, pratiqués habituellement et ordinairement du haut en bas de la hiérarchie[157]? Enfin, la volonté de transgression et de renversement de l'autorité est explicitement mentionnée dans la déclaration du soldat Didier du 18e RI avant son exécution le 12 juin :

> Pourquoi j'ai giflé le Lieutenant? Parce que j'ai voulu montrer que les officiers n'étaient plus rien et que c'était nous qui étions les maîtres[158]...

Cette volonté de montrer que les soldats sont les « maîtres », et de rompre l'emprise institutionnelle pesant sur eux, se limite à quelques individus durant les incidents dans les cantonnements. Elle est, à l'inverse, presque générale dans les gares et les trains de permissionnaires. C'est de cette manière qu'on peut relire les actes qui s'y produisent, et qui dépassent bien le simple défoulement. Par ces actes d'une violence ou d'une ampleur jamais vues jusque-là, sous le regard d'officiers impuissants, les soldats signifient que l'armée ne dispose plus d'eux, de leur temps, de leur corps, comme l'écrit F. Buton dans son analyse des « disponibles » durant la guerre d'Algérie[159]. On y lit aussi le renversement provisoire des relations d'autorité, ce qui explique pourquoi le terme de « révolution » revient souvent pour décrire ces faits déstabilisants :

> Mercredi et jeudi ce furent de vraies petites révolutions : toutes les stations [de train] entre Juvilliers et Crépy furent criblées de cailloux, des vitres furent brisées, des jardins potagers appartenant à des gardes-barrière dévastés, etc[160]...

Ailleurs, le 7 juin, un général doit céder devant les soldats, en faisant libérer un agitateur arrêté. Les mutins « gagnent » le conflit et bafouent victorieusement l'autorité[161]. Le réseau ferré est le seul lieu où le rapport de forces leur est réellement favorable, dans la mesure où ils ne courent pas le risque de l'identification ultérieure ; dans la mesure aussi où ils sont dégagés des liens à la fois sociaux, hiérarchiques et affectifs qui les unissent aux officiers de leurs unités.

Inégalement réparties dans l'armée, habituellement peu violentes dans leurs formes, les mutineries n'en représentent pas moins, pour ceux qui y participent comme pour ceux qui en sont témoins, un événement exceptionnel — des « faits inouïs, si limités qu'ils fussent » selon la formule très juste de Maurice Agulhon[162]. De plus, à la transgression parfois radicale de l'autorité s'ajoute, sur le plan militaire, l'immobilisation de l'armée par les mutins. Il s'agit d'un aspect jusqu'ici inaperçu mais pourtant central. Le récit habituel de l'événement veut en effet qu'une prise de conscience précoce de sa nature par la clairvoyance de Pétain ait conduit celui-ci, dès sa prise de fonctions, à arrêter les « attaques inutiles », ce qui en retour aurait permis de désamorcer les mutineries. Cette thèse classique a été formulée par G. Pedroncini, qui écrit que « Pétain a su enrayer les mutineries en arrêtant les offensives inutiles[163] ». Cette idée s'appuie, en particulier, sur la directive n° 1 du général en chef prise le 19 mai 1917, lue comme un arrêt des « attaques inutiles qui désespéraient les hommes[164] ». Elle est couramment admise dans l'historiographie[165]. Des travaux plus récents ont entamé une entreprise de réévaluation de la situation militaire durant les mutineries, indiquant la réelle continuité entre les ordres donnés sous Nivelle et ceux donnés sous Pétain, ce dernier devant consolider par des offensives les positions mal conquises au Chemin des Dames[166]. De plus, D. Rolland a montré que l'effet de «l'arrêt» des offensives sur les soldats était en fait quasi nul, ceux-ci n'ayant aucun moyen de les connaître, et aucun moyen de savoir avec certitude au moment de regagner les tranchées si c'était seulement pour attaquer ou pour tenir un secteur: «Cette décision est restée inconnue des troupes puisqu'elle n'est diffusée qu'aux commandants de corps d'armée[167].»

Il faut compléter cette réévaluation déjà très utile, en indiquant que cet «arrêt» des offensives n'a en réalité *jamais* été décidé dans ces termes. Au contraire, l'allié anglais plaide pour de nouvelles attaques après l'échec du 16 avril, dans une note remise le 4 mai 1917. Le président du Conseil Ribot s'en ouvre à Pétain, déjà officieusement responsable de la conduite de la guerre, qui le rassure en répondant que des attaques sont prévues, sur toute l'étendue du front, mais ne visant plus la «percée». C'est un «effort en largeur conduit avec intensité qui donnera les meilleurs résultats[168]».

Ces termes indiquant un *maintien* des offensives, «avec intensité», se retrouvent dans les ordres passés après le 15 mai. Ainsi, le premier ordre de Pétain le 19 mai, celui-là même qui est lu comme «arrêtant» providentiellement les offensives inutiles, dit en fait tout autre chose. Adressé aux généraux commandant les groupes d'armées et les armées, il explique bien qu'il ne saurait être question de mettre en place une opération d'ampleur, en «profondeur», sur le modèle du Chemin des Dames ou de la Somme, puisque la situation «ne permet pas d'envisager, pour le moment, la rupture du front suivie de l'exploitation stratégique». La «percée» est bien abandonnée. La seconde partie, rarement citée, de cette directive, qui laisse une très forte autonomie aux généraux placés sous ses ordres, montre toutefois qu'il ne s'agit en rien de mettre fin aux attaques. Au contraire : à cette impossible percée d'ensemble, il convient de «préférer les attaques à objectifs limités, déchaînées brusquement [...] menées économiquement en infanterie», jouant d'effet de surprise, sur différents secteurs, et se succédant rapidement. Le but est bien de continuer à attaquer, «poursuivant inlassablement, sous la forme qui vient d'être indiquée, l'usure adverse[169]».

C'est bien un complet renversement de la perspective habituelle qu'on doit opérer : à la place d'un haut commandement conscient des mutineries et décidé à arrêter les attaques, on voit que celui-ci ordonne en réalité la poursuite de la guerre d'usure, en indiquant certes qu'elle devra être plus économe en effectifs puisqu'on choisit la «largeur» au détriment de la «profondeur», mais prescrivant aux commandants de groupes d'armées et d'armées la poursuite «inlassable» d'attaques «limitées» — celles-là même qui sont depuis longtemps jugées disproportionnées par les combattants, et auxquelles ils veulent échapper, en mai-juin 1917, en n'allant pas aux tranchées.

D'autres sources donnent confirmation de cette attitude offensive maintenue du haut commandement, et des grandes unités qui ont obtenu le 19 mai toute latitude pour élaborer des projets en ce sens. Ainsi, la VIe armée formule un plan d'offensive vers Cerny et Froidmont au Chemin des Dames, opération prévue autour du 8 juin[170] ; de même, la VIIe armée met en place un important projet d'attaque dans les Vosges[171]. On le voit : aucun « arrêt des attaques inutiles » n'a été décidé en haut lieu, la directive générale prescrivant des attaques à « objectifs limités », que s'empressent de planifier les chefs des armées et groupes d'armées[172]. Leur « arrêt » est en fait imposé par les événements, à partir de la fin du mois de mai, lorsqu'il apparaît que les mutineries deviennent nombreuses voire généralisées et que les troupes prévues pour attaquer ne sont pas fiables. Les commandants concernés déclarent alors au haut commandement ne pas être en mesure d'effectuer les offensives prévues : le chef de la VIe armée fait parvenir, le 3 juin, une demande de report de l'opération au GAN qui est immédiatement accepté[173]. L'ordre de bataille prévoyait la participation à l'offensive des 81e, 13e, 170e, 77e, 6e, 43e, 5e, 27e et 28e divisions : à cette date, *toutes* ces unités ont connu au moins un épisode de désobéissance collective ! Les mutins, par leurs actes, ont conduit à l'abandon de l'attaque programmée. Au niveau inférieur des divisions, on trouve d'autres exemples de ces reports dus à la désobéissance devenue endémique. Le chef de la 46e DI

demande ainsi au 2e CA le report de l'attaque
prévue pour des «raisons de psychologie de la
troupe»[174].

Il s'agit là d'un effet très important des mutineries, qui ne nous semble pas avoir été jusqu'ici
mesuré : le mouvement d'indiscipline a bien
infléchi la conduite de la guerre, non par la sollicitude ou la prévoyance de chefs annulant de
manière précoce et préventive les offensives, mais
par la généralisation de la désobéissance rendant
celles-ci inenvisageables. On mesure aussi la
justesse de la perception de nombreux mutins, ne
voulant pas monter de crainte d'une attaque —
et, dans une certaine mesure, le succès qu'ils ont
obtenu, en contrecarrant effectivement les importants projets offensifs maintenus tant dans le
secteur du Chemin des Dames que plus à l'est,
contraignant en fait l'armée française à une inac-
tivité forcée de plusieurs mois.

Le véritable tournant ne date donc pas de la
nomination de Pétain, mi-mai, puisque les offensives sont maintenues et l'indiscipline ignorée,
mais de la prise de conscience de la menace, à
tous les échelons de la hiérarchie militaire et du
pouvoir politique, dans les derniers jours du mois
de mai 1917. Celle-ci conduit non seulement à
abandonner en catastrophe les opérations prévues, signe d'une réelle fragilisation de l'armée,
mais aussi à prendre des mesures d'urgence pour
juguler l'indiscipline, et ce au sommet de l'État.

Au paroxysme des mutineries,
la « marche sur Paris »

Lorsque le GQG puis le gouvernement décou-
vrent l'indiscipline militaire, fin mai 1917, celle-ci
est perçue comme une menace très grave, non
seulement pour l'armée, mais pour l'État et l'ordre
social. Un élément, en particulier, inquiète : la
perspective évoquée par plusieurs mutins de
différentes unités de se « rendre à Paris ». Un tel
projet, bien qu'inégalement poursuivi et difficilement mis en pratique, représente une transgression très grave qui conduit les dirigeants à
prendre, en hâte, des mesures de défense de la
capitale et de l'État. La « gravité » des mutineries
est ainsi lisible dans les perceptions du pouvoir,
dans les derniers jours du mois de mai et les
premiers jours de juin 1917, avant la déprise du
mouvement et lorsque l'incertitude sur son issue
le fait apparaître comme un réel danger.

Le roman de Roland Dorgelès, *Le réveil des
morts* (1923), se clôt par l'évocation des « poilus »
disparus sortant de terre, demandant aux vivants
des comptes, prenant d'assaut, pour finir, la
Chambre des députés. Image saisissante, qui sera
actualisée de façon bien différente le 6 février
1934[175]. Si elle participe de l'imaginaire du « grand
règlement de comptes » né pendant le conflit, elle
correspond également à une série de faits réels
survenus durant les mutineries, lorsque les soldats
en révolte ont tenté de rejoindre la capitale et
plus particulièrement la Chambre des députés,
pour y parler de la paix — ou l'imposer. Cet

aspect particulièrement intense des mutineries est cependant entièrement invisible dans l'historiographie[176].

La première mention de « Paris » par les mutins remonte au 21 mai 1917, au cours de la manifestation du 162ᵉ RI, que raconte G. Cuvier, et où les soldats crient « À Paris, à Paris![177] ». De façon plus concrète, dans la nuit du 27 mai 1917, un groupe de soixante mutins du 18ᵉ RI, suite à la mutinerie violente qui a rendu célèbre le caporal Moulia, tente de prendre le train pour Paris à Villers-sur-Fère. L'envoi en urgence d'un peloton de gendarmes conduit à la reddition des mutins à 400 mètres de la gare après une nuit d'exhortations[178]. On arrive ensuite, du 28 au 30 mai, à la tentative la mieux organisée de la 5ᵉ DI. Après deux jours de manifestations et de réunions, les soldats des 129ᵉ et 36ᵉ RI s'accordent pour programmer un départ vers Paris en train, le 30 mai au matin, par la gare de Berzy-le-Sec, au sud de Soissons et au centre du semis de villages où ces unités sont cantonnées. L'idée apparaît au cours d'une réunion, le 29 mai, en lien avec la « rumeur des Annamites » :

> Plusieurs autres orateurs ont parlé. L'un parlé des Annamites [...] à la suite de cette nouvelle, beaucoup s'exprimaient ainsi : « On va marcher sur Paris », sans réfléchir comment ils feraient[179].

D'autres sources font apparaître de réels préparatifs, à travers les vivres prévus et les horaires établis. Le capitaine Delafosse note, en perspective de ce trajet, que les soldats

se voyaient absolument triomphants, avaient organisé la compagnie par sections et en toute confiance
exprimaient leurs projets. Ils avaient même choisi un
commandant de compagnie dont je n'ai pu savoir le
nom[180].

Au 36e RI, le lieutenant Jean Hugo évoque ces
préparatifs, alors que le départ est déjoué : «Plusieurs faisaient déjà leurs paquets pour la marche
sur Paris. Nous pûmes quand même embarquer
la compagnie[181].» Surtout, des témoins rapportent
ces consignes claires édictées le soir du 29 mai
(sans dénoncer leur auteur) : «Nous partirons
demain matin tous ensemble, avec des armes,
pour rejoindre le 74. On se rassemblera à 8 h vers
la ligne de chemin de fer entre Chazelles et le
cantonnement du 36[182].» Et lors d'une confrontation entre l'un des principaux mutins et un
témoin, ce dernier est amené à rappeler l'ébauche
d'organisation prévue, les soldats devant emporter des vivres suffisants : «Rappelle-toi donc
mon vieux, tu as même ajouté : "Il ne faut pas
oublier de prendre du fromage pour quatre."[183].»

La résolution de la crise s'effectue par la
surprise d'un embarquement à l'aube du 30 mai.
Celui-ci n'est pas absolument sans histoires, les
soldats se rendant compte que leur projet a été
déjoué. Comme le raconte, par exemple, un lieutenant à l'audience du Conseil de guerre : «Grand
a fait des difficultés pour monter en camion et
j'ai été obligé de lui donner ma parole d'honneur
qu'on n'allait pas aux tranchées[184].» Les officiers
doivent faire croire que les mutins ont obtenu

satisfaction, alors qu'ils sont emmenés vers l'arrière où ceux que l'armée désigne comme les «meneurs» seront arrêtés[185]. De plus, en cas de refus d'embarquer, des cordons de gendarmerie et de cavalerie étaient postés autour de ces soldats[186].

L'idée de la «marche sur Paris» se retrouve ainsi dans les jours qui suivent chez les mutins du 17e RI, qui se réunissent avec ceux du 109e RI la nuit du 31 mai et tentent de convaincre ces derniers de marcher avec eux, sous le commandement d'un aspirant. Après une discussion houleuse, les hommes du 17e RI partent seuls, s'égarent au cours d'une nuit très confuse (illustrant le dénuement matériel et organisationnel des mutins), et doivent abandonner l'idée[187]. Eux aussi avaient prévu la question des vivres, selon l'officier ayant instruit l'affaire: «On emmènerait les cuisines roulantes et on pillerait une gare de ravitaillement[188].»

Le lendemain, 1er juin, c'est la 41e DI qui entre en révolte violente, s'en prenant à ses généraux aux cris d'«Assassins! buveurs de sang!». Parmi les deux mille mutins qui assiègent la mairie de Ville-en-Tardenois, certains vont chercher à prendre d'assaut un train pour se rendre à Paris, depuis la gare de Port-à-Binson. Une compagnie de soldats du 409e RI est envoyée pour défendre l'accès de la gare, où les mutins sont arrêtés par les gendarmes. Un témoin le raconte:

> Les mutins passèrent, déséquipés, dans les camions, étroitement surveillés par des gendarmes en armes. Pas un cri, pas un chant, pas la moindre protestation.

Une sorte de vague tristesse planait sur cette troupe et les hommes qui la contemplaient, muets eux aussi, furent très impressionnés[189].

L'échec de ces tentatives n'empêche pas leur retour dans d'autres unités, dans les jours qui suivent, et avant la décrue complète du mouvement. À la 77e DI, ce sont des hommes du 97e RI, du 60e BCP et du 159e RI qui projettent le 4 juin de se rendre à Paris, en se donnant rendez-vous devant la gare de Braine. Là encore, le projet est déjoué : la circulation des trains vers Paris est interrompue, les mutins se rendent et sont arrêtés après une nuit d'attente et de négociations[190]. Ces négociations durent même cinq jours pour les mutins du 370e RI qui ont cherché à rejoindre, eux aussi, les gares de Vierzy ou Berzy-le-Sec. Celles-ci sont gardées et les mutins doivent s'installer dans le village de Missy-aux-Bois, bientôt assiégé par la cavalerie, qui obtient leur reddition le 8 juin[191]. Le 6 juin, deux groupes de soldats du 74e RI avaient tenté de se rendre à Braine pour prendre un train vers Paris ; ils sont encerclés par des tirailleurs marocains et des spahis, et doivent se rendre. Le même jour, au 42e RI, des mutins exhortent le lieutenant Morin : « Arrache tes galons !... Mets-toi à notre tête ! Nous marcherons sur Paris ; il faut que la guerre finisse !... À mort les députés[192] !... » L'officier refuse et la mutinerie est réduite par la force, le commandant Jusselain du 42e RI tirant à la mitrailleuse et faisant un mort et trois blessés parmi les mutins[193]. Enfin, alors que les mutineries se terminent, le 25 juin 1917, ce sont des soldats de la 11ᵉ DI qui organisent un «complot» pour aller à la gare de Château-Thierry et prendre le train pour Paris, puis manifester devant la Chambre des députés. Alors qu'ils sont entourés par un détachement de hussards, leur colonel obtient leur reddition[194].

On voit que, sans être généralisée, l'idée de se rendre à Paris a été formulée dans dix unités différentes, de neuf divisions au total. Ce total est bien minoritaire, sur la centaine d'incidents répertoriés, mais pas absolument marginal, d'autant que ces projets sont formulés dans celles des mutineries qui impliquent le plus grand nombre d'hommes (2 000 environ à la 41ᵉ DI, 800 environ à la 5ᵉ). Le but de ce trajet n'est pas toujours clair ni explicitement formulé ; il est souvent difficile à percevoir nettement dans des sources très lacunaires sur ce point. Il peut surtout être contradictoire. On trouve par endroits l'expression d'une forme de fidélité démocratique ou républicaine, comme à la 5ᵉ DI où l'idée semble être d'«informer» les députés et le gouvernement de ce qui se passe. Un soldat du 129ᵉ RI explique ainsi :

> Il faut que le gouvernement sache ce que nous pensons. À la rigueur nous irons le lui dire, rien ne nous en empêchera, nous sommes organisés pour cela[195].

À l'inverse, on lit parfois des sentiments et des projets bien plus agressifs et subversifs, comme à la 14ᵉ DI où les cris «À Paris !» se mêlent à «Mort aux députés !», ou à la 41ᵉ DI, ce qu'exprime ce courrier saisi d'un militaire :

Nous avons eu deux généraux qui ont reçu des coups de trique et aujourd'hui c'est nous qui commandons pour remonter en ligne maintenant c'est fini, on préfère tous tuer les gradés et venir à Paris faire un sale coup à la Chambre[196].

L'idée de faire pression sur le Parlement en faveur de la paix est également exprimée au 17e RI, où un sous-officier a dit « qu'il fallait aller à Paris et sommer le Parlement de faire la paix[197] ».

On voit également qu'en dehors de cris précoces mais apparemment non suivis d'effet à la 69e DI le 21 mai, et de l'épisode tardif et mal connu de la 11e DI, cette idée est concentrée au pic de l'indiscipline, fin mai et début juin, au moment précis où le contexte général semble le plus déstabilisé, et où l'on parle le plus de la « fin » de la guerre. Le lien avec les grèves de l'intérieur est également imaginé, ainsi par un soldat du 129e RI qui imagine une jonction avec les femmes grévistes : « Les midinettes devaient venir en devant de nous[198]. » Ailleurs, au 97e RI et au 60e BCP, celui que le capitaine Lebeau désigne comme le meneur de l'opération suggère même une entente avec les Allemands, susceptible de faire finir la guerre. L'officier raconte :

> « C'est une entente avec ceux d'en face pour faire finir la guerre. Nous devons marcher sur Paris. Eux marcheront sur Berlin », dit-il. « Il nous faut renverser le gouvernement. » Nous montrant du doigt, il ajoute : « Ce n'est pas eux qui nous en empêcheront de partir. Rendez-vous à Braine[199]. »

On voit qu'on ne saurait sous-estimer la portée d'un tel acte. Défi à l'autorité, volonté d'intervenir au plus haut niveau (Paris comme lieu évident où se décide la continuation de la guerre) et de décider ou d'imposer aux dirigeants la volonté des soldats, c'est cette tentative profondément transgressive (d'autant plus, ici, qu'elle se double d'une entente avec l'ennemi) que voudra empêcher cet officier en projetant d'abattre le « meneur », puis de se suicider.

Si on n'en arrive pas à cette extrémité, c'est parce que ces projets sont, chaque fois, contre-carrés. On doit ainsi analyser la manière dont ces tentatives improvisées sont résolues. C'est d'abord le refus des officiers « sondés » pour prendre la tête des mutins — le lieutenant Morin réplique à ceux-ci, de manière intéressante :

> — Me mettre à votre tête ? Paris est trop loin, nous n'arriverions jamais ! — Si ! — Si ! Des pavés pleuvent autour de moi [...][200].

Dans cette situation de grande tension, l'officier préfère expliquer, de manière d'ailleurs assez juste et réaliste, que l'opération n'est pas faisable, pas qu'elle est inacceptable. On doit bien sûr prendre garde au fait qu'il n'a pas voulu froisser les mutins en dénonçant violemment leur idée.

Mais lorsque de petits groupes de soldats parviennent à se diriger vers les gares, c'est un refus bien plus net qui leur est opposé, sous la forme de troupes placées pour leur en interdire l'accès. Lorsque celles-ci n'ont pu être mises en place, comme à Braine le 4 juin, on interrompt la circulation des trains pour empêcher ce trajet inquiétant. Dans un des cas, on l'a dit, à la 14e DI, c'est un tir de mitrailleuse sur les mutins qui fait cesser l'indiscipline; ailleurs, quand une nuit dans l'attente du train ne leur a pas fait prendre conscience de l'impossibilité de l'opération, ceux-ci sont encerclés et doivent finir par se rendre.

Ces éléments factuels indiscutables contredisent les assertions répétées d'un des historiens des mutineries, qui explique ainsi leur résolution : «En l'absence de toute influence extérieure sur la conscience des soldats, c'est entièrement du fait de leurs propres convictions intimes que les mutins n'allèrent pas plus loin encore[201].» Déjà difficilement soutenables pour son étude de cas de la 5e DI, ces vues s'avèrent erronées pour l'ensemble de la crise. Dans toutes les autres situations, ce ne sont pas les «convictions» mais la menace de la force et la réalité de l'encerclement qui ont arrêté ces esquisses de trajets vers la capitale. Sans cela, certains, peu nombreux, auraient été «plus loin encore[202]».

Confrontés aux forces de l'ordre (gendarmes, cavaliers, détachements d'infanterie) envoyées à la hâte pour entourer les gares, les mutins n'ont pas voulu forcer le passage et faire usage de leurs armes. Mais la coercition — l'«influence extérieure» — est bien présente, qui leur barre la route, et conduit à voir dans leur échec un effet des stratégies de l'autorité, non de leur propre «modération». L'envoi de troupes pour protéger les gares, qui devient systématique début juin, est un signe net de reprise en main par l'institution militaire, très inquiète devant ces desseins subversifs. L'inquiétude est partagée, et le soldat Auvray, au 119e RI, entend parler le 30 mai de ce projet troublant : « Impressions de malaise autour de nous ; cependant pas de récriminations, tout est calme ; mais des rumeurs sont rapportées jusqu'ici : des mutineries graves auraient eu lieu ; on dit qu'une partie de l'armée serait en marche sur Paris[203]. » Le projet de marche sur Paris constitue bien une des extrémités du continuum d'indiscipline des mutineries : à l'opposé des désertions à l'intérieur, les plus massives et les moins « graves » aux yeux de l'armée comme des historiens, il compte peu d'occurrences et un nombre réduit de participants, mais constitue un acte extrême. La gravité de ce projet se mesure également aux réactions qu'il provoque.

Le tournant intervient là aussi avec la mutinerie de la 5e DI, les 28-29 mai 1917[204]. C'est alors que des décisions sont prises, dont celle d'informer le gouvernement par une lettre du généralissime Pétain au ministre de la Guerre Painlevé le 30 mai, suivant un premier courrier du 28 n'évoquant nommément aucune unité, puis lors du Comité de guerre du 31 mai[205]. Le président de la République Poincaré note ainsi, dans ses Mémoires, à la date du 30 mai, que « des mesures ont été prises » pour disperser les deux régiments qui « avaient décidé de "marcher sur Paris"[206] ».

On voit que cette question est immédiatement mentionnée comme le fait saillant de l'indiscipline au sommet de l'État. Les dirigeants politiques sont par ailleurs informés du développement des grèves et de l'agitation par des rapports de préfets, la conjonction de ces nouvelles créant chez eux « le sentiment d'un danger insurrectionnel[207] ».

Cela explique les mesures d'urgence qui sont prises alors, jusqu'ici méconnues, et signe d'une volonté de protéger la capitale contre des soldats mutinés. Painlevé téléphone ainsi un message au gouverneur militaire de la capitale, détaillant les mesures qui s'imposent : il faut maintenir à Paris deux bataillons de soldats indochinois qui devaient en partir, et surtout diriger d'urgence deux brigades de cavalerie vers le nord et l'est de la ville pour en protéger les accès. On les placera à une trentaine de kilomètres, sur les principaux axes routiers, « en vue de leur utilisation éventuelle pour le maintien de l'ordre, mais le but de leur déplacement devra, jusqu'à leur emploi, être tenu rigoureusement secret[208] ».

Le général Dubail répond qu'il prend les mesures demandées, et qu'il « dispose en outre à Paris de 3 600 hommes environ, dont 260 hommes à cheval, prêts à répondre au premier signal », tandis que 2 500 hommes supplémentaires seront ramenés le lendemain. Il ajoute enfin que « M. le préfet de police, tenu par moi au courant de l'ensemble de ces mesures, me fait connaître que les effectifs susceptibles d'entrer ainsi en action sont à son avis insuffisants », signe de la gravité ressentie de la crise[209]. Ces mesures sont complétées par une surveillance accrue des gares à l'arrière du front pour prévenir les embarquements : le 31 mai, le GAN ordonne le « renforcement immédiat du service de garde et de protection dans les gares de la zone de la direction des Étapes[210] ».

Ce même jour, après le versant sécuritaire des mesures à prendre pour conjurer la menace que

semblent faire peser les mutins allant «à Paris»,
ce sont des décisions politiques qui sont prises
lors du Comité de guerre, où Pétain redit aux
dirigeants la gravité de la menace que représen-
terait une «délégation à la Chambre» demandant
«la paix immédiate[211]».

Dès lors, la question de la conférence pacifiste
à Stockholm vient en discussion : est-il envisageable, au moment où des soldats tentent apparemment de forcer la paix, de sembler cautionner
cette idée en octroyant des passeports aux députés
socialistes qui viennent, le 28 mai, de décider de
s'y rendre ?

> Je pose catégoriquement au général Pétain cette
> question : «S'il y a un congrès internationaliste socia-
> liste à Stockholm, et si les Français y rencontrent des
> Allemands pour discuter des conditions de paix,
> tiendrez-vous votre armée en main ? Obtiendrez-vous
> qu'elle continue à se battre ?» Pétain, très nettement,
> me répond : «Non.» Ce monosyllabe, prononcé d'une
> voix forte, impressionne vivement les membres du
> Comité. Painlevé dit qu'après cette déclaration, il est
> impossible de donner les passeports. [...] L'attitude
> très ferme de Pétain produit un effet décisif. Ribot et
> Bourgeois disent que, dans ces conditions, on ne peut
> songer à donner les passeports[212].

On le voit, l'intervention directe du général en
chef se traduit par une décision d'ordre politique,
le refus des passeports. Enfin, dans les deux jours
qui suivent, et alors que les mutineries sont discutées en Comités secrets de la Chambre, de
nouvelles mesures sont prises, conduisant à une
tentative de reprise en main de l'armée, mais
aussi de l'intérieur, Pétain désignant à Painlevé

le 2 juin les « mesures à prendre par le gouvernement » : surveillance et répression des organisations pacifistes, expulsion des neutres suspects,
emprisonnement des ressortissants ennemis encore
libres (Turcs, Arméniens...), traduction devant les
tribunaux des imprimeurs de « papillons » pacifistes, surveillance de la presse (interdire les critiques contre le commandement, faire preuve de
discrétion sur la révolution russe), examen sans
délai des condamnations à mort par le président
de la République, affirmation d'une ligne jusqu'au-boutiste lors des Comités secrets[213]. Enfin,
pour empêcher que des soldats se rendent malgré
tout « à Paris » en profitant des permissions qui
commencent à être massivement accordées, il est
décidé le 4 juin d'interdire l'accès à Paris des
permissionnaires ayant « mauvais esprit[214] ».

L'étendue des actions et des mesures prises
dans un temps très court révèle la très réelle
inquiétude au sommet de l'État — dont Poincaré
se fait encore l'écho le 2 juin lorsqu'il note :
« L'ordre est menacé partout[215]. » Cette question
de la « marche sur Paris » parvient même à
l'Assemblée, lorsqu'en Comité secret Pierre Laval
donne lecture d'une lettre d'un mutin de la 5e DI
qui l'évoque, afin de faire pression sur le gouvernement et d'obtenir les fameux passeports. Une
telle mention atteste du fait que les mutineries
sont bien en train de devenir une affaire d'État.
Le ministre Painlevé, soutenu par une majorité
des députés, regrette cette « déplorable lecture »
et indique qu'il faut « s'efforcer d'étouffer immédiatement » l'affaire[216].

De la même manière que les mutins ont cru

aux rumeurs déstabilisatrices annonçant Paris à feu et à sang, et ont agi en fonction de ces représentations de «fin» de guerre possible, les dirigeants ont réellement cru l'ordre social menacé par les mutineries et ont agi en conséquence, prenant des mesures en catastrophe et faisant preuve de vigilance après une phase d'inaction devant les actes de désobéissance initiaux. Enfin, il faut constater que c'est bien ce durcissement des positions au sommet de l'État, se traduisant par la surveillance des gares et le refus des passeports, qui explique les limites rencontrées par les aspirations à la paix.

Retrouver l'intensité des mutineries de 1917, à travers un tour d'horizon aussi complet que possible de leurs formes, de leur étendue dans l'armée et dans le pays, et de leur gravité perçue au moment même où l'événement se déroule, conduit à une réévaluation de celui-ci. Son importance est plus forte que ne le suggèrent des comptages d'unités ou de mutins en partie artificiels : au-delà du noyau d'événements déjà bien connus, le «halo» d'une indiscipline aux multiples facettes s'étend dans de très nombreuses unités militaires qu'on pensait «non touchées». La découverte de 27 «nouvelles» mutineries, ajoutée aux formes sous-estimées des désobéissances individuelles, dessine une crise de discipline globale d'une très grande ampleur, une mise en crise brève mais générale de l'autorité, un refus de guerre multiforme qui stupéfie et inquiète les dirigeants.

Chapitre IV

IMPROVISER
LA DÉSOBÉISSANCE

La difficulté de l'action
collective en guerre

Le cadre improbable de l'action collective

On ne sait pratiquement rien du début des mutineries, moment opaque qui échappe aux regards comme aux récits. Les soldats interrogés ne le racontent presque jamais, par crainte d'apparaître comme les initiateurs du mouvement. Il est net en tout cas que les désobéissances collectives sont très peu préparées. La décision est généralement prise lors des repas, où les soldats peuvent discuter ensemble des rumeurs et des nouvelles qui les concernent, en particulier lorsqu'une « remontée » en ligne a été ordonnée ou se dessine. C'est ce dont discutent les soldats du 74ᵉ RI, le 30 mai : « À midi en mangeant on avait dit qu'on devait partir le soir pour ne pas aller aux tranchées[1]. » Les débits de boisson établis ou improvisés dans les cantonnements sont également des lieux propices à la discussion. Un officier l'évoque pour le 85ᵉ RI, fin juin : « Une certaine effervescence se manifesta, particulièrement dans un café situé derrière la maison d'École où une sorte de complot se fomenta, sans doute entre 19 heures et 20 heures[2].»

On se décide donc en très peu de temps, et on informe les camarades : ce sont les «conciliabules inquiétants» à voix basse, «à l'ombre des buissons», que raconte un officier au 26e RI[3]; les «conciliabules qui cessaient immédiatement à l'apparition des officiers» constatés de même au 217e RI[4]. Au 17e RI, un capitaine parvient à écouter ce que se disent deux soldats le 31 mai : «Alors on ne montera pas ce soir, c'est bien entendu[5].» De même, un des deux seuls récits de mutins dont on dispose évoque simplement «une entente clandestine au coin d'un bois» donnant lieu le soir même au refus de monter[6]. La plupart des mutineries sont ainsi limitées à quelques heures de discussion précédant une soirée ou une nuit de désobéissance.

Ce manque de temps et de préparatifs confirme une donnée essentielle des mutineries : il n'est pas simple de désobéir dans une armée en guerre. Cela tient beaucoup à un cadre spatial rural et dispersé. Il n'empêche pas, on l'a vu, une intense circulation d'informations, par les intermédiaires que sont les cyclistes, cuisiniers, agents de liaison, en plus des permissionnaires et des soldats isolés qui parcourent les villages, les routes et les chemins vicinaux, et marchent à travers champs et bois, souvent en quête de boisson dans ce printemps très chaud. Mais cette circulation de nouvelles n'est pas la coprésence dans l'espace restreint de la ville où peut «gonfler» et se généraliser une manifestation ou une insurrection allant jusqu'à rassembler des dizaines ou centaines de milliers de participants. Au contraire, les unités militaires ne sont jamais disposées dans un endroit unique. Chaque régiment d'une division dispose généralement de son lieu propre de cantonnement, lui-même divisé plus avant suivant les compagnies et les sections, comme au 370ᵉ RI où «le régiment était réparti par petits groupes dans les fermes[7]» autour du village de Cœuvres.

C'est cette dispersion dans un cadre rural qui rend si complexe l'action collective et son déclenchement, puisqu'il faut préalablement relier, avertir, convaincre des hommes éparpillés sur une zone importante, sans moyens de transport ni de communication. On le voit pour la 69ᵉ DI : entre les deux principaux foyers de l'indiscipline, Coulonges (soir du 21 mai, 162ᵉ RI) et Ronchères (22 mai, dépôt divisionnaire), il faut parcourir 8 kilomètres à pied environ par de petites routes ou à travers la campagne (une heure et demie à deux heures de marche par trajet), ce que font malgré tout des «émissaires» du 162ᵉ au matin du 22 mai[8]. Même dispersion pour la 158ᵉ DI, dont les soldats sont répartis dans des hameaux et des fermes sur 50 kilomètres carrés environ, autour du petit village d'Ambleny où se trouve le QG divisionnaire et où se déroule la manifestation des mutins.

Les mutineries de 1917 en France diffèrent donc profondément des grandes mutineries navales qui surviennent en Allemagne durant la guerre, à Kiel et Wilhelmshaven, où les rues et places des ports, et leur population, permettent aux marins révolutionnaires de dépasser le confinement et l'isolement de leurs navires, en 1917 et surtout en 1918. Les mutins peuvent ainsi se réunir dans un local syndical de Kiel, le 1ᵉʳ novembre 1918, et opérer un lien avec les militants locaux de l'USPD et du SPD, aboutissant à de grandes manifestations, et à une prise de contrôle effective de la ville[9]. À l'inverse, les mutins français restent isolés, en milieu rural. Ils n'ont généralement *nulle part où aller*, point sur lequel on doit insister. Leur refus d'aller aux tranchées ne leur fournit pas pour autant une alternative réaliste ni une direction possible — en dehors des tentatives pour gagner Paris dont on a vu comment elles étaient promptement contrecarrées.

Cela se vérifie lorsqu'ils tentent de sortir des sites (camps, baraques, fermes, villages) où ils sont cantonnés pour se réunir, ne trouvant que des lieux incertains et précaires, comme un cimetière ou un champ de tir (20 et 21ᵉ BCP, 109ᵉ RI, 30 mai), pour de brefs «meetings» nocturnes[10]. Enfin, ceux qui sont passés à la désobéissance et entendent poursuivre le mouvement restent isolés, eux aussi, dans l'espace rural de l'arrière-front, comme ces mutins du 370ᵉ RI encerclés plusieurs jours durant par la cavalerie dans le tout petit village de Missy-aux-Bois. Un de ces soldats décrit avec fatalisme, dans une lettre interceptée, sa «vie de chemineau»: «Nous mangeons très péniblement et marchons comme des gens qui ne veulent plus la guerre et réclamons la paix. [...] Nous ne pourrons pas vivre éternellement comme ceci[11].»

Cet isolement explique les efforts intenses de mobilisation et de «débauchage» d'autres unités auxquels s'emploieront les mutins. Mais si le cadre improbable de l'arrière-front rend difficile

la naissance de l'indiscipline et surtout sa généralisation, il est encore préférable aux tranchées,
où l'on ne peut « rien faire » comme l'expliquent
de nombreux combattants. C'est en ces termes
que le soldat Monin invite des hommes du 233ᵉ RI
à la désobéissance :

> En avez-vous assez les amis, il faut arrêter, et pour
> cela c'est nous qui devons en finir, profitons de ce
> petit village parce qu'en première ligne nous ne
> pourrons rien faire. Ici il n'y a que deux gendarmes on
> les fera sauter[12].

C'est bien avant de partir aux tranchées que la
protestation collective semble la plus efficace. De
même, au 18ᵉ RI, qui se mutine le 27 mai à Villers-
sur-Fère, la désobéissance dans ce lieu éloigné
du front d'une quarantaine de kilomètres semble
être un choix tactique. Un témoin entend des
hommes discuter dans un café vers 18 heures :

> Ils disaient parlant de leur départ pour les tranchées
> qu'ils ne monteraient pas, qu'ils ne prendraient pas
> les armes, qu'au besoin ils les rendraient inutilisables,
> qu'ils préféraient faire rébellion à Villers plutôt qu'à
> Beaurieux [sur l'Aisne, à quelques kilomètres du front]
> car à Beaurieux il serait trop tard et qu'on pourrait
> bien leur tirer dans le dos[13].

Il y a bien ici un « savoir social » de la révolte[14]
qui se déploie en même temps que s'improvise
l'action, pour en décider le lieu. Il faut aussi noter
que ces refus d'embarquer (en arrière des lignes
et non à l'arrière) ne sont pas pour cela moins
graves ou plus modérés que les refus d'attaquer
et de « sortir » qui avaient pu survenir dans le

passé. On peut même soutenir qu'en refusant de
se rendre aux tranchées, les soldats passés à la
désobéissance franchissent une étape dans le
refus de l'activité guerrière en 1914-1918, dans
sa dimension fondamentale qui est la présence
aux tranchées, en «secteur».

Du cadre spatial choisi — par défaut — pour
l'indiscipline découle une logique temporelle. Il
faut agir avant d'être aux tranchées, donc avant
l'embarquement ou le départ à pied. Mais dans
l'urgence des moments où se décide l'action collective apparaissent des désaccords. Ils commencent
à nous renseigner sur l'identité et les mobiles des
mutins, et de ceux qui ne veulent pas le devenir.

« Ils ne doivent pas agir ainsi »:
refus et hésitations

La désobéissance ne fait pas l'unanimité parmi
les combattants, même avant d'être condamnée
et réprimée. Au moment du passage à l'acte,
lorsqu'il faut franchir le pas de la désobéissance
collective, des hésitations et des oppositions se
manifestent. Pour les expliquer, il faut prendre
en compte la force des mécanismes assurant
l'obéissance jusque dans la crise de discipline, le
coût perçu et pressenti de cette indiscipline, mais
aussi les dispositions culturelles, politiques et
sociales de ceux qui refusent d'y prendre part —
et qui montrent que celle-ci n'est peut-être pas le
fait de tous les soldats. Le sens de la mutinerie est
aussi éclairé par l'identité de ceux qui ne veulent
pas y participer.

Certains soldats ont des raisons bien personnelles de ne pas désobéir, lorsqu'ils se savent
repérés et surveillés en raison d'une condamnation antérieure. C'est le cas au 46ᵉ RA, où un
soldat qui est, dans le civil, mécanicien ajusteur à
Saint-Denis explique aux enquêteurs pourquoi il
a pris soin de ne pas se « mouiller » :

> Moi je n'ai pas voulu me mêler de cela. [...] Je suis
> déjà très repéré par ma situation ayant été condamné
> à mort pour voies de fait par un Conseil de Guerre je
> ne voulais pas risquer de me faire prendre dans cette
> affaire-là[15].

À cette expérience antérieure d'une peine
extrême mais commuée s'ajoute sans doute une
identité sociale surveillée et stigmatisée : les ouvriers, peu nombreux, sont l'objet de discours et
de représentations défavorables dans l'univers du
front, et peuvent être soupçonnés d'y attiser l'indiscipline[16].

Le cas inverse est celui des engagés volontaires,
comme le canonnier Leduc, de la même unité,
qui explique aux enquêteurs :

> Moi j'ai dit qu'étant engagé volontaire je ne pouvais
> pas disposer de ma parole et que j'irais jusqu'au
> bout. [...] Sachant qu'une manifestation était probable,
> j'avais préféré rester à l'écart, j'étais allé dans le bas
> du village[17].

Sans en faire un modèle — on trouve des
engagés volontaires parmi les mutins, et on sait
que ce statut peut avoir plusieurs sens[18] — cet
exemple conduit à mesurer le poids des attitudes

et expériences antérieures lors des mutineries, lorsque le premier engagement, ici, conduit un soldat à l'écart de la désobéissance parce que sa «parole» a été donnée. Mais cette distance ne le conduit pas à une confrontation avec les mutins, et on relève que le «devoir» n'est pas directement rapporté à un discours sur la «patrie».

De même, toute la force des habitus de devoir et de «conscience professionnelle» au cœur de la guerre est visible lorsqu'un soldat de la 170e DI écrit : «Il ne faut pas faire la forte tête [...] il faut d'abord faire son devoir c'est l'essentiel[19].» De même, l'indiscipline apparaît illégitime à un combattant du 274e RI, qui explique :

> Moi je dis que c'est un drôle de procédé ; ils ne doivent pas agir ainsi, ce n'est pas cela. Il est un fait que nous en avons tous assez[20].

Si la fin de la guerre est l'horizon partagé, et si tous ou presque en ont «assez», tout n'est pas permis ni légitime. Le «procédé» de la désobéissance collective, s'il est devenu envisageable tant les exemples d'autres mutineries sont connus et commentés, ne paraît pas un choix acceptable à tous les soldats. Un homme du 298e RI explique dans une lettre pourquoi il s'est tenu loin de la mutinerie, qui a pourtant rassemblé plus de mille signatures sur une pétition : «Je me tiens à l'écart de tout cela, ce n'est pas dans le métier militaire que l'on doit faire entendre la moindre réclamation enfin tout cela est bien ennuyeux[21].» Alors que la réaffirmation du statut de «soldat-citoyen» permet justement depuis 1915 de porter davantage de «réclamations», certains ne conçoivent toujours pas qu'une telle chose soit possible, surtout dans l'illégalité.

On relève au passage l'idée de la désobéissance comme bien «ennuyeuse» ou «malheureuse» même pour ceux qui n'y participent pas, qui peuvent craindre d'en subir les coûts (surveillance accrue, exercices supplémentaires, punitions arbitraires, déshonneur...) — à la manière, également, des usagers confrontés à une grève qui en perçoivent les désagréments sans forcément s'intéresser à ses motifs. Si peu de soldats l'ont expliqué ouvertement, il est possible que de telles façons de penser soient assez répandues chez tous ceux qui durant les mutineries restent silencieux et «à l'écart» des manifestations, sans pour autant s'y opposer.

Ces désaccords révèlent en fait la prégnance des lignes de partage culturelles, politiques et sociales antérieures, que les mutineries réactivent. Ainsi, pour un soldat du 21e RI, la religion chrétienne fournit un cadre d'interprétation (et de désapprobation) des mutineries très net. Il évoque les mutins dans une lettre :

> Parmi ces condamnés, il y en a qui étaient des braves, mais, que veux-tu, quelquefois l'entraînement, les chagrins ignorés de famille, les injustices, la lassitude, ils sont à plaindre, et cependant, il fallait bien réprimer cette indiscipline, les boches sont toujours en France. Les auteurs de cette guerre sont coupables, pour nous catholiques, c'est une punition de Dieu[22].

La condamnation de l'indiscipline et la justification de la répression s'accompagnent d'un

pardon chrétien pour ceux qui en sont «victimes»,
tandis que leurs actes ne sont pas rapportés à des
convictions politiques mais à un égarement personnel. Le «devoir» est indiscutable tant que les
«boches» sont en France.

Ce dernier élément est repris par d'autres
soldats qui expriment leur patriotisme de manière
moins construite, et plus concrètement reliée à la
situation d'invasion, comme au 20ᵉ BCP qui
connaît pourtant un début de mutinerie, et où un
soldat écrit à sa famille :

> Ça va très mal : des troupes sont passées chantant
> l'*Internationale* pas besoin de te dire que cela a fait
> des chuchotements parmi nous, mais nous resterons
> tranquilles ou ce serait les boches à Lunéville nous
> tirant dans le dos[23].

On a sans doute affaire ici à un soldat originaire
de cette ville-frontière de Lorraine brièvement
occupée en 1914, et pour qui la désobéissance
semble avoir un enjeu direct, familial et personnel,
immédiatement lisible. De même, un soldat du
129ᵉ RI exprime sa volonté de continuer la guerre,
en opposant guerre étrangère et guerre civile, à
laquelle il associe la mutinerie, qui lui paraît dès
lors inenvisageable : «Tu sais que je ne manquerai
jamais à mon devoir de soldat je veux bien faire
la guerre aux boches mais non aux Français[24].»

Au fond, les réticences devant les mutineries
viennent de leur nature perçue comme menaçante
pour l'ordre social. Alors que les mutins sont
nombreux à crier «Vive la révolution!», alors que
le vocabulaire de l'extrême gauche fait une spec-

taculaire réapparition, des combattants se défient
d'une action collective qui leur semble déstabili-
satrice et subversive. C'est le cas d'un autre soldat
du 129ᵉ RI qui condamne la «panique», d'abord
en raison de sa position sociale de propriétaire
rural:

> Je me disais à quoi bon de mettre battus pendant
> trois années bientôt et au moment où l'ennemi ne peut
> plus tenir lon lance la panique chez nous; c'est
> vraiment bien désolant, afin heureusement cela a été
> vivement réprimé car cela aitait un coup de révolution
> tu sais que la révolution est cent fois plus terrible que
> la guerre les gens yraient chez toi tuer tout ton bétail
> et samparer de tout sans rien payer, ainsi tu vois! [...]
> Tu peux croire que tous les officiers vont sévir main-
> tenant sérieusement et même il y en aura peut-être de
> fussillés et lon partira maintenant dans un grand coup
> où il y aura peut-être 50 % de pertes le plus désa-
> gréable de tout moi je n'ai pas pris part à cete réu-
> nion et il faudra que je pâtisse pour une bande de
> vauriens²⁵.

On remarque que se conjuguent plusieurs raisons et motifs de la non-participation: le poids de
l'investissement antérieur (les trois années de
combat rappelées) et la crainte de pâtir collectivement par une affectation dangereuse («grand
coup») visant à punir l'unité fautive. Surtout, on
mesure la crainte sociale suscitée par la désobéissance militaire: la révolution est «cent fois plus
terrible que la guerre», car les révolutionnaires
s'emparent de tout sans payer et tuent le bétail.
Sans plus d'informations sociologiques ou géo-
graphiques (est-ce un paysan de l'ouest qui connaît
la guerre civile de 1793 par une mémoire locale

et/ou familiale ?) on ne peut que relever le lien affiché et ressenti entre l'ordre disciplinaire et l'ordre social.

On le voit également dans la lettre d'un autre soldat de la même unité, intensément contrôlée depuis sa mutinerie, où il déclare sa hantise de la subversion sans pour cela s'affirmer «patriote» (terme qui sous-entend alors une volonté de continuation de la guerre jusqu'à la victoire): «Je ne suis pourtant pas un patriote mais au fond je préfère aller aux tranchées que de voir la révolution[26].» Ce refus de la «révolution» est tout aussi net dans un autre courrier, émanant d'un milieu visiblement différent, dans lequel un soldat du 228ᵉ RI, dont la manière d'écrire dénote une culture bourgeoise, fait allusion à la mutinerie dont il a été témoin et la réfère à la guerre civile, encore une fois pire que la guerre étrangère:

> Je vois des événements gros de conséquences, peut-être terribles il est vrai, mais indiquant une fin prochaine; et pourtant je ne puis que les flétrir, car, je me souviens des paroles de Père qui disait que «La Commune fut une horreur à côté de la guerre de 1870[27].»

En fonction de leur position politique et sociale antérieure, bien des combattants sont amenés à voir les mutineries comme un danger ou un scandale.

Enfin, en dehors de ces lectures sociales, il faut ajouter une autre explication à la réticence de certains vis-à-vis de la désobéissance: elle peut être vue comme une «honte» ou un manque de «courage», point fondamental sur lequel on reviendra. C'est net dans un extrait de lettre provenant, encore une fois, d'un témoin mécontent de la mutinerie du 129ᵉ RI, qui montre combien le «devoir» a aussi pour fondement le stigmate qui s'attache à la désobéissance, à la déviance, à l'illégalité, conçue comme une «honte»: «Tout cela n'est pas beau et j'en suis comme beaucoup tout honteux, ce sont tous les mauvais esprits qui ont fait ça[28].» Cette «honte» de l'indiscipline dépasse largement le cadre de l'armée et de la guerre et renvoie à la manière dont l'ordre social est structuré et construit, dans la France du début du siècle, s'appuyant sur des habitus de déférence et un rapport partagé à l'honneur ou à la respectabilité au fondement des identités sociales[29].

Ce fait permet d'ajouter un élément au caractère «improbable» de la mobilisation qui s'ébauche au printemps 1917. Elle apparaît illégitime non seulement à ceux qui sont chargés de la prévenir et de la réprimer, mais aussi à nombre de combattants qui pourraient partager ses mobiles, mais en refusant le stigmate, le risque ou le principe — «ils ne doivent pas agir ainsi». On mesure l'étendue du travail que devront accomplir les mutins pour convaincre de passer à l'acte, et de croire leur action juste ou efficace. Les désaccords devant la désobéissance imprévue et improvisée conduisent à poser la question de l'identité sociale des mutins. Peut-on savoir qui sont ceux qui franchissent le pas de la désobéissance?

Des « poilus » comme les autres ?
Les identités sociales des mutins

La question de l'identité des mutins est d'abord rendue complexe par les stéréotypes diffusés chez les contemporains, reflétant les lignes de fracture et de lecture sociales qui affectent la société française en guerre[30]. L'événement surprenant et troublant des mutineries alimente ainsi des lectures sociales qui l'attribuent aux catégories déjà suspectes ou dévalorisées, dont les «embusqués». Les mutins peuvent ainsi être assimilés à de «mauvais soldats» ou des «embusqués». Un adjudant écrit un courrier très révélateur en ce sens, dans une unité, le 11e RI, où l'on ne dispose d'aucune information sur une possible mutinerie, ce qui pourrait indiquer, encore une fois, un événement occulté :

> Dans ces gens qui font beaucoup de bruit et ils sont la majorité, ne crois pas que ce sont des poilus qui sont au front depuis très longtemps, ce sont des embusqués, qui, cachés depuis très longtemps ont été découverts et envoyés goûter la tranchée […] Ce qu'il faut surtout voir c'est leurs antécédents tous ou 99 % ont des condamnations dans le civil. Les voilà les gens sérieux, catégories réunies qui ont l'air de se révolter. J'en ai quelques-uns dans ma section qui avaient l'air de l'ouvrier en arrivant mais ça ne dure pas longtemps[31].

Les identités sociales que ce gradé attribue aux mutins sont celles des embusqués, des ouvriers et des condamnés : soit trois figures particulièrement dévalorisées ou stigmatisées dans le système symbolique du temps de guerre et plus largement dans la société. On lit en même temps derrière ces dénonciations simplistes des processus plus complexes : les chefs font sens des mutineries en soupçonnant les soldats qu'ils connaissent le moins, «récupérés» à l'intérieur et incorporés depuis peu aux unités[32], n'étant pas encore pris dans les liens sociaux assurant l'obéissance en leur sein. Un officier voit dans ce brassage l'explication de la mutinerie du 164e RI : « Il faut chercher la cause de ce mouvement dans l'arrivée de nombreux renforts totalement inconnus, ainsi que des cadres reconstitués depuis très peu de jours[33]. » De même, à la 13e DI, le lieutenant Weber explique que les mutins «étaient de nouveaux venus[34]».

Les mutineries réactivent surtout les soupçons liés à l'origine géographique. Ils concernent surtout les méridionaux[35], que le général commandant la 33e DI juge potentiellement insoumis parce qu'ils «parlent beaucoup» et ne «réfléchissent pas[36]». Soupçon plus marqué au 307e RI, où un officier explique dans une lettre que ses «braves Charentais» ont été «gâtés par le voisinage de deux ou trois régiments du Midi pleins de fortes têtes[37]». Mais la vision la plus répandue attribue l'indiscipline aux agissement des Parisiens, suivant l'idée d'un front «contaminé» par la capitale proche[38]. Au sein de l'armée, les Parisiens (plus généralement les habitants de la Seine) présents dans les unités sont vus comme des fauteurs de trouble potentiels. Dans le cas du soldat Beaufils, l'accusation est socialement et politiquement très située : ce combattant du 125e RI

est bourgeois, catholique pratiquant, nationaliste
virulent. Lorsqu'il apprend les mutineries, le
2 juin 1917, le soupçon régional se fait extrême :

> Nos rangs, à part quelques individus, sont sains
> encore. Le noyau est toujours composé de soldats du
> Poitou, de la Vendée, de la Touraine, que leur foi chré-
> tienne préserve de la contagion. [...] C'est à Paris que
> gît le chancre[39].

On retrouve régulièrement ce type d'accusations
envers les «Parisiens» soupçonnés de fomenter
«l'anarchie», comme dans la gare de Dormans
où un officier décrit les mutins «presque tous
jeunes, avec la plupart l'accent parisien[40]».

Enfin, comme chez ce dernier témoin, les mutineries sont souvent attribuées aux soldats les plus
jeunes, de la «classe 17» (nés en 1897 et ayant été
très récemment incorporés). On le voit à la 41ᵉ DI,
où le colonel Brindel évoque des mutins qui
seraient, «la plupart, des jeunes gens de la
classe 17 arrivés depuis très peu de temps[41]». De
même, au 129ᵉ RI, d'après un témoin : «Quand
même le moral est bien bas, pire encore chez les
jeunes ; c'est eux qui font le plus de bruit[42]...»
Dans cette unité, un rapport prolonge ces notations. La classe 17 y est jugée responsable des
désordres :

> Cette classe a été mal dressée, mal instruite et
> arrivée dans les unités du front avec un assez mauvais
> esprit. Les hommes sont plus conscients de leurs droits
> que de leurs devoirs[43].

Un tel argument renvoie encore aux lectures
spontanées et simplificatrices qui lisent la déso-

béissance comme une «contamination» par un groupe social dangereux. Il suggère toutefois une piste intéressante : celle d'un rapport à l'obéissance différencié suivant l'âge et le moment d'entrée dans la guerre. Pour la vérifier, il faut chercher à confronter les visions des contemporains aux réalités, et tenter une sociologie des mutins.

Cela pose d'importants problèmes de méthode, en raison du manque de sources pouvant renseigner efficacement sur l'identité sociale des soldats[44]. Seules les données de la Justice militaire sont exploitables en ce sens. Mais l'institution ne juge qu'une partie des mutins, parfois au hasard[45], souvent en s'appuyant sur les soupçons antérieurs portant sur les différentes figures du «mauvais soldat». Au 129e RI, une liste de suspects comporte ainsi des appréciations militaires («très mauvais soldat»; «brave au feu»), mais aussi psychologiques et morales («un peu toqué»; «peu intelligent»; «faux comme un jeton») et enfin politiques et sociales («femme couturière»; «esprit CGT»; «père mineur»)[46]. La décision de déférer tel ou tel individu devant un Conseil de guerre relève bien, en partie, d'une logique visant à «épurer» les unités de leurs éléments «douteux[47]».

En ce sens, on pourrait soutenir que toute tentative de sociologie des mutins se limitera à une étude des représentations des officiers, devant le biais que représente le choix des soldats passant en jugement. Mais celui-ci n'est pas aussi arbitraire qu'il y paraît. D'abord, marquée par les affaires troubles de 1914 et 1915 où des soldats furent fusillés de manière abusive, sur des charges parfois inexistantes[48], la Justice militaire entend en 1917 condamner à coup sûr. Pour cela, sont aussi jugés de «bons soldats» dont la participation aux mutineries est indiscutable, comme cet homme du 21e RI, dont son chef dit qu'il «a toujours été très brave au feu. Je ne puis expliquer la faute commise par Broussas autrement que par l'ivresse[49]». «Bons» et «mauvais» soldats passent en fait également en Conseil de guerre, mais reçoivent des peines différentes en raison des avis contrastés exprimés par leurs supérieurs: pour les premiers, on demande l'indulgence («En raison des bons services antérieurs, de sa belle conduite au feu, de ses blessures et de ses citations je demande l'indulgence du Conseil[50]»); pour les seconds, une extrême sévérité («Semeur de troubles, sans excuses, une plaie pour une unité. [...] à punir sans pitié. Dangereux[51]»). On peut donc composer avec les biais des sources judiciaires pour tenter, à travers l'identité des condamnés, une sociologie des mutins.

Les travaux précédents sur les mutineries ont utilisé ces documents, pour conclure à la complète indétermination sociologique de l'indiscipline, qui impliquerait des «hommes de tout bord[52]». Mais les corpus comme les raisonnements qui conduisent à ces résultats apparaissent discutables, en l'absence de points de comparaison entre les «mutins» étudiés et l'ensemble de l'armée. C'est pourquoi on a mené une étude de *tous* les soldats condamnés par la Justice militaire en 1917 dans cinq divisions[53]. Elle permet de comparer les profils de deux groupes: d'un côté, les hommes jugés pour l'illégalité ordinaire et les pratiques de réticence tout au long de l'année 1917 (vol, ivresse, voies de fait, mais aussi refus d'obéissance et désertion); de l'autre, uniquement ceux qui prennent part aux actions collectives et aux manifestations durant les mutineries. Ce complexe partage entre «non-mutins» et «mutins» au sein d'une même population permet de repérer certaines caractéristiques des acteurs de l'indiscipline.

On remarque d'abord que les deux groupes ne présentent aucune différence du point de vue de leurs antécédents judiciaires, autour de 20 % des hommes étant déjà passés devant un Conseil de guerre[54]. Cela permet d'écarter l'idée suivant laquelle les mutins seraient tous de «mauvais soldats», déjà condamnés: ils le sont dans une proportion identique à celle des autres hommes jugés dans l'année 1917. L'étude de leur origine géographique permet d'écarter une autre idée reçue, qui voudrait que les soldats originaires des départements occupés ou dévastés ne participent pas à l'indiscipline. Ils sont présents parmi les mutins dans une proportion comparable aux autres[55].

Les singularités des mutins sont d'une autre nature. D'abord, on remarque la présence plus forte en leur sein des «Parisiens» au sens large que sont les soldats originaires de la Seine (qui est alors, de loin, le département le plus peuplé avec quatre millions d'habitants environ): 27 %, contre 19,5 % parmi les «non-mutins». On peut penser que les soldats «parisiens» se sont mobilisés davantage en lien avec les grèves de la

capitale, dont on a vu la place à l'arrière-plan de
la désobéissance. On peut avancer, de plus, que
leur degré d'exposition aux luttes sociales et aux
mobilisations politiques — à travers les manifestations notamment — est tendanciellement plus
élevé que celui de la plupart des autres soldats et
en particulier des ruraux[56].

C'est surtout sur la variable de l'âge qu'il faut
s'arrêter. En effet, l'âge moyen approché des
« mutins » est de 25 ans, contre 28 pour les « non-
mutins » : un écart très significatif qui sépare
nettement les deux groupes. On le vérifie par le
fait que plus de 50 % des mutins appartiennent
aux classes 14 à 17, c'est-à-dire à celles qui n'ont
pas connu les premiers combats de 1914[57]. La
jeunesse des soldats jugés pour les actions collectives durant les mutineries est donc un élément
majeur qui ressort de l'étude, et qui contredit
l'idée parfois avancée suivant laquelle les mutineries seraient une « grogne » des poilus les plus
anciens, depuis longtemps las de la guerre.

En fait, plus de la moitié des mutins n'ont pas
connu le début du conflit — et les modes de
construction spécifiques de l'obéissance qu'on a
pu alors identifier, à travers l'illusion d'une guerre
courte, puis la résignation à endurer la guerre.
Certains — classes 16 et 17 en particulier — ont
été socialisés dans le contexte d'une critique
croissante de l'institution militaire et de ses
aspects les plus arbitraires (manque de permissions, exécutions) au cours des années 1915 et
1916. Leur expérience de la guerre et du combat,
plus courte, peut déboucher sur une moindre *fidélité* à l'armée, dans tous les sens du terme : pas de

fidélité aux espoirs de 1914 qu'ils n'ont pas vécu sous l'uniforme, une interconnaissance moins longue des officiers et des autres soldats, moins de camarades tombés pour le souvenir desquels il faudrait continuer à combattre. Leur investissement dans le conflit est par nature moindre que celui des soldats qui, comme cet homme du 129ᵉ RI, s'exclament devant les mutineries : « À quoi bon de mettre battus pendant trois années bientôt[58]. »

Ainsi, lors des mutineries, plusieurs acteurs ont remarqué, au-delà des clichés sur la classe 1917, le rapport différencié à l'action des soldats suivant l'âge, insistant sur l'énergie contestataire des jeunes soldats. On le voit par exemple dans cette lettre d'un mutin du 298ᵉ RI, dont l'indiscipline a pris la forme remarquable de la pétition :

> Je t'avais dit que nous refusions de monter aux tranchées on avait même tous signé un papier et envoyé au colonel comme quoi on refusait et au moment de prendre les autos personne n'a rien dit tout le monde est monté comme des agneaux c'est honteux mais tu sais les vieux sont bons pour gueuler mais pour agir il n'y a plus d'homme tu peux croire que si nous n'avions été que des jeunes la guerre était bien finie[59].

À la 5ᵉ DI également, un témoin de 34 ans indique le différentiel de mobilisation tenant à l'âge, et à l'inégale fidélité que ressentent les combattants en fonction de leur temps de présence au front :

> Les anciens voulaient bien retourner aux tranchées, ne voulant point y laisser, par trop longtemps, ceux qui les occupaient ; mais à côté d'eux, les jeunes avaient, peut-être, une façon différente de raisonner, et admettaient plus facilement les idées des abstentionnistes[60].

Cette différence est confirmée, à la 41e DI, par les enquêteurs qui discutent avec des soldats aux lendemains de la mutinerie, et retranscrivent leurs impressions :

> Les hommes des anciennes classes sont très portés à qualifier de «bêtises» les incidents provoqués par les jeunes, en disant particulièrement que «les bons payent pour les mauvais[61]».

Il existe bien une perception différente tant de la désobéissance que de ses risques en fonction de l'âge et de l'expérience militaire. De plus, il faut rappeler que les hommes les plus jeunes sont affectés, au sein des unités, aux troupes combattantes, tandis que les plus âgés se retrouvent plus fréquemment dans les «services». En ce sens, les mutineries apparaissent comme un mouvement impliquant effectivement de jeunes soldats combattants, dont une proportion importante a été récemment incorporée.

La prise en compte de la situation de famille le confirme : les mutins sont moins nombreux à être mariés (21,8 % contre 30,1 % des «non-mutins»), ce qui ne tient pas uniquement à leur jeunesse, puisque cette proportion moindre des hommes mariés s'observe au sein des mêmes classes d'âge[62]. L'hypothèse simple qu'on peut formuler, appuyée sur les travaux récents envisageant les couples dans la guerre[63], est que le mariage constitue un lien social à même de prévenir le passage à l'acte dans une indiscipline grave et lourde de conséquences. Le courrier venu de l'arrière peut ainsi constituer un soutien moral ou un appel à la prudence : « Surtout ne te compromets pas tâche de te tenir loin des intrigues c'est trop scabreux », écrit une femme d'un soldat de la 5e DI qui apprend la désobéissance[64]. La composition du groupe des mutins montre en tout cas en quoi l'idée des mutins « pères de famille », mais aussi de « vieux soldats depuis longtemps sur le front », ne correspond que très faiblement à la réalité de la désobéissance en 1917[65].

Pour approcher l'identité sociale des mutins, il faut enfin étudier la profession mentionnée dans les minutiers des Conseils de guerre. Si, dans l'ensemble, on remarque la présence majoritaire de travailleurs manuels puis de cultivateurs, ce qui ne surprend guère, on peut distinguer des écarts sociaux entre mutins et non-mutins. Pour cela, on peut repérer les professions fortement et faiblement représentées durant les mutineries (fig. 5). Si, au total, on compte environ un mutin pour trois non-mutins, certains métiers s'écartent de cette proportion et comptent des effectifs relativement plus élevés parmi les mutins, plus proches d'un pour deux voire davantage.

Il faut noter la présence plus forte lors des mutineries de certains artisans, des commerçants et surtout des employés, seul groupe à compter plus de mutins que de non-mutins. Il faut également remarquer la profession dont les membres ne se retrouvent que dans le groupe des mutins : celle, hautement significative, d'instituteur, avec quatre cas dans les divisions étudiées, s'ajoutant à d'autres bien connus par ailleurs[66]. Le niveau de qualification de ces professions est, dans l'en-

*Fig. 5. Professions fortement
et faiblement représentées parmi les mutins.*

Profession	Mutins	Non-mutins	Proportion (mutins/ non-mutins)	Répartition
Instituteur	4	0	—	
Employé de commerce	19	12	1,58	
Représentant de commerce	3	2	1,5	Nette sur-représentation parmi les mutins
Employé de bureau ou de banque	9	9	1	
Tailleur de vêtements	7	8	0,87	
Garçon de café ou de restaurant	5	7	0,71	
Boucher	7	10	0,7	
Peintre et peintre en bâtiment	10	15	0,66	Sur représentation parmi les mutins
Boulanger	19	29	0,65	
Menuisier	8	20	0,4	
Imprimeur, typographe	8	20	0,4	
Comptable	4	10	0,4	

Nombre total de soldats étudiés	443	1314	0,33	Normale
Maçon	10	42	0,23	Sous-représentation parmi les mutins
Journalier	15	71	0,21	
Manœuvre	6	35	0,17	
Charretier	5	31	0,16	
Mécanicien	4	28	0,14	
Terrassier	2	20	0,1	Nette sous-représentation parmi les mutins
Fumiste	1	12	0,08	
Camionneur	1	15	0,06	

semble, relativement élevé, et implique fréquemment un rapport à l'écrit — évident pour les imprimeurs, comptables et instituteurs[67]. La place des employés et des artisans (menuisier, tailleur), souvent politisés[68], amène à nuancer l'opposition trop simple des «paysans» et des «ouvriers», ces derniers étant pratiquement absents durant les mutineries[69]. On note en tout cas que les professions plus fortement présentes chez les mutins ne sont pas celles qui indiquent une situation de très forte domination sociale, et, à l'inverse, que les effectifs parmi les mutins sont très faibles pour les charretiers, journaliers, maçons, fumistes ou terrassiers, soit avant tout des professions manuelles très peu qualifiées, fortement dominées.

Au vu de ce tableau, le mouvement des mutineries semble donc n'impliquer qu'une faible, voire très faible proportion des travailleurs manuels non qualifiés, pourtant très nombreux au front —

ils forment, avec les cultivateurs, la masse de l'infanterie[70]. Inversement, on y retrouve, bien plus nombreux que parmi les autres condamnés de 1917 (déserteurs et petits délinquants), des commerçants et des employés. Les positions les plus basses de la hiérarchie sociale sont sous-représentées parmi les mutins, tandis que les plus hautes — en gardant à l'esprit que les véritables élites sont absentes de la troupe — sont surreprésentées. C'est d'autant plus frappant que ces hommes mieux éduqués que la moyenne parviennent, en général, à échapper aux affectations combattantes. Leurs compétences sont souvent mises à profit afin d'assurer la dimension bureaucratique de la guerre dans les différentes unités, avant tout dans la « Compagnie hors rang » (CHR), qui se tient à l'écart des mutineries. Ces non-combattants ne passent pas à la désobéissance : ils n'ont rien à gagner de l'action collective. Celle-ci tend à impliquer les soldats les plus instruits et les moins dominés, parmi ceux qui sont les plus exposés. On le vérifie encore à travers des exemples individuels : au 298e RI de la 63e DI, les initiateurs de la pétition qui recueille plus de mille signatures — « espérant que par notre attitude qui n'est pas isolée d'amener nos gouvernants pendant qu'il est temps encore à conclure une paix honorable » — sont-ils un employé de commerce et un négociant en grains : deux hommes à même par leurs pratiques et leurs origines de rédiger et de construire cet argumentaire contre la guerre[71].

Au total, si les limites des sources imposent d'être prudent, la démarche sociologique appliquée aux mutins, à travers la recherche d'un corpus permettant de dégager des points de comparaison, nous semble aboutir à quelques éclairages importants. Ils tiennent d'abord aux idées reçues qui peuvent être dissipées : celle d'un mouvement des mutineries majoritairement constitué de «bons soldats pères de familles» ou de «vieux poilus» las de la guerre, que contredit radicalement la jeunesse des participants. Celle d'un mouvement appuyé sur les quelques ouvriers mobilisés des unités combattantes, qu'invalide la proportion très réduite de ceux-ci. Celle, enfin, d'une révolte sans déterminants et considérants sociaux, qu'infirme l'étude des qualifications, révélant la surreprésentation nette des employés urbains, ou la présence singulière des instituteurs. La diversité effective des mutins, et les groupes hétérogènes qu'ils constituent, n'empêchent pas de remarquer leurs propriétés sociales différentes, à la marge, de celles des autres soldats, qui peuvent renvoyer à des ressources protestataires à l'inégale distribution sociale comme à une appréhension différenciée des coûts et des risques de l'indiscipline en fonction de la position des individus. Sur bien des points, on le voit, l'interprétation doit rester ouverte.

Bricoler la protestation : les savoir-faire des mutins

Construire une action collective, pour ces hommes très divers n'ayant pas d'expérience commune de la contestation, ne va pas de soi[72]. Pour improviser et mettre en forme la désobéissance, les mutins puisent dans une grammaire protestataire qui emprunte aux mobilisations civiles comme aux habitudes militaires.

On le voit à travers les «manifestations» et les réunions qu'esquissent les mutins. On connaît bien celles de la 5e DI, cantonnée au sud de Soissons fin mai 1917[73]. Tout commence au 1er bataillon du 129e RI, situé à Chazelles, le 28 mai, dans l'après-midi. Le débit de boisson y étant fermé, des hommes se rendent dans la localité voisine de Léchelle, juste au sud, où ils discutent avec des soldats du Génie qui, semble-t-il, leur transmettent la «rumeur des Annamites» et les décident à désobéir. Une manifestation s'ébauche entre les deux hameaux, mais reste limitée au premier bataillon et se termine dans le calme le soir même. Mais le lendemain voit alterner les parcours et les réunions afin de joindre et de mobiliser toutes les autres composantes de la division, éclatées en huit lieux différents, sur 50 kilomètres carrés environ[74].

Après s'être rendus à Ploisy puis Missy, afin de mobiliser les mutins des 2e et 3e bataillons, dans des trajets qui occupent toute la matinée du 29 (avec des pauses pour les repas), les mutins du 129e RI cherchent à opérer la jonction avec ceux du 36e RI en début d'après-midi. Aussi, les trajets effectués entre ces différents villages distants à chaque fois de quelques kilomètres, que nos sources nomment «manifestations», peuvent s'interpréter avant tout comme un effort d'investissement de l'espace destiné à agréger et à mobiliser les mutins. La jonction s'opère avec le 36e RI, comme le racontent les mutins :

On a dit bonjour aux camarades, tout le monde a demandé : est-ce que vous en avez marre de la guerre aussi ?

Les hommes du 129ᵉ disaient à ceux du 36ᵉ : « Suivez-nous, on est en guerre, on ne veut plus la guerre, mais la paix[75] ! »

Malgré les tentatives d'intervention des officiers, les mutins improvisent un « meeting » réunissant plusieurs centaines d'hommes. L'un d'eux raconte que « quelqu'un nous a fait placer, il disait "venez par ici, venez par là[76]" ». Certains se chargent en effet de mettre en forme l'action :

Deux ou trois principalement [ont pris la parole] car chacun disait son mot. L'un était jeune, 25 à 27 ans [...] et il parlait facilement [...] il a parlé en ce sens : je ne suis pas un meneur, et je parle pour tout le monde, celui qui ne veut pas suivre le mouvement est libre. Nous ne sommes pas obligés de remplacer un autre régiment qui n'a pas voulu marcher, c'est-à-dire d'aller aux tranchées. Par conséquent nous ne monterons pas pour attaquer. Tous les hommes ont approuvé ces paroles. J'étais là par pure curiosité, mais je n'ai pas applaudi, je vous l'assure[77].

Si le témoin se défend — par volonté de se disculper ou par sincérité — d'avoir applaudi et adhéré, il indique en même temps comment fonctionne la réunion, où certains prennent la parole (étant à même de le faire, parlant « facilement ») et sont approuvés ou applaudis. Suite à cette réunion, de nouveaux cortèges partent, dans l'après-midi du 29 mai, non seulement pour manifester, mais aussi pour rejoindre les autres unités — 1ᵉʳ et 2ᵉ bataillons du 36ᵉ RI, 74ᵉ et 274ᵉ RI, sans succès ou du moins sans traces. Rendez-vous est

pris le lendemain pour partir en train, tentative
déjouée comme on a dit.

Si le cas bien documenté de la 5ᵉ DI semble le
plus abouti, on rencontre une même dynamique
de la désobéissance dans la plupart des autres
unités. À un moment d'échange de paroles et de
prise de décision succède un moment d'investissement de l'espace par la «manifestation» qui
parcourt le cantonnement ou la campagne à la
recherche de soldats et d'unités à «débaucher».
On le voit à la 69ᵉ DI. L'indiscipline y semble
d'abord désordonnée, puisqu'elle éclate suite à
une représentation théâtrale dans le «Foyer du
soldat»: «Un tas de projectiles mitraillent la
scène. Pourtant, l'esprit badaud de la majorité
venue pour se distraire, l'emporte momentané-
ment et les surexcités se calment[78].» L'indiscipline n'est pas encore vraiment déclenchée ni
partagée. C'est l'irruption d'un groupe de soldats,
provoquant un début de bagarre avec les officiers, qui fait basculer la situation:

> Alors se produit une bousculade vers la sortie. Au
> dehors, la cohue hurlante et gesticulante s'est accrue;
> elle vocifère des «À bas la guerre! — Du repos, des
> permissions! — À mort les embusqués! — À mort les
> gradés!! — À Paris! À Paris!»

À ce désordre aux sens divers va pourtant
succéder une tentative de mise en ordre, que constate le témoin lorsque avec un proche il regagne
le baraquement de sa compagnie. Une réunion y
est improvisée pour décider de la *direction* et du
contenu de la mobilisation:

> Plusieurs anciens y tiennent une sorte de Conseil de Guerre. A leur avis, il faut marcher sur la Division pour exiger, avec l'annulation de l'ordre de départ, l'octroi immédiat d'un grand nombre de permissions.

On remarque ici que, contrairement à ce qu'on a vu plus haut, ce sont les «anciens» qui tiennent «conseil»: signe, peut-être, d'une répartition des tâches dans l'action, et d'une identité différente entre des organisateurs expérimentés de la mutinerie et ses participants plus jeunes — pour autant que cette distinction soit valable. Dans l'immédiat, c'est une décision pratique qui a été prise, celle de manifester, et d'être le plus nombreux possible: «Une solution violente a prévalu dans le groupe des agités; pour grossir leur nombre ils entendent faire marcher tout le monde. F... passe le long de notre travée, pistolet au poing, criant qu'il va zigouiller ceux qui ne le suivront pas.»

Une «manifestation» d'un millier de soldats se forme ainsi, entre menaces et mobilisation des mutins, parcourant tout l'espace du cantonnement afin d'agréger le maximum de soldats au cortège. À la discussion a succédé l'action, dans sa dimension la plus basique: marcher ensemble, non vers les tranchées, mais à travers le cantonnement, pour en maîtriser l'espace, y rechercher des camarades, et y afficher la détermination collective. L'impératif premier est de *faire nombre*[79].

Ces deux exemples permettent de comprendre le sens et le fonctionnement des manifestations lors des mutineries. Elles sont, dans le civil, une forme protestataire assez récente, s'établissant à la fin du XIXe siècle[80]. Les mutins retrouvent certaines de ses logiques pratiques, comme dans la manifestation d'Ambleny qui a pour but la maison où loge le général commandant la 158e DI, et vise à faire admettre la réception de « délégués », dans une transposition claire d'une pratique existant dans le civil[81]. On le voit également au 298e RI, où la manifestation est décrite par l'officier qui en est pour finir l'interlocuteur :

> Les cris ont commencé dans la partie haute du village [...] Je me suis rendu sur les lieux, et les manifestants, me voyant, ont immédiatement cessé leurs cris et continué leur chemin dans les rues au sud du village. Je suis revenu à mon PC à la Mairie, et, lorsque les manifestants sont arrivés sur la place, je me suis placé au milieu d'eux et leur ai prescrit de rentrer dans leurs cantonnements respectifs[82].

Ici encore, la mairie/poste de commandement est le point de convergence du trajet porteur de doléances, à la suite de la rencontre fortuite du chef. Le parcours a pour but initial, et essentiel, de relier les unités dispersées.

Cette dimension est centrale dans la plupart des autres « manifestations » qui, à l'image de celles de la 5e DI, relient de petits villages par les routes et chemins de campagne ou les traversent, de part en part, dans le but de regrouper les soldats cantonnés séparément, et de les convaincre. Leur fonction mobilisatrice est donc centrale, et l'on peut ici faire le parallèle avec les pratiques des mineurs se déplaçant de puits en puits, ou des ouvrières parisiennes passant d'usine en usine, d'Issy à Boulogne, en mai 1917[83]. La logique est identique dans les «manifestations» lycéennes contemporaines qui prennent la forme de cortèges passant de quartier en quartier ou de localité en localité afin de «débaucher» un établissement après l'autre. L'enjeu est alors de construire un «espace social de mobilisation» où le seuil de réussite de l'action est défini de manière relative: «tout le lycée» est dans la rue; «tout le régiment» désobéit[84]. Ces contextes différents — grèves des mineurs, des ouvrières, des lycéens et action des mutins — ont pour point commun d'être des mobilisations non prévues et non instituées, largement improvisées. La nécessité d'une mobilisation unitaire et la volonté de faire nombre n'en sont que plus importantes.

On le voit par exemple à la 14e DI, où les mutins cherchent à convaincre les hommes du 42e RI de se joindre à eux aux cris de «Le 42 debout! Venez avec nous[85]!», ou encore au 313e RI, lorsque les mutins font irruption, fin mai, dans un cantonnement, menacent de faire brûler la paille des couchages, et crient: «Les gars du 313, en avant, en avant, où est votre 22e compagnie[86]?» On constate chaque fois la dimension tactique de la manifestation, qui vise à accroître la mobilisation et à généraliser la désobéissance. Elle permet d'atteindre une masse critique qui rend difficile l'identification des mutins au sein d'un groupe très large. Les manifestations des mutins sont bien une forme de prise de possession de l'espace afin d'y déployer et d'y augmenter l'indiscipline.

Elles correspondent aussi à des savoir-faire militaires. Si tous les mutins n'ont certainement pas été des manifestants de rue avant la guerre (ne serait-ce que parce que près de la moitié d'entre eux sont des ruraux), tous ont marché au pas et défilé en uniforme, lors de leurs classes, et durant la guerre. C'est ce qui explique la manière dont un soldat incite les hommes du 41e RI à désobéir et à sortir de leur cantonnement, le 2 juin :

> À bas la guerre, vive la Révolution, allez, *tout le monde par quatre*, ne rentrez pas, nous ne voulons plus marcher[87].

De même, au 85e RI où les manifestants marchent en colonnes, tambour en tête[88], et au 63e RI, où, pour exhorter les hommes à la désobéissance, le soldat Sadry crie : « Rassemblement[89] ! » La mobilisation improvisée des mutins réutilise les éléments du cadre militaire dans lequel elle survient. Ce faisant, elle retrouve en fait les origines des toutes premières manifestations civiles, sous la monarchie de Juillet, qui s'étaient formées par importation d'éléments militaires, drapeau et tambour[90]. On le voit : les mutins n'inventent rien, pas plus que les autres groupes protestataires, mais puisent dans des répertoires d'action multiples ce qui dans l'instant peut être efficace.

Ainsi, les manifestations sont une occasion de déployer et d'afficher les signes de la désobéissance. Les contemporains ont tous noté, en effet, la fréquence avec laquelle les emblèmes de la dissidence que sont le drapeau rouge et l'*Internationale* s'affichent durant les mutineries. On le vérifie à travers leur recension dans les 77 mutineries les mieux connues, où on relève 38 fois le chant révolutionnaire, et 19 fois la présence d'un emblème rouge[91]. Plus d'une mutinerie sur quatre voit se déployer un drapeau rouge ; dans plus d'une sur deux est chantée l'*Internationale*, qui retentit systématiquement dans les manifestations[92]. Comment interpréter leur très forte présence ?

Rappelons d'abord leur charge subversive : si l'*Internationale* retentit dans les grèves et les réunions du mouvement ouvrier, avant guerre, le drapeau rouge reste une hantise pour les autorités, et continue de faire scandale lorsque des manifestants parviennent à le déployer[93]. Le chant et le drapeau sont considérés comme séditieux en 1914-1918, à plus forte raison dans l'armée. Ils sont bien les emblèmes du refus et de la révolution[94].

C'est à ce titre qu'ils sont déployés durant les mutineries de 1917, où ils constituent des signes de reconnaissance nettement identifiés du côté de la lutte sociale, de la protestation et de la transgression. Leur apparition signale, sans doute possible, un basculement dans la désobéissance et dans l'indiscipline que chacun est à même de reconnaître. Ils sont vus ainsi par les soldats, pour qui ces emblèmes remplacent une description plus longue des mutineries, lorsqu'il suffit de dire, dans une lettre à un proche : « Ça marche mal en ce moment, le 318ᵉ a refusé de marcher et a arboré le drapeau rouge[95]. » Un témoin désapprobateur ne manque pas de noter, de même, au 120ᵉ RI, le « chant révolutionnaire » et son omniprésence :

> Encore hier soir, des manifestations ont eu lieu. Mais tu sais ce n'était pas beau. C'est pourquoi nous redescendons tous vers l'arrière. Le drapeau rouge était sorti. On n'entendait que le chant révolutionnaire partout. Voilà 5 fois que ce fait se renouvelle chez nous[96].

Les signes subversifs de la révolution déployés par les mutins sont, de même, immédiatement reconnus comme tels par les chefs. Le drapeau rouge, en particulier, est une manifestation de la transgression d'autant plus forte à leurs yeux que les officiers d'active partagent fréquemment un attachement quasi charnel pour le drapeau tricolore[97]. À la 41e DI, deux inspecteurs racontent le choc éprouvé par l'un d'eux :

> Le colonel Brindel, du 23e Régiment, pleura en voyant s'avancer ses hommes brandissant le drapeau rouge. « Mon pauvre régiment » aurait-il dit[98].

Un autre officier de la division écrit qu'il finit par arracher et détruire le drapeau scandaleux : « Je brûlai la loque rouge[99]. » De même, au 31e BCP, l'enjeu est si fort qu'il conduit à une scène de confrontation entre un mutin et un officier. Ce dernier raconte : « Je lui demandai ce qu'était ce drapeau, il me répondit que c'était celui de la révolution [...] je le lui enlevai et le déchirai en deux ou trois morceaux[100]. » Et, encore à la 41e DI, l'importance du drapeau rouge aux yeux de l'autorité est manifestée par la sévérité de la répression. Il figure dans les attendus de jugement motivant l'exécution du soldat Maréchal (23e RI) :

A le premier déployé le drapeau rouge en tête des manifestants du 23ᵉ RI en présence de son colonel et a refusé de lâcher cet emblème révolutionnaire malgré les injonctions de son colonel. Il l'a conservé jusqu'au moment où il lui a été arraché des mains[101].

La présence régulière de ces emblèmes interdits pose la question des ressources protestataires parmi les mutins : qui connaît l'*Internationale*, qui décide de déployer le drapeau rouge, et comment fait-on pour s'en procurer ? C'est là qu'on assiste au « bricolage » le plus visible, à travers les pratiques improvisées qui pallient aux tranchées l'absence de « vrais » drapeaux rouges. Une lettre saisie au 59ᵉ RI le raconte : « Comme ils n'avaient pas de drapeau ils ont mis une chaussette rouge au bout d'un bâton et se sont promenés dans les rues[102]. » Au 117ᵉ RI, il s'agit d'un morceau de ceinture mis de même au bout d'un bâton[103]. À la 41ᵉ DI, deux inspecteurs relèvent que « quelques soldats se sont promenés en arborant une pivoine rouge à la veste[104] ». Et lorsque les mutins de la 5ᵉ DI sont transportés en camion, ils transmettent leur indiscipline par l'affichage là aussi inventif de leurs revendications, et de la couleur rouge :

À l'arrière du camion 116.393 un soldat agitait un petit drapeau rouge. Le 2ᵉ camion suivant le précédent portait à l'arrière et à gauche un carré d'étoffe rouge[105].

La couleur rouge n'est pas la seule manière dont les mutins rendent visible leur désobéissance.

Certains vont se débarrasser ostensiblement de
ce qui fait, dans le vêtement, leur identité militaire : un officier croise ainsi «deux artilleurs
ayant mis leur fourragère dans leur poche[106]».
Au 370ᵉ RI, un autre chef remarque les paroles et
les gestes en ce sens de plusieurs soldats : « Il n'y
a plus de galons, disent-ils, tournant leurs manches
en dedans, si vous n'êtes pas des lâches vous
n'irez pas au front[107]. » À la 5ᵉ DI, enfin, de nombreux témoins ont noté les vestes ouvertes des
mutins. Certains remarquent leur allure surprenante pour des combattants : «Quelques-uns
avaient des fleurs, beaucoup avaient des badines
dont l'écorce avait été enlevée[108]. » On trouve
même le geste des «mains retournées [...] qui veut
dire nous ne marchons plus » chez ces mutins lors
de leur embarquement dans les camions[109]. Ces
éléments rappellent la complexité des mutineries,
où on assiste à la fois à la réutilisation des formes
militaires — tambour en tête, comme au 85ᵉ RI
— et à leur détournement voire à leur inversion,
le défilé martial devenant manifestation subversive sous les emblèmes de la révolution, les
galons et les décorations étant mis de côté.

Le «bricolage», cette réutilisation improvisée
d'éléments hétéroclites, est aussi visible pour les
chants qu'entonnent les mutins. Notons d'abord
que, contrairement à une idée répandue, il n'existe
pas de lien immédiat et général entre les mutineries et la *Chanson de Craonne*. Celle-ci préexiste
à l'événement, puisqu'elle utilise l'air d'une valse
à succès de 1911, et qu'elle existe au front depuis
1915, avec des variantes dans le texte[110]. Durant
les mutineries, rares sont les allusions précises à

ce chant[111]. L. Barthas l'évoque fin mai, dans un débit de boisson, où un caporal chante «des paroles de révolte contre la triste vie de la tranchée, de plainte, d'adieu pour les êtres chers qu'on ne reverrait peut-être plus, de colère contre les auteurs responsables de cette guerre infâme, et les riches embusqués qui laissaient battre ceux qui n'avaient rien à défendre[112]». Plus tard, le 22 juin, un adjudant de cavalerie doit intervenir quand des civils chantent, dans un débit de boisson de l'Oise: «Maintenant c'est fini, les poilus dans la tranchée vont se mettre en grève[113].» Ce couplet sur la «grève» existe en fait depuis février 1917. Les mutineries lui ont donné une acuité supplémentaire, et ont conduit à associer ces paroles aux lieux de l'offensive ratée et de la révolte, ce qui explique sans doute pourquoi la chanson prend le nom *de Craonne* à l'été 1917. Sa diffusion lors de l'événement reste cependant extrêmement limitée.

Mais on trouve d'autres mentions de chansons contestataires, suivant les modes d'action et d'expression de l'époque, qui attribuent aux chants politiques et/ou satiriques un rôle important[114]. Un soldat écrit, sans plus de précisions: «Ils se sont révoltés et ont chanté des chansons qui sont loin d'être patriotiques[115].» Un inspecteur qui passe parmi plusieurs corps de troupe en rapporte une: «"Sale guerre, toi qui fais le malheur des peuples, toi qui fais tuer nos fils, nos frères, nos pères, sale guerre quand finiras-tu?" sur un air de complainte. Cette chanson est très chantée dans les régiments.» Il conclut avec une appréciation plus générale: «Mon impression d'ensemble est que les troupes visitées sont très lasses de la guerre[116]. »

C'est cependant l'*Internationale* qui est la chanson prééminente dans le répertoire des mutins. Elle n'est pourtant pas connue et maîtrisée par tous les soldats. On ne sait jamais s'il s'agit du refrain ou des couplets[117]. Si l'on trouve quelques exemples où elle semble chantée de façon bien affirmée (à la 9e DI, les mutins «chantaient à pleine voix l'*Internationale* et faisaient un vacarme qui s'entendait de très loin[118]»), d'autres cas révèlent des hésitations. Les mutins du 71e RI, qui ont chanté l'*Internationale* et crié à des officiers «À bas la guerre! Vive la paix! Des chefs il n'en faut plus, vive la sociale! », prétendent ne pas connaître la chanson lors de l'audience du Conseil de guerre qui les juge[119]. L'un d'eux, cultivateur, explique de manière plausible :

> [Ils] se sont mis à chanter des chansons que je ne connais pas puis l'*Internationale* m'a-t-on dit car je ne connais pas cette chanson-là. Il faisait très noir dans le poste et on ne pouvait pas reconnaître ceux qui chantaient[120].

Un autre soldat explique, de même, après son arrestation en état d'ivresse pour avoir décidé de faire la «révolution» : «J'ai été cultivateur jusqu'à 16 ans, époque à laquelle j'ai appris le métier de boulanger. […] Je ne connais pas le chant de l'*Internationale*, j'en saisissais quelques bribes que je répétais[121]. » Il est net que tous les mutins ne disposent pas, en raison de leurs parcours et de leurs positions sociales, d'une culture partagée de la contestation et du chant politique. Aussi, on retrouve lors des événements des mélanges entre chansons. Au 28ᵉ RA, par exemple, les soixante mutins chantent alternativement l'*Internationale* et «repos, permissions» sur l'air des lampions, d'après le rapport du capitaine[122]. D'autres mutins ont recours à des chants moins connotés politiquement que l'*Internationale*, n'appartenant pas au seul répertoire socialiste. Ainsi, un officier trouve dans un cantonnement une affiche portant les paroles de la *Carmagnole*[123], et lors de troubles survenus le 14 juillet au soir, dans l'atmosphère festive, un soldat entonne *Gloire au 17ᵉ*, la chanson de Montéhus célébrant la mutinerie du 17ᵉ RI lors de la révolte viticole de 1907 : «Salut, salut à vous, braves soldats du 17ᵉ [...] Sous votre pantalon garance, vous êtes restés des citoyens[124]...» De multiples registres protestataires peuvent bien coexister durant les mutineries, reflétant la variété de leurs participants.

Le mélange des registres est plus net encore, à la 62ᵉ DI, où des hommes sont jugés pour leur chant de l'*Internationale* lors d'un trajet en camion, et se défendent :

> Pendant le trajet, mes camarades et moi avons chanté : quelques passages de «Sambre et Meuse», de l'*Internationale*, de Poupoule, etc., et bien d'autres chansons, sans toutefois pousser de cris hostiles[125].

Au chant révolutionnaire se mêlent le chant patriotique et le chant humoristique, manière d'en atténuer le caractère séditieux, signe, peut-être, de son emploi «innocent». Ailleurs, un témoin se

souvient que les trains de permissionnaires faisaient entendre l'*Internationale*, mais aussi les
chansons moquant les chefs de gare comme
« cocus »[126], et un autre évoque les deux chants
entendus dans la manifestation de la 14e DI, le
6 juin : l'*Internationale* et « le Pinard et le
Cafard[127] ».

Pour autant, s'il faut tenir compte du caractère
polysémique et hétéroclite des chants lors des
mutineries, on doit se garder de sous-estimer la
dimension politique des signes qui y sont déployés.
Les justifications du mutin Ledru, arrêté pour
avoir chanté l'*Internationale*, méritent pour cela
une attention particulière :

> Ce n'était pas une manifestation que nous voulions
> faire. J'ai pris un drapeau rouge comme j'aurais pris
> un drapeau tricolore. Nous avons chanté l'*Interna-
> tionale* comme nous aurions chanté une autre chanson.

Ce qui est dit dans ces deux dernières phrases
est à la fois vrai et réducteur. Vrai, parce qu'il est
évident que les signes de la dissidence déployés
durant l'événement ne sont pas tous chargés d'un
sens révolutionnaire conscient et profond — le
sont-ils toujours ailleurs ? — réducteur, parce que
durant les mutineries, ce sont bien ces signes
qui sont utilisés, et non d'autres plus neutres.
Rappelons-le : aucune *Marseillaise* ne se fait
entendre ; aucun drapeau tricolore n'est brandi
durant les mutineries, contrairement à ce que
suggère ce soldat. Si l'*Internationale* n'a pas forcément un sens très fort pour tous les hommes,
qui peuvent ne pas bien la connaître ou adhérer à

ses paroles, l'important est que dans 11 manifestations sur 13 le choix de ce chant, subversif entre
tous, ait été fait. Il atteste d'une volonté d'afficher
la désobéissance en la reliant aux pratiques civiles
et à l'univers politique de la protestation.

Le «bricolage» de l'action collective, et son
improvisation à partir de répertoires divers, se
confirme. Il conduit les mutins à adopter majoritairement les signes les plus évidents et les plus
immédiatement disponibles de la désobéissance :
le drapeau rouge et l'*Internationale*, scandaleux
dans un cadre militaire, visibles et efficaces. À la
marge, les mélanges et les réutilisations de registres
variés attestent de la polysémie d'une action qui
réunit des participants divers. Cette diversité révèle
en même temps le défaut d'organisation d'un
mouvement improbable. Pourtant, des efforts se
font jour dans certaines unités pour encadrer et
diriger l'action.

Encadrer les mutineries :
«comités» et «meneurs»

L'improvisation de l'action collective se traduit
par une série de problèmes à résoudre : que faire,
quand agir, comment protester, où aller, quelle
forme donner au mouvement ? Leur résolution
pratique est le fait d'individus ou de groupes
qui émergent, dans l'instant, pour diriger les
mutineries et esquisser une organisation du
mouvement.

On en lit parfois de vagues indices dans le
contrôle postal, comme au 221ᵉ RI où un soldat

écrit : « Dans mon régiment on a nommé un caporal colonel et nous marchons sous ses ordres[128]. » Ailleurs, cette idée suggère une politisation plus large, à l'image des « comités de soldats » en Russie. Le général Lebrun rapporte ainsi les paroles d'un mutin du 129e RI, qui déclare : « Nous aurons bientôt, nous aussi, les délégués des soldats au Parlement et il faudra bien qu'on nous écoute[129]. » De telles paroles angoissent au plus haut point les dirigeants[130]. Mais dans trois cas au moins, l'organisation des mutins n'existe pas qu'en paroles. On le voit dans la mutinerie que raconte L. Barthas, au 296e RI. Le premier temps de la révolte est marqué par la désorganisation et le désordre, laissant libre cours aux possibles dérapages, injures envers un officier et coups de feu en l'air[131]. La suite de l'événement révèle toutefois une tentative d'organisation très aboutie — et à laquelle Barthas ne donne pas suite :

> Le 30 mai à midi il y eut même une réunion en dehors du village pour constituer à l'exemple des Russes un « soviet » composé de trois hommes par compagnie qui aurait pris la direction du régiment. À ma grande stupéfaction on vint m'offrir la présidence de ce soviet, c'est-à-dire pour remplacer le colonel, rien que ça ! On voit ça d'ici, moi obscur paysan qui lâchai ma pioche en août 1914 commander le 296e régiment : cela dépassait les bornes de l'invraisemblance ! Bien entendu je refusai, je n'avais pas envie de faire connaissance avec le poteau d'exécution pour l'enfantillage de singer les Russes.

Le processus s'appuie sur la compagnie, regroupant autour de cent cinquante hommes, qui constitue fréquemment l'unité de base de l'action

collective. Le choix de Barthas pour en faire partie
ne peut surprendre : il est déjà connu de ses camarades pour ses opinions antimilitaristes, et ses
capacités à écrire ou à protester contre les iniquités
et l'arbitraire militaire[132]. En ce sens, bien sûr, il
n'est pas qu'un « obscur paysan ». Mais la réaction
de l'auteur est révélatrice. Il interprète ce processus
délibératif et inspiré du monde civil en termes
militaires : « remplacer le colonel » ; « commander
le 296e régiment ». Même pour un soldat qui
abhorre l'armée, dans l'immédiat, le cadre militaire impose ses catégories, et la direction des
mutineries s'envisage, en partie, sur le modèle
hiérarchique. Le refus de Barthas souligne enfin,
au-delà de la volonté de préservation personnelle,
un réel obstacle à une telle organisation : se doter
de chefs, c'est exposer des hommes à risquer gros,
« douze balles Lebel chargées de m'expédier dans
un autre monde avant l'heure fixée par le destin »,
comme l'écrit plus loin ce « presque » mutin.

On connaît également des désignation des responsables aux 370e et 217e RI. Ce dernier régiment
connaît l'indiscipline la plus longue du printemps
1917. Il descend des tranchées début juin dans la
Marne, et se voit dirigé vers Sainte-Menehould
où il prend connaissance des rumeurs — mutineries, attaques sanglantes — qui parcourent la
zone de l'arrière-front. Certains des soldats vivent
une situation qu'ils considèrent comme scandaleuse : « Ils étaient logés dans un manège sans
paille recouvert de sciure de bois, tandis que
des cavaliers jeunes étaient confortablement installés[133]. » Une première manifestation a lieu le
3 juin, durant laquelle les soldats crient :

> À bas la guerre! vive la Révolution — Nous voulons
> aller à Stockholm. On en a assez! Nos femmes et nos
> enfants sont massacrés par les noirs. Chacun son tour
> à la boucherie.

L'embarquement, en fin d'après-midi, dans un
train en direction de Mourmelon — les hommes
pensent être dirigés vers un secteur dangereux
— donne lieu à des scènes de chaos, avec une
fusillade au départ du train et tout au long du
parcours, des balles perdues causant deux morts
et des blessés, tandis que les mutins poussent les
mêmes cris et chantent l'*Internationale*[134]. Cette
première phase de l'indiscipline est donc marquée
par un désordre facilitant tous les débordements.
La seconde phase voit se mettre en place une
spectaculaire mise en ordre, les soldats s'orga-
nisant pour désobéir.

Installés dans des baraques au «camp Ber-
thelot» de Mourmelon, ils doivent partir pour les
tranchées le 5 juin. C'est alors que commence un
refus de marcher qui dure jusqu'au 12 juin,
durant lequel les mutins, tout en respectant les
officiers et les règles habituelles assurant la discipline au quotidien dans le camp militaire, s'organisent afin de rester déterminés et soudés pour
«ne pas monter» avant d'avoir obtenu repos et
permissions. Les officiers n'agissent pas immédiatement, dans la crainte d'une confrontation.
Aussi, la désobéissance dans la discipline — ne
pas monter, mais sans désordres — s'installe
durant une semaine entière, tandis que la hiérarchie hésite sur la conduite à tenir, dans une
complète irrésolution.

Les chefs sont désemparés, car ils sont confrontés à une réelle organisation des soldats. La « situation actuelle » au 9 juin est décrite par le chef du 217ᵉ RI :

> Toutes les unités font bloc. Il y a des délégués. Les liaisons de jour et de nuit sont établies entre les bataillons. Il y a des signaux d'alerte, des organes d'information, des liaisons avec les [autres] corps de la division et peut-être avec l'artillerie.

Les officiers font face à une action cohérente. Les mutins ont reproduit une organisation de type militaire, assurant surveillance, transmission des informations, mise en obéissance et maintien de la discipline. Au désordre et au chaos des scènes d'embarquement, le 3 juin, a succédé un refus structuré et dirigé. L'ordre qui règne dans la mutinerie est souligné par le chef de corps :

> Les meneurs préconisent l'union et l'entente, l'obéissance aux ordres des chefs en ce qui concerne le service intérieur, la correction de l'attitude, la discipline du rang, l'ordre dans toutes les corvées, les soins de propreté, l'entretien des armes et des effets de toute nature[135].

Qui sont ces « meneurs » ? Il est difficile de les connaître, les archives judiciaires étant absentes. Ils organisent des réunions quotidiennes, et installent une surveillance du camp visant à empêcher les défections, que rapportent d'autres officiers :

> Calme d'ordre extérieur complet. Organisation intérieure très serrée. Police très stricte assurée par eux-mêmes. Ils ont désigné des chefs-délégués. Résolus à

faire leur volonté. Solidaires. 13e et 15e cies et 6e bataillon particulièrement organisés[136].

Cette efficacité des «chefs-délégués» dans la
maîtrise et le contrôle de l'action s'accompagne
de tentatives pour négocier avec le chef de corps.
Celui-ci reçoit à deux reprises un soldat — dont il
ne donne pas le nom et précise que c'est «à titre
strictement individuel» — le soir du 8 juin et le
9 juin au matin. Alors que l'officier lui «dit de
dire à ses camarades de monter aux tranchées»,
ce délégué négocie et répond: «Nous suivrons
nos officiers partout, mais nous demandons préalablement un repos à l'arrière et des permissions
qui nous sont dues après nos fatigues[137]. »

Comme ailleurs, à la 5e DI par exemple, le
retour à l'obéissance est obtenu par un stra-
tagème — faire semblant d'accorder satisfaction
en conduisant les troupes vers l'arrière, afin de
mieux arrêter les chefs présumés dans un cadre
qu'ils ne maîtrisent plus. Ils sont condamnés à
des peines assez légères, sur lesquelles on est mal
renseignés, tandis que leur identité sociale nous
reste inconnue[138]. Le cas du 217e RI permet bien
d'observer, au-delà des individus, une logique
collective aboutie, qui mêle des éléments militaires — surveillance, liaisons, discipline — aux
procédés civils de la délégation et de la négociation. C'est ce qui assure, un temps, l'efficacité
de l'action, même si à long terme l'institution ne
peut que l'emporter. Cela révèle en même temps
un choix, celui d'une action ordonnée et respectueuse des officiers, considérés comme des interlocuteurs, sur lequel il faudra s'interroger.

On retrouve enfin ce type de fonctionnement au 370ᵉ RI, rendu fameux par Joseph Jolinon, avocat des mutins, et qui a milité dans l'entre-deux-guerres pour leur réhabilitation. Rappelons les faits : les soldats du 370ᵉ RI à Cœuvres refusent de « monter » le 2 juin, quittent leur cantonnement, évoquent l'idée de se rendre à Paris, et finissent par se réfugier à Missy-aux-Bois où ils sont encerclés. Ils tentent de négocier leur reddition contre la mansuétude des chefs, et finissent par se rendre sans conditions, le 8 juin. Leur action a pu durer, malgré l'absence de vivres, parce qu'elle s'est structurée. Son ordre est encore visible au moment de la reddition, qui impressionne les témoins par son calme : « Ils se rendirent en ordre parfait, par sections marchant au sifflet comme une troupe disciplinée [...] en fait, c'étaient tous de braves gens[139]. »

Parmi eux, Georges Pernin a contribué à organiser les mutins, en mêlant une fois encore éléments « militaires » et « démocratiques » :

> C'est lui qui proposa la désignation de deux délégués par compagnie et il fut élu « délégué » de la sienne, avec un nommé Mazoyer. Il était reconnu par tous comme le chef, centralisant les vivres et l'argent, faisant un « rapport » aux autres délégués, rassemblant les mutins au moyen d'un sifflet lorsqu'il avait une communication à leur faire. Enfin c'est lui qui avec Mazoyer fut désigné pour aller parlementer avec les officiers sur les conditions de la reddition[140].

Si des procédés militaires — le sifflet, qui rappelle le clairon ou le tambour d'autres mutineries — sont incontestablement présents, l'organisation ne se résume pas aux ordres passés d'en haut par un chef mais suggère bien une forme de délégation démocratique à plusieurs échelons[141]. C'est cette organisation qui permet à la désobéissance de durer. Mais on perçoit toute la difficulté du rôle des mutins chargés d'encadrer l'action, soucieux d'éviter les confrontations violentes, assurant pour cela un rôle d'organisation qui les rend plus visibles et suspects... Le statut de «parlementaire» ou de «délégué», s'il est quelquefois apprécié par les officiers de contact au moment de négocier avec les mutins, est fort mal vu lorsque la Justice militaire intervient, une fois la désobéissance refermée.

L'examen des «comités» et des «délégués» présents dans plusieurs mutineries conduit à réfléchir sur la nature du mouvement et sur la répartition des rôles en son sein. Si on ne trouve jamais une organisation préexistante, on assiste à plusieurs reprises à des *mises en ordre* de la désobéissance. Elle relève d'abord de l'identité militaire des soldats, de leurs habitus «professionnels» acquis sous l'uniforme, et d'une recherche d'efficacité dans l'action qui conduit au réemploi d'éléments disponibles, matériels (tambour, clairon) et fonctionnels (défilé en colonnes, sentinelles). Comme les policiers parisiens de 1944, les soldats n'envisagent pas — ou pas tous — l'action collective dans le désordre et le défoulement[142]. Mais leur recherche d'un ordre, succédant parfois au chaos, ne tient pas seulement à la discipline militaire : c'est aussi la reconstitution d'une forme de démocratie directe, à travers les délégués de soldats désignés par le vote ou le choix. Cela suggère un lien entre ces formes d'organisation et le cadre social républicain, où les soldats-citoyens sont depuis 1914 privés de l'exercice du droit de vote.

Ces mécanismes ne sont toutefois pas généralisés, à l'inverse du cas russe où les soviets ont une histoire plus longue, qui remonte à 1905, et font écho aux modes d'organisation révolutionnaires qui se mettent en place à l'arrière[143]. Ils s'ébauchent dans un contexte de surveillance intense qui laisse peu de temps aux soldats pour s'organiser. Le plus souvent, l'organisation se fait de manière informelle, par l'émergence d'individus qui se chargent de diriger l'action ou de prendre la parole. Désignés comme «meneurs», on doit s'interroger sur leur rôle réel et supposé.

Ces «meneurs» constituent à la fois une image et une réalité. Une image, parce que dans l'acception couramment répandue parmi les officiers et ceux qui tiennent au maintien de l'ordre, il faut des militants cachés pour organiser l'indiscipline. On n'imagine pas aisément qu'un tel mouvement puisse être improvisé : les «meneurs» seraient alors ceux qui l'ont préparé et l'orchestrent de façon occulte, suivant des penchants subversifs. De nombreux rapports portent la trace de cette vision des faits, comme au 234e RA, dont la désobéissance s'est produite le 6 juin :

> On se trouve en présence d'une mutinerie grave dont la responsabilité incombe à 4 ou 5 meneurs qui ont réussi par des menaces à momentanément détourner de leurs devoirs des conducteurs dont l'esprit est en général bon[144].

La première caractéristique du « meneur » ainsi accusé est son intelligence, qui constitue un danger abondamment souligné dans les avis émis par les chefs d'unités à la suite des incidents. On le voit au 159ᵉ RI, pour le soldat Saint-Julien :

> Sujet intelligent, il emploie toute son intelligence à créer des difficultés à ses chefs, et lorsqu'il a bu il devient méchant et insolent. Il n'est pas douteux que dans les regrettables incidents de ces jours derniers il ait joué un rôle de meneur[145].

Cette lecture de l'indiscipline par « l'intelligence », qu'on se gardera de négliger entièrement, les ressources culturelles et intellectuelles étant bien sûr utiles à la construction de l'action et des revendications, a pour corollaire la mansuétude pour les hommes « simples » égarés, tel le soldat Mangin, charretier, au 298ᵉ RI :

> Je le considère comme un homme un peu fruste, brutal même, mais poli, serviable, brave au feu et sans aucun mauvais sentiment. [...] Il a certainement subi l'influence d'un meneur adroit, et que je n'ai pu démasquer[146].

Ces discours bien ordonnés, voire circulaires — la désobéissance est le fait des « meneurs » préalablement repérés, et lorsqu'on n'en trouve pas, c'est que leur « intelligence » leur a permis de rester cachés —, ne permettent toutefois pas de rendre compte pleinement de la réalité. D'abord parce qu'ils achoppent sur le caractère réellement collectif de certaines actions, où les « meneurs » paraissent si nombreux que le terme en perd toute signification. Au 162ᵉ RI, le partage entre

« meneurs » et « menés » est formulé en termes
bibliques, mais n'est guère cohérent :

> L'attitude qu'il nous faut avoir : traiter avec autant
> de tact et de douceur que possible les brebis égarées ;
> mais nous efforcer à tout prix de mettre la main sur
> les meneurs qui paraissent malheureusement assez
> nombreux, une soixantaine au maximum[147].

Le chiffre d'une « soixantaine » de meneurs indique plutôt, chez ce chef, une incapacité à
admettre et à comprendre l'irruption d'une action
collective en temps de guerre. De plus, les représentations des officiers parviennent difficilement
à rendre compte de la désobéissance de « bons
soldats » qui n'entrent pas dans le stéréotype
préalablement défini de la « mauvaise tête ». C'est
souvent l'alcool qui tient lieu d'explication —
autant dire que tout reste à expliquer.

C'est pourquoi on peut déplacer en partie le ques-
tionnement des *identités* supposées des « meneurs »
vers les *pratiques et les compétences* qu'ils révèlent
dans l'action. Cela vise à rendre compte du fait
qu'il existe bien des soldats qui jouent les premiers
rôles dans la désobéissance. Il faut alors étudier
leur travail. Que fait un « meneur », et qu'est-ce
qui lui confère ce statut ? Lors de la mutinerie du
46e RA, les témoins sont interrogés de près afin de
connaître les instigateurs. L'un d'eux reconnaît
que le canonnier Gros a joué un rôle plus important, en exhortant ses camarades à désobéir :

> J'ai été très surpris de ce qu'il a fait le 18 juin. Au
> feu, il est courageux, au cantonnement, il est un peu
> rouspéteur, il ne boit pas fréquemment[148].

Il existe bien des individus plus actifs, qui prennent les événements en main, mais pas en fonction d'un passé subversif : ce sont plutôt des qualités personnelles qu'ils réinvestissent dans l'action collective. Parmi celles-ci, on trouve le fait d'avoir une forte personnalité et le courage nécessaire à la désobéissance ouverte. C'est pourquoi nombre de mutins ont le « type du baroudeur indiscipliné », selon l'expression de D. Rolland pour le soldat Lefrançois de la 5e DI : au 164e RI le mutin Guidez « était une forte tête, braillant et toujours prêt à réclamer » ; au 41e RI, le soldat Badoizel qui cherche à faire sortir des camarades du cantonnement est un « excellent soldat au feu [...] d'un caractère irascible, il a parfois une forte tête[149] ».

À côté de ces hommes dont on comprend bien que la forte personnalité les place au premier plan et les rende visibles dans l'indiscipline, sans que cela explique tout, on trouve surtout chez les « meneurs » improvisés la capacité à écrire ou à « bien parler » pour mettre en forme l'action. C'est ce qu'on voit au 129e RI où, parmi les huit cents soldats qui manifestent, les témoignages concordent pour désigner trois ou quatre hommes comme plus particulièrement actifs. Les deux individus les mieux repérables sont ceux qui disposent du plus de compétences, pour écrire des tracts — ce dont se charge le soldat Henri Mille[150] — et pour parler aux officiers ou lors des réunions. C'est le cas de Georges Lagnel, employé de commerce dans le civil :

> Je puis être dans une certaine mesure considéré
> comme un des meneurs parce que j'ai parlé ayant plus
> de facilité de parole que les autres, et poussé par les
> autres qui me disaient : « Tiens, toi qui parle bien, dis
> ça. » À un moment donné, je leur ai dit : « Mais enfin je
> ne veux pas parler tout le temps [...] je ne veux pas
> qu'on me prenne pour un meneur[151]. »

On perçoit, comme dans les grèves avant guerre, l'importance de la « force du verbe » pour cerner l'identité des « meneurs »[152]. Un autre élément contribue à faire de certains soldats des « meneurs » : leur fonction militaire peut les conduire à jouer un rôle plus important. C'est le cas, par exemple, au 18e RI, où l'un des mutins est le clairon qui est chargé de sonner le rassemblement[153], et dans le cas de Victor Milleret, en tête des mutins du 152e RI :

> Le 21 juin 1917, j'étais à la tête des hommes qui
> sont allés réclamer près du capitaine, c'était par force.
> [...] Ce n'est pas moi qui ai organisé la réunion.
> Plusieurs camarades sont venus me trouver et m'ont
> dit que je ne serais pas un homme si je ne venais pas
> avec eux, que l'on voyait bien que j'étais ordonnance
> d'officier, je ne pouvais monter par suite de fai-
> blesse[154].

Tout en révélant les logiques et les valeurs qui structurent les interactions entre mutins, sur lesquelles on reviendra, cette déclaration indique quel statut rend cet homme indispensable aux camarades qui sont venus le « trouver » : ordonnance d'officier, il est à même de s'adresser au capitaine qu'il connaît sans doute mieux ; familier des chefs, il saura mettre en forme la protestation et légitimer celle-ci.

Ces éléments dessinent donc une logique d'émergence des «meneurs» différente de ce que supposent la plupart des officiers : elle tient aux
compétences protestataires et aux fonctions militaires davantage qu'aux traits psychologiques ou
politiques des individus suspects. Toutefois, on
ne doit pas écarter entièrement la dimension
politique de l'analyse, comme pour le drapeau
rouge et l'*Internationale*. S'il convient de ne pas
en faire un modèle général, on retrouve bien
durant les mutineries des individus fortement
politisés, qui voient là une occasion d'agir. C'est
le cas, on l'a dit, de Barthas, militant socialiste,
qui refuse de prendre la tête du «comité» mais
met son savoir-faire politique au service des
mutins du 296ᵉ RI :

> Cependant je résolus de donner une apparence de
> légalité à ces manifestations révolutionnaires : je rédi-
> geai un manifeste à transmettre à nos chefs de com-
> pagnie protestant contre le retard des permissions[155].

Les mutineries voient agir des «contrebandiers»
(R. Ducoulombier[156]) de la culture socialiste au
front, qui sont souvent, comme ici, partagés entre
le souci de mettre en forme l'action et la protestation grâce à leurs compétences militantes, et la
volonté de rester cachés, se sachant surveillés et
soupçonnés par avance. C'est peut-être le rôle
que tient le caporal Duchêne au 74ᵉ RI, le 7 juin,
après la première grande mutinerie de la 5ᵉ DI à
laquelle appartient cette unité. Les inculpés du
refus d'obéissance soulignent son rôle d'insti-
gation, mais aussi son défaut d'action :

> Bergeron : « À la compagnie, nous avions un caporal
> nommé Duchêne, qui a des idées révolutionnaires, et
> qui disait : "Ne vous dégonflez pas, il ne faut pas
> monter." »
> Lamur : « Je croyais qu'il s'agissait d'aller parler aux
> chefs [...] le caporal Duchêne m'a dit de ne pas me
> dégonfler, mais lui n'a pas suivi le mouvement[157]. »

Si la politisation antérieure des individus est très
difficile à connaître, elle transparaît parfois dans
leurs écrits (Didier, au 18e RI, a été « élevé dans des
idées antimilitaristes et antipatriotiques[158] ») et
dans leurs actes, comme au 164e RI, où un seul des
mutins tient à donner une coloration rouge — et
politique — au mouvement qui s'ébauche le 30 juin,
le soldat Lauby, maçon à Lyon :

> Il était surexcité, proférait des propos contre la
> discipline disant « il ne faut pas retourner là-bas, les
> autres compagnies ne marchent pas, il faudrait se
> promener avec le drapeau rouge[159] ».

Il ne fait pas de doute que les mutineries représentent bien, pour certains soldats, une occasion
d'agir et d'actualiser des convictions politiques
tues ou cachées jusqu'alors, s'exprimant à travers
des ressources protestataires et un langage spécifiques : « Le fait est qu'il y avait une sensibilité
pacifiste et protestataire sur le front, un folklore
souterrain opposé au folklore tolérable[160]. » Les
drapeaux rouges et le vocabulaire du pacifisme
en participent, et ils font bien leur réapparition
lors des mutineries, portés par quelques acteurs
décidés à les faire voir et entendre.

Ces « meneurs » sont enfin des soldats fréquemment plus âgés, plus expérimentés, que leur personnalité ou leur statut reconnu par les autres combattants — Barthas, considéré comme «l'écrivain public» de son escouade — placent au premier plan. Car pour rejoindre une action collective, il faut que celle-ci apparaisse, un tant soit peu, consensuelle et légitime. C'est ce qui ressort fortement de la conversation surprise par des enquêteurs à la 167ᵉ DI, le 8 juin :

> Pour que ça marche bien et qu'on ait la paix il faudrait que tous nous en fassions autant, mais nous n'avons pas de meneurs et c'est ça qui nous manque. Il y en a bien 4 ou 5 qui ont essayé de faire un mouvement, mais c'étaient des disciplinaires, on ne peut tout de même pas marcher avec eux[161].

Ces soldats écartent d'eux-mêmes les «meneurs» qui sont des «disciplinaires», c'est-à-dire affectés aux bataillons disciplinaires en raison de condamnations antérieures, parce qu'ils ne leur reconnaissent pas la légitimité à mener leur protestation. Ils ne peuvent être leurs porte-parole, n'ayant pas de «capacité à dire sans encourir de démenti» des autres combattants[162]. La nécessaire habileté à «parler» des meneurs éclaire également un point très important : le choix fait, durant les mutineries, d'une protestation par la parole et l'expression de doléances ou de revendications, la violence étant encadrée autant que possible.

Limiter la violence, présenter des doléances

Les mutineries opèrent un renversement provisoire de l'autorité. Tous les protagonistes peuvent en être armés. Dans ces circonstances, on pourrait penser qu'une montée aux extrêmes serait possible, débouchant sur des affrontements et des actes de violence fréquents. La réalité est plus nuancée : si la violence est bien présente, des efforts importants sont faits pour la contrôler et la minimiser, en particulier dans les mutineries les plus organisées. Un travail d'encadrement conduit les mutins à délaisser majoritairement la violence et à entreprendre de respectueuses présentations de doléances aux officiers.

Il est possible de mesurer la violence envers les officiers durant les mutineries, à travers un tableau fondé sur l'étude des quatre-vingts incidents les mieux connus, et dans l'ordre croissant de la gravité des actes (fig. 6).

Il est net que la violence envers les supérieurs est minoritaire, les trois quarts des mutineries se déroulant sans mise en cause des officiers. La violence qui survient peut cependant être grave, même si on ne compte que deux chefs mis en joue (au 18ᵉ RI et au 85ᵉ RI). Il convient également, pour compléter les données brutes de ce tableau, de distinguer les différentes phases des actions collectives qui sont menées : on a vu qu'au 217ᵉ RI, une phase de mise en ordre respectueuse avait succédé à la fusillade désordonnée des débuts de l'indiscipline.

Fig. 6. *La violence envers les officiers*
durant les mutineries[a].

Type de violence, par gravité croissante	Nombre	%	% agrégé
Respect très marqué envers les officiers	7	8,8 %	Total actions sans violence : 73,8 %
Absence de violence	52	65 %	
Gestes ou paroles de menace explicite[b]	3	3,7 %	Total violence suggérée : 11,2 %
Coups de feu tirés en l'air	6	7,5 %	
Coups donnés ou projectiles lancés	6	7,5 %	Total actes violents : 15 %
Coups de feu tirés en direction d'officiers, sans viser[c]	4	5 %	
Officiers mis en joue	2	2,5 %	
Total	80	100 %	100 %

[a] : chaque incident pouvant donner lieu à différents types d'actes, on retient ici le plus grave.

[b] : exclut les cris génériques tels que «À bas les officiers!».

[c] : comprend les tirs sur les maisons où logent les officiers.

Cette coexistence de l'ordre et du désordre est visible dans les manifestations des mutins : même là où des soldats marchent en colonnes, des coups de feu en l'air peuvent être tirés. L'utilisation des armes a une dimension de mise en scène et d'affichage de la puissance provisoire des soldats, lorsqu'ils investissent l'espace et chantent en même temps l'*Internationale* interdite. C'est aussi une manière de signaler la désobéissance, en faisant entendre des coups de feu à l'arrière-front, là où normalement l'on n'entend plus les bruits de la guerre. Un récit d'officier le confirme au 109e RI, où la manifestation semble violente et désordonnée, avec plusieurs coups de feu en l'air :

> Peu après 22 heures, des coups de fusil nombreux ont retenti vers l'est, dans la direction de Soissons. Les coups de feu se sont rapprochés. Un bruit de voix, de cris, de chant, d'abord lointain, s'est rapproché peu à peu. [...] Du côté opposé, vers l'ouest, une manifestation bruyante s'est tout à coup déclenchée après trois coups de fusil dans le cantonnement du 1er bataillon[163].

Arrivé sur les lieux, le capitaine parlemente tant bien que mal avec les mutins et demande explicitement à deux d'entre eux de ne pas user de violence et de ne plus tirer. Il obtient cette assurance :

> Mon capitaine, soyez tranquille. Nous avons tiré en l'air tout à l'heure et nous vous promettons de ne pas nous servir de nos fusils. Nous voulons manifester notre sentiment, pas davantage.

Les coups de feu ont bien une dimension symbolique, et sont une manière de rendre visible et sonore la désobéissance, accompagnant souvent pour cela les cris et les chants au cours des manifestations. Il n'en reste pas moins que ces situations sont très instables, ce que ne manque pas de relever le même officier :

> La manifestation d'hier s'est limitée, dans son ensemble, à l'expression d'un sentiment et n'a pas dégénéré en bagarre. Mais il eut fallu bien peu de chose,

peut-être, pour qu'il en fût autrement. Il y avait en tête
de la manifestation quelques hommes très surexcités,
il y avait deux hommes ivres. Le moindre heurt mala-
droit ou violent aurait pu faire tourner la manifestation en émeute.

Il existe bien un potentiel de dérapage de ces
moments où l'autorité est renversée, à travers la
violence toujours possible de certains soldats,
qu'ils soient ivres, surexcités, pénétrés de la sensation d'une provisoire toute-puissance, ou simplement décidés à user de la force pour obtenir
satisfaction. La mutinerie peut alors tourner à
l'émeute, comme au 18e RI, au 70e BCA ou, en
pleine nuit, au 85e RI. Cela peut arriver d'autant
plus que les mutineries mettent parfois aux prises
les soldats avec des officiers qui leur sont inconnus
— comme ici où deux unités, le 17e et le 109e RI,
se croisent et se rejoignent dans l'indiscipline.
D'autres officiers sont connus mais détestés, et
des mutins peuvent être tentés de «régler des
comptes».

C'est ce qui ressort de la désobéissance à la
41e DI, unique exemple où des «meneurs» ont
délibérément incité à la violence, en lançant des
menaces ou en attisant la colère de leurs camarades. On le voit dans l'exhortation lancée par le
soldat Aubry (comptable de 21 ans) prenant la
forme de «répons» du chœur des mutins aux
questions du meneur qui leur désigne comme
cibles les deux généraux et les forces de l'ordre :

> Le soldat Aubry notamment jetait à pleine voix, au
> milieu d'un groupe de ses camarades, dont C., les
> questions suivantes auxquelles ceux-ci répondaient en
> chœur :

— Nous faut-il des obus, des canons? — Non!
— Qu'est-ce qu'il nous faut? — La paix!
— L'aurons-nous? — Oui!
— Avez-vous encore des cartouches? — Oui!
— Assez pour tirer sur des Bulot, des Mignot, des gendarmes, des flics? — Oui!
Pour la révolution, Hurrah[164]!

Si les cartouches resteront dans les fusils, on a vu que ces deux officiers ont été très sérieusement molestés. Mais c'est le seul cas repérable d'une violence organisée ou en tout cas encouragée. Les violences effectivement survenues relèvent ailleurs du règlement de compte personnel, ou d'une dynamique incontrôlée qui fait basculer la mutinerie vers l'émeute, dans un nombre limité de cas. On vérifie l'idée suivant laquelle l'action collective improvisée regroupe des individus divers, dont le rapport personnel à la violence (dans la vie civile, dans la protestation) peut varier, même si les sources restent trop lacunaires pour permettre de mener une étude spécifique des soldats passant à l'acte violent[165]. Une comparaison avec d'autres situations permet de mesurer plus finement le degré de violence lors des mutineries. Il se rapproche du niveau observable dans les mutineries russes de 1905-1906, où des coups de feu ont été tirés dans 11 incidents sur 211, proportion de 5 % un peu plus faible que dans le cas français[166]. Il apparaît bien plus faible que dans l'armée italienne, où, des deux côtés de la hiérarchie, les désobéissances collectives de 1917 donnent lieu à des violences très graves : les coups de feu des mutins y sont systématiques et débouchent, dans le cas de la brigade «Catanzaro» en juillet, sur un véritable affrontement faisant entre 12 et 30 morts parmi les officiers et les troupes restées obéissantes. La répression, elle, procède par décimations et exécutions sommaires, voire mitraillage des troupes désobéissantes[167]. On peut expliquer ces différences marquées dans l'usage de la violence à la fois par la nature des liens sociaux au front et par les structures institutionnelles : là ou l'armée italienne connaît des distances de classe extrêmement marquées, qui débouchent sur une brutalité disciplinaire instituée et un ressentiment permanent envers les officiers, des liens de fidélité, de déférence et d'affection restent valables dans une majorité des cas durant les mutineries françaises, où la « citoyenneté » des soldats est mise en pratique dans leurs actions collectives. La violence y est limitée non seulement par ces liens sociaux, mais aussi par les modes de protestation collectivement construits par les mutins.

On constate en effet les efforts des mutins pour encadrer l'action. Cela passe d'abord par le contrôle de l'ivresse, dont les mutins savent aussi bien que les chefs qu'elle peut conduire à des débordements. À la 5ᵉ DI, la sobriété des manifestants et des mutins a frappé tous les témoins, alimentant l'idée d'un « complot », comme si les soldats ne pouvaient sans aide extérieure se livrer à des actions collectives calmes et construites. Des soldats eux-mêmes s'en sont étonnés, ainsi dans cette lettre interceptée début juin :

> Il paraît qu'il y a beaucoup de régiments qui ont fait comme nous. Il paraît même que c'est nous qui avons

été les plus calmes. C'est vrai que cela s'est passé dans un calme incroyable. Ce qui est assez rare. Aucune menace contre personne. On a été très respectueux envers les officiers[168].

Ce résultat n'est évidemment pas donné d'avance : il procède d'un travail de mise en forme de l'action, opéré en particulier par le soldat Lagnel, qu'on a déjà évoqué comme «meneur». Il a en effet déclaré qu'«il était indispensable de ne pas se griser, qu'il était interdit d'avoir du vin dans les bidons, et qu'il ne fallait pas apporter d'armes[169]». Il reconnaît lui-même à contrecœur et en cherchant à minimiser ses responsabilités qu'il a pris la parole lors de la «réunion» des mutins le 29 mai après un soldat aux propos violents :

> Alors, presque malgré moi, j'ai pris la parole et j'ai dit qu'on devait se montrer calme et que la manifestation devait être pacifique[170].

De telles prises de position éclairent encore une fois ce qu'on pourrait dénommer le «dilemme des mutins» : agir pour mettre en forme l'action, la rendre efficace, c'est en même temps s'exposer à être considéré comme un porte-parole, un «instigateur», et risquer la répression la plus dure. Écrire une pétition ou se porter au-devant des officiers, c'est limiter les débordements collectifs, mais se mettre en danger individuellement. Il est d'autant plus remarquable dans ces circonstances que les efforts de mise en ordre de l'action soient si nombreux. Cela renseigne au fond sur la socialisation antérieure de ces mutins comme sur les rapports sociaux au front : on respecte les officiers qui font la preuve de leur courage, on s'adresse à eux avec déférence, à l'occasion, on tente de donner des apparences de légalité et de légitimité à la protestation qu'on peut appuyer sur un vocabulaire républicain des droits et de la citoyenneté[171].

On voit ces logiques à l'œuvre à de nombreuses reprises au cours des événements, ainsi au 44e BCP, dans l'exhortation à ses camarades du chasseur Simon : « Si nous voulons réclamer pour le repos et les permissions, il faut s'entendre, se donner la main et ne pas toucher aux officiers qui n'y sont pour rien[172]. » Ne pas « toucher » aux officiers dénote également une capacité à distinguer l'interlocuteur immédiat du but lointain, qui est un réel indice du caractère politique de la mobilisation. Au 298e RI, des manifestants l'expliquent volontiers à un chef de bataillon : « Ce n'est pas à nos officiers que nous en voulons, mais nous en avons assez de la guerre[173]. » C'est ce que disent également les mutins du 109e RI au capitaine Jean qu'on vient de citer :

> Nous ne vous en voulons pas à vous, les officiers, parce que vous souffrez avec nous et vous êtes exposés aux mêmes dangers, mais les embusqués ! Et ces c... de députés, ces bourreurs de crânes, ils se foutent de nous[174].

Aussi, malgré le caractère parfois virulent des revendications, le respect des formes et des chefs est un motif récurrent des mutineries, s'il n'exclut pas entièrement les dérapages. Il relève de dispositions individuelles, chez tous ceux qui insistent pour qu'on ne «touche» pas aux chefs, mais aussi d'une organisation collective là où celle-ci est mise en place, à travers les «comités» que nous avons étudiés. Au 370ᵉ RI, les mutins se sont entretenus avec leurs chefs avec un respect des formes souligné par un témoin:

> Au bout de vingt minutes, le capitaine envoyé en mission auprès des mutins était de retour. Il rendit compte qu'il avait été arrêté à l'entrée du bois par une sentinelle, dans toutes les formes que prescrit le service intérieur pour la garde d'un cantonnement d'alerte. Le poste avait été appelé; un caporal s'était aussitôt présenté au capitaine, en observant la position militaire la plus irréprochable et, à la communication que celui-ci lui avait faite, n'avait rien répondu. L'entrevue s'était passée très militairement et correctement, sans qu'aucune parole déplacée ait été prononcée[175].

Il existe bien durant les mutineries une volonté fréquente de *désobéir dans les formes*, en réutilisant au besoin les éléments de la vie militaire — salut, sentinelle — qui le permettent.

À l'occasion, ce respect des formes peut même prendre un caractère surjoué, lorsque des mutins font preuve de la plus grande discipline dans des contextes improbables, comme au 308ᵉ RI où les deux cent cinquante soldats réfugiés dans une «creute» pour ne pas «monter» se lèvent à l'entrée du général Taufflieb. Celui-ci n'est pas dupe dans son rapport:

> Tous se levèrent et, par leur tenue, manifestèrent un respect complet mais que je considère comme une manifestation voulue et concertée, d'un caractère

déconcertant pour une troupe venant de commettre un acte des plus graves d'indiscipline[176].

Cet effort de mise en ordre, voire de mise en scène de la politesse, de la correction et de la discipline se voit enfin au 298e RI, où une pétition est adressée aux officiers de la manière la plus respectueuse qui soit. Signée par compagnies, elle est mise sous pli et donnée directement aux officiers, le 26 juin 1917, à l'exception de l'une d'elles qui est envoyée par la poste et arrive le surlendemain[177]. Un lieutenant relate la scène, stupéfiante dans le contrôle de l'action qu'elle révèle :

> Deux soldats de ma compagnie, Puisais et Chauveau, me tendaient une enveloppe ouverte en me disant : « Voici ce que nous voulons mon lieutenant. Veuillez transmettre ce pli au lieutenant-colonel. » Puisais et Chauveau saluant firent demi-tour[178].

Faire sens des mutineries, c'est comprendre la coexistence des scandales ferroviaires avec ces formes extrêmement réglées de la protestation. Le contrôle de la violence est, au fond, une manière de légitimer l'indiscipline dans le cadre républicain. Il a pour corollaire le choix de la parole pour présenter des revendications.

La profusion de paroles qui se font entendre lors des mutineries passe d'abord par des cris multiples et désordonnés. Témoin direct, et pris à partie par les mutins, Émile Morin a raconté les « cris contradictoires » qui lui sont adressés par une vingtaine de soldats :

Nous en avons marre de nous faire massacrer pour
rien!... À mort les députés! À mort les marchands de
canons! À mort les embusqués! La paix! La paix! Le
42, debout! Venez avec nous[179]!

On trouve même des cris à la 5e DI, pourtant
ordonnée dans son indiscipline: «Tout à l'heure
sont passés des manifestants des trois régiments.
Ils sont calmes, crient à peine. Quelques cris seulement de "À bas la guerre", "Vive la grève"[180].»
Le chef de corps du 129e régiment, lui, met l'accent
sur le calme dans la présentation des doléances
qui suit la manifestation:

Les manifestants gardèrent toujours une attitude
calme, ne faisant pas de bruit, très respectueux, polis
et même courtois pour leurs officiers en leur affirmant
qu'ils avaient beaucoup d'estime pour eux[181].

En effet, on observe pour l'expression de
doléances et de revendications le même phénomène de mise en ordre et de mise en forme de
l'action observable pour le contrôle de la violence.
Lorsque la manifestation aboutit à une rencontre
avec les officiers, les cris cèdent généralement la
place à des discours plus calmes. À l'expression
désordonnée et bruyante succède un exposé réglé
et respectueux. Le mouvement du 26 mai à la
158e DI voit bien alterner les moments de tapageuse manifestation («les cris hostiles, les rumeurs
d'une foule, les coups de feu qui claquent[182]») et
de «délégation» se présentant devant le colonel
puis le général. Celle-ci est plutôt respectueuse,
présente des «motifs de réclamation», s'excuse
auprès du colonel nouvellement nommé («mais

vous arrivez et ne pouvez comprendre notre
mécontentement»), même si la mise en ordre
reste précaire : «Le colonel qui veut apporter des
paroles de calme est interrompu par un exalté
qui réitère plus crûment : "Toi, ta gueule, tu ne
nous connais pas[183]." » Le fait essentiel est bien
qu'une «délégation» a été reçue et a présenté des
revendications, retrouvant des formes civiles à
l'œuvre dans les manifestations et les conflits du
travail[184].

La réception d'une délégation et/ou l'écoute de
«doléances» respectueusement présentées sont
bien des éléments qui permettent de remettre de
l'ordre dans le désordre des mutineries. C'est ce
qui explique que des officiers désignent eux-
mêmes à l'occasion ces «délégués». Ici intervient
une ambiguïté fondamentale, qui permet de constater que les pratiques de l'autorité et de l'institution sont tout sauf normalisées face au désordre.
Certains officiers ont la hantise des délégués et
des porte-parole ; d'autres les suscitent afin de
pouvoir calmer une situation ou de parvenir à
connaître les causes du mouvement.

Au 170ᵉ RI, mi-juillet, le chef d'escadron reçoit
en effet une délégation de mutins : «8 hommes se
présentèrent à moi déclarant qu'ils venaient me
dire au nom de leurs camarades qu'ils ne voulaient pas relever la 5ᵉ compagnie[185].» Ils sont
arrêtés. Mais l'enquête révèle que c'est un lieutenant qui leur a donné l'idée de se présenter au
chef afin d'ordonner leur mouvement et de présenter des doléances (que cet officier subalterne
estime peut-être justifiées) de la façon la plus
correcte[186]. La figure honnie du «meneur» ou du

«délégué» a été *suscitée et encouragée* par un officier. De même, à la 69e DI, le lieutenant-colonel Chenèble a fait la part du feu et accepté de recevoir trois délégués afin de calmer l'agitation, ce qui lui vaudra d'être sanctionné et déplacé par le général commandant le corps d'armée[187]. On retrouvera ces différences d'appréciation à bien des reprises entre officiers de contact et officiers d'état-major. Ici, elles relèvent des logiques identifiées dans d'autres situations par les politistes, la réception de délégués pouvant être perçue comme un signe de faiblesse du pouvoir[188]. Ces désaccords ont une conséquence majeure, qui est l'incertitude extrême régnant sur le sort des «délégués» et de ceux qui prennent la parole au nom des mutins. Il s'agit d'une circonstance aggravante pour le haut commandement et la Justice militaire, alors même que ce peut être une manière pour les officiers d'*atténuer* le désordre. La dimension aggravante de cette place qui se confond avec celle de «meneur» se lit dans les attendus de plusieurs jugements, à la 41e DI (le condamné à mort Aubry l'est car il était «au premier rang de ceux qui sont allés exposer les revendications[189]») ou au 46e RA (les condamnés à mort Hautot, Gros et Roux «ont crié plus fort que les autres, parlant au nom de leurs camarades[190]»).

On dispose du témoignage de ce dernier lors de son interrogatoire, qui permet de comprendre de l'intérieur ce «dilemme des mutins», conduisant à s'exprimer tout en craignant de s'exposer. Le canonnier, selon un témoin, était bien un «meneur» et un délégué: «Roux a pris la parole en

disant qu'il allait parler au nom de tous ses camarades[191].» Celui-ci présente une version légè-
rement différente et montre que ces logiques de
prise de parole sont complexes, dans une interaction entre l'individu, ses camarades et l'interlocuteur officier :

> Je reconnais que j'ai pris la parole, mais c'est sur
> une interpellation du Lieutenant. Je n'ai pas parlé au
> nom de mes camarades, je n'ai parlé qu'en mon nom.
> J'ai fait remarquer au Lieutenant que je ne refusais
> pas de monter, mais que je voulais simplement avoir
> des explications au sujet du repos que le général avait
> promis[192].

Ne «parler qu'en son nom», c'est tenter
d'échapper à la qualification de «meneur». Le
soldat Monet du 32e RI rencontre le même dilemme
au cours de la mutinerie du 17 mai, lorsque le
chef réclame des réponses quant au refus de ses
hommes, et que chacun craint de s'exprimer :

> Comme personne ne répondait et que le capitaine
> insistait, j'ai cru bien faire en expliquant que le mécon-
> tentement était dû à ce qu'on allait faire une 2e attaque.
> J'ai dit : mon capitaine, voici ce qui se murmure dans
> la compagnie : les hommes monteraient volontiers de
> bon cœur à l'attaque quand leur tour reviendrait, mais
> ils prétendent que ce n'est pas le tour du bataillon[193].

Dire tout haut «ce qui se murmure» est à la
fois risqué et indispensable, pour faire savoir les
raisons de la désobéissance. Ceux qui osent parler
à voix haute peuvent se décider au dernier moment
comme ce combattant, sans doute plus facilement
lorsqu'ils sont de «bons soldats» entretenant une

relation de confiance avec l'officier qui questionne. Le plus souvent, dans l'émergence de «porte-parole», on retrouve la mise en avant de ceux qui «parlent bien», comme Joseph Lagnel cité plus haut à la 5e DI, ou Joseph Bonniot au 97e RI, «porte-parole de ses camarades mutinés», pour son lieutenant[194], comme pour le capitaine qui raconte :

> Bonniot prenait souvent la parole pour tous. Il m'a produit l'effet de quelqu'un qui tient un peu la bande dans sa main. Quand je m'adressais à l'ensemble c'est lui qui me répondait[195].

L'intéressé se défend et explique comment il aurait été mis en avant, suivant une logique qui paraît plausible et qui correspond à la construction de l'action par la prépondérance des hommes les plus compétents qu'on a pu identifier :

> Je ne suis pas un meneur comme on veut le prétendre. Les camarades m'avaient dit nous ne pouvons pas parler tous ensemble, tu prendras la parole et c'est pour éviter la cacophonie que j'ai parlé. J'ai été simplement le porte-parole mais je ne suis pas un meneur ni l'instigateur du mouvement[196].

La focalisation extrême de l'armée sur la question des «instigateurs» ne doit pas faire perdre de vue le point fondamental qui est la recherche, par les soldats comme par les officiers qui leur font face, de modes réglés de protestation. Ils coexistent évidemment avec des désordres bruyants et des dérapages, mais relèvent bien de processus politiques de mise en forme de l'action collective. On

le vérifie à travers l'intense usage de l'écrit que
font les mutins, confirmant la dimension de prise
de parole de leur mouvement, et constituant une
de ses grandes originalités.

Les usages de l'écrit :
tracts, lettres et pétitions

La place tenue par les écrits au cours de la
révolte est en effet significative. En plus des
189 graffiti inscrits par des permissionnaires sur
les trains, de fin juin à mi-juillet 1917[197], on trouve
durant les mutineries une dizaine de «tracts»
manuscrits (5e DI ; 54e, 298e et 300e RI), des écriteaux et affiches apposés dans les cantonnements
(121e, 151e, 224e RI ; 15e DIC), des lettres adressées
à des supérieurs (43e RIC, 26e RI), d'autres graffitis tracés sur des portes et des murs, et des pétitions d'unités entières[198].

Au-delà de la grande variété de ces éléments,
on constate la prégnance de l'écrit durant les
mutineries, comme véhicule multiforme de la
protestation. L'importance de l'anonymat y est
immédiatement mesurable. Sur les 28 écrits
recensés (et en dehors des graffitis ferroviaires),
25 sont anonymes, l'auteur du «manifeste» pour
les pétitions au 296e RI restant lui aussi caché,
«car si on apprenait quel était celui qui avait
rédigé cette protestation, si modérée soit-elle,
mon affaire était claire, c'était le conseil de guerre
certain[199]». Seules trois pétitions sont, par nature,
signées — le risque s'y diluant dans le groupe,
même s'il reste sensible pour certains qui n'osent

pas apposer leur paraphe, comme ce soldat qui écrit à sa femme :

> Hier on a fait circuler des listes pour ne pas aller aux tranchées presque tous les ont signées mais pas moi tu peux être rassurée [...] Je ne dis pas que je n'ai pas en horreur la perspective d'aller me faire tuer mais quant à *coucher mon nom* quelque part jamais. [...] Je ne sais ce qui va se passer aujourd'hui car on a fait arrêter les premiers de chaque liste et ils vont passer en Conseil de guerre[200].

En fait, si le risque est minime pour les signataires de milieu de page (à plus forte raison lorsqu'ils signent d'une croix[201]), il est fortement présent pour les premiers signataires qui sont arrêtés, interrogés, et se défendent tant bien que mal en soulignant leur respect des formes, comme au 31e BCP :

> Tout ce que je reconnais c'est avoir écrit de ma main au crayon une lettre qui déclarait que les chasseurs avaient besoin de repos et demandaient à descendre à Ciry-Salsogne a été remise par moi à l'ordonnance du capitaine. [...] Tout cela s'est fait d'un commun accord, de bon gré entre tout le monde[202].

Le deuxième point à relever, en lien avec cet anonymat, est le caractère plus ou moins radical des messages exprimés. Là où les textes sont signés, adressés aux chefs, les auteurs pouvant être identifiés, les revendications sont systématiquement modérées : un peu de repos (31e BCP, 43e RIC), des permissions (296e RI). On prend soin d'écrire ce qui est recevable, en bannissant la dénonciation de la guerre, la mise en cause des

officiers et les demandes liées à la paix (sauf au
298e RI où on mentionne une paix «honorable»).
On se limite à des revendications locales, concrètes,
sur lesquelles les chefs ont prise. Elles sont présentées de la façon la plus correcte, comme
lorsque les porte-parole des mutins exposent
leurs doléances, ainsi dans la lettre que le soldat
Dumas écrit au général Sadorge de la 2e DIC, en
y mettant les formes :

> Mon général, vous êtes notre soutien, nous vous
> demandons de l'indulgence pour nous. Nous n'en
> pouvons plus on ne peut plus ce tenir des pieds. On
> demande notre repos qui d'ailleurs, vous le recon-
> naissez est mérité. Recevez d'un poilu plein d'entrain
> mais qu'il se décourage de voir que l'on est tout le
> temps sur nous[203].

Comme dans les grèves, l'imparfaite maîtrise
du langage n'interdit pas le passage à l'écrit[204].
Les mutins sont pour la plupart issus d'une génération massivement scolarisée, habituée aux exercices scolaires où l'on apprend les formules de
politesse à placer au début d'une lettre — qu'on
retrouve abondamment dans le courrier adressé
à la Commission de l'Armée[205].
On voit en quoi la prise en compte des situations d'énonciation, des contextes d'écriture et
des destinataires complique les jugements qu'on
porte parfois rapidement sur ce que «veulent»
vraiment les mutins : cela varie dans des proportions importantes suivant qu'ils sont plus ou
moins libres de s'exprimer. Pour une revendication identique — les permissions — l'anonymat
permet une virulence bien plus grande. Le mani-

feste qui les réclame, transmis, de façon risquée, aux officiers du 296ᵉ RI, use de termes mesurés et du langage patriotique : « Nous avons offert notre vie en vue de ce sacrifice pour la Patrie[206]. » À l'inverse, les inscriptions anonymes relevées dans la ville de Ham, elles, dénoncent ou menacent de façon violente :

> Peut-on dire qu'il y a de nombreux officiers qui sont partis 4 fois en permission alors que le simple poilu y va 3 fois
> Donnez-nous des permissions où l'on se rend aux Boches
> Des permes où on tue le colon
> Des permissions ou la révolution[207]

Même violence dans un cantonnement, sur une inscription anonyme relevée par un des inspecteurs de police chargés de surveiller les mutins : « Le sang français est un sang de cochon. Plus on l'égorge, plus il dégorge. Signé : un buveur de sang, Nivelle[208]. » Enfin, les graffiti tracés sur les trains expriment à l'occasion la même radicalité : « Mort aux embusqués c'est une bande de vaches ils seraient bien mieux au front[209]. » On y lit de plus des inscriptions très politisées, loin de la réserve, de la neutralité ou du langage patriotique des pétitions et lettres aux chefs : « Vive l'anarchie », « L'État, je l'emmerde » ; « Vive l'Internationale ou la paix de suite[210]. » En fonction du destinataire, le contenu est inégalement construit et radical : c'est là un élément fondamental permettant de comprendre les « revendications » des mutins et leur caractère alternativement extrême ou modéré. L'anonymat permet de plus l'ex-

pression de positions politisées jusqu'alors inter-
dites et condamnables comme subversives, comme
dans le «discours» manuscrit daté du 11 juin où
un soldat écrit :

> Camarade prend les armes contre tout ceux qui
> conduisse cette guerre infâme et non contre les boches
> [...] en France tout est buveur de sans qui font
> massacrer vos frère et père et vous-même. Camarade
> faite la révolution tous en cœur pour la paix. Chantont
> tous en frère l'*Internationale* Anarchiste et Révolution-
> naire[211].

Au-delà, on peut se pencher sur les pratiques
d'écriture repérables dans les écrits des mutins.
On constate d'abord la grande précarité des
moyens matériels, et le dénuement effectif de
cette mobilisation improbable. Comme lorsqu'il
s'agit de confectionner des drapeaux rouges, on
«bricole» au sens propre et figuré les éléments
permettant d'accompagner l'action par l'écrit :
apposer une planchette de bois portant une
inscription à l'encre contre un gros arbre ; tracer
des graffitis à la craie sur des wagons, déchirer
en deux morceaux une carte postale militaire sur
laquelle on griffonne à la hâte un tract lancé
depuis un camion (fig. 7).

Ce dénuement matériel amène les soldats à faire
preuve d'inventivité, comme au 121ᵉ RI («les
types ont fait des affiches qu'ils ont posé sur les
routes avec une bougie allumée de chaque côté
où ils réclamaient tout leur dû de permission ou
ils ne marcheraient plus. Alors le Colonel a eu
peur et demanda le pourcentage à 25 % à la
Division[212]») ; mais dans l'ensemble il conduit

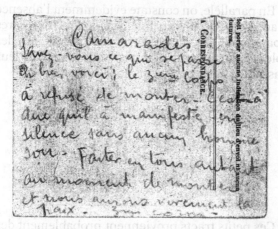

Fig. 7. Tract manuscrit de mutins à la 5ᵉ DI.

Non daté, rédigé au crayon sur un fragment de carte de correspondance militaire (9 x 7 cm). « Camarades savez-vous ce qui se passe eh bien voici : le 3ᵉ corps a refusé de monter. C'est-à-dire qu'il a manifesté en silence sans aucun homme sou. Faites-en tous autant et nous aurons vivement la paix. 3ᵉ corps. » SHD 19N551.

bien les mutins à pratiquer un « braconnage[213] » souvent peu efficace, écrivant ainsi leurs graffitis sur des urinoirs[214] ou des maisons abandonnées[215] lorsqu'ils sont dans l'environnement plus surveillé de la ville, à Reims ou à Ham ; traçant des inscriptions à la fois décidées et dérisoires sur les trains vers Paris, aussitôt effacées à l'arrivée[216]. De même, les « affiches » des mutins ne sont que des affichettes d'un format très réduit, imposé par l'absence de supports plus adaptés au front. Cela explique aussi la réutilisation comme support d'une pétition d'une carte d'état-major au 1/80 000ᵉ[217].

En parallèle, on constate évidemment l'absence d'accès à l'écrit imprimé, en dehors des rares «papillons» pacifistes retrouvés parfois sur des soldats qui les ont obtenus, sans doute, à leur passage à Paris en permission[218] (fig. 8) :

Fig. 8. «*Papillon* » *pacifiste imprimé (juin 1917).*

Ces petits tracts proviennent probablement des mouvements pacifistes, mais personne n'arrive vraiment à en savoir plus, pas même les inspecteurs de police infiltrés parmi les soldats pour les surveiller et les surprendre[219]. Si les intentions de ces graffitis, de ces tracts et de ces affichettes sont multiples et aisément lisibles — signifier l'indiscipline, la faire connaître, provoquer ou dénigrer les chefs —, ces écrits, eux, sont bien peu lisibles.

Mais cela ne signifie pas qu'ils soient forcément secondaires ou inefficaces. Ils éclairent à leur tour les logiques des mutineries : transmission de l'information, mise en forme de l'action. La première de ces logiques est assurée par les «tracts» de la 5e DI et d'autres unités, mais aussi par les graffitis sur les trains («C'est épouvantable une guerre pareille, révoltons nous ; c'est le moment[220] ») et par les écriteaux placés entre les cantonnements de différentes unités, comme entre le 224e et le 308e RI : «N'allez pas vous faire tuer. Nous

empêcherons toute relève.[221] » S'ajoutant aux
lettres par lesquelles les mutins diffusent leur
mouvement (« Le général commandant la 77e DI
m'a rendu compte que les mutins restés à l'arrière trouvaient le moyen d'écrire et tentaient de
faire parvenir des correspondances à leurs camarades restés aux tranchées[222] »), ces écrits font la
preuve de leur efficacité, en particulier, comme
on l'a vu, au passage de la 5e DI. Ils constituent
surtout, pour leurs auteurs, une prise de parole
qui brise ou tente de briser un instant le monopole
du discours dominant sur l'espace public. Deux
graffitis de mutin s'opposent explicitement à la
parole officielle : « Les communiqués ne les croyez
pas » ; « Changer les affiches, à bas la guerre[223]. »
De telles prises de position correspondent à un
élément fondamental de l'expérience combattante, la volonté de dire le vrai sur la guerre et de
contredire les discours officiels lorsqu'ils passent
sous silence les souffrances réelles[224].

Au-delà, les écrits contribuent à structurer les
actions collectives. À deux reprises, ils accompagnent une manifestation : à la 41e DI, le cortège
défile devant des affiches disant « Vive la paix au
nom de toute l'armée[225] » ; au 298e ce sont quatre
affichettes qui disent : « À bas la guerre. Nous ne
monterons pas. Il faut le dire, il faut le crier. » Ces
dernières jouent surtout un rôle pratique en indiquant les heures et les lieux de la mobilisation :
« À afficher partout ce soir avant 5 heures[226]. »
Surtout, l'écrit joue un rôle de légitimation et de
mise en forme de la protestation. Nulle part cette
recherche de la légitimité et de la juste forme
pour l'action collective n'est plus forte qu'au

298ᵉ RI, où les soldats ont collectivement signé
une pétition, après une semaine de désobéissance
où des «réunions» de débat sur la guerre avaient
déjà rassemblé des centaines de soldats[227]. La
pétition est dictée par le soldat Chauveau, qui en
transmet ainsi le texte à des hommes de chaque
compagnie, lesquels font ensuite signer leurs
camarades, en tirant parti des ressources de
chacun (à un instituteur, on emprunte son encrier
et son porte-plume[228]). Plus de mille hommes
souscrivent à ce texte :

> Les soussignés sous-officiers, caporaux et soldats
> vous prient de transmettre au colonel du 298ᵉ
> Régiment d'Infanterie leur intention bien déterminée
> de ne plus retourner aux tranchées dans le cas éventuel
> où vous auriez reçu des instructions nous y obligeant.
> Tous nous sommes solidaires les uns des autres et
> vous rendons compte que la continuation de la guerre
> actuelle qui a déjà fait verser le sang de millions de
> victimes n'est plus qu'une duperie, sans aucun profit
> pour la France et moins encore pour ceux qui la font
> réellement. Espérant par notre attitude qui n'est pas
> isolée amener nos gouvernants pendant qu'il en est
> temps encore à une paix honorable[229].

La mise en forme opérée par la pétition a bien
pour but l'unité et l'unanimité des combattants
autour d'un discours et d'un mode d'action
reconnus comme légitimes. On y voit d'abord la
présentation des pétitionnaires, respectant les
figures imposées de ce mode de protestation («les
soussignés...») et l'inscrivant en même temps
dans un cadre militaire en suivant la gradation
hiérarchique des «sous-officiers, caporaux et
soldats». Ces signataires mettent en avant leur

unité et leur solidarité: «intention bien déterminée»; «tous nous sommes solidaires». Cette
unité s'exprime graphiquement à travers la forme
pétitionnaire, cent cinquante signatures étant
inscrites très près les unes des autres sur des
feuilles de petit format, 13 par 18 centimètres ou
moins. Surtout, ils mettent en avant leur statut de
combattant: c'est une dénonciation de la guerre
par «ceux qui la font réellement». D'ailleurs les
non-combattants sont laissés de côté, ce que
raconte un militaire: «À la CHR on ne nous a
présenté aucune liste pour signature[230].»

Enfin, il s'agit d'un refus de la guerre, à la fois
local et immédiat («ne plus retourner aux tranchées») et général («une duperie», «millions de
victimes»), exprimé de manière nette mais
toujours très respectueuse et contrôlée, jusque
dans la paix qui est espérée «honorable». Cet
écrit très déférent dans ses formes l'est encore
dans son mode de transmission aux officiers,
comme on l'a vu, avec des remises sous pli aux
commandants de compagnie.

À chaque étape, on le voit, la légitimité de la
désobéissance est construite, en mots et en actes,
à travers l'emploi d'une forme de l'action collective, la pétition, à la fois reconnue depuis la Révolution française et toujours problématique[231].
Avec plus de mille signatures, le succès de la
mobilisation est ici indéniable, signe sans doute
de la légitimité de la forme choisie, mode réglé
et respectueux de protestation qui semble faire
l'unanimité[232]. Mais la modération de la forme
n'indique en rien la limitation des buts. On voit
ici au contraire la volonté de transmettre l'indiscipline, du bas en haut de la hiérarchie, des signa-

taires vers les commandants de compagnie, puis le chef de corps et enfin le «gouvernement». En ce sens, cette pétition représente bien une des extrémités du «continuum d'indiscipline» de 1917, son versant le plus construit et le plus politisé, avec les lettres aux députés[233] et les efforts parallèles d'autres unités pour rejoindre Paris et «informer» le gouvernement, comme à la 5e DI : «Nous voulons que les députés connaissent notre manifestation : c'est pour nous le seul moyen que nous ayons à notre disposition pour leur faire comprendre que nous voulons la paix[234].»

Comment mène-t-on une action collective en temps de guerre? L'étude des mutineries de 1917 permet de dégager les singularités de ce mouvement, mais aussi de le relier aux tendances longues de la protestation et des mouvements sociaux. On peut ainsi inscrire les mutineries dans la continuité des conflits sociaux que connaît la France au début du xxe siècle. Elles en reprennent les signes, *Internationale* et drapeau rouge, avec le bricolage qu'impose le dénuement matériel d'une action improvisée. Elles illustrent également la tendance au contrôle de la violence, et à l'usage de l'écrit comme véhicule d'une protestation qui porte des messages et transmet des doléances. Les mutins, et parmi eux les «meneurs» et entrepreneurs de l'action, réutilisent dans l'urgence et l'improvisation les formes protestataires ordinaires et éprouvées que certains connaissent dans la vie civile, ainsi que les éléments de la vie militaire (la marche en colonnes, le son du clairon) qui permettent d'ordonner l'action.

L'identité des participants permet de vérifier une
donnée fondamentale des mouvements sociaux,
révélée ainsi par les travaux sur les grèves : « Ce
n'est pas l'extrême dénuement qui mène à l'action
collective, mais une forme d'intégration[235]. » En
effet, les mutins sont relativement moins nombreux à occuper des positions très dominées dans
l'espace social. Cela suggère bien un partage des
modes d'action entre ces derniers, capable d'une
« prise de parole » (*voice*), et les comportements
de défection/désertion (*exit*) plus fréquents parmi
les soldats les moins qualifiés. À l'inverse, on trouve
bien, dans les déterminants de l'obéissance maintenue, des logiques sociales : rapport à l'autorité
et à l'ordre, tenant à des positions sociales faisant
craindre la « révolution » et la subversion.

Mais ces traits communs entre les mutineries
et les conflits sociaux de la vie civile n'impliquent
pas qu'on puisse qualifier la désobéissance des
soldats de « grève » en lecture directe. Elle reste
improbable, dans le cadre d'une armée en campagne, dans un espace rural où les unités sont
dispersées et isolées, et où les participants ne sont
généralement dotés d'aucune expérience préalable et commune de l'action collective. Celle-ci
est dangereuse, illégitime et illégale. Aussi, on
identifie bien, dans un grand nombre de faits où
la protestation est à peine ébauchée, accompagnée
de précaires écrits, les modes d'action collective
« repliés et modestes » caractéristiques des contextes
d'interdiction[236]. Cela conduit les mutins à affronter une série de problèmes pratiques, qui se
posent avec une acuité plus grande que dans le
monde civil. Comment organiser la protestation

sans trop se mettre en avant et passer pour un « meneur » ?

Pour résoudre ce dilemme, les mutins doivent *faire nombre*, à la fois pour que la mobilisation « prenne », et pour ne pas s'exposer. On retrouve le problème important du seuil de mobilisation et de la taille critique nécessaire à la réussite de celle-ci[237]. Ici, on vérifie l'idée suivant laquelle, pour le succès d'une mobilisation, « si les nombres comptent, ce ne sont pas forcément les grands nombres[238] », mais la perception par les acteurs qu'un seuil a été franchi, qui promet le succès face à l'institution, et assure la protection des participants[239].

Mais les mutins, même en nombre, ne recherchent guère l'affrontement. Cela permet de réfléchir aux dimensions politiques de l'action : la volonté régulière de s'adresser « respectueusement » aux officiers et, au-delà, aux gouvernants, l'improvisation de formes représentatives et l'usage de la pétition inscrivent bien les mutineries dans le cadre de l'espace politique et social républicain[240]. La violence, recours habituel des groupes protestataires les plus dominés et les moins intégrés, est ici très largement encadrée et limitée[241]. Plus qu'un affrontement, les mutineries sont une immense prise de parole des combattants. Mais que disent et que veulent les mutins, à travers leurs cris, leurs « doléances » et leurs écrits ?

Chapitre V

PRENDRE LA PAROLE

Raisons, représentations
et revendications des mutins

La mutinerie est parfois vue comme «déraison»
par les officiers et par les historiens qui adoptent
leur regard, aussi il importe de comprendre de
quels sens les mutins peuvent l'investir, et quelles
raisons ils donnent à leur désobéissance. On sait,
en effet, que l'étude du langage et des discours
tenus par les acteurs permet d'éclairer puissamment les logiques d'un mouvement social, en
évitant de lui faire dire ce qu'il ne dit pas[1]. La
leçon vaut d'autant plus pour les mutineries,
événement dont le langage est particulièrement
difficile à entendre. En effet, elles présentent le
paradoxe d'être, plus qu'un affrontement, une
immense prise de parole, au sein d'une institution
et d'une société habituées à interdire ou à réduire
au silence, le temps de la guerre du moins, les
discours critiques; et d'être entièrement dépour-
vues d'un langage constitué et légitime, faute de
durée, de porte-parole reconnus, de relais média-
tiques et même de témoins qui auraient pu le
mettre en forme par la suite. Les mots des mutins
sont à la fois une pièce centrale de leur répertoire

d'action, et une pièce manquante de l'événement et de son récit.

À d'infimes exceptions près, tous les mots des mutins qui nous sont parvenus ont été retranscrits par des tenants de l'autorité, aux diverses identités — officiers confrontés aux manifestations et consignant les cris et les conversations dans leurs rapports ou leurs témoignages, contrôleurs du courrier relevant les lettres subversives, greffiers de la Justice militaire notant les paroles émises lors des interrogatoires et des audiences. Pourtant, l'ensemble de ces sources, à manipuler avec précaution, peut permettre d'accéder aux paroles et aux représentations des mutins de 1917. Celles-ci constituent un enjeu interprétatif majeur, loin d'être refermé.

Paroles de mutins,
interprétations d'historiens

Comprendre les discours des mutins contribue à assigner un « sens » aux mutineries. On a vu à de nombreuses reprises la tension, dans les usages faits de l'événement et les récits de la Grande Guerre, entre la réalité des pratiques et des actes des mutins, et la volonté d'y lire un événement marginal, anodin, un égarement momentané ou accidentel vite refermé par un retour « volontaire » à l'obéissance ou au patriotisme. Dans ces lectures réductrices, la question des revendications et des représentations tient naturellement une place importante. Que des mutins expriment un réel refus de la guerre et une aspiration à la

paix, et cela fragilise encore l'échafaudage intellectuel, déjà bien peu étayé par la réalité des
pratiques, qui voit en eux «les plus patriotes des
combattants-citoyens[2]». Au contraire, qu'on lise
dans leurs revendications avant tout des demandes
matérielles, prosaïques, tenant aux permissions
ou à la solde, et l'événement peut être plus efficacement rejeté du côté de la protestation militaire,
de la «grogne» passagère, voire de la «grève»,
loin d'une remise en cause du conflit.

L'analyse est rendue difficile par la profusion
et l'apparente confusion des paroles émises lors
des mutineries. Les officiers qui font face aux
mutins notent ainsi des revendications très disparates, comme le chef de bataillon Ménager du
36e RI :

> Nous ne voulons plus faire d'attaques. On nous a
> trop bourré le crâne avec la dernière et elle a coûté
> trop cher. Nous voulons la paix et que nos gouver-
> nants ne refusent pas d'entrer en pourparlers avec
> l'Allemagne. Nous n'admettons pas qu'on nous fasse
> tuer pendant qu'à l'arrière les embusqués roulent en
> autos avec des femmes, pendant que les profiteurs
> s'enrichissent de façon honteuse et pendant que les
> ouvriers des usines gagnent jusqu'à 25 francs par jour.
> Nous voulons qu'on respecte les tours de permission
> et qu'on ne se moque pas de nous en ne nous envoyant
> pas en permission quand nous sommes au repos. Nous
> ne voulons pas qu'à Paris les Annamites soient em-
> ployés à faire la police et à tuer nos femmes. Nous
> voulons être mieux nourris[3].

Dans ces paroles en désordre, les questions les
plus matérielles côtoient l'aspiration à la paix et
la préoccupation de l'arrière. Comment faire sens

de la diversité des discours tenus par les mutins,
dont ces doléances donnent un aperçu ? Plusieurs
types d'argumentation peuvent être déployés pour
cela.

La première méthode relève de la substitution :
à ce que disent les mutins, les historiens substituent d'autres messages, non pas ce qu'ils disent
et veulent effectivement, mais ce qu'ils sont
censés avoir dit, voulu ou pensé. Cela est parfois
« déduit » de leurs actes, comme lorsque les commentateurs tirent argument du déroulement des
mutineries en arrière des tranchées pour en
réduire la gravité ; c'est le plus souvent assigné de
façon totalement arbitraire, loin de tout travail
sur les sources, comme dans l'évocation de mutins
pour qui « la guerre devait être victorieuse » et
pour cela décidant de désobéir à de « mauvais
chefs[4] ». On n'a eu de cesse, dans ce travail, de
critiquer cette façon de procéder.

La seconde solution est une opération de
réduction. On prend acte de ce que les discours
tenus sont effectivement multiples, mais on les
réduit à ce que « les mutins » pensent au fond, ce
qu'ils pensent « vraiment ». C'est ce que font à la
fois Guy Pedroncini et Leonard Smith, lesquels
font largement reposer leur interprétation d'ensemble sur telle ou telle citation choisie comme
étant emblématique et révélatrice de l'événement
tout entier. L'assignation d'un sens aux mutineries
se fait par le choix d'un exemple « trop parfait[5] ».
C'est le cas, de façon particulièrement nette, dans
la conclusion du livre de G. Pedroncini, lequel
reprend (sans note) une citation attribuée à des
mutins affirmant, *in fine*, leur volonté de se battre

en cas d'attaque allemande («Quand on les voit attaquer, on tire dans le tas») et en déduit que «le nombre des hommes qui eussent refusé de se battre devant un péril immédiat aurait été faible», mais aussi que le «pacifisme» et la «lassitude» de la guerre auraient été, dans les mutineries, secondaires[6]. Il affirme surtout que les revendications sont pour l'essentiel triviales, et non politiques :

> Ce que demandaient les soldats, des permissions, du repos, un minimum de confort aux cantonnements et dans les trains, une meilleure nourriture, était légitime[7].

L'essentiel de cette opération de réduction tient donc à une minimisation des raisons des mutins, limitées à des préoccupations matérielles, d'ailleurs «légitimes», la question de la fin de la guerre et du rapport des combattants à celle-ci étant complètement occultée, de même que les enjeux politiques — tout cela à partir d'une sélection parmi les exemples et les citations possibles.

Cette argumentation par réduction se retrouve dans le travail consacré par L. Smith à la 5e DI, où l'auteur sélectionne, parmi les demandes diverses des mutins, celles qui correspondent le mieux au modèle qu'il dessine du soldat-citoyen, à travers les allusions aux députés :

> On ne peut guère surestimer l'importance du fait que les soldats adressent leurs demandes à leurs députés. [...] Même à l'heure la plus sombre, la conception de la «nation» des soldats restait définie dans les termes de la Troisième République, et la

République dans les termes de la souveraineté populaire[8].

Un problème majeur est ici l'attribution d'une
pensée ou d'un langage aux «soldats» constitués
en entité collective. Deux ou trois citations
deviennent ce que pensent et disent «les soldats»
ou «les mutins». Il est ainsi frappant de lire une
généralisation aussi vaste que «la conception de
la "nation" des soldats». On remarque l'absence
de procédures de contrôle et en particulier de
comptage permettant de se déprendre de cette
essentialisation. Enfin, un choix parmi les divers
arguments des mutins conduit à la reconstruction
historienne, univoque et abstraite, de leurs raisons et de leur rapport à la «nation», correspondant en fait à l'hypothèse de départ : celle de
«soldats-citoyens» fidèles à la République et à un
patriotisme défensif[9]. Comme chez G. Pedroncini,
le mouvement argumentatif évoque l'existence de
l'opposition à la guerre, mais la réduit en trouvant
et en citant des textes qui nuancent l'opposition
au conflit ou réaffirment la volonté d'y combattre.
Même lorsque les mutins crient ou écrivent «À
bas la guerre!», les historiens — coutumiers de la
posture du chercheur omniscient qui sait lire et
narrer le grand texte de l'histoire[10] — choisissent
de citer ceux d'entre eux qui disent leur volonté
de continuer le combat.

On comprend dès lors pourquoi les manuels ou
les ouvrages de synthèse reprennent la lecture
réductrice d'un événement dont la portée est
minimisée et le sens unifié par ces choix interpré-
tatifs : «Les combattants ont surtout voulu dire

qu'ils en avaient assez d'être sacrifiés par un commandement qu'ils jugeaient incompétent[11].» Mais plutôt que de chercher à détenir le dernier mot sur ce que les mutins ont *voulu dire*, il nous paraît nécessaire d'étudier ce qui a effectivement *été dit*. Pour comprendre les discours des mutins, on peut formuler deux rappels et plusieurs propositions.

Il faut d'abord redire toute l'importance des pratiques protestataires, et refuser le schéma interprétatif qui ferait du discours le révélateur, en dernière instance, d'une nature ou d'un sens de l'événement. Ceux des mutins qui expriment et construisent des discours ne sont pas plus dépositaires de ce sens que ceux pour qui la participation à l'indiscipline se fait sur un mode silencieux, non réflexif et non construit. Il n'existe pas de vérité plus grande des discours qui nous sont les plus lisibles et des raisons de désobéir qui nous semblent les «meilleures». Ensuite, il faut rappeler qu'il convient de faire preuve de prudence au moment d'attribuer des pensées et des représentations aux hommes du passé, sur la base de traces documentaires éparses. Et si l'on veut chercher à le faire de façon rigoureuse, il faut en premier lieu prendre acte de la diversité des individus et des situations.

C'est vrai, d'abord, entre les différentes mutineries, comme permet de le comprendre le travail presque exhaustif de D. Rolland, qui replace chaque incident dans un contexte précis et montre les variantes des discours et des revendications. Ainsi, il permet de saisir la spécificité des demandes, entre les unités où l'on réclame du

« repos » et des « permissions », et celles où se font
entendre des revendications plus politiques en
rapport avec la fin du conflit. Il montre également
la difficulté à connaître les « raisons » et les représentations présidant à de nombreux incidents[12].
La mesure des revendications effectivement exprimées dans les événements les mieux connus
s'avère cependant possible, à travers un simple
comptage auquel on s'essaie ci-dessous, et peut
permettre d'avancer sur des bases plus solides.

Il faut aller au-delà et rappeler qu'au sein d'une
même mutinerie, on aurait tort de postuler la
cohérence des demandes et des pensées. Posons
l'hypothèse simple qu'on peut agir ensemble sans
penser et vouloir la même chose. Ainsi, au
128e RI, deux porte-parole des mutins ne disent
pas du tout la même chose lorsqu'ils s'expriment
devant les officiers : le soldat Cary incarne le
versant matériel des revendications (« On ne nous
donne pas les permissions qui nous sont dues, ni
le repos qu'on nous a promis ») et le soldat Breton
leur versant politique (« Il faut faire la paix à tout
prix ; se battre comme ça, c'est idiot[13] ! »). Lequel
des deux exprime ce que pensent *vraiment* les
mutins ? Lequel révèle la vérité de leur « rapport
à la nation » ? L'un d'eux est-il représentatif des
quatre cents manifestants, environ, de cette unité ?
Autant de questions qui conduisent à abandonner
l'illusion d'un discours homogène « des soldats »
ou « des mutins ».

Au-delà de ces différences dans ce que disent
les individus, en fonction de leurs convictions, de
leur identité et de leur socialisation antérieure, il
faut saisir combien les contextes peuvent faire

varier les représentations et l'expression des
acteurs, du début à la fin de l'événement. Les
mutins peuvent ne pas penser, ni dire, ni même
s'autoriser à dire les mêmes choses dans les situations différentes du désordre ou de l'ordre retrouvé.
C'est pourquoi il importe de ne pas détacher les
discours des pratiques de désobéissance, qui les
éclairent, et de prendre garde aux situations
d'énonciation. On ne dit pas la même chose caché
au sein d'une foule et seul devant ses juges, à des
officiers qu'on connaît bien et à des enquêteurs
qu'on ne connaît pas, à ses proches dans une
lettre et à ses camarades dans un train de permissionnaires. Comprendre les mots des mutins,
c'est saisir la spécificité des contextes et des situations où ils s'expriment, sans chercher à toute
force à établir une cohérence, individuelle ou
collective, dans les discours de ce qui reste un
groupe d'hommes improvisant une action fugace.

Cette remise en contextes peut aussi permettre
de se distancier d'une lecture directe qui verrait
naturellement dans les différentes paroles retrans-
crites les «représentations» des mutins. Savoir à
qui ils s'adressent, c'est aussi pouvoir saisir des
stratégies argumentatives. Les soldats qui désobéissent et cherchent à légitimer leur mouvement peuvent faire varier les propos en fonction
des objectifs et des interlocuteurs. Le discours
dominant fait alors l'objet d'un jeu complexe
de rejet et d'appropriation, qui dépasse effectivement l'alternative réductrice de soldats «pacifistes» ou «patriotes». Les expressions favorables
ou défavorables à la guerre, loin d'attester l'une
ou l'autre attitude intime, peuvent aussi être lues

comme des stratégies discursives, de modération
ou de provocation.

En multipliant ainsi les axes d'étude, les
analyses peuvent dépasser l'apparente dissolution
des mots des mutins dans une irréductible diversité sociologique et événementielle, pour comprendre leurs quelques traits communs. Ceux-ci
renvoient à des vocabulaires et des imaginaires
combattants constitués avant les mutineries, dont
on a cherché à montrer la complexité (à travers
la quadruple identité des soldats-civils-citoyens-
combattants) comme la cohérence (l'attente de la
«fin», la dénonciation des injustices). Ces vocabulaires préexistants, colorés par des cultures
politiques individuelles dissemblables, s'articulent
aux logiques de situation spécifiques du printemps 1917, pour dessiner une grammaire de la
protestation collectivement inventée et improvisée. Reste à voir comment celle-ci se heurte, à
chaque instant, aux limites du dicible durant la
Grande Guerre, mais aussi comment elle en joue,
en cherchant à justifier et légitimer l'injustifiable.

Grève, tapage, scandale…
les mots incertains de la mutinerie

Les manières de vivre la désobéissance sont
très diverses, à commencer par les façons de
la nommer. L'événement singulier qui traverse
l'armée française au printemps 1917 a quelque
chose de confus, d'imprévu et même d'incompréhensible. Sans précédent dans son ampleur et ses
formes, la protestation collective surprend bien

des « mutins » eux-mêmes, qui, loin de l'omni-
science ultérieure des chercheurs, sont souvent
bien en peine de nommer et de décrire ce qui se
passe durant les mutineries. Il est en fait très rare
de lire le mot « mutinerie », même s'il n'est pas
entièrement absent : « Le poilu en a totalement
marre, ça se mutine tour à tour », écrit un homme
du 109ᵉ RI début juin[14].

Dans un courrier écrit au lendemain de la mutinerie de son unité, un soldat du 298ᵉ RI éprouve
ainsi quelque difficulté à mettre de l'ordre dans
la description des événements et à dire si cela va
« mal » ou « bien » :

> Cela ne va pas le régiment est en révolution personne
> ne veut monter en ligne et personne ne veut aller au
> feu nous sommes tous entendus nous voulons la paix
> ou la relève, ça barde je vous l'assure... Je ne sais pas
> ce que l'on va faire de nous je vous assure que le
> régiment ne va pas on a fait une révolte qui va bien...
> Quant aux permissions je ne sais pas quand car ça va
> mal et très mal et d'un côté très bien pour nous car
> nous ne voulons plus monter en ligne[15].

Ici encore, le discours est multiple. L'aspiration
indéniable à la paix coexiste, chez un même individu, avec le souci plus immédiat de la « relève »
et des « permissions », dans l'indétermination sur
le sens à attribuer aux événements. On note aussi
que le mot « révolution » permet de désigner la
mutinerie au moment où elle se déroule.

Devant la difficulté à nommer ce qui se passe,
c'est donc ce terme qui est le plus souvent employé, assez loin des connotations qui lui sont
habituellement associées, lesquelles renvoient à

la perspective menaçante ou espérée de la révolution socialiste, ou à la grande référence de 1789. La charge politique du terme est bien moindre pour les nombreux soldats qui décrivent leurs mutineries comme des révolutions locales, comme au 129ᵉ RI : « On s'est mis en révolution[16]. » Un autre soldat de cette unité écrit, de même : « Je vous ai dit que le régiment ainsi que toute la division l'on n'avait pas voulu monter aux tranchées nous somme toujours en révolution mais à présent ça commence de se calmer[17]. » Plutôt que la volonté de «faire» la révolution, l'emploi du terme désigne une manière «d'être» en révolution, c'est-à-dire d'avoir rompu avec l'obéissance et la discipline. Un soldat de la 77ᵉ DI emploie ainsi le mot : « Dans nos contrées ce sont des divisions entières qui sont en révolution et refusent de marcher[18]. »

Ces usages localisés et analogiques de la «révolution», entendue comme renversement de l'autorité dans une unité, indiquent aussi que les mutineries sont parfois vues comme des revanches prises sur les officiers. Un soldat décrit ainsi des «émeutes» : «C'est tellement bon que beaucoup de régiments ne veulent rien savoir. Il y a des émeutes. Cela tourne au tragique[19]. » Certains, de même, parlent de «révolte» pour décrire leur action, comme ici à la 5ᵉ DI :

Enfin la fin de la guerre est proche, le 129, le 36, le 74 se sont révoltés et tout le 20ᵉ corps. Nous refusons d'aller aux tranchées et surtout d'aller à la boucherie comme des moutons et tous les régiments vont faire pareil. Cela sera comme en Russie et il n'est pas trop tôt car après un hiver comme cet hiver nous en avons bien assez de cette sale guerre[20].

Encore une fois, on lit ici la volonté que la guerre se termine, aspiration qu'il convient décidément de prendre au sérieux. Mais cette description de la « révolte » est expressément niée, dans la même unité, par un autre combattant, signe de l'absence de dénomination stabilisée, et surtout des diverses manières dont se construit et se raconte l'expérience commune des mutineries :

> Nous et un autre régiment, on ne s'est pas révolté, si tu veux, mais nous avons fait des manifestations. Comme cette guerre n'a pas de but, pour finir, on s'est tous réunis et là nous avons tous décidé que voilà trop longtemps que cette guerre dure[21].

Des « manifestations » plutôt qu'une « révolte », signe également d'une volonté, chez certains soldats, de présenter comme légitime leur action et leur mouvement. C'est d'un tel souci que participe le recours au vocabulaire de la grève dont certains font usage. Toujours dans la même unité, pour laquelle les sources sont abondantes, on lit ce terme, de façon assez vague encore, dans une lettre de combattant :

> Ces jours derniers a éclaté une sorte de grève dans deux régiments de la division à propos de la nourriture d'abord et ensuite parce que l'on devait monter attaquer du côté du Chemin des Dames. Les deux régiments se sont réunis et ont demandé aux officiers de bien vouloir transmettre au gouvernement ce que l'on pensait de cette guerre[22].

On constate bien la polysémie des mutineries pour ceux qui y participent, polysémie qu'on doit relier tant à l'indétermination des faits au moment même où ils se déroulent qu'à des façons différentes de les vivre et d'y participer. Une dernière lettre de ce même 36e RI évoque sans plus de précision un «incident». Elle permet, enfin, de mesurer l'extrême variété des demandes pouvant être portées par un même individu, allant comme on l'a vu du plus immédiat au plus lointain, du plus matériel au plus politique, du plus précis au plus vague :

> Au moment de monter en ligne il est arrivé un incident dans le corps d'armée au sujet que nous réclamons le droit pour les choses suivantes :
> 1° La paix et le droit des permissions en retard.
> 2° Plus de boucherie, nous voulons la liberté.
> 3° Sur la nourriture car c'est honteux.
> 4° Pas d'injustice.
> 5° Nous voulons pas que les noirs à Paris et dans les autres pays maltraitent nos femmes.
> 6° Qu'il nous faut la paix pour nourrir nos femmes et enfants et de pouvoir donner du pain aux femmes et orphelins.
> Nous réclamons la paix, la paix[23].

Insistance significative qu'il convient d'entendre. Notons l'indéniable diversité de l'événement «mutineries» pour ceux qui y ont participé : incident, manifestation, grève, émeute, révolte, révolution, autant de termes qui attestent d'une incertitude devant des faits hors du commun, et un événement improvisé. Mais ils révèlent aussi des cultures de la protestation dissemblables. Comme on a vu, il y a non seulement des épisodes

« ordonnés » et « désordonnés » de mutineries, mais aussi la coexistence dans un même événement de plusieurs façons de faire, entre ceux dont le « travail » consiste à encadrer, organiser et contrôler l'action collective, et ceux pour qui elle est d'abord un exutoire, une occasion de transgresser des règles, de renverser l'autorité et, pourquoi pas, de se défouler sur un mode festif. Cela se traduit dans la manière d'éprouver, de dire et de retranscrire l'expérience.

Pour certains, les mutineries sont avant tout un moment bienvenu de chaos et de rupture avec l'ordre militaire. On lit ces impressions dans de nombreux courriers saisis où leurs auteurs évoquent l'indiscipline en employant des termes qui la réduisent à un désordre passager et bruyant. Tout un champ sémantique du bruit et du « tapage » est alors employé pour retranscrire la désobéissance. Celle-ci est renvoyée du côté d'une action brève, désordonnée et non construite, d'une protestation sonore et minimale. On le voit ainsi au 10e BCP (« Dans l'armée il y a eu aussi un peu de chamboulage même dans notre division cela n'a pas eu de suite[24] »), au 159e RI (« Aux tranchées tu vois des poilus qui se débinent des premières lignes. C'est la pagaille personne en veut plus[25] »), ou encore au 298e RI (« Je crois qu'il va y avoir du chambard si on nous fait remonter aux tranchées[26] »). Ces termes ont bien pour point commun d'exclure toute dimension politique (au sens habituel) de l'action, et de la lire sous l'angle du désordre qu'elle crée. On lit aussi ces représentations des faits au 129e RI, dans la semaine qui suit sa grande mutinerie :

> Il y a eu du potin, pour ne pas dire davantage.
> Nous ne sommes pas montés aux tranchées et il y a
> eu du chambard.
> Le régiment avait fait du raffut[27].

Il est intéressant de noter que ces représentations sont présentes à la 5e DI, là même où
certains combattants ont pu formaliser de la
façon la plus précise et politiquement construite
leur action, évoquant la nécessité de parler aux
ministres et aux députés. On voit qu'on aurait
tort de construire un modèle unique du mutin,
correspondant trop bien au «soldat-citoyen»
conscient de ses droits et construisant des revendications. Il existe bien une fraction des soldats
— impossible à quantifier, mais dont rien ne dit
qu'elle est négligeable — dont l'expérience de la
contestation se fait sur un mode minimal, non
construit et non politisé. Les termes employés
renvoient ainsi la protestation du côté du désordre
et du bruit, sans mentionner de revendications
ou de doléances.

Ces façons de voir renvoient également au
rapport non construit à l'armée et à la guerre que
l'on a cherché à mettre en évidence, où le conflit
est avant tout un événement subi, par l'intermédiaire du «ils» ou du «eux» lointain et impersonnel qui donne les ordres, suivant un mode de
lecture correspondant aux visions du monde et
aux habitus des couches sociales les plus dominées. C'est en ce sens qu'on peut lire cette phrase
relevée à la 70e DI :

> Ils voulaient nous conduire en Champagne, en sor-
> tant des tranchées, mais vu le grabuge ils ont compris
> qu'il n'y avait rien à faire[28].

Ce rapport subi et non construit à la guerre
peut, en retour, alimenter des modes de protestation et de transgression spécifiques à ceux qui,
dans les classes populaires, sont habitués à obéir
« à leur manière, qui autorise sinon exige de
mettre un peu de "bazar" », comme les « disponibles » ne voulant pas l'être pour la guerre
d'Algérie[29]. On lit bien ces expériences de la mutinerie comme désordre minimal sans véritable
transgression dans plusieurs termes qui servent à
décrire celle-ci : pour un soldat du 36e RI, c'est de
la « rouspétance[30] » ; un soldat du 140e RI signale
que « ça rouscaille vilain[31] », tandis qu'un autre
de la 70e DI écrit à un ami : « Je voudrais que tu
nous voies rouscailler et faire du tapage[32]. »
Les mutineries sont bien, pour certains, un
exutoire limité précédant le retour à l'ordre. Le
registre du « tapage » ou de la « rouspétance » pour
désigner les mutineries peut indiquer, en même
temps, une limite forte à la contestation : la
« pagaille » suppose le retour à l'ordre, elle n'est
pas une démarche constructive et revendicative
et n'a de but que négatif — ne pas monter — dans
les textes cités. Ainsi, l'intériorisation par des
acteurs du caractère provisoire et limité de cette
indiscipline est attestée dans plusieurs documents : à propos des grandes manifestations de la
5e DI, un soldat écrit « on a fait un peu la mauvaise
tête[33] », et un autre que « nous avons fait les cons,
nous en payons les conséquences[34] ». Ces mutins

peuvent avoir une conception des rapports d'autorité où l'ordre et la discipline sont immuables et finissent par prévaloir, tandis qu'il revient aux soldats de maugréer, de se plaindre, de « rouscailler ».

S'il convient de ne pas généraliser en lisant les mutineries comme une déraison, on doit bien prendre la mesure de leur polysémie, qui permet à certains de les vivre sur un mode minimal et non construit, comme un défoulement s'opposant à l'ordre de l'armée. Pour certains, cet ordre militaire et disciplinaire est tellement pesant que la désobéissance est une revanche. C'est en ces termes qu'un soldat décrit la mutinerie du 298e RI, qui a pourtant pris la forme calme et respectueuse de la pétition :

> Je t'assure que le moral est bon on ne veut plus remonter aux tranchées dimanche le colonel a pleuré de voir qu'il n'était plus le maître et ça va de plus en plus fort je t'assure que les officiers ne nous embêtent plus[35].

Dans la même unité, abondamment contrôlée, ce sont des termes bien plus violents qui sont choisis par un autre combattant : « Ce qui arrive en ce moment les officiers l'ont bien cherché car ils nous en ont fait voir depuis trois ans. Chacun son tour et je crois que cette fois nous les aurons[36]. » En écho à ce discours, un des graffitis apposés sur les trains à la fin des mutineries indique bien : « Nos chefs, on les aura », dans un renversement ironique et significatif de la formule de Pétain à Verdun qui résumait le programme de ténacité minimale justifiant en 1916 la continuation de la guerre[37].

Ce potentiel de libération des ressentiments opère dans plusieurs incidents, aboutissant à des menaces parfois sérieuses pour les officiers[38]. Une autre lettre l'illustre au 413e RI, avec la mutinerie vécue par le soldat Collas sur un mode assez désordonné et violent :

> Me voila parti vers les officiers en criant « À mort ». Ils se sont débinés. Bon ça se passe. Ils font le rapport à la compagnie ; j'arrive le lieutenant qui voulait me faire [illisible] était là ; il me fait une observation, je veux lui casser la gueule et comme c'est un curé, je crie à toute voix : « À bas la calotte, mort aux officiers[39]. »

Pour ce soldat, les mutineries sont bien une occasion de passer à l'action, dans un défoulement menaçant. La violence verbale envers les officiers comprend aussi l'irruption de paroles anticléricales, jusqu'alors refoulées, ce que confirment les inscriptions relevées sur des trains, fin juin et début juillet, où « À bas la calotte ! » revient à cinq reprises et où l'on trouve un graffiti disant : « À bas Drumont, mort aux calotins[40]. » La prégnance d'une certaine religiosité et du thème de la « croisade » dans le discours dominant semble très mal vécue par certains hommes pour qui les mutineries sont une occasion de rompre et de faire entendre d'autres mots. On devra revenir sur cette dimension de libération de la parole que revêt l'événement.

Le thème de la revanche est enfin présent dans un autre courrier relevé au 20e BCP, qui évoque un affrontement imaginaire avec la cavalerie :

Le moral est très bas et les poilus sont comme de
lions lâchés, ils ont la tête brûlée, les dragons chargent
sur nous mais rien ne peut arriver c'est nous qui seront
les maîtres ou nous tuerons tous les cavaliers[41].

On rejoint par là les rumeurs sanglantes accompagnant parfois les mutineries ; on saisit surtout
l'ampleur du renversement vécu par certains,
décidés à savourer le bref moment où ils sont « les
maîtres ». L'opposition à l'institution que révèlent
ces discours emplis de menaces et d'idées de
revanche, et qu'on aimerait évidemment pouvoir
plus précisément relier à des propriétés sociales,
se retrouve dans les graffitis de mutins qui portent
à quatre reprises la phrase « À bas l'armée ! ».

Mais ces façons de vivre l'expérience des
mutineries comme une rupture — provisoire ou
radicale, tapageuse ou revancharde — avec l'institution coexistent avec des représentations « grévistes » qui transposent au front les vocabulaires
du conflit social. La question des mutineries
comme grève fait l'objet de discussions : c'est le
titre et la clé d'interprétation générale adoptés
par D. Rolland, rejoint par F. Cochet[42], tandis
que L. Smith a explicitement pris ses distances
avec ce terme[43]. On souscrit à ces réserves : le
cadre légal et mental d'une armée en guerre est
en effet incommensurable avec celui d'une entreprise, même dans le contexte d'extrême dureté
des rapports sociaux au début du XXᵉ siècle. De
plus, la multiplicité des pratiques de désobéissance interdit de résumer sous un terme unique
et réducteur le mouvement. Mais cela n'empêche

pas de se pencher sur les représentations de ceux qui ont effectivement, parmi les soldats, construit leur participation aux faits sur le mode «gréviste».

On le voit au 298ᵉ RI, dans une référence nette aux revendications civiles perçues en parallèle : «Ici nous étions en grève nous avons demandé la paix et non la semaine anglaise mais je crois que ça n'aboutira pas à grand'chose il y a trop d'ignorants parmi les camarades[44].» La référence à la grève indique bien ici une façon plus construite et maîtrisée d'envisager la désobéissance, rapportée à un but — la paix — dépassant le simple défoulement. C'est ce qu'on peut voir également dans un courrier relevé au 129ᵉ RI, qui établit un parallèle clair entre pratiques de contestation civiles et «grève» militaire : «Tu demanderas à ton patron ce qu'ils font à Paris, car il doit savoir ce qui s'y passe et chez nous on fait la même chose mais encore pire qu'à Paris[45].»

Cependant, les mutineries où l'action est explicitement pensée comme une grève, dans des textes de soldats, sont assez peu nombreuses. Ce thème est relativement moins présent que celui de la «révolution», tout comme dans les graffitis sur les trains : on compte vingt-deux inscriptions «vive la révolution» contre une seule portant le mot de «grève[46]». On rencontre celui-ci au 136ᵉ RI dans un courrier : «Si on ne m'envoie pas en permission, je suis décidé à me mettre en grève. La grève des poilus ça devrait être assez chix surtout aux tranchées[47].» On le voit également au 60ᵉ BCP : «La grève du bataillon est terminée, tous sommes montés aux tranchées», écrit un soldat après la mutinerie, tandis qu'un autre combattant évoque cette action comme une « lutte très pacifique pour nos droits comme celle de tout bon français[48] ». Notons ici que penser faire une « grève », en adopter le registre, est aussi une manière de légitimer l'indiscipline. De plus, vivre et décrire les mutineries comme une grève est également une façon de s'appuyer sur des savoirs et des références civiles de la protestation : « La grève de notre division a été bien conduite[49] », écrit un soldat de la 41e DI, ce qui suggère qu'il maîtrise bien lui-même ce mode d'action.

Il importe cependant de saisir en quoi la lecture « gréviste » des événements, qui verrait les mutineries comme un refus momentané de combattre suspendu à la satisfaction de menues revendications matérielles, passe à côté de l'immense rejet de la guerre qui s'y exprime, et des formes très diverses, légalistes ou transgressives, que peuvent prendre les revendications.

Le « politique » et le « matériel »

À travers les différents mots — grève, tapage, révolte, chambard, manifestation, grabuge — qui disent leur action, que veulent les mutins ? Cette question fait l'objet de l'attention la plus soutenue de la part des exégètes, qui délaissent fréquemment à son profit l'étude des pratiques et des actes de désobéissance, ou les réduisent à de « simples » refus de monter aux tranchées. On ne peut lui apporter de réponse unique, tant les aspirations peuvent être dissemblables entre deux mutineries et même deux mutins. Pourtant, en s'appuyant sur le constat d'un refus de la guerre mis en pratique de multiples façons par les combattants qui manifestent, affrontent l'autorité, désertent, se révoltent ou se dispersent, on doit chercher à mesurer et comprendre leurs revendications et les façons dont elles sont construites. Le refus de la guerre les imprègne de part en part, mais peut être décliné de façons diverses.

L'enjeu est d'abord de parvenir à articuler les deux pôles vers lesquels peut tendre l'interprétation : un «pacifisme» des mutins qui s'exprimerait par des paroles et des représentations hostiles à la guerre, de nature «politique», ou, au contraire, leur «modération», visible dans des revendications «matérielles», permissions, repos, meilleure nourriture. Les historiens ont jusqu'ici systématiquement procédé à une mise en avant de ces dernières permettant de minimiser la dimension d'opposition à la guerre du mouvement. Sans nier leur importance, on voudrait en redonner une juste mesure, de plusieurs façons complémentaires : en comptant, d'abord, ce qui se dit et se crie dans les mutineries ; en prêtant attention, ensuite, aux formes du discours opposé à la guerre pour en constater la virulence ; en analysant enfin les ressorts «politiques» des revendications «matérielles» les plus prosaïques, pour comprendre que ces deux pôles s'opposent moins qu'ils ne se complètent.

Plusieurs combattants suggèrent d'ailleurs sur le moment la complémentarité de ces aspirations à la paix et à la permission, à la «fin» et au repos. Parfois, ce sont différents individus au sein de la mutinerie qui les expriment, comme au 85e RI, suivant un témoin : « Les uns demandaient la paix, les autres voulaient des permissions, d'autres chantaient l'*Internationale*[50].» Les mêmes individus peuvent tenir alternativement ces différents discours. Un soldat l'explique dans une lettre qui décrit la radicalisation progressive des revendications :

> Nous nous sommes révoltés toute la 5e DI, nous avons refusé de remonter en 1e ligne car c'était pour attaquer. Mais maintenant, ce n'est plus des permissions que nous voulons, c'est la fin de la guerre[51].

Dans bien d'autres unités, les «permissions» et la «fin» sont demandées en même temps. Un officier qui discute avec des mutins au 99e RI le rapporte, indiquant à la fois leur refus d'une guerre trop longue, leur hantise égalitaire et leur amertume devant des permissions insuffisantes : «Le thème général paraissait être que la guerre durait depuis trop longtemps — que l'on ne tient pas les promesses faites concernant les permissions et que ce sont toujours les mêmes qui se font casser la gueule[52]. »

On le voit aussi dans la lettre déjà citée d'un soldat de la 5e DI qui énumère ses demandes, mentionne d'abord les permissions et la nourriture, et conclut sur «la paix, la paix». De tels mélanges peuvent paraître contradictoires : à quoi serviraient des permissions en cas de paix immédiate[53] ? Ces deux revendications sont en fait un but lointain et un but immédiat; une aspiration et un objectif. Les savoirs pratiques développés par les soldats depuis 1914 ont amplement démontré l'inertie de la guerre, et si les événements du printemps 1917 peuvent permettre de croire et d'espérer sa fin proche, partir en permission reste une perspective infiniment plus probable, dont chacun ou presque a déjà fait l'expérience. Elle paraît plus accessible que la «fin» toujours repoussée.

La complémentarité de ces demandes tient aussi à ce qu'elles participent d'une même volonté de ne plus combattre, exprimée à la fois de façon abstraite ou réaliste, radicale ou modérée. La permission est en effet une paix personnelle et provisoire, un «substitut à la paix[54]». La demander, et l'obtenir très largement lorsque l'armée choisit de disperser à l'arrière les mutins réels ou potentiels, permet effectivement de sortir du conflit et de ne pas aller aux tranchées. En ce sens, il n'y a pas de contradiction dans les cris «À bas la guerre, nos permissions» qui se font entendre dans les mutineries : dans les deux cas, c'est une volonté de ne pas aller au front qui s'exprime.

La demande des permissions a, enfin, un dernier sens : elle est un instrument puissant permettant de légitimer l'indiscipline en l'adossant aux textes réglementaires et à l'égalitarisme. Car la permission est un droit, dont la demande est normale, et «normalise» l'acte transgressif des mutineries. On peut donc lire la coexistence des demandes «politiques» et «matérielles» à travers la légitimité évidemment plus grande de ces dernières. On le voit dans le dialogue qui s'est instauré au 85ᵉ RI entre des mutins et un aumônier venu parlementer avec eux. Il note leurs demandes raisonnables, ainsi que leurs cris plus virulents :

Leurs réclamations étaient les suivantes : un repos
plus prolongé, des permissions moins espacées, moins
d'exercices au repos ; on se plaignait également des
coups de main répétés, de l'offensive infructueuse de
Champagne ; souvent au milieu de la discussion reve-
naient les cris : « On veut faire finir la guerre, on veut
faire comme les Russes et ne plus se battre », « à bas la
guerre, vive la paix[55] ».

La façon dont les différentes paroles sont
adressées au représentant de l'autorité, de près
ou de loin, est très révélatrice. Elle montre que
la restriction des revendications sur un versant
« matériel » n'est pas le signe d'une modération
intime, mais un effet de la situation de face-à-face.
Celle-ci conduit à adresser à l'officier des « réclamations » polies et modérées, tandis que les aspirations plus subversives sont lancées à distance,
à travers des cris. On retrouve là le hiatus fondamental entre les écrits de mutins signés ou nommément adressés à des officiers, qui font preuve
de correction et de modération, et ceux qui restent
anonymes et s'autorisent des paroles violentes,
provocatrices, transgressives, souvent « pacifistes »,
portant « À bas la guerre ! » comme leitmotiv. Entre
les demandes de repos et les aspirations à la paix
que note cet officier, aucune n'est plus « vraie »
et n'exprime mieux le « rapport à la nation » des
soldats : leur différence tient avant tout à des situations d'énonciation différentes et à la hiérarchie
du dicible en temps de guerre que les mutineries
ne sauraient à elles seules entièrement subvertir.
On vérifie cette coexistence des demandes de la
paix et des permissions à travers le comptage que

l'on peut en effectuer dans les mutineries les mieux documentées. Celui-ci est destiné à rester imparfait, prenant en compte tant des revendications nettement exposées que des cris et des slogans ; ne parvenant pas, bien souvent, à déceler dans les sources la moindre expression, quelle qu'elle soit. En laissant de côté ces mutineries « silencieuses » (réellement, ou dans les documents qui nous sont parvenus), en désignant comme « politiques » les discours portant sur l'arrêt de la guerre, et « matériels » ceux qui demandent repos ou permissions, on parvient au tableau suivant :

Fig. 9. Les revendications des mutins [a].

Revendications	Nombre de cas	%
Revendications « matérielles »	16	29,1 %
Revendications « politiques »	18	32,7 %
Revendications « matérielles » et « politiques »	21	38,2 %
Total	55	100 %

[a] : Le tableau exclut les 56 incidents pour lesquels on ne connaît pas de revendication

Pour plus de la moitié des mutineries, on ne peut dire même grossièrement ce qui les motive ni quels langages de la protestation y sont employés, ni même si des revendications s'y firent entendre — ordre de grandeur des lacunes qui commence à nous être familier. Au-delà, on perçoit bien le mélange du « matériel » et du « politique», ou plutôt leur coexistence au sein d'un mouvement dans lequel une quarantaine d'unités différentes (plus des deux tiers de celles où des revendications sont exprimées) font entendre, d'une manière ou d'une autre, le refus de la guerre et l'aspiration à la paix. Les revendications «matérielles» se rencontrent dans une proportion comparable, attestant, en particulier dans les 21 mutineries, au moins, où «la paix» côtoie «les perms», la coexistence de ce qui est souhaité et de ce qui est réaliste parmi les aspirations des mutins.

Aussi, on peut se garder de trancher le dilemme interprétatif trop simple présenté plus haut, entre pacifisme et modération des mutins: on trouve dans les mutineries aussi bien l'expression d'un refus radical de la guerre que celle d'une obéissance conditionnée à des améliorations tangibles et rapides. Loin d'être incohérent, le mélange du «matériel» et du «politique» correspond exactement à la situation des combattants français en 1917, lesquels ne sont pas en position de décider de la continuation du conflit — pas plus qu'un quelconque autre groupe social — mais peuvent exprimer leur volonté qu'il s'arrête, tout en formulant des revendications plus immédiates et concrètes dont il est possible d'espérer qu'elles pourront être rapidement satisfaites, même si chaque action collective est toujours lancée dans le risque, l'illégalité et l'incertitude du résultat.

Au-delà, on le verra, il entre du «politique» dans le «matériel»: exiger le «droit» des permissions, c'est faire jouer la tension entre les pôles opposés du «citoyen» et du «soldat», problème éminemment politique en 1914-1918. Mais il faut avant cela restituer l'intensité du refus de guerre qui s'exprime en 1917.

Le dégoût de la guerre, l'espoir de la paix

L'événement inouï des mutineries s'accompagne de paroles tout aussi inouïes. S'opposant au discours dominant et rompant son monopole indiscuté, affrontant l'indicible que constitue l'évocation ouverte de la paix, les mutins font entendre dans l'armée, pour la première fois, une immense aspiration à ce que la guerre se termine. C'est elle qu'on retrouve dans une inscription sur un train le 26 juin 1917 : « Si cette putain de guerre pouvait finir[56]. » Exhumer les traces de ces paroles opposées à la guerre ne vise pas à les célébrer, mais à éclairer un événement qui s'inscrit dans la continuité des attentes et des aspirations à la « fin » précocement formulées parmi les combattants, et à indiquer que le refus de la guerre en constitue une dimension fondamentale.

Nombre d'officiers lucides le constatent, d'ailleurs, sur le moment, comme le chef du 3e BCP (le soulignement est d'origine) :

> Il n'est <u>pas niable</u> à l'heure qu'il est qu'il y a un mouvement général <u>nettement anti-guerre</u>. [...] Le chasseur est <u>las</u>. Très <u>las</u> de la guerre. Il en a assez très nettement[57].

Il faut à ce stade rappeler deux points cruciaux, mis en évidence plus haut : le refus de la guerre et l'aspiration à sa fin ne signifient pas l'adhésion à un programme pacifiste clair et précis. Ensuite, ce désir de «fin» est rendu plus fort encore au printemps 1917 par l'accélération des événements déstabilisants et l'accumulation des nouvelles et des rumeurs qui parviennent aux soldats, et les décident en partie à se mutiner, en particulier lorsqu'on croit Paris à feu et à sang. La fin de la guerre semble possible à bien des acteurs dans le temps court de l'événement : ils la demandent et la font entendre durant les mutineries. Le désir de fin et le dégoût de la guerre s'expriment dans la moitié au moins des incidents.

Un thème qui revient avec fréquence dans les propos des mutins ou leurs courriers est celui d'une guerre trop longue, où la victoire est impossible — ce qui motive l'action pour faire cesser le conflit. Telles sont les phrases conduisant à l'arrestation du soldat Porcheron au 26e RI, qui lance à des camarades le 6 juin :

> Ils veulent tous nous faire casser la gueule, et puis d'ailleurs, jamais nous n'arriverons à foutre les Boches à la porte ; ils sont plus forts que nous ; on en a marre ; qu'on signe la paix tout de suite et qu'on nous renvoie chez nous[58].

Ces paroles rappellent que les expressions du refus ne sont pas nécessairement réalistes, relevant des visions du monde et de la guerre imparfaitement maîtrisées et construites déjà évoquées, en particulier pour les hommes les plus dominés socialement. Ici se retrouve le «on» impersonnel qui semble à même de «signer la paix», hors de toute évocation raisonnée des enjeux militarodiplomatiques. Cela ne saurait disqualifier la parole d'un acteur pris dans un conflit trop long et dont il ne maîtrise pas les données.

On retrouve d'autres formulations du même type, reliant la désobéissance et l'intolérable longueur de la guerre, au 370e RI, dans une lettre : « Nous sommes venus ici pour attaquer et nous n'avons rien voulu savoir. Il n'y a pas que nous, ça devient trop long ce métier, voilà 3 ans et pas de fin[59]. » Les trois ans de guerre stériles reviennent aussi dans de multiples argumentaires adressés sur le moment par des mutins à des officiers, notés dans les procédures, comme au 161e RI : « Nous ne devrions pas en être là après 3 ans de guerre et vivement la paix ou la Révolution[60]. » De même, dans les mots du mutin Lolon au 41e RI. Après ses cris caractéristiques — « À bas la guerre, vive la révolution ! » — il se justifie devant ses officiers : « Nous allons prendre les armes, s'ils ne se lèvent pas. Nous en avons marre, la guerre dure depuis trois ans[61]. » On trouve enfin des mutins qui développent cette même idée de la guerre interminable en faisant référence au quatrième hiver de guerre, celui de 1916-1917 ayant été le plus froid jusqu'alors :

> Je ne repasserai jamais un quatrième hiver, j'aime mieux m'en aller, j'en aurai pour 5 ans de prison, comme cela je m'en tirerai, c'est le seul moyen d'en sortir vivant et plusieurs camarades l'ont déjà fait[62].

On lit aussi dans les lettres des mutins, et dans les phrases que les officiers mettent par écrit, la dénonciation des offensives et des attaques coûteuses, mal préparées et inutiles. Le souvenir direct ou indirect du Chemin des Dames imprègne bien des esprits au printemps 1917. Un courrier contrôlé porte ainsi : « Pour attaquer il n'y a rien à faire. [...] ça sert juste à faire zigouiller des hommes et puis c'est tout[63]. » Trop de morts, c'est aussi ce qu'écrit le soldat Durand (sans doute un nom d'emprunt pour éviter le repérage par le contrôle postal) à un camarade : « J'ai agi selon ma pensée et pour le bien je crois car il y a eu déjà bien trop de tués. [...] Ils ont beau faire et dire que le moral est bon, l'armée n'en veut plus, c'est la paix qu'il nous faut[64]. » Au 128e RI, le soldat Breton, instituteur dans le civil, parvient à formuler ces idées de façon construite et détaillée, indiquant sa réelle maîtrise des enjeux politico-militaires :

> C'est une folie de persister dans une lutte inégale, ainsi que le prouve l'expérience de trente-trois mois de guerre, avec un armement inférieur à celui des Allemands et sous un commandement dont l'insuffi-sance ne saurait être contestée, puisque pour ne parler que du général en chef, on vient de le changer pour la troisième fois ; d'ailleurs les interpellations annoncées au Parlement, les articles de la presse, dans ce qu'y laisse subsister la censure, ne laissent aucun doute sur ce point[65].

De telles constructions rhétoriques sont pour-tant assez rares et éloignées des motifs ordinaires et personnels qui sont avancés par des soldats divers pour expliquer leur désobéissance. On mesure alors de nouveau ce que représente l'épreuve de la guerre pour les individus et leur famille. En effet, le dégoût de la guerre exprimé par de nombreux mutins ne relève pas uniquement de leur expérience intime, mais d'une épreuve partagée affectant leur entourage et leurs relations sociales. Un soldat explique ainsi à ses interrogateurs pourquoi il a chanté l'*Internationale* et crié «À bas la guerre!»: «J'ai eu deux frères tués, j'en ai assez de la guerre[66].» Dans un incident de même nature, le soldat Roy, arrêté pour ses cris («À bas la guerre, vive la révolution!») le 7 juin dans un cantonnement du 268e RI à Cohan (Aisne), explique à l'audience: «J'avais bu et j'étais mécontent d'avoir laissé ma femme dans l'embarras, sans grandes ressources. Je n'ai jamais été condamné[67].» Durant les mutineries, un «bon soldat» peut ainsi saisir, l'alcool aidant, une occasion de dénoncer une épreuve trop lourde pour lui et les siens.

Dans plusieurs affaires, on retrouve bien cette construction d'un refus collectif de la guerre, par référence à la famille ou aux enfants. Un des signataires de la pétition au 298e RI explique ainsi qu'il a «une famille qui souffre et un commerce qui ne marche pas en mon absence[68]». C'est une façon de légitimer l'indiscipline, mais aussi de signaler le poids anormal du conflit, lorsqu'il touche jusqu'à celles et ceux — femme, enfants — qui ne devraient pas le subir. Au cours de l'émeute du 18e RI, le caporal Oxoby, entre deux cris («À bas la guerre, vive la révolution, nous ne monterons pas!») prend ainsi la peine de répondre à un officier: «Oui. J'en ai assez, j'ai des enfants, voilà 3 ans que je suis sur le front et nous ne monterons pas[69].» Au 85e RI, le soldat

Lanquasco fait lui aussi référence à sa famille, comme le note un officier :

> Nous en avons assez, il y a trop longtemps que ça dure. Pendant qu'on nous envoie nous faire tuer, nos enfants crèvent de faim à la maison. Oui, moi, j'en ai un comme ça, tout petit. Il meurt de faim là-bas. On veut de nouveau nous y envoyer ; nous ne marcherons pas[70].

Ces paroles sont tout à la fois l'expression d'un grief réel et une façon de justifier l'injustifiable, alors même que les officiers essaient de rappeler à l'ordre en faisant planer l'ombre du stigmate et de la « honte » destinée à la famille des révoltés. Tous n'ont pas de femme et d'enfants, en particulier, on l'a vu, chez les mutins : d'autres situations difficiles peuvent alors être invoquées. Dans la même unité, un autre dialogue conduit le soldat Sanuzeau à se justifier lorsque son chef lui dit de regagner le cantonnement, ce qu'il raconte lors de son interrogatoire :

> J'ai alors dit au commandant ceci : « Mon commandant j'ai un beau-frère de tué, nous sommes trois frères à l'armée ; mes parents ne reçoivent pas d'allocation, ils sont obligés de se priver pour moi. Je commence à avoir assez de la guerre »[71].

De même, un mutin du 74e RI explique sa désobéissance en faisant référence à une situation personnelle difficile : « Je ne suis jamais allé en permission parce que mes parents étant en pays envahi je n'ai personne chez qui aller ; c'est ce qui m'a découragé de la guerre[72]. »

Sans doute de telles situations ne sont-elles pas

plus insupportables en 1917 qu'en 1916 ou en 1918 — sur quelle échelle le mesurer, de toute façon ? Mais ici une occasion a été saisie de le dire et d'agir, dans un contexte perçu comme instable et où l'on peut croire à l'efficacité d'une action collective. Cette occasion de hâter la fin et de rétablir une normalité rompue par le conflit, vis-à-vis de ses proches, est d'autant plus importante que les rumeurs qui circulent indiquent justement la violence faite aux civils à travers la « rumeur des Annamites », puissante motivation pour certains soldats, comme ici au 129ᵉ RI :

> Nous avons refusé de monter en ligne et aller se faire tuer pendant que les étrangers étaient en train de tirer sur les civils de Paris, nous demandions à ce que le ministre de la guerre fasse les démarches le plus promptement possible pour la paix car il y assez de morts comme il y en a[73].

Certains peuvent le décliner sur un mode encore plus personnel, comme le raconte à l'audience un lieutenant ayant assisté à la mutinerie du 158ᵉ RI : « [Vial] m'a dit que l'on tuait à Saint-Étienne *sa* femme et *ses* enfants et qu'il avait assez de la guerre[74]. » Assez de morts, assez de la guerre : d'après ces paroles de combattants, le refus du conflit au printemps 1917 prend bien sa source dans la dureté de l'épreuve partagée. Cela explique l'omniprésence du cri « À bas la guerre ! », qui retentit dans les cantonnements et depuis les trains, noté par de nombreux témoins[75]. Alors, quelles alternatives à la continuation du conflit peuvent être formulées au cours des mutineries ? Les argumentaires pacifistes sont difficiles à formuler de façon réaliste, et l'espoir de la fin n'est pas le secret de la solution.

Il faut d'abord voir combien une telle expression reste difficile à formuler. Le cas du sergent Louatron, au 115e RI, le montre. Criant «Vive la paix!», arrêté, il se justifie d'abord en faisant référence, lui aussi, aux douleurs et aux difficultés intimes liées au conflit: «A déclaré qu'étant père de trois enfants et ayant vu deux frères tués il en avait assez[76].» Mais quatre jours plus tard, devant le Conseil de guerre, la demande de la «paix» lui semble intenable et il tente d'en désamorcer la charge subversive par une longue justification:

> Moi j'ai crié «la paix», mais pas plus. Je n'étais pas chef de bande. J'étais un peu ivre. J'ai dit au commandant que j'ai crié la paix pour imposer silence aux hommes[77].

Demander la «paix» reste très difficile en 1917: c'est possible au cours de la mutinerie, au moment où s'opère un renversement provisoire de l'autorité, mais pas devant l'institution rassérénée. Notons ensuite qu'ici, l'expression minimale de la «paix» ne renvoie, comme souvent, à aucun contenu précis. Cela correspond bien entendu à la distribution inégale des ressources parmi les combattants, qui ne permet pas à la plupart d'entre eux de formuler des «plans de paix» réalistes. Pourtant, certains vont développer de réels argumentaires pacifistes, et pour cela se décharger de la responsabilité d'avoir à trouver une solution, en rappelant qu'une telle tâche incombe aux gouvernants.

On le voit clairement à la 5ᵉ DI, où le vocabulaire « pacifiste » semble le mieux maîtrisé et le plus diffusé. Un officier y témoigne de la demande précisément formulée par les soldats faisant référence aux députés et aux « pourparlers » ainsi qu'aux propositions de paix allemandes déjà exprimées en décembre 1916 :

> [Les mutins disaient] qu'ils en avaient assez de la guerre, que nous étions les poires, parce que les Russes nous lâchaient, et que les Députés français avaient eu tort, en décembre, de se refuser à discuter les propositions de paix allemandes. [...] En somme ils ne veulent plus se battre tant que les Députés n'auront pas discuté les propositions de paix de l'Allemagne[78].

Ainsi, au cours de la réunion des 129ᵉ et 36ᵉ RI tenue le 29 mai 1917, les orateurs qui prennent la parole dessinent clairement la perspective de la paix qui devra être « signée » par les gouvernants, et pour cela rappellent qu'il convient jusque-là de refuser de combattre tout en évitant la défaite :

> [L'orateur] disait que la guerre avait assez duré, qu'il était temps qu'elle prenne fin, qu'il fallait signer la paix et pour cela se grouper, refuser de monter aux tranchées — non pas pour y tenir un secteur et empêcher les Boches de passer — mais pour attaquer, pour prendre l'offensive. Tout le monde était d'accord à ce sujet, bien entendu[79].

La perspective esquissée — la paix sans défaite ni révolution — recueille l'assentiment général. Aussi, le fait que les mutins ne disposent pas eux-mêmes d'une solution permettant de faire cesser le conflit, comme ici, ne disqualifie pas leur aspi-

ration à la paix : ils agissent afin de conduire le
pouvoir à rechercher cette «paix» insaisissable.
On lit également sa demande dans la pétition
signée par plus de mille hommes au 298e RI, où
les premiers signataires interrogés expliquent :
«Ce mouvement étant général, nous avons voulu
faire comme les autres, nous ne voulons plus
remonter aux tranchées, nous en avons tous assez
de la guerre[80].» Le texte de la pétition est destiné,
on s'en souvient, à «amener nos gouvernants
pendant qu'il en est temps encore à une paix
honorable[81]».

Il n'y a pas là seulement une réaffirmation du
statut de «soldat-citoyen» et un refus du défaitisme
révolutionnaire : de telles adresses au pouvoir
sont aussi la conséquence d'une situation où les
décisions échappent aux individus ordinaires.
Plongés dans le conflit par le jeu des alliances et
de la diplomatie, n'ayant pas eu à se prononcer,
ils espèrent en sortir en chargeant de même le
pouvoir et leurs représentants d'y travailler. Certains emploient même le vocabulaire de la diplomatie pour espérer que la guerre se termine,
comme dans cette lettre saisie au 370e RI (la
mutinerie «de Cœuvres»): «Comme revendications, nous ne voulons plus monter en ligne avant
les *pourparlers* de paix[82].» De même, un courrier
saisi au 109e RI atteste des représentations très
construites présentes chez un petit nombre de
soldats, sachant user des termes officiels servant
à décrire la «fin» par tous espérée :

> Donc toute la division s'est réunie Vendredi soir et a
> manifesté en faveur de la paix, et on demande à tous

prix un *traité* ou un *armistice* le plus tôt possible. En même temps nous avons exprimé notre extrême lassitude, la souffrance, les misères, l'esprit de sacrifice que nous avons su endurer doivent cesser bientôt, car toute confiance de conquérir par les armes les pays envahis par les boches est perdue pour nous. [...] Enfin notre revendication est partie au haut commandement qui va sans doute donner quelque chose[83].

Dans cette même mutinerie, le dialogue direct avec des officiers relève du même thème, quoique sur un ton plus vif :

> Nous voulons la paix. Les Allemands aussi veulent la paix. Le peuple ne veut plus se battre. Oui, nous aurons la paix en refusant de marcher. [...] Et ces cons de députés, ces bourreurs de crâne, ils se foutent de nous[84].

La demande de paix adressée au pouvoir, placé devant ses responsabilités, n'est pas un signe de modération des mutins : plutôt une façon de faire avec la réalité de la situation, où une révolution semble improbable, et où la guerre est insupportable, en faisant entendre à ceux qui sont en position de décider qu'il est temps que la guerre se termine et qu'une solution soit trouvée. Le moins que l'on puisse dire, à lire les Mémoires de Poincaré par exemple, monument d'indifférence aux doléances combattantes, est que ces adresses ne seront pas entendues. C'est peut-être pourquoi il existe un versant moins respectueux et plus radical des aspirations à la paix, relevant d'un pacifisme révolutionnaire réel ou verbal. Minoritaire durant les mutineries, il n'en est pas moins l'un des discours libérés par l'événement.

Plusieurs soldats expriment ainsi l'idée qu'il appartient aux combattants, par leur action et leur révolte ou «révolution», de faire cesser la guerre. C'est le cas du soldat Joly, qui prend la parole devant son unité au moment où elle est rassemblée pour entendre les paroles rassurantes sur «les Américains et les chars» destinées à reprendre en main l'armée, le 10 juin:

> On nous bourre le crâne avec l'Amérique, ce n'est pas comme cela que finira la guerre, la seule façon de la faire finir c'est de faire la Révolution. Si les civils sont trop lâches pour la faire c'est à nous de la faire[85].

Des propos proches sont tenus dans la harangue du soldat Aubreton, le 5 juin 1917 au 42e BCP:

> Il nous faut la révolution, ce n'est qu'avec elle que nous pourrons finir la guerre. Nous en avons marre! Nous nous battons pour rien! Si nous le voulions, tout cela cesserait! Car si nous étions des hommes il n'y aurait qu'à nous révolter! À bas la République[86]!

Ces paroles ont, sur le moment, peu de succès: on peut se demander si leur radicalité n'a pas éloigné les soutiens qui se manifestent lorsque les mutins adoptent le registre plus vague de la «fin» ou celui, plus légitime, de la demande argumentée de paix aux gouvernants. On lit d'ailleurs les distances que certains prennent explicitement avec cette perspective, dans certains courriers saisis, comme au 129e RI: «Je ne suis pourtant pas un patriote mais au fond je préfère aller aux tranchées que de voir la révolution[87].» Ainsi, L. Smith a raison lorsqu'il écrit que «la seule option pour une paix immédiate sans victoire — la révolution générale européenne défendue par V. I. Lénine — ne trouvait pas beaucoup de partisans en France, ni au front, ni à l'intérieur[88] ». Mais on n'en conclura pas, à l'inverse, à leur maintien dans le cadre du patriotisme ou de la ténacité résignée : entre le pacifisme révolutionnaire et l'acceptation du conflit existe l'aspiration imprécise à la «fin» et à la «paix», rêvée, espérée, attendue, confiée éventuellement aux gouvernants, criée de multiples façons au printemps 1917. Son imprécision ne la rend pas moins intense. Citons ainsi une lettre qui exprime, sans contradiction, l'espoir de la «fin» et le refus de laisser passer les «boches» : « Le boche est toujours là, il ne faudrait pourtant pas le laisser passer. C'est trop long cette guerre et quand en verrons-nous la fin[89]. »

Cette position médiane, mêlant l'attente de la fin et le refus de la défaite, n'est cependant pas universellement répandue. Certains soldats vont bien plus loin dans leur refus du conflit et du discours dominant qui le justifie. Lors des mutineries, des combattants en nombre non négligeable vont, pour la première fois, transgresser ouvertement les codes sémantiques du patriotisme et l'équation double («Allemand = barbare» + «France = patrie aimée») qui les sous-tend. Ces discours transgressifs ne sont pas une «exception», mais une composante singulière de la grammaire protestataire improvisée et libérée au cours de l'événement, s'articulant à des grilles de lecture politiques qui font leur réapparition.

Rejeter le patriotisme, reprendre le combat politique

S'il est vain de chercher à attribuer une *nature* politique ou révolutionnaire aux mutineries, on peut toutefois se pencher sur les *lectures* politiques de la désobéissance formulées par les contemporains. Le déclenchement de l'indiscipline et les multiples formes qu'elle prend rend en effet possibles des paroles subversives et jusqu'alors indicibles : certaines dénoncent le patriotisme ; d'autres retrouvent les accents du combat politique d'avant guerre. Ne se prêtant guère à la construction des légitimités collectives que recherchent les groupes de mutins lancés dans des négociations avec leurs officiers, ces discours sont souvent tenus par des hommes isolés. Cela peut les conduire à transgresser ouvertement la norme patriotique et à rejeter le fait d'être «français», par des paroles d'une rare radicalité.

Au 71e RI, un court dialogue comme il en arrive souvent au cours des mutineries illustre ces enjeux :

> Une discussion a commencé entre le lieutenant commandant la compagnie de mitrailleuses et les hommes qu'il venait d'arrêter dans la rue. Ces hommes lui ont dit : «Après tout nous sommes Français», le Lieutenant a répondu «Puisque vous êtes ici vous n'êtes plus Français». Moi j'ai dit là-dessus «Si je ne suis pas Français qu'on me renvoie chez moi[90]».

Cet exemple en apparence trivial, où l'officier dénie la qualité de «français» aux mutins (qui se

sont sans doute, pour lui, irrémédiablement désho-
norés), pose en fait le problème important de la
participation à la guerre en vertu de la « nationalité » des soldats. Contrairement à ce que supposent les conceptions de la nation comme
construction volontaire, le statut de « Français »
assigné par l'État-nation n'a rien d'un choix[91].
Dire qu'on n'est plus « français » est donc ici une
façon provocatrice d'affirmer que l'on n'est plus
tenu de combattre. Certains mutins vont ainsi
chercher à échapper — en mots, et en actes — au
statut national qui implique la participation au
conflit. Pour cela, un soldat déclare à voix haute :

> Moi je m'en fous, la France, ça n'existe pas, que je
> sois Allemand, Français, Anglais ou nègre, pourvu que
> j'aie ma peau, le reste m'est égal[92].

Ici s'opère un renversement complet des valeurs
patriotiques établies avant guerre et rendues indiscutables depuis 1914 par l'imposition du discours
dominant. Le courage et la fierté patriotique sont
explicitement révoqués, dans une tirade dont il
faut bien mesurer la charge transgressive en
1917. D'autres épisodes au cours des mutineries
montrent comment, lorsque les officiers tentent
de « recadrer » en antipatriotisme la désobéissance, des soldats peuvent leur adresser une telle
réponse inattendue, en dédaignant la qualité de
« français » ou en adoptant volontiers la nationalité de l'ennemi. On le voit par exemple au
109e RI lorsqu'un capitaine interpelle le mutin
Rouellé : « "Vous admettriez donc être Allemand
aussi bien que Français ?" Rouellé a répondu que

cela lui serait indifférent et le capitaine l'a appelé "lâche[93]!" » Cette même idée est exprimée d'une autre façon à la 41e DI, par un soldat nommé Delmas dont des enquêteurs ont noté les paroles : « Moi je préfère être un Boche vivant qu'un Français mort[94]. »

La répudiation du patriotisme est également visible en ce qui concerne le but de guerre indiscutable affiché par la France, le retour à la nation de l'Alsace-Lorraine[95]. Durant les mutineries, plusieurs individus disent ouvertement leur désintérêt voire leur rejet envers cette revendication. C'est visible dans la lettre d'un soldat territorial de la 39e DI destinée à son frère, où il affiche son rejet complet du discours patriotique :

> Je crois que maintenant il n'y a plus d'attaques possible la plupart des régiments ne veulent plus marchés et ils ont bougrement raison. Je t'assure, ceux qui veulent l'alsace lorraine n'ont qu'à venir la <u>gagner les vaches</u>!! moi je m'en fout de l'alsace et la patrie je l'ai quelque part! [...] En attendant le jour où nous pourrons leur cracher à la gueule à ces salauts qui font duré la guerre, je te la serre bien cordialement[96].

On mesure ici l'ampleur du ressentiment dû à la guerre, et la vivacité du langage avec lequel le patriotisme prescrit est rejeté. On lit dans un autre courrier contrôlé, à la 77e DI, cette indifférence à la « victoire » clairement couplée à une lecture politique et sociale de la situation, alliant critique de la presse, des dirigeants et espoir dans les mobilisations ouvrières :

> Ce que les poilus réclament, c'est leurs permissions à temps voulu et la paix au plus tôt. Car perdre ou

gagner n'importe, cela devient insupportable. Et ceux qui veulent la victoire ils n'ont qu'à venir la chercher ; la plaine est grande, il y a de la place. [...] Quand l'on entend sur les journaux les discours de nos dirigeants et bien je t'assure que cela écœure et dégoûte. Souhaitons bientôt la famine complète pour que les grands centres se soulèvent pour mettre fin à tout cela pour nous sortir de ce traquenard[97].

L'indifférence affichée envers l'Alsace, la victoire ou tout simplement la nation constitue bien un contre-discours s'exprimant avec virulence en 1917, d'autant plus que le discours patriotique ici dénoncé reste dominant. De tels renversements peuvent être improvisés, et ressortir d'un pur plaisir de la provocation, comme lorsque des soldats lancent depuis un train le 7 juin : « Vive Guillaume[98] ! », ou à travers ces graffitis : « Vive les boches ils ne sont pas si con que nous ils ne s'en font pas, signé : j'en ai marre » (14 juillet) ; « Vive Guillaume ou Poincaré, c'est la même chose » (26 juin). Mais ils peuvent également correspondre à des argumentaires plus réfléchis. On voit ainsi dans un de ces discours le retour d'une rhétorique internationaliste, dans la lettre à sa femme d'un mutin du 370e RI, après son interrogatoire :

> Tant pis ! J'en ai assez, je n'ai rien à défendre, j'ai travaillé en Allemagne avant la guerre. On y touche de gros salaires. Tu sais, ma patrie, c'est là où on me paye le mieux[99].

On touche là à un point important : les mutineries accélèrent la réapparition de vocabulaires politiques et de langages de la protestation originaires de l'extrême gauche, entamée depuis

1916[100]. Quelques-uns de ces militants ou sympathisants de l'extrême gauche osent prendre la parole, à la faveur des mutineries, et sont arrêtés pour leurs discours subversifs. C'est le cas du soldat Coudrais, au 366ᵉ RI, qui crie le 16 juin : « Vive la guerre sociale, à bas la guerre, vive la révolution russe ![101] » De même, pour un chasseur du 28ᵉ BCA à la fin de l'été : « Bandes de vaches, buveurs de sang, fainéants, c'est vous qui faites durer la guerre, tas de riches, on vous aura après la guerre, vous n'aurez pas fini de la faire[102]. »

Ce thème de la revanche sociale après la guerre est caractéristique des discours circulant dans certains milieux des socialistes minoritaires, correspondant aux expériences de marginalité et de stigmatisation vécus jusqu'alors[103]. Liées parfois au thème plus général de la « revanche » envers les officiers, ces représentations illustrent aussi de réelles prises de position politiques. C'est ce qui sous-tend l'inscription affichée à la mi-juin dans un cantonnement de la 15ᵉ DIC, semblant prendre acte de l'échec du mouvement social conjoint des grévistes et des soldats et annonçant la paix par la violence :

Assassins / La grève des femmes n'a pas suffit ? / Crevons nos officiers / La guerre finira.[104]

On le voit, de même, dans le courrier menaçant qui annonce au député nationaliste Pugliesi-Conti que « 98 français sur 100 veulent la paix » et qu'« un "accident" est vite arrivé[105] ». La politisation de certains mutins va toutefois au-delà de ces revanches annoncées.

Les indices d'une participation politiquement motivée aux mutineries se lisent surtout sur les quelques tracts improvisés au cours des événements, signalant la maîtrise de l'écrit et de l'argumentation politiques par des militants, inscrivant dans les mutineries un socialisme en filigrane. Sur une des affichettes appelant à manifester au 298e RI, un soldat a ainsi rajouté au crayon, en travers, un improbable : « Nous comptons sur nos chefs qui sont prolétaires comme nous[106]. » Cet épisode a lieu fin juin, et c'est à ce moment que l'on assiste le plus clairement à une politisation des mutineries : lorsque des soldats proches de l'extrême gauche tentent de rejoindre ou de raviver un mouvement qui s'est déclenché de façon spontanée et improvisée, sans qu'ils soient forcément à son origine. Aussi, c'est fin juin qu'on voit circuler un tract manuscrit intitulé « Camarades Souvenez-vous de Craonne » et offrant clairement une grille de lecture socialiste de la guerre et des événements :

> Nous venons vous prier de vous joindre a nous pour obtenir ce resultat et arreter ce carnage. Cette guerre na pour but d'Enrichir le capitaliste et detruire la Classe ouvriere Nous tiendrons les tranches jusqu'à cette epoque pour empecher l'ennemi d'avancer Passe cette date nous deposerons Les armes. Signe les camarades des 108-116-74-56-293-35-62-99 Prendre copie et transmettre aux regiments dont vous avez l'adresse de leur secteur[107].

La multiplication des numéros de régiments, largement sinon totalement imaginaire, indique en fait l'échec de l'extrême gauche constituée à organiser et animer les mutineries. De même, deux tracts font leur apparition à la fin du mois de juin parmi les soldats, au moment où les mutineries sont pour l'essentiel refermées mais où les militants ont pris conscience de leur importance et cherchent à les prolonger ou à en capter les effets. On a cité plus haut celui faisant l'éloge de la conférence de Stockholm. Un second tract, intitulé «Vos gueules» offre une contradiction virulente du discours dominant :

> C'est à ceux qui prêchent la haine que nous disons : VOS GUEULES!! [...] Nous savons bien que les Allemands ont commis des crimes et des déprédations en France, mais n'est-ce pas la guerre? Y aurait-il une façon de faire la guerre humainement? Vous-mêmes gouvernants français, rappelez-vous vos guerres coloniales (Chine, Maroc, etc...) et vous Anglais, la conquête du Transvaal et des colonies allemandes et vous Italiens la guerre de Tripolitaine. [...] À bas la guerre! Vive la paix[108]!

La guerre est dénoncée pour son universelle brutalité, à travers une intéressante allusion aux guerres coloniales. À défaut de maîtriser les événements, les militants d'extrême gauche sont à même d'en proposer des lectures cohérentes.

Aller plus loin est difficile : c'est ce qu'illustrent les contacts que certains, au front, tentent de réactiver avec des hommes politiques, là encore après le pic d'intensité des mutineries. Ces efforts sont assez mal documentés, puisque nous ne disposons par définition que des courriers ayant été saisis ou lus, bien d'autres ayant pu parvenir sans encombre aux députés socialistes. P. Brizon est ainsi le destinataire d'un courrier au mois de juillet, dans lequel un soldat demande des «brochures intéressantes» à partager avec ses camarades[109]. Un autre de ces efforts porte plus directement sur les mutineries, dans la première semaine de juin 1917, où le soldat Delobeau, du 274e RI (5e DI), écrit à un député (non précisé) sous couvert d'une lettre à son épouse : il demande que des «pourparlers de paix» soient entamés, et refuse une «paix dictée par des Capitalistes[110]».

Mais la plupart de ces efforts pour politiser la désobéissance surviennent *après* le pic d'intensité des mutineries du début juin. C'est ce qui ressort de la synthèse des «menées subversives relevées en divers points du front» du SRA. Sans que ces éléments soient bien vérifiables, on y lit que des tracts «au peuple de Paris — la paix, sans annexion, sans conquêtes, sans indemnité» ont été trouvés à la 6e DI le 2 juin et sur un soldat du 36e RI le 4 juin, puis apposés à Pargnan au cantonnement de la 27e DI le 10 juin. Un tract «La révolution russe et le devoir socialiste» a été distribué en gare de Pagny sur Meuse le 9 juin par un militaire ; les tracts cités «Stockholm» et «Vos gueules» ont été distribués à Épinal le 19 juin par des soldats du 305e et 215e RI, puis transmis à un caporal fourrier du 298e RI le 20 juin à Raon-l'Étape par des hommes du 305e RI. Une brochure «Tu ne tueras point» est remise à un caporal du 162e RI le 26 juin. Enfin des documents rejoignent les lignes depuis l'arrière : un tract «Pourquoi la guerre» est expédié de Paris à deux hommes du 51e RI le 30 juin, et une carte à souscription collective invitant les soldats à déposer les armes

à la fin de juillet 1917 a été adressée aux 1er RI,
233e RI, 418e RI[111]. Établir la matérialité de ces
faits est, dans l'état de nos sources, difficile ; leur
caractère lacunaire suggère surtout des efforts
assez limités et dispersés pour apporter, *a posteriori*, des grilles de lecture politiques et des propositions d'amplification à un mouvement entamé
en dehors des structures pacifistes existantes
(socialistes minoritaires et Comité pour la reprise
des relations internationales). Une circulation
de tracts, d'idées et d'interprétations s'ajoute à
l'événement tandis que celui-ci est en train de se
refermer[112].

Aussi, revenant aux soldats eux-mêmes et à
leurs façons de concevoir la désobéissance, on
peut lire pour finir les graffitis très politiques que
certains vont tracer sur leurs trains une fois les
permissions acquises et l'événement presque
refermé. L'interprétation cohérente que ces inscriptions offrent de la situation est résumée par
cette phrase : « Ouvrier, fait toi tuer pour les gros
et les embusqués » (3 juillet). Le conflit est repensé
par certains dans les termes d'une guerre de classe,
où le peuple est tué pour, voire par les capitalistes. L'idée des classes populaires décimées par
le conflit, qu'on retrouve dans des inscriptions
telles que « À bas la guerre et n'oubliez pas que
c'est pour démolir le petit peuple », « Pauvre populo,
prépare tes gosses pour la boucherie » (21 juin,
4 juillet), s'apparente directement aux thèmes du
discours pacifiste socialiste durant la guerre, et à
la hantise d'une « saignée sociale » au profit des
capitalistes[113]. Ceux-ci sont dénoncés, six inscriptions portant « À bas les capitalistes ».

Un tel mode d'expression sur les trains de permissionnaires, anonyme et dérisoire, permet aussi une résurgence des discours anarchistes, qui étaient jusqu'alors les plus marginalisés, à travers les inscriptions « L'État, je l'emmerde » ou « Vive l'anarchie »[114]. Mais ces graffitis de mutins ou de soldats s'exprimant à l'occasion des mutineries permettent d'opérer un dernier décalage dans l'analyse de leur politisation. On voit en effet qu'au-delà des lectures partisanes et construites où l'on reconnaît les thèmes et les vocabulaires militants, certaines de ces inscriptions s'en prennent au régime et à ses dirigeants. Il existe des attaques personnelles directes à l'encontre de Poincaré (sept graffitis « À bas Poincaré » ; « À bas Poincaré, il est trop vieux » le 4 juillet, « À mort Poincaré » le 28 juin), faisant échos aux cris « À bas la guerre, à bas Poincaré, à bas Ribot » lancés au cours de la manifestation nocturne de la 47e DI[115]. On peut les comprendre en lien avec les positions jusqu'au-boutistes affichées par le président de la République.

De ces attaques personnelles, certains soldats remontent dans leurs écrits au régime et à ses principes : l'inscription « À bas la République » revient ainsi sept fois, et se double de « Vive le roi » (neuf occurrences), dont on ne peut savoir si elle exprime un royalisme authentique ou bien une appropriation provocatrice d'un motif clairement antirépublicain. Le fait que l'enjeu institutionnel apparaisse durant les mutineries, dans un rejeu des crises de régime que certains soldats purent vivre, montre bien qu'on ne peut limiter l'événement à son versant matériel, ni, à l'inverse, au rôle des minorités partisanes. Certains peuvent le formuler à travers un vocabulaire politique constitué, qu'on lit par exemple dans l'allégorie mobilisée par l'inscription : «À Marianne, que fais-tu de tes enfants[116].» On peut lire ici un réel désenchantement face à la République, venant d'un «soldat-citoyen» que la guerre prive de l'exercice normal de la citoyenneté. Telle est l'interprétation formulée sur le moment par un lieutenant à la 152e DI :

> L'homme n'est plus un troupier : c'est un citoyen qui a voté, qui pense et qui comprend et surtout qui juge... [...] son moral n'est pas à remonter : il veut simplement de la justice ; son chef doit être traité par la loi aussi durement qu'il l'est lui-même... La vague monte, c'est la démocratie qui veut parler[117]...

Depuis l'armée d'Orient, un soldat s'adresse en des termes presque identiques au ministre de la Guerre, en juillet : «Nos députés qui représentaient, de si loin, les paysans, les ouvriers, les intellectuels que nous étions, ne représentent plus les soldats que nous sommes[118].»

Mais à côté de ces prises de position et de ces lectures «modèles», illustrées également par les courriers adressés aux députés, il faut prendre la mesure d'un rapport plus ordinaire au politique. Tous les soldats en effet, n'écrivent pas à la Commission de l'Armée, et ne répondent pas à cet archétype du combattant républicain, affichant sa confiance dans les institutions[119]. On lit aussi, dans le courrier contrôlé, des attaques et des prises de position «politiques» bien moins construites :

Pourquoi que nous avons mis un gouvernement comme celui que nous avons il a juré de nous faire détruire jusqu'au dernier[120].

De même, dans les graffitis hétéroclites surgissant à la fin des mutineries, on rencontre des mises en cause prosaïques, que des commentateurs diraient aujourd'hui «populistes[121]», dénonçant l'univers politique comme source des maux combattants : «Au chiotte les députés et au fumier les sénateurs tas de feniants» ; «Pauvre poilu, t'es bien gouverné et bien commandé» ; «Mercanti et gouvernement, tous voleurs» (3 juillet, 30 juin, 4 juillet). Parallèlement à ces dénonciations à la fois virulentes et vagues des dirigeants, on peut également retrouver des allusions au régime exprimant la défiance, plus que la confiance : «Camarades, la république se fout de nos gueules» ; «Dire qu'on va se faire casser la gueule pour les gros, triste république» (26 juin). La mise en cause du régime révèle bien que la République constitue l'«espace de repères sociaux» commun des soldats français, analysé par C. Charle, et correspondant à un «habitus national» marqué par l'égalitarisme[122]. La dénonciation des «gros» en participe, illustrant la «haine du privilège dans la France républicaine», mais aussi le moment où la loyauté initiale fléchit, parce que «l'acquis commun aux dominants et aux dominés [...] la dignité d'existence des plus pauvres, l'égalité des sacrifices entre l'avant et l'arrière» ne semble plus préservé ou réalisé[123]. Cela peut conduire à poser, avec prudence, la question du lien entre l'expérience de la guerre qui alimente de telles

représentations, et l'antiparlementarisme croissant de l'après-guerre.

À travers tous ces documents, on voit bien se
dessiner une forme de participation politiquement
motivée aux mutineries, lesquelles permettent au
vocabulaire pacifiste et socialiste de réapparaître.
Si les mutineries ne sont pas dues à un complot
ni même à un mot d'ordre lancé depuis les organisations politiques et syndicales, elles permettent
aux soldats les plus familiers de leurs modes
d'action et d'expression de lire en ce sens l'événement et de chercher à y contribuer. Si certaines
de ces prises de position antipatriotiques peuvent
être improvisées, il existe bien des soldats que leur
politisation d'avant guerre, à l'extrême gauche,
prédispose à formuler ainsi les raisons de la désobéissance. Ces lectures politisées de la guerre ont
une longue postérité, visibles dans les courriers
saisis à l'été 1917 par le SRA[124]. Les mutineries
ont permis la résurgence de langages et d'interprétations politiques, de plus en plus radicales,
alors même que leur déclenchement s'est fait en
dehors des mouvements et des courants politiques constitués. Malgré le déploiement fréquent
du drapeau rouge, accompagné de l'*Internationale*,
les mutineries ne sont pas dans leur ensemble
imprégnées par le socialisme révolutionnaire. Le
mouvement est à l'origine assez faiblement politisé au sens partisan du terme, ce que la sociologie
des mutins comme l'isolement et le dénuement
où ils se trouvent expliquent évidemment.

Ainsi, les discours de dénonciation vague du
« gouvernement » rappellent la disparité, souvent
évoquée, des ressources culturelles et politiques

parmi les combattants. Ils indiquent surtout que l'interrogation sur la politisation ne peut se limiter au repérage des argumentaires et des vocabulaires partisans, constitués et maîtrisés : il faut prendre en compte l'ensemble des revendications « matérielles » des mutins, articulées autour de définitions implicites ou explicites du « droit », de ce qui est juste ou injuste, et de l'enjeu égalitaire.

« *C'est toujours les mêmes qui font la guerre* » : *l'obsession égalitaire*

Durant les mutineries, les demandes en apparence les plus matérielles concernant le repos ou les conditions d'existence au front ne sauraient être vues comme des revendications triviales : elles sont, au contraire, pleinement politiques, en ce qu'elles renvoient à la question de l'égalité devant la mort. Elles relèvent en fait de la tension permanente entre les deux pôles du « soldat » et du « citoyen », latente avant la guerre, exacerbée depuis 1914. En effet, pour faire valoir au sein de l'événement protestataire leurs revendications, les soldats mutinés vont recourir aux langages du droit et de la justice. Ce n'est pas toujours avec une parfaite maîtrise de ces vocabulaires, mais cela atteste la volonté de construire une protestation légitime (pour eux, pour leurs camarades, pour leurs interlocuteurs), dans l'espace de repères sociaux partagé de la République.

Pour légitimer leur indiscipline, bien des mutins vont exposer des situations injustes. En particulier, ils vont rappeler l'institution militaire à ses fautes et à ses promesses non tenues. En effet, dans les semaines qui suivent l'échec du 16 avril 1917, les paroles et les promesses officielles sont discréditées : la victoire annoncée est devenue un désastre et les départs en permission sont retardés en raison des nécessités militaires et des intenses combats qui perdurent. Des officiers peuvent en toute bonne foi annoncer à leurs hommes les bonnes nouvelles que sont le repos ou les permissions, pour devoir se conformer ensuite à des contrordres qui les envoient en secteur. Mais le contexte du printemps 1917, en rendant possible la désobéissance collective, conduit les mutins de dénoncer ce mode de fonctionnement — à la fois arbitraire et habituel — de l'armée, et l'injustice qu'il représente.

Dans neuf unités différentes, ce motif de la promesse non tenue est ainsi avancé par les soldats pour justifier l'indiscipline : les 32e, 54e, 128e, 152e, 162e RI, 329e et 338e RI, le 25e et 46e RAC, la 41e DI enfin sont concernés. Un aspirant du 54e RI note les paroles des mutins : « Nous ne monterons pas, nous devions avoir des permissions, on nous en a promis[125]. » La promesse est rappelée de façon plus précise encore dans la harangue du soldat Milleret devant les officiers, au 154e RI :

> Le bataillon vient de passer 4 jours dans les tranchées. On ne l'a fait descendre que pour préparer une attaque. Or on nous avait promis formellement que le régiment après Vauclerc devait occuper un secteur calme. Il faut aller trouver le capitaine et lui dire qu'on ne se moque pas ainsi du monde et que si le bataillon remonte aux tranchées la compagnie ne marchera pas[126].

On n'est pas là dans le refus complet et radical de se battre, qui caractérise bien d'autres mutineries, mais dans un rapport à l'obéissance conditionnel, suspendu au respect de la parole donnée («formellement»), et, plus profondément, des droits des combattants. On voit ici que ces demandes «matérielles», repos et permissions, participent de la construction d'une légitimité collective face à une institution qu'on rappelle à ses manquements. C'est une manière de montrer, comme lorsque la «rumeur des Annamites» massacrant les parisiennes est invoquée, que d'une certaine manière l'indiscipline ne déroge pas à la normalité mais vise au contraire à la rétablir, à la préserver et à la défendre. On transgresse la règle, mais pour faire respecter une norme plus essentielle, qui assure la juste répartition de l'effort de guerre en permettant aux combattants de bénéficier des compensations — repos et permissions — qui leurs sont dues. Loin d'être triviales, ces questions engagent donc, à l'arrière-plan de la désobéissance, la perception partagée de «ce qui est juste[127]».

La revendication très fréquente des permissions, dont on a vu le retard important, n'est de plus pas contradictoire avec celle de la fin des combats : elle représente une paix provisoire et personnelle qui permet de sortir quelque temps de la guerre. Aussi, on retrouve sa demande au principe de bien des actes lors des mutineries. L'un des mutins du 97ᵉ RI raconte ainsi que sa participation à la protestation collective tient à un grief personnel, et à une permission trop tardive :

Je croyais avoir droit à une permission n'y ayant pas été depuis longtemps. J'avais demandé au capitaine qui m'avait dit nous verrons cela. Quand je lui ai demandé à nouveau ma permission, il m'a alors envoyé promener. [...] Je n'étais pas allé en permission depuis longtemps et j'étais découragé et démoralisé. Je regrette ma faute[128].

On remarque ici, avec les regrets d'usage devant le tribunal militaire, le vocabulaire du «droit» encore employé pour la permission. C'est également de ce registre que participent plusieurs lettres saisies par le contrôle postal où le passage à l'acte est référé à un «droit» des combattants. Un soldat du 159e RI écrit ainsi à sa femme: «Si on proteste en ce moment ce n'est que nous voulons notre droit et ensuite la fin du massacre[129].» De nouveau, la «fin» et le «droit» apparaissent complémentaires. Un autre courrier, à la 27e DI, oppose nettement les «promesses» et le «droit» que les combattants doivent se charger de faire respecter:

Il faut qu'ils nous y envoient [en permission] car maintenant ce n'est pas des promesses et des belles paroles qu'il nous faut, se sont des actes et nous saurons bien nous faire faire notre droit[130].

Certains soldats peuvent même concevoir leur action comme la défense d'un droit devant s'appliquer à tous, qu'ils soient ou non personnellement lésés. Ainsi, depuis sa prison, le mutin Lamarque continue de trouver injuste le fonctionnement de l'armée, indiquant que «les per-

missions ne sont pas accordées au tour normal ».
Le dialogue qui suit est révélateur :

> — Depuis le mois de novembre 1916, avez-vous à
> vous plaindre d'une injustice quelconque ?
> — Pour mon compte personnel non, mais je connais
> des camarades qui ont eu à se plaindre de certains
> passe-droits[131].

Encore une fois, une désobéissance illégale est
— paradoxalement — référée au droit, ou plus
exactement à l'absence de passe-droits, dans un
souci d'égalité et de justice qui imprègne très
fortement les représentations mutines et combattantes. De la même façon, les mutins du 217e RI
vont développer devant leurs officiers des arguments expliquant que la loi a été « violée » lorsque
les permissions ont été suspendues[132]. Au-delà, il
faut noter que ces revendications tiennent aussi
à l'inscription des soldats dans un univers professionnel conçu comme un « métier », avec ses
règles, ses normes et ses codes, et des possibilités
de réclamation inscrites, comme on l'a vu, dans
les textes officiels. Un rapport de contrôle postal
le constate fin juin :

> Cette mentalité d'ouvriers-soldats comporte une
> persuasion chaque jour plus générale qu'il leur appar-
> tient à eux-mêmes collectivement de régler leur sort et
> au besoin d'imposer leur volonté par la grève. L'in-
> fluence de la révolution russe a été déterminante dans
> cet état d'esprit[133].

Un autre rapport, rédigé par des policiers « infiltrés » parmi les soldats début juin, constate de
façon quelque peu désolée cette prégnance du

« droit » dans les manières dont l'identité combattante a fini par se construire, à travers la revendication des permissions en particulier :

> Si l'on parle des permissions, on touche au point
> qui intéresse le plus le troupier, celui où il n'admet pas
> d'irrégularités et pourtant, combien se plaignent de
> devoir rester des cinq et six mois sans aller chez eux.
> [...] Le mot « droit » est employé aussi souvent que
> celui d' »injustice », il faut bien le constater[134].

Dans ce contexte, et alors que la presse constitue un appui[135], l'action collective prend place
lorsque la situation en ouvre la possibilité, à
travers la perception d'un événement injuste ou
anormal dans le cadre du « métier » militaire. À
la 41e DI, l'explosion de colère contre le général
Bulot semble prendre sa source dans la gestion
du « temps de travail » par celui-ci, qui a fait effectuer une corvée le jour de la Pentecôte[136].

L'efficacité du recours au « droit » et de ces
vocabulaires contestataires, bien plus grande qu'un
appel à la Révolution destiné à rester marginal,
inquiète la hiérarchie militaire qui cherche à la
fois à accorder des satisfactions et à dénier la
possibilité d'une « grève » militaire. On voit ainsi,
dès le 30 mai 1917, un rapport du 3e bureau du
GQG s'élever contre « la tendance très nette maintenant dans certaines unités et même chez leurs
chefs de réclamer comme droit un repos prolongé
de plusieurs semaines après toute période de
combat », constituant des « prétentions inadmissibles[137] ». Un chef de corps confronté aux mutineries exprime également son refus de reconnaître

les «droits» réclamés, et les mutins comme interlocuteurs constitués :

> Ils n'admettent pas la possibilité de sanctions à leur
> égard. Ils voudraient qu'on reconnaisse une manière
> de syndicat militaire ; de telles prétentions sont inac-
> ceptables[138].

Inadmissibles, inacceptables, ces discours sur
le «droit au repos» ou à la permission le sont
d'autant plus qu'ils exposent l'armée à perdre le
dernier mot sur la définition de ses règles internes,
et l'ouvrent à la critique politique, ce dont Pétain
s'émeut le 13 juin dans un courrier au ministre
de la Guerre[139].

Ainsi, les revendications «matérielles» et légalistes ne sont pas moins politiques que les
demandes de la paix, les évocations des «cochons
de députés» et les chants de l'*Internationale* : elles
permettent au contraire, à travers le vocabulaire
du «droit» et le recours aux institutions, de
s'appuyer sur les acquis politiques des «soldats-
citoyens», et de légitimer puissamment l'indiscipline. Plus profondément, les demandes des
mutins relèvent d'une vision du monde égalitaire,
préexistant à la guerre, et que celle-ci, par sa
violence, ses destructions et ses injustices réelles
autant que fantasmées, a intensément réactivées.
En effet, s'il entre du «politique» dans le «matériel», c'est aussi parce que ces demandes, loin
d'illustrer une simple aspiration des individus
concernés à améliorer leurs conditions de vie au
front et dans la guerre, se réfèrent à la valeur
devenue centrale et ayant remplacé le patriotisme

inconditionnel comme fondement symbolique à
l'effort de guerre : l'égalité. Aussi, les demandes
de repos, de « perms » et de « ne pas monter »
peuvent illustrer une même idée : la violence du
conflit, si elle ne peut être arrêtée, doit être également subie et affrontée.

Les mutineries voient ainsi resurgir, sans surprise, la dénonciation des « embusqués » et de
tous ceux qui ne sont pas exposés aux combats et
à la mort, grief si intense durant le conflit[140]. Elle
est lisible sur plusieurs graffiti de permissionnaires
(« Un poilu demande la guerre aux embusqués »,
5 juillet) et dans des conversations de soldats :
« Nous sommes plus maltraités que ceux qui ne
risquent pas leur peau[141]. » Une lettre émanant du
129e RI oppose la fortune des profiteurs et
embusqués au sort des poilus :

> La patience humaine a des limites, il y en a encore
> trop à l'arrière qui se branlent les couilles dans les
> bureaux et qui sont moitié plus costeaux que nous il y
> en a d'autres qui font des fortunes tandis que nous on
> se ruine la santé[142].

Ces discours participent des représentations
construites depuis le début de la guerre qui
dénoncent l'inégalité devant la mort. Dans leur
imprécision même, ces doléances illustrent le
rapport ordinaire au conflit et à ses injustices,
opposant un « eux » lointain qui profite et s'abrite,
et un « nous » collectif et durement exposé. Un
soldat du 36e RI écrit : « Mon régiment n'a pas
voulu y aller et je crois qu'on n'a pas tort, depuis
le temps qu'on est là-dedans, ils nous font chier,

c'est toujours les mêmes qui font la guerre, chacun son tour[143]. »

Les officiers peuvent constituer une cible de choix pour ces diatribes, révélant l'ampleur des ressentiments que les inégalités réelles, exacerbées par le conflit, ont pu creuser. Un soldat écrit, au 91e RI, mi-mai :

> Ce qui nous fait le plus mal au cœur c'est que pour nous le pauvre poilu on supprime les permissions tandis que les officiers eux c'est tout le contraire, tous les jours il en part, c'est un véritable crève-cœur[144].

La dénonciation conjointe des officiers aux privilèges indus, et des dirigeants assimilés aux profiteurs, se lit de même dans les paroles du mutin Bauer, mécanicien parisien initialement mobilisé en usine, au 161e RI :

> Nous sommes ici tous autant que les autres et nous valons un Capitaine, un Commandant, un Colonel, nous sommes commandés par une bande de cons qui sont au pouvoir et qui feraient mieux d'être sur le front : ce sont les profiteurs de la guerre, on ne devrait pas se faire crever la peau pour eux[145].

Vis-à-vis des officiers, un autre mode de mise en cause relève à la fois de la dénonciation d'un privilège, de la protestation fiscale, et de l'indignation des « citoyens » devant le gaspillage de l'armée, comme dans cette remarque d'un soldat témoin de la mutinerie du 70e BCA : « Ce n'est pas permis d'être mené par des gens pareilles et dire qu'on les paye nous les contribuables[146]... » Un soldat du 85e RI, un peu plus tôt, avait de même lancé à un lieutenant : « Fainéant, propre à rien, je paye les impôts pour te nourrir[147]. » Enfin, un soldat de la 27e DI, mineur dans le civil, allie le 21 juin à sa diatribe antipatriotique et antimilitariste (« À bas la France ! À bas l'armée ! Vive la Révolution ! ») une dénonciation des officiers et de leurs revenus : « À bas les gradés ! À bas les officiers ! À bas les trop payés[148] ! »

Ces faits confirment que les mutineries peuvent également se lire sur une ligne de partage sociale, réelle ou fantasmée, comme un conflit social vécu comme tel par bien des protagonistes, animés d'une volonté de revanche égalitaire — ou d'une peur de classe[149]. Mais cela illustre un autre point important : des motivations matérielles et même pécuniaires dans les mutineries. Là encore, on relève le refus de « gagner moins » que les civils qui ne risquent rien ou que d'autres combattants vus comme privilégiés. On lit ces revendications, appuyées sur le « droit », dans une petite mutinerie d'artilleurs :

> On a le droit d'avoir une permission tous les 4 mois. [...] Nous voulons que les conducteurs aient la même indemnité que les servants. On se fait tuer comme eux, on travaille autant qu'eux et on n'a pas d'indemnité. C'est injuste[150].

De même, des soldats de la 2e DIC évoquent la disparité financière entre les combattants et les ouvriers : ils refusent de marcher alors « que les camarades à l'usine gagnent 15 à 20 francs par jour[151] ». Ce type de discours peut, de même que la revendication du « droit », constituer un puissant levier pour les soldats indisciplinés, car il s'appuie sur les inégalités réelles du temps de guerre autant que sur l'égalitarisme préexistant. En ce sens, il correspond doublement aux structures sociales — ordinaires et extraordinaires — et peut être partagé au-delà de l'armée et des soldats mutinés. On lit en effet des courriers de l'arrière qui approuvent les mutineries en excipant de la revendication égalitaire. Les épouses de soldats du 228ᵉ RI et de la 6ᵉ DI leur écrivent en ces termes :

> Je reçois ta lettre du 17 à l'instant et je comprends ton exaspération et approuve tous les poilus qui ont pris part à cette manifestation [...] Puisqu'à l'arrière les plus forts sont les avantagés et si les faibles crient ils n'auront jamais raison. Je ne me prive pas de proclamer ta lettre à qui veut l'entendre car je suis exaspérée de tout ce que l'on vous impose mon chéri[152].
>
> Le bruit court qu'il y a plusieurs régiments qui ont refusé de marcher. Eh bien! ils ont raison de se rebiffer. Qu'ils fassent dont partir les embusqués, moi, je les approuve[153].

De tels courriers, qui coexistent avec des appels à la prudence et au «devoir», montrent quel est l'espace de légitimité de la désobéissance en 1917 : elle peut être justifiée non pour faire du «scandale» ou manquer à son devoir, mais pour rétablir la justice, l'égalité ou la normalité. Mais cet égalitarisme ne concerne pas que les civils, et la dénonciation des embusqués : c'est également au sein de l'armée et entre unités qu'il opère.

Pour expliquer leur passage à la désobéissance, de nombreux mutins vont faire référence à un traitement injuste et inégal par rapport à d'autres

424   *14-18. Les refus de la guerre*

unités de l'armée. La mutinerie s'explique alors, pour les soldats, par une volonté de n'être pas moins bien traités que leurs camarades. On peut en citer un exemple représentatif, au 121ᵉ RI, dont les hommes ne veulent pas monter en ligne pour remplacer un autre régiment (le 120ᵉ) qui a refusé de marcher. La légitimité du mouvement de mutinerie de ces soldats vient de ce qu'il est une réponse, une réaction de «bons soldats» devant les agissements de lâches : «Comme d'habitude le 120ᵉ a réussi à se défiler et comme d'habitude nous allons nous faire casser la gueule à leur place... C'est comme au Linge, en Champagne, à Verdun, le 120ᵉ y coupera[154].» Comme chaque fois qu'un groupe social argue de son exposition plus grande à la violence de guerre, il est très difficile de savoir dans quelle mesure le grief est justifié. On doit en tout cas noter qu'il existe dans les mutineries une dimension d'affirmation identitaire, défendant l'esprit de corps et la solidarité régimentaire, face à d'autres unités d'une même division. On le voit de même dans les explications de policiers infiltrés parmi les hommes de la 41ᵉ DI :

> La façon dont s'effectue le repos des troupes descendantes est une source de mille récriminations plus acerbes les unes que les autres. Alors que certains régiments se reposent réellement, d'autres, disent les poilus, «bardent» sans répit[155].

Si «ne pas monter» est illégal et illégitime, ne pas monter «à la place des autres» est une façon de justifier la désobéissance. On observe ce discours dans de nombreux cas, les mutins affirmant qu'ils ne montent pas parce que ce n'est pas leur «tour». Au 32ᵉ RI, les soldats se réunissent et s'agitent en criant : «Venez tous! On va aller voir le commandant pour savoir si c'est notre tour de monter!» Un témoin précise : «Les hommes entre eux se sont mis à dire "comment se fait-il que nous soyons toujours appelés à monter en lignes, ce n'est pas notre tour, c'est celui du 2ᵉ Bataillon"[156].»

À la question du «tour», suggérant la nécessité d'un traitement égalitaire entre unités, et s'appuyant peut-être sur la rotation régulière des unités («tourniquet» ou «noria») mise en place par Pétain à Verdun[157], s'ajoute le problème des positions «perdues» par d'autres. Au 308ᵉ RI, le mutin Pibre explique : «On nous avait dit que nous allions attaquer pour reprendre les tranchées perdues par les autres[158].» Au 170ᵉ RI, de même, la désobéissance s'appuie sur une rivalité entre compagnies du régiment : «Depuis 48 h que nous nous reposons, elle a perdu toutes les positions gardées par nous, nous voulons bien accomplir n'importe quelle corvée, mais nous ne voulons pas relever la 5ᵉ Cie[159].»

On perçoit à travers ces exemples toute l'intensité de l'égalitarisme combattant, fondé sur l'expérience de la guerre et des tâches difficiles à accomplir, lorsque «remonter» en ligne semble encore plus injuste parce que des positions durement gagnées ont été perdues par d'autres. Enfin, la justification de l'indiscipline peut également s'appuyer sur le fait que d'autres unités se soient mutinées, et aient refusé d'obéir. Georges Leroy

le raconte pour le 416ᵉ RI, fin mai : « Les poilus
nous disent qu'ils ne monteront pas en lignes, car
les Chasseurs qui devaient y aller eux-mêmes,
auraient refusé d'y aller[160]. »

Le moment des mutineries, en rendant possible
la désobéissance collective, permet bien l'expression de revendications multiples, dont un point
de convergence est l'attachement à l'égalité devant
la mort, les mutins dénonçant les inégalités de
traitement réelles ou imaginaires entre unités.
Ces représentations ne sont bien entendu pas
exclusives du désir et du souhait de «fin» de la
guerre, que l'on peut lire au 298ᵉ RI, dans un
courrier contrôlé :

> La fin nous la souhaitons car nous avons assez de la
> guerre et à bien réfléchir il ne faut pas lâcher c'est une
> justice qu'il nous faut et que ce ne soit pas toujours les
> mêmes qui doivent souffrir et se faire zigouiller pour-
> quoi des divisions ont des 45 jours de repos à l'arrière
> tandis que d'autres dont nous faisons partie sont tou-
> jours au front et au danger[161].

Refuser la guerre en 1917 est à la fois espérer
sa «fin», et dénoncer l'inégale exposition des combattants à sa violence. La légitimation de l'indiscipline opère aussi à travers ces protestations de
mutins se présentant comme de bons et valeureux
soldats, «toujours au front et au danger». On lit
enfin le même égalitarisme, ajouté au désir de
paix, dans les nombreuses doléances recueillies
par le lieutenant-colonel Dussauge au 370ᵉ RI.
Il parle avec des hommes qui l'accueillent avec
«beaucoup de respect» mais voit dans leurs
demandes «l'influence d'une propagande nette-

ment révolutionnaire ». Pourtant, dans le mélange des idées recueillies, qui correspond à la confusion du contexte et à la multiplicité des interlocuteurs, c'est avant tout l'égalitarisme qui transparaît :

> Nous voulons la paix — Nous ne voulons plus attaquer — On a fait massacrer trop de monde sans résultat — D'ailleurs, il n'y a que des paysans et des ouvriers dans le rang — Il n'y a plus un seul noble à l'armée depuis la bataille de la Marne — Le neveu de mon ancien sénateur a 25 ans et il est embusqué — J'ai eu un frère tué à la guerre, un autre mutilé, je reste seul intact ; c'est suffisant — Nos femmes et nos enfants meurent de faim — Le gouvernement a fait tirer sur nos femmes par les Annamites — On fait venir des milliers d'ouvriers étrangers pour envoyer se faire tuer les ouvriers des usines [162].

Nouvelle illustration de l'acuité des regards portés par les combattants sur la société en guerre, ses injustices et ses inégalités, ces propos sont pleinement « politiques ». Ils montrent que les mutineries constituent bien un moment où peuvent s'articuler et s'exprimer de façon cohérente et complémentaire des paroles protestataires, des lectures sociales et des aspirations à la « fin ». Les mutineries s'inscrivent alors comme le prolongement des processus qui ont permis le vote de l'insatisfaisante loi Dalbiez, et comme un rappel à l'égalitarisme intransigeant autour duquel s'est redéfini, à partir de 1915, le sens du conflit.

On peut désormais mieux comprendre le caractère hétéroclite de ces demandes, de ces doléances et de ces discours mutins. Mélangeant la « paix » et les « perms », la dénonciation des inégalités et la lassitude de la guerre, le « politique » et le «matériel», ces représentations sont complémentaires. La coexistence de revendications tenant au repos ou aux permissions et d'une dénonciation de la guerre allie d'abord l'immédiat et le lointain, le souhait réalisable et l'espoir plus ténu, un élément que les supérieurs peuvent effectivement accorder — ayant prise sur le taux de permissions — et une perspective de paix bien moins directe, qui passe par le fait d'alerter «les gouvernants» et par un contexte instable. Mais ces différentes raisons données à la désobéissance, et ces aspirations multiples, révèlent également la participation d'individus très divers aux mutineries. La sociologie des mutins le suggérait, l'étude de leurs revendications le confirme: on trouve bien côte à côte dans l'action collective des soldats dont l'expérience antérieure de la protestation, les compétences politiques, la maîtrise des vocabulaires et la capacité à construire des argumentaires sont très dissemblables. Si l'on se risque à une typologie, on peut alors distinguer, parmi ces mutins, quatre identités archétypiques, relevant de quatre façons différentes de vivre la guerre, la discipline militaire et le statut de soldat-citoyen:

— les mutins «tapageurs», subissant les événements et la discipline, largement dépourvus de ressources leur permettant de construire des revendications positives et politiques, voyant dans les mutineries l'occasion d'un exutoire et d'un renversement festif, violent, désordonné et sonore de l'autorité, dont la «rouspétance» et les transgressions momentanées impliquent au fond le retour ultérieur à l'ordre;

— les mutins «grévistes», protestant dans le

cadre du « métier militaire » et face à des officiers respectés, afin d'obtenir satisfaction avant tout sur des points tangibles de l'expérience de guerre, se posant pour cela en bons soldats injustement traités ;

— les mutins « citoyens », dont les revendications s'appuient sur le langage du droit et le recours aux valeurs et institutions républicaines, ce qui n'implique pas une « confiance » démesurée dans celles-ci, certains pouvant signifier que la « République se fout de nos gueules » ;

— les mutins « militants », enfin, minorité virulente et décidée, qui lit l'indiscipline en des termes politiques et la justifie en transgressant ouvertement les règles du jeu patriotique, refusant d'être « français », appelant à la révolution, cherchant à relier (un peu tard) l'indiscipline aux mouvements sociaux de l'arrière et aux organisations pacifistes.

Tous partagent, dans l'instabilité du printemps 1917, l'impression que la guerre peut finir et que l'armée est déstabilisée, et donc qu'une action collective peut aussi bien hâter la fin de l'épreuve que permettre d'améliorer leur sort. Surtout, tous partagent, de façon plus ou moins construite, une obsession égalitaire dont relèvent la hantise des embusqués, la vision d'une « saignée sociale » au détriment du prolétariat, les tensions entre unités « rivales », l'idée enfin que « c'est toujours les mêmes qui font la guerre ». Cet égalitarisme inscrit au cœur des raisons formulées par les mutins peut se lire de deux façons. Il révèle d'abord que, bien davantage que le patriotisme ou la supposée « culture de guerre », ce sont les valeurs

renvoyant à l'espace social antérieur, celui de la
République, qui constituent les points de repère
partagés des soldats désobéissants. Le relever
ne revient pas à postuler le républicanisme des
soldats, l'unanimité des mutins ou l'unicité de
leurs représentations : celles-ci peuvent faire référence à une République bourgeoise et honnie qui
opprime les prolétaires, à celle, comprise, appré-
ciée et construite, qui doit garantir les droits
des citoyens, ou encore à celle, minimale et plus
vague, qui ne devrait pas favoriser les «gros».
Mais les mutineries portent bien la marque, à
travers ces discours, des structures politiques
et sociales d'avant-guerre, des identités préexistantes, et d'un système de valeurs construit sur le
long terme.

Si la guerre a apporté des modifications, elles
tiennent avant tout à ce qui est recevable, dicible
et légitime dans l'espace public. On comprend
alors quel rôle peut tenir l'égalitarisme dans les
discours des mutins : il est un instrument puissant
de légitimation de l'indiscipline, dans une société
traversée de tensions qui ne trouvent à s'exprimer
qu'à travers la hantise des «embusqués» et des
«profiteurs», la dénonciation de la guerre restant,
elle, illégitime. On le voit nettement lorsque les
mutins arrêtés pour leurs cris de la «paix» s'attachent à nier et à requalifier leurs paroles. Il existe
un *espace de légitimité de la désobéissance*, lorsque
celle-ci peut être présentée comme une action
légaliste, justifiée par de réelles iniquités, appuyée
sur le droit, référée à l'égalitarisme partagé.

Pourtant, on l'a vu, ce ne sont pas que des revendications «matérielles» (relevant en fait pleine-

ment du politique) qui s'expriment. Le refus de la guerre est massif durant les mutineries, plus ou moins argumenté et construit, inégalement relié à des idéologies constituées ou des perspectives de paix réalistes. Mesurer ce refus conduit bien à abandonner les visions réductrices des mutineries qui n'y verraient qu'une grève militaire : la dénonciation de la guerre et le souhait de sa «fin» constituent un trait majeur des revendications mutines, correspondant aux multiples manières dont le refus est mis en pratique. Mais on a pu lire à la fois l'intensité et l'extension de ce refus de guerre en 1917, et sa difficulté maintenue. C'est ce qui ressort avec force des discours tenus une fois la désobéissance terminée.

Après les mutineries : justifier l'injustifiable

Pour les soldats arrêtés lors des mutineries et devant passer en Conseil de guerre, échapper aux peines les plus lourdes devient une priorité. Les stratégies de défense qu'ils établissent nous renseignent en partie sur leur vision de l'échec et, parfois, sur les regrets ou les remords de s'être laissés aller à la «folie» de la désobéissance. Elles indiquent surtout, en creux, combien leur marge de manœuvre discursive s'est refermée, et quelles paroles de contrition sont attendues d'eux par l'institution militaire qui les juge. Dans le cadre de l'enquête et du procès menés par une institution rassérénée, les discours s'autorisent infiniment moins de liberté que dans l'anonymat d'une manifestation nocturne.

Le retour à l'ordre est aussi une réaffirmation
du discours dominant que ces prévenus sont
contraints d'adopter, en même temps que les
signes du regret et de la contrition, ce dont se
félicite un officier :

> Je siège au Conseil de guerre. Quel défilé de
> fripouilles ! Qu'ils sont peu brillants en présence de
> leurs juges ! À leur compagnie, ils faisaient les malins,
> insultaient leurs chefs, cherchaient à entraîner leurs
> copains à déserter ; les voilà tout penauds, n'osant
> lever les yeux, remplis de repentir[163].

Diverses stratégies de défense se dévoilent à
travers ces «paroles fortement contraintes» des
interrogatoires et des dépositions[164].

La plus accessible est la pure et simple déné-
gation, que pratique par exemple le soldat Micault,
arrêté pour avoir crié, lui aussi, «à bas la guerre,
vive la révolution» durant le stationnement d'un
train. Il nie et dit avoir crié : «Non ! Non ! À bas
les embusqués[165] !» Cela révèle un impératif central de ces stratégies discursives : requalifier leurs
actes et leurs discours en les rapprochant, autant
qu'il est possible, de ce qu'il est légitime de faire
et de dire dans la société française en guerre. Si
la paix reste indicible, la hantise des embusqués
est au contraire un thème validé et partagé par
l'ensemble de la société.

Lorsqu'ils ne peuvent nier l'évidence, les soldats interrogés ou jugés déclarent n'être pas des
meneurs ni même des soldats indisciplinés. À la
5e DI, le soldat Coquelin affirme : «Pour moi je
n'étais pas bien au courant, c'est surtout la curiosité qui m'a fait suivre[166].» Suivre, et non mener,

c'est encore ce que dit avoir fait, parmi de nombreux autres, le soldat Castel : « J'ai suivi les camarades[167]. » D'autres vont chercher à expliquer leur acte de désobéissance en le présentant comme un moment d'égarement dû à la boisson. Une telle argumentation vaut d'autant plus qu'elle correspond à certaines représentations des officiers qui espèrent voir dans les événements inquiétants de mai-juin 1917 un trouble passager. Circonstance aggravante en droit, l'alcool constitue alors une circonstance socialement atténuante, permettant bien de renvoyer l'indiscipline du côté d'un égarement bref et peu sérieux, expliquant aux yeux des officiers bien des gestes sans cela inexplicables, comme la désobéissance de « bons soldats ». Au 18e RI, un combattant exemplaire (son capitaine dit que « le soldat Cordonnier a été merveilleux aux combats de Craonne les 4 et 5 mai ») se justifie ainsi par la boisson :

— Vous avez commis un acte très grave. Qu'avez-vous à dire pour votre défense ?
— C'est la boisson qui en est la cause. C'est malheureux. Je me suis toujours très bien conduit. [...] Je regrette beaucoup ce que j'ai fait[168].

S'il n'est pas le seul à utiliser cette défense, elle est efficace, alliée à son passé militaire : des quatre condamnés à mort de l'unité, il est l'un des deux seuls pour qui un recours en grâce est déposé, et le seul pour lequel la condamnation soit commuée[169]. Se dessine ici le motif du « bon soldat égaré » qui forme la trame de très nombreux récits et usages de l'événement, dans l'entre-deux-guerres d'abord, au moment où les familles et les anciens combattants se mobilisent pour obtenir réhabilitations et suspensions de peines ; dans l'historiographie ensuite[170].

Ces textes révèlent l'importance des regrets formulés devant les juges et les enquêteurs. Afin de prévenir ou de limiter les condamnations, les mutins jugés font assaut de contrition et de patriotisme. On lit ainsi au 75e RI les regrets («Je regrette de m'être laissé influencer») et le désir de combat : «Je demande à remonter le plus vite possible aux tranchées», dit à ses interrogateurs le soldat Chaix[171]. La sincérité de ces remords n'est pas ici la question, pas plus qu'avant ou durant les mutineries le degré de «motivation» pour la guerre : au-delà des convictions intimes, ces propos nous renseignent surtout sur les discours socialement tenables et acceptables par l'armée, et sur les limites du dicible une fois l'événement refermé. Les mutins sont alors conduits à condamner l'indiscipline («C'est mal ce que nous avons fait», dit un mutin du 74e RI[172]), révélant les valeurs structurantes de la société française. Dans un courrier à ses juges à la fin de juillet où il dit vouloir réparer sa «lourde faute», un soldat illustre ainsi les dimensions sociales, familiales et culturelles de l'obéissance :

> [En écrivant] j'agis d'abord parce que c'est mon devoir, et ensuite pour sauver l'honneur de ma famille devant laquelle je n'oserais plus jamais comparaître. [...] Je suis d'une famille très honorable et ai été élevé dans un règne d'obéissance et de respect[173]

On perçoit la force des habitus de conformisme tenant à des liens sociaux et au regard familial, visibles de même dans le courrier d'un jeune instituteur à son ancien maître de l'école normale, se repentant de la mutinerie du 158e RI :

> J'ai une bien déshonorante nouvelle à vous apprendre [...] Je ressens un grand regret de ma faute, J'en manifeste un sincère repentir, je veux me réhabiliter, parce que j'ai souci de ma dignité, parce que je ne veux pas rester dans le déshonneur, parce que je ne veux pas être mauvais fils, parce que je suis instituteur[174].

D. Rolland écrit que ce texte illustre la « détresse » d'hommes qui « reprennent contact avec la réalité » après les mutineries[175]. On pourrait écrire, aussi bien, que c'est la « réalité » qui s'impose de nouveau à eux : la réalité d'un espace social où la position tenue avant la guerre oblige et dicte les comportements, où l'honorabilité personnelle est une ressource et une propriété fondamentale, et où les possibles se sont refermés avec la condamnation. Ce texte montre bien que ce qui avait paru pensable un bref moment ne l'est plus une fois l'incident refermé.

On voit ainsi l'efficacité d'une remise en obéissance qui parvient à faire tenir des discours conformes à ceux qui ont pu mettre en pratique le refus, et la chape pesant sur les paroles d'opposition, à tel point qu'on ne dispose quatre-vingt-dix ans plus tard que de deux témoignages directs de mutins. À l'inverse, les discours de repentir sont spectaculaires. Qu'en conclure ? Pas tant le triomphe final du patriotisme, dont on voit qu'il n'est guère mis en avant par ces textes, sinon sous la forme du « devoir », mais plutôt la force du conformisme social, des structures et des valeurs qui le sous-tendent.

Ces lettres signalent un autre phénomène important : la capacité de certains mutins à mobiliser des réseaux de soutien et à formuler des stratégies construites de défense. Ce faisant, il s'agit encore de réactiver les identités civiles antérieures, non seulement pour se présenter comme « honorable » ou « respectable », mais surtout pour trouver d'autres personnes pouvant l'attester. Ces stratégies ne sont pas accessibles à tous, bien évidemment : on retrouve à la fois le fonctionnement de la vie politique sous la IIIe République, largement fondée sur les adresses et les plaintes aux puissants, et l'inégale distribution des ressources et des réseaux qui les rendent efficaces[176].

On le voit dans le cas d'un soldat qui parvient sans difficulté à se disculper et à bénéficier d'une peine très légère, malgré ses exhortations à la désobéissance du 3 juin, au chant de l'*Internationale* (« Que ceux qui veulent aller prendre le Chemin des Dames y aillent »)[177]. À l'audience, ce soldat, marchand de bestiaux en Saône-et-Loire, sait jouer de son profil social et politique parfaitement honorable :

> Ce n'est pas ma façon de penser, je suis patriote, je suis discipliné et j'ai toujours obéi aux ordres de mes supérieurs. [...] Je suis président du centre catholique de Saint-Usuge et vice président de la fédération catholique régionale.

Cette identité est confirmée à l'audience par un officier qui révèle le surnom du mutin momentané :

«Martin est un très bon soldat [...] il n'est pas socialiste, on l'appelait "le réactionnaire"[178]. » Ces efforts de requalification de la subversion en «égarement» sont payants, puisque Martin n'est condamné qu'à un an de prison, soit une des plus légères peines qui soient pour de tels actes. On voit ici que l'enjeu interprétatif des mutineries, relié à leur caractère «politique» ou non, dépend assez peu des propos tenus, beaucoup, en revanche, des identités de ceux qui les tiennent.

C'est pourquoi nombre de ceux qui sont jugés et soupçonnés font assaut de respectabilité. Ceux qui ne disposent pas de ressources ou d'appuis politiques prennent la plume eux-mêmes, comme le sergent Troupel qui écrit à ses juges et expose son passé militaire honorable, en suivant les règles de la rhétorique patriotique («Mon seul désir est de continuer tant que les barbares envahisseurs souilleront notre sol sacré du pays natal.»)[179]. D'autres dossiers montrent les interventions de la famille, plus ou moins habiles, pour construire en «bons soldats», «bons fils» et «bons maris» les mutins, révélant au passage le désarroi social lié à une possible condamnation. Au 70ᵉ RI, le soldat Cabochette a chanté l'*Internationale*; il est soutenu par une lettre de sa mère :

> Mr le Président. Vous mescuserez si je prends la liberter de vous écrire ses quelques môts. Vue que j'ais deux fils de décédés depuis le début de la guerre ainsi que mon mari. Et ne me restant plus qu'un fils sous les drapeaux le nommée Cabochette Emile Prévôté de la 19ᵉ Division. Sest pourquoi qu'aujourd'hui je me permet de vous écrire pour vous demander si vous voudriez avoir la bonne volontée de me le mettre à l'abris car

pour un enfant qu'il me reste je tiendrai à seul fin qui me revienne[180].

L'appel à la clémence se fonde évidemment, ici, sur la dureté déjà subie de la guerre et des pertes. On le voit encore dans les lettres adressées au Conseil de guerre par la famille du soldat Monin, le 11 juin 1917. Sa mère écrit :

> Mon fils a femme et enfants. S'est bon père et bon Mari bon fils. J'ai mon fils auguste Monin qui était en 42e d'artillerie qui devenu fou par le canon et est en traitement au château de St Jemmes sur Loire. Bien douloureux pour moi de voir mon fils fou et Louis en prison. J'ai rester Veuve en 1891 c'est moi qui élevé mes enfants seulx[181].

Là encore, la construction et la défense du « bon soldat » passent par le rappel de ses qualités propres, mais aussi de la difficile situation familiale. Il est peu aisé d'évaluer l'efficacité de tels courriers, dont rien ne dit qu'ils aient été lus par leurs destinataires — rien dans les notes d'audience ne le suggère. Ils permettent toutefois de comprendre que l'identité multiple des soldats-citoyens, civils mobilisés, leur permet à l'occasion d'user de ressources extérieures à l'armée pour atténuer la sévérité de celle-ci. On le voit surtout à travers les recours aux contacts politiques que certains sont à même de réactiver.

Les archives de la Ligue des droits de l'homme et du citoyen contiennent ainsi plusieurs demandes d'intercession en faveur de mutins condamnés ou en instance de jugement. On le voit en particulier pour les soldats du 109e RI qui semblent avoir réussi à mobiliser d'importants appuis. Un conseiller général de la Côte-d'Or écrit ainsi à la LDH au sujet des « malheureux petits soldats du 21e et 109e d'Infanterie condamnés à mort [...] Dix enfants de Dijon se trouvent dans cette situation ». Cela débouche sur une lettre du président de la LDH, Ferdinand Buisson, au président de la République, qui semble avoir été suivie, une mesure de commutation de peine intervenant le 3 août 1917[182]. C'est surtout le cas, très débattu par la suite, du mutin et instituteur Breton qui fait l'objet de nombreuses mobilisations, aussi bien auprès de la Ligue, que contacte un chef de bataillon afin que sa lettre soit transmise au chef de l'État (« si vous nous rendez Breton, que je considère comme bien coupable, mais victime d'idées généreuses et prématurées, il viendra se réhabiliter au feu[183] »), que d'Anatole France, l'inculpé ayant réussi à lui écrire : « Du fond de ma geôle, avec ferveur, je m'adresse à l'homme et à l'écrivain dont la noble conscience et le talent incomparable sont célèbres dans l'univers[184]. »

La grande mutinerie de la 5e DI fait, de même, l'objet d'un suivi, à travers les courriers adressés aussi bien à la LDH qu'à la SFIO, en raison de l'arrestation d'un militant socialiste, Bony[185]. Paul Painlevé, à la fois ministre de la guerre et président honoraire de la LDH, est lui aussi un destinataire de tels courriers et d'intercessions. Il est ainsi mis à contribution dans une affaire exemplaire, concernant le caporal Lefèvre du 109e RI, jeune engagé volontaire suite à l'assassinat de son père par les troupes d'invasion en 1914, compromis dans la mutinerie des 31 mai-1er juin.

Arrêté, il parvient à écrire à des proches afin
d'alerter des hommes politiques :

> Viens de me faire condamné à mort. Je vous supplie,
> vous qui me connaissez et connaissez ma situation,
> d'intercédé pour moi au plus vite auprès de gens
> influents près du ministre de la guerre et président de
> la République[186].

Suite à ces missives, un maire d'arrondisse-
ment de Paris, un ancien député et président du
Conseil municipal de la capitale, ainsi que Louis
Marin (député de Nancy) se mobilisent auprès
de Poincaré[187]. Un groupe d'habitants de Neuvy
l'ayant recueilli lui demande le 12 juin de
« conserver à la France ce brave petit Lorrain[188] ».
Cependant, cette fois-ci, non sans dilemmes, la
« justice » suivra son cours, le 16 juin 1917, illustrant la capacité de l'armée et du pouvoir à
manier l'arbitraire, tandis que la dernière lettre
fictive du condamné est utilisée à des fins
d'édification et de retour à l'ordre[189]. Une autre
démarche aura plus de réussite, celle du mutin
Debacker, condamné à mort à la 18e DI pour
« qu'il y ait au moins une exécution » dans cette
unité, suivant les termes du général Maistre, et
qui écrit avec succès à Poincaré en expliquant
qu'il est engagé volontaire, donc « que je ne suis
pas un anarchiste comme mes propos pourraient
le laisser penser[190] ». Ces démarches éclairent les
enjeux de la répression : celle-ci est un processus
en tension entre le pouvoir politique, l'institution
militaire et une société aux ressources restreintes
mais loin d'être complètement inactive ou inef-
ficace face aux possibles excès de violence.

Cela confirme à la fois la capacité qu'ont certains mutins à user de leur identité de «soldats citoyens», et la rareté relative de ce statut, supposant des ressources — discursives, politiques, relationnelles — hors de portée du commun des soldats. L'inégalité face à la dureté de la guerre que dénoncent les mutins est redoublée par l'inégale faculté à se défendre et se faire entendre de ceux qui sont arrêtés.

Pour finir, à côté des paroles fortement normées adressées aux juges et au pouvoir, il existe les bilans intimes que font les soldats de l'indiscipline, dans des carnets ou des courriers. De rares traces nous donnent accès aux perceptions des mutineries, une fois l'événement terminé. Là encore, on ne saurait postuler l'unité des regards et des jugements. Il existe diverses représentations de ce mouvement qui a échoué. La lecture patriote y voit un possible complot ennemi («C'est regrettable de voir des faits semblables qui ne sont que des manœuvres boches[191]») ou une contamination évitée de justesse («Ne vous inquiétez pas pour les bobards tout est calme la mauvaise graine purgée, la bonne ne se gâtera pas[192]»). Il existe des lectures bien plus lointaines et indifférentes de l'événement, que tous n'ont pas vécu comme un moment nécessitant l'engagement ou l'action. Comme en toute situation sociale la distance, le désintérêt et l'indifférence peuvent être présentes. On les lit dans deux courriers contrôlés au 74e RI, régiment de la fameuse et si «politique» 5e DI, illustrant un rapport ordinaire au conflit et à ses péripéties qui peut aussi bien s'appliquer aux mutineries :

Il n'y a qu'un bataillon en ligne car les 2 autres n'ont pas voulu monter. C'était un coup manqué, et qui a coûté cher aux meneurs. Maintenant on va être riche avec les prêts pépère qu'on touche. Je vais guérir mon cafard dans le pinard, c'est à rengager[193].

Tout cela s'est passé pendant ma perme, tu peux juger si les types en ont marre. Plusieurs ont été condamnés à mort[194].

La distance et l'indifférence peuvent enfin se lire dans les lettres de ceux que la mutinerie a semblé déranger ou menacer, à la façon de celui qui subit les inconvénients d'une grève :

> Nous avons été obligés de nous cacher. Ils emmenaient tous ceux qu'ils trouvaient... Le calme s'est à peu près rétabli. Ça provenait d'autres régiments qui étaient venus les chercher. C'est malheureux que ça arrive à ce point-là[195].

À l'inverse, le brancardier Albert Filoche note, le 15 juin, la sympathie que s'attirent les mutins dans une unité «non mutinée» :

> La répulsion de continuer la guerre s'étend. Les poilus n'en veulent plus. On signale que le 41e d'infanterie, un régiment breton de Rennes je crois, aurait refusé. [...] Dans les conversations, à gauche, à droite, partout vous entendez : «Tant pis, pourvu que la Paix soit faite.» Le désir de voir finir le fléau est visible[196].

De telles représentations indiquent les multiples perceptions possibles des faits par les contemporains. Il existe une dernière vision des mutineries, souterraine mais révélatrice, qui envisage leur succès. Elle est le fait de tous ceux qui ont

traversé les événements sans inquiétude — soit
que les incidents vécus n'aient pas été violents,
comme dans une majorité de cas, soit, surtout
que leur règlement ait été pacifique et obtenu par
la négociation et des concessions de l'armée.

Certains pensent que la «fin» va effectivement
naître du mouvement, sans qu'ils y aient nécessairement participé: «Courage la fin vient, si tu
voyais le mouvement, les régiments ne veulent
plus marcher et les boches font de même, je crois
que dans 3 mois je serais dans tes bras[197].» C'est
aussi ce que dit, à mots couverts, un soldat du
129e RI, peut-être arrêté dans les jours suivants:
«Je crois aussi que se sera ma dernière permission
car j'ai de grandes raisons de croire que la guerre
finira cette année peut-être dans quelques mois
tu vas être étonné que je parle ainsi[198].»

Mais à côté de ces espoirs vite démentis, on
trouve également les notations réalistes de ces
soldats passés à travers le dispositif punitif, qui
évoquent avec satisfaction le repos ou les permissions obtenues au terme de l'indiscipline et d'un
rapport de force qui semble avoir tourné en leur
faveur:

> On devait monter au Chemin des Dames pour atta-
> quer. Mais tous les régiments se sont révoltés et même
> tous les CA. Alors on nous a tout de même accordé un
> repos. Car ils ont vu qu'il n'y avait plus rien à faire de
> nous[199].

De même, au 36e RI, où un combattant note:
«Cela nous a fait beaucoup de bien car il est parti
beaucoup de permissionnaires[200].» Au-delà de
l'enjeu immédiat des permissions, un autre soldat

se félicite du «message» envoyé à travers la désobéissance collective, et du rééquilibrage qu'il
semble pouvoir permettre dans un futur proche,
vis-à-vis de l'encadrement qui devra se montrer
mois pesant : «Peut-être qu'à l'avenir on sera
moins embêté ; cela fera voir à ces Messieurs que
l'on n'est pas des bêtes de somme[201].»

Et si la majorité des mutins, une fois l'indiscipline refermée, adoptent les paroles ou les pos-
tures conformes qui semblent pouvoir leur faire
reprendre leur place dans un conflit qui a repris
son cours, quelques-uns affichent, au contraire,
leur fierté ou leur satisfaction de l'indiscipline.
De façon très rare, une lettre assume simplement
les actes et les faits commis, au 36e RI :

> Non seulement j'ai manifesté comme les autres mais
> hier j'ai subi un interrogatoire ainsi que tous les
> hommes du régiment pour savoir si à l'avenir pareille
> chose se renouvelait ce qu'on ferait. Moi étant trop
> fatigué de la guerre je ne me suis pas dédit, et ai
> répondu franchement que je ne répondais pas de moi,
> donc on a écrit mon nom à l'encre rouge et alors j'at-
> tends les événements[202].

Un autre courrier affirme sa satisfaction d'avoir,
par la mutinerie, sauvé sa peau, au prix de son
grade et d'un changement d'affectation : «Le principal est de revenir sain et sauf et je ne regrette
pas ce que j'ai fait[203].» Dans la masse des expressions de contrition plus ou moins convenues, ces
deux textes indiquent, en creux, ce que put être
l'absence de «regrets», au terme d'un événement
inouï.

Pour terminer, on ne peut que s'interroger sur

les pensées et les souvenirs de tous ceux dont aucune trace ou presque ne reste, condamnés à la prison et aux travaux forcés. Une extraordinaire découverte documentaire a permis de relever les inscriptions portées entre novembre 1917 et 1918 par quelques-uns des condamnés aux travaux forcés, dans des carrières près de Voutré, en Mayenne[204]. Elles dévoilent l'antimilitarisme et les rêves de revanche ou de liberté d'hommes condamnés à de lourdes peines pour leurs souhaits de «fin» :

> «Vive Jaurès»
> «Mort à Clemenceau le menteur» (avec une caricature)
> «Ici gît une victime de l'armée 1918 1919»
> «Sur la tête de ma mère j'ai juré de me venger l'amnistie c'est la guerre contre ces enculés et pour moi le heureux rêve sera de voir, point eux sans pitié et sans trêve pour leur crever les yeux [signé] un martyr des vaches»
> «Français / Deuscher / Forgeons notre révolte sinon la grève ou les traveaux seront notre tombeau[205]»

Au terme de ce parcours dans les mots des mutins, on comprend mieux l'articulation des différents thèmes et registres de discours qui les imprègnent, mais aussi l'importance de leurs contextes : paroles contraintes devant des juges et paroles suppliantes adressées au pouvoir ; paroles prudentes ou libérées dans le courrier ou les manifestations, paroles éteintes et cachées, enfin, de ceux que l'événement a réduit au silence.

L'attention portée aux discours des mutins permet de compléter l'étude de leurs pratiques.

Dans les deux cas, un regard plus proche sur la réalité et la diversité de ce qui se dit et se fait au printemps 1917 permet de proposer une interprétation alternative de l'événement, à rebours des lectures réductrices identifiant les mutineries à la «grogne» ou à la «grève».

C'est d'abord le refus de guerre qu'il faut pleinement mesurer. Celui-ci est en effet une dimension fondamentale des mutineries, qu'il s'exprime par des actes silencieux (désertions et refus de «marcher» non argumentés), par des tentatives de rejoindre la capitale, ou par des discours explicites. Ces derniers peuvent être très construits et s'inscrire dans les cadres intellectuels du socialisme révolutionnaire, ou professer un pacifisme et surtout un désir de «fin» plus vague, confié aux gouvernants, crié aux officiers, exprimant une immense aspiration à ce que «ça se finisse», parce qu'il y en a «assez de la guerre». Il s'agit bien d'un point de convergence essentiel des pratiques et des discours combattants en mai-juin 1917, qui s'exprime pour la première fois avec cette ampleur.

À ce refus de la guerre s'ajoute la dimension politique des représentations et des revendications. Si l'on cesse d'identifier le «politique» au partisan et à l'activisme révolutionnaire, on saisit pleinement l'inscription des mutineries dans l'espace de repères sociaux républicain, les mutins faisant valoir à chaque étape la légitimité de leur mouvement, défendant leurs «droits» et l'égalité entre soldats-citoyens et entre unités, pouvant aller jusqu'à remettre en cause le régime, ses dirigeants, et à rappeler ses principes à leurs yeux bien mal respectés. Prise de parole contre la guerre, les mutineries sont aussi une dénonciation de l'injustice référée à des éléments tangibles et non négligeables — promesses rompues, attaques sanglantes, inégalités sociales, permissions suspendues — et plus profondément à des représentations du juste et de l'injuste qui font sens dans le cadre républicain. La référence à ces valeurs et à ce cadre constitue enfin un instrument puissant de légitimation et de justification d'actes injustifiables — ce qu'illustrent amplement les repentirs convenus des mutins une fois l'événement refermé, lorsque l'indicible de la « paix » a été réinstauré.

Cette prise en compte de la dimension « politique » des demandes matérielles de repos et de permissions ne doit pas conduire, toutefois, à sous-estimer l'importance pour les acteurs de ces « objectifs prosaïques, qui donnent accès à une vie matérielle tolérable et à une dignité minimale[206] ». Ce rappel est important : il conduit à ne pas privilégier, dans l'analyse, les discours et les revendications les plus construits ou les mieux formulés, ceux qui nous semblent correspondre davantage aux modèles du mutin « idéal », soldat-citoyen conscient de ses droits ou militant politisé. Contre cet ethnocentrisme du chercheur qui reconnaît et valide les « intellectuels » qu'il rencontre à l'occasion parmi les acteurs sociaux qu'il étudie, il convient de rappeler la diversité des représentations et des pratiques, égales en « importance », en « gravité », et en « sérieux », qui font le mouvement social de mai-juin 1917.

Celui-ci est en effet parcouru de tensions, entre les soldats qui formulent un rapport construit au conflit, à son sens, à sa «fin» et à ses injustices, et ceux qui ont un rapport plus ordinaire à l'armée et à la discipline. Cette tension est illustrée par la multiplicité des mots servant à dire la mutinerie, continuum d'indiscipline lui-même perçu à travers un continuum d'expériences, de la «rouspétance» et du «chahut» à la «grève» et à la «révolution». Les différentes manières de vivre l'action collective correspondent aussi à différentes identités et propriétés sociales : l'identité politique des mutins «citoyens», l'identité intime et civile des maris ou des parents se mobilisant parce qu'on «tue leurs femmes et leurs enfants», l'identité militaire des «poilus» qui y cherchent une revanche contre leurs chefs et un défoulement momentané, l'identité militante et radicale, enfin, de ceux qui récusent leur appartenance nationale, dans une inouïe prise de parole : «Je préfère être un Boche vivant qu'un Français mort.»

Aucune de ces façons de vivre et de justifier la désobéissance ne résume ce que veulent et pensent «les mutins»; aucune n'est plus vraie ou plus importante : elles sont les manières différentes dont l'expérience du conflit s'articule à l'inédite possibilité du refus, dans l'espace politique et social de la France en guerre.

Chapitre VI

RÉTABLIR L'ORDRE

La résolution des mutineries
et la sévérité de la répression

La désobéissance des mutins heurte de front le cadre de l'armée. Elle est transgression de ses règles et de ses valeurs, défi à sa hiérarchie, remise en cause des liens d'autorité qui y sont établis. À aucun moment les mutins ne peuvent s'abstraire de ce cadre social, même si certains font le choix de la désertion, du départ furtif ou de la «marche vers Paris»: à chaque étape, et encore au bout du trajet, des rappels à l'ordre se font entendre. Des dialogues et des tractations s'improvisent alors entre officiers et mutins, où s'éprouvent la capacité des premiers à donner des ordres, et des seconds à les refuser.

Ce sont donc des moments incertains et fluides de confrontation où, en tous sens, *l'obéissance vacille*: celle des soldats à leurs chefs, des mutins à leurs «meneurs», des gradés à leurs supérieurs. Dans le bref temps de la désobéissance, tous font face à des dilemmes. Les paroles des mutins s'opposent aux rappels à l'ordre des officiers, et chacun éprouve dans l'action même jusqu'où il est possible d'aller — réprimer les mutins? rejoindre les dissidents? s'en prendre aux chefs?

Les mutineries révèlent, pour chacun de leurs acteurs, des fidélités et des *loyautés contradictoires*. Si l'on se montre loyal aux chefs et à l'ordre, on «laisse tomber» les soldats qui se mutinent. Inversement, si l'on veut rester fidèle aux camarades passés à la désobéissance, il faut rompre avec l'officier même apprécié, et «trahir» ceux qui acceptent de «monter». Surtout, ces obligations contradictoires sont rappelées et rendues manifestes au cours de l'événement à travers les dialogues et les interactions qui mettent aux prises ces différents acteurs. Mais devant le mouvement improbable et démuni des mutineries, les chefs disposent de ressources qui leur permettent progressivement de surmonter le désarroi initial devant l'indiscipline, et de réinstaurer l'obéissance. L'ordre une fois rétabli, l'institution punira avec sévérité les soldats désobéissants, et tentera de réparer ce que les officiers ont vécu comme une inimaginable transgression.

Les officiers confrontés aux mutineries,
entre stupeur et désarroi

Une idée simpliste résume trop souvent ces réactions des officiers face aux mutineries : ils auraient interprété l'indiscipline comme la conséquence d'un «complot» pacifiste. On attribue à tous la formule devenue fameuse du chef du GAN, le général Franchet d'Esperey :

> La situation est nette, c'est une organisation générale venant de Paris sous l'instigation des Allemands, tendant à livrer la France à l'ennemi[1].

G. Pedroncini conclut ainsi que les généraux ont « unanimement rejeté sur l'intérieur la responsabilité de la crise d'indiscipline[2] », thèse largement reprise ensuite[3]. Mais, si l'explication des mutineries par une subversion intérieure est partagée par plusieurs généraux, elle est toujours mise en regard d'autres causes, plus matérielles et militaires : la qualité de l'alimentation, la lassitude de la guerre, le manque de repos, le taux des permissions... Voir les généraux, et plus largement l'armée, comme obsédés par la subversion pacifiste est faux et réducteur.

En effet, durant les mutineries, une grande énergie est déployée par les militaires pour comprendre ce qui se passe[4]. Cela conduit le plus souvent, parmi les grands chefs comme au niveau des généraux de division et des chefs de régiment, à des explications multiples et nuancées. Franchet d'Esperey lui-même, avant d'en venir à une interprétation en termes de complot, restait le 25 mai relativement nuancé dans une lettre au général en chef Pétain : il cite trois causes de l'indiscipline, l'affaiblissement de la répression, les retards des permissions et la lecture des journaux[5]. De même, le rapport d'un autre très grand chef, le général Fayolle, commandant le GAC, énumère le 5 juin les causes des mutineries :

1° Le contre-coup de la Révolution russe et des récentes grèves à l'intérieur.
2° Désillusion qui a suivi la dernière offensive, d'autant plus grande que des résultats décisifs avaient été imprudemment annoncés.

3° Fatigue morale résultant de la longueur de la guerre[6].

Il est difficile de soutenir que ces vues plutôt lucides relèveraient d'une obsession «unanime» du complot. Toujours au sommet de l'institution, le 3e bureau du GQG expose par un rapport du 30 mai les causes multiples des mutineries : les «promesses» de victoire, les flottements dans le haut commandement, l'écho de la révolution russe et de la crise économique, l'influence de la presse, l'ivresse, le taux des permissions et enfin la démoralisation due à l'intérieur. L'interprétation ne peut se réduire à celle d'un «complot», et relève d'une réflexion complexe et réaliste sur les différents facteurs de la désobéissance[7].

Au plus près des événements, les nuances et l'impossibilité d'attribuer une cause unique et exogène aux mutineries sont encore plus perceptibles. La longue mutinerie du 217e RI est ainsi analysée par le chef de bataillon qui commande le régiment, le 6 juin :

L'avis des officiers est unanime sur ce point : le mouvement de la troupe est dû essentiellement : 1) Au manque de repos, après l'engagement ou le service des tranchées. 2) Au retard dans les permissions. À ces causes principales se greffent d'autres motifs de mécontentement d'ordre secondaire et des causes étrangères à la mentalité de la troupe (renforts, révolution russe etc. etc.) qui feront l'objet d'un rapport d'ensemble[8].

Le record de la recherche causale pourrait appartenir à un chef de bataillon du 133e RI (41e DI), lequel liste pas moins de 17 causes dans son rapport sur les mutineries de son unité, allant de la conférence de Stockholm à la présence de soldats «récupérés»[9]. L'interprétation des mutineries comme ourdies par les pacifistes à la solde des Allemands n'est ainsi qu'un élément, souvent marginal, intégré dans une réflexion causale généralement plus large et nuancée qu'on ne le dit habituellement. Mais ces pesées lucides de la causalité des mutineries ne peuvent être effectuées qu'au lendemain des faits.

Dans l'immédiat, l'irruption de la désobéissance suscite l'angoisse et le désarroi chez les officiers de contact, lorsque le cours ordinaire des choses et de l'obéissance confiante ou de la fidélité assurée de «leurs» hommes s'évanouit. Un général évoque ainsi des officiers désemparés devant la désobéissance de leur unité, au 97e RI : «Je secouai vertement les officiers, qui restaient inertes, comme anéantis[10].» Cela tient d'abord à la «honte» ressentie en cas de désobéissance de son unité. On le voit à travers les cas de larmes versées par les chefs de corps, à plusieurs reprises durant les mutineries. À la 41e DI, le commandant Piebourg a ainsi «les larmes aux yeux» devant les mutins, tandis que le colonel Brindel «pleura en voyant s'avancer ses hommes sous le drapeau rouge», disant «mon pauvre régiment»[11]. À la 5e DI, c'est le général Lebrun qui est décrit comme ayant «les larmes aux yeux» par des lettres de soldats[12]. On retrouve cette expression au 298e RI, fin juin, où un soldat relate la peine de ses chefs devant la pétition appelant à la paix :

> Ma compagnie dont tous les officiers sont bons chefs
> en particulier le Lieutenant commandant la compagnie
> et qui avait des larmes aux yeux de voir que l'on ne
> voulait pas l'écouter[13].

Au 21e RI enfin, c'est au lendemain de l'indiscipline que le capitaine, «très ému», pleure en reprochant à ses hommes la «faute grave» qu'ils ont commise[14].

On ne saurait toutefois lire de façon directe ces larmes comme un marqueur sentimental : l'expression des émotions répond à des codes complexes et fortement construits[15]. Dans le contexte de la société masculine française du début du xxe siècle, et à plus forte raison s'agissant d'officiers, pleurer est indigne, inconvenant et inconcevable, et la monstration de pleurs est donc le signe d'un trouble profond[16]. Par cet affichage d'une émotion habituellement proscrite dans le jeu des regards et du contrôle social masculin dans l'espace public du front, les chefs indiquent la rupture du lien hiérarchique en même temps que la nécessité de le reconstruire. C'est également une manière de réagir à un déshonneur très durement perçu par certains officiers d'active, qui partagent encore au sein de la guerre des tranchées l'*ethos* décrit par Edward Spears, futur diplomate et officier de liaison en France en 1917 :

> Ces hommes aristocratiques étaient amèrement
> humiliés par l'existence des mutineries, une tache sur
> la bravoure qui pour la plupart d'entre eux était l'emblème de la France[17].

Cet affront perçu comme intolérable aux valeurs de l'armée entraînera des modalités de réparation symbolique, en même temps qu'une volonté de punir avec sévérité.

Mais le désarroi devant les mutineries ne tient pas qu'à une rupture perçue de la normalité. Il a un versant plus concret, lié à la cohésion et à l'efficacité militaire des unités. On a noté plus haut combien l'affichage réciproque du courage permettait, très régulièrement, de cimenter celles-ci autour d'un chef respecté. Dans ce contexte, il faut prendre au sérieux la dimension angoissante de l'indiscipline pour les supérieurs. Un médecin qui fait partie de l'État-major du 370e RI explique pourquoi :

> Lorsqu'une sourde révolte gronde, comme ce fut le cas sur tous les fronts d'Aisne et de Champagne au début de 1917, on ne se sent plus « en famille ». [...] L'ennemi devant soi, ce n'est rien quand on se sent au coude à coude avec les camarades mais soupçonner l'ennemi tout autour, c'est une angoisse continuelle[18].

Les mutineries apparaissent bien comme une inversion des normes, et une irruption de l'ennemi intérieur en lieu et place de la « famille ». Ce dernier terme idéalise les liens de fidélité réciproque dont on a vu toute l'importance en 1914-1918, surtout pour les officiers de contact. Deux lieutenants de la 5e DI relient ainsi l'enjeu de la désobéissance à l'importance de la confiance au combat :

> La majorité reste hostile. Nous perdons notre influence sur eux. Ils ne nous suivraient pas aux tranchées.

> Mes hommes m'évitent et doutent de moi. S'il fal-
> lait remonter aux tranchées, certains seulement me
> suivraient[19].

Le point essentiel souligné par ces deux officiers est la crainte de ne pas « être suivis », rupture
du lien hiérarchique mais surtout du lien de
fidélité réciproque qui assure la ténacité et la
possibilité du combat, lorsque aux tranchées un
officier lance une attaque et doit être « suivi » par
ses hommes, sous peine de rester isolé et exposé.
Cet isolement est également physique, au
moment de la mutinerie, lorsque des chefs
s'interposent et se placent au sein des mutins,
non sans tension et sans crainte tant les situations
sont instables. Dans la désobéissance violente de
la 41e DI, le commandant Piebourg pense encore
tenir « ses » hommes du 1er bataillon du 133e RI,
mais n'a aucune certitude, dans un contexte aussi
tendu :

> Le groupe de manifestants est à côté de nous, hommes
> du 23e et du 133e, criant, interpellant les miens,
> essayant de les entraîner. J'entends un ou deux chants,
> l'*Internationale* je crois. Le colonel vient, il parle-
> mente. Il est bousculé. Un ou deux sous-officiers s'in-
> terposent, je me place près de lui. [...] La scène dure
> bien 20 minutes au moins. Les manifestants sont très
> excités. Je me demande avec anxiété si j'arrêterai
> les miens. Je sens que si nous n'étions pas là, ils
> suivraient[20].

À ces éléments troublants et déplaisants s'ajoute,
pour tous les officiers, le poids extrême de la
responsabilité, et l'urgence du maintien de l'ordre
puis de l'enquête. Lorsqu'une unité se mutine,

surtout bruyamment, au vu et au su d'autres militaires, elle signale à tous un défaut d'autorité de ses chefs — du moins, c'est ainsi que la hiérarchie interprète nombre d'incidents attribués à un «défaut d'énergie» du commandement[21]. Les officiers dont les hommes se mutinent peuvent ainsi être critiqués par leurs pairs, comme ce capitaine du 129e RI qui lance à un autre officier: «Tes hommes ont fait du joli! Ils sont venus débaucher les miens[22]!»

Tous ces éléments se traduisent par une pression et une tension extrêmes pour les officiers de contact, comme en attestent les rares lettres ouvertes par le contrôle postal, ainsi deux courriers au 21e BCP:

> Il se passe en ce moment des choses épouvantables qu'on ne peut pas écrire. Il y a de quoi pleurer! [...] Hier à midi ce n'était rien. Hier soir ces hommes se réunissaient, discutaient, parlaient de faire la grève aujourd'hui, nous officiers nous ne sommes plus sûrs d'eux. Demain ils ne nous suivraient peut-être plus... Ils ont entendu parler de paix, ils ne réfléchissent pas...
>
> Nous sommes tous décidés à brûler la cervelle au premier qui bronchera... Mais, ne serons-nous pas submergés par la multitude stupide! Cette crise est atroce pour nous: nous ne vivons que comme des limiers, revolver dans la poche et cherchant les meneurs[23].

On remarque de nouveau, en même temps que l'angoisse de l'isolement, un thème récurrent qui est l'assignation d'une déraison aux mutins — «ils ne réfléchissent pas»; «multitude stupide» — caractéristique des positions d'autorité face aux contestations d'un ordre établi. Mais on peut

aussi souligner ici le malaise de ceux que les
mutineries forcent à adopter une fonction policière, vue comme dégradante, et presque impossible à assumer. Si aucun officier n'est vraiment
tenté de passer à la désobéissance[24], celle-ci constitue pour tous une dure épreuve.

Les vacillements de l'encadrement

Leur désarroi face à l'indiscipline tient aussi à
leur isolement soudain. En effet, les sous-officiers,
relais habituels des chefs, vacillent à leur tour et
menacent de passer à la désobéissance. En effet,
sans le concours des plus de soixante sergents et
adjudants, de la centaine de militaires non combattants et des deux centaines de caporaux environ que comporte un régiment, l'autorité de
la quarantaine d'officiers est forcément diluée et
incertaine. Ces sous-officiers et gradés jouent un
rôle essentiel dans la transmission des ordres, le
suivi de l'encadrement et le maintien de l'obéissance. Plus proches des hommes dont ils sont
issus pour une très large part, ils sont en même
temps le relais des chefs qui peuvent compter sur
eux pour assurer la surveillance et se «charger»
concrètement de faire obéir tel soldat ou groupe
de soldats. Souvent les premiers à découvrir les
préparatifs ou le déclenchement de la désobéissance, ils occupent dès lors la place la plus
difficile, pris dans une contradiction entre position
hiérarchique et liens sociaux. Leur fidélité institutionnelle à l'armée est mise en balance avec
leurs amitiés et leurs loyautés, tant envers les

supérieurs qu'envers «leurs» hommes. Ils sont en même temps enjoints d'empêcher la désobéissance, et, par les soldats, d'y prendre part voire de l'encadrer.

Cette position incertaine entre l'institution et ceux qui la défient débouche sur des conduites diverses. Un bon nombre de sous-officiers et de gradés font preuve de loyauté institutionnelle et participent au règlement des mutineries, ou à leur prévention. À la 5e DI, un caporal affirme ainsi avoir joué un rôle d'enquêteur en suivant la manifestation «absolument honteuse» des mutins : «J'ai suivi les derniers rangs dans l'intention de me rendre compte quels étaient les meneurs de cette manifestation[25].» Cet exemple permet de s'interroger sur les ressorts de la loyauté des sous-officiers. En effet, ce caporal est instituteur : un métier et une position antérieures qui prédisposent à ne pas rester passif, mais à jouer un rôle d'encadrement, soit, comme on l'a vu, du côté des mutins, soit pour défendre l'institution. Plus largement, les sous-officiers et gradés doivent leurs galons (et les bénéfices symboliques et matériels qui les accompagnent) à l'armée, ce qui assure en retour une fidélité institutionnelle, suivant le modèle de l'oblat souvent mis en avant par P. Bourdieu[26]. Le grade est en effet distinction sociale, source de prestige, d'avantages matériels et d'une solde plus élevée[27].

Mais la fidélité des sous-officiers est également liée à la précarité de leur position intermédiaire : en cas de désordre, ils sont les premiers à être accusés et soupçonnés d'avoir permis voire encouragé la désobéissance. Un caporal du 32e RI

est ainsi soumis à un sévère interrogatoire lors de
l'enquête qui suit la mutinerie : « Pourquoi n'avez-
vous pas arrêté les hommes de votre escouade ?
[...] Vous n'avez donc pas d'autorité sur les hommes
de votre escouade [28] ? » De même, au 298e RI, un
sergent imagine qu'on pourra le fusiller en raison
de l'indiscipline de ses hommes :

> Et maintenant voilà que du grave arrive, les poilus
> qui ont été si vaillants jusque là ne veulent plus monter
> [...] Et nous, chefs de section sommes responsables
> s'ils ne marchent pas et pouvoir être fusillés pour ça !!
> Ah mais c'est honteux, je me demande comment ça va
> finir [29].

Si ces craintes sont excessives, il est arrivé que
des sous-officiers soient non seulement cassés
mais aussi condamnés pour leur rôle passif lors
des mutineries. Au 413e RI, le 15 juin, un sergent
refuse de dénoncer les soldats ayant crié « à bas
l'armée, vive la révolution, à bas la guerre » et
se voit condamner pour cela à une peine de
prison [30].

Cela correspond à une reprise en main institutionnelle, à la suite des mutineries, lorsque les
gradés n'ayant pas fait preuve, aux yeux de leurs
supérieurs, de toute « l'énergie » voulue, peuvent
être lourdement sanctionnés. Les sous-officiers
sont ainsi mis en cause dans un rapport du général de Cadoudal pour la 4e DI, en août : « Le rôle
des sous-officiers est très douteux et à mettre au
clair. Pour la plupart ils ont été constamment
près des hommes [...] et cependant ils prétendent
n'avoir rien entendu, rien soupçonné [31]. » De même,
au 162e RI, un rapport récapitule l'attitude des

officiers et des sous-officiers au cours de la mutinerie du 22 mai au Dépôt Divisionnaire[32]. Parmi
les sergents, certains sont bien jugés («A fait ce
qu'il a pu pour maintenir l'ordre»), mais davantage sont soupçonnés : «Bon mais influençable
par les meneurs»; «Resté à son bureau. À punir»;
«À casser, n'a pas fait son devoir, esprit mauvais».
Il apparaît bien que la fiabilité de l'encadrement
n'est jamais sûre ni garantie lors des mutineries.

En effet, la position incertaine des sergents et
caporaux les conduit fréquemment à l'inaction,
hésitant à se ranger du côté des mutins comme
du côté de l'autorité. Lorsqu'ils désobéissent, les
soldats du 308ᵉ RI ne sont pas immédiatement
rappelés à l'ordre : «Nos sous-officiers n'ont rien
fait pour nous retenir, ils sont restés assis sans
rien dire pendant que le départ se concertait[33].»
Pour ces hommes, ne rien dire et ne pas prendre
part semble une manière de résoudre le dilemme
où les place leur position. Cette passivité devant
la désobéissance tient à des éléments structurels.
C'est ce que voit bien un enquêteur au 36ᵉ RI :
«Les sous-officiers semblent gênés vis-à-vis de
leurs hommes qui sont leurs anciens camarades
de rang & avec lesquels beaucoup continuent un
tutoiement réciproque[34].» Dans bien des cas, la
camaraderie prend le pas sur la discipline pour
ces gradés et sous-officiers. À leur proximité avec
le «bas» de la hiérarchie s'ajoute parfois la distance avec le «haut». G. Bonnamy l'explique de
façon claire, pour le 131ᵉ RI :

Les sous-officiers et les chefs de section sous-officiers
sont tenus à l'écart des officiers et ne jouissent d'aucun

privilège ; le résultat de cette situation est que ces
gradés, les seuls qui aient une grande influence sur les
hommes, ne font rien pour les encourager à supporter
leur sort, et au contraire se joignent parfois à eux pour
exprimer leur propre mécontentement[35].

De nouveau, l'enjeu égalitaire et celui du ressentiment social contribuent à expliquer certaines
conduites lors des mutineries. Quel intérêt ont
ces gradés peu considérés à défendre une institution qui ne donne pas de reconnaissance suffisante ni de statut assez élevé[36] ? À cette distance
mal vécue, s'ajoute dans certains cas une sensation amère de la difficulté de la tâche demandée,
comme l'explique un sous-officier du 74e RI : «Il
y a des régiments qui refusent de monter aux
tranchées, je t'assure que ce n'est pas le rêve
d'être chef de section[37].» Ne rien faire lors des
mutineries est une solution pour ces hommes à la
fonction essentielle mais au statut incertain.

Mais il existe une différence forte entre la passivité devant la désobéissance, dont font preuve
quelques sergents, et leur participation, qui n'arrive
jamais ou presque. À l'inverse, on retrouve de
nombreux caporaux parmi les mutins, régulièrement à la tête du mouvement. On voit se dessiner ainsi une ligne de partage fondamentale qui
indique où tendent les loyautés prioritaires des
uns et des autres : les sergents sont fidèles à
l'armée et aux officiers, les caporaux aux soldats
dont ils sont issus et dont ils partagent le quotidien. Cette distinction prend sa source dans les
textes réglementaires qui indiquent leurs fonctions respectives. Le sergent, outre son rôle de

« serre-file » lors des marches et des attaques, est considéré comme « le premier gradé qui puisse avoir une forte autorité[38] », tandis que le caporal doit se méfier de la « familiarité » avec les hommes de troupe[39].

On note effectivement cette division entre sergents et caporaux dans plusieurs affaires. Elle est visible au 74e RI, dans le récit du lieutenant Gilles : « J'ai été prévenu par mes sergents qu'un émissaire de ce bataillon était venu au 3e avec un billet pour faire de la propagande. » Tandis que les sergents font preuve de loyauté, les caporaux, eux, sont du côté de la désobéissance : « Ils ont suivi le troupeau, ce sont des "moutons"[40]. » De même, au 370e RI, le lieutenant-colonel prend soin de le souligner, en faisant le bilan de la mutinerie initiée le 2 juin : « <u>Aucun</u> officier, <u>aucun</u> sous-officier ne figure parmi les meneurs ou les défaillants. Seuls, 16 caporaux représentent les gradés[41]. »

Cette séparation des rôles se confirme dans la base de données sur les condamnés de 1917 que nous avons établie, particulièrement fiable sur ce point puisque la participation aux mutineries de sergents est peu susceptible d'être passée inaperçue : sur l'ensemble des mutins, on ne trouve qu'un seul sergent ; inversement, on trouve 37 caporaux parmi les 443 mutins : un pour douze soldats, soit précisément leur proportion habituelle par rapport aux soldats dans les escouades[42]. Cette situation d'affaiblissement de l'encadrement explique en partie les dérapages qui peuvent survenir.

Tensions et dérapages

Malgré les efforts de la plupart des mutins pour présenter calmement des «doléances», la fluidité des événements rend en effet possible le surgissement de la violence et suscite la tentation d'un règlement de comptes, là où les relations d'autorité sont déjà tendues. La sensation d'impunité, le caractère imprévisible des situations, la consommation d'alcool et l'accumulation de ressentiments sont autant d'éléments qui s'ajoutent pour expliquer ce qui constitue, au regard des efforts pour encadrer et contrôler l'action que nous avons examinés, des dérapages.

On voit ainsi apparaître, durant les mutineries, des paroles et des gestes de menace qui attestent par endroits la vivacité des ressentiments envers les officiers. Au 206e RI, Marc Delfaud note :

> A demi voix les hommes s'entretiennent de leur hâte d'en finir par tous les moyens et de se venger sur la personne de leurs officiers des affronts et des maux qu'ils leur ont fait supporter. Et dire que ceux-ci ne paraissent pas se douter du danger qui les menace[43] !

Ce sont d'abord les officiers supérieurs qui sont visés. Ainsi, lorsque le général Passaga passe en revue la 69e DI afin d'y rétablir l'ordre, un témoin note que «bien des Poilus parlaient ouvertement de le "descendre"[44]». Cette violence latente est, on l'a vu, mise à exécution à la 41e DI où les généraux Bulot et Mignot sont molestés et très sérieusement menacés aux cris de «assassins» et «buveurs de sang»[45]. Mêmes invectives à la 4e DI où un soldat traite son capitaine d'«assassin, buveur de sang de la cote 108», le 25 mai 1917[46]. Ce dernier exemple atteste de la possible rupture du lien d'autorité, y compris avec des officiers de contact. Cela tient en même temps à la dynamique parfois incontrôlable de la situation qui peut voir se mêler les effets de l'alcool et des phénomènes de groupe. Si l'alcool fréquemment consommé durant les mutineries ne constitue en rien une clé de lecture générale des événements, il est net qu'il peut avoir un rôle désinhibant.

Ainsi, au 117e RI, des soldats «un peu excités» déploient un drapeau rouge. Le sergent constate qu'ils partagent une «mauvaise ivresse hargneuse» qui conduit l'un d'eux à une menace significative : «Calmont pendant qu'il chantait l'*Internationale* a fait de ses deux mains dans ma direction le geste d'épauler un fusil[47].» On retrouve dans ce petit épisode et cette menace silencieuse le rappel, par un mutin, du renversement provisoire de l'autorité et d'une forme de revanche prise sur la hiérarchie, rendue possible sans doute par l'ivresse. C'est visible, de même, dans le micro-incident qui oppose un très jeune lieutenant du 89e RI dont l'autorité est incertaine, à un de ses hommes pour qui les mutineries sont une occasion de revanche sociale. Le témoignage indique que le rapport d'autorité peut bien relever — des deux côtés — d'une transposition des hiérarchies sociales d'avant guerre, que l'alcool rend tout à la fois plus confuses et plus nettes :

Dans ma section, un soldat pris de boisson et titu-
bant, me confond avec le fils de son patron, vigneron
exploitant. C'est un ouvrier de la Champagne. Ainsi la
lutte des classes, confusément, reprend ses droits dans
son cerveau affaibli, et mes galons lui rappellent que
je suis un chef, donc un patron. Il me menace vaguement en paroles. Comme il a son fusil à la bretelle, je
me tiens sur mes gardes : ayant mon revolver au cein-
turon, je serai plus rapide que lui. Ses camarades
sentent le danger et l'entraînent. Je l'appellerai demain,
pour causer avec lui et lui faire un peu de morale[48].

Petit paroxysme vite refermé par l'intervention
d'autres soldats et par un recours au paternalisme, cet incident rappelle que les dérapages,
par volonté de vengeance réelle ou vague envers
les officiers, peuvent rapidement survenir dans
un tel contexte, et alors que les protagonistes sont
armés. L'interconnaissance mutuelle et préalable
ne garantit personne contre un accès de violence,
même si le rôle modérateur de l'entourage est à
noter. On mesure, encore une fois, combien les
situations sont proches de basculer, dans l'incertitude ouverte par la rupture de l'obéissance.

Ces basculements effectifs ont lieu lorsque la
mutinerie tourne à l'émeute et à l'affrontement.
Au 18ᵉ RI, la mutinerie prend un tour violent, en
partie sous l'effet de la boisson. Un sous-lieutenant
est giflé, des coups de fusil sont tirés en l'air, un
conducteur est mis en joue et une grenade est
lancée en direction d'officiers. La gifle adressée
par le soldat Didier au sous-lieutenant Avril vise
à signaler que «les officiers n'étaient plus rien»[49].

De même, la désobéissance du 70ᵉ BCA le 2 juin
à Beuvardes constitue avec celle des 18ᵉ et 85ᵉ RI
une des rares «émeutes» des mutineries. Elle com-

mence, vers 21 h 30, par «une discussion très agitée ayant un sens révolutionnaire», et se poursuit à travers les cris séditieux d'hommes ayant bu, mécontents d'un retard dans les permissions : «À bas la guerre, vive la Révolution, vive la Russie[50].» Les vitres du baraquement sont brisées et des cailloux lancés vers les premiers officiers qui tentent d'intervenir. À partir de 22 h 30 des coups de fusil sont tirés dans toutes les directions, suivis de tirs de fusils-mitrailleurs[51]. Pour finir, l'incendie volontaire d'une baraque provoque l'explosion de munitions, l'ensemble laissant un bilan de trois blessés — deux par balle, un par coup de crosse[52]. On manque de sources, judiciaires en particulier, pour aller plus loin dans la compréhension des motifs de l'émeute.

Pour faire sens de ces violences, on doit non seulement tenir compte des rancœurs préexistantes (la haine envers les chefs de la 41e DI) et des contingences locales (la nuit noire qui favorise le désordre au 85e RI comme au 70e BCA), mais aussi des identités antérieures des combattants. Au 315e RI, ce sont des soldats de la «section de discipline», précédemment condamnés ou punis, qui s'enivrent et s'arment le 23 juin. L'un d'eux, déjà condamné dans le civil et à l'armée pour des coups et blessures, exprime une véritable haine du chef : «Les officiers, depuis le plus petit jusqu'au plus haut, sont tous des vaches. Je ferai l'affaire du premier qui se présentera[53].» Mais la suite de cet incident montre que les liens entre soldats et officiers ne sont jamais entièrement rompus. L'officier visé raconte :

Puis s'excitant de plus en plus [il] est entré dans la cabane prendre un fusil l'a armé et est sorti pour m'en menacer directement. C'est alors que le soldat Chatelin intervint lui disant «tu ne feras pas cela» et se jeta sur lui pour lui arracher son arme. Ils se battirent et Chatelin reçut des coups assez sérieux[54].

Malgré un contentieux préalable impliquant un individu violent, d'autres combattants interviennent pour empêcher un dérapage trop grave. On le voit, de même, au 42ᵉ RI, où le lieutenant Morin fait face, l'arme au poing, à des soldats décidés à gagner Paris:

Vingt baïonnettes pointent contre moi tandis que des cris contradictoires s'élèvent: «Arrache tes galons!... Mets-toi à notre tête!... Nous marcherons sur Paris; il faut que la guerre finisse!» [...] «Ne lui faites pas de mal, je le connais! Il est de la classe 15, il était avec moi à Charmont (caserne de Besançon). C'était un bon copain!» Je remercie ce soldat inconnu qui sans doute m'a sauvé la vie[55].

Dans une situation presque incontrôlable, c'est un lien personnel antérieur qui empêche le passage à l'acte. La violence anonyme est tempérée par des interactions individuelles. C'est ce qu'illustre, enfin, le cas de la 69ᵉ DI, où le colonel Bertrand fait face, dans la nuit du 25 mai 1917, à une délégation de mutins venus exposer leurs doléances. Au cours de cette discussion vive mais respectueuse, des hommes, de loin, lancent des pierres au colonel. Mais les soldats qui l'entourent désapprouvent les fauteurs de troubles[56].

Ainsi, malgré le potentiel de désordre inhérent à ces situations, malgré l'animosité réelle que bien des soldats purent éprouver pour les officiers, le recours à la violence n'apparaît pas comme légitime à une majorité de mutins qui parviennent généralement à l'empêcher ou à l'encadrer. Les combattants prêts à la violence pour des motifs politiques semblent extrêmement rares — comme avant guerre, en particulier depuis le reflux de l'anarchisme violent des années 1890, et la baisse tendancielle de la violence dans les conflits sociaux[57].

L'étude de ces situations permet d'arriver à une vision plus juste des mutineries. On n'y voit pas de basculement généralisé dans la violence, mais, il est important de le noter, pas non plus une atmosphère «bon enfant» de confiance mutuelle entre soldats et officiers, dans une simple et franche discussion. Il s'agit de situations toujours tendues et instables pouvant rapidement basculer, où le risque n'est pas nul, à chaque extrémité de la hiérarchie. Ce risque n'est cependant pas tel que les officiers craignent régulièrement pour leur vie : si les liens d'autorité sont provisoirement rompus, cela n'implique pas une dissolution totale des liens de fidélité ou de respect antérieurs. Si un chef de bataillon du 217ᵉ RI craint de devenir, avec ses officiers et sous-officiers, otage des mutins[58], la situation la plus représentative est celle, décrite plus haut, du colonel Bertrand : entouré d'un premier cercle de soldats mutinés mais respectueux, il essuie les jets de pierres d'hommes plus distants, plus agressifs, ivres peut-être, et restés inconnus. La situation peut déraper ; si le risque n'y est pas extrême, elle est inconfortable.

Réduire les mutineries par la force ?

Désemparés, isolés, quelquefois menacés : ce tableau des officiers durant les mutineries indique l'ampleur vécue de la crise d'autorité. Pourtant, confrontés à la désobéissance, les officiers vont chercher à y mettre un terme, en vertu de leur fonction et d'une conception partagée — active et réserve mêlées — du devoir patriotique et de l'ordre disciplinaire. Comme le rappelle le *Manuel du chef de section*, «commander ne consiste pas seulement à donner des ordres : commander, c'est ordonner et faire exécuter[59]». Pour cela, ils vont intervenir et opposer aux mutins les différentes formes de leur fermeté.

Rétablir l'ordre, cela passe d'abord par le fait de donner des ordres. Aux refus d'obéissance s'opposent ainsi les ordres répétés ou renforcés des officiers, accompagnés parfois d'exhortations. Ces paroles d'autorité mêlent souvent plusieurs registres, comme lors de la mutinerie du 54e RI, où un lieutenant exhorte en ces termes les mutins :

> Vous êtes fous, vous ne comprenez pas ce que vous faites. Les Boches sont là, il faut les arrêter. Si vous ne montez pas, vous commettez une lâcheté, un crime épouvantable. Vous allez faire fusiller l'un d'entre vous que vous aimez sûrement[60].

L'injonction patriotique se double de la mise en cause du courage et de la menace disciplinaire. On retrouve à de très nombreuses reprises lors des mutineries ces façons de «recadrer» la désobéissance et d'en faire percevoir la gravité aux mutins. Il s'agit bien de ce que les chercheurs en sciences sociales ont pu identifier comme des formes de «cadrage», où un discours est produit sur la réalité afin d'orienter les perceptions de celle-ci, produisant dans l'action des significations, qui en retour influent sur les acteurs[61]. Mais les appels au seul patriotisme sont rarement efficaces. On le voit lorsque le chef de bataillon Piebourg s'adresse en personne au plus décidé des mutins, au 133e RI :

> [Aubry] me répondit que s'ils marchaient, ce ne serait que pour leurs officiers, parce qu'ils avaient confiance en eux. Comme je lui répliquais : «Ce n'est pas pour un homme qu'on doit marcher, c'est pour la France», il me répliquait par une phrase à peu près comme celle-ci : «Quand on voit tout ce qui se passe actuellement, ce n'est vraiment pas pour la France qu'on peut marcher»[62].

Dialogue saisissant, qui dévoile deux logiques antinomiques de l'obéissance, censée être patriotique et inconditionnelle pour le chef, conditionnée à la fidélité personnelle pour le mutin, pour qui «la France» n'est pas «actuellement» une source de motivation et d'obéissance. L'officier en reste à cette abstraction patriotique, qui échoue : «Je me sentais absolument impuissant[63].» On lit fréquemment durant les mutineries cet écart entre la réaffirmation du patriotisme par les chefs, à des fins de rétablissement de l'autorité, et une réception sceptique ou indifférente. Au 91e RI, un soldat écrit : «Pourtant comme j'en ai assez de ce métier, on nous lit des ordres flamboyants pleins de patriotisme, mais ça ne prend plus on rigole tous[64].»

Mais au-delà du caractère trop abstrait et
lointain des discours patriotiques, c'est plus généralement une pratique intransigeante du commandement qui se trouve mise en crise au
printemps 1917. Aux exhortations et aux ordres,
les mutins opposent refus et indifférence. Un chef
de bataillon le raconte au 54ᵉ RI : «Tous ces
hommes étaient assis sur le talus de la route et,
lorsque je leur donnai l'ordre de monter en
camion, ils conservèrent un mutisme absolu⁶⁵. »
Un capitaine du 109ᵉ RI lance, de même, des appels
qui tombent dans le vide : « "À moi les braves gens
de la 1ʳᵉ Cie !" puis "À moi les braves gens de la
2ᵉ Cie !" Ces paroles ont été accueillies par des
coups de sifflet⁶⁶. »

Devant l'inefficacité des ordres donnés et
l'effondrement de l'autorité, les officiers ont-ils
pu envisager de recourir à la force ? La réponse
donnée à cette question dans l'historiographie est
généralement négative, les historiens s'accordant
pour considérer qu'il n'existait pas alors de
troupes fiables permettant de forcer l'obéissance
des mutins⁶⁷. La réalité est cependant plus complexe, dès lors qu'on s'interroge sur les acteurs
et les contextes de ce possible usage de la force,
attesté dans quelques cas. Surtout, si on n'a pas
ou peu fait usage de la force, c'est que le problème
ne s'est guère posé, les mutins, dans leur immense
majorité, ne s'étant pas montrés violents. De plus,
au travail de modération et d'encadrement le
plus souvent mené par les mutins répond la sollicitude de chefs sceptiques sur l'efficacité du recours
à une répression violente. Henri Désagneaux
en donne une illustration, dans la mutinerie du

6 juillet 1917 au 359e RI. La tentation de la force se fait jour : « Les officiers, las de leur impuissance, s'arment de leur revolver et menacent. Aussitôt, les fusils se chargent, c'est un bruit de culasse de tous côtés[68]. » L'armement des soldats débouche sur une dissuasion réciproque, et, de nouveau, « on parlemente » avant que la désobéissance se termine et que les hommes « reviennent à la raison »[69]. Il est net que la force et la menace ont leurs limites.

Au-delà de ces impasses pratiques, le refus de la force comme mode de résolution des mutineries est motivé plus nettement par le capitaine Jean du 109e RI. Son long rapport revient sur le « mal profond » frappant l'armée française :

> Doit-on, peut-on le réduire par la manière forte ? La conviction du capitaine soussigné est qu'il ne faut pas songer à employer la manière forte. Que le commandement veuille bien pénétrer dans l'âme du soldat français, et qu'il se rende compte que les meilleurs de nos hommes ne consentiront jamais à se battre contre des concitoyens[70].

Se battre contre des concitoyens apparaît bien comme une perspective très déplaisante voire complètement inenvisageable. Plusieurs hommes de troupe le confirment dans leurs témoignages, évoquant leur extrême malaise devant les missions de maintien de l'ordre dont ils sont chargés. Des lettres saisies au 3e hussards, début juin 1917, expriment cette réticence :

> Notre mission était d'arrêter les fantassins qui ne voulaient plus monter aux tranchées et qui voulaient

même revenir sur Paris. Heureusement nous n'avons
pas été en contact et nous n'avons pas eu à intervenir... Je ne sais ce qui se serait passé si nous avions
été mêlés à eux. Il est certain que nous n'aurions rien
fait contre eux[71].

Cela nous informe cependant sur une autre
réalité : celle du dispositif qui s'improvise pour
contrer les mutineries, sans faire de la force un
usage immédiat, mais en manifestant par la présence de cavaliers, près des gares et des routes,
autour des villages où se déroulent les mutineries,
la présence de l'institution. Leur mise en place tient
moins à une volonté effective du commandement
de réduire par la force les désobéissances qu'à un
souci de restreindre les choix des mutins. Ceux-ci
n'ont en général nulle part où aller, et moins encore
lorsque des troupes de cavalerie sont envoyées
pour limiter leurs mouvements, comme au 370e RI ;
comme, surtout, lors des tentatives pour rejoindre
la capitale, vite arrêtées et circonscrites.

On lit ces dispositifs de surveillance dans des
courriers saisis au 5e régiment de chasseurs à
cheval, début juin : « Nous avons un drôle d'ouvrage à faire... Nous gardons le fantassin qui veut
se révolter et qui ne marche plus... Cela n'est pas
beau[72]. » Ce n'est peut-être pas beau, mais cette
tâche est tout de même accomplie, venant à faire
partie de la routine pour certaines troupes en
cette période troublée. Dans la même unité, un
autre cavalier explique le dispositif mis en place,
qui, encore une fois, relève moins de la confrontation et de la répression que de la surveillance et
de l'intimidation :

Nous encerclons les cantonnements des troupes insoumises et nous nous tenons prêts à intervenir en cas de tumulte. On espère les avoir par la faim[73].

Pour bien des hommes, cela représente l'«affreux dilemme» décrit par le caporal Legentil à la 5ᵉ DI :

> Terrible mission ! nous sommes là, pièces pointées vers la route, bande engagée, pouvant recevoir l'ordre de tirer [...] Soit tirer sur nos frères, des Français comme nous, qui jusqu'ici ont toujours fait leur devoir, bien que momentanément égarés... Ou refuser d'obéir et devenir leurs complices et des mutins nous-mêmes. Nous réfléchissons ou nous essayons de ne plus penser, mais cette horrible alternative est toujours présente[74].

On voit une nouvelle fois qu'au couple opposé mutins / officiers s'ajoutent d'autres acteurs, tout aussi partagés et incertains, dans l'espace d'imprévu ouvert par l'événement. Celui-ci rend les loyautés contradictoires, entre refus de se faire «complices» et crainte de tirer sur des «frères» égarés. On voit aussi que le maintien de l'ordre par la force n'est pas complètement inenvisageable lors des mutineries. La «fiabilité» de ces troupes est douteuse, mais pas nulle : après tout, ces hommes se sont mis en position avec leurs armes. Cette présence latente des armes visant les mutins est visible dans bien des témoignages. Le 3 juin, c'est le 60ᵉ BCP de Louis Nicoud qui est ramené à l'obéissance dans la ligne de mire :

> Les officiers vinrent parlementer, [nous étions] menacés par des spahis qui nous entouraient et qui avaient

braqué leurs mitrailleuses sur nous. Nous dûmes céder
et monter dans les camions dont on avait chargé nos
armes et nos équipements[75].

Le 13 juin, de même, Lucien Laby note que des
mitrailleuses sont en batterie en raison des incidents proches[76], comme au 21e corps d'armée, où
les officiers discutent des mesures à prendre :
« On parlait de braquer des mitrailleuses, même
le canon de 37[77]. » Ces mitrailleuses font même
feu à la 158e DI, où un récit évoque les « rafales
de mitrailleuses en position pour interdire le parcours[78] » des mutins.

Cela montre que la force et l'intimidation, à
travers des coups de feu, peuvent être utilisées
par les chefs afin de maîtriser l'espace et d'im-
pressionner les mutins. Certains sont même prêts
à passer à l'acte et à tirer. Ils retrouvent ainsi les
habitus disciplinaires du début de la guerre, dans
une situation perçue comme extrême, où la désobéissance paraît intolérable, comme pour ces
officiers cités plus haut, « décidés à brûler la cervelle au premier qui bronchera[79] », ou cet autre
qui envisage de « tuer un, tuer dix » mutins[80].
Autrement dit, l'exécution sommaire est envisagée
par certains officiers lors des mutineries. On le
voit également au 42e RI, lorsque s'approchent des
mutins et que le lieutenant Morin crie à l'adresse
de ses hommes : « Le premier du 42 qui bronche,
je lui brûle la cervelle[81] ! » Cette mutinerie connaîtra,
comme on va le voir, une issue sanglante.

En plus d'une exécution sommaire au 44e RI,
bien mal documentée[82], on observe plusieurs cas
où des officiers se chargent eux-mêmes de la

répression qu'une troupe hésite à accomplir. Au 128e RI, le général de Cadoudal fait mettre en batterie deux mitrailleuses, et annonce sa volonté de réduire la mutinerie par la force, tandis que les négociations continuent — et finissent par aboutir[83]. De même, les 30 et 31 mai, un cavalier relate la résolution d'un incident, dans la ligne de mire des officiers :

> Les mitrailleuses tenues par les officiers eux-mêmes nous tenaient en même temps sous leurs feux en même temps que le terrain devant nous. A ce sujet, aucun commentaire[84]...

Quelques jours plus tard, dans une autre unité, ce risque est assumé. En effet, à la 14e DI, des hommes du dépôt divisionnaire, le soir du 6 juin 1917, tentent de « débaucher » ceux du 42e RI qui cantonnent à proximité. La mutinerie ne se termine qu'au moment où des rafales de mitrailleuses fauchent quatre mutins (un tué, trois blessés). Le récit du lieutenant Morin, qui a assisté à la mutinerie, indique bien que les soldats ont refusé de manier les mitrailleuses et que les officiers ont dû s'en charger :

> Le commandant Jusselain avait fait mettre une mitrailleuse en batterie et donné l'ordre à un mitrailleur, puis au sous-lieutenant Merck de s'y asseoir, mais tous deux avaient hésité. Alors, il s'était assis lui-même à la pièce et avait ouvert le feu, après avoir fait à chaque fois les sommations d'usage[85].

Le fait est confirmé par le JMO de la 14e DI qui évoque la « répression énergique » du lieutenant-

colonel commandant le 42e RI, qui a donné l'ordre
de tir[86]. Cela lui vaut les éloges de la hiérarchie,
révélant encore combien l'«énergie» déployée
face aux mutins est constitutive du capital symbolique nécessaire à la construction des carrières
d'officiers[87]. Cette répression violente constitue
un cas unique et significatif : aussi bien par le
refus de tirer des subordonnés que par la capacité
à assumer personnellement la répression violente
de certains officiers.

Cependant, tout ne relève pas de logiques
improvisées par des officiers dans des situations
incertaines. L'usage de la force est parfois prévu
et validé par le haut commandement. Devant
la mutinerie qui s'éternise au 217e RI, le général Fayolle s'impatiente, le 10 juin, et annonce
clairement :

> Il faut que le Commandement fasse sentir à tous
> qu'il est absolument résolu à obtenir l'obéissance et
> que force doit rester à la loi, quand bien même les
> moyens les plus extrêmes devraient être employés
> pour cela. [...] Il faut donc envisager de mettre un
> terme même par la force à cette situation[88].

On n'aura pas besoin d'en arriver là : les mesures
de dispersion et d'arrestation qu'on étudie ci-
dessous permettent d'éviter cette perspective.
Mais, au vu de la situation meurtrière à la 14e DI,
rien n'interdit de penser qu'un règlement violent
restait possible dans ce cas comme dans d'autres.
La violence inhérente à l'institution militaire reste
en 1917 une donnée connue de tous, quand bien
même ses acteurs peuvent sembler ponctuelle-
ment hésitants. Aussi, si l'usage de la force n'est

guère possible sur une large échelle, son évocation est toujours un recours, lorsque les chefs évoquent face aux mutins la Justice militaire et ses exécutions.

En effet, même si la Justice militaire se montre plus clémente et plus contrôlée depuis 1916, les textes officiels indiquent toujours que « le soldat fera son devoir, supportera les fatigues et se battra bravement, ou subira la déconsidération et une répression disciplinaire aussi énergique qu'immédiate[89] », et les officiers sont à même de rappeler cette menace pour mettre fin aux incidents. Il importe ici de ne pas se focaliser sur le bilan effectif des condamnations à mort (plus de 500) et des exécutions (moins de 30 pour des faits collectifs), étudié plus loin, dans la mesure où ces chiffres sont évidemment inconnus lorsque l'événement se déroule. La répression, avant d'être effective, est une perspective dessinée tant par les officiers que par les proches des soldats, et elle constitue une limite très importante à leur action.

Dans toutes les mutineries, en même temps qu'ils donnent des ordres formels, les officiers évoquent ainsi les graves conséquences de la désobéissance. On le voit au 146e RI, qui connaît un début de révolte le 25 mai. Un sergent raconte :

> Le commandant, après une longue période de réflexion, a rédigé une note aux compagnies dans laquelle les mots « Justice militaire, peine de mort, châtiments terribles, déshonneur ineffaçable » tiennent toute la place[90].

Au 217e RI, de même, le chef de bataillon Villemin explique : « Par tous les moyens, les officiers ont vainement rappelé les hommes à leur devoir, en leur faisant entrevoir les conséquences graves de leur attitude[91]. » Ces rappels à l'ordre deviennent efficaces lorsqu'ils s'inscrivent, au cours du mois de juin, dans le contexte d'une réelle répression. Les premières exécutions sont connues et commentées, dans des courriers venant de troupes déjà mutinées. Un soldat ayant connu cette répression au 21e RI avertit un camarade par un courrier saisi le 19 juin :

> Toi, reste toujours neutre, car chez nous, ils sont presque tous condamnés à mort. Alors, tu parles d'une perspective[92].

L'actualisation du risque au cours des mutineries est en même temps prise en charge par les proches des soldats qui insistent dans leurs courriers sur les coûts de la désobéissance. Il importe de le souligner, car cela illustre une nouvelle fois que les soldats français mutinés ne sont jamais coupés de leurs univers sociaux et des liens qui les y rattachent. L'ampleur du contrôle postal à la 5e DI, aux lendemains de la mutinerie des 28-29 mai, permet de saisir les modalités de ces appels à la prudence. Il s'agit moins de discours patriotiques que d'appels à la préservation et à l'évitement du risque :

> Je t'engage à ne pas suivre ce mouvement. [...] Vous vous exposez à vous faire mitrailler comme il a déjà été fait pour certaines troupes. S'il fallait que cela vous arrive, quelle honte pour nous et quel chagrin[93] !
> Ne te décourage pas trop et surtout ne te mets pas du côté de ceux qui se révoltent car certainement il y

aura des punitions et si on en fusillait quelques-
uns[94]...

Mitraillage, «punitions», exécutions : ces corres-
pondant(e)s des soldats ont une vive conscience
des possibles conséquences de l'indiscipline. Le
6 juin, le contrôleur du courrier note avec satisfaction que «les bons conseils aux soldats sont en
beaucoup plus grand nombre que les mauvais[95].»
Ces conseils s'inscrivent dans la continuité des
courriers antérieurs enjoignant de ne pas s'exposer inutilement au combat. La présence voire
la pression des épouses et des proches reste durant
les mutineries un élément déterminant de l'obéissance des soldats.

On ne saurait trop souligner l'importance de
cette convergence entre les menaces des chefs et
les appels à la prudence des familles : elle atteste
du fait qu'aux efforts de l'institution s'ajoutent les
effets des liens sociaux et des structures sociales,
pour rendre tendanciellement plus difficile la
désobéissance. La perspective de la répression
contribue non pas à l'empêcher entièrement, mais
à lui donner certaines de ses formes. L'exécution
est un arrière-plan toujours possible — et pour
près de trente mutins, réalisé — des actes et des
discours en 1917.

« De franches paroles d'homme à homme » : négociations et exhortations

L'usage de la force et la perspective du jugement
sont, ainsi, des atouts que l'institution peut mobi-

liser, en particulier une fois que la crise d'autorité est refermée. Mais sur le moment, l'intransigeance présente des limites pratiques : menaces inefficaces, ordres méprisés, troupes de répression pas forcément fiables. Dans leur grande majorité, et à l'encontre de leurs valeurs comme de leurs souhaits, les officiers doivent passer par la parole : transiger, discuter et négocier. Au cours de la mutinerie du 370e RI, le chef de corps explique à ses subordonnés comment on peut causer pour mettre fin à la désobéissance :

> Raisonnez ceux que vous verrez hésiter, de franches paroles d'homme à homme ont un grand pouvoir sur ces gens ; ce sont au fond de braves Français[96].

On mesure ici quel est l'enjeu : discuter pour séparer les « braves Français » des mutins, et par là réduire l'indiscipline.

Les mutineries placent donc les chefs dans une situation paradoxale où l'intransigeance est impossible — lorsque les mutins ont le nombre ou la force de leur côté — et où le rétablissement de l'autorité passe par un sacrifice de l'autoritarisme, au profit de discussions individuelles. Or, en tant que telle, la négociation est proscrite par l'armée et explicitement réprouvée par la hiérarchie. Le *Manuel du chef de section d'infanterie* indique bien que les ordres peuvent être quelquefois expliqués, jamais négociés ni discutés : la troupe doit être « bien dressée à exécuter rigoureusement, sans hésitation ni murmure, un ordre ferme, énoncé sans aucune explication[97] ».

Ces conceptions durent encore en 1917. Lorsqu'il réalise une synthèse sur l'indiscipline de la 5e DI, le général commandant la 2e armée fustige les «paroles vagues», la «douceur», la «persuasion» et les «parlottes» entreprises par les officiers[98]. Le chef du GAN refuse aussi que l'on discute, et exige que des ordres «formels» soient donnés aux mutins[99]. Enfin, le général en chef Pétain, dans une directive générale du 11 juin, avertit les officiers qui ne feraient pas preuve d'«énergie» qu'ils deviennent eux-mêmes complices et passibles du Conseil de guerre[100]. Plus ils sont éloignés de la troupe, plus les généraux condamnent ceux des chefs de corps qui discutent et négocient pour résoudre les incidents.

Mais à quel moment un ordre devient-il «négocié»? À partir de combien de refus et de répétitions de l'ordre peut-on considérer que le chef «discute trop»? Quelle différence faire entre un «ordre formel» et un ordre accompagné d'une discussion afin de convaincre les soldats[101]? Il est certain que l'obligation où sont placés nombre d'officiers de discuter durant les mutineries est perçue par les soldats comme une première victoire, et un abaissement décisif de l'autorité. On trouve ainsi de nombreux mutins qui évoquent des officiers venus les «supplier», comme au 129e RI:

> Le colonel est venu également nous supplier. Nous lui avons répondu que nous regrettions mais que c'était ainsi. Le général qui commande la division pleurait comme un enfant[102].

Un extrait de lettre cité par le Contrôle postal sans précision d'unité illustre cette même logique,

suivant laquelle ces négociations tendent à diminuer l'autorité des chefs : « Quand il a fallu monter
on a refusé et les chefs sont devenus très doux
avec nous, ils en ont beaucoup rabattus, sans
cela ça voulait mal tourner[103]. » Cette «douceur»
permet en fait aux officiers de résoudre bien des
mutineries.

En effet, malgré leur désarroi, la plupart des
chefs confrontés à la désobéissance comprennent
que le temps joue en leur faveur. Un savoir pratique largement répandu consiste à temporiser,
et attendre que les mutins, qui n'ont nulle part où
aller, finissent par «monter». Le modèle en est
donné par le général Taufflieb, au 308e RI, dont
les hommes se sont réfugiés au milieu de la nuit
dans une carrière. Au terme d'une brève discussion, il leur donne jusqu'au matin pour en
sortir et obéir[104]. Ici, il suffit d'attendre que la
résolution s'effrite et qu'avec le jour l'impossibilité de continuer devienne évidente.

Cette stratégie est poussée à l'extrême dans le
cas du 217e RI où le refus de monter des mutins
s'étale sur plus d'une semaine, et où les officiers
attendent patiemment que le temps fasse son
œuvre en désolidarisant les mutins. L'essentiel
pour les officiers est de gagner du temps et de
l'espace : le temps que les esprits se calment,
l'espace propice à des arrestations discrètes, en
arrière des lignes. Atout supplémentaire pour la
reprise en main, un «agent double», agent de
police avant guerre, informe ses supérieurs en
temps réel sur ce qui se passe au sein des soldats[105]. La résolution complète de la mutinerie
passe par une promesse mensongère : on fait croire

aux soldats qu'ils seront envoyés à l'arrière, au repos et/ou en permission. Cela permet d'effectuer les arrestations projetées, et de disperser le reste de l'unité[106].

On retrouve cette ruse assez simple mais efficace dans d'autres unités : à la 5e DI, on fait embarquer par surprise les mutins dans des camions «vers l'arrière», au petit matin, afin d'isoler les soldats et d'arrêter ceux qui ont préalablement été repérés[107]. Aux hommes récalcitrants, les officiers promettent un taux exceptionnel de permissions[108]. Un quadrillage de la zone, enfin, permet d'arrêter ceux qui ont échappé à ce dispositif, comme le raconte l'écrivain mobilisé Roger Martin du Gard : «La cavalerie fait des patrouilles et ramène ceux des dissidents qui traînaient par fractions isolées en recrutant des éléments dans d'autres corps[109].» De même, au 60e BCP, on n'arrête pas immédiatement les meneurs pour ne pas causer d'affrontement[110]. Dans la mutinerie violente de la 41e DI, les officiers ont également conscience de ne pouvoir employer la force : il faut faire semblant d'accorder satisfaction, et arrêter ensuite les «meneurs». Le commandant Piebourg le relate :

> Le général obtient le repos demandé. On nous emmènera à l'arrière en camions-autos. Il nous faudra tâcher de nous débarrasser des agents dangereux[111].»

Le même mélange de temporisation, d'éloignement et d'arrestations ciblées et différées permet de mettre fin à la mutinerie du 298e RI, fin juin 1917 : sous prétexte d'accorder du repos, le général fait embarquer les mutins dans des automobiles, sous la surveillance de plusieurs unités de hussards et de gendarmes[112].

Ces ruses ont pour point commun de concerner des mutineries d'ampleur, étalées sur plusieurs jours. Il arrive fréquemment que des chefs improvisent des promesses et des réponses plus simples aux refus des mutins. Ainsi, au 77e RI, une brève négociation conduit le général à assurer les soldats de la facilité de l'opération prévue :

> [Le général] dit qu'il y avait un petit coup à donner qui avait été bien préparé par l'artillerie, si ça réussissait on aurait ce qu'on demandait[113].

Dans ce cas, ce discours est efficace puisque le régiment monte effectivement à l'attaque. Efficacité similaire à la 158e DI où le général est contraint de promettre pour obtenir la remontée en ligne : «Vous n'attaquerez pas, vous remonterez en ligne pour quatre à dix jours puis vous aurez un mois de grand repos, une bonne nourriture et des permissions[114]. »

Cependant, nombre de ces promesses se heurtent à la suspicion des soldats échaudés par les espoirs non réalisés du printemps 1917. La difficulté pour certains chefs à négocier efficacement tient à la mise en cause de la parole officielle, depuis le 16 avril, tant par l'échec que par le retard des permissions. Un commandant d'artillerie en fait l'expérience au moment de discuter avec une soixantaine de mutins dans la nuit du 2 juin : «Les hommes insinuent que l'on ne tiendra pas les promesses faites[115]. » On le voit, de même, au 46e RA lorsque les exhortations à aller dans un « secteur facile » sont mises en cause par des soldats devenus sceptiques, comme ce mutin qui interpelle un camarade : « N'y va donc pas, ils nous ont encore menti. A Chacrise, ils promettaient tout ce qu'on voulait, et ils ne nous donnent rien[116]... »

Afin de rétablir leur crédit et leur autorité, nombre d'officiers doivent alors engager de réelles discussions, et tenter de « raisonner » leurs hommes en multipliant les arguments. Ils retrouvent alors, dans l'urgence, une des dimensions de la pensée de l'autorité formulée avant guerre, insistant sur la nécessité, dans une armée « démocratique », de « persuader » en rendant clairs les motifs de l'obéissance[117]. Mais ces explications traduisent également les rapports de domination sociaux et hiérarchiques suivant lesquels l'officier, détenteur d'une vérité sur le conflit, prétend éclairer les soldats et les faire sortir de l'erreur ou de l'égarement que constitue l'indiscipline. On lit une telle manière de s'adresser aux mutins et de les « raisonner » paternellement dans le témoignage du médecin et officier Chagnaud :

> Il y a quelque chose d'émouvant dans le découragement de ces êtres simples que sont nos hommes. Il faut les reprendre doucement comme certains enfants. C'est une œuvre de patience, de tact et d'amour[118]...

Cela illustre bien certaines pratiques de commandement des officiers, le paternalisme correspondant aux structures sociales de l'avant-guerre étant transposé au front. Ailleurs, un chef propose à ses hommes une clé de lecture très simple des événements, indiquant que la désobéissance est subversive : « Notre capitaine nous a expliqué la chose et nous a dit que ce coup-là était fait par les boches et que nous ne ferions pas comme eux[119]. » Ce texte émanant du 20e BCP illustre la fonction de telles « explications » : séparer les mutins les plus actifs de l'ensemble des soldats restés réceptifs aux paroles de l'autorité. Mais une telle rhétorique n'est pas forcément efficace sur le moment, devant les soldats désobéissants. Face à ceux-ci, les stratégies argumentatives des officiers devront être différentes. Les efforts de « cadrage » des officiers consistent à rendre explicites les conséquences de la désobéissance. À un mutin qui refuse de monter, le capitaine Bourgeois du 30e RI soumet ainsi une alternative binaire : « Je posais au soldat Deville la question : "Alors il faut laisser la porte ouverte aux Boches ?"[120]. » Un autre chef propose carrément une alternative meurtrière, au 129e RI : « Je leur ai dit qu'il était temps encore pour eux de se ressaisir et que, s'ils n'obéissaient pas, ils feraient couler le sang français[121]. »

Les choix binaires ainsi construits contribuent à résoudre les mutineries en rendant plus claires les situations, et plus radicale la désobéissance. L'enjeu de telles discussions est d'importance : il s'agit au fond de qualifier ce qui se passe durant les mutineries, et de leur assigner sur le moment même une gravité et une nature. Face à l'indiscipline des mutins, les officiers multiplient les efforts pour rappeler combien leurs actes sont transgressifs, intolérables, irréalistes, ou encore susceptibles d'être punis. Ils tentent, en permanence, de recadrer l'événement pour en faire

réapparaître la dimension à leurs yeux inacceptable, dans l'espoir de convaincre les hésitants et
de rappeler à la «réalité» ou à la «raison» les
désobéissants.

Cela passe avant tout par des discussions individuelles et des efforts de division du groupe des
mutins. *Divide et impera*: les chefs réactivent ce
principe fondamental de l'exercice du pouvoir au
printemps 1917[122]. Il devient l'impératif pratique
le plus important. Toutes les menaces, les exhortations et les discussions qui ont lieu lors des
mutineries participent d'un effort pour séparer
«meneurs» et «moutons», détacher les hésitants
de l'action collective et ainsi réduire la mutinerie
à un petit groupe d'hommes aisément identifiables et plus faciles à arrêter. Ces logiques sont
clairement résumées dans un ordre de Pétain, le
8 juin 1917:

> Il est toujours possible, en effet, de transformer un
> acte collectif en un acte individuel. Il suffit de donner
> à quelques hommes (en commençant par les mauvaises
> têtes) l'ordre d'exécution. En cas de refus, ces hommes
> sont arrêtés immédiatement et remis entre les mains
> de la Justice, qui devra suivre son cours le plus
> rapide[123].

Ce texte fondamental résume la conception de
l'obéissance et de la désobéissance partagée au
sommet de la hiérarchie. En pratique, l'opération
est moins simple que ne le suggère cet ordre
comminatoire. Mais il indique quels sont les enjeux: individualiser les mutins, passer du collectif
à l'individuel, c'est à la fois désamorcer le mouvement en réduisant le nombre de mutins, et per-

mettre l'identification puis la punition de ceux-ci, à commencer par les « mauvaises têtes ».

Sur le moment, toutefois, l'individualisation des ordres obéit d'abord à la nécessité de rétablir un lien interpersonnel. Dans les situations de rupture de l'autorité où les ordres rencontrent refus et mutisme, une des priorités pour les officiers est de rétablir un contact avec certains hommes susceptibles d'obéir. Face aux groupes hostiles ou insoumis, ils vont chercher la brèche que constituent les soldats déjà connus ou considérés comme fiables.

C'est le cas lors de la mutinerie du 85e RI, où le lieutenant-colonel ordonne aux officiers de « faire rentrer tous les bons soldats qu'ils connais-saient [124] ». Effectivement, dans cette unité, un aumônier raconte la manière dont il parvient à engager la discussion avec certains soldats :

> Quand j'ai voulu opposer à leurs revendications les arguments du bon sens ils m'ont même laissé causer assez facilement et m'ont écouté avec un calme relatif. Trois d'entre eux surtout ont discuté. C'étaient de vieux soldats depuis longtemps sur le front [125].

Au cours de cette discussion, il devient possible à cet aumônier de rappeler l'identité locale de l'unité, ce que raconte un des soldats : « Il nous disait que pour les petits Berrichons, il faudrait avoir une autre attitude [126]. » C'est là un point très important : au cours de ces discussions individua-lisées, au sein même d'une mutinerie agitée et violente, un chef va chercher à inscrire de nou-veau les mutins dans un espace social (celui de la région d'origine, de l'arrière) dont l'évocation ramène au devoir et aux obligations, et vise à éloigner de l'indiscipline. Aux exhortations patriotiques abstraites se substituent des paroles individualisées et susceptibles de toucher les mutins. Parmi ceux-ci, on a vu que les jeunes et les «vieux soldats» n'avaient pas le même rapport à l'obéissance, d'où l'effort des officiers pour «discuter» avec ces derniers.

On le voit, de même, au cours d'autres mutineries dans lesquelles se déroulent de semblables apartés. Au 18ᵉ RI, un sous-lieutenant s'adresse à un mutin et le renvoie à son expérience de guerre et à son statut de «poilu» pour chercher à l'éloigner de la manifestation : «Que fais-tu là, ce n'est pas admissible qu'un vieux du 18ᵉ se trouve mêlé à des choses pareilles, tu vas ficher le camp[127].» Dans ce cas, le retour à la discipline est effectif. Ces exemples montrent qu'en plus des «grandes scènes» d'affrontement ou de négociations collectives, les mutineries comportent des moments de face-à-face, de discussions plus réduites où peuvent pleinement jouer les liens sociaux antérieurs que l'événement n'a pas fait totalement disparaître. On voit opérer nettement ces logiques au cours de la mutinerie du 109ᵉ RI, où le capitaine Jean peut s'adresser individuellement aux hommes qu'il considère comme «égarés» et que le contexte permet de détacher des «meneurs» :

> Dès que les premiers conseils eurent été donnés, que leur attention eut été appelée sur les suites de leur insubordination, et qu'on eut évoqué le souvenir de leurs familles, la plupart de ces hommes baissèrent la tête et malgré l'appel qui leur fut fait par les meneurs,

ils firent demi-tour et se dirigèrent vers leur cantonnement[128].

Ces paroles efficaces assurent un retour à
l'obéissance, qui se traduit également par les attitudes corporelles indiquant la soumission et la
résignation, «tête baissée». Une nouvelle fois, les
discours de l'officier et la mention des «familles»
s'opposent aux appels des «meneurs». Les mutins
sont placés face aux loyautés contradictoires
qu'ils doivent démêler.

Ces contradictions sont nettement visibles au
46e RA, lorsque les combattants refusent de
s'équiper et de «monter». Tous les efforts des officiers sont orientés vers la séparation des mutins
et la mise en obéissance des indécis. Pour isoler
le petit nombre de mutins vraiment décidés, un
officier les fait se présenter: «Le lieutenant a
demandé à ceux qui ne voulaient pas monter de
lever le bras. Il n'y en a que cinq qui ne l'ont pas
levé [sur une vingtaine][129].» Des témoins attestent
des flottements chez les soldats, qui hésitent à
obéir comme à désobéir ouvertement, sous le
regard les uns des autres. L'un d'eux raconte,
lorsqu'il a fallu lever le bras: «Oui je l'ai levé
à moitié, j'ai remarqué de l'indécision[130].» Un
adjudant explique comment il a tenté de rétablir
l'ordre, en distinguant de même «mutins» et
«non-mutins»:

> J'ai essayé de ramener les hommes à leur devoir,
> j'ai dit que ceux qui ont du cœur et qui veulent monter
> se mettent à droite. [...] Finalement au bout d'une
> heure et demie environ tous les hommes se sont
> décidés à monter[131].

On voit le temps qu'a nécessité cette division des soldats, parvenant à isoler de plus en plus les mutins décidés. Ces techniques de commandement, face à un petit groupe d'hommes qui ne savent pas trop quoi faire de leur désobéissance et n'ont ni projet ni destination, finissent par se montrer efficaces. Lorsque les premiers soldats indisciplinés se désolidarisent, les autres suivent : « Dans ma section, c'est le brigadier Moreau, Boniface et Mulbach qui sont allés s'équiper les premiers. Alors, quand je les ai vus aller s'équiper, j'en ai fait autant[132]. »

Les efforts de division des officiers visent enfin à identifier les soldats désobéissants, tâche rendue difficile par la confusion des situations. Au 13ᵉ RI, un capitaine raconte dans son rapport la manière dont il a cherché à cerner un soldat « révolutionnaire » :

> — Votre nom ? — Barbier.
> — Votre matricule ? — Je ne m'en souviens plus.
> — Votre compagnie ? — La 7 du 13.
> — Le matricule de votre fusil ? — Je ne le connais pas.
> — Votre livret individuel ? — il est à la Compagnie.
> Le soldat n'ayant pas de plaque d'identité apparente, le Capitaine regarda son sac qui ne portait aucune inscription, son bidon sur lequel était marqué, en grosses lettres à encre violette, 16ᵉ escouade, son fusil dont le numéro était : 80.368. [...] Comme je n'avais pas d'hommes sous la main, je ne l'ai pas fait arrêter et je suis retourné à mon P.C.[133]

L'identification formelle permettra un passage en Conseil de guerre et trois mois de prison pour cette «provocation à la désobéissance». Cette affaire minime illustre bien le recours aux dispositifs institutionnels qui transposent, dans la bureaucratie militaire, les techniques d'identification (livret, plaque d'identité, numéro de matricule décliné sur l'équipement), alors en plein développement, et qui participent puissamment de la nationalisation des sociétés européennes[134].

Comme toujours, les soldats opposent leurs propres savoirs pratiques à ces efforts d'identification. Au cours de la mutinerie du 85e RI, le soldat Rouard a tout fait pour cela, sans succès : «Le Lieutenant m'a pris la main dans le but de lire mon nom sur ma plaque d'identité, d'un mouvement brusque je me suis dégagé et éloigné dans la foule[135].» Il sera retrouvé le lendemain. De même, lorsqu'il est pris à crier «ne montez pas, n'y allez pas» à des chasseurs du 25e BCP, le 20 juin dans les Vosges, le soldat Chevalier donne un faux nom aux officiers qui l'interrogent et finiront par le retrouver[136]. Au 42e RI, enfin, une fois la désobéissance terminée, il reste nécessaire pour les mutins ayant tiré en l'air de prendre des précautions afin de ne pas s'exposer, en nettoyant leurs armes[137]. L'identification, et les manières d'y échapper, constituent un enjeu central des mutineries. Chaque prise de parole d'un mutin est bien, en même temps, une prise de risque; chaque exhortation d'officier constitue parallèlement un effort d'identification et d'individualisation de l'indiscipline collective.

On ne peut donc que souligner la très forte densité des efforts institutionnels, sur tous les registres, pour faire cesser la désobéissance. Celle-ci n'est pas une action en apesanteur, le fait d'individus devenus libres de leurs choix : elle est confrontée à chaque étape à de virulents et pressants rappels à l'ordre émanant de grands chefs, d'officiers de contact connus et respectés, parfois même de ses proches, dans un contexte où chacun sait que la désobéissance peut avoir un coût extrême. Certains officiers se chargent d'ailleurs de rappeler verbalement ou en actes ces coûts et ces contraintes, tandis que des troupes limitent effectivement le rayon d'action des mutins, en s'opposant à leurs déplacements les plus inquiétants, en direction de la capitale. Cela dessine l'extrême difficulté d'une action improvisée dans une armée en guerre, même lorsque les mutins semblent avoir le nombre pour eux. Le plus souvent, la ruse ou la temporisation, accompagnée d'exhortations ou de choix binaires stigmatisant la désobéissance — « si vous n'obéissez pas, vous laissez passer les boches » — permettent de résoudre la mutinerie, d'abord par la division des mutins.

La fragile cohésion des mutins

Comment les mutins s'organisent-ils pour faire face à ces incessants rappels à l'ordre, et parvenir à construire une action collective ? Le passage à l'acte n'est pas facile, le maintien de la désobéissance face aux officiers l'est encore moins. Devant les efforts incessants de division des mutins, ces derniers vont tenter, par tous les moyens, de *faire nombre*[138].

La question est donc celle de la *masse critique* indispensable à la réussite des mutineries. Indispensable, elle l'est doublement : au niveau local, elle correspond au nombre de soldats nécessaire pour qu'une mobilisation « prenne » et protège tous ceux qui y participent, par l'anonymat qu'elle permet. Au niveau national, seule une mobilisation générale pourrait permettre le succès des mutins : dans un contexte instable où la fin de la guerre semble à l'horizon, un réel espoir est placé dans un mouvement d'ampleur. Les manières dont les soldats se le représentent retrouvent ces « utopies brèves » par lesquelles ils imaginaient une fin du conflit liée au manque de nourriture ou aux épidémies. Durant les mutineries, c'est une désobéissance générale qui semble pouvoir faire finir la guerre, comme l'exprime un soldat du 74e RI :

> Et je crois que bientôt chez nous, personne ne voudra plus marcher. Au moins peut-être la guerre finira comme ça. Mais il faudrait que ce soit toute l'armée. Alors on pourrait aller[139].

Au 129e RI de la même division, un autre soldat l'espère également : « Si tous les régiments avaient fait comme nous la guerre serait vite finie et du reste, il n'y a que comme ça qu'elle finira[140]. »

Pour parvenir à ces mobilisations rêvées, où « tous » désobéissent et parviennent à faire cesser la guerre, les mutins s'attachent d'abord à construire la cohésion au sein de chacun de leurs groupes. Rester soudés est une nécessité, comme les soldats l'expliquent aux officiers du 308e RI :

« Si nous nous séparons, vous nous aurez[141]. » Être nombreux, c'est assurer non seulement le maintien de la désobéissance, mais aussi sa propre protection : on risque moins d'être identifié et inculpé au sein d'un vaste groupe. Ces groupes se forment grâce à la sociabilité préalable des soldats, qui conduit souvent à « faire comme les camarades » ou à suivre le mouvement, comme l'explique un mutin jugé au 57e BCP :

> La 8e compagnie est passée derrière notre baraque en criant et en nous appelant, j'ai suivi le mouvement, on s'est laissé monter la tête par entraînement[142].

Nombre de « mutins » ont pu le devenir parce qu'il s'agissait, sur le moment, d'une conduite majoritaire au sein des groupes dont ils faisaient partie. Le conformisme de l'obéissance a pu se retourner en conformisme de la désobéissance, qui est une manière de rester fidèle à ses camarades proches et à leur façon de se comporter. C'est ce qu'explique avec une relative indifférence un soldat du 129e RI qui participe aux mutineries : « Enfin que veux-tu moi je suis la foule, peu m'importe après tout[143]… »

Toutefois, « faire comme les autres » n'est pas seulement un ressort de la participation aux mutineries. C'est aussi un argument et un déni qu'il est possible d'opposer aux officiers. Ceux-ci cherchent à transformer la désobéissance collective en acte individuel : les mutins rappellent alors qu'ils font « comme les camarades ». Au 90e RI, où le sous-lieutenant Rousseau cherche à donner des ordres individuels, le 20 mai, ces derniers répondent :

« Nous ne refusons pas d'obéir, nous faisons comme les camarades [144]. » Les soldats mutinés du 234e RA font une même réponse à un sous-officier : « Bibard et Clugnac répondirent chaque fois "je marcherai que si mes camarades marchent" [145]. » Ailleurs, la camaraderie du refus se traduit, on l'a vu, par un silence concerté ou une commune immobilité. Au 81e RIT, enfin, le capitaine rapporte la réponse négative d'un soldat à ses ordres : « Je ne veux pas quitter les camarades [146]. »

Ces refus supposent que des liens solides aient été constitués entre les mutins. Le mode de construction de ceux-ci nous est presque inaccessible dans les sources, en dehors de quelques éléments indirects. Ils tiennent avant tout à ceux qui ont été constitués au front avant les mutineries, et sur lesquels il reste beaucoup à apprendre [147]. Au 75e RI, où un soldat explique le rôle de la camaraderie dans sa participation à la désobéissance au fond d'une creute : « Nous avons écouté les anciens [...] et nous nous sommes joints à eux par camaraderie [148]. » Cette même affaire permet de voir une autre logique importante à l'œuvre, celle de la solidarité locale et régionale. Le soldat Chauveau, originaire de l'Orne, avoue ainsi : « Je le reconnais, je me suis laissé entraîner, surtout par Truton qui était de mon pays [149]. » Au 18e RI, il semble qu'une origine commune ait également accentué le rôle d'un des initiateurs de la mutinerie, d'après un rapport officiel : « Le caporal Oxoby [...] a particulièrement beaucoup d'influence sur les soldats basques recrutés dans sa région [150]. »

Mais ces solidarités connaissent d'évidentes

limites, morales, sociales et spatiales : on sait, au-delà des clichés sur la camaraderie du front, que tous les soldats d'une escouade ou d'une compagnie ne sont pas amis ; ils peuvent surtout être opposés devant l'événement troublant de la désobéissance. C'est pourquoi des mutins vont chercher à faire nombre par tous les moyens, y compris par la force.

Un versant relativement moins connu des mutineries est ainsi celui des menaces ou de la violence pratiquées par les mutins eux-mêmes à l'encontre d'autres soldats réticents ou hésitants. Ces pratiques révèlent encore les différences d'intensité dans la participation à l'événement, entre ceux qui l'organisent et ceux qui se voient *obligés de désobéir*. La nécessité de faire nombre aboutit à des formes de contrainte envers les autres combattants, non sans rappeler les violences ayant pu se produire contre les « traîtres » et les « fainéants » dans des contextes de grèves[151], dans la continuité également des tensions, rixes et menaces assez fréquentes au front[152]. On le voit par exemple au 234e RA, où ceux qui ne se joignent pas à la brève désobéissance sont menacés : « Ne va pas atteler sans cela ça ira mal, et nous coupons les bricoles[153]. » Ce type d'intimidation se retrouve dans d'autres mutineries, comme au 164e RI, où les soldats ont résolu de s'unir (« On avait *décidé* de ne pas le faire les uns sans les autres[154] ») au besoin par la menace, l'un d'eux annonçant aux tièdes et aux timides qu'ils risquent une « balle dans la peau[155] ».

Les menaces sont très visibles, de même, dans l'affaire du 75e RI, où les hommes réfugiés dans la creute gardent les issues pour empêcher leurs camarades de rejoindre les officiers qui font l'appel[156]. On retrouve une telle surveillance au 74e RI, lors du refus de monter en ligne le soir du 6 juin 1917 à Longueval : « Quelques-uns [des mutins] faisaient bonne garde pour empêcher toute défection[157]. » Au 53e BCP, cela va jusqu'à l'usage de la force, comme le raconte dans un langage imagé un témoin :

> Il y en avai qui avai fait tout de même leur sac pour alés tu cet bien il y en a qui rouscaille asse mai quan sa vien de faire il y a personne mai ceux qui on hu des couille au cu il son alés coupé les courroi des sac alors tu vois bien apeuprès sa de loin[158].

Les divergences entre mutins et soldats obéissants sont tranchées, littéralement, par les premiers qui coupent les courroies des sacs afin d'empêcher la montée en ligne. Il ne faut cependant pas surestimer le degré de contrainte pratiqué par les mutins : on a rencontré tout au long de ce travail de nombreux soldats restés à l'écart, sceptiques, craintifs ou indifférents. Au 18e RI, qui connaît des violences envers les officiers, la menace adressée aux hésitants n'est pas mise à exécution, comme dans les autres unités[159].

Ces menaces qui aboutissent peu révèlent surtout que dans l'incertitude de l'avenir, certains des mutins considèrent que tous les moyens sont bons pour accroître le désordre et surtout le nombre de désobéissants. Ces pratiques confirment l'intensité des épisodes de mutineries, qui forcent parfois, entre les menaces des mutins et les ordres des officiers, à choisir son camp. Mais la coer-

cition pratiquée par les mutins se révèle en fin de
compte peu efficace, au vu de la fragilité de leurs
groupes, et les officiers finissent toujours par l'emporter. Au 359ᵉ RI, en juillet, après un moment
d'extrême tension où officiers et mutins ont saisi
leurs armes, l'individualisation des ordres alliée
à l'emprise physique des chefs finit par désa-
gréger la mutinerie :

> On parlemente, on cherche des hommes de bonne
> volonté pour donner l'exemple et déclencher le départ.
> Insuccès. Des officiers équipent eux-mêmes leurs sol-
> dats et les font filer un à un. Cela en décide d'autres[160].

La division a fonctionné. Les premiers retours
à l'ordre ont brisé la dynamique mutine d'agré-
gation des mécontents. Par la suite, ces échecs, ces
effritements des groupes de mutins sont déplorés
et regrettés, dans des courriers qui pointent la
fragilité de la résolution chez certains soldats.
Faire agir ensemble spontanément de manière
solide et soudée des hommes aux répertoires
d'action différents, aux expériences de la contestation dissymétriques, dans l'improvisation et
face à des officiers qui multiplient les efforts pour
séparer les mutins, s'avère d'une extrême difficulté. Celle-ci se lit après coup, dans les lettres
fatalistes de combattants qui mesurent la force
d'inertie de l'obéissance :

> Tu sais que je ne me suis pas fait d'illusion au sujet
> des manifestations qu'il y a eu chez vous, car je savait
> d'avance que vous monteriez aux tranchées comme de
> bons bougres, il n'y a pas assez d'entente chez nous,
> çà a fait pareille ici[161].

En l'absence d'un passage généralisé à l'indiscipline, faute d'une «entente» parfaite, les choix
des mutins se referment et le retour à l'obéissance
(re)devient la seule conduite évidente. Les efforts
des officiers comme l'absence d'issue clairement
imaginable contribuent à chaque fois à refermer
la fenêtre d'opportunité et d'imprévu qui a semblé
s'ouvrir pour chaque mobilisation. L'inertie de la
guerre redevient manifeste.

Cela permet de comprendre différemment
l'échec et l'issue des mutineries: non pas un
retour à la raison patriotique, passé la fièvre de
l'indiscipline, mais un délitement très ordinaire
des mobilisations dans un contexte contraire.
C'est ce qui ressort d'un courrier contrôlé au
298ᵉ RI, dans lequel un soldat assiste aux efforts
de reprise en main par les officiers et porte un
jugement lucide et fataliste sur les dynamiques de
groupe nécessaires à la désobéissance, et sur la
faiblesse des individus isolés:

> Le soldat qui se sent soutenu par d'autres soldats est
> courageux. Il crie, il veut tout briser. Mais dès qu'il se
> sent seul, vis-à-vis d'un supérieur, excusez l'expres-
> sion, «il chie dans ses frocs»[162].

Ce langage brusque exprime bien une règle
sociologique de base, encore plus vraie dans un
contexte militaire: l'union renforce, l'isolement
expose. Les regrets devant la «mauvaise entente»
des mutins indiquent clairement quelles faibles
marges de choix existent en 1914-1918. Pour le
comprendre pleinement, il est nécessaire de se

pencher sur les manières dont l'indiscipline est légitimée ou délégitimée. On retrouve alors la question du «courage» et de l'honneur masculin qui structure la société du front.

La «honte» de la mutinerie,
ou le «courage» de désobéir?

L'irruption des mutineries dans l'espace public du front ne contrevient pas seulement à la discipline: elle déstabilise un ordre social établi sur la valeur partagée du courage, fondement des identités masculines et combattantes. Lorsque survient la désobéissance, se pose immédiatement la question de sa légitimité au regard de cette valeur fondamentale: les mutins sont-ils des lâches qui cherchent à échapper à leur devoir, des «embusqués» que leur conduite déshonore? Ou bien leurs actes témoignent-ils, au contraire, d'un courage exemplaire, comme certains le soutiennent?

Rappelons que les mutineries sont, avant même de survenir, illégitimes. Les notions d'obéissance, de devoir, de déférence et de bienséance sont déjà des éléments structurants de la société avant guerre. Le conflit accentue encore leur importance, et délégitime les actes et les discours perçus comme une mise en cause frontale de l'effort de guerre. La désobéissance est ainsi aisée à assimiler à la lâcheté et à la faiblesse. Cela ajoute une dimension aux coûts de la désobéissance: non plus seulement le risque et la menace, mais le stigmate placé sur ceux qui ne feraient pas leur devoir. L'artilleur Paul Mencier, qui est un témoin

lointain des mutineries, écrit ainsi avec une pudeur
caractéristique : « Je ne veux pas ici citer le numéro
du régiment car ce n'est pas à son honneur pour
ce moment là, peut-être par la suite ce régiment
s'est-il racheté. Il est certain que le moment est
assez trouble pour l'instant[163]. » La question de
« l'honneur » est bien mise en jeu durant les mutineries, ce que révèlent également nombre de courriers provenant des unités mutinées, montrant
quel regard peut être alors porté sur la désobéissance par certains des autres soldats :

> Donc à présent c'est la honte complète et ma foi, j'ai
> presque envie de demander mon changement de
> régiment tant je souffre d'entendre toutes ces conver-
> sations et même ces faits[164].
> En tous les cas, lorsque le pays saura ça tu dois
> penser que j'aurai un peu honte quand j'irai en
> permission, je ferai sauter les numéros voilà tout[165].

Si l'on retrouve les désaccords toujours possibles au sein des combattants sur la nécessité du
combat et la légitimité de la désobéissance, il faut
noter dans ce dernier texte écrit par un soldat du
Calvados l'importance attachée au regard extérieur, au jugement de la collectivité et du « pays »
conduisant à cacher l'appartenance à une unité
mutinée.

Dans la résolution des mutineries, les officiers
savent jouer de cette pression sociale latente et
rappeler ainsi au devoir des soldats indisciplinés
en évoquant le regard de leurs proches. Lorsque
50 hommes du 164e RI se rassemblent sur une
route le 30 juin, vers 20 h 30, pour refuser de
monter au Mont Haut, un lieutenant évoque le

devoir en termes familiaux bien choisis : « J'exhortai ces hommes au calme, en rappelant leur devoir, leur parlant de leur femme, de leur enfant, de leur mère et faisant appel à leur cœur[166]. » De même, à la 154ᵉ DI de Joseph Varenne, qui raconte les efforts des officiers :

> Ils ne parlent pas de patrie, mais s'adressant à l'homme plutôt qu'au soldat, en un tableau rapidement brossé, ils montrent le désespoir et le déshonneur des familles si jamais survenait le pire[167] !

De tels arguments peuvent porter tant sont intériorisés, par nombre de soldats, le lien entre « devoir », « courage » et « honneur ». L'un d'eux écrit ainsi malgré sa lassitude de la guerre : « Si ce n'était pas pour l'honneur de la famille je ferais des bêtises, j'en ai par-dessus la tête de cette vie de nomades[168]. » Un tel rappel ne vaut, évidemment, que pour les soldats qui sont effectivement pris par des liens familiaux et affectifs puissants. Un soldat du 274ᵉ RI insiste ainsi sur le réseau serré de liens sociaux et de fidélités qui assure sa propre obéissance :

> Avant de faire une chose pareille il faut réfléchir, car si l'on se bat de la sorte et qu'on a le courage de le supporter, c'est à cause de nos parents, de notre femme, de nos enfants. Sans cela, il y a longtemps que la guerre serait terminée, si je n'avais que mon corps personnel, car j'en ai plus que marre, je suis dégoûté totalement[169].

Se vérifie à travers de tels textes le profil social des mutins par opposition aux non-mutins qu'on a pu établir. On mesure surtout ici combien le

« devoir » ne saurait être rapporté, dans une démarche psychologisante, à des représentations et des sentiments individuels, mais doit être compris comme un produit de rapports sociaux et de situations sociales. La construction du devoir, de l'honneur, du courage par les chefs, la famille et la société dans son ensemble constituent une limite évidente au développement de l'action collective en guerre.

Mais pour faire face à ces discours stigmatisant leur « lâcheté » et mettant en cause leur honneur, les mutins opèrent un renversement du système de valeurs habituel du front et de la société en guerre, en tentant de légitimer la mutinerie par le courage viril de ses participants. C'est ce que dit le soldat Duchêne, lorsque la mutinerie du 75e RI se termine :

> Quand le Lieutenant Chassard lui a donné l'ordre et lui a forcé de s'équiper, il a jeté son casque en l'air et a crié en s'adressant à la foule qui était derrière en train de manifester : « Il n'y en a donc pas là-dedans qui aient des couilles au cul[170] ? »

Dans la vivacité du langage est bien exprimée l'identité que les mutins cherchent, provisoirement, à construire : celle d'hommes ayant le courage de défier l'autorité, ce courage viril étant censé renverser ou compenser le stigmate attaché à la désobéissance. La fréquence de ces termes atteste l'importance de l'enjeu. On le voit ainsi dans la mutinerie de la 158e DI, lorsqu'un caporal « rouge et surexcité » exhorte ses camarades à désobéir, en criant : « C'est le jour de montrer qu'on a des

couilles, c'est le jour[171]!...» Au cours de cet incident, lorsque des manifestants rentrent dans
l'ordre, d'autres soldats mutinés le leur repro-
chent dans les mêmes termes : «Vous n'avez pas
de couilles le 329e [172]!» Enfin, une même adresse
en forme de défi se trouve sur les quatre affichettes «à bas la guerre» apposées au 298e RI au
moment de la manifestation de ce régiment, pour
inciter à ne pas «remonter» : «Sommes-nous des
hommes[173]?»

Le basculement dans l'obéissance ou la désobéissance est bien construit comme un enjeu
qui engage la masculinité. D'autres soldats le
confirment, dans des conversations relevées par
les policiers infiltrés au sein de la 41e DI, au
lendemain de sa mutinerie : «Il ne faut pas nous
prendre pour des bandits, nous sommes des
hommes, nous avons fait nos preuves[174].» L'identité incertaine du mutin, de celui qui transgresse
les codes et les règles ordinaires, se construit ici
en opposition à l'image stigmatisée du «bandit»
indiscipliné, et par la revendication du courage
masculin et du devoir accompli.

À l'inverse, l'association de l'obéissance et de
la «lâcheté» revient très fréquemment durant les
mutineries. Au moment où des soldats se désolidarisent des mutins, au 20e RI, un des combattants met en cause leur courage : «Vous êtes des
lâches, ce n'est que la frousse qui vous fait remonter. Vous voyez bien, nous nous ne montons
pas[175].» Aux exhortations des officiers s'opposent,
une fois encore, les exhortations contraires des
mutins, les deux pouvant faire appel au registre
du courage, valeur suprême et partagée dans la

société combattante. Lorsque les soldats du 109e RI refusent de suivre ceux du 17e RI dans leur projet de marche sur Paris, ces derniers les traitent également de « lâches [176] » ; enfin, au 63e RI, le soldat Sadry organise un rassemblement de 150 hommes devant lesquels il avertit : « La guerre est trop longue, il faut qu'elle finisse, si vous n'êtes pas des lâches, on ne montera pas aux tranchées, rassemblement ce soir à 6 heures [177]. »

Ces diatribes contre les « lâches » non-mutins débouchent sur une pression intense dans le cadre des petits groupes de combattants. Un soldat de la 5e DI raconte sur ce mode sa participation à la mutinerie : « J'y ai participé tu peux croire, pas beaucoup, mais *je n'aurais pas voulu qu'on dise que je n'y étais pas* [178]. » Désobéir est bien ici une preuve de courage et de solidarité dans l'espace public du front. De la même manière qu'en ligne on ne veut pas qu'« on puisse dire qu'on n'y était pas » sous peine de stigmate et de honte, la participation à l'action collective relève en partie du devoir envers ses camarades et d'une volonté de faire, devant eux, bonne figure. Ainsi, d'un soldat qui n'a pas suivi les mutins du 370e RI, l'un de ceux-ci écrit : « Cela n'est pas en son honneur [179]. »

Ces efforts très intenses des mutins pour requalifier la mutinerie en courage et disqualifier l'obéissance en « lâcheté » révèlent en creux l'illégitimité de leur mobilisation au regard des normes et des valeurs qui structurent la société combattante. Ces tentatives se heurtent non seulement aux usages que les officiers eux-mêmes font du langage de la « honte » et du « courage », mais, plus profondément, aux réalités de la guerre qui se poursuit et au sein de laquelle l'indiscipline semble exposer et mettre en péril des camarades.

Alors même que certains rompent avec l'obéissance, une masse de combattants restent dans la guerre : ceux qui sont déjà en ligne. Or, à la différence de mobilisations civiles où la non-participation d'autres acteurs lointains n'a pas de coût direct et ne pose pas de problème à des grévistes ou des manifestants, la présence au combat de leurs camarades constitue un réel dilemme pour les mutins — un de plus. En effet, comment désobéir, lorsque le refus de monter en ligne conduit à y laisser des troupes épuisées, les « bonshommes là-bas [qui] attendent la relève[180] » ? De nombreux soldats ont éprouvé dans l'action un malaise à « laisser tomber » ainsi des camarades. À la 5e DI, où la désobéissance a été fortement suivie, l'un d'eux explique : « Pour mon compte je n'étais pas de l'avis de beaucoup, certes il faut que la guerre finisse mais il faut penser aussi à ceux qui sont en ligne[181]. » L'horizon de « fin » de guerre est partagé, mais la continuation du conflit et la présence de soldats au front empêchent de désobéir.

Dans la même unité, un officier subalterne joue de ce registre pour convaincre les soldats désobéissants : « Vos camarades sont en train de se faire tuer au Chemin des Dames ; c'est lâche de les abandonner[182]. » Ce point crucial est ainsi saisi par de nombreux officiers qui l'utilisent pour réduire encore les choix des soldats, et rappeler que des camarades peuvent subir un danger plus grand de leur fait. Le discours du chef de bataillon commandant le 57e BCP use de cette même ressource rhétorique, le 2 juin au soir :

> Je leur ai reproché l'infamie de leur conduite vis-à-vis de leurs camarades à appuyer ou à relever. J'ai insisté sur ce fait qu'ils exposaient leurs camarades, qu'un combat était possible la nuit même[183].

Un tel discours contribue à redessiner et à réduire l'espace des possibles au cours des mutineries, en réaffirmant l'inertie de la guerre. Ces rappels à l'ordre et à l'évidence de la guerre ne proviennent pas seulement d'officiers. Ce sont aussi des camarades qui peuvent conspuer les soldats désobéissants, comme dans cette lettre où un homme du 294ᵉ RI dénonce les «salops» n'ayant pas effectué une relève[184]. Un soldat du 298ᵉ RI déploie le même argumentaire face à un mutin, comme il le raconte dans une lettre :

> Ce que vous faites est égoïste vous pensez qu'à vous seuls vous n'allez plus remonter, je dis à l'exalté tu m'as dit que tu as un frère aux tranchées si notre division doit aller relever la sienne et que nous y allons pas, il faut qu'il y reste tu te moques de lui ça ne tient pas debout ce que vous voulez faire et vous allez vous faire très mal voir, vous faire mater par la force et vous serez obligés de marcher[185].

Comme dans tous les échanges mettant aux prises mutins et tenants de l'ordre, ces derniers s'attachent bien à recadrer la désobéissance en réduisant les choix. Plutôt qu'un appel abstrait au patriotisme ou un rappel générique de la fierté régimentaire, l'évocation concrète du sort d'un frère aux tranchées, et de la perspective de le «lâcher», permet de délégitimer l'indiscipline. Une limite fondamentale à l'action des mutins est bien cet impératif de partage de l'effort entre soldats. La mutinerie des uns expose davantage les autres à la mort et au danger. Paradoxe gênant pour un mouvement dont bien des acteurs affirment précisément leur résolution égalitaire. Ce thème de la « faute » des soldats désobéissants envers ceux qui sont en ligne imprègne enfin nombre de témoignages et d'œuvres littéraires : si les mutins font de mauvais héros de fiction, c'est aussi parce qu'ils semblent « abandonner concrètement, et même en masse, des camarades qui vivent un calvaire identique »[186].

Aussi, pour terminer, il faut saisir comment, confrontés aux impasses pratiques et symboliques de leur action, face aux exhortations patriotiques ou personnelles des officiers, les mutins éprouvent de nouveau l'inertie de la guerre, la force de l'habitude et le regard des autres. Un soldat l'exprime au 60e BCP :

> Enfin on a accepté de rentrer au bataillon, on nous a rééquipés et le soir nous sommes montés, chose que l'on avait fixé de ne pas faire. Mais quand on est là, il y a quelque chose qui commande trop et l'on marche[187].

Comme la guerre continue, les mutins n'ont nulle part où aller et l'institution a le dernier mot.

« Quelques exemples brutaux... »
Les formes de la répression

La répression figure parmi les aspects relativement bien connus des mutineries, en raison de l'abondance des sources, et de l'intérêt passionné longtemps suscité par la question des exécutions[188]. On dispose ainsi de chiffres relativement fiables, bases solides pour l'interprétation. Pourtant, celle-ci est loin d'être refermée : on a pu entendre au cours d'un colloque récent de réels désaccords quant au degré de sévérité que représentent la trentaine, au moins, d'exécutions avérées du printemps 1917[189]. Bien évidemment, sur un tel sujet, l'analyse historique est parfois difficilement séparable de jugements moraux et politiques. Surtout, elle risque de rester prisonnière d'une lecture en termes individuels ou mécaniques du fonctionnement de l'armée, envisagée comme l'instrument d'un homme — Pétain et sa « fermeté noble[190] » — ou comme une institution monolithique.

Or, les pratiques de l'autorité sont tout sauf uniformes. Les officiers alternent fermeté et négociation : de même, la Justice militaire connaîtra un mélange de sévérité et de clémence, aiguillonnée par des chefs qui lancent des appels à l'épuration ou, au contraire, à la mansuétude. L'efficacité globale de l'institution face au désordre qui la traverse, et la remise en obéissance assez rapide de la troupe, résultent en fait de logiques contradictoires et de « dilemmes disciplinaires[191] ». Elles tiennent surtout à une conjonction entre la « répression » proprement dite et de multiples outils de remise en ordre, dans tous les domaines — permissions dispersant les fauteurs de troubles, surveillance des troupes suspectes, cérémonies réparant le déshonneur de la désobéissance — qui permettent d'éviter le retour de l'indiscipline. À travers ces stratégies complémentaires, l'armée obtient l'essentiel : elle rétablit son emprise sur les corps des soldats.

En ce qui concerne le nombre des soldats fusillés à la suite des mutineries, des travaux récents ont permis d'affiner les estimations déjà cohérentes de G. Pedroncini. Au moins 26 soldats ont été exécutés pour des «faits collectifs», auxquels il faut ajouter un suicide la veille de l'exécution (Denizon), une évasion d'extrême justesse (Moulia)[192], mais aussi 31 soldats fusillés pour «faits individuels» difficilement séparables, comme on l'a vu, des actes collectifs[193]. Le bilan chiffré de la répression doit ainsi rester dans une fourchette, entre 26 et 57 soldats exécutés, en fonction de la délimitation adoptée.

Pour le comprendre, il faut d'abord constater que règne une volonté presque unanime de punir suite aux mutineries. De très nombreux chefs exposent leur volonté qu'on procède à des exécutions, et qu'on en finisse avec ce qu'ils ont perçu comme une mansuétude trop grande des Conseils de guerre. Le général Nayral de Bourgon peste ainsi en 1917 contre une Justice militaire «émasculée» et espère, de nouveau, «l'exemplarité par la promptitude presqu'instantanée du châtiment[194]». De même, un capitaine dont le courrier est contrôlé fin juin en appelle à un retour aux logiques «exemplaires» de 1914-1915 : «J'ose espérer qu'on a pris des mesures immédiates et énergiques afin de faire quelques exemples brutaux qui serviront[195].» Les juges partagent ces vues, comme le capitaine Weber qui siège au Conseil de guerre du 109e RI : «Aucune miséricorde n'était permise. Le délit était net : avoir pris

les armes contre les ordres des chefs, en nombre
supérieur à quatre, avec cette circonstance aggravante d'avoir été l'un des meneurs. [...] La discipline étant en jeu, aucune indulgence n'était de
mise[196]. » Le haut commandement relaie ces vues,
le chef du GAN dénonçant ainsi « un humanita-
risme qui a trop duré[197] ». Ces appels à la sévérité
rencontrent des préoccupations du général en
chef.

En effet, Pétain explique que les « restrictions
apportées progressivement à l'action des Conseils
de guerre[198] » sont une des causes des mutineries.
Dès lors, il va obtenir des conditions juridiques
d'exception pour accroître la sévérité de la répression : possibilité de jugement en Conseil de guerre
sans instruction préalable (1er juin), suppression
du recours en révision dans les cas de révolte ou
d'insoumission (8 juin), révocation des suspensions de peine (10 juin), droit de procéder à des
exécutions sans en référer au pouvoir politique et
donc sans recours en grâce possible (12 juin)[199].
Sa volonté de « faire des exemples » est nette, ainsi
dans l'ordre du 1er juin 1917 qui stipule que les
accusés pourront être jugés sans instruction préalable « toutes les fois que la gravité du crime
réclamera un châtiment prompt et exemplaire et
que l'enquête au corps aura fourni des éléments
de preuve suffisants[200] ». Assurant lui-même le suivi
des affaires, Pétain exige des exécutions, comme
pour les mutins du 21e BCP au sujet desquels il
écrit à Painlevé, le 7 juin :

> Les nécessités militaires exigent impérieusement une
> prompte répression [...] Je demande exécution d'ur-

gence de Brunet et Buat pour exemple indispensable en raison entente avec hommes régiments voisins et ne verrais pas inconvénient à commutation de peine Joly[201].

Par ailleurs, dans sept cas, l'exécution a eu lieu sans transmission du dossier au pouvoir politique pour recours en grâce ou commutation, comme la directive confidentielle du 12 juin 1917 le permet[202].

Par rapport aux garanties juridiques progressivement mises en place au cours du conflit, les dirigeants politiques ont conscience du retour en arrière que constituent ces mesures qu'ils tentent de cacher aux parlementaires[203]. Au moment où la capitale peut sembler menacée par les mutins, l'heure est bien au secret et à la raison d'État. La vision des «exemples nécessaires» est assumée par Painlevé, ministre de la Guerre, conscient des dilemmes disciplinaires liés à des exécutions trop nombreuses, ou pas assez : «Toute faiblesse entraînait la dissolution de l'armée ; toute brutalité sa révolte[204].» On note en tout cas qu'un accord se fait pour écarter dans un premier temps la «faiblesse» et recourir à la peine de mort. Mais cette phase initiale se referme à la mi-juin lorsqu'il devient net que le mouvement des mutineries se termine. Le 18 juin, Pétain annonce un changement d'orientation :

Le premier but était d'obtenir une répression immédiate de façon à empêcher l'agitation de s'étendre. J'ai fait appel à l'énergie et à l'initiative du commandement à tous les échelons, j'ai averti que je prendrais toutes les sanctions nécessaires contre les pusilla-

nimes et couvrirais par contre de mon autorité tous
ceux qui feraient preuve d'énergie dans la répression.
[...] Je maintiendrai cette répression avec fermeté,
mais sans oublier qu'elle s'applique à des soldats qui
depuis trois ans sont avec nous dans les tranchées et
qui sont «nos soldats».[205]

Cette seconde phase de la répression voit donc
des condamnations à mort toujours très nombreuses — plus de cinq cents au total sur la
période — être commuées par les dirigeants
civils, suite à d'intenses tractations qui voient la
mobilisation de nombreux réseaux politiques. Un
important travail de suivi et de commutation est
accompli par le Parlement et les ministres, avant
tout Painlevé qui raconte que «chaque soir, par
courriers urgents, arrivaient à mon cabinet les
funèbres dossiers des condamnations à mort dont
aucune autorité militaire ne demandait la commutation[206]». En l'absence de cette clémence
militaire, ce sont des actes politiques qui interviennent, grâces et commutations, à travers la
mobilisation de réseaux nombreux visant à
défendre tel ou tel soldat, conduisant à une limitation de la violence institutionnelle[207]. Autrement,
dit, la répression a été moins «modérée» qu'*encadrée et freinée* par un pouvoir tenu de composer,
même en temps de crise, avec la réaffirmation de
la vie politique et l'exigence de droits et de protec-
tions pour les combattants. On le voit bien dans
le cas du président de la République, lui-même
tenant de la sévérité (il écrit début juin que
«l'heure n'[est] pas à la faiblesse») mais pressé
de tous côtés par des ministres et des parlementaires qui le poussent à la modération, dans un

« douloureux défilé d'avocats[208] ». Ces logiques politiques de modération des condamnations prononcées par la Justice militaire aboutissent à une réaffirmation du droit : le 15 et le 17 juillet, les formes juridiques exceptionnelles ayant présidé à la logique des « exemples » sont abrogées[209].

Il est difficile de savoir dans quelle mesure celle-ci a été efficace pour mettre fin à la désobéissance. G. Pedroncini notait que le « reflux » du mouvement s'était opéré *avant* les premières exécutions, le 10 juin[210]. Il faut nuancer cette idée par le fait que les premières condamnations à mort sont connues et commentées plus tôt dans les unités, tandis que les arrestations et les soustractions d'hommes alimentent au contraire des rumeurs de décimation et de répression extrême[211]. On sait par ailleurs qu'à la 77e DI, où les exécutions du 19 juin ont été suivies d'un contrôle postal intense, celles-ci ont produit une impression très forte. Un soldat écrit :

> Seulement sitôt fini, 6 hommes sont tombés sans connaissance sous le coup de l'émotion. Il y en avait un qui est tombé à côté de moi. Il avait le blanc des yeux tout rouge, je ne sais pas s'il en reviendra. Moi, je n'en ai pas mangé de la journée[212].

La réaffirmation du monopole de la violence légitime par l'institution militaire, même différée et « limitée » à une trentaine d'exécutions, produit des effets marquants, ce que ne manque pas de noter un contrôleur du courrier : « L'exécution paraît avoir produit un effet salutaire sur les hommes du Dépôt Divisionnaire, tant par l'émotion résultant du spectacle, que par la crainte d'une mort semblable[213]. » Sans mettre fin aux mutineries, la répression rendue visible participe de leur clôture.

Son bilan résulte d'une tension entre pouvoir civil et pouvoir militaire : le général en chef est dans un premier temps un acteur représentatif d'une volonté punitive partagée au sein de l'institution militaire, avant d'être recadré par un pouvoir politique qui joue un rôle décisif pour commuer plus de quatre cents condamnations à mort. L'abandon des garanties juridiques obtenues par les soldats-citoyens et l'attribution d'un pouvoir répressif énorme à l'armée ne pouvaient être durables. Le retour à la Justice militaire expéditive et arbitraire de 1914-1915 est apparu à la fois nécessaire, et forcément provisoire, devant les mobilisations politiques rapides culminant avec les interventions en Comités secrets de la fin du mois de juin[214].

Le nombre d'exécutions ne constitue toutefois que la partie la plus spectaculaire d'un effort plus large et cohérent de sanction et de remise en ordre. Les Conseils de guerre ne condamnent pas qu'à la peine de mort. Le fonctionnement de ces tribunaux militaires durant les mutineries montre une justice hâtive et partiale, où la logique punitive prévaut largement sur le droit[215]. Certaines dépositions de témoins sont forcées[216] ou falsifiées[217]. Au « triage » quelquefois fait des accusés sur leur moralité correspond, de l'autre côté, un choix des juges pour leur sévérité. D. Rolland a montré que, contrairement aux usages, un même officier, connu pour sa dureté, préside les Conseils de guerre de la 5e et de la 77e DI : le chef du 4e spahis, unité qui a participé au maintien de l'ordre. Ailleurs, pour les mutins du 370e RI, J. Jolinon avait dès l'entre-deux-guerres dénoncé les invectives de colonel-président au cours du procès («Avec des salauds de votre espèce, on ne discute pas, on met des mitrailleuses et on tire dans le tas»), «violation flagrante des règles de droit», validée pourtant par le Conseil de révision[218].

Au cours des débats, un autre problème vient de la brièveté des séances, et surtout du manque de préparation des avocats. «La défense est quelquefois faible», écrit J. J. Weber qui fut juge à la 13e DI[219]. On le comprend aisément au vu de l'avocat que désigne le chef du 162e RI, un lieutenant inexpérimenté :

> — Je vous ai désigné pour aller défendre un émeutier devant le Conseil de guerre. Vous êtes bachelier en droit et je n'ai pas d'autre juriste sous la main. Vous irez donc ce soir à l'État-major de la division. — Mais, mon colonel, je n'ai jamais plaidé. — Cela n'a pas d'importance, je vous désigne d'office, vous ferez pour le mieux[220].

Ce sont alors des débats où les accusés sont en position de faiblesse et où leur parole ne pèse pas du même poids que celle des chefs, comme le montre le récit de cet avocat improvisé. Pour défendre un mutin, sans enthousiasme (il a un «vilain accent des faubourgs») mais avec le perfectionnisme de l'étudiant en droit, il se permet de souligner la faiblesse des charges, reposant sur le seul témoignage d'un officier :

J'eus l'imprudence de dire, en parlant de la déposition du commandant : «*Testis unus, testis nullus*», ce qui m'attira de lui une cinglante répartie : «Mettez-vous ma parole en doute[221] ? »

On ne saurait mieux dire que les logiques de l'honneur militaire et de la rigueur juridique ne coïncident pas. Dans ce cadre, la parole de l'avocat et ses arguments de droit sont secondaires[222]. Les peines des Conseils de guerre sont liées au jugement moral porté sur les individus et leur passé militaire, autant que sur les faits reprochés. Ces points sont confirmés par l'étude des peines prononcées, qui révèle la double logique de sévérité et de mansuétude à l'œuvre dans ces tribunaux, principalement en fonction du passé militaire et des condamnations antérieures.

On constate, dans quatre divisions d'infanterie, que la peine de mort représente 24 % des condamnations, le reste se partageant entre peines de prison et de travaux forcés. Ces dernières peuvent être très sévères, allant jusqu'à dix ou vingt ans. On doit noter cependant que 51 % des peines de travaux forcés sont prononcées avec les circonstances atténuantes, et 42 % des peines de prison : cela pointe une tension entre volonté punitive et limitation de la dureté qui renvoie aux partages déjà évoqués entre «bons» et «mauvais» soldats passant devant les Conseils de guerre. C'est l'étude des antécédents qui permet de le confirmer : parmi les soldats n'ayant jamais été condamnés aux armées, 52,8 % reçoivent les circonstances atténuantes, tandis qu'ils ne sont que 15,3 % chez les récidivistes[223].

Cet éventail punitif pose la question fondamentale des suspensions de peine. En effet, depuis la fin de l'année 1915, il est acquis qu'une majorité des condamnations aux peines de détention et de travaux forcés sont suspendues pour la durée du conflit afin de ne pas donner une porte de sortie à des soldats cherchant à éviter les tranchées par une condamnation[224]. Le dispositif, qui peut varier suivant les unités et les décisions des commandants de division, prévoit généralement que la peine est suspendue pour un an, afin d'exposer les condamnés au danger, mais que la suspension peut devenir définitive si ceux-ci obtiennent une citation, preuve de leur retour au «devoir[225]».

Nombreux sont les chefs qui s'inquiètent de ces dispositions durant les mutineries, comme Henri Désagneaux au 359e RI : «Pendant leur temps de prison, ils seront loin du front. Une fois de plus, ce sont les bons qui iront se faire tuer et les fripouilles qui se mettront à l'abri[226].» C'est également ce que craint le général Franchet d'Esperey : «Il ne faut pas que les condamnés soient mieux que les braves gens dans les tranchées[227].» Le dilemme disciplinaire de l'armée française est réactivé au moment où un nombre sans précédent d'hommes est déféré devant les Conseils de guerre : des condamnations très nombreuses vont être prononcées, si toutes sont exécutées, cela peut sembler encourager les mutineries, en favorisant la sortie de guerre par la prison ou les travaux forcés ; mais si elles sont toutes suspendues, leur effet dissuasif risque de disparaître… Le problème est tranché en partie le 10 juin par une décision de Pétain, qui donne l'ordre de révoquer les suspensions de peine «afin d'épurer les corps de troupe [228]». Mais seuls sont concernés les condamnés pouvant être «un élément de trouble et de désordre dans l'unité à laquelle ils seront affectés [229]». Cela signifie qu'en pratique la grande majorité des peines seront toujours suspendues, afin de ne pas priver les armées des effectifs dont elles ont besoin, et surtout de ne pas «récompenser» l'indiscipline par une soustraction au danger; mais que certaines peines seront effectuées, autant pour punir les coupables que pour protéger les unités de leur influence.

Le haut commandement se donne ainsi les moyens de cibler la répression et d'épurer les unités, en sélectionnant parmi les condamnés ceux qu'il convient d'écarter et ceux qui peuvent être réintégrés dans l'armée, toujours sous la menace de la peine suspendue. Enfin, en dehors des soldats s'étant «réhabilités» par une citation, les suspensions de peine sont provisoires, et la plupart des mutins condamnés sont incarcérés ou déportés après le conflit dans les colonies pénitentiaires. D. Rolland évoque ces «soldats oubliés» dont un nombre important mais impossible à connaître dans l'état de la documentation sont encore incarcérés dans les années 1920, malgré les lois d'amnistie de 1921 et 1925 [230].

La révocation partielle des suspensions de peine constitue un rappel à l'ordre pour les soldats, dans la mesure où elle participe de l'incertitude sur la répression et son étendue. En effet, les peines ne sont ni entièrement suspendues, ni complètement accomplies, de la même façon que les condamnations à mort ne sont ni toutes commuées, ni toutes effectuées. La punition apparaît aléatoire et arbitraire. Pour les soldats, c'est le retour à l'incertitude du début de la guerre, où nul ne peut être sûr d'échapper à un châtiment extrême en cas de faute. Le retour à cet arbitraire punitif est sans doute l'effet le plus important de ces condamnations, par lesquelles se referment encore les choix des combattants.

Cela n'épuise pas, toutefois, les formes de répression utilisées par l'armée en 1917. Il existe aussi un niveau de répression infra-judiciaire : suite aux mutineries, de très nombreux soldats sont sanctionnés, au sein des unités, par des peines de prison et de cellule sans passage en Conseil de guerre. À la 8ᵉ DI, sur 11 artilleurs arrêtés suite au désordre du 2 juin, 3 passent devant la Justice militaire, 3 sont envoyés à la section de discipline, et 5 doivent passer entre 8 et 25 jours de prison[231]. Il s'agit d'une décision discrétionnaire du chef de corps. Il reste relativement peu de traces de ces mesures, la plupart des registres disciplinaires des unités n'ayant pas été conservés. Seules quelques notations relevées dans le contrôle postal y font allusion, comme ce soldat qui dit des mutins emprisonnés, au 297ᵉ RI, « ils les ont mis à la boîte[232] », ou ce mutin du 413ᵉ RI qui a échappé au Conseil de guerre : « J'ai chopé 15 jours seulement ; je peux m'estimer heureux[233]. » Très souvent, les peines de « prison » sont en fait purgées en ligne ou dans des conditions de semi-détention, proches des travaux forcés. C'est ce que révèle le témoignage unique sur ce point du mutin Louis Nicoud, qui raconte le dur quotidien des punis, brimés, privés et surveillés après la mutinerie du 60e BCP le 3 juin 1917 :

> Le lendemain matin, nous quittions l'endroit pour être conduits dans un camp de prisonniers entouré de barbelés. [...] C'était le vrai régime de prisonniers : couchés sur la terre, la toile de tente pour nous abriter de la pluie et du soleil, privés de toutes nouvelles ; pas de tabac ni vin et peu de nourriture. Dans la journée, on nous faisait travailler à monter des chevaux de frise sous la surveillance d'un sergent armé. Une mitrailleuse était en position dans le camp[234].

Surtout, afin de compléter les condamnations judiciaires pour les unités considérées comme les plus fautives, une politique « d'épuration » est décidée par le haut commandement, qui valide le transfert de mutins présumés vers les colonies (bataillons disciplinaires et ateliers de travaux forcés) en dehors de tout cadre juridique. Cette mesure concerne d'abord les soldats précédemment remarqués pour leur indiscipline : le 9 juin est lancé un recensement de 1 400 « mauvais soldats » à transporter outre-mer[235]. Certains régiments sont ciblés comme foyers de l'indiscipline, tel le 36e RI : « 100 autres mauvais sujets du 36e RI seront versés aux troupes coloniales pour être immédiatement dirigés sur Indo-Chine, Maroc ou Afrique Occidentale[236]. » Au total, près de deux mille soldats sont ainsi extraits sans jugement de leurs unités, chiffre que Pétain estime suffisant pour constituer un « avertissement sérieux[237] ».

Celui-ci s'adresse aussi aux soldats restés dans les unités qui voient disparaître sans explication plusieurs dizaines voire centaines de camarades

— ce qui pourra alimenter l'idée de «décimations» et d'exécutions massives[238]. Ces pratiques renouent, sur une échelle plus limitée, avec les modes de règlement des grands affrontements révolutionnaires de 1848, 1851 et 1871, en dehors de tout encadrement politique ou juridique, sans débat ni appel[239]. Il faut enfin y ajouter le maintien dans des camps proches du front d'hommes soustraits aux unités mais non passés en jugement, comme les mutins de la VIe armée, occupés à des «travaux de terrassement pénibles» dans des secteurs exposés[240].

Pour que la répression des mutineries soit efficace, malgré les hésitations et la tension entre sévérité militaire et contrôle politique, elle doit apparaître en partie aléatoire et incertaine. Les soustractions mystérieuses d'«indésirables», comme les condamnations à mort inégalement exécutées, signalent pour l'armée une capacité retrouvée et affirmée à l'arbitraire. Surtout, la répression s'accompagne d'un effort global de reprise en main, concernant l'ensemble des troupes. Aux épurations ciblées et aux exécutions individuelles s'ajoute la volonté de reprendre le contrôle des corps et des esprits dans l'ensemble de l'institution militaire.

Reprendre en main l'armée :
enquêter, disperser, surveiller,
convaincre, purifier

Les mesures punitives s'accompagnent d'un vaste programme de prévention et de reprise en main, formulé en haut et en bas de la hiérarchie, dès que les premières mutineries d'ampleur ont fait prendre conscience du «danger». Le premier impératif est celui de la surveillance : l'armée, suite aux mutineries, multiplie les efforts pour récolter et analyser les «indices». Le contrôle du courrier est réorganisé[241], tandis que les lettres aux députés sont ouvertes[242]. Dans l'urgence, parallèlement à l'abandon de certaines garanties juridiques pour les inculpés, la surveillance et la recherche des mutins fait passer outre aux droits des «soldats citoyens». C'est bien la raison d'État sous de multiples formes qui préside aux efforts de remise en ordre dans l'armée en juin 1917. Mais l'effort de surveillance ne porte pas que sur le courrier : des enquêteurs investissent les cantonnements, remplis de «faux civils et de faux soldats qui ne relevaient que de la police[243]». Ils sont infiltrés au sein des unités pour rechercher des coupables, comme le regrette un commandant :

> Il est probable qu'on nous surveille, qu'il y a des agents de la sûreté camouflés parmi nous. Un sergent territorial est arrivé à mon cantonnement aujourd'hui pour s'occuper des réparations, m'a-t-il dit! C'est sûrement un agent. Ils cherchent les meneurs[244].

Mais ces mesures ne peuvent seules désamorcer le risque de désobéissance. Pour cela, une solution s'impose rapidement : celle d'envoyer en permission de très nombreux soldats, au risque de la propagation du désordre à l'intérieur et dans les trains. Dans l'urgence des négociations, on a vu bien des chefs obtenir de leurs soldats un retour à l'obéissance en échange d'une hausse des permissions, tandis que de nombreux combattants ne voulant pas attendre ou se fier aux promesses sont partis sans autorisation.

Sur un plan plus général, l'élévation du taux de permissions constitue un des modes prioritaires de gestion de la crise de discipline. En effet, une hausse spectaculaire du taux de départs est ordonnée le 2 juin, en lien avec la montée de la désobéissance[245]. Il s'agit là, comme l'a montré E. Cronier, d'un risque mesuré: il est apparu préférable au haut commandement de disperser les soldats plutôt que de maintenir en ligne et surtout dans l'arrière-front une masse d'hommes mécontents et inactifs. Accéder à cette revendication, à la fois légale et parfaitement légitime, pouvait permettre de désamorcer la désobéissance. Ainsi, les départs en permission sont massifs en juin, et leur «maximum absolu et relatif» durant la guerre est atteint au 1er juillet 1917, ce qui correspond exactement à la décrue des mutineries[246].

Cette volonté de disperser les mutins potentiels et réels, et de les éloigner du front, se double d'un souci de cloisonner les accès à Paris, vu comme un foyer d'agitation[247]. Le 4 juin, l'accès de la capitale est interdit aux permissionnaires qui ne présenteraient pas des «garanties suffisantes d'hébergement» et à ceux qui auraient «mauvais esprit», tandis que ces mesures sont assouplies pour les cultivateurs — nouvel indice d'une lecture politique et sociologique de l'événement[248]. Malgré ces restrictions, l'efficacité des permissions dans le rétablissement de l'ordre — au prix du désordre ferroviaire momentané — ne fait guère de doute. Un caporal du 74ᵉ RI l'écrit, dès le 31 mai : « Chez nous on annonce 25 % de permissions : cette nouvelle est évidemment plus efficace que des sanctions[249]. » Dans un texte retouché après la guerre, le sergent Digo du 146ᵉ RI explique également que « 60 à 70 % des unités relevées sont expédiées d'un seul coup, à pleins wagons vers les Paradis de l'Arrière[250] ».

Mais il faut bien laisser des soldats au front. Ceux qui restent sont, au contraire, soumis à un traitement de rigueur visant à réaffirmer l'emprise de l'armée sur les hommes, en particulier dans les unités perçues comme gravement compromises. Jean Hugo note les directives reçues, à la 5ᵉ DI :

> Nous avions reçu l'ordre de « reprendre les hommes en main » ; d'appliquer rigoureusement la discipline, d'exiger le salut, le garde-à-vous, les « marques extérieures de respect »[251].

Le même officier évoque la mise « en exil et en quarantaine » de son unité après les incidents[252]. En effet, la reprise en main de ces troupes s'accompagne d'un souci de les isoler du reste des combattants, déjà à l'œuvre comme on l'a vu pour les condamnés et les « indésirables » extraits des unités. Il y a bien une dimension prophylactique aux mesures de l'armée face à ce qui est parfois perçu comme une « contagion ». Dans les jours qui suivent la mutinerie, les hommes du 129ᵉ RI sont ainsi bloqués au cantonnement, surveillés et privés de journaux[253]. Un soldat de ce régiment ajoute, dans une lettre : « Nous sommes serrés de près quatre appels par jour et défense de sortir du cantonnement[254]. » Des modes de contrôle plus étroits des hommes, à travers les appels et la surveillance, sont bien mis en place dans certaines unités après les mutineries, à défaut de pouvoir être généralisés de façon durable.

Le cloisonnement des unités est en tout cas une des priorités du haut commandement, confronté aux tentatives de « débauchages » des mutins, difficilement contrôlables dans l'espace rural de l'arrière-front. Aussi, des consignes strictes sont-elles transmises, installant des « barrages inopinés la nuit pour arrêter les hommes circulant entre les cantonnements » ; insistant pour que « tous les hommes portent au collet de la capote et de la vareuse le numéro de leur régiment[255]. » C'est cet effort de cloisonnement, de surveillance et de « protection » contre les éléments extérieurs et potentiellement subversifs qui se met en place à la 168e DI de J. J. Weber après le 30 mai 1917 et l'écho des premières grandes mutineries :

> Au dépôt divisionnaire, malgré la bonne tenue de tous, nous redoublâmes de vigilance, patrouillant surtout à l'approche de la nuit pour surprendre des réunions possibles, expulsant sans pitié tout étranger, parlant aux hommes plus encore que de coutume. En somme, une révolte ne pouvait guère se produire chez nous[256].

Un tel texte est essentiel pour comprendre comment la possibilité du désordre se referme dans l'armée française au printemps 1917, sous l'action des officiers. On voit que l'action institu-

tionnelle n'a pas besoin de passer par la coercition, faisant régner la terreur, pour être efficace.
Ici, il suffit que des mesures préventives soient
prises, alliées à un important travail d'encadrement et de maintien des liens sociaux et hiérarchiques, pour limiter effectivement la possibilité
d'une révolte et, au fond, d'un choix. Ni « consentement », ni effet de la « contrainte », l'absence de
mutineries dans cette unité révèle la force du
conformisme et l'absence de choix lorsque des
dispositifs institutionnels et des efforts personnels
parviennent à isoler les soldats des éléments extérieurs qui ouvrent la possibilité de la désobéissance, et à les encadrer sans leur laisser le temps
de la réunion ou de la décision.

Cette question est centrale : une des ressources
les plus efficaces pouvant être mobilisées par
l'armée consiste à priver de temps libre les soldats, par une remise au « travail » — sans forcément leur donner d'ordre de mouvement ou de
départ vers les tranchées, ce qui pourrait susciter
la désobéissance. Par contre, occuper les corps et
réinstaurer une routine permet d'éloigner la
possibilité d'un choix et de réinstaller le conformisme assurant au fond l'obéissance. La reprise
en main passe ainsi par la remise au « travail »
militaire, comme les « exercices à rangs serrés »
que prescrit le général Humbert à la IIIᵉ armée[257].
On trouve un exemple frappant de cette logique
d'occupation des corps et du temps dans une
« compagnie disciplinaire » formée de mutins
condamnés aux travaux publics dont la peine a
été suspendue. Les hommes (« lâches, déserteurs,
voyous, apaches, ivrognes ») n'ont ni permissions,

ni relève, sont de corvée même au grand repos,
où ils sont consignés dans leurs cantonnements
— sans accès possible à l'alcool ou aux femmes.
Pour contrôler leurs faits et gestes, le chef use de
la technique des appels fréquents et inopinés. Le
dernier arrivé doit faire une marche d'une heure
en armes[258].

Ces dispositifs sont complétés par des efforts
pour agir non seulement sur les corps mais aussi
sur les esprits, afin d'obtenir l'adhésion en plus
de l'obéissance. À la dureté envers les «mauvais
soldats» ciblés, contrôlés et surveillés répond, au
cours de l'été 1917 une bienveillance affichée
pour les autres combattants, visant à désamorcer
les mécontentements. Surtout, le haut commandement prend soin de réaffirmer et redéfinir le
sens de la guerre, ayant compris qu'il était impossible de «faire l'impasse sur les réclamations
d'ordre politique[259]» (A. Bach), et de se contenter
de satisfactions partielles ou matérielles accordées
aux soldats qui remettent en cause le conflit.

Dans un premier temps, on observe une multiplication des occasions de divertissement et des
loisirs pour les troupes au repos, notée ainsi par
J.-L. Beaufils dès le 3 juin 1917 :

> Notre colonel a reçu des ordres pour faire organiser
> des fêtes, des jeux, des concours pour nous occuper
> agréablement. Nous assistons à un tournoi de natation,
> à des représentations cinématographiques. La musique
> du régiment multiplie les concerts[260].

On lit cette ambiance étrange qui règne dans
les cantonnements suite aux mutineries, faite de
spectacles et de soupçons, de sollicitude et de

surveillance, dans le témoignage du brancardier
Répessé. Il note «l'air affable du colonel depuis
peu», et la «séance récréative» instituée dans
chaque bataillon de son 147ᵉ RI le 10 juin. Mais
le 12 juin, une séance d'un autre genre a lieu:
«Nous arrivons à Connantre où tout notre régiment cantonne. Il y a une petite conférence au
sujet de la peine de mort[261].» L'armée transforme
d'ailleurs certaines condamnations à mort en
fables édifiantes. On fait ainsi circuler un texte de
repentir patriotique censé avoir été écrit par le
caporal Lefèvre du 109ᵉ RI à la veille de son
exécution:

> Je demande pardon à la patrie de la faute commise
> [...] Que mon sang versé dans de si effroyables condi-
> tions serve à vous unir tous dans une même volonté de
> discipline et contribue de cette manière à la victoire
> de la France[262].

Le document est en fait une fabrication destinée
à rétablir l'ordre — il est d'ailleurs cité par un
député conservateur lors des Comités secrets qui
suivent les mutineries. Le rappel à la discipline et
au discours dominant, mêlé de menace d'exécution, ne saurait être plus clair. Mais un tel texte
n'est guère susceptible d'être efficace à l'échelle
de l'armée entière; en outre il reste dans un
registre auquel bien des soldats se sont montrés
hostiles. Aussi, les discours épars tenus sur le
conflit et son sens reçoivent une direction avec la
Note de Pétain du 5 juin 1917. Il y définit les
thèmes et les termes des «causeries que les officiers doivent faire aux soldats». Loin de la gran-

diloquence patriotique de la «dernière lettre» de Lefèvre, il expose une vision se voulant réaliste et simplifiée de la guerre et de la situation, à transmettre à la troupe :

> Les Russes ont fait une révolution pour chasser un gouvernement qui se préparait à abandonner lâchement ses alliés et à conclure une paix séparée avec l'Allemagne. Les Russes sont loin d'avoir l'éducation et l'expérience politique des Français, de plus ils comprennent des races différentes. [...]
> Les États-Unis nous apportent un appoint énorme et vraiment décisif [...]
> Supposez la paix blanche conclue brusquement. Cent quarante millions d'affamés de l'Europe Centrale se précipiteront en même temps sur ces mêmes marchés, nous y ferons concurrence en égaux ; la plus grande partie de nos ressources sera tarie et ce sera pour nous pendant plusieurs années, non pas la gêne mais bien la famine. [...]
> Pour le monde entier la situation est dure ; elle ne peut se résoudre que par une paix victorieuse pour les Alliés. C'est terrible, mais à qui la faute ? [...]
> Patience et Ténacité[263] !

Au-delà de ses simplifications voire de ses contrevérités, un aspect de ce texte est très révélateur : la paix immédiate y est envisagée, pour être immédiatement contredite, signe que l'armée a bien pris conscience que les mutineries dépassent un mouvement de mécontentement militaire et mettent en cause, par les refus et les paroles des soldats, la continuation même du conflit. Celle-ci est présentée comme la seule solution envisageable, dans un nouveau rappel à l'inertie du conflit et à une minimale «patience et ténacité», en attendant la supériorité promise par l'aide américaine. Au

passage, la nécessité de la victoire est formulée
en termes plus prosaïques que patriotiques : la
« famine » est à craindre. C'est, comme on l'a vu,
un trait réaliste dans un contexte de restrictions
et d'inflation.

Pour affronter les possibles réticences des
soldats face à ces discours des chefs, une seconde
série d'instructions produite par Pétain, fin juin,
ajoute aux considérations sur le conflit une adresse
chaleureuse et directe : « Je veux vous expliquer
en toute simplicité, en toute cordialité, comme à
des amis et à des hommes, la vérité telle qu'elle
nous apparaît[264]. » Le résultat n'est toutefois pas
garanti. Au 164e RI, le texte de Pétain « a été
écouté dans une attitude correcte mais généralement indifférente[265] ». Le chef de la 134e RI
constate de même, après son discours consacré à
l'aide des Américains, qu'il n'a « rencontré que des
visages fermés. Ce recrutement (Corrèze) n'est
évidemment pas composé d'hommes très intelli-
gents, mais j'ai trouvé peu de regards ouverts[266] ».
Visages et regards restent fermés, comme le sont
à ce moment les possibilités de dissension et
d'action collective. Le discours de l'autorité (qui
est aussi discours de supériorité sociale et culturelle) a bien restauré son monopole du dicible,
sans être pour autant partagé. En ce sens la fin
des mutineries, on le vérifie encore, signifie moins
un retour à la raison ou la chute d'une « fièvre »
qu'une fermeture des possibilités concrètes de
mobilisation contre la guerre.

Celle-ci a fortement ébranlé les officiers d'active
et les généraux dans leurs valeurs et leurs représentations. Aussi, pour finir, l'effort de reprise en

main porte sur des formes de purification permettant de réparer le déshonneur de la désobéissance. Il s'agit de restaurer l'honneur perdu des unités par un mouvement symétrique d'exclusion ou de dégradation des punis, et de réparation symbolique. Par certains côtés dérisoires, ces actes indiquent bien la cohérence de l'effort de reprise en main effectué à partir du mois de juin 1917 par les chefs, à la fois matériel et idéel.

Rappelons l'ampleur du malaise des supérieurs devant l'indiscipline multiforme de 1917 : pour le médecin Chagnaud, apprendre la mutinerie d'une unité réputée est une « histoire douloureuse[267] » ; le colonel Dufieux se lamente de la désobéissance du 17ᵉ RI, « ce beau régiment[268] » ; le lieutenant Hugo du 36ᵉ RI, « humilié et dégoûté », tente d'obtenir un changement d'affectation[269]. La mutinerie est vécue sur le mode de l'affront et du déshonneur personnels. Pour réparer la transgression, il convient d'abord de déshonorer les mutins : nombre de condamnations s'accompagnent de dégradations, comme pour le mutin Tabart du 350ᵉ RI, qui se voit retirer sa Croix de guerre pour avoir, le 10 juin, crié « vive l'anarchie, à bas la guerre[270] ». De même, les mutins du 158ᵉ RI subissent la dégradation militaire :

Les condamnés ont été conduits devant les troupes en armes. Après lecture du jugement, le commandant du détachement a prononcé la formule prescrite à l'article 190 du code de justice militaire, et a déclaré les soldats Bastien, Blot, Caumel, Chanay, Fays, Fruit et Lafond indignes de porter les armes. Aussitôt après, tous les insignes dont les condamnés étaient revêtus leur ont été arrachés. Puis les condamnés ont défilé devant le front des troupes et ont été remis à la prévôté[271].

Dans ce contexte, le cérémonial des exécutions remplit pleinement les fonctions rituelles dont N. Offenstadt a montré l'importance[272]. Surtout, ce sont des mesures collectives qui visent l'honneur perdu des unités mutinées. À la 3e DI, le général Nayral prend un ordre du jour destiné à «laver» la mutinerie du 128e régiment. Les compagnies «fautives» sont privées de drapeau et même «reléguées hors de sa vue sans être admises à lui rendre les honneurs[273]». Si on peut douter de la valeur d'une telle «punition» aux yeux des soldats, par contre, l'importance du drapeau, et de sa protection face aux regards «impurs» semble tout à fait centrale à ce chef. Aussi, il est possible de nuancer une autre idée parfois avancée quant à la résolution des mutineries, vues comme une crise nécessaire d'adaptation entre une armée «archaïque» et un commandement plus «moderne»[274]. On perçoit au contraire quelles survivances de la tradition militaire peuvent être réaffirmées dans le contexte d'un retour à l'ordre et à l'obéissance des soldats. De même, le drapeau du 120e RI ne lui sera rendu que «lorsqu'il aura racheté sa faute par sa vaillance[275]».

On voit ici que le seul rachat qui vaille est en fin de compte celui du combat. Aussi, le matériel et le symbolique se rejoignent : reprendre en main les troupes, c'est remettre les hommes dans la guerre, pour qu'ils puissent y retrouver leur place nécessaire à l'effort de guerre en même temps que leur honneur. Jean Hugo mentionne bien, à la suite de cette privation de drapeau, l'impératif du combat : « Nous allions en patrouille chaque soir : il fallait faire des prisonniers, pour réhabiliter le régiment[276]. » Ainsi, au final, c'est l'action qui constitue la solution ultime. L'action, ou ce qui en tient souvent lieu en 1914-1918 : la présence en secteur, à défaut des grandes offensives qui sont reportées. C'est le retour, en fait, à une forme d'inertie incontestable de la guerre, renouant avec les « tranchées carcérales » que les soldats ont quelque temps refusées. Un officier du 74e RI explique on ne peut plus clairement l'importance du retour en secteur pour le rétablissement conjoint de l'honneur, du moral et de la discipline :

> Nous sommes montés aux tranchées après des heures angoissantes, pénibles, honteuses. Le tout est maintenant repris en main et je suis persuadé qu'un séjour un peu prolongé dans ce secteur agité va calmer les esprits, les ramener à des sentiments meilleurs. Les continuelles attaques boches n'ont pas leur pareil pour ravigoter le moral de nos hommes car ils ne sont pas méchants et aiment à rendre les coups qu'on leur donne[277].

Texte, au vrai, ahurissant, qui pour le maintien de la discipline se félicite de la vulnérabilité militaire. Il faut y noter que les opérations espérées sont non pas les attaques françaises, mais *allemandes* : ce sont ces dernières qui replacent les individus dans le schéma de la guerre défensive, celle dont il est le plus difficile de sortir ; celle qui est presque impossible à contester, sauf pour ce qui est de ses modalités et de l'égalité devant la mort. Le retour à l'évidence de la guerre apparaît alors complet, et les mutineries refermées.

Conclusion

L'enjeu de ce livre a consisté à retrouver les mutins et les mutineries de 1917. Les retrouver, c'est-à-dire mettre à distance et soumettre à la critique l'ensemble des images, discours, interprétations et représentations dont l'événement a fait l'objet, depuis les réactions des contemporains jusqu'aux sentences des historiens. L'événement troublant de la désobéissance est en effet inséparable de sa minimisation, comme les « atrocités allemandes » de leur « déni »[1]. Au silence de nombreux officiers sur des faits jugés déshonorants répondent la volonté d'occultation de dirigeants y voyant une menace indicible pour l'État et le malaise des témoins, puis la gêne des anciens combattants et, enfin, le silence presque absolu des anciens mutins. Ces réactions immédiates et ces logiques mémorielles sont un fait notable d'histoire culturelle, pour lequel on dispose désormais d'études solides[2].

On trouve son corollaire dans le champ historiographique, où s'est imposée une vision réductrice des mutineries de 1917, dont le signe le plus net est l'invisibilité complète de la « marche sur

Paris» des mutins, et plus généralement du refus
de guerre que ceux-ci ont exprimé. Ces lectures
procèdent surtout par essentialisation, s'attachant
à expliquer, de façon univoque, ce que les mutins
veulent et ce que les mutineries *sont*. On a cherché
à adopter ici une autre stratégie de recherche, et
à partir, au contraire, de la diversité et de la
complexité de *ce qui se passe* durant l'événement.
Dans les termes de Hugues Neveux, on a cherché
à «savoir comment "cela fonctionne"³». Retrouver
les mutineries, ce fut donc, d'abord, revenir à la
matérialité des pratiques et des expériences des
acteurs, afin d'en proposer une réévaluation
d'ensemble.

L'intensité des mutineries

Il existe en mai-juin 1917 une «crise de discipline» globale dans l'armée française, d'une
intensité jusqu'ici sous-évaluée. En effet, les
«mutineries» comprennent, dans un court temps
de l'action, une multiplicité de pratiques de désobéissance dont le point de convergence est le
refus de la guerre et la réticence au combat. Ces
refus s'actualisent par la manifestation bruyante,
la pétition respectueuse, l'émeute violente, l'épar-
pillement furtif, la désertion individuelle, la
provocation sonore, le défoulement festif, et le
rapport de forces organisé avec les officiers. La
mesure de ces désobéissances est rendue complexe par leur variété et leur indétermination sur
le moment même, ou bien des acteurs hésitent
sur les termes — chambard, grève, tapage, révo-

lution — pouvant les qualifier. Surtout, les glissements sont permanents entre ordre et désordre, faits individuels et collectifs, désobéissance illégale et réticence légale, refus ouvert et refus inexprimé.

Mais si les connaissances restent lacunaires en raison des stratégies d'occultation à l'œuvre dans les sources, on peut bien réévaluer à la hausse l'intensité des mutineries. D'un point de vue numérique, d'abord avec l'identification de 27 désobéissances collectives jusqu'ici absentes du récit de l'événement. Sur le plan spatial ensuite, l'écho des mutineries à l'intérieur du pays apparaissant bien plus étendu et plus important qu'il n'est dit habituellement. Sur le plan logique surtout, si l'on cesse de séparer de façon arbitraire entre désobéissances individuelles et collectives, entre désertions et manifestations, ce qui conduit à abandonner la distinction entre unités « touchées » et « non touchées » par les mutineries et les « taux » de mutins malaisément calculés : à des degrés divers, l'ensemble de l'armée française est confrontée à la crise de discipline. Cette crise est, ici et là, plus limitée, mieux jugulée peut-être, mieux étouffée parfois, son écho ne nous parvenant qu'à travers des sources fragmentaires. Un « noyau » d'une cinquantaine d'incidents bien connus s'accompagne d'un « halo » d'indiscipline, correspondant au continuum de pratiques de désobéissance et de réticence à la guerre présent depuis 1914, et devenant massif en 1917, à travers les désertions et les départs non autorisés en particulier, qui vont jusqu'à représenter 15 % de l'effectif dans certaines unités.

Au sein de la profusion d'actes et de discours qui la composent, la restitution de certaines pratiques jusqu'ici négligées permet une dernière réévaluation de son intensité. Loin d'être réductibles à une « grève » ou une négociation, les mutineries, où se font entendre de radicales paroles condamnant la guerre voire la Patrie et les dirigeants, prennent parfois la forme de l'émeute, du règlement de comptes avec les officiers, et, surtout, de la « marche sur Paris » pour discuter ou obtenir la paix, esquissée dans dix unités — un dixième environ des actions collectives dont demeure la trace. Les responsables ne s'y trompent pas, qui perçoivent une profonde menace pour l'ordre social et l'effort de guerre, et prennent, en urgence, des mesures pour les défendre.

Ici, les retouches à apporter aux récits habituels du conflit sont nombreuses. On peut d'abord mettre le point final aux récits providentiels faisant du général Pétain le thaumaturge ayant su guérir la fièvre des mutineries. Nommé à la tête de l'armée le 15 mai 1917, *avant que les mutineries ne soient connues*, pour sanctionner l'échec de son prédécesseur, Pétain déstabilise un peu plus aux yeux de certains combattants une institution décrédibilisée par l'échec de l'offensive du 16 avril 1917 et des discours et promesses qui y étaient liés. Sa nomination, dans un contexte d'interpellations politiques, est un aveu du désastre, et contribue à ouvrir la possibilité de la révolte. Face à celle-ci, le généralissime ne fait preuve d'aucune lucidité particulière par rapport à ses collègues : prompt à blâmer l'intérieur, il n'ordonne pas d'arrêt des offensives, prescrivant au contraire dans son premier ordre une usure «inlassable» de l'ennemi par des attaques en largeur[4]. Ce sont les mutins, par leur mouvement et leur mobilisation, qui contraignent ensuite les généraux à l'inaction jusqu'à l'automne. On doit souligner ce fait jusqu'ici inconnu : c'est la généralisation de la désobéissance qui a rendu inenvisageable le maintien des offensives, non la clairvoyance ou la prévenance des chefs.

Pour refermer et punir les mutineries, les responsables politiques et militaires ne se distinguent par aucune mansuétude particulière : la hausse des permissions accordée au mois de juin et juillet correspond à une obligation légale, et surtout à un «coup» tactique permettant de disperser à l'arrière les soldats mécontents, tandis que les officiers sont sommés de faire preuve «d'énergie» et que la Justice militaire renoue avec des procédures d'exception que des efforts politiques parviennent progressivement à tempérer. Au-delà des fusillés, la sévérité de l'institution se vérifie dans sa capacité à extraire arbitrairement et sans jugement des combattants dits «mutins» de leurs unités pour les éloigner du front, par l'envoi forcé aux colonies. Sur le moment, enfin, on doit remettre en cause les lectures conventionnelles qui minimisent l'emploi de la force par l'armée : s'il n'a généralement pas été nécessaire d'en arriver là, la présence régulière de troupes coloniales et de cavalerie pour encercler les mutins, et le passage à l'acte à la 14e DI où ces derniers sont visés par des tirs de mitrailleuse, signalent une capacité de coercition plus élevée qu'il n'est habituellement indiqué.

On le voit : l'épreuve des faits met à mal bien
des idées reçues inscrites depuis longtemps dans
la narration de la Grande Guerre et de la paren-
thèse qu'y représentent les mutineries. Mais,
au-delà de ces retouches, l'étude des pratiques de
désobéissance conduit à repenser le refus de guerre
et les catégories par lesquelles on l'appréhende.

Repenser le refus de guerre

Qu'est-ce que refuser la guerre en 1914-1918 ?
Dans l'état de l'historiographie, il semble que ce
qui se passe durant les mutineries (manifester en
criant « À bas la guerre! », refuser d'aller aux
tranchées, déserter, écrire une pétition recueillant
1 006 signatures pour la « paix », tenter d'aller à
Paris pour exiger la paix des députés et du gouvernement) ne constitue pas un « refus de guerre ».
On lit en effet dans l'ouvrage classique *Les mutineries de 1917* que « les mutineries ne sont pas un
refus de se battre, mais d'une certaine manière
de le faire[5] ». Les autres historiens des mutineries
arrivent par d'autres moyens à une conclusion
similaire : « Au bout du compte, les mutineries de
l'armée française avaient pour principal objet
l'acceptation de la guerre et non pas son rejet[6]. »
L'écart entre les faits et leur étiquetage par
ces formules définitives est frappant et quelque
peu déconcertant. On peut se demander à quoi
devraient ressembler de « véritables » refus de
combattre et rejets de la guerre pour ces exégètes.
Une piste est ouverte par une remarque révélatrice dans *La grève des tranchées*, à propos des

mutins du 70ᵉ BCA, qui ont crié «à bas la guerre, vive la Révolution russe»: pour l'auteur, il s'agit «finalement d'un accès de mauvaise humeur[7]».

Autrement dit, seul le pacifisme, construit, conscient et organisé serait à même d'être pris au sérieux en tant que refus de combattre. Or, on sait que les mouvements et les militants pacifistes ne sont pas les organisateurs des mutineries. On a vu que ce fait était confirmé, avec des nuances, par l'étude qu'on a menée des efforts faits par certains pacifistes pour rejoindre, raviver, encadrer les mutineries. Mais on voit surtout que, de ce fait, l'histoire des mutineries est restée enfermée dans l'alternative binaire du pacifisme et du patriotisme. Si les pacifistes sont absents ou presque c'est donc que le patriotisme est maintenu, et les mutineries simple «réaction aveugle» (Pedroncini), «négociation» (Smith), ou «grève» teintée de «mauvaise humeur» (Rolland), sans remise en cause du conflit. S'ils n'étaient pas défaitistes et révolutionnaires, c'est donc que les mutins ne rejetaient pas la guerre. Toute l'interprétation des mutineries repose encore sur cette singulière équivalence entre absence de pacifisme militant et absence de refus de la guerre.

On a cherché à dessiner ici une perspective entièrement différente, où refuser la guerre c'est, pour différentes raisons et de différentes manières, vouloir que celle-ci se termine, ne plus vouloir y participer, et mettre en pratique cette volonté. En ce sens, les mutineries sont bien un refus de guerre massif et multiforme, dans les pratiques et les discours de leurs acteurs, y compris les plus modérés dans leurs demandes et les plus respectueux de leurs officiers, qui cherchent par l'obtention de repos et de permissions à s'éloigner des tranchées et du combat. Loin de représenter des actes minimes, tous les «refus de marcher» qui constituent les mutineries sont bien une remise en cause du conflit, en actes, dans sa dimension fondamentale qui est la présence en première ligne des combattants des tranchées. Si certains vont bien plus loin en saisissant une occasion d'exprimer un pacifisme strident, radical et politisé, l'ensemble des mutins met bien en pratique le refus de la guerre.

Pour concevoir un tel refus, il faut accepter d'opérer une disjonction complète entre ce qu'on appelle le «pacifisme» — construit, militant, radical — et la volonté de «fin» qui est partagée par les mutins de 1917. Il faut surtout en finir avec le modèle explicatif où la participation des soldats à la guerre tient à une «motivation» plus ou moins forte. On a vu, en partant de l'entrée en guerre en 1914, qu'il n'était pas besoin de chercher des «raisons» pour lesquelles les individus combattent : la guerre est une expérience collective évidente, sur laquelle les consciences individuelles n'ont aucune prise. On n'a pas à *vouloir* la guerre, bien que certains la veuillent ou la justifient : il *y a* la guerre, et les États-nations modernes parviennent à mobiliser leurs citoyens pour la faire, que ces derniers le souhaitent ou non. Pour une large partie d'entre eux (partie d'autant plus importante qu'on se rapproche des premières lignes de tranchées où se trouvent les hommes les plus dominés socialement), se met en place ce qu'on a nommé un «rapport ordinaire à la guerre», dans lequel celle-ci est subie comme un événement extérieur sur lequel n'existe aucune prise et auquel on se conforme sans possibilité de choix ni construction discursive réfléchie, avec résignation et indifférence.

On comprend dès lors qu'il est possible de vouloir que la guerre se termine, sans souhaiter ni la défaite de son pays ni la révolution — si tels sont les critères du « vrai pacifisme » — et surtout sans disposer de solutions autres que l'attente de la « fin », la continuation du conflit sous le regard des autres et les stratégies de préservation de soi ou d'évitement. L'absence de pacifisme réfléchi, construit et militant ne rend pas moins intense la volonté que le conflit s'arrête, et qui fait agir les mutins de 1917.

Aussi, reconstituer ce rapport ordinaire au conflit permet de sortir des deux modes narratifs jusqu'ici employés pour « expliquer » les mutineries : celui d'une accumulation linéaire de griefs, où l'échec de l'offensive Nivelle est la goutte d'eau faisant déborder le vase ; celui d'une « démotivation » patriotique tout aussi linéaire et passagère, qui serait suivie par un rétablissement du patriotisme. Il existe, plus banalement, des soldats qui n'ont jamais été « motivés » pour le conflit et l'ont subi, jusqu'au moment où la possibilité d'exprimer le refus, de passer à l'action et ainsi de sembler hâter la « fin » s'est ouverte.

Repenser le refus de guerre, c'est ainsi accepter l'idée qu'en 1917 la paix ou la « fin » du conflit puisse être à la fois intensément désirée, par les mutins en particulier, tout en restant vague et improbable. C'est donc se débarrasser d'un ethnocentrisme intellectuel qui conduit à ne prendre au sérieux que les plus construits des argumentaires et les plus cohérentes des positions, repoussant ainsi une très large fraction des acteurs sociaux du côté de la pathologie, de la déraison (les mutineries comme «exutoire» ou «réflexe de survie») ou de la naïveté[8]. Ce faisant, c'est reconnaître pour ce qu'elles sont des pratiques furtives, silencieuses, à peine ébauchées, par lesquelles on cherche au printemps 1917 à refuser la guerre, et ne pas leur attribuer *a priori* moins d'importance qu'aux discours politisés reconnaissables comme «pacifistes». C'est, enfin, prendre la mesure de l'impasse où se trouvent ces acteurs, entre leur situation objective — où la guerre peut difficilement être refusée de façon réaliste — et leurs aspirations.

L'événement imprévu des mutineries permet l'expression et la mise en pratique du refus de guerre. et il conduit donc à une interrogation sur les conditions de possibilité de l'action protestataire, et, à l'inverse, sur les conditions de stabilité du conformisme social habituel.

Les logiques sociales et les limites
pratiques d'une action collective

Reconstruire les contextes des mutineries a permis de retrouver la densité événementielle du printemps 1917: pour la première fois depuis 1914, une accumulation de nouvelles vraies ou fausses, circulant avec volatilité suivant les cir-

cuits d'information spécifiques à l'univers combattant, manifeste l'instabilité de l'ordre social, la
fragilité de l'institution militaire et la possibilité
d'une «fin» de la guerre. Comme dans l'armée
allemande à la fin de 1918, les représentations de
l'avenir et les horizons d'attente ne sont plus ceux
de la victoire possible, ni de la guerre routinière,
ce qui ouvre la possibilité de la désobéissance[9].
En ce sens, il s'agit bien d'une ouverture — sub-
jective — des opportunités politiques, permettant
à une action contestataire de se développer. Le
déclenchement de l'action correspond aux différentes manières dont le contexte d'instabilité
générale (avancée profonde suite au retrait allemand, échec militaire, rumeurs de massacre à
Paris, rumeurs d'autres mutineries, perspective
de «fin» par l'action des Russes et la conférence
de Stockholm) s'articule aux expériences locales
des différentes unités, lorsque parvient aux soldats l'information double d'une menace (ordre
ou perspective de monter en ligne) et d'une issue
(d'autres ont obtenu de ne pas «monter» par
l'action collective).

Le passage à l'acte n'est pas le fait de tous les
soldats. Dans le temps de l'action des mutineries,
les attitudes se partagent entre défection (désertion), prise de parole (manifestations individuelles
et collectives) et loyauté (obéissance maintenue),
correspondant en partie aux propriétés sociales
et aux dispositions antérieures. Ce sont les combattants les plus jeunes et les moins dominés
socialement qui tendent à se mobiliser davantage
dans l'action collective. La jeunesse des mutins
est à souligner : elle indique la moindre loyauté à

l'institution militaire, aux officiers et à l'effort de
guerre de ceux qui ont été incorporés plus tardivement, socialisés dans un contexte plus critique
envers l'armée et le conflit que celui de la mobilisation générale de 1914.

C'est l'infanterie, la plus exposée en 1914-1918,
qui se mobilise. Ainsi, les mutins sont surtout les
soldats de première ligne : avant tout des fantassins, parmi lesquels sergents et militaires non
combattants (services, brancardiers, musiciens,
fourriers...) sont presque entièrement absents.
La position sociale et le rapport à l'institution
éclairent bien l'action collective, ainsi que la
répartition des rôles en son sein : les ressources
culturelles et sociales, les dispositions militantes
et les compétences de certains acteurs leur permettent de jouer un rôle de premier plan dans
l'action, qui les fait désigner comme des « meneurs »,
figure à la fois imaginaire et réelle.

Les formes des mutineries correspondent aux
pratiques protestataires antérieures, dans l'univers civil (chanter l'*Internationale*, déployer des
drapeaux rouges, rédiger des pétitions, manifester...), mais aussi à l'emploi d'éléments militaires permettant de mettre en forme l'action
(sentinelles, colonnes, clairons), et aux expériences
de l'indiscipline militaire préalable (désertions,
retards, refus de s'équiper, rapports de forces avec
les officiers). La variété des mutineries correspond
à la tension toujours présente entre bricolage
et travail d'encadrement, entre improvisation et
organisation, là où de précaires « comités » sont
établis. Dans un complet dénuement matériel,
isolés les uns des autres, dans l'espace rural de

l'arrière-front, la difficulté de l'action collective des mutins est extrême.

Elle est d'abord illégitime, la paix constituant durant tout le conflit un «indicible», tandis que les valeurs structurantes de la société française — devoir, courage, honneur personnel et familial — délégitiment par avance les actes et les pratiques de désobéissance. Elle est ensuite illégale et risquée, les coûts possibles de l'action, rappelés par l'encadrement et les proches, allant de la punition et du stigmate public à l'exécution (risque réalisé pour plusieurs dizaines d'hommes). Elle est enfin fragile, devant se préparer et s'ébaucher clandestinement en quelques heures, sans appui extérieur, sans recours à l'imprimé ni à l'opinion, alors que les acteurs potentiels de la mobilisation sont dispersés dans des fermes et des hameaux séparés les uns des autres, surveillés par leurs supérieurs.

Confrontés à ces limites pratiques, on a observé les efforts des mutins pour rendre possible et efficace l'action. Effort de légitimation et de justification d'abord : face aux supérieurs, à travers l'emploi du vocabulaire du droit et de l'égalitarisme, et de formes réglées de protestation (pétitions, délégations, respect marqué de l'interlocuteur et de la discipline) ; face aux camarades, à travers un recadrage de la protestation dénonçant la «lâcheté» de ceux qui n'auraient pas les «couilles» d'y participer. L'effort pour rendre légitime l'action se double d'une volonté de faire nombre, et d'atteindre la taille critique permettant le succès de la mobilisation par l'effet de groupe, qui renforce face aux efforts de remise en obéis-

sance de l'encadrement. Cette taille critique assure
aussi l'anonymat d'une majorité de ses participants, permettant de résoudre un des dilemmes
classiques de l'action collective — agir sans s'exposer à ses coûts et aux risques. Pour parvenir
à ce seuil, subjectivement perçu et défini, on a
observé les efforts des mutins pour « débaucher »
d'autres unités et maintenir la cohésion de leurs
groupes, quelquefois par la force. Ces efforts
comportent, à chaque fois, un dilemme supplémentaire : mettre en forme l'action, en se chargeant par exemple d'être le « porte-parole » des
mutins, c'est en assurer l'efficacité mais s'exposer
à la punition.

Les dimensions d'un échec

Retrouver la difficulté de l'action collective
permet de comprendre différemment l'échec des
mutineries de 1917. L'interprétation dominante
de celui-ci, congruente avec la minimisation du
« refus de la guerre », est celle d'une « autocon-
tention » du mouvement, du fait des « convictions
intimes » des mutins[10]. Autrement dit, l'échec des
mutineries et la résolution de la crise tiennent au
patriotisme maintenu des mutins, et relèvent de
leur responsabilité. On retrouve l'équivalence
pointée plus haut, entre absence de pacifisme
extrême — de défaitisme révolutionnaire — et
maintien du « patriotisme ». On voit aussi que le
processus est pensé à partir de ses résultats, l'échec
des mutineries servant à assigner des raisons aux
mutins. Toutefois, à la lumière des conditions

pratiques de la désobéissance, une telle interprétation apparaît réductrice. En effet, pour comprendre l'échec de leur mouvement, nul besoin de postuler la modération des mutins.

Il convient d'abord de souligner les limites pratiques que rencontre l'action collective dans le cadre d'une armée en guerre. Les mutins ne deviennent jamais des «acteurs politiques essentiellement libres [11]». En particulier, la densité des efforts institutionnels pour prévenir, limiter, encadrer et réprimer la désobéissance doit être rappelée. Alliée à un usage de la force plus élevé qu'on ne le dit habituellement, c'est surtout une capacité des officiers de contact à temporiser par des négociations, des promesses et des ruses qui parviennent à contenir le mouvement de mutins qui n'ont nulle part où aller. Pour ceux d'entre eux qui cherchent à gagner la capitale, c'est l'encerclement et l'arrestation qui les empêche d'aller «plus loin encore». Pour tous les autres, l'impossibilité de la désobéissance est rappelée dans les exhortations permanentes à l'obéissance qui s'appuient sur des réalités intangibles, profondément inscrites dans les structures sociales : le déshonneur public promis aux révoltés, le risque extrême de la punition, l'impératif patriotique, familial et social du «devoir». Dans bien des cas, ces rappels suffisent à obtenir l'obéissance, lorsque l'individualisation des ordres conduit les hommes à «baisser la tête» et à rentrer dans le rang.

De telles situations conduisent bien à envisager l'expérience de la guerre dans les termes employés par Pierre Bourdieu pour décrire la domination symbolique : «On ne peut donc penser cette forme

particulière de domination qu'à condition de
dépasser l'alternative de la contrainte par des
forces et du consentement à des raisons, de la
coercition mécanique et de la soumission volontaire, libre, délibérée.» La résolution des mutineries, bien davantage qu'un retour volontaire à
l'obéissance, indique «l'extraordinaire inertie qui
résulte de l'inscription des structures sociales
dans les corps[12]».

Mais au-delà de ces interactions qui tournent à
l'avantage de l'institution, rétablissant rapidement
son emprise sur les corps des soldats, l'échec
des mutineries tient à d'autres limites. En effet,
il existe une différence entre les conditions de
possibilité d'un mouvement social, et les conditions de sa généralisation. Si les mutineries de
1917 se referment, c'est surtout parce que rien
d'autre ne vient réellement remettre en cause
l'inertie de la guerre. En particulier, les mutins,
à l'inverse de leurs «collègues» de Russie, ne
peuvent s'appuyer sur aucune dynamique politique, ni sur un mouvement social. Les grèves
ouvrières baissent d'ampleur alors même que les
mutineries atteignent leur intensité maximale,
dans les tout premiers jours de juin 1917, et les
soldats revenant de permission dans les unités
peuvent indiquer cette décrue de la mobilisation
«générale» espérée, refermant la fenêtre d'opportunité pour l'action, interdisant sa généralisation.
Surtout, il n'existe aucun groupe politique qui
puisse prendre le relais des mutins, les efforts des
pacifistes restant isolés et marginaux, et les liens
entre le front et la sphère politique limités à des

demandes individuelles d'intercession pour les condamnés.

Il n'existe pas de désectorisation de l'espace social, à l'inverse d'un autre mai-juin célèbre, 1968[13], à l'inverse surtout de ce qui se passe en Russie au printemps 1917 et en Allemagne fin 1918. Dans ces deux pays, l'indiscipline militaire trouve le relais des mouvements sociaux de l'intérieur et de la remise en cause du pouvoir, à travers l'action du soviet de Petrograd et des bolcheviks en Russie, du SPD et de l'USPD en Allemagne[14].

De plus, en l'absence d'une réelle «conjoncture fluide», les dirigeants français s'attachent à resectoriser les revendications, suivant le modèle classique qui permet de refermer les crises, ici en séparant les doléances «matérielles» des aspirations «politiques»[15]. Enfin, il faut le redire, durant l'ensemble de la crise, la guerre continue : des troupes montent en ligne, d'autres y sont et attendent la relève. Aux limites pratiques d'un mouvement social précaire, improbable et isolé s'ajoute l'inertie d'un conflit que nul groupe d'acteurs n'est à même de faire cesser. Rappelons qu'en Russie, l'indiscipline massive des comités de soldats n'a pas non plus permis d'obtenir la fin de la guerre : il s'est écoulé un an entre le Prikaze n° 1 du Soviet de Petrograd abolissant la discipline et la paix de Brest-Litovsk. En 1914-1918, pas plus qu'à d'autres périodes, *ce ne sont pas les combattants qui décident de la guerre et de la paix*, quelle que soit la radicalité de leur mouvement et l'ampleur de leur indiscipline.

On le voit : nul besoin de rendre les mutins responsables d'un échec qui tient au contexte de leur action. C'est moins une remobilisation volontaire qu'un délitement ordinaire qui explique la résolution des mutineries. Repenser l'échec, toutefois, c'est aussi le nuancer. Les mutins échouent indiscutablement à imposer la paix et même à installer la lassitude de la guerre ou sa dénonciation comme un thème légitime de débat public. Cependant, un certain « succès » est obtenu, pour les unités éloignées du front en urgence, pour les permissions massivement accordées, et pour bien des individus qui ont « sauvé leur peau » à travers d'abord la cessation complète, jusqu'à l'automne, des opérations offensives. Cela coexiste avec la très grande dureté de la répression pour ceux qui furent choisis par l'armée retrouvant sa capacité à l'arbitraire punitif à travers les mesures extrêmes de déplacement et d'exécution.

Enfin, le mouvement des mutineries a des effets différés importants. Il conduit à un assouplissement paradoxal des relations d'autorité, la discipline se faisant moins pointilleuse pour les permissionnaires en particulier, libres de se livrer aux scandales ferroviaires tout l'été durant. Sur le plan politique, les mutineries contraignent les dirigeants à se préoccuper davantage (mais secrètement) de la « fin » de la guerre. Elles sont l'arrière-plan de démarches diplomatiques cachées dont l'ampleur a récemment été réévaluée. Étudiant la politique des gouvernements Ribot puis Painlevé à l'été 1917, et les conséquences des entretiens Armand-Revertera, G.-H. Soutou indique quelle « fugitive occasion » existait en septembre 1917 :

Le chef du gouvernement français, le chef du gouvernement britannique, le roi des Belges, les dirigeants de Berlin et de Vienne étaient tous prêts, pour la première fois depuis le début de la guerre tous en même temps, à envisager une paix négociée reposant sur un échange entre des concessions allemandes à l'Ouest et des compensations à l'Est pour le Reich au détriment de la Russie[16]...

Mais le trouble des mutineries empêche en même temps une telle évolution : il permet à Clemenceau d'instrumentaliser le « pacifisme » pour attaquer ses ennemis politiques Malvy et Caillaux, et de revenir au pouvoir, à travers une réaffirmation de l'indicible de la paix et une pénalisation accrue de ceux qui la défendent ou y aspirent[17]. On perçoit ici la nature durablement ambiguë d'un événement que tout le monde connaît, mais dont nul ne peut parler ouvertement et encore moins se revendiquer et qui sert de façon souterraine à alimenter les conflits politiques.

En définitive, les mutins ont échoué à obtenir la « fin » du conflit parce qu'il n'existait guère de possibilité réaliste de fin dans l'espace politique et social de la France en guerre en 1917, contrairement aux cas russe et allemand. Que leurs aspirations paraissent rétrospectivement irréalistes, et que leur mouvement se soit heurté à des limites pratiques et politiques, ne doit pas conduire à minimiser son ampleur. Une histoire qui ne cherche pas à penser les processus à partir de leurs résultats, et les mutineries à partir de leur échec, doit ainsi laisser toute leur place aux possibles non advenus et aux aspirations défaites. On ne cherchera pas à résumer les mutineries par

ces paroles de mutins, mais on a montré l'inadé-
quation de toute lecture de l'événement qui ne
leur accorderait pas une place centrale: «On ne
veut plus la guerre, mais la paix[18].»

L'espace social de la France en guerre

Pour finir, le prisme des mutineries permet de
saisir certaines propriétés de l'espace politique et
social de la France en guerre. Loin d'être une
société unie dans le seul consensus autour du
conflit, il s'agit d'un espace social inégalitaire et
d'un espace politique conflictuel. Ces inégalités
et ces tensions renvoient à celles de l'avant-
guerre, qui n'ont pas été gommées ni miraculeu-
sement résolues par l'Union sacrée et l'entrée en
guerre. Celle-ci a toutefois profondément modifié
les règles du jeu social, les conditions démocratiques de la vie publique étant suspendues, tandis
que la dureté du conflit crée de nouvelles tensions.

Il existe ainsi, durant toute la guerre, et en
particulier en 1917, une tension entre les principes
du régime républicain et les inégalités réelles et
nombreuses liées au conflit, dont la plus fondamentale est l'inégale exposition à la mort et au
danger. Pour résoudre cette tension, lorsqu'il
apparaît mi-1915 que la guerre est bien plus
longue et coûteuse que prévu, les permissions, les
décorations et la chasse aux embusqués sont
mises en place. Le statut de «citoyen» des combattants est réaffirmé — en même temps qu'il
continue à être nié par l'établissement du contrôle
postal et l'arbitraire de la Justice militaire, tem-

péré à partir de 1916. On le voit : plutôt qu'une société affrontant de manière unanime le conflit, la France en guerre offre le spectacle d'un corps social traversé de fractures et de tensions, dont l'expression est rendue plus complexe par l'indicible fondamental concernant la légitimité du conflit.

Par ailleurs, une des spécificités de la situation française tient au fait que les soldats y combattent sur leur sol, à proximité immédiate de leur capitale, à la différence des combattants anglais, russes, allemands ou italiens. Il s'ensuit une porosité inédite entre l'univers combattant et la société englobante, qui ne nous semble pas avoir été suffisamment soulignée, et qui contribue à expliquer les mutineries. Informés des débats politiques, touchés par les rumeurs, en lien avec leurs proches et les civils par le courrier et les permissions, en même temps devenus des combattants aguerris et soumis aux normes de l'institution militaire, les combattants français développent une identité complexe. Ils sont à la fois militaires, combattants, civils et citoyens. C'est pourquoi on ne peut limiter l'analyse des mutineries à la sphère de la désobéissance militaire : la protestation est référée aussi bien au sort de l'arrière et des familles des soldats qu'aux promesses non tenues de l'armée ou à la Révolution russe.

En ce sens, les mutineries sont bien plus qu'une grève, ou qu'un refus de guerre : elles sont un mouvement social aux multiples dimensions correspondant aux multiples identités de ses acteurs et aux propriétés de l'espace social et politique dans lequel ils évoluent. Les mutins sont à la fois des militaires refusant la discipline de l'institution, des combattants refusant la continuation de la guerre, des civils refusant les inégalités sociales, des citoyens pointant les inégalités civiques.

Au cours même de l'événement, les tensions sociales préexistantes affleurent, lorsque les lectures sociologiques spontanées de la désobéissance en attribuent la responsabilité aux « Midis », aux «embusqués», aux «Parisiens» ou à la «classe 17». C'est visible, de même, dans les modes de résolution des incidents par les officiers, retrouvant les pratiques d'encadrement paternalistes qui structurent les rapports sociaux dans le civil. C'est encore plus vrai au cours de l'enquête et de la répression, qui répondent en grande partie à des logiques sociales et politiques, à travers la recherche des syndicalistes, le soupçon sur les urbains et la mansuétude pour les mutins aux opinions conservatrices bien établies. Les logiques professionnelles sont également opérantes, lorsqu'un policier dans le civil propose de dénoncer les mutins, qu'un officier avocat fait preuve de passivité à leur égard, ou que des instituteurs se mettent à leur tête.

On perçoit ici toute la nécessité de politiser et de sociologiser le regard porté sur les pratiques et les comportements en guerre. C'est nécessaire en particulier pour l'armée : loin d'être une institution neutre, reflet transparent de la « nation », celle-ci reproduit très fortement les inégalités sociales du temps de paix, et connaît une polarisation idéologique, ses cadres démontrant une fidélité patriotique sans faille, et une hantise de la «subversion» quelquefois exacerbée. Ici gît une véritable perspective de recherche : si les mutins ont bien refusé la guerre, il est tout aussi net que leurs officiers n'ont pas «bougé» et n'ont pas été tentés par l'indiscipline, à l'inverse des officiers russes, pour une bonne part imprégnés des idées libérales ou révolutionnaires, fortement présents dans les comités dits de «soldats[19]». En France, la loyauté des bourgeois, des cadres et des fonctionnaires à l'État-nation et aux devoirs qu'il impose constitue un enseignement majeur de l'étude, à condition de ne pas le confondre avec un «consentement» socialement indifférencié. D'autres dimensions de l'armée sont à souligner, qui mériteraient des études : le champ spécifique des généraux, avec ses stratégies et ses rivalités, dont les logiques pratiques sont très loin de celles des chefs de corps et des officiers de contact, obligés de «négocier» plutôt que de faire preuve d'«énergie». L'aspect bureaucratique de l'institution, et les dizaines de militaires non combattants qui contribuent à lui donner assise, stabilité et à rendre routinier son fonctionnement même dans le contexte exceptionnel de la guerre, sont également à prendre en compte. Une sociohistoire de l'armée française est à entreprendre, pour y éclairer la division du travail et la spécialisation des tâches qui contribuent à sa solidité. Faire porter le regard sur les structures, les relations et les institutions sociales, plutôt que sur l'énumération des «raisons» individuelles de «tenir», tel est bien un des enseignements majeurs de l'étude pour l'histoire de la Grande Guerre.

Cela éclaire plus largement la question de l'appartenance nationale : on a vu à bien des reprises que le devoir «patriotique» et le fait d'être «français» en 1914, ou 1917, ne pouvaient être rapportés uniquement à des convictions intimes, à des croyances ou des représentations individuelles. L'identité nationale, comme toute identité sociale, est construite à travers des institutions et des interactions. Elle se manifeste concrètement durant la Grande Guerre par les actes et les paroles des officiers rappelant à l'ordre les mutins, par les liens sociaux rattachant ces derniers à l'arrière, au «pays», à leurs familles et à leurs camarades, et enfin par les dispositifs institutionnels qui les encadrent. Nul besoin de «sentiment d'appartenance» pour appartenir très réellement, par ces structures sociales et ces liens sociaux, à la nation en guerre.

L'analyse des mutineries permet enfin de restituer une dernière propriété de l'espace social et politique de la France en guerre: le recours toujours possible à la raison d'État et à des mesures d'exception, caractéristique des périodes de crise. On le voit au moment où l'ordre semble menacé par la «marche sur Paris» des mutins, et où c'est le général en chef qui est conduit à prendre la décision éminemment politique du refus des passeports pour la conférence pacifiste de Stockholm; au moment surtout où les militaires obtiennent de nouveau le pouvoir de fusiller des hommes sans en référer aux dirigeants politiques. Mais 1917 n'est pas 1914, et le recours aux mesures d'exception et à la raison d'État est de courte durée, également parce que les mieux dotés des soldats-citoyens parviennent à mobiliser des réseaux politiques. Les logiques complexes des rapports entre pouvoir civil, pouvoir militaire, parlement, citoyens et corps social au moment des mutineries suggèrent que ces questions pourraient être analysées à nouveaux frais pour l'ensemble du conflit[20].

On perçoit ainsi à travers les mutineries certains paradoxes du modèle démocratique français : d'un côté, l'intensité des aspirations qu'il peut produire, à travers un égalitarisme intransigeant, les ressources que peuvent y développer les individus pour se mobiliser et contester l'ordre social ou l'iniquité ; de l'autre, sa violence répressive toujours possible, la nécessité pour les individus d'appuyer leur statut abstrait de « citoyen » sur de solides réseaux personnels, et la fermeture régulière du système politique à travers la fréquente surdité des dirigeants et des partis à la « prise de parole populaire[21] ».

Se dessine ici une alternative aux visions du conflit habituelles, qui le décrivent comme une expérience volontaire, unanime et indifférenciée : au contraire, on peut y lire, pour les combattants des tranchées, une expérience de la domination sociale, inégalitaire et subie. Retrouver cette dimension est essentiel pour comprendre non seulement la guerre de 1914-1918, mais la profonde amertume sous toutes ses formes qui suivit la « victoire[22] ».

On voudrait pour conclure revenir à la complexité des mutineries, et à la diversité des manières dont les combattants de la Grande Guerre ont refusé de continuer à se battre, quelques semaines durant, dans l'incertitude de l'avenir. Les revendications les mieux formulées des « soldats-

citoyens» conscients et militants y côtoient des
pratiques et discours moins construits, par lesquels des combattants ordinaires dénoncent et
refusent leur condition, et qui doivent pouvoir
trouver leur place dans le récit de l'événement.

Cela conduit à défendre une conception de la
recherche qui ne substitue pas aux discours,
aux pratiques et aux représentations des acteurs
des interprétations surplombantes, et qui ne leur
attribue pas les pensées et les «raisons» des
témoins les mieux dotés socialement et culturellement. C'est à ce prix, et par une reconstruction
aussi réaliste que possible des expériences de ces
acteurs comme de l'espace social dans lequel ils
évoluent, qu'on évite la «mutilation historique»
et qu'on accède, selon la formule de Walter Benjamin, à la «totalité de son passé»[23].

APPENDICES

APPENDICES

REMERCIEMENTS

Ce livre trouve son origine dans une thèse de doctorat soutenue en mai 2009 à l'université Paul-Valéry de Montpellier, sous la direction de Frédéric Rousseau que je remercie très chaleureusement pour son soutien tout au long des années de recherche et d'écriture. Je remercie également John Horne, Jules Maurin, Michel Offerlé et Jean-Louis Robert, membres du jury, pour leurs lectures et leurs remarques précieuses. Au début de ce travail, j'ai eu la chance de profiter de la direction et des conseils de Christophe Prochasson et Anne Rasmussen à l'EHESS, et de Laurence Fontaine, Diogo Curto, Anthony Molho et Regina Schulte à l'IUE de Florence où j'ai pu étudier grâce à une Bourse Lavoisier du ministère des Affaires étrangères. Dans les dépôts d'archives, tout particulièrement au SHD, j'ai pu travailler dans d'excellentes conditions, notamment grâce à l'assistance et à la compétence de Mmes Decubert et Bernard, de M. Huriez et du commandant Croutte. Aux éditions Gallimard, je remercie vivement Martine Allaire qui a cru en ce projet et l'a accompagné de sa lecture rigoureuse, ainsi que Benoît Farcy qui a suivi l'édition avec précision.

Au Crid 14-18, je remercie toutes celles et ceux qui ont, par leurs suggestions, leurs encouragements, leurs apports documentaires et bibliographiques, accompagné et encouragé ce travail, en particulier Emmanuelle Picard, André Bach, François Bouloc, Thierry Hardier, Jean-François

Jagielski, Alexandre Lafon, Fabrice Pappola et Denis Rolland, et, au Chemin des Dames, Noël Genteur, ainsi que Damien Becquart. Par leurs relectures ou leurs conseils, de nombreux collègues, amis et correspondants ont enrichi cette recherche. Je remercie en particulier Stéphan Agosto, Fabrice Barthélémy, Antoine Calagué, Christian Chevandier et Romain Ducoulombier. En plus de mes remerciements, c'est une dette que j'éprouve envers de très fins connaisseurs de la guerre et des mutineries : François Buton, Rémy Cazals, Nicolas Mariot et Philippe Olivera. Leurs travaux, leurs conseils amicaux, leurs relectures attentives et leurs encouragements chaleureux m'ont accompagné tout au long de la thèse. Ma gratitude va de façon toute particulière à Nicolas Offenstadt, à l'origine de cette recherche par sa suggestion d'un sujet, et qui en a accompagné amicalement toutes les étapes. J'ai également eu la chance au long de ces années d'avoir la confiance de Pierre-Alain Rogues, et sa rigueur en modèle.

Amis et famille ont fait preuve d'un durable et affectueux soutien : que soient remercié/e/s en particulier Marie Calisti, Sébastien Duclos, Jean-Pierre et Meredith Escudier, Fabrice Cameron, Aurélie Calisti, Davide Fugazza, Marianne Riglet, Pablo Calagué, Alissa Scholl, Karine Laymond, Christobal de Oliveira, Laetitia Guiral, Jérôme Lambert, Laure Matheron, Jérôme Tricot, Fabien Lévy, Delphine Roche, Bérangère Capdet, Julien Blottière, Anne Boyer, Gaëlle Chapelain, Bénédicte Djiniadhis, Magali Pouettre, Bruno Rijobert, Patricia Bertomeu, Karine Burg, Ana Rodriguez, Antoine Gavoille, Dominique Mariette, Pierre Mirsalis, Frédérique Uzzan, Alain Schmidt, Nausica Marlin, Shirine et Esfandiar Raissi, Elisabeth Kollmann, Cécile Plunet, Yvan Guichaoua, et Lucio Borella. Claudine Loez sait quel travail tout cela représente et je la remercie d'avoir toujours été là. Enfin, sans l'amitié et l'hospitalité d'Elsa Gopala Krishnan, cette thèse n'aurait jamais pu être écrite ; sans Fanny et son soutien elle n'aurait pu si vite devenir un livre.

ABRÉVIATIONS

SOURCES ET DÉPÔTS D'ARCHIVES

AFGG : *Les Armées françaises dans la Grande Guerre*
AN : Archives nationales
BDIC : Bibliothèque de documentation internationale contemporaine
CP : Rapport de contrôle postal
IF : Inscriptions ferroviaires, relevées sur les trains de permissionnaires
JM : Justice militaire (dossiers individuels)
JMO : Journal de marches et d'opérations
PVI : Procès-verbal d'information ou d'interrogatoire
SHD : Service historique de la Défense, département de l'armée de terre

ABRÉVIATIONS MILITAIRES

BCA : Bataillon de chasseurs alpins
BCP : Bataillon de chasseurs à pied
CA : Corps d'armée
CHR : Compagnie hors rang
DD : Dépôt divisionnaire
DI : Division d'infanterie
EM : État-major
GAC : Groupe d'armées centre

GAN : Groupe d'armées du nord
GQG : Grand quartier général
RA : Régiment d'artillerie
RAC : Régiment d'artillerie de campagne
RI : Régiment d'infanterie
RIT : Régiment d'infanterie territoriale
SR, SRA : Section de renseignements aux armées

NOTES

N.B. Une bibliographie détaillée est consultable, avec d'autres compléments (tableaux, liste des sources consultées, témoignages et documents), à l'adresse : < http://www.crid1418.org/doc/mutins >.

INTRODUCTION

1. Ce récit se fonde sur les archives du Service historique de la Défense (désormais SHD), dossiers de Justice militaire (JM) des soldats Kuhn et Collin à la 33ᵉ DI. Les peines de mort ont été commuées. Toutes les citations faites des sources respectent l'orthographe et la syntaxe d'origine. La liste des dossiers de Justice militaire figure p. 29-31 de l'annexe en ligne.

2. SHD 16N1521, rapport de contrôle postal (CP), 9 juin 1917.

3. Ce sont les textes de Louis Barthas, *Les carnets de guerre de Louis Barthas, tonnelier, 1914-1918*, Paris, La Découverte, 1997 [1978], p. 471-476, et Louis Nicoud, «Nous étions une compagnie et demie de mutins», *in* Jean-Pierre Bernard *et al.*, *1914-1918. Du patriote enthousiaste au poilu résigné. Je suis mouton comme les autres. Lettres, carnets et mémoires de poilus drômois et de leurs familles*, Valence, Peuple Libre & Notre Temps, 2002, p. 487-492.

4. Cf. Nicolas Offenstadt, *Les Fusillés de la Grande Guerre et la mémoire collective (1914-1999)*, Paris, Odile Jacob, nouv. éd. 2009.

5. Cf. Philippe Olivera, « Le mutin derrière le fusillé ou le silence durable de l'acteur », *in* André Loez et Nicolas Mariot (dir.), *Obéir/désobéir. Les mutineries de 1917 en perspective*, Paris, La Découverte, 2008, p. 416-432 ; N. Offenstadt, « Une mémoire à distances. Les anciens combattants de la Grande Guerre et le souvenir des mutineries de 1917 », *Temporalités*, n° 5, deuxième semestre 2006, p. 91-103 ; et Frédéric Rousseau, « Chemin des Dames, lieu d'amnésie nationale... Un parcours au sein de l'historiographie des trois semaines sanglantes depuis 1945 », *in* N. Offenstadt (dir.), *Le Chemin des Dames, de l'événement à la mémoire*, Paris, Stock, 2004, p. 360-370.

6. Voir pour le roman Pierre Schoentjes, « Être "héros si on compte six au lieu de dix". Images de mutins dans la littérature de fiction », *in* A. Loez et N. Mariot (dir.), *Obéir...*, *op. cit.*, p. 399-415.

7. S'y ajoutent les confusions avec les mutins de la mer Noire agissant, eux, en 1919, ou avec les soldats impliqués dans les trêves de Noël et les fraternisations. Sur ces points voir Philippe Masson, *Les mutineries de la marine française*, Vincennes, SHM, 1975, et Rémy Cazals *et al. Frères de tranchée*, Paris, Perrin, 2005.

8. N. Offenstadt, *Les Fusillés...*, *op. cit.*, et « Les mutins de 1917 dans l'espace public ou les temporalités d'une controverse (1998-?) », *in* M. Crivello *et al.* (dir.), *La concurrence des passés. Usages politiques du passé dans la France contemporaine*, Aix-en-Provence, Presses universitaires de Provence, 2006, p. 233-243.

9. Ainsi dans le célèbre discours du « vent mauvais » du 12 août 1941 cité, par exemple, dans Marc Ferro, *Pétain*, Fayard, éd. de poche « Pluriel », 1987, p. 337-339.

10. Jean Ratinaud, *1917 ou la révolte des poilus*, Paris, Fayard, 1960 ; John Williams, *Mutiny 1917*, Londres, Heinemann, 1962 ; Richard M. Watt, *Dare Call It Treason*, New York, Simon and Schuster, 1963 [ces deux derniers ouvrages sont immédiatement traduits (1963 et 1964)]. Dans cette période paraissent aussi des travaux appuyés sur des témoignages : René-Gustave Nobécourt, *Les fantassins du Chemin des Dames*, Paris, Robert Laffont, 1965 ;

Victor Bataille et Pierre Paul, *Des mutineries à la victoire*, Paris, Robert Laffont, 1965.

11. Guy Pedroncini, *Les mutineries de 1917*, Paris, PUF, 1967.

12. François Cochet, *Survivre au front. Les poilus entre contrainte et consentement*, Saint-Cloud, 14-18 éditions, 2005, p. 162 : « Tout a été dit ».

13. Manuels Nathan 1° S 2003, p. 95 ; Belin 1° L/ES 2003, p. 193.

14. G. Pedroncini, *op. cit.*, p. 312-313.

15. Leonard V. Smith, *Between Mutiny and Obedience. The Case of the French Fifth Infantry Division during World War I*, Princeton, Princeton University Press, 1994, p. 178.

16. Par exemple : G. Pedroncini, *op. cit.*, p. 165, 181, 187, 224-225, 308.

17. Parmi des exemples très nombreux : *id.*, p. 64, n. 1 ; p. 126 n. 4 ; p. 128, n. 1 ; p. 184, n. 5 ; p. 185, n. 4 ; p. 213, n. 3 ; p. 243, n. 1 et 2 ; p. 228 n. 1 ; p. 229 n. 1 et 2, etc. Aucune citation tirée de l'ouvrage n'est donc reprise. Dans un cas où la vérification a été possible, on a rencontré une déformation de citation, une référence négative à Pétain (« Pétain, attention à la Champagne, fais pas comme Nivelle », compte-rendu de l'inspection des Chemins de fer du nord pour la nuit du 3 au 4 juillet 1917, SHD 16N1522) étant transformée par Pedroncini en éloge (« Pétain ne fait pas comme Nivelle en Champagne », *id.*, p. 251).

18. *Id.*, p. 179, 126, 142.

19. *Id.*, p. 203, 166, 101, 231, 101, 89, 232, 233, 312, 303, 243, 312.

20. Denis Rolland, *La grève des tranchées. Les mutineries de 1917*, Paris, Imago, 2005, p. 13, 96, 272, 274 et 403. N. Offenstadt est le premier à relever ce « paradigme pathologique » dans sa postface à l'ouvrage, p. 412. L'expression « moment de vertige » se retrouve textuellement chez G. Pedroncini, *op. cit.*, p. 233.

21. Maurice Genevoix, « La fièvre de 1917 », *Almanach du combattant*, 1957, p. 8-11.

22. G. Pedroncini, *op. cit.*, p. 312 ; D. Rolland, *op. cit.*, p. 404 : « Exutoire des rancœurs accumulées ».

23. D. Rolland, *ibid.*, p. 43. Nous soulignons.

24. G. Pedroncini, *op. cit.*, p. 177.

25. E. P. Thompson, « The Moral Economy of the English Crowd in the Eighteenth Century », *Past and Present*, nº 50, 1971, republ. dans *Customs in Common*, Londres, Merlin Press, 1991, citation p. 186.

26. Stéphane Audoin-Rouzeau et Annette Becker, « Violence et consentement : la "culture de guerre" du premier conflit mondial », *in* J.-P. Rioux et J.-F. Sirinelli (dir.), *Pour une histoire culturelle*, Paris, Seuil, 1997, p. 251-271, cit. p. 253.

27. S. Audoin-Rouzeau et A. Becker, *14-18. Retrouver la guerre*, Paris, Gallimard, 2000, p. 122. Voir les lectures critiques par R. Cazals, « 1914-1918 : oser penser, oser écrire », *Genèses*, nº 46, mars 2002, p. 26-43, et Blaise Wilfert-Portal, en ligne : < http ://www.crid1418.org/bibliographie/commentaires/retrouver_wilfert.html >.

28. *Id.*, p. 127. Sur cette question, voir N. Mariot, « Pour compter des mutins faut-il soustraire des moutons ? », *in* A. Loez et N. Mariot (dir.), *Obéir...*, *op. cit.*, p. 345-372.

29. *Id.*, p. 128.

30. Anne Duménil, « Les combattants », *in* Jean-Jacques Becker et S. Audoin-Rouzeau (dir.), *Encyclopédie de la Grande Guerre*, Paris, Bayard, 2004, p. 321-338, cit. p. 336.

31. Christophe Prochasson, « Qui ne dit mot consent ? Une approche critique du "consentement patriotique" », *1914-1918. Retours d'expériences*, Paris, Tallandier, coll. « Texto », 2008, p. 123-159, cit. p. 135.

32. Nicolas Beaupré et Christian Ingrao, « Marginaux, marginalité et marginalisation durant la guerre », *in* S. Audoin-Rouzeau et J.-J. Becker, *Encyclopédie...*, *op. cit.*, p. 761-776, cit. p. 765.

33. D. Rolland, *op. cit.*

34. Cf. F. Buton, A. Loez, N. Mariot et P. Olivera, « 14-18 : retrouver la controverse », en ligne sur « La vie des idées » : < http ://www.laviedesidees.fr/1914-1918-retrouver-la-controverse.html >.

35. Cf. G. Pedroncini, *op. cit.*, p. 4 ; D. Rolland, *op. cit.*, p. 12. Sur l'histoire et l'historiographie des mutineries,

voir le volume collectif dirigé par Jane Hathaway, *Rebellion, Repression, Reinvention: Mutiny in Comparative Perspective*, Londres, Praeger, 2001, et Lawrence James, *Mutiny. In the British and Commonwealth Forces, 1797-1956*, Londres, Buchan & Enright, 1987.

36. Jane Hathaway, *op. cit.*, Elihu Rose, «The Anatomy of Mutiny», *Armed Forces and Society*, n° 8, été 1982, p. 561-573.

37. L. James, *op. cit.*, p. 32.

38. Cela renvoie au problème plus général de l'assimilation du «social» au seul «collectif»: un acte individuel n'en est pas moins social, en ce qu'il est socialement institué, relevant de «manières sociales d'agir et de penser». Cf. N. Mariot, «Qu'est-ce qu'un "enthousiasme civique"? Sur l'historiographie des fêtes politiques en France après 1789», *Annales. Histoire, Sciences sociales*, 2008/1, 63e année, p. 113-139, en particulier p. 130-131.

39. Timothy H. Parsons, *The 1964 Army Mutinies and the Making of Modern East Africa*, Londres, Praeger, 2003. Cf. également Hugues Neveux, *Les révoltes paysannes en Europe, XIVe-XVIIIe siècles*, Paris, Albin Michel, coll. «Hachette littératures/Pluriel», 1997.

40. Sur ces logiques de réticence et pratiques d'évitement en 1914-1918, qui constituent un chantier actif, cf. *infra*, chap. 1, et plus généralement, James C. Scott, *Weapons of the Weak. Everyday Forms of Peasant Resistance*, New Haven, Yale University Press, 1985.

41. Pour la vie quotidienne, cf. R. Cazals et A. Loez, *Dans les tranchées de 1914-18*, Pau, Cairn, 2008; sur l'illégalité «ordinaire», cf. notamment André Bach, *Fusillés pour l'exemple, 1914-1915*, Paris, Tallandier, 2004, p. 452.

42. On peut relier les mutineries à ce que des chercheurs ont proposé de nommer les «mobilisations émergentes» ou «improbables». Cf. Stéphane Cadiou, Stéphanie Dechezelles et Antoine Roger (dir.), *Passer à l'action: les mobilisations émergentes*, Paris, L'Harmattan, 2007.

43. Cf. A. Loez, «Autour d'un angle mort historiographique: la composition sociale de l'armée française en

1914-1918 », *Matériaux pour l'histoire de notre temps*, n° 91, juil.-sept. 2008, p. 32-41.

44. Cf. Arlette Farge et Jacques Revel, *Logiques de la foule. L'affaire des enlèvements d'enfants. Paris 1750*, Paris, Hachette, 1988, p. 10 ; Michel Dobry, « Ce dont sont faites les logiques de situation », *in* P. Favre, O. Fillieule, F. Jobard (dir.), *L'atelier du politiste. Théories, actions, représentations*, Paris, La Découverte, coll. « Recherches », 2007, p. 119-148, et « Penser=classer ? », entretien avec A. Loez, G. Noiriel et P. Olivera, *Genèses*, n° 59, juin 2005, p. 151-165.

45. Cf. G. Noiriel, *Introduction à la socio-histoire*, Paris, La Découverte, coll. « Repères », 2006, et F. Buton, N. Mariot (dir.), *Pratiques et méthodes de la socio-histoire*, Paris/Amiens, PUF, coll. « CURAPP », 2009.

46. Pierre Favre, « Y a-t-il un rapport "ordinaire" au politique ? », *in* J.-L. Marie, P. Dujardin, R. Balme, *L'ordinaire. Mode d'accès et pertinence pour les sciences sociales et humaines*, Paris, L'Harmattan, 2002. Cf. également Alain Dewerpe, « Penser par cas », *Charonne, 8 février 1962. Anthropologie historique d'un massacre d'État*, Paris, Gallimard, 2006, p. 19.

47. La liste complète des sources consultées et leur présentation détaillée figure dans l'annexe consultable et téléchargeable en ligne en complément à l'ouvrage : < http://www.crid1418.org/doc/mutins >.

48. Ainsi, au 44ᵉ BCP, le JMO nie entièrement la mutinerie, qui est attribuée à « quelques corps voisins, par la propagande allemande déguisée » (SHD 26N827/16, 5-11 juin 1917). Signalons que les JMO sont devenus entièrement consultables en ligne alors que l'essentiel de ce travail était achevé, en novembre 2008 : < http://www.jmo.memoiredeshommes.sga.defense.gouv.fr/cdc.html >.

49. Sur le contrôle postal, outre le riche travail de Bruno Cabanes, *La victoire endeuillée. La sortie de guerre des soldats français (1918-1920)*, Paris, Seuil, 2004, dont les conclusions sur la « haine » fondées sur une exploitation du contrôle postal de 1918-1919 restent discutables, cf. Annick Cochet

(*L'opinion et le moral des soldats en 1916 d'après les archives du contrôle postal*, thèse de doctorat, Université Paris-X, 1986). Les efforts quantitatifs de l'auteur pour traiter le contrôle postal comme un « sondage » paraissent largement hasardés. Voir les objections de méthode indépassables dans le travail de Jean-Noël Jeanneney (« Les archives du contrôle postal aux armées (1916-1918). Une source précieuse pour l'histoire contemporaine de l'opinion et des mentalités », *Revue d'histoire moderne et contemporaine*, t. XV, janvier-mars 1968, p. 209-233). Cf. également Bruno Cabanes, « Ce que dit le contrôle postal », *in* Christophe Prochasson et Anne Rasmussen, *Vrai et faux dans la Grande Guerre*, Paris, La Découverte, 2004, p. 55-75, et Jean Nicot, *Les poilus ont la parole. Dans les tranchées, lettres du front, 1917-1918*, Bruxelles, Complexe, 1998.

50. Quatre-vingts dossiers de Justice militaire, identifiés désormais par le nom du soldat concerné (JM Kuhn, etc.), ont été consultés grâce à cinq dérogations successives (voir la liste des dossiers aux p. 29-31 de l'annexe en ligne).

51. Voir le tableau consacré aux témoins des mutineries, p. 7 de l'annexe en ligne.

1. ENDURER L'ÉPREUVE

1. Jean-Baptiste Duroselle, *La Grande Guerre des Français. L'incompréhensible*, Paris, Perrin, coll. « Tempus », 1994, p. 122.

2. J.-J. Becker, *Les Français dans la Grande Guerre*, Paris, Robert Laffont, 1980, p. 12.

3. S. Audoin-Rouzeau et A. Becker, *14-18…*, *op. cit.*, p. 128.

4. A. Prost et Jay Winter, *Penser la Grande Guerre. Un essai d'historiographie*, Paris, Seuil, 2004, p. 142.

5. A. Duménil, art. cit., p. 327.

6. F. Cochet, *op. cit.*, p. 9.

7. François Roux, *La Grande Guerre inconnue. Les poilus contre l'armée française*, Paris, Les Éditions de Paris/Max Chaleil, 2006.

8. Cf. N. Offenstadt *et al.*, «À propos d'une notion récente : la "culture de guerre"», *in* F. Rousseau (éd.), *Guerre, paix et sociétés 1911-1947*, Neuilly, Atlande, 2004, p. 667-674.

9. S. Audoin-Rouzeau et A. Becker, *14-18..., op. cit.*, p. 122.

10. S. Audoin-Rouzeau et A. Becker, «Violence et consentement... », art. cit., p. 252.

11. «La guerre sensée» est le titre d'une section de l'article cité d'A. Duménil, p. 332; «un sens indiscutable, répétons-le», insistent S. Audoin-Rouzeau et A. Becker dans *14-18..., op. cit.*, p. 122.

12. S. Audoin-Rouzeau et A. Becker, «Violence et consentement... », art. cit., p. 265. Le vocabulaire du libre choix individuel est à noter. Cf. F. Buton *et al.*, « 14-18 : retrouver la controverse», art. cit.

13. Frédéric Rousseau, *La Guerre censurée. Une histoire des combattants européens de 1914-1918*, Paris, Seuil, 2003 [1997]. Souvent désigné comme illustrant la «thèse de la contrainte», cet ouvrage s'en distancie ouvertement : «La contrainte, les menaces de châtiment, la terreur, trouvent leurs limites; le système coercitif présent dans les armées ne peut suffire à expliquer l'obéissance» (p. 107). Voir aussi pour une recherche des causalités multiples pour faire sens des pratiques et des comportements en situations extrêmes, dans un tout autre contexte, Christopher Browning, *Des hommes ordinaires. Le 101e Bataillon de réserve de la police allemande et la Solution finale en Pologne*, Paris, Les Belles Lettres, 1994.

14. Louis Mairet, *Carnets d'un combattant*, Paris, G. Crès, 1919, p. 172 *sq.*

15. S. Audoin-Rouzeau et A. Becker, *14-18..., op. cit.*, p. 50-52, citent ce texte qu'ils dénoncent comme faisant partie de la «dictature des témoignages» écrits dans l'entre-deux-guerres. Si son livre paraît après le conflit, Mairet est en fait tué le 16 avril 1917, ce qu'une lecture de Jean Norton Cru (*Témoins*, Presses universitaires de Nancy, 2006 [1933]) aurait permis de vérifier.

16. *Id.*, p. 43.

17. A. Duménil, art. cit., p. 336. «À l'exception notable du cas russe», précise l'auteur; on pourrait s'interroger sur les stratégies argumentatives qui sans nier le «cas russe» l'évoquent systématiquement comme une exception «marginale», et l'excluent de fait de la discussion. (Cf. également S. Audoin-Rouzeau et A. Becker, *14-18…*, *op. cit.*, p. 128: «Russie exceptée».)

18. N. Beaupré et C. Ingrao, art. cit.

19. *Id.*, p. 765.

20. Voir Tony Ashworth, *Trench Warfare 1914-1918*, *The Live and Let Live System*, New York, Holmes & Meier, 1980; R. Cazals *et al.*, *Frères…*, *op. cit.* Le travail de première main de ces ouvrages établit sans doute possible l'ampleur et la régularité des fraternisations. On ne peut plus dès lors sérieusement parler de «rares cas avérés d'événements exceptionnels», comme le fait pourtant Christophe Prochasson, *1914-1918…*, *op. cit.*, p. 36.

21. Voir Jules Maurin, *Armée — Guerre — Société: Soldats languedociens (1889-1919)*, Paris, Publications de la Sorbonne, 1982, p. 393; Charles Ridel, *Les embusqués*, Paris, Armand Colin, 2007; R. Cazals et A. Loez, *op. cit.*, p. 234-241.

22. J. Maurin, «Les engagés volontaires français pendant la Première Guerre mondiale», *in* H. Heyriès, J.-F. Muracciole (dir.), *Le soldat volontaire en Europe au XXᵉ siècle. De l'engagement politique à l'engagement professionnel*, Montpellier, Presses universitaires de la Méditerranée, 2007, p. 95-104; P. Boulanger, «La France duelle de l'engagement», in *id.*, p. 105-131; F. Rousseau, «De l'élan patriotique aux stratégies d'évitement», in *id.*, p. 133-167.

23. S. Audoin-Rouzeau, *À travers leurs journaux: 14-18. Les combattants des tranchées*, Paris, Armand Colin, 1986.

24. Voir l'exemple de Robert Hertz, normalien, sociologue, analysé par N. Mariot, «Faut-il être motivé…», art. cit., p. 164-165.

25. S. Audoin-Rouzeau et A. Becker, *14-18…*, *op. cit.*, notamment p. 134-195.

26. Un exemple récent de ces façons d'envisager le

«consentement» en le déduisant des comportements se trouve dans l'article cité de C. Prochasson, «Qui ne dit mot consent?...». Posant très justement que «le refus de la guerre constituait une posture socialement impossible à tenir» (p. 145), il aboutit à l'idée que la «loyauté» des soldats s'explique parce qu'ils reconnaissaient la «légitimité» du combat et de la République (p. 157): glissement non démontré des conduites aux représentations; réduction du social à l'individuel.

27. N. Mariot, «Faut-il être motivé...», art. cit., p. 154; voir aussi «Qu'est-ce qu'un "enthousiasme civique"?», art. cit., et *Bains de foule. Les voyages présidentiels en province, 1888-2002*, Paris, Belin, 2006, p. 306-311.

28. Il à noter qu'un grand nombre de récits de la crise de juillet 1914 font état d'un «engrenage» ou d'un «mécanisme», et d'acteurs sans maîtrise des événements ni réelle capacité de choix pour les plus hauts dirigeants (par exemple, Jean-Jacques Becker, *La Première Guerre mondiale*, Paris, Belin, coll. «Sup histoire», 2003, qui décrit des dirigeants «tétanisés [...] incapables de réagir» et un «enchaînement fatal», p. 49-50). L'attribution, dès lors, d'une *volonté* et d'un *choix* de la guerre aux individus ordinaires n'en est que plus surprenante.

29. On prolonge une réflexion esquissée dans A. Loez, «L'espace public des tranchées. "Tenir" sous le regard des autres en 1914-1918», *in* R. Cazals *et al.*, *La Grande Guerre, pratiques et expériences*, Toulouse, Privat, 2005, p. 259-268.

30. Voir R. Cazals, «Non on ne peut pas dire: "à tout témoignage on peut opposer un autre"», *Matériaux pour l'histoire de notre temps*, n° 91, juillet-septembre 2008, p. 23-27.

31. J.-J. Becker, *1914. Comment les Français sont entrés dans la guerre*, Paris, Presses de la FNSP, 1977, p. 329.

32. Voir la mise au point récente de B. Gaïti, «L'opinion publique dans l'histoire politique: impasses et bifurcations», *Le Mouvement social*, 2007/4, n° 221, p. 95-104.

33. Sur l'utilisation de ce type de sources, voir Pierre Karila-Cohen, *L'état des esprits. L'invention de l'enquête politique en France, 1814-1848*, Rennes, PUR, 2008.

34. J.-J. Becker, *1914...*, *op. cit.*, p. 329.

35. *Id.*, p. 585.

36. *Id.*, p. 589.

37. Cf. Jean-Louis Crémieux-Brilhac, *Les Français de l'an 40*, Paris, Gallimard, 1990, et surtout Julian Jackson, *The Fall of France. The Nazi Invasion of 1940*, Oxford, Oxford University Press, 2003, en particulier p. 196 *sq.*

38. On mesure ici de nouveau toute l'importance de la mise à distance des «résultats» pour comprendre les processus sociaux. Cf. M. Dobry, «Penser = classer?», art. cit.

39. J.-J. Becker, *op. cit.*, p. 586.

40. Voir les travaux sur la nationalisation des sociétés de Christophe Charle, *La crise des sociétés impériales. Allemagne, France, Grande-Bretagne, 1900-1940. Essai d'histoire sociale comparée*, Paris, Seuil, 2001, et G. Noiriel, *Population, immigration et identité nationale en France*, Paris, Hachette, 1992; *État, nation et immigration: vers une histoire du pouvoir*, Paris, Belin, 2001, rééd. «Folio histoire», 2005. Pour une application à la Grande Guerre, voir le remarquable article cité de B. Wilfert-Portal.

41. N. Mariot, *Bains de foule...*, *op. cit.*, p. 311 en particulier.

42. Voir, outre les travaux de C. Charle et G. Noiriel, Jean-François Chanet, *L'École républicaine et les petites patries*, Paris, Aubier, 1996; Anne-Marie Thiesse, *Ils apprenaient la France. L'exaltation des régions dans le discours patriotique*, Paris, MSH, 1997, et Odile Roynette, «*Bons pour le service*»: *l'expérience de la caserne en France à la fin du xixe siècle*, Paris, Belin, 2000. Voir enfin les analyses que consacre F. Cochet à ces apprentissages: *Survivre...*, *op. cit.*, p. 41-57.

43. Un «devoir» rappelé à la fois directement, par nombre de parutions édifiantes, et indirectement par la mise en scène de la criminalité ou des catastrophes visant à faire ressentir le désastre qu'est toute transgression de l'ordre social. Voir Michelle Perrot, *Les ombres de l'histoire. Crime et châtiment au xixe siècle*, Paris, Flammarion, 2001; Dominique Kalifa, *L'encre et le sang. Récits de crimes et société à la Belle Époque*, Paris, Fayard, 1995, et Anne-

Claude Ambroise-Rendu, *Petits récits des désordres ordinaires. Les faits divers dans la presse française des débuts de la Troisième République à la Grande Guerre*, Paris, Seli Arslan, 2004.

44. C. Charle, *op. cit.*, p. 203.

45. Romain Ducoulombier, «La "Sociale" sous l'uniforme : obéissance et résistance à l'obéissance dans les rangs du socialisme et du syndicalisme français, 1914-1916», *in* A. Loez et N. Mariot, *Obéir...*, *op. cit.*, p. 266-279, cit. p. 270.

46. François Barge, *Avoir vingt ans dans les tranchées*, Saint Pourçain-sur-Sioule, C.D.R.P., 1984, p. 1.

47. Cf. J.-J. Becker, *1914...*, *op. cit.*, et la critique exemplaire du «mythe» de 1914 en Allemagne, par Jeffrey Verhey, *The Spirit of 1914 : Militarism, Myth, and Mobilization in Germany*, New York, Cambridge University Press, 2000.

48. François Boulet, *1914-1915, rouge garance et bleu horizon : correspondance de guerre*, Saint-Génis-des-Fontaines, la Mandorle, 2006, p. 34.

49. J.-J. Becker, *1914...*, *op. cit.*; Yves Pourcher, *Les jours de guerre. La vie des Français au jour le jour entre 1914 et 1918*, Paris, Plon/Hachette littératures, coll. «Pluriel», 2008 [1994], p. 23.

50. Marc Bloch, «Souvenirs de guerre», *L'Histoire, la Guerre, la Résistance*, Paris, Gallimard, coll. «Quarto», 2006, p. 120.

51. Ivan Cassagnau, *Ce que chaque jour fait de veuves, journal d'un artilleur 1914-1916*, Paris, Buchet-Chastel, 2003, p. 21.

52. Henri Despeyrières, *C'est si triste de mourir à 20 ans. Lettres du soldat Henri Despeyrières, 1914-1915*, Toulouse, Privat, 2007, p. 32. Voir Alexandre Lafon, «Obéir, contourner, refuser : les stratégies dévoilées par le témoignage du combattant Henri Despeyrières», *in* A. Loez et N. Mariot, *Obéir...*, *op. cit.*, p. 153-166.

53. Étienne Tanty, *Les violettes des tranchées. Lettres d'un Poilu qui n'aimait pas la guerre*, Paris, France bleu/Italiques, 2002, p. 44-46.

54. *Id.*, p. 48.

55. *Id.*, p. 46.

56. L. Barthas, *op. cit.*, p. 14, 4 août 1914.

57. Pierre Renouvin, *Les formes du gouvernement de guerre*, Paris, PUF, 1925, p. 28.

58. P. Renouvin, *op. cit.*

59. Y. Pourcher, *op. cit.*, p. 33.

60. Voir Jean-Jacques Becker, *Les Français...*, *op. cit.*, p. 49, et la présentation quelque peu irénique par Olivier Forcade, «Censure, secret et opinion en France de 1914 à 1918», *Matériaux pour l'histoire de notre temps*, 2000, vol. 58, n° 1, p. 45-53.

61. J.-B. Duroselle, *op. cit.*, p. 134.

62. Panique bien décrite par Y. Pourcher à l'échelle locale, *op. cit.*, p. 76-79. Sur le thème de la «guerre courte» et ses ressorts, voir Benoist Couliou, «Un stoïcisme pragmatique? Expérience temporelle et horizon d'attente des combattants», *Matériaux pour l'histoire de notre temps*, n° 91, juillet-septembre 2008, p. 71-74.

63. A. Bach, *op. cit.*, p. 33, et N. Offenstadt, *Les Fusillés...*, *op. cit.*, p. 19-20.

64. A. Loez, «"Lumières suspectes" sur ciel obscur. Le spectacle de la guerre et la recherche des espions dans Paris bombardé en 1914-1918», *in* C. Prochasson et A. Rasmussen (dir.), *Vrai et faux...*, *op. cit.*, p. 166-188; sur Maggi voir Y. Pourcher, *op. cit.*, p. 52 *sq.* et J.-J. Becker, *1914...*, *op. cit.*, p. 497 *sq*, qui note les très faibles peines pour les auteurs de ces saccages: la pénalisation du pacifisme s'accompagne d'une dépénalisation de la violence nationaliste, qu'illustrera amplement le sort de Raoul Villain, l'assassin de Jaurès, tardivement jugé et acquitté en 1919.

65. Gundula Bavendamm, «L'ennemi chez soi», *in* S. Audoin-Rouzeau et J.-J. Becker, *Encyclopédie...*, *op. cit.*, p. 751-757, p. 752; Jean-Claude Farcy, *Les camps de concentration français de la Première Guerre mondiale, 1914-1920*, Paris, Anthropos/Economica, 1995; pour distinguer entre les différentes figures du «camp» et éviter les contresens, cf. Joël Kotek, «Camps et centres d'extermination au XXᵉ siècle: essai de classification», *Les Cahiers de la Shoah*, 2003/1, n° 7, p. 45-85.

66. Cf. Christian Chevandier, «Dans les hôpitaux civils : anges blancs ou travailleuses ?», *in* R. Cazals *et al.*, *La Grande Guerre...*, *op. cit.*, p. 25-34.

67. Cf. François Bouloc, *Les profiteurs de guerre 1914-1918*, Bruxelles, Complexe, 2008, p. 204.

68. S. Audoin-Rouzeau, *La guerre des enfants 1914-1918. Essai d'histoire culturelle*, Paris, Armand Colin, 1993.

69. Manon Pignot, «Les enfants», *in* S. Audoin-Rouzeau et J.-J. Becker, *Encyclopédie...*, *op. cit.*, p. 627-640, cit. p. 636. Cet article déconcerte dans sa présentation rhétorique des enfants qui «ne sont pas seulement les victimes de la guerre ; ils en sont aussi les acteurs» (p. 636) : l'usage de l'argot militaire ou les rêves de combat enfantins peuvent-ils être mis sur le même plan que la mort subie ou le deuil massif des orphelins ?

70. Voir John Horne (dir.), *State, Society and Mobilization in Europe during the First World War*, Cambridge, Cambridge University Press, 1997.

71. J.-J. Becker, *1914...*, *op. cit.*, p. 329 *sq.*

72. *Id.*, p. 53 ; et Bertrand Joly, «Le souvenir de 1870 et la place de la Revanche», *in* S. Audoin-Rouzeau et J.-J. Becker, *Encyclopédie...*, *op. cit.*, p. 109-123.

73. Brigitte Gaïti, *De Gaulle prophète de la Ve République (1946-1962)*, Paris, Presses de Sciences Po, 1998, p. 183-201.

74. J.-J. Becker, *Les Français...*, *op. cit.*, p. 58.

75. *Id.*, p. 84 *sq.*

76. Fabrice Pappola, *Le «bourrage de crâne» dans la Grande Guerre. Approche socioculturelle des rapports des soldats français à l'information*, thèse, Université de Toulouse-Le Mirail, sous la direction de Rémy Cazals, 2007 ; Fabrice d'Almeida et Christian Delporte, *Histoire des médias en France, de la Grande Guerre à nos jours*, Paris, Flammarion, coll. «Champs», 2003, p. 35.

77. Cf. C. Charle, *Le siècle de la presse (1830-1939)*, Paris, Seuil, coll. «L'univers historique», 2004, p. 222.

78. Un fonctionnement social du même ordre, réduisant au silence et délégitimant les discours critiques, a pu s'observer dans la société américaine en 2003 pour justifier

la guerre en Irak. Là aussi, on observe une convergence tout sauf fortuite et spontanée des discours d'État et des acteurs «privés» que sont les médias et les intellectuels. Voir David Dadge, *The War in Iraq and Why the Media Failed Us*, Westport, Praeger, 2006.

79. J. N. Cru, *Témoins, op. cit.*

80. A. Ferry, *Carnets secrets 1914-1918*, Paris, Grasset, 2005, p. 104-105.

81. *Id.*, p. 97.

82. Emmanuelle Cronier, *L'échappée belle : permissions et permissionnaires du front à Paris pendant la Première Guerre mondiale*, thèse, Université de Paris-I, sous la dir. de Jean-Louis Robert, 2005.

83. Marie-Anne Paveau, «Citation à l'ordre et croix de guerre. Fonctions des sanctions positives dans la guerre 1914-1918», *in* R. Cazals *et al.*, *La Grande Guerre, pratiques..., op. cit.*, p. 247-258.

84. J. Horne, «*"L'impôt du sang"* : Republican rhetoric and industrial warfare in France, 1914-18», *Social History*, vol. 14, n° 2, mai 1989, p. 201-223 ; C. Ridel, *op. cit.*, p. 153-205.

85. F. Bouloc, *op. cit.*, p. 193.

86. N. Offenstadt, *Les Fusillés..., op. cit.*, p. 65.

87. Fabienne Bock et Thierry Bonzon, « "Il faut que vous sachiez ce qui se passe chez nous..." : 246 lettres de militaires français au Parlement en 1917», *in* A. Loez et N. Mariot (dir.), *Obéir..., op. cit.*, p. 167-180.

88. F. Bouloc, *op. cit.*, p. 111.

89. Jean-Paul Bertaud, *La Révolution armée. Les soldats-citoyens et la Révolution française*, Paris, Robert Laffont, 1979.

90. Bruna Bianchi, «Exécutions sommaires et condamnations à mort au sein de l'armée italienne durant la Grande Guerre», *in* R. Cazals *et al.*, *La Grande Guerre..., op. cit.*, p. 237-246 ; Snezhana Dimitrova, «Exécutions pour l'exemple dans l'armée bulgare (1915-1918)» in *id.*, p. 227-236 ; Alan Wildman, *The End of the Russian Imperial Army*, Princeton, Princeton University Press, 1980, p. 31-36, 88-89, et 106-107.

91. J.-P. Bertaud, *op. cit.*, et Thomas Hippler, *Soldats et citoyens. Naissance du service militaire en France et en Prusse*, Paris, PUF, coll. «Pratiques théoriques», 2006.

92. A. Bach, *op. cit.*, p. 80.

93. O. Roynette, *op. cit.*, p. 80.

94. Marcel Demongeot, *Citoyen et soldat: étude sur l'armée nationale*, Paris, Flammarion, 1902, p. 112.

95. Jean Jaurès, *L'Armée nouvelle*, présentation par Madeleine Rebérioux, Paris, Union générale d'éditions, 1969 [1911].

96. M. Demongeot, *op. cit.*, p. 87.

97. Sur cette question, voir F. Bock, *Un parlementarisme de guerre, 1914-1919*, Paris, Belin, 2002, p. 45 *sq*.

98. F. Cochet, *op. cit.*, p. 48.

99. E. Cronier, thèse citée.

100. A. Bach, *op. cit.*, rappelle le mépris occasionnel pour les soldats de certains officiers, en particulier cléricaux, p. 106. Marc Bloch signale, au début du conflit, un officier qui use de la violence physique sur ses hommes (*op. cit.*, p. 161); J. Maurin évoque l'usage de la cravache (*op. cit.*, p. 626); les pratiques de menace sont confirmées pour 1914 par l'étude d'Emmanuel Saint-Fuscien, «"Forcer l'obéissance": intentions, formes et effets d'une pratique militaire dans l'activité combattante de la Grande Guerre», *in* A. Loez et N. Mariot, *Obéir...*, *op. cit.*, p. 32-46.

101. A. Bach, *op. cit.*, p. 260-274; N. Offenstadt, *Les Fusillés...*, *op. cit.*, p. 21; Vincent Suard, «La justice militaire française et la peine de mort au début de la Première Guerre mondiale», *Revue d'histoire moderne et contemporaine*, vol. 41, n° 1, janvier-mars 1994, p. 136-153.

102. E. Cronier, thèse citée, p. 88.

103. A. Bach, *op. cit.*, p. 523.

104. N. Offenstadt, *Les Fusillés...*, *op. cit.*, p. 64-65.

105. P. Renouvin, *Les formes...*, *op. cit.*, p. 35.

106. E. Tanty, *op. cit.*, p. 258, 17 janvier 1915.

107. A. Bach, *op. cit.*, p. 525.

108. E. Cronier, thèse citée, p. 200.

109. Si le courrier destiné aux députés est censé être exempt de contrôle, l'armée ne tient pas compte de cette

exception, au début de la guerre en particulier. On trouve ainsi de nombreuses plaintes de députés dont le courrier a été ouvert, et les enquêtes de l'armée (légères et de pure forme) auxquelles ces plaintes ont donné lieu (SHD 16N1556 et 1557). Cf. également Abel Ferry, *op. cit.*, p. 127 : « Le ministère de la Guerre semble prendre plaisir à blesser chaque député. On ouvre des lettres adressées dans la zone de l'intérieur par des préfets à des députés. »

110. Cité par E. Cronier, thèse citée, p. 94.

111. Mortimer-Mégret, *Guide pratique du Militaire devant les lois et règlements de l'armée (soldat, gradé, officier). Ses droits, ses devoirs*, Paris, Publications pratiques, 1916, p. 60.

112. F. Cochet, *op. cit.*, p. 48.

113. Antoine Prost, « La guerre de 1914 n'est pas perdue », *Le Mouvement social*, 2002/2, n° 199, p. 95-102, citation p. 101. Voir également F. Cochet, *op. cit.*, p. 186, et Alf Lüdtke, « War as Work : Aspects of Soldiering in Twentieth-Century Wars », *No Man's Land of Violence. Extreme Wars in the 20th Century*, Göttingen, Wallstein Verlag, p. 127-151.

114. Marcel Papillon *et al.*, « *Si je reviens comme je l'espère...* » *Lettres du front et de l'arrière 1914-1918*, Paris, Grasset, 2004, p. 114 et 306.

115. SHD 16N1526, CP, SRA, 3e bureau, 30 juin 1917.

116. Cf. A. Prost, « Les limites de la brutalisation : tuer sur le front occidental, 1914-1918 », *Vingtième siècle, Revue d'histoire*, n° 81, janvier-mars 2004, p. 5-20, cit. p. 13 ; R. Cazals et A. Loez, *op. cit.*, p. 90.

117. Pratique courante signalée par E. Cronier, thèse citée, p. 267 *sq.*

118. Marius Perroud, *Mes mémoires de la guerre 1914-1918*, Bellecolombette, P. Perroud, 2006, p. 104.

119. Ainsi dans cet exemple stupéfiant rapporté par A. Ferry, *op. cit.*, p. 103, 27 avril 1915 : « Viviani se plaint en véhémentes envolées d'être un gouvernement réduit en quenouille, n'apprenant les choses de la guerre dont il est responsable, que par raccrocs et par potins. Le GQG doit quitter Chantilly. Il l'a appris par la fleuriste de son quartier. "Ce n'est pas agréable pour un Premier ministre", ajoute-t-il. »

120. F. Cochet, *op. cit.*, p. 95-106.

121. F. Pappola, thèse citée, p. 371-372.

122. Voir par exemple M. Papillon, *op. cit.*, p. 96.

123. Martha Hanna, « A Republic of Letters : The Epistolary Tradition in France during World War I », *The American Historical Review*, vol. 108, n° 5, déc. 2003.

124. F. Boulet, *op. cit.*, p. 63. Outre l'article cité de M. Hanna, voir R. Cazals, A. Loez, *op. cit.*, p. 145-151, et C. Prochasson, « Aimer et gouverner à distance — Le témoignage des correspondances », *Retours...*, *op. cit.*, p. 209-239.

125. F. Pappola, thèse citée, p. 370 ; voir parmi de nombreux exemples E. Tanty, *op. cit.*, p. 379.

126. H. Despeyrières, *op. cit.*, p. 232.

127. Cité dans R. Cazals et A. Loez, *op. cit.*, p. 225.

128. E. Cronier, thèse citée, p. 508 *sq.*

129. J.-N. Jeanneney, art. cit.

130. A. Ferry, *op. cit.*, p. 368.

131. SHD 16N1426, CP, 236ᵉ RA, 1ᵉʳ mai 1917 : « [des soldats] correspondent en langage conventionnel en mettant des points sous les lettres qui réunies forment le mot désignant le lieu de leur emplacement. »

132. M. Hanna, art. cit., § 43.

133. A. Bach, *op. cit.*, p. 484 et 496.

134. Louis Deville, *in* R. Cazals *et al.*, *Années cruelles 1914-1918*, Villelongue d'Aude, Atelier du Gué, 1998, p. 51.

135. H. Despeyrières, *op. cit.*, p. 74, 30 octobre 1914.

136. F. Rousseau, *La guerre censurée*, *op. cit.*

137. Voir R. Cazals et A. Loez, *op. cit.*, p. 65-70 ; Michel Goya, *La chair et l'acier. L'armée française et l'invention de la guerre moderne (1914-1918)*, Paris, Tallandier, 2004, p. 307-313.

138. Paul Mencier, *Les cahiers de Paul Mencier 1914-1919*, présentation par Jean-Marc Truchet, Guilherand, La Plume du temps, 2001, p. 178.

139. Alexander Watson, « Self-Deception and Survival : Mental Coping Strategies on the Western Front, 1914-18 », *Journal of Contemporary History*, vol. 41, n° 2, avril 2006, p. 247-268. Voir R. Cazals et A. Loez, *op. cit.*, p. 212-213, et Jay Winter, *Entre deuil et mémoire. La Grande Guerre*

dans l'histoire culturelle de l'Europe [1995], Paris, Armand Colin, 2007, p. 78. Une telle pratique illustre encore une fois les continuités des mondes civil et militaire.

140. F. Barge, *op. cit.*, p. 18.

141. Sur ces éléments, voir R. Cazals et A. Loez, *op. cit.*, chap. 3 et 5 ; J.G. Fuller, *Troop Morale and Popular Culture in the British and Dominion Armies 1914-1918*, Oxford, Clarendon Press, 1990 ; et F. Cochet, *op. cit.* Sur l'alcool, voir en particulier F. Cochet, « 1914-1918 : l'alcool aux armées. Représentations et essai de typologie », *Guerres mondiales et conflits. Contemporains*, 2006/2, n° 222, p. 19-32.

142. H. Despeyrières, *op. cit.*, p. 73.

143. A. Ferry, *op. cit.*, lettre à Hélène, p. 343.

144. M. Papillon, *op. cit.*, p. 102-103.

145. *Id.*, p. 55.

146. R. Cazals et A. Loez, *op. cit.*, chap. 3, « S'adapter à de nouvelles formes de vie », p. 105-151.

147. Sur les rythmes du front, voir les riches pages de F. Cochet, *op. cit.*, p. 113-135 ; sur l'absence d'informations, F. Rousseau, *La guerre censurée…*, *op. cit.*, chap. I ; sur le rapport au temps, J.-F. Jagielski, « Modifications et altérations de la perception du temps chez les combattants de la Grande Guerre », *in* R. Cazals *et al.*, *La Grande Guerre…*, *op. cit.*, p. 205-214.

148. François De Witte, *Lettres d'un mécréant (1909-1918)*, Paris, Olympio, 2001, p. 71.

149. Jean Julien Weber, *Sur les pentes du Golgotha. Un prêtre dans les tranchées*, Strasbourg, La nuée bleue, 2001, p. 82.

150. M. Bloch, *op. cit.*, p. 255 *sq.*

151. Adrien Brochard, *Quatorze, dix-huit*, Nantes, M. Brochard, 1952-1953, p. 47, 23 sept. 1915.

152. A. Loez, « L'espace public des tranchées… », art. cit.

153. M. Bloch, *op. cit.*, p. 163.

154. Cf. Robert A. Nye, *Masculinity and Male Codes of Honor in Modern France*, New York et Oxford, Oxford University Press, 1993.

155. Cf. Alain Corbin, Jean-Jacques Courtine et Georges

Vigarello (dir.), *Histoire du corps. 2. De la Révolution à la Grande Guerre*, Paris, Seuil, 2005, p. 252 *sq.*; David Le Breton, *Anthropologie de la douleur*, Paris, Métailié, 1995, p. 133-135; et l'article fondamental de Luc Boltanski, «Les usages sociaux du corps», *Annales ESC*, 1971, vol. 26, n° 1, p. 205-233, p. 219-221 en particulier. Cf. aussi Michel Pigenet, «À propos des représentations et des rapports sociaux sexués: identité professionnelle et masculinité chez les dockers français (xixe-xxe siècles)», *Le Mouvement social*, 2002/1, n° 198, p. 55-74.

156. *Op. cit.*, p. 149.

157. Parmi beaucoup d'autres, voir par exemple R. Hertz, *Un ethnologue dans les tranchées, août 1914-avril 1915, Lettres de Robert Hertz à sa femme Alice*, Paris, CNRS éditions, 2002, p. 175, et François Pellan, *Lettres de guerre*, Paris, La pensée universelle, 1982, p. 41.

158. L. Barthas, *op. cit.*, p. 149.

159. Paul Tuffrau, *1914-1918, quatre années sur le front. Carnets d'un combattant*, Paris, Imago, 1998, p. 147.

160. André Ducasse, Jacques Meyer et Gabriel Perreux, *Vie et mort des Français 1914-1918. Simple histoire de la Grande Guerre*, Paris, Hachette, 1959, p. 91.

161. H. Despeyrières, p. 50, 27 septembre 1914.

162. A. Loez, «Tears in the Trenches. A Cultural History of Emotions and the Experience of War», *in* Jenny Macleod et Pierre Purseigle (dir.), *Uncovered Fields. Perspectives in First World War Studies*, Leyde, Brill Academic Publishers, 2003, p. 211-226.

163. H. Despeyrières, *op. cit.*, p. 261, 22 août 1915.

164. M. Papillon, *op. cit.*, p. 114.

165. R. Cazals, A. Loez, *op. cit.*, p. 159-169; F. Cochet, *op. cit.*, p. 148-152.

166. Victorine Garrigue, lettre du 27 novembre 1914. Voir R. Cazals et A. Loez, *op. cit.*, p. 157-159.

167. Pour une analyse parallèle de la complexité des attitudes individuelles ne se laissant pas résumer à «résistance» et «collaboration» sous l'occupation, voir Julian Jackson, *France. The Dark Years, 1940-1944*, Oxford, Oxford University Press, 2001, en particulier p. 3, «Ambiguities».

168. Pacifiste antimilitariste, son dégoût de la guerre est exprimé sans cesse dans ses carnets, mais il continue à se battre et reste même en partie à l'écart, comme on le verra, des mutineries.

169. A. Ducasse *et al.*, *op. cit.*, p. 177.

170. J. J. Weber, *op. cit.*, p. 103.

171. M. Papillon, *op. cit.*, p. 81, le 25 janvier 1915.

172. A. Ferry, *op. cit.*, p. 101.

173. *Id.*, p. 362.

174. *Id.*, p. 367.

175. A. Cochet, thèse citée, p. 267.

176. CP, 7ᵉ armée, 24 avril 1916, cité dans *id.*, p. 267.

177. CP, 2ᵉ armée, 19 mai 1916, *id.*, p. 271.

178. CP, 6ᵉ armée, 2 novembre 1916, *id.*, p. 293.

179. Cf. Michaël Bourlet, «La perception et la prise en compte par le commandement de la souffrance de la troupe», *in* F. Cochet (dir.), *1916-2006, Verdun sous le regard du monde*, Saint-Cloud, 14-18 Éditions, 2006, p. 269-282, qui montre combien la question de la souffrance combattante est secondaire dans la «logique d'état-major». Le langage militaire employé en 1914-1918 opère naturellement une réduction des coûts, lorsqu'il est question d'une «belle offensive», par exemple.

180. Louis Chirossel, témoignage, *in* J.-P. Bernard *et al.*, *Je suis mouton…*, *op. cit.*, p. 85.

181. H. Despeyrières, *op. cit.*, p. 183, le 6 mars 1915.

182. M. Papillon, *op. cit.*, p. 153 et 168.

183. F. Bouloc, *op. cit.*, p. 365. Cf J. Maurin, *op. cit.*, et A. Loez, «Autour d'un angle mort…», art. cit., pour une évaluation de l'inégalité devant la mort.

184. Marc Michel écrit ainsi que l'historien Jules Isaac se représente la guerre comme un combat du bien et du mal, «comme la très grande majorité des autres poilus» (introduction à J. Isaac, *Historien dans la Grande Guerre : lettres et carnets, 1914-1917*, Paris, Armand Colin, 2004, p. 38).

185. Jean Norton Cru, *Lettres du front et d'Amérique : 1914-1919*, Aix-en-Provence, Publications de l'Université de Provence, 2007, p. 93, 2 janvier 1915.

186. Voir Christophe Prochasson, « Culture de guerre et consentement », préface à R. Hertz, *op. cit.*, p. 27-34.

187. R. Hertz, *id.*, p. 83. On prolonge et on systématise ici les remarques judicieuses de N. Mariot, « Faut-il être motivé… », art. cit., p. 165.

188. *Id.*, p. 85, lettre du 26 octobre 1914.

189. *Id.*, p. 122, 25 novembre 1914.

190. *Id.*, p. 126-127, 28 novembre 1914. On remarque l'allusion à une fraternisation et à une partie de cartes entre les deux camps.

191. *Id.*, p. 126, 28 novembre 1914.

192. *Id.*, p. 175, 1er janvier 1915.

193. Voir, par exemple, la lettre du 11 janvier 1915, *id.*, p. 188.

194. On prendra garde à ne pas écarter les éléments rapportés ici au motif qu'il ne s'agirait que d'un seul témoignage : si l'auteur est unique, il rapporte des situations sociales partagées, dans lesquelles il est, chaque fois, isolé. Voir aussi R. Cazals, « Non on ne peut pas dire… », art. cit. ; et une mise en parallèle de ces lettres avec celles d'un autre jeune socialiste, Josué Gaboriaud, lui aussi confronté au manque d'idéalisme de ses camarades : R. Ducoulombier, *Régénérer le socialisme. Aux origines du communisme en France (1905-1925)*, thèse, IEP de Paris, sous la dir. de Marc Lazar, 2007, p. 301-307.

195. Ainsi, dans la lettre du 14 février 1915, cette réaction d'un soldat face à un « pleutre » qui exprime sans doute sa lassitude du conflit : « Mais moi, je suis content d'être ici pour empêcher ces sales brigands de Boches d'aller plus loin, d'aller tout piller et brûler par chez nous. » (*Id.*, p. 208).

196. Richard Hoggart, *La culture du pauvre*, Paris, Minuit, 1970 [1958], p. 117-118 et 334-335, cité par François Buton, « Quand les disponibles ne veulent pas l'être. Le "Mouvement des rappelés" pendant la guerre d'Algérie », in A. Loez et N. Mariot, *Obéir…, op. cit.*, p. 181-197, cit. p. 189-190.

197. Émile Guillaumin, extrait d'une lettre à l'inspecteur d'académie Raphaël Périé, publiée dans *L'Actualité de*

l'histoire, n° 31, avril-juin 1960, p. 15-48, citation p. 37-38,
cité dans Annie Kriegel, *Aux origines du communisme
français, 1914-1920. Contribution à l'histoire du communisme français*, 2 tomes, Paris-La Haye, Mouton, 1964,
p. 72-73.

198. A. Kriegel, *op. cit.*, p. 73. Georges Dumoulin et
Pierre Monatte sont alors des syndicalistes «minoritaires»
et opposés à la guerre.

199. Delphin Quey *et al.*, *Poilus savoyards: 1913-1918,
chronique d'une famille de Tarentaise*, Chambéry, J.-C. et
J.-F. Lovie, 1981, p. 55, 22 décembre 1914.

200. J. Maurin, *op. cit.*, p. 483-484, 502-504, 577 et en
particulier 628-633. Cit. p. 631.

201. *Id.*, et A. Loez, «Autour d'un angle mort…»,
art. cit.

202. Daniel Gaxie, *Le cens caché. Inégalités culturelles et
ségrégation politique*, Paris, Seuil, 1978.

203. Voir Rémy Cazals, «Méditations sur la paix d'un
combattant de 1914-1915», *in* Sylvie Caucanas *et al.* (dir.),
Paroles de paix en temps de guerre, Toulouse, Privat, 2006,
p. 121-132, p. 128.

204. E. Tanty, *op. cit.*, p. 455.

205. Voir J.-N. Jeanneney, art. cit.

206. CP, 2ᵉ armée, 13 octobre 1916, cité par A. Cochet,
thèse citée, p. 116 et 314-315.

207. R. Cazals, «Méditations sur la paix…», art. cit.

208. Les historiens font parfois preuve de dérision
envers ces visions non construites des acteurs qu'ils étudient. G. Pedroncini formule ce jugement sur les mutins
du 17ᵉ RI qui en ont «marre» et veulent la «paix»: «Il est
aisé de conclure qu'il s'agit là d'un programme sommaire
et sans grande envergure politique et diplomatique»
(*op. cit.*, p. 164); de même, D. Rolland, cherchant les
causes de la mutinerie du 370ᵉ RI, évoque la «faiblesse des
arguments des mutins» (*op. cit.*, p. 221).

209. F. Cochet, *op. cit.*, p. 76.

210. Pierre Rivat, *Vie d'un soldat carbonnais pendant la
Grande Guerre*, Carbonne, Histoire et Traditions carbonnaises, 2004, p. 9.

211. Marcel Garrigue, *in* Alain Glayroux, *Portraits de poilus du Tonneinquais, 1914-1918*, Tonneins, La mémoire du fleuve, 2006, p. 129.

212. E. Tanty, *op. cit.*, p. 175, 21 novembre 1914.

213. F. Boulet, *op. cit.*, p. 55.

214. Émile et Léa Mauny, *Lettres d'un couple d'instituteurs bourguignons dans la tourmente de la Grande Guerre*, chez l'auteur, 2007, p. 71.

215. E. Tanty, *op. cit.*, p. 270.

216. *Id.*, p. 56.

217. M. Papillon, *op. cit.*, p. 266.

218. Lettre de M. Marchand, 3 janvier 1916, *in* D. Quey *et al.*, *op. cit.*, p. 140.

219. Ernest Répessé, *Témoignage 1914-1918*, Joué-lès-Tours, Art & T, 2003, p. 533.

220. H. Despeyrières, *op. cit.*, p. 261, 22 août 1915.

221. Lucien Laby, *Les carnets de l'aspirant Laby. Médecin dans les tranchées 28 juillet 1914-14 juillet 1919*, Paris, Bayard, 2001, coll. «Hachette Littératures/Pluriel», p. 115, 2 août 1915.

222. M. Papillon, *op. cit.*, p. 182.

223. H. Despeyrières, *op. cit.*, p. 217, 5 mai 1915.

224. M. Papillon, *op. cit.*, p. 213.

225. J. N. Cru, *Lettres…*, *op. cit.*, p. 127.

226. M. Papillon, *op. cit.*, p. 146, 17 mai 1915.

227. E. Tanty, *op. cit.*, p. 457.

228. H. Despeyrières, *op. cit.*, p. 250.

229. E. Tanty, *op. cit.*, p. 533, 9 septembre 1915.

230. E. Mauny, *op. cit.*, p. 106.

231. Cité par F. Cochet, *op. cit.*, p. 108.

232. CP, 2ᵉ armée, 30 août 1916, cité par A. Cochet, thèse citée, p. 393.

233. M. Escholier, *op. cit.*, p. 60 et 89.

234. R. Hertz, *op. cit.*, p. 140, 8 décembre 1914.

235. Nicolas Werth, «Rumeurs défaitistes et apocalyptiques dans l'URSS des années 1920 et 1930», *La terreur…*, *op. cit.*, p. 101-115. On doit à Jean-Yves Le Naour une étude présentant les pratiques prophétiques et superstitieuses dans la France de 1914-1918, confirmant l'in-

tensité des attentes de «fin»: *Nostradamus s'en va-t-en guerre 1914-1918*, Paris, Hachette Littératures, 2008.

236. R. Cazals, «Méditations sur la paix...», art. cit., p. 129.

237. *Ibid.*, p. 129.

238. M. Papillon, *op. cit.*, p. 156, 9 juin 1915.

239. Émile Morin, *Lieutenant Morin: combattant de la guerre 1914-1918*, Besançon, Cêtre, 2002, p. 150.

240. On manque sur la question d'une bonne synthèse. Voir A. Kriegel, *op. cit.*, et Madeleine Rébérioux, «Le socialisme et la Première Guerre mondiale», *in* Jacques Droz (dir.), *Histoire générale du socialisme*, t. II, de 1875 à 1918, Paris, PUF, 1997 [1974], p. 585-641, ainsi que R. Ducoulombier, thèse citée.

241. Cf. P. Olivera, «Pour faire la guerre, prépare la paix: le discours des essayistes français (1916-1918)», *in* S. Caucanas *et al.* (dir.), *Paroles de paix..., op. cit.*, p. 295-305, et R. Cazals, «Méditations sur la paix...», art. cit.

242. A. Ferry, *op. cit.*, p. 80.

243. Voir Pierre Roy, *Pierre Brizon, pacifiste, député socialiste de l'Allier, pèlerin de Kienthal*, Nonette, éditions Créer, 2004; et Jean-Louis Robert et Thierry Bonzon, *Nous crions grâce, 154 lettres de pacifistes, Juin-Novembre 1916*, Paris, Les éditions ouvrières, 1989.

244. Cf. Jean-Denis Bredin, *Joseph Caillaux*, Paris, Hachette, 1980, p. 153.

245. A. Ferry, *op. cit.*, p. 213, 2 février 1917.

246. Voir, pour une étude de cas éclairante, A. Lafon, «Obéir, contourner, refuser...», art. cit.

247. J. Maurin, «Les engagés volontaires...» et F. Rousseau, «De l'élan patriotique aux stratégies d'évitement», art. cit.

248. M. Papillon, *op. cit.*, p. 37.

249. D. Quey *et al.*, *op. cit.*, p. 162, mai 1916.

250. F. Cochet, *op. cit.*, p. 197.

251. Voir R. Cazals et A. Loez, *op. cit.*, p. 234-239 pour de nombreux exemples; voir surtout C. Ridel, *op. cit.*, en particulier chap. 6, pour l'analyse suivie du cas de Fernand Léger.

252. H. Despeyrières, *op. cit.*, p. 112.

253. SHD 16N1388, CP, 109ᵉ RI, 12 mai 1917. Nous soulignons.

254. L. Laby, *op. cit.*, p. 281. Voir aussi le cas de Roland Dorgelès, notice «Dorgelès» du dictionnaire en ligne des témoins, par F. Rousseau : < http://www.crid1418.org/temoins/2008/04/10/dorgeles-lecavele-dit-roland-1885-1973/ >.

255. L. Papillon, *op. cit.*, p. 216.

256. *Id.*, p. 160.

257. A. Bach, *op. cit.*, p. 322-371 et 479 *sq.*, voir aussi R. Cazals et A. Loez, *op. cit.*, p. 231-234.

258. T. Ashworth, *op. cit.*, R. Cazals *et al.*, *Frères de tranchée…*, *op. cit.*

259. Voir E. Cronier, thèse citée, p. 319 et 639 sq.

260. Voir par exemple H. Despeyrières, *op. cit.*, p. 154 : pas un seul volontaire dans tout un bataillon du 14ᵉ RI pour reprendre un boyau en janvier 1915.

261. Paul Ricadat, *Petits récits d'un grand drame (1914-1918). Histoire de mes vingt ans*, Paris, Éditions La Bruyère, 1986, p. 71. Cf. N. Offenstadt, *Les Fusillés…*, *op. cit.*, et A. Bach, *op. cit.*

262. L. Papillon, *op. cit.*, p. 84.

263. A. Bach, *op. cit.*, p. 466 *sq.*

264. Edgard Vieillard, *Mémoires de la Grande Guerre*, Nantes, Éditions Colivris, 2006, p. 42 ; voir également N. Offenstadt, *Les Fusillés…*, *op. cit.*, p. 49.

265. M. Digo, *La Grande Guerre de Maurice Digo : au 146ᵉ RI du XXᵉ Corps, 30 octobre 1914-2 août 1919*, s. l., Bretagne 14-18, 2008, p. 45, 5 août 1915 : tout le cantonnement du 146ᵉ RI reprend l'*Internationale* ; les soldats sont punis par une marche forcée de 25 kilomètres.

266. J. N. Cru, *Témoins…*, *op. cit.*, p. 20.

267. H. Despeyrières, *op. cit.*, p. 192-193.

268. D. Rolland, *op. cit.*, p. 31-33.

269. La sévérité fait l'objet des travaux de N. Offenstadt, *Les Fusillés…*, *op. cit.*, chap. I, et A. Bach, *op. cit.* : 4 fusillés au 63ᵉ RI à Flirey, en avril 1915, par exemple (p. 547-548).

270. *Id.*, p. 548.

271. Henri Sénéclauze, témoignage, in J.-P. Bernard *et al.*, *Je suis mouton…*, *op. cit.*, p. 199.

272. Albert Hirschman, *Défection, prise de parole et loyauté*, Paris, Fayard, 1995 [1970].

2. PASSER À L'ACTE

1. Alain, *Mars ou la guerre jugée*, Paris, Gallimard, coll. «Folio», 1995 [1921], p. 100, cité par P. Schoentjes, art. cit., p. 399.

2. Cf A. Loez, «La bataille avant la bataille : imaginer et deviner l'offensive», *in* N. Offenstadt, *Le Chemin des Dames…*, *op. cit.*, p. 197-205, et R. Koselleck, «"Champ d'expérience" et "Horizon d'attente" : deux catégories historiques», *Le Futur passé. Contribution à la sémantique des temps historiques*, Paris, Éd. de l'EHESS, 2000 [1979], p. 307-329.

3. H. Neveux, *op. cit.*, chap. 2 et 3, p. 71-155 ; cit. p. 189.

4. J.-B. Duroselle, *op. cit.*, p. 149, et pour une réaction de combattant, L. Barthas, *op. cit.*, p. 419.

5. Cf. A. Kriegel, «L'opinion publique française et la Révolution russe», *in* Victor Fay (éd.), *La Révolution d'Octobre et le Mouvement ouvrier européen*, Paris, E.D.I., 1967, p. 75-104 ; Jean Nicot et Philippe Schillinger, «L'opinion face à la guerre, l'influence de la révolution russe d'après les archives du contrôle postal», *Actes du 97ᵉ congrès des sociétés savantes, Nantes 1972, Section d'Histoire moderne et contemporaine*, Paris, BN, 1977, p. 451-471 ; M. Ferro, *1917. L'Occident devant la Révolution soviétique*, Bruxelles, Complexe, 1991. La synthèse la plus récente est celle de Sophie Cœuré, *La grande lueur à l'est. Les Français et l'Union soviétique, 1917-1939*, Paris, Seuil, 1999.

6. André Kahn, *Journal de guerre d'un Juif patriote*, Paris, J.-C. Simoën, 1978, p. 269-270.

7. SHD 16N1388, CP, 360ᵉ RI, 24 mars 1917. Précisons que les dates indiquées en notes pour le contrôle postal sont les dates des rapports, et non des courriers lus, lesquels datent en général de la veille ou de l'avant-veille.

8. SHD 16N1406, CP, 299e RI, 6 avril 1917.

9. SHD 16N1406, CP, 210e RI, 8 avril 1917.

10. Markus Pöhlmann, «Une occasion manquée? Les mutineries de 1917 dans la stratégie et l'historiographie allemandes», *in* A. Loez et N. Mariot, *Obéir...*, *op. cit.*, p. 385-398.

11. Ainsi dans *L'Humanité* du 20 mars, qui titre «L'avance en certains points a atteint trente-cinq kilomètres de profondeur» et indique plus loin que ce repli était protégé par «des troupes d'élite» et que «l'état-major allemand garde son secret».

12. E. Répessé, *op. cit.*, p. 563, 20 mars 1917.

13. Bernard-Henri Croste, *Pour la France ou pour des prunes. Souvenirs et réflexions d'un poilu pyrénéen*, Sorèze, Anne-Marie Denis Éditeur, 1999, p. 65.

14. SHD 16N1388, rapports de contrôle postal, 24 mars 1917, 57e BCP et 105e RI.

15. Cf P. Olivera, base de données Chemin des Dames, en ligne : < http ://www.crid1418.org/chemin_des_dames_bdd/accueil.html >.

16. N. Offenstadt, *Le Chemin des Dames...*, *op. cit.*

17. Cf. aussi A. Loez, «La bataille avant la bataille...», art. cit., et «*Si cette putain de guerre pouvait finir.*» *Histoire et sociologie des mutins de 1917*, thèse, Université de Montpellier-III, sous la dir. de F. Rousseau, 2009, qui donne de nombreux autres exemples.

18. SHD 1Kt91, témoignage de G. Durand, appendice 1.

19. SHD 16N1406, CP, 88e RI, 12 avril 1917.

20. SHD 16N1388, CP, 17 mars 1917, 92e RI.

21. Georges Veaux, *Un an sur le Chemin des Dames*, s.l., Bretagne 14-18, 2003, p. 23, 22 mars 1917. Cf A. Loez, «Le baptême du feu des chars d'assaut. Aux origines de la défaite de 1940 ?», *in* N. Offenstadt (dir.), *Le Chemin des Dames...*, *op. cit.*, Paris, Stock, 2004, p. 94-103.

22. SHD 16N1406, CP, 108e RI, 14 avril 1917.

23. SHD 16N1406, CP, 168e RI, 3 avril 1917.

24. Louis Désalbres, *Mon carnet de route : 1916-1918*, Dax, Dumolia, 1958, 12 avril 1917.

25. J.-B. Duroselle, *op. cit.*, p. 193-198.

26. J. Isaac, *op. cit.*, p. 249, 4 avril 1917.

27. SHD 16N1406, CP, bureau civil de Troyes, 14 avril 1917.

28. Rapport du contrôle postal cité par J. Horne, « Information, opinion publique et l'offensive Nivelle du 16 avril 1917 », L. Gervereau et C. Prochasson (dir.), *Images de 1917*, Paris, Musée d'histoire contemporaine-BDIC, 1987, p. 72-80, p. 72.

29. Cf. Keith Yellin, *Battle Exhortation : the Rhetoric of Combat Leadership*, Columbia, University of South Carolina Press, 2008.

30. L. Auvray, *Sous le signe de Rosalie. Souvenirs d'un garçon de 20 ans. Guerre 1914-1918. Verdun, Chemin des Dames et la suite*, Orléans, Lhermitte, 1986, p. 83.

31. L. Laby, *op. cit.*, p. 228.

32. L. Auvray, *op. cit.*, p. 84.

33. SHD 16N1388, CP, 10e RAC, 18 mars 1917.

34. SHD 16N1412, CP, 40e RA, 8 avril 1917.

35. E. Cronier, thèse citée, p. 109. Voir également D. Rolland, *op. cit.*, p. 328-329.

36. SHD 16N1388, CP, 16e RI, 24 mars 1917.

37. SHD 16N1406, CP, 131e RIT, 18 avril 1917.

38. SHD 16N1406, CP, 296e RI, 22 avril 1917.

39. *Le Petit Parisien*, 23 mai 1917, p. 1. L'identité du député n'est pas révélée. On peut penser qu'il a été informé par des courriers de militaires dont on a commencé à voir la large circulation.

40. SHD 16N1388, CP, 269e RI, 17 mars 1917.

41. Ainsi, Abel Ferry, qui écrit en juillet 1917 : « Dans l'armée, les ravages moraux causés par l'échec de l'offensive du 16 avril furent épouvantables. Spontanément, des régiments, des divisions se révoltèrent. [...] La vie du soldat français n'a été protégée ni contre ses chefs, qui en ont abusé, ni contre les Alliés qui ont exagéré. Il le sait : il se révolte » (*op. cit.*, p. 231).

42. Cf. dans un volume récent : « L'offensive dite "Nivelle" est lancée le 16 avril mais se heurte à des défenses allemandes presque intactes. Elle doit être interrompue au début du mois de mai. Son échec entraîne les mutineries du printemps » (Rémy Porte, « Batailles de l'Aisne », *in*

François Cochet et Rémy Porte (dir.), *Dictionnaire de la Grande Guerre 1914-1918*, Paris, Robert Laffont, coll. «Bouquins», 2008, p. 17). Voir A. Loez, «Si loin, si proche du 16 avril : les mutineries de 1917», *in* N. Offenstadt (dir.), *Le Chemin des Dames…*, *op. cit.*, p. 47-61.

43. L. Smith, *op. cit.* ; G. Pedroncini, *op. cit.*, p. 312 pour la citation.

44. Surtout, les analystes de l'action collective ont montré qu'il n'existait pas de lien direct ou «spasmodique» entre un grief (hausse des prix, pression fiscale, répression policière, etc.) et une mobilisation. En Angleterre, E.P. Thompson a élaboré le concept d'«économie morale» pour souligner l'articulation des révoltes frumentaires à des représentations collectives du juste et de l'injuste, et non seulement à des séries de prix (art. cit). H. Neveux arrive à la même conclusion dans son étude des prises d'armes paysannes aux xve-xvie siècles : il montre qu'elles restent inexplicables si l'on s'en tient à une recherche des critères «objectifs» permettant d'attester une situation dégradée. Ce n'est pas parce que la famine règne ou que la pression seigneuriale s'accroît que les paysans prennent les armes, mais parce que leur situation est *perçue* comme menaçante (*op. cit.*).

45. Les chiffres de R.-G. Nobécourt, *op. cit.*, p. 211, font encore l'objet de discussions. Voir pour l'ensemble de la guerre A. Prost, «Compter les vivants et les morts : l'évaluation des pertes françaises de 1914-1918», *Le Mouvement social*, n° 222, janvier-mars 2008, p. 41-60.

46. Sur Verdun et les désobéissances qui s'y déroulent, voir Paul Jankowski, «L'autre Verdun. Doutes et désobéissances dans la bataille», *in* A. Loez et N. Mariot (dir.), *Obéir…*, *op. cit.*, p. 63-77 ; sur 1918, voir Alexander Watson, *Enduring the Great War, Combat, Morale and Collapse in the German and British Armies, 1914-1918*, Cambridge, Cambridge University Press, 2008.

47. Voir P. Olivera, «Publier la bataille : le "Chemin des Dames", 1917-1939», *in* N. Offenstadt (dir.), *Le Chemin des Dames…*, *op. cit.*, p. 298-316.

48. SHD 16N1406, CP, 83e RI, 20 avril 1917.

49. SHD 16N1406, CP, 296e RI, 22 avril 1917.

50. SHD 16N1393, CP, 341e RI, 1er mai 1917.

51. Cf. F. Pappola, thèse citée, et J. Horne, « Information… », art. cit.

52. Cité par J. Horne, *id.*, p. 76.

53. A. Ferry, « La leçon de la dernière offensive », *Le Petit Parisien*, 3 mai 1917. A. Ferry écrit dans son carnet que l'article « fit sensation » (*op. cit.*, p. 230) ; celui-ci est effectivement lu et commenté jusqu'au front, où le commandant Piebourg, par exemple, le lit avec approbation : SHD 1Kt39, Carnet de route du commandant J. Piebourg, vol. 2, p. 91.

54. SHD 16N1399, CP, 226e RI, 2 mai 1917.

55. Lucien Cocordan, coll. particulière, témoignage communiqué par R. Cazals, 27 avril 1917.

56. 16N1406, CP, 296e RI, 22 avril 1917.

57. 16N1406, CP, 296e RI, 22 avril 1917. On retrouve les représentations de la « disproportion » présentes depuis le début de la guerre.

58. SHD 16N1485, rapport de quinzaine du SR, 15 mai 1917.

59. Cf N. Offenstadt (dir.), *Le Chemin des Dames…*, *op. cit.*, cinquième partie, « Lieux ».

60. SHD 16N1406, CP, 10e RI, 1er mai 1917.

61. SHD 16N1406, CP, 13e RI, 5 mai 1917.

62. SHD 16N1406, CP, 330e RI, 7 mai 1917.

63. SHD 16N1406, CP, 207e RI, 30 avril 1917.

64. SHD 16N1406, CP, 270e RI, 9 mai 1917.

65. SHD 16N1393, CP, 85e RI, 4 mai 1917.

66. SHD 16N1399, CP, 121e RI, 3 mai 1917.

67. SHD 16N1393, CP, 340e RI, 10 mai 1917.

68. SHD 16N1406, CP, 71e RI, 10 mai 1917.

69. SHD 16N1393, CP, 355e RI, 12 mai 1917.

70. SHD 16N1399, CP, 219e RI, 2 juin 1917.

71. SHD 16N1399, CP, 45e BCP, 19 mai 1917.

72. SHD 16N1418, CP, 140e RI, 3 juin 1917.

73. SHD 16N1406, CP, 330e RI, 7 mai 1917.

74. SHD 16N1406, CP, 56e RI, 2 mai 1917. Cf *Le Petit Parisien* du 16 mai : Scheidemann au Reichstag demande la « paix blanche et agite la menace de la Révolution ». Les

nouvelles de «paix» apparaissent bien avec une fréquence accrue en 1917.

75. SHD 16N1406, CP, 110e RA, 8 mai 1917.

76. SHD 16N1406, CP, 6e Génie, 15 avril 1917.

77. SHD 16N1393, CP, 339e RI, 10 mai 1917.

78. Archives du Sénat, 68S78, Commission de l'Armée, procès-verbal de la séance du 24 avril 1917.

79. SHD 16N1393, CP, 355e RI, 6e RI, 311e RI, les 12, 21 et 11 mai 1917.

80. SHD 16N1393, CP, 83e RI, 14 mai 1917.

81. SHD 16N1393, CP, 31e RIT, 3 mai 1917.

82. R. Cazals, «Méditations sur la paix...», art. cit. Des injonctions de combattants à ne plus cultiver la terre sont, de même, relevées au printemps 1917 par les préfets de plusieurs départements : J. Horne, «Social Identity in War : France, 1914-1918», in T. Frazer et K. Jefferey (éd.), Men, Women and War. Studies in War, Politics and Society, Dublin, Lilliput, 1993, p. 119-135, note 39, p. 127 et 134.

83. SHD 16N1393, CP, 412e RI, 18 juin 1917.

84. SHD 16N1406, CP, 299e RI, 15 mai 1917.

85. John Horne montre que l'animosité envers les profiteurs ou la vie perçue comme dissolue de l'arrière conduisait certains combattants à penser qu'«un peu de souffrance civile (excepté, toujours, la famille) — comme la privation et la faim — ne serait pas forcément mauvaise» (J. Horne, «Social identity...», art. cit., p. 125).

86. SHD 16N1406, CP, 270e RI, 9 mai 1917.

87. SHD 16N1406, CP, 230e RI, 14 mai 1917.

88. Voir les efforts des pacifistes pour utiliser ce thème : J.-L. Robert, Ouvriers et mouvement ouvrier parisiens pendant la Grande Guerre et l'immédiat après-guerre : histoire et anthropologie, thèse, Université Paris-I, 1989, p. 1516.

89. Parmi des dizaines d'exemples, voir J.-B. Duroselle, op. cit., p. 207, section intitulée : «Le Pétain de 1917 : le sauvetage de l'armée française», et les mentions en ce sens dans les manuels scolaires étudiés par Emmanuelle Picard, «Les mutineries dans les manuels scolaires français de l'entre-deux-guerres aux années 1980», in A. Loez et N. Mariot, Obéir..., op. cit., p. 375-384.

90. D. Rolland, *op. cit.*, p. 50, 53.

91. *Id.*, p. 136.

92. JM Bonniot, notes d'audience, 13 juin 1917.

93. JM Marais, rapport du capitaine Kalb commandant la 10e Cie du 71e RI, 5 juin 1917.

94. IF, 21, 27 juin et 4 juillet 1917. Les inscriptions ferroviaires (IF) citées dans la suite de ce travail sont relevées dans les comptes-rendus des inspecteurs des Chemins de fer du nord, SHD 16N1522 et 1523. Voir A. Loez, « Mots… », art. cit.

95. JM Bauer, rapport du capitaine Anchier, 16 mai 1917.

96. Lettres discutées notamment à la commission de l'armée du Sénat, qui évoque les pertes de l'offensive les 24 avril et 17 mai 1917 (Archives du Sénat, 69S78, commission de l'armée, procès-verbal du 24 avril 1917. Voir A. Prost, « Le désastre sanitaire du Chemin des Dames », *in* N. Offenstadt (dir.), *Le Chemin des Dames…*, *op. cit.*, p. 137-151).

97. Le colonel Herbillon explique qu'il tente de faire intercepter ces parlementaires dans la zone des armées (*Souvenirs d'un officier de liaison pendant la Guerre Mondiale, tome 2 : sous les commandements des généraux Nivelle et Pétain*, Paris, Tallandier, 1930, p. 68).

98. A. Ferry, *op. cit.*, p. 228.

99. Col. Herbillon, *op. cit.*, p. 69.

100. Ainsi, le député et combattant Ybarnégaray, qui rend visite à Poincaré pour exiger le départ de Nivelle, et le général Mazel, qui fait pression sur Painlevé. Voir les souvenirs d'Alexandre Ribot, *Lettres à un ami : souvenirs de ma vie politique*, Paris, Bossard, 1924, p. 196. Sur le rôle de Painlevé, cf. Anne-Laure Anizan, *Paul Painlevé, un scientifique en politique*, thèse, IEP de Paris, 2006, sous la dir. de Serge Berstein, p. 412 et suiv., et « Painlevé, parlementaire et leader politique », *in* C. Fontanon, R. Frank, *Paul Painlevé (1863-1933). Un savant en politique*, Rennes, Presses universitaires de Rennes, 2005, p. 57-70.

101. P. Painlevé, *op. cit.*, p. 95, et A.-L. Anizan, thèse citée, p. 423.

102. *Id.*, p. 120.

103. Colonel Campagne, *Le Chemin des Croix*, Mesnil, Firmin-Didot, 1931, p. 254.

104. Ainsi, pour un exemple récent, Rémy Porte, « Comprendre la Grande Guerre », *in* F. Cochet et R. Porte (dir.), *Dictionnaire…*, *op. cit*, p. XVI : « Pétain, nommé commandant en chef des armées françaises après les mutineries du printemps, travaille à rétablir le moral. »

105. Cf. A. Loez, thèse citée, p. 204-205.

106. Idée assez peu étayée par des études fiables : la biographie d'Herbert Lottman, *Pétain*, Paris, Seuil, 1984, est extrêmement imprécise pour ce qui concerne la Grande Guerre.

107. SHD 16N1406, CP, 166ᵉ RI, 2 mai 1917.

108. SHD 16N1418, CP, 132ᵉ RI, 5 mai 1917.

109. SHD 16N1406, CP, 262ᵉ RI, 22 mai 1917.

110. SHD 16N1406, CP, 56ᵉ RI, 2 mai 1917.

111. Honoré Coudray, *Guerre de 1914-1918, Mémoires d'un troupier : un cavalier du 9ᵉ Hussards chez les chasseurs alpins du 11ᵉ BCA*, s.l., A. Coudray, 1986, p. 125.

112. Henri Morel-Journel, *Journal d'un officier de la 74ᵉ division d'infanterie et de l'Armée française d'Italie (1914-1918)*, Montbrison, Éleuthère Brassard, 1922, p. 326-329.

113. Voir également la correspondance du général Guillaumat, qui craint la nomination de Foch, « un malade et un fou », et décrit cette période d'incertitude et de « basses intrigues, d'influences occultes et d'absence de gouvernement » (*Correspondance de guerre du général Guillaumat, 1914-1919*, Paris, L'Harmattan, 2006, p. 208).

114. Joseph du Fontenioux, *Mon carnet rouge, 1ᵉʳ août 1914 – 12 février 1918*, 2 vol., Domont, Communauté des Carmélites, s.d. [1998], vol. 2, p. 644.

115. Henri Désagneaux, *Journal de guerre 14-18*, Paris, Denoël, 1971, p. 122.

116. Général P.-E Nayral de Bourgon, *Dix ans de souvenirs (1914-1924). Quatrième partie, « La crise »*, Nîmes, Chastanier frères et Almeras, 1931, p. 81-82.

117. SHD 16N1393, CP, 3ᵉ RIT, 19 mai 1917.

118. SHD 16N1393, CP, 7ᵉ Génie, 2 mai 1917.

119. SHD 16N1426, CP, 298ᵉ RI, 6 mai 1917.

120. *Les Armées françaises dans la Grande Guerre* (AFGG), V, 1, 2, annexe 372, rapport du 3ᵉ bureau au GQG, 30 mai 1917.

121. Cité dans *L'Humanité*, 2 mai 1917, p. 1.

122. Proposition rapportée par *Le Petit Parisien* du 23 mai 1917.

123. SHD 16N1406, CP, 110ᵉ RA, 8 mai 1917.

124. SHD 16N1426, CP, 370ᵉ RI, 4 mai 1917.

125. SHD 16N1426, CP, 279ᵉ RI, 9 mai 1917.

126. Voir par exemple Marcel Fourrier, *L'Offensive du 16 avril 1917. Réquisitoire d'un ancien combattant contre le général Nivelle et son état-major*, «Conférences clarté», n° 5, 1921 : «Les mutins de mai sont au bagne, le général Nivelle est au conseil supérieur de la guerre, jugez!»

127. SHD 16N1393, CP, 55ᵉ RI, 7 mai 1917.

128. IF, 4 juillet 1917.

129. JM Allix, notes d'audience, 24 juin 1917.

130. SHD 16N298, CP au GQG, 30 mai 1917, 3ᵉ RI.

131. SHD 6N93, mouvement des soldats isolés passés dans chaque gare, du 21 au 26 et du 26 au 31 mai 1917.

132. SHD 5N394, coupures de presse, extraits du *Petit Parisien*, 25 et 31 mai 1917.

133. SHD 16N1521, rapport du lieutenant-colonel Dussauge commandant le 370ᵉ RI, 5 juin 1917.

134. SHD 16N1520, «Incidents à la 70ᵉ DI», lettres saisies (s.d.).

135. Fernand Maret, *Lettres de la guerre 14-18*, Nantes, Siloë, 2001, p. 202.

136. Marcel Clavel, *Ultime témoignage sur la Première Guerre mondiale : par un conscrit de la classe 14. Lettres de guerre et carnets de route de septembre 1914 à juin 1917*, Toulouse, M. Clavel, 1982, p. 564, 15 mai 1917.

137. SHD 16N1393, CP, 203ᵉ RI, 11 mai 1917.

138. SHD 16N1406, CP, 108ᵉ RI, 18 mai 1917.

139. SHD 16N1393, CP, 130ᵉ RI, 18 mai 1917.

140. SHD 16N1406, CP, 138ᵉ RI, 19 mai 1917.

141. SHD 16N1418, CP, 54ᵉ RA, 7 juin 1917.

142. SHD 16N1399, CP, 91ᵉ RI, 18 mai 1917.

143. Rémi Adam, *1917, la révolte des soldats russes en France*, Pantin, Les bons caractères, 2007, p. 48-59.

144. M. Rébérioux, art. cit., p. 627. Voir également J.-L. Robert, thèse citée, p. 1576, A. Kriegel, *op. cit.*, p. 154.

145. On emprunte le titre à Nathan Wachtel, *La vision des vaincus, les Indiens du Pérou devant la conquête espagnole, 1530-1570*, Paris, Gallimard, coll. « Folio », 1992.

146. SHD 16N1406, CP, 109e RIT, 13 mai 1917.

147. SHD 16N1406, CP, 296e RI, 31 mai 1917

148. SHD 16N1406, CP, 4e Génie, 31 mai 1917.

149. SHD 16N1393, CP, 63e RI, 1er juin 1917.

150. SHD 16N1399, CP, 77e DI, 159e RI, 30 mai 1917.

151. SHD 16N1521, CP, 1er juin, cité par D. Rolland, *op. cit.*, p. 323. Voir également les trois mentions de « Stockholm » relevées dans les correspondances de soldats en Orient par J. Maurin, *op. cit.*, p. 590.

152. J. Isaac, *op. cit.*, p. 270, 6 juin 1917.

153. Jean Pottecher, *1914-1918. Lettres d'un fils. Un infirmier de Chasseurs à pied à Verdun et dans l'Aisne*, Louviers, Ysec éditions, 2003, p. 168, 30 mai 1917.

154. D. Rolland, *op. cit.*, p. 171.

155. Cf. *infra*, chap. 3.

156. Georges Cuvier, « En révolte », *Almanach du combattant*, 1932, p. 316.

157. SHD 16N1406, CP, 108e RI, 4 juin 1917.

158. JM Baron, procès-verbal d'interrogatoire (PVI) Vieu, 3 juin 1917.

159. JM Redouté, PVI Quillard, 13 juin 1917.

160. AN, BB18-6350, 51BL6985, note du 27 avril 1921.

161. SHD 19N305, tract « à Stockholm », s.d. (fin juin 1917). Cf. *infra*, chap. 5.

162. J.-L. Robert, « The Parisian Strikes (August 1914-July 1919) », *in* Leopold Haimson, Giulio Sapelli, *Strikes, Social Conflict and the First World War. An International Perspective*, Milan, Feltrinelli, 1992, p. 29-44, p. 30.

163. J.-J. Becker, *1917 en Europe : l'année impossible*, Bruxelles, Complexe, 1997, p. 109 : au meeting du 1er mai à Paris, 5 000 personnes crient « À bas la guerre ! ». Voir également A. Kriegel, *op. cit.*, p. 161.

164. J.-L. Robert, thèse citée, p. 1539.

165. SHD 16N1388, CP, 98ᵉ RI, 24 mars 1917, lettre saisie du soldat Giroux. On trouve effectivement de tels récits dans la presse française : pour un exemple postérieur, voir *Le Petit Parisien* du 18 avril 1917 («Grèves sanglantes à Berlin et à Leipzig»).

166 J.-L. Robert, thèse citée, p. 1540-1542.

167. Cité par E. Cronier, «Le rôle des permissionnaires parisiens dans la révolte de 1917 : un front contaminé par Paris?», *in* A. Loez et N. Mariot, *Obéir..., op. cit.*, p. 125-138, cit. p. 130.

168. H. Charbonnier, *Les carnets d'un poilu : Henri Charbonnier (1916-17)*, maîtrise, Université de Toulouse-Le Mirail, C. Calmejeanne, 2004, 22 mai et 2 juin 1917.

169. Robert Trocmé, *4 ans, 11 mois, 11 jours*, Paris, Atit, 1959, p. 181-182.

170. SHD 16N1388, CP, 70ᵉ BCA, 3 juin 1917.

171. SHD 16N1399, CP, 205ᵉ RI, 1ᵉʳ juin 1917.

172. SHD 16N1406, CP, 8ᵉ Zouaves, 28 mai 1917.

173. SHD 16N1406, CP, 56ᵉ BCP, 30 mai 1917.

174. SHD 16N1406, CP, 4ᵉ Génie, 31 mai 1917.

175. SHD 16N1388, CP, 5ᵉ RI, 30 mai 1917, lettre saisie de L. Paul.

176. A. Filoche, *Moissons rouges : Albert Filoche brancardier au 124ᵉ R.I., 1915-1918. Lettres, poèmes, contes et carnets d'Albert Filoche*, Laval, Éditions de l'Oribus, 2004, p. 163 et 169.

177. SHD 6N37, CP, 36ᵉ RI, juin 1917.

178. SHD 16N1393, CP, 59ᵉ RI, 1ᵉʳ juin 1917.

179. SHD 16N1393, CP, 63ᵉ RI, 1ᵉʳ juin 1917.

180. SHD 16N1388, CP, 30ᵉ BCP, 1ᵉʳ juin 1917.

181. SHD 16N1393, CP, 129ᵉ RI, 30 mai 1917.

182. SHD 24N938, rapport du général Mignot, 11 juin 1917, sur la mutinerie du 1ᵉʳ juin à la 41ᵉ DI.

183. SHD 16N1521, rapport du capitaine Canonge chef du SR de la 3ᵉ armée, 30 mai 1917.

184. H. Charbonnier, *op. cit.*, 9 juin 1917.

185. SHD 16N1393, CP, 339ᵉ RI, 29 mai 1917.

186. SHD 6N146, CP, 2 juin 1917. Voir la transcription figurant p. 77 de l'annexe en ligne.

187. Sur les anarchistes, voir Jean Maîtron, *Le mouvement anarchiste en France* [1975], Paris, Gallimard, 1992 ; cf. aussi Thierry Bonzon, « Des tranchées au Palais-Bourbon (des pacifistes au temps de Verdun) », *Mots. Les langages du politique*, n° 24, 1990, p. 55-70.

188. Léon Perrin, *Avec la piétaille 1914-1918, Mémoires d'un poilu bressan. La Marne, l'Artois, la Champagne, la Somme, le Chemin des Dames, Verdun*, s.l., 1982, p. 91.

189. Voir en particulier Philippe Aldrin, « Penser la rumeur. Une question discutée des sciences sociales », *Genèses*, n° 50, mars 2003, p. 126-141, et *Sociologie politique des rumeurs*, Paris, PUF, 2005.

190. SHD 19N305, état des suspects du 1er bataillon du 129e RI, 6 juin 1917.

191. Cf. Michel Pastoureau, « La naissance des armoiries. De l'identité individuelle à l'identité familiale », *Une histoire symbolique du Moyen Âge occidental*, Paris, Seuil, 2004, p. 213-243.

192. J.-L. Robert, *Les Ouvriers…*, *op. cit.*, p. 145.

193. *Le Petit Parisien*, 28 mai 1917, p. 3.

194. SHD 16N1393, CP, 129e RI, 4 juin 1917.

195. Cf. J. Horne, A. Kramer, *German Atrocities, 1914. A History of Denial*, New Haven et Londres, Yale University Press, 2001.

196. JM Milleret, rapport du capitaine Cros, 29 juillet 1917.

197. SHD 16N1393, CP, 298e RI, 30 juin 1917.

198. JM Redouté, rapport du lieutenant Roze, 7 juin 1917.

199. L. Smith, *op. cit.*, p. 190.

200. SHD 16N1399, CP, 36e RAC, 23 juin 1917.

201. Voir aussi « Si les femmes savaient ce qui se passe, elles s'entendraient toutes ensemble pour faire finir la guerre. Elles diraient il faut notre mari, à bas la guerre car cela n'arrivera que par cela ou la misère » (SHD 16N1406, CP, 241e RI, 10 mai 1917). Cela illustre le risque qu'il y a à formuler des généralisations sur les représentations des combattants.

202. Sur ces stéréotypes, cf. J.-F. Jagielski, « Entre fiction et réalité, la rumeur des Annamites massacrant les Parisiennes », *in* A. Loez et N. Mariot (dir.), *Obéir…, op. cit.*, p. 139-150, et R. Cazals et A. Loez, *op. cit.*, p. 169-171.

203. SHD 16N1520, lettre saisie du 221ᵉ RI, 12 juin 1917.

204. Tyler Stovall, « The Color Line behind the lines : racial violence in France during the Great War », *American Historical Review*, 1998, vol. 103, nº 3, p. 737-769.

205. SHD 16N1393, CP, 298ᵉ RI, 30 juin 1917.

206. SHD 16N1393, CP, 415ᵉ RI, 2 juin 1917.

207. SHD 16N1393, CP, 298ᵉ RI, 30 juin 1917.

208. H. Désagneaux, *op. cit.*, p. 129.

209. SHD 16N1551, lettres saisies, un soldat du 362ᵉ RI à son frère, 2 juin 1917.

210. SHD 16N1393, CP, 247ᵉ RI, 18 juin 1917.

211. L. Barthas, *op. cit.*, p. 474.

212. JM Gendre, déposition du chef de bataillon Decourbe, 27 mai 1917.

213. JM Baron, déposition du capitaine Delpech, 3 juin 1917.

214. SHD 6N146, compte-rendu des condamnations à mort au 128ᵉ RI, s.d.

215. SHD 16N298, CP, 128ᵉ RI, 30 mai 1917.

216. SHD 16N1521, rapport du lieutenant-colonel Paitard, commandant le 17ᵉ RI, 2 juin 1917.

217. SHD 16N1521, rapport du général Hirschauer commandant le 18ᵉ CA, 29 mai 1917.

218. SHD 16N1406, CP, 74ᵉ RI, 13 juin 1917.

219. Sur la réputation des secteurs du Chemin des Dames, voir N. Offenstadt (dir.), *Le Chemin des Dames…*, *op. cit.* Autre illustration dans un courrier saisi au 143ᵉ RI : « Nous devions monter le 2 au soir pour attaquer au Chemin des Dames, l'endroit le plus mauvais de tout le front alors nous avons refusé de marcher » (SHD 16N1551, lettre saisie, 143ᵉ RI, 21 juin 1917).

220. D. Rolland, *op. cit.*, p. 41-42.

221. *Ibid.*, p. 42.

222. SHD 16N1418, CP, 21ᵉ BCP, 3 juin 1917.

223. D. Rolland, *op. cit.*, p. 355.

224. JM Mille, déposition du capitaine Delafosse, 7e Compagnie, 10 juin 1917.

225. D. Rolland, *op. cit.*, p. 80, 105, 115 et 124.

226. Voir les cartes dans l'article cité (N. Mariot, « Pour compter… ») et en ligne : < http://www.jourdan.ens.fr/~mariot/hoparticle.php?id_art=127 >.

227. JM Gérard, notes d'audience, 21 juin 1917, déposition Marneau.

228. JM Baron, PVI Baron, 4 juin 1917.

229. Sergent Chandre, 18e RI, cité par Roger Boutefeu, *Les camarades. Soldats français et allemands au combat 1914-1918*, Paris, Fayard, 1966, p. 342-343.

230. JM Brandon, rapport du capitaine commandant la 23e Cie du 307e RI, 3 juin 1917.

231. H. Coudray, *op. cit.*, p. 128-129.

232. SHD 16N1406, CP, 168e RI, 29 mai 1917.

233. SHD 16N1406, CP, 78e RI, 22 mai 1917.

234. SHD 16N1393, CP, 311e RI, 30 mai 1917. Souligné dans le texte.

235. J.-B. Duroselle, *op. cit.*, p. 202.

236. J. Isaac, *op. cit.*, p. 273.

237. J.-L. Robert, *Les Ouvriers, La Patrie, La Révolution. Paris 1914-1919*, Paris, Les Belles Lettres 1995, p. 130-131.

238. SHD 16N1399, CP, 36e RI, 8 juin 1917.

239. *Le Petit Parisien*, 5 et 7 juin 1917. Le calme n'est bien entendu qu'apparent, les Comités secrets ayant été particulièrement agités avant les votes — mais rien n'en filtre dans l'immédiat.

3. REFUSER LA GUERRE

1. Cf. N. Mariot, « Pour compter… », art. cit., qui compare avec le cas inverse des « atrocités allemandes » désormais bien connues (J. Horne et A. Kramer, *op. cit.*). Les auteurs disposent d'un critère clair (la mort de « dix civils et plus ») dont l'équivalent pour les mutineries n'existe pas.

2. SHD 16N1520, rapports Matharel, Bertrand et Chenèble, 22-26 mai 1917.

3. N. Mariot, «Pour compter…», art. cit., p. 352.

4. SHD 16N1485, relevé journalier des actes d'indiscipline, et SHD 16N198, répertoire des unités dans lesquelles se sont produits des troubles. Ces documents citent des «mutineries» qui ne sont connues par aucune autre source.

5. D. Rolland, *op. cit.*, annexe I, p. 407-411 : 32 faits inclus dans les «listes des mutineries» publiées comportent des points d'interrogation signifiant que la date et/ou le lieu en sont inconnus.

6. Dénombrement qui regroupe certaines mutineries étalées sur plusieurs jours. Voir le tableau récapitulatif, p. 2-6 de l'annexe en ligne (< http://www.crid1418.org/doc/mutins >).

7. D. Rolland, *op. cit.*, p. 52, qui cite un radiotélégramme allemand intercepté.

8. *Id.*, p. 57.

9. Voir les tableaux consacrés aux mutineries et à leurs témoins, p. 2-9 de l'annexe en ligne.

10. SHD 18N197, note du général en chef, 9 juin 1917.

11. Plusieurs officiers sont cassés pour «manque d'énergie» lorsque leurs supérieurs considèrent qu'ils n'ont pas su prévenir la désobéissance. Voir D. Rolland, *op. cit.*, p. 392-397.

12. P. Olivera, «Le mutin derrière le fusillé…», art. cit., montre qu'entre le tiers et la moitié des témoins qu'il étudie occultent les mutineries : p. 419 et p. 426-431.

13. SHD 16N1418, CP, 297e RI, 16 juin 1917. Une remarque sur ces «découvertes» du contrôle postal : celui-ci ne relevant le courrier de chaque unité qu'une fois par mois, la probabilité de passer à côté d'une évocation de l'indiscipline est très élevée. Les mutineries conduisent à une réorganisation partielle du contrôle postal pour en accroître l'efficacité. Cf. A. Bach, «La gestion de la crise des mutineries par le haut commandement», *in* A. Loez et N. Mariot (dir.), *Obéir…*, *op. cit.*, p. 201-215.

14. René Clergeau, *Les Carnets de René Clergeau, 1914-1919*, Guilherand, La plume du temps, 2001, p. 232. Le

« sans commentaire » annonce d'une certaine manière l'occultation totale de l'événement dans les archives militaires.
Le « prêt » est la solde des combattants ; on reviendra sur ces
enjeux financiers qui affleurent parfois lors des mutineries.

15. L. Laby, *op. cit.*, p. 249 ; G. Pedroncini, *op. cit.*, p. 73.

16. Voir la notice Chalmette dans le dictionnaire en
ligne des témoins du Crid 14-18 :
< http ://www.crid1418.org/temoins/2008/07/22/
chalmette-leon-1886/>. Merci à R. Cazals de cette référence.

17. Sur ces logiques d'occultation antérieures, voir
R. Cazals *et al.*, *Frères…*, *op. cit.*, et A. Lafon, « Contourner… », art. cit.

18. M. Pöhlmann, art. cit., p. 389.

19. JM Meyer.

20. D. Rolland, *op. cit.*, p. 373 *sq.*

21. Clairement mis en évidence par N. Mariot, « Pour
compter… », art. cit., p. 350.

22. SHD 19N305, rapport du colonel Boucher, 3 juin
1917.

23. Ainsi au 57ᵉ BCP, où le chef de bataillon compte
94 absents. JM Gérard, déposition Massignac, 9 juin 1917.

24. JM Pradeloux, pièce 18bis, « nombre de signataires »,
s.d. ; à noter qu'une centaine de signatures supplémentaires n'ont pu être comptées, la pétition de la 23ᵉ compagnie
ayant été déchirée.

25. Sur les enjeux des comptages policiers, en particulier
des manifestants, cf. Daniel Cefaï, *Pourquoi se mobilise-
t-on ? Les théories de l'action collective*, Paris, La Découverte, 2007, p. 257.

26. SHD 24N938, rapport du chef de bataillon Le Veger,
6 juin 1917.

27. JM Lamarque, rapport du capitaine Brochand,
29 juin 1917.

28. SHD 11J578, rapport anonyme (s.l.n.d.) sur la mutinerie du 66ᵉ BCP et du 82ᵉ RI [fin mai-début juin 1917].

29. SHD 19N305, état des suspects du 1ᵉʳ bataillon du
129ᵉ RI, 6 juin 1917.

30. Le chiffre parfois avancé de « deux millions » de

soldats est inexact : les mutineries concernent avant tout l'infanterie, qui compte alors 1 200 000 hommes dont une large proportion de non-combattants. Cf. SHD 7N552, *Documents relatifs à l'utilisation des ressources en personnels au cours de la guerre.* Chapitre II : « Effectifs », tableau p. VI.

31. N. Mariot, « Pour compter... », art. cit., 361-362 ; voir, pour la Résistance, François Marcot, « Combien étaient-ils ? », in *id.* (dir.), *Dictionnaire historique de la Résistance*, Paris, Robert Laffont, coll. « Bouquins », 2006, p. 339-342.

32. Mancur Olson, *The Logic of Collective Action. Public Goods and the Theory of Groups*, Cambridge (É.-U.), Harvard University Press, 1965.

33. Mark Lichbach, *The Rebel's Dilemma*, Ann Arbor, University of Michigan Press, 1995, p. 18. De même, une enquête sociologique contemporaine réalisée aux Pays-Bas a montré que sur un échantillon partageant à 76 % les objectifs d'une manifestation (légale), on ne trouvait que 10 % des individus se disant prêts à participer, et 4 % seulement de participants effectifs (Bert Klandermans et Dirk Oegema, « Potentials, Networks, Motivations, and Barriers : Steps Towards Participation in Social Movements », *American Sociological Review*, vol. 52, n° 4, août 1987, p. 519-531, réf. p. 524 ; cité par Érik Neveu, *Sociologie des mouvements sociaux*, Paris, La Découverte, 2005, p. 100).

34. N. Mariot, « Pour compter... », art. cit. p. 355.

35. SHD 11J520, minutier de JM de la 7ᵉ DI, 1917. Les citations qui suivent proviennent toutes de ce registre.

36. SHD 11J519, minutier de JM de la 7ᵉ DI, 1914-1916.

37. JM Poulain, rapport du lieutenant Quatrebœufs, 6 juin 1917.

38. *Id.*, notes d'audience, interrogatoire de l'accusé, 11 juin 1917.

39. JM Lassablière, ordre de mise en jugement du général commandant la 28ᵉ DI, 11 juin 1917.

40. *Id.*, PVI, 7 juin 1917.

41. JM Ducros, rapport du capitaine Marchand, 24 juin 1917, et déposition du sergent Dumortier, 26 juin 1917.

42. JM Barthélémy, rapport du capitaine Glachant, 26 août 1917.

43. *Id.*, PVI de l'inculpé, 1er septembre 1917.

44. *Ibid.*

45. JM Labaume, rapports du sous-lieutenant Aymé (18 juin 1917) et au GQG (28 juin 1917).

46. *Id.*, rapport Aymé.

47. *Id.*, dépositions du soldat Gentil et du sergent Chuette, 20 juin 1917.

48. *Id.*, notes d'audience, déposition Greffet, 25 juin 1917.

49. Cf. R. Cazals et A. Loez, *op. cit.*, p. 244-249, Sébastien Ottavi, *Désertion et déserteurs en France durant la Première Guerre mondiale*, DEA, Université Paris-I, 2000, et F. Cochet, « Déserteurs, insoumis et réfractaires », F. Cochet et R. Porte (dir.), *Dictionnaire…*, *op. cit.*, p. 327-328.

50. E. Cronier, thèse citée, en particulier p. 273 et p. 619-621.

51. Un premier ordre de grandeur avait été proposé par G. Pedroncini, sans que, comme souvent, les modes d'établissement de ces données ne soient clairs : N. Mariot, « Pour compter… », art. cit., p. 354.

52. Cf. tableau 2F, p. 16 de l'annexe en ligne.

53. Voir Christoph Jahr, *Gewöhnliche Soldaten : Desertion und Deserteure im deutschen und britischen Heer 1914-1918*, Gottingen, Vandenhoeck und Ruprecht, 1998, « Désertion et déserteurs dans la Grande Guerre : phénomène et groupe marginaux ? », *14-18 Aujourd'hui*, 4, 2001, p. 111-124, et A. Duménil, « En marge du combat ? Le crime de lâcheté devant la Justice militaire allemande », *id.*, p. 89-110.

54. Tous les déserteurs ne peuvent être renvoyés devant des Conseils de guerre qui doivent faire face en mai-juin-juillet à un afflux d'affaires, devant être jugées dans un laps de temps très court : à la 77e DI, par exemple, on juge 5 soldats le 16 mai, 6 le 22 mai, 5 encore le 26 mai, avant que le Conseil de guerre ne soit surchargé, devant juger 20 soldats en une journée le 9 juin, et 25 autres du 9 au 13 juin. Chaque journée permet habituellement de juger une quinzaine d'individus au maximum, souvent très rapidement. Voir les analyses de la durée des séances de la

Constituante pour de semblables problèmes pratiques (Timothy Tackett, «*Par la volonté du peuple*». *Comment les députés de 1789 sont devenus révolutionnaires*, Paris, Albin Michel, 1997).

55. D. Rolland, *op. cit.*, 251.

56. Camille Rouvière, *Journal de guerre d'un combattant pacifiste*, Biarritz, Atlantica, 2007, p. 232.

57. SHD 16N1399, CP, 27ᵉ DI, 8 juin 1917.

58. SHD 16N1418, CP, 7ᵉ BCP, 12 juin 1917.

59. SHD 16N1418, CP, 370ᵉ RI, 4 juin 1917.

60. SHD 19N305, rapport du capitaine Bachelet sur l'influence du 54ᵉ RI, 30 juin 1917.

61. SHD 16N1393, CP, 70ᵉ RI, 8 juin 1917.

62. Il faut y ajouter le phénomène des blessures volontaires dont un médecin au 152ᵉ RI note la recrudescence lors des mutineries, fin mai : «J'ai noté de nombreuses blessures suspectes — disons carrément le mot — de trop nombreuses blessures volontaires. J'ai dû lutter de toute mon énergie pour renvoyer à leur compagnie de prétendus commotionnés qui cherchaient tout simplement à s'enfuir du champ de bataille» (Dr Chagnaud, *Avec le 15-2. Journal et lettres de guerre*, Paris, Payot, 1932, p. 26-27).

63. La troisième possibilité étant la «loyauté» à l'entreprise et, ici, à l'institution : A. Hirschman, *op. cit.*

64. On reprend le concept de «répertoire d'action collective», qui a connu de nombreuses définitions. Voir en particulier Charles Tilly, «Les origines du répertoire de l'action collective contemporaine en France et en Grande-Bretagne», *Vingtième siècle, revue d'histoire*, nᵒ 4, 1984, p. 89-108 ; Mark Traugott (éd.), *Repertoires & Cycles of Collective Action*, Durham et Londres, Duke University Press, 1995 ; et les bilans critiques par É. Neveu, *op. cit.*, p. 19 ; et Lilian Mathieu, *Comment lutter ? Sociologie et mouvements sociaux*, Paris, Textuel, 2004, p. 133-138.

65. SHD 16N1418, CP, 27ᵉ DI, 14 juin 1917.

66. JM Farion, PVI, 22 juin 1917.

67. JM Moreau, PVI, 18 mai 1917.

68. SHD 11J846, dossier Mounier, PVI, 17 juin 1917.

69. On retrouve là une forme importante de désobéissance présente en Italie après le désastre militaire de Caporetto en octobre 1917. Voir Mario Isnenghi et Giorgio Rochat, *La Grande Guerra, 1914-1918*, Milan, La Nuova Italia, 2000, p. 367-400.

70. JM Nougein, PVI, 20 mai 1917 et 4 juin 1917.

71. JM Collin, PVI, 16 mai 1917.

72. Cf. D. Rolland, « Révolte à Vendresse », *in* N. Offenstadt (dir.), *Le Chemin…, op. cit.*, p. 206-216, et *La grève…, op. cit.*, p. 39-45 et p. 263-270 ; JM Chauveau. Une « creute » est le terme employé dans le Soissonnais pour désigner une caverne.

73. Général Taufflieb, *Souvenirs d'un enfant de l'Alsace (1870-1914)*, Strasbourg, Imprimerie alsacienne, 1934, p. 339.

74. D. Rolland, *op. cit.*, p. 181.

75. Expression de L. Smith, *op. cit.*, p. 162-174.

76. J. Scott, *Weapons…, op. cit.*

77. Cf. Donald Roy, *Un sociologue à l'usine. Textes essentiels pour la sociologie du travail*, Paris, La Découverte, coll. « Grands repères », 2006, ainsi que l'enquête de Stéphane Beaud et Michel Pialoux, *Retour sur la condition ouvrière*, Paris, Fayard, 1999. Voir aussi cette remarque éclairante d'Eric Hobsbawm : « Le refus de comprendre est une forme de lutte de classes » (« Peasants and politics », *Uncommon People. Resistance, Rebellion and Jazz*, Londres, Weidenfeld & Nicolson, 1988, p. 146-165, p. 157).

78. JM Guidez, PVI Heff, 2 juillet 1917. De tels actes ne sont pas sans rappeler les interactions pouvant se produire dans l'univers scolaire, lorsque des classes « difficiles » font délibérément traîner le temps de l'installation, tandis que l'enseignant les exhorte à « sortir leurs affaires ».

79. *Id.*, PVI Jubé, 2 juillet 1917.

80. Cf. F. Buton, art. cit.

81. JM Roux, PVI Hautot, 9 juillet 1917. Nous soulignons.

82. JM Chauveau, PVI Gouilloux, 13 juin 1917.

83. D. Rolland, *op. cit.*, p. 250 et p. 288.

84. M. Pöhlmann, art. cit., discute cet affaiblissement militaire du point de vue allemand.

85. J.-J. Becker, «L'opinion publique française en 1917», *in* L. Gervereau, C. Prochasson, *Images…*, *op. cit.*, p. 62-71, cit. p. 62.

86. De même dans le travail de D. Rolland, lorsque des refus de monter sont renvoyés à des accès de «mauvaise humeur» : *op. cit.*, p. 111.

87. JM Roux, déposition Vigon, 20 juin 1917.

88. SHD 19N672, rapport du chef de bataillon commandant provisoirement le 217e RI, 6 juin 1917.

89. JM Lamarque, rapport du lieutenant-colonel Salle, 28 juin 1917.

90. SHD 19N672, rapport du chef de bataillon commandant provisoirement le 217e RI, 6 juin 1917.

91. D. Rolland, *op. cit.*, p. 296-297, JM Lamarque, *id.*

92. L'idée de la négociation a été avancée par L. Smith, *op. cit.*, p. 247 en particulier ; reprise par S. Audoin-Rouzeau et A. Becker, *op. cit.*, p. 127, et C. Prochasson, «Qui ne dit mot…», art. cit., p. 135; on a également employé le terme dans un article de 2004 : «Plus qu'un affrontement, les mutineries sont donc un subtil processus de négociation de l'autorité, dans des formes colorées par différentes traditions d'action collective, dont le vocabulaire et les pratiques de la grève» («Si loin, si proche…», art. cit., p. 49). Formulation à laquelle on ne souscrit plus désormais, non plus qu'à aucune autre visant à conférer une «nature» unique aux mutineries.

93. D. Rolland, *op. cit.*, p. 80; JM Cordonnier, rapport du commissaire rapporteur, 5 juin 1917.

94. R. Prudon, cité par D. Rolland, *op. cit.*, p. 295-296.

95. SHD 11J578, rapport anonyme (s.l.n.d.) sur la mutinerie du 66e BCP et du 82e RI [fin mai-début juin 1917].

96. On peut faire le parallèle avec le «chahut» en classe, phénomène relativement sous-étudié. Voir Jacques Testanière, «Chahut traditionnel et chahut anomique dans l'enseignement du second degré», *Revue française de sociologie*, vol. VIII, n° 1, 1967, p. 17-33, et le dossier dirigé par A. Furlàn, *Perspectives. Revue trimestrielle d'éducation comparée*, vol. XXVIII, n° 108, déc. 1998.

97. L'expression est due à E. Cronier qui étudie ces phénomènes : thèse citée, p. 145. On trouve des actes du même ordre le long du Transsibérien lors des mutineries de l'armée russe en 1905-1906. Cf. John Bushnell, *Mutiny amid Repression, Russian Soldiers in the Revolution of 1905-1906*, Bloomington, Indiana University Press, 1985, p. 87-88.

98. SHD 16N1525, répertoire des actes d'indiscipline commis dans les gares et les trains de permissionnaires.

99. SHAT 16N1521, rapport du commissaire militaire de Sezannes, 1er juin 1917.

100. SHD 16N2405, rapport du capitaine Astruy sur les incidents en gare de Dormans, 7 juin 1917.

101. SHD 16N2405, compte-rendu de la commission régulatrice de Noisy-le-Sec, 7 juin 1917.

102. SHD 16N1399, CP, 417e RI, 20 juin 1917.

103. G. Pedroncini, *op. cit.*, p. 178 : « Il est difficile de trouver en tout cela autre chose qu'une agitation sans but, sans idée, sans ordre [...]. » ; D. Rolland, *op. cit.*, p. 314 : « L'importance et le sens de ces incidents sont à minimiser. Ils n'ont pas d'autre signification que la libération de pulsions facilitée par l'absorption d'alcool pour vaincre l'ennui des longues heures d'attente. » L'analyse relève du registre pathologique critiqué plus haut.

104. Sur les manières dont les chercheurs classent les phénomènes, leur « sérieux » et leur « importance », cf. M. Dobry, « La thèse immunitaire face aux fascismes. Pour une critique de la logique classificatoire », *Le mythe de l'allergie française au fascisme*, Paris, Albin Michel, 2003, p. 17-67, en particulier p. 21.

105. Le capitaine Henri Désagneaux, chargé du maintien de l'ordre en gare de Meaux, raconte comment les soldats agissent au dernier moment, au départ des trains, en prenant soin d'occulter leurs insignes régimentaires : *op. cit.*, p. 131-132.

106. Voir A. Loez, « Mots et cultures... », art. cit., et les travaux en cours de Thierry Hardier (Crid 14-18) sur les inscriptions et traces rupestres de la guerre.

107. SHD 26N254, lettre citée par D. Rolland, *op. cit.*,

p. 264. On trouve d'autres occurrences de représentations théâtrales perturbées, ainsi au 4e RI où des soldats chantent l'*Internationale* le 28 mai au soir.

108. SHD 16N2405, état des dégâts commis au groupe nº 3, 3 juin 1917.

109. JM Olivier, rapport du lieutenant Chabot, 3 juin 1917.

110. D. Rolland, *op. cit.*, p. 273 et p. 351-352. L'enquête ne révèle que 39 désertions à la 164e DI.

111. *Id.*, p. 252.

112. Il faut toutefois noter que les comités de soldats puis le soviet de Petrograd ont cherché à contrecarrer assez rapidement les fraternisations survenues en mars et avril. Cf. A. Wildman, *op. cit.*, p. 360-361, et M. Ferro, « Le soldat russe en 1917. Indiscipline, pacifisme, patriotisme et révolution », *Annales E.S.C.*, 1971, vol. 26, nº 1, p. 14-39, en particulier p. 24.

113. Paul Jankowski, art. cit.; Bruno Benvindo, « Déserter le front belge. La guerre et ses marges, 1914-1918 », *in* A. Loez et N. Mariot (dir.), *Obéir/désobéir...*, *op. cit.*, p. 329-344.

114. Cf. R. Cazals, *Frères...*, *op. cit.*, et T. Ashworth, *op. cit.*

115. Voir la conclusion de G. Pedroncini, *op. cit.*, p. 312.

116. Régiments ou assimilés (BCP, BCA, etc.). Le graphique a été obtenu par compilation de l'ensemble des incidents rencontrés dans nos dépouillements (tableau A, p. 2 à 6 de l'annexe en ligne), à l'exclusion des désertions, des actes individuels et des incidents dans les gares et les trains. Les mutineries durables (217e RI, du 4 au 12 juin par exemple) sont portées aux différents jours concernés.

117. D. Rolland, *op. cit.*, p. 52, et Joseph Varenne, *L'Aube ensanglantée*, Paris, Éd. de la revue mondiale, 1933, p. 147.

118. SHD 16N298, CP, DD69, 23 mai 1917.

119. N. Mariot, *op. cit.*, p. 372.

120. L. Smith, *op. cit.*

121. SHD 16N298, rapport du commandant Richier, 20e BCP, 30 mai 1917.

122. D. Rolland, *op. cit.*, p. 356.

123. D. Rolland, *op. cit.*, p. 197-223, et le récit de Joseph Jolinon, «La Mutinerie de Cœuvres», *Mercure de France*, 15 août 1920.

124. SHD 16N1520, lettres saisies des militaires du 221ᵉ RI.

125. D. Rolland, *op. cit.*, p. 123-124.

126. *Id.*, p. 178, 87 et 105.

127. Cf. E. Cronier, thèse citée, p. 108-117, chiffre p. 117.

128. *Id.*, p. 255.

129. G. Pedroncini, *op. cit.*, p. 87, D. Rolland, *op. cit.*, p. 293.

130. Albert Lecup, *Avant le dernier cantonnement*, Arras, A. Lecup, 1974, p. 92: «Le soir, dans ce petit village de l'Aube où les soldats reviennent dormir, on entend chanter l'*Internationale*.» Là aussi, c'est l'une des seules mentions — certes très vague — d'indiscipline dans cette unité.

131. Ainsi le Parisien Michel Corday, *L'envers de la guerre. Journal inédit, I: 1914-1916*, Paris, Flammarion, 1932, p. 111: le 6 juin, «cent rumeurs colportent les rébellions au front [...] Soissons est bondé de troupes qu'on tient sous les mitrailleuses»; p. 112, le 10 juin: «Encore les mutineries. Ici, un régiment chanta l'*Internationale*, drapeau rouge en tête. Ailleurs, les hommes demandaient des délégués, à la russe».

132. Alain Jacobzone, *En Anjou, loin du front*, Vauchrétien, Éditions Ivan Davy, 1988, p. 81-82.

133. SHD 16N1521, rapport du commissaire spécial attaché à la préfecture de la Meuse, 4 juin 1917.

134. On lit dans une lettre contrôlée: «As-tu appris l'émeute d'Angoulême, les femmes se sont introduites à la gare au passage du train de permissionnaires venant du midi, ont crié à bas la guerre, tué un agent, esquinté le chef de gare et menacé de faire sauter la passerelle» (SHD 16N1399, CP, 6ᵉ DI, 20 juin 1917).

135. Pierre-Gaston Barreyre, *Carnets de route de P.-G. Barreyre, poilu girondin*, Bordeaux, CRDP, 1989, p. 95.

136. Le commissaire militaire de la gare écrit le 16 juin dans son rapport (SHD 18N312): «Des soldats [...] vociféraient sur mon passage toutes les expressions courantes

dans les trains de permissionnaires : "vive la révolution", "vive l'anarchie", "mort aux gendarmes", "on en a assez de se faire crever la peau pour les riches" [...] tous hurlaient, me bousculaient, déboutonnaient ma tunique, me frappaient à coup de poing. »

137. Archives du Sénat, 69S79, procès-verbal de la commission de l'armée du 20 juin 1917, déclaration du sénateur Labatut : des permissionnaires y crient « Vive la paix ! ».

138. Cris « Vive la paix ! », « vive la révolution ! », « À bas la guerre ! » : SHD 16N1521, rapport du commissaire spécial de Tours, 7 juin 1917.

139. Carnet Marc Delfaud (à paraître, aimablement communiqué par A. Bach), 7 juin 1917.

140. Cf. *1914-1918, Des champs aux tranchées*, Mémoire du canton du Faouët, s.l., Liv'éditions, 1999, p. 179-180.

141. Y. Pourcher, *op. cit.*, p. 222.

142. Voir le récit de P. Ricadat chargé du maintien de l'ordre dans cette gare, début juin (*op. cit.*, p. 172-183, et p. 82 de l'annexe en ligne).

143. D. Rolland, *op. cit.*, p. 308.

144. Y. Pourcher, *op. cit*, p. 217-218, et pour Lorient, *Des champs aux tranchées…*, *op. cit.*, p. 180.

145. Cf. Patrick Facon, communication inédite au colloque de Laon-Craonne « Obéir/désobéir. Les mutineries de 1917 en perspective », novembre 2007.

146. D. Rolland, *op. cit.*, p. 307.

147. SHD 26N726, JMO du 242e RI, 6 juillet 1917. La période s'inscrit également comme une étape dans le rejet de l'effort de guerre outre-mer, avec en particulier la révolte de mai-juin 1917 en Nouvelle-Calédonie. Voir Sylvette Boubin-Boyer, « La révolte kanake de 1917 au regard des archives de l'armée de Terre et de la Marine » (en ligne : < http://www.crid1418.org/espace_scientifique/textes/boubinboyer_01.htm >). Voir aussi Daniel Rivet, *Le Maghreb à l'épreuve de la colonisation*, Paris, Hachette, coll. « Pluriel », 2003, p. 195-196.

148. SHD 16N1393, CP, 129e RI, 5 juin 1917.

149. SHD 16N1521, CP sur l'intérieur, 1er juin 1917.

150. SHD 16N1399, CP, 205e RI, 1er juin 1917.

151. SHD 16N1399, CP, 78e RIT, s.d. (début juin 1917).

Une fois encore, la notation émane d'un soldat d'une division (la 48ᵉ) dite «non touchée» jusqu'ici.

152. Robert Van Huffel, *Le sentiment et l'esprit de cavalerie : Mémoires*, s.l., Éditions Sol'air, 1995, p. 84.

153. SHD 16N1399, CP, 297ᵉ RI, 16 juin 1917.

154. SHD 16N1551, lettre saisie, 3 juin 1917.

155. SHD 1Kt697, témoignage inédit du lieutenant-colonel Lebeau, 97ᵉ RI.

156. SHD 16N1521, rapport spécial du SR de la Vᵉ armée, 4 juin 1917.

157. Voir le récit de la dégradation dans Vincent Duclert, *Alfred Dreyfus. L'honneur d'un patriote*, Paris, Fayard, 2006, p. 208-214, et les analyses de N. Offenstadt sur les rituels des Justices militaires, *Les Fusillés…*, *op. cit.*, p. 46-55.

158. Cité par D. Rolland, *op. cit.*, p. 94-95.

159. F. Buton, art. cit.

160. SHD 16N1521, rapport du commissaire de police de Senlis, 10 juin 1917.

161. SHD 18N197, rapport du commissaire militaire de la gare de Château-Thierry, 7 juin 1917.

162. Maurice Agulhon, *La République. L'élan fondateur et la grande blessure (1880-1932)*, Paris, Hachette, coll. «Pluriel», 1990, p. 305.

163. G. Pedroncini, *1917. Les mutineries de l'année française*, Paris, Julliard, 1968, p. 281. Comme toujours lorsque les termes d'«attaque inutile» sont employés, on aimerait savoir ce que serait, avant juillet 1918, une «attaque utile» dans la guerre des tranchées.

164. G. Pedroncini, *Les mutineries…*, *op. cit.*, p. 304.

165. J.-J. Becker, *1917…*, *op. cit.*, p. 83 : «Convaincre les soldats que les opérations offensives étaient arrêtées fut une condition essentielle de l'arrêt des mutineries.»

166. L. Smith, *op. cit.*, p. 180-181.

167. D. Rolland, *op. cit.*, p. 363.

168. A. Ribot, *op. cit.*, p. 214.

169. AFGG, V, 1, 2, annexe 235, directive nᵒ 1 du général en chef, 19 mai 1917. G. Pedroncini tronque sa citation de ce texte et en omet les aspects les plus offensifs : *op. cit.*, p. 304.

170. AFGG, V, 1, 2, annexe 180, EM VIᵉ Armée, «instruction personnelle et secrète» du 11 mai 1917, prolongée après le 19 mai par les documents des annexes 295 et 296, EM VIᵉ armée, rectificatif aux instructions secrètes, 23 mai 1917 (voir également l'annexe 306).

171. AFGG, V, 1, 2, annexe 297, EM VIIᵉ armée, ordre général d'engagement, 23 mai 1917.

172. Sur cette autonomie, cf. A. Bach, *op. cit.*, p. 133-134.

173. AFGG, V, 1, 2, annexe 412, le général commandant la VIᵉ armée au général commandant le GAN, 3 juin 1917; voir aussi P. Painlevé, *op. cit.*, p. 143.

174. AFGG, V, 1, 2, annexe 319, 25 mai 1917. Voir également la très étonnante lettre du général Guillaumat, chef de la IIᵉ armée, au général Pétain visant à faire cesser les opérations prévues par son supérieur le général Fayolle, chef du GAC, le 27 juin 1917, craignant que «des mutineries ne se produisent au moment des attaques» (A. Guillaumat, *op. cit.*, p. 218).

175. Roland Dorgelès, *Le Réveil des morts*, Paris, Albin Michel, 1923, p. 297-305.

176. Cf. A. Loez, «Évenement extrême, événement invisible: la "marche sur Paris" des mutins de 1917», *in* F. Rousseau et J.-F. Thomas (dir.), *La fabrique de l'événement*, Montpellier, PUM, p. 279-294.

177. G. Cuvier, art. cit., p. 318.

178. D. Rolland, *op. cit.*, p. 81.

179. JM Mille, PVI Goutaudier, 8 juin 1917.

180. *Id.*, PVI Delafosse, 10 juin 1917.

181. Cité par D. Rolland, *op. cit.*, p. 147.

182. JM Mille, PVI Meuleu, 8 juin 1917.

183. *Id.*, PV de confrontation entre Lefrançois et Lagnel, 6 juin 1917.

184. *Id.*, notes d'audience, 24 juin 1917.

185. L. Smith, *op. cit.*, p. 201-202.

186. André Bach, art. cit. Ces troupes de maintien de l'ordre sont évoquées par le sous-officier de cavalerie Roger Martin du Gard, dans une lettre à son épouse: «Et on lançait la cavalerie au-devant d'eux pour leur barrer la

route, les encercler. Que se serait-il passé? Les cuirassiers du 9e, que j'ai vus, disent à peu près tous qu'ils auraient marché avec eux sur Paris, sans les arrêter, et surtout sans tirer dessus» (*Journal. 1, Textes autobiographiques. 1892-1919*, Paris, Gallimard, 1992, p. 806).

187. D. Rolland, *op. cit.*, p. 188.

188. JM Lefèvre, rapport du commissaire rapporteur, 18 juin 1917.

189. Capitaine Varlat, cité par D. Rolland, *op. cit.*, p. 114.

190. D. Rolland, *op. cit.*, p. 249-250.

191. *Id.*, p. 202-203.

192. É. Morin, *op. cit.*, p. 153-156.

193. D. Rolland, *op. cit.*, p. 123.

194. SHD 1K504, témoignage du général La Guillonière, 25-26 juin 1917.

195. SHD 6N146, propos rapporté dans le rapport du général Lebrun commandant le 3e CA, 30 mai 1917.

196. SHD 16N1406, CP, 41e DI, 5 juin 1917.

197. JM Lefèvre, déposition Rouellé, 6 juin 1917.

198. SHD 19N305, CP, 129e RI, 6 juin 1917.

199. SHD 1Kt697, témoignage inédit du lieutenant-colonel Lebeau, 97e RI.

200. É. Morin, *op. cit.*, p. 155.

201. L. Smith, «Refus, mutineries et répressions», *in* J.-J. Becker et S. Audoin-Rouzeau (dir.), *op. cit.*, p. 393-405, p. 401.

202. Il semble qu'un soldat au moins ait cherché ensuite, au cours d'une permission, à concrétiser ce trajet: le 9 juin 1917, un fantassin disant venir du Chemin des Dames se présente à la guérite de la Chambre pour «parler aux députés», il est éconduit parce qu'il semble «aliéné». Cf. É. Cronier, thèse citée, p. 624.

203. Lucien Auvray, *op. cit.*, p. 90.

204. A. Bach, art. cit.

205. SHD 6N146, lettres du général en chef au ministre de la Guerre, 28 et 30 mai 1917.

206. R. Poincaré, *Au service de la France : neuf années de souvenirs*, t. IX, *L'Année trouble*, Paris, Plon, 1932, p. 148.

207. A.-L. Anizan, thèse citée, p. 430.

208. SHD 6N146, message téléphoné au général gouverneur militaire de Paris, 30 mai 1917.

209. SHD 6N146, lettre du général Dubail au ministre de la Guerre, 30 mai 1917. La présence de ces troupes destinées, croit-on, à réprimer les troubles intérieurs provoque de vifs affrontements lors du Comité secret du 29 juin 1917, sous l'impulsion du socialiste Renaudel en particulier (*Journal officiel*, 26 juin 1922, p. 372).

210. SHD 16N1521, note de service du GAN, 31 mai 1917.

211. R. Poincaré, *op. cit.*, p. 148-149.

212. *Ibid.*, p. 149. Ce refus en haut lieu, dont on trouve l'équivalent en Allemagne, permet de contredire l'interprétation que J.-J. Becker donne à l'échec de la conférence : « Comment peut-on expliquer cet échec du socialisme ? [...] dans leur masse les populations belligérantes continuaient à souhaiter ou à croire dans leur victoire. [...] L'échec de Stockholm en fut la manifestation » (*1917...*, *op. cit.*, p. 139). Mais, bien sûr, dans la réalité, ce ne sont pas les « populations belligérantes » qui étaient en position de décider, et en particulier d'octroyer les passeports pour la conférence.

213. SHD 6N146, lettre du général en chef au ministre de la Guerre, 2 juin 1917.

214. AFGG, 512, annexe 416, le général en chef au ministre de la Guerre, 4 juin 1917.

215. R. Poincaré, *op. cit.*, p. 152.

216. *Journal officiel*, 26 juin 1922, p. 542-543.

4. IMPROVISER LA DÉSOBÉISSANCE

1. JM Bouquet, notes d'audience, 24 juin 1917.

2. SHD 19N652, rapport du lieutenant-colonel Salle, 28 juin 1917 ; de même au 44e BCP où une réunion s'organise au « débit Vaudequin » le 7 juin (JM Simon, rapport du capitaine Avril, 14 juin 1917).

3. SHD 1K504, témoignage du général La Guillonière, 25-26 juin 1917.

4. SHD 19N672, rapport du chef de bataillon Villemin, 5 juin 1917.

5. SHD 16N1521, rapport du lieutenant-colonel Paitard, 2 juin 1917.

6. L. Nicoud, *op. cit.*, p. 489.

7. Dr Bretonneau, « La guerre de 1914 du Dr Bretonneau. Souvenirs recueillis par un de ses amis, M. Bernard », *Le crocodile*, bulletin de l'internat de Lyon, 1959, n° 2, p. 30.

8. D. Rolland, *op. cit.*, p. 75.

9. Cf. Pierre Jardin, *Aux racines du mal. 1918 le déni de défaite*, Paris, Tallandier, 2005, p. 378-381. Notons que les marins mutinés sont initialement très peu nombreux (une centaine environ) mais que leur contexte d'action leur offre des possibilités de généralisation bien plus larges que celui des combattants français. À noter également que dans une mutinerie navale, la désobéissance de quelques hommes aux fonctions décisives (les chauffeurs des chaudières, par exemple) a des conséquences d'ampleur (p. 380).

10. D. Rolland, *op. cit.*, p. 176. On retrouve ici un mode d'action qui est aussi, par défaut, celui de bien des grévistes à la même époque. Cf. Stéphane Sirot, *La grève en France. Une histoire sociale*, Paris, Odile Jacob, 2002, p. 125.

11. Mutin du 370e RI cité par D. Rolland, *op. cit.*, p. 205.

12. JM Monin, PVI Ridez, 6 juin 1917.

13. JM Cordonnier, rapport du commissaire rapporteur, 5 juin 1917.

14. A. Farge et J. Revel, *op. cit.*, p. 68.

15. JM Roux, PVI Martin, 10 juillet 1917. De même au 85e RI pour le soldat Didier, déjà condamné et ne voulant pas se « faire remarquer » (JM Lamarque, PVI, 6 juillet 1917).

16. Les inculpés sont ainsi régulièrement questionnés sur leur appartenance à un syndicat : « Dans la vie civile j'ai toujours eu une conduite d'honnête homme, je n'ai eu aucune condamnation et n'ai fréquenté aucun syndicat. » (JM Monin, déposition de celui-ci le 6 juin 1917) ; « Je suis tout à fait étranger à toutes les questions de grèves ou de syndicat, étant cultivateur » (JM Badoizel, déposition de celui-ci le 17 juin 1917).

17. JM Roux, PVI Leduc, 7 juillet 1917.

18. Voir les travaux de P. Boulanger, J. Maurin et F. Rousseau cités chap. 1, note 23 ; parmi les engagés volontaires mutinés, citons Roger Meyer au 31e BCP qui tente d'organiser une manifestation le 11 juin (JM Meyer).

19. SHD 16N1418, CP, 170e DI, 4 juin 1917.

20. SHD 16N1418, CP, 274e RI, 15 juin 1917.

21. SHD 16N1393, CP, 298e RI, 30 juin 1917.

22. SHD 16N1399, CP, 21e RI, 19 juin 1917.

23. SHD 16N1418, CP, 20e BCP, 3 juin 1917.

24. SHD 16N1393, CP, 129e RI, 5 juin 1917.

25. SHD 16N1393, CP, 129e RI, 5 juin 1917.

26. SHD 16N1393, CP, 129e RI, 4 juin 1917.

27. SHD 16N1399, CP, 228e RI, 6 juin 1917.

28. SHD 16N1393, CP, 129e RI, 5 juin 1917. Galit Haddad, « Le "refus du refus" en 1917. Les non-mutins du 129e régiment d'infanterie face aux soldats mutinés », *Histoire@ Politique. Politique, culture, société*, n° 6, sept.-déc. 2008 (en ligne : < http ://www.histoire-politique.fr/documents/06/ autresArticles/pdf/HP6-Varia-Haddad-PDF.pdf >), étudie en détail ce discours d'opposition dans un régiment, mais comporte d'importantes erreurs factuelles.

29. Cf. R. A. Nye, C. Charle et F. Cochet, *op. cit.*

30. Cf. A. Loez, « Autour d'un angle mort… », art. cit.

31. SHD 16N1393, CP, 11e RI, 20 juin 1917.

32. Cf. R. Cazals, A. Loez, *Dans les tranchées…*, *op. cit.*, p. 29-36.

33. SHD 19N652, rapport du colonel commandant l'ID 72, 1er juillet 1917.

34. J.-J. Weber, *op. cit.*, p. 171.

35. Cf. J.-Y. Le Naour, « La faute aux "Midis". La légende de la lâcheté des méridionaux au feu », *Annales du Midi*, vol. 112, n° 232, 2000, p. 499-515.

36. SHD 19N305, rapport du général Éon sur les incidents du 20e RI, 8 mai 1917.

37. SHD 16N1418, CP, 307e RI, 8 juin 1917.

38. E. Cronier, art. cit.

39. Jean-Louis Beaufils, *Journal d'un fantassin : campagnes de France et d'Orient : 1914-1919*, Paris, L'Harmattan, 2006, p. 238.

40. SHD 16N2405, rapport du capitaine Astruy sur les incidents en gare de Dormans, 7 juin 1917.

41. SHD 16N1521, rapport du colonel Brindel, 3 juin 1917.

42. SHD 16N1393, CP, 129ᵉ RI, 5 juin 1917.

43. SHD 16N1521, compte-rendu du colonel Martenet, 2 juin 1917.

44. Cf. A. Loez, « Éléments pour une sociologie des mutins de 1917 », in A. Loez et N. Mariot (dir.), Obéir…, op. cit., p. 311-328, qui prolonge la discussion méthodologique.

45. JM Gérard, notes d'audience, 21 juin 1917. L'idée d'un tirage au sort des condamnés est un élément majeur des controverses autour des mutineries dans l'entre-deux-guerres, et motive des demandes de réhabilitation, comme au 274ᵉ RI : « Praga n'a jamais été un des meneurs de la mutinerie mais, dans un but d'exemplarité, il fut choisi comme tel au hasard d'un choix arbitraire. » AN, BB18-6341, 51BL6288. Voir N. Offenstadt, Les Fusillés…, op. cit.

46. SHD 19 N305, état des suspects du 1ᵉʳ bataillon, 6 juin 1917.

47. Voir, pour la Grande-Bretagne, Gerard Oram, Worthless Men. Race, Eugenics and the Death Penalty in the British Army during the First World War, Londres, Francis Boutle, 1998.

48. N. Offenstadt, Les Fusillés…, op. cit., chap. I.

49. JM Redouté, avis du chef de bataillon, 7 juin 1917. Il semble que, pour cet officier, on ne puisse être courageux et mutin (à moins d'être ivre).

50. Il s'agit d'un soldat qui a crié « Vive la paix ! » au 15ᵉ RI : JM Louatron, avis du chef de bataillon, 26 juin 1917. L'indulgence est mise, avec les circonstances atténuantes et une peine de cinq ans de prison avec sursis.

51. JM Aubreton, avis du commandant Béjard, 5 juin 1917. Pour des faits similaires au condamné précédent, ce soldat du 42ᵉ BCP est condamné à six ans de travaux forcés, non assortis du sursis.

52. D. Rolland, op. cit., p. 384, qui fonde uniquement son étude sur les condamnations à mort. Cf. A. Loez, art. cit.

53. Base de données exhaustive des condamnations aux

5e, 35e, 63e, 69e et 77e DI pour l'année 1917, regroupant 1 743 individus. Voir les tableaux tirés de son exploitation, p. 10 à 18 de l'annexe en ligne.

54. Tableau C1, p. 10 de l'annexe en ligne.

55. *Ibid.*, tableau C4.

56. Exceptés les soldats originaires des régions viticoles ayant connu les mouvements de 1907 (Midi) et 1911 (Champagne).

57. Tableau C2 (p. 10 de l'annexe en ligne) dont le test dit du «X^2», significatif au seuil de 1 %, vérifie la validité statistique.

58. SHD 16N1393, CP, 129e RI, 5 juin 1917.

59. SHD 16N1393, CP, 298e RI, 3 juillet 1917.

60. JM Mille, PVI Delahais, 8 juin 1917.

61. SHD 16N1521, rapport sur l'enquête à la 41e DI, SR de la Ve armée, 5 juin 1917.

62. Tableau C3 (p. 10 de l'annexe en ligne).

63. E. Cronier, thèse citée, et Clémentine Vidal-Naquet, « S'épouser à distance. Le mariage à l'épreuve de la Grande Guerre», *Revue d'Histoire moderne et contemporaine*, no 53-3, 2006, p. 142-158.

64. SHD 16N1399, CP, courrier d'arrivée au 36e RI, 6 juin 1917.

65. Le thème de la mutinerie des «vieux poilus» est repris par de nombreux ouvrages de synthèse : ils sont, par exemple, des «soldats qui n'ont pas ménagé leur peine depuis 1914» pour J.-Y. Le Naour (*Dictionnaire de la Grande Guerre*, Paris, Larousse, coll. «À présent», 2008, p. 53).

66. Ainsi le cas de l'instituteur Breton à la 3e DI (D. Rolland, *op. cit.*, p. 62-65).

67. On ne dispose pas du niveau d'éducation des condamnés, sauf pour la mutinerie du 57e BCP (JM Gérard), où les notices des condamnés mentionnent, pour chacun des 18 inculpés, «sait lire et écrire». La seule exception est l'inculpé Venot, clerc de notaire : instruction «moyenne».

68. Eric Hobsbawm, Joan Scott, «Political Shoemakers», *Past & Present*, no 89, 1980, p. 86-114.

69. Minoritaires dans l'armée en raison des affectations en usine, ils le sont plus encore durant les mutineries, ne

formant que 5 % des mutins, en incluant les mineurs (tableau C5).

70. Cf. J. Maurin, *op. cit.*, A. Loez, «Autour d'un angle mort...», art. cit.

71. SHD 11J1910, minutes du jugement 501, 11 juillet 1917.

72. Benjamin Ziemann souligne, dans son étude des soldats bavarois, que l'hétérogénéité sociale au front constitue l'obstacle majeur à la désobéissance collective (*War Experiences in Rural Germany, 1914-1923*, Oxford, Berg, 2007, p. 104).

73. JM Mille, rapport du commissaire du gouvenement Perrin devant le tribunal militaire permanent de Rouen, 10 juillet 1935.

74. Voir la carte, p. 13 de l'annexe en ligne.

75. *Ibid.*, PVI Mille, 9 juin 1917, et PVI Goutaudier, 8 juin 1917.

76. *Ibid.*, déposition Charbonnier, 8 juin 1917.

77. *Ibid.*, déposition Goutaudier, 8 juin 1917.

78. G. Cuvier, art. cit., p. 310, comme les citations qui suivent.

79. Cf. Michel Offerlé, *Sociologie des groupes d'intérêt*, Paris, LGDJ/Montchrestien, 1998, p. 112.

80. Au sein d'une bibliographie désormais très abondante, voir avant tout P. Favre (dir.), *La manifestation*, Paris, Presses de la FNSP, 1990 ; Olivier Fillieule, *Stratégies de la rue : les manifestations en France*, Paris, Presses de Sciences Po, 1997 ; Louis Marin, «Une mise en signification de l'espace social : manifestation, cortège, défilé, procession (notes sémiotiques)», *Sociologie du Sud-Est*, n° 37-38, juil.-déc. 1983, p. 13-27 ; Vincent Robert, *Les chemins de la manifestation (1848-1914)*, Lyon, Presses universitaires de Lyon, 1996 ; Danielle Tartatowsky, *Les manifestations de rue en France, 1918-1968*, Paris, Publications de la Sorbonne, 1997 ; ainsi que l'ouvrage récent proposant une bibliographie à jour d'O. Fillieule et D. Tartakowsky, *La manifestation*, Paris, Presses de Sciences Po, coll. «Contester», 2008.

81. O. Fillieule, *Stratégies...*, *op. cit.*, p. 86-87.

82. JM Pradeloux, déposition du lieutenant-colonel Hauw, 29 juin 1917.

83. Cf. Diana Cooper-Richet, «La foule en colère : les mineurs et la grève au XIXe siècle», *Revue d'histoire du XIXe siècle*, 1998, no 17 ; J.-L. Robert, thèse citée, p. 1544.

84. M. Dobry, «Calcul, concurrence et gestion du sens. Quelques réflexions à propos des manifestations étudiantes de novembre-décembre 1986», *in* P. Favre (dir.), *La manifestation, op. cit.*, p. 357-386.

85. E. Morin cité par D. Rolland, *op. cit.*, p. 122.

86. SHD 16N1521, rapport du lieutenant-colonel de la Giraudière commandant le 313e RI, 28 mai 1917.

87. JM Badoizel, ordre d'informer du 16 juin 1917. Nous soulignons.

88. JM Lamarque, rapport du sous-lieutenant Camus, 29 juin 1917.

89. SHD 16N298, historique journalier des faits d'indiscipline, 63e RI, 14 juin 1917.

90. V. Robert, «Aux origines de la manifestation en France (1789-1848)», *in* P. Favre (dir.), *La manifestation, op. cit.*, p. 69-89.

91. Ce comptage issu de nos dépouillements représente des chiffres *a minima* compte tenu de la difficulté à connaître les détails de nombreux événements et de leur partielle occultation.

92. Ces éléments contredisent les minimisations qui circulent habituellement : «Dans quelques cas seulement, ils brandirent des drapeaux rouges, chantèrent l'*Internationale*, menacèrent de marcher sur Paris, crièrent "Vive la Paix"» (J.-J. Becker, *La Première Guerre mondiale, op. cit.*, p. 213).

93. M. Offerlé, «Descendre dans la rue de la "journée" à la "manif"», *in* P. Favre (dir.), *op. cit.*, p. 90-122 ; V. Robert, *op. cit.*, p. 361 et p. 370.

94. Durant les grèves viticoles de 1907, l'*Internationale* est, de même, le premier signe employé par les soldats du 100e puis du 17e RI pour indiquer leur solidarité avec les civils : Jules Maurin et Rémy Pech, *1907, les mutins de la République. La révolte du Midi viticole*, Toulouse, Privat, 2007, p. 50-51.

95. SHD 16N1388, CP, 16e BCP, 4 juin 1917.

96. SHD 16N1418, CP, 120e RI, 20 juin 1917.

97. Cette question se lit par exemple dans l'opuscule des médecins Louis Huot et Paul Voivenel, *Le Courage*, Paris, Félix Alcan, 1917, lorsqu'ils décrivent la dissolution d'un régiment et donc la fin de son drapeau: «L'officier porte-drapeau eut une violente crise de larmes quand tout fut fini et nous confia n'avoir jamais supporté un calvaire comme ce défilé» (p. 9). De même, dans le récit que fait Paul Détrie, commandant le 94e RI, d'une revue de son unité par le général Passaga, le 3 mai 1917 : «Le général prenant la soie du drapeau et en a baisé les plis [...] avec une visible émotion, car il avait des larmes dans les yeux» (SHD 1K429).

98. SHD 16N1521, rapport des inspecteurs Sabaterie et Brossier, 4 juin 1917.

99. SHD 24N938, rapport du colonel Baudrand, 5 juin 1917.

100. SHD 16N1521, rapport du capitaine Chêne, 31e BCP, 31 mai 1917.

101. SHD 19N652, télégramme transmettant l'ordre d'exécution, 24 juin 1917. V. Robert signale dans le monde civil avant guerre le «fétichisme» du drapeau que l'on «défendra avec acharnement contre la police»: *op. cit.*, p. 370.

102. SHD 16N1418, rapport de contrôle postal du général De Roig, lettre d'un soldat du 59e RI, 23 juin 1917. Un même «bricolage» existe avant guerre : D. Tartakowsky, *Le pouvoir...*, *op. cit.*, p. 46 ; M. Offerlé, «Descendre...», art. cit.

103. JM Calmon, PVI Ledru, 23 juin 1917.

104. SHD 16N1521, rapport des inspecteurs Sabaterie et Brossier, 4 juin 1917.

105. SHD 16N298, rapport du service de sûreté de la IIIe armée, 30 mai 1917.

106. SHD 16N1520, rapport anonyme «incidents de la 69e DI», fin mai 1917.

107. SHD 16N1526, rapport sur les actes d'indiscipline au 370e RI, 2 juin 1917.

108. JM Mille, déposition Charbonnier, 8 juin 1917.

109. *Ibid.*, déposition du sous-lieutenant Genet, 7 juin 1917.

110. Guy Marival, «*La Chanson de Craonne*, de la chanson palimpseste à la chanson manifeste», *in* N. Offenstadt, *Le Chemin des Dames…*, *op. cit.*, p. 350-359.

111. G. Bonnamy, *La saignée*, Paris, E. Chiron, 1920, p. 136, cite le «fameux refrain» (qui n'a rien de «fameux» sur le moment).

112. L. Barthas, *op. cit.*, p. 471-472.

113. SHD 19N528, rapport de l'adjudant Schneider, 27e Dragons, 23 juin 1917.

114. Cf. Catherine Dutheil Pessin, «Chanson sociale et chanson réaliste», *Cités*, no 19, 2004/3, p. 27 à 42. La dimension festive permet de plus de souder, à travers les chants notamment, dans l'action gréviste. Cf. S. Sirot, *op. cit.*, p. 146.

115. SHD 16N1418, CP, 59e RI, 23 juin 1917.

116. SHD 16N1521, rapport de l'inspecteur Hourbette, 6 juin 1917.

117. Les données évoquées par Vincent Robert pour les manifestations lyonnaises à la fin du XIXe siècle font penser à une faible maîtrise du texte : «Des chants, toujours les mêmes, et dont l'air semble compter plus que les paroles» (*op. cit.*, p. 370). Ici, le cinquième couplet de l'*Internationale* serait évidemment adapté : «Appliquons la grève aux armées/Crosse en l'air et rompons les rangs !»

118. SHD 11J578, rapport anonyme (s.l.n.d.) sur la mutinerie du 66e BCP et du 82e RI.

119. JM Marais, rapport du capitaine Kalb, 5 juin 1917, et notes d'audience du 9 juin 1917.

120. *Ibid.*, déposition Fauchour, 5 juin 1917.

121. JM Poulain, notes d'audience, 11 juin 1917.

122. SHD 16N1521, compte-rendu du chef d'escadron Ribois commandant provisoirement le 28e RA, 3 juin 1917.

123. SHD 16N1521, rapport du chef de bataillon Derratier, 12 juin 1917.

124. JM Guimard, rapport du capitaine Escursan, 15 juillet 1917.

125. JM Robert, déposition Protat, 8 juin 1917.

126. André Zeller, *Dialogues avec un lieutenant*, Paris, Plon, 1971, p. 125. E. Cronier étudie ce chant qu'elle rencontre sans parvenir à en retrouver les paroles exactes : thèse citée, p. 259-261 ; il y est fait allusion dans la chanson de Georges Brassens *Le Cocu*.

127. SHD 16N1521, rapport du chef de bataillon commandant le DD14, 7 juin 1917.

128. SHD 16N1520, lettres saisies au 221e RI.

129. SHD 6N146, rapport du général Lebrun commandant le 3e CA, 30 mai 1917.

130. Pétain écrit à Painlevé que la presse devrait «montrer à quel point l'élection de semblables délégués est contraire à nos traditions nationales et particulièrement à celles de la Révolution française» (SHD 6N146, lettre au ministre de la Guerre, 28 mai 1917). C'est parce que la Révolution connaît des formes de délégation que Pétain s'empresse de les nier : cf. J.-P. Bertaud, *op. cit.*, p. 46-54.

131. L. Barthas, *op. cit.*, p. 472, comme la citation suivante.

132. Voir R. Cazals et A. Loez , *op. cit.*, p. 160-161.

133. SHD 19N672, rapport du chef de bataillon Villemin, 9 juin 1917.

134. *Ibid.* Les rapports divergent sur le nombre total de morts : un ou deux.

135. SHD 19N672, rapport du chef de bataillon Villemin, 9 juin 1917.

136. SHD 19N672, renseignements apportés à 7 h 30 le 6 juin 1917 par le capitaine Vial adjoint au major du camp de Châlons au sujet du 217e RI.

137. SHD 19N672, rapport du chef de bataillon Villemin, 9 juin 1917.

138. D. Rolland, *op. cit.*, p. 284-285.

139. Dr Bretonneau, art. cit., p. 32. On remarque l'association spontanée, chez cet officier, de l'ordre visible à la qualité morale.

140. AN BB18-6350, 51BL6985, note (anonyme) du 27 avril 1921. Faute d'éléments nouveaux, le recours en révision est rejeté le 17 mars 1925. Nous soulignons.

141. On nuance donc l'interprétation de D. Rolland, *op. cit.*, p. 221, qui envisage cette affaire en termes exclusivement militaires.

142. Christian Chevandier, «Cesser d'obéir et maintenir un ordre. Les policiers parisiens en 1944», *in* A. Loez et N. Mariot (dir.), *Obéir...*, *op. cit.*, p. 280-292.

143. A. Wildman, *op. cit.*, p. 246 *sq.*

144. JM Bibard, rapport du lieutenant Mallein commandant la 21e batterie du 234e RA, 8 juin 1917.

145. JM Saint-Julien, rapport du lieutenant Thuveny, 5 juin 1917.

146. JM Pradeloux, rapport du capitaine Fougeallaz, 28 juin 1917.

147. SHD 16N1520, rapport du colonel Bertrand commandant le 162e RI, 26 mai 1917.

148. JM Roux, PVI Carmentran, 10 juillet 1917.

149. D. Rolland, *op. cit.*, p. 167; JM Guidez, déposition de l'aspirant Heff, 2 juillet 1917; JM Badoizel, rapport du lieutenant Gaulard, 8 juin 1917.

150. D. Rolland, *op. cit.*, p. 167, écrit que sa participation aux désordres est «banale». Il est pourtant l'auteur de certains tracts qui circulent à la 5e DI et au-delà afin d'inciter à la désobéissance. JM Mille, lettres saisies.

151. JM Mille, PVI Lagnel, 6 juin 1917.

152. S. Sirot, *op. cit.*, p. 107, et surtout M. Perrot, *Les ouvriers en grève, France 1871-1890*, Paris/La Haye, Mouton, 1974, t. 2, p. 459 *sq.*

153. JM Cordonnier, PVI, 1er juin 1917.

154. JM Milleret, notes d'audience, 7 août 1917.

155. L. Barthas, *op. cit.*, p. 473.

156. R. Ducoulombier, art. cit.

157. JM Bouquet, notes d'audience, 24 juin 1917. Il faut bien évidemment tenir compte de la possibilité que ces hommes trouvent là une occasion de se dédouaner de leurs propres actes.

158. Voir sa dernière lettre citée par D. Rolland, *op. cit.*, p. 94, où il évoque également la «social-démocratie» et sa déception envers Gustave Hervé.

159. JM Guidez, déposition du sergent Etcheberry, 12 juillet 1917.

160. M. Agulhon, *op. cit.*, p. 303.

161. SHD 16N1521, rapport de police, surveillance de la 167ᵉ DI, 9 juin 1917.

162. On emprunte la formule à M. Offerlé, *Sociologie...*, *op. cit.*, p. 76, dans sa discussion de la «représentativité» des groupes d'intérêt.

163. SHD 16N1521, rapport du capitaine Jean commandant la 9ᵉ Cⁱᵉ du 109ᵉ RI, 2 juin 1917 (et les citations suivantes).

164. AN, BB186350-51BL6073, note du 14 août 1918.

165. Ceux-ci restent cachés ou non identifiés et donc inconnus de la JM dans de nombreux cas.

166. J. Bushnell, *op. cit.*, p. 97.

167. Irene Guerrini, Marco Pluviano, «Italie 1917: l'été de feu de la désobéissance», *in* A. Loez et N. Mariot (dir.), *Obéir...*, *op. cit.*, p. 78-92.

168. SHD 16N1521, rapport de la commission de contrôle postal de Bar-le-Duc au SRA, 5 juin 1917.

169. JM Mille, déposition du caporal Dupas, 5 juin 1917. Voir également, dans cette division, le tract indiquant la révolte «sans aucun homme sou»: *infra*, fig. 6. Un témoignage d'officier émanant d'une autre unité mentionne de façon assez douteuse que «les meneurs avaient fait vomir ceux de leurs hommes qui étaient ivres» (J.-J. Weber, *op. cit.*, p. 169).

170. *Ibid.*, PVI Lagnel, 6 juin 1917.

171. Cf. l'analyse de ces discours au chapitre suivant.

172. JM Simon, jugement du 19 juin 1917.

173. JM Pradeloux, déposition du chef de bataillon Cazals, 4 juillet 1917.

174. SHD 16N1521, rapport du capitaine Jean commandant la 9ᵉ Cⁱᵉ du 109ᵉ RI, 2 juin 1917.

175. Cité par D. Rolland, *op. cit.*, p. 202.

176. *Id.*, p. 224.

177. JM Pradeloux, rapport du lieutenant Bariteau, 9 juillet 1917.

178. *Ibid.*, rapport du lieutenant Calmard, 27 juin 1917.

179. Cité par D. Rolland, *op. cit.*, p. 122.

180. Lucien Durosoir, Maurice Maréchal, *Deux musiciens dans la Grande Guerre*, Paris, Tallandier, 2005, carnet de M. Maréchal, p. 318.

181. SHD 19N305, rapport du lieutenant-colonel Genet commandant le 129ᵉ RI, 29 mai 1917.

182. Cité par D. Rolland, *op. cit.*, p. 136.

183. *Ibid.*

184. S. Sirot, *op. cit.*, p. 63-95.

185. JM Bonnet, rapport du chef d'escadron Boudène-Perez, 18 juillet 1917.

186. *Ibid.*, déposition Feuillet, 27 juillet 1917.

187. D. Rolland, *op. cit.*, p. 78.

188. Cf. O. Fillieule, *Stratégies…*, *op. cit.*, p. 350.

189. SHD 24N938, lettre du 22 juin 1917, JM de la 41ᵉ DI.

190. JM Roux, notes d'audience, 16 juillet 1917.

191. *Ibid.*, déposition du maréchal des logis Guillaume, 4 juillet 1917.

192. *Ibid.*, PVI Roux, 7 juillet 1917.

193 JM Touillaud, PVI Monet, 15 juin 1917.

194. JM Bonniot, rapport du lieutenant Verpilleux, 8 juin 1917.

195. *Ibid.*, notes d'audience, 13 juin 1917, déposition du capitaine Mayousse.

196. *Ibid.*, déposition Bonniot.

197. A. Loez, «Mots et cultures…», art. cit.

198. Voir le tableau E, p. 14-15 de l'annexe en ligne.

199. L. Barthas, *op. cit.*, p. 473.

200. SHD 16N1393, contrôle postal, 298ᵉ RI, 29 juin 1917. Nous soulignons.

201. JM Pradeloux: la pétition de la 14ᵉ Cⁱᵉ comporte 145 signatures et 9 croix.

202. JM Meyer, déposition Meyer, 25 juin 1917.

203. Cité par D. Rolland, *op. cit.*, p. 131

204. M. Perrot, *Les ouvriers…*, *op. cit.*, t. 2, p. 610: 22 % des grèves usent de l'écrit, manuscrit dans 50 % des cas. Pour les stratégies d'écriture populaires, voir également M. Offerlé, « "À Monsieur Schneider". Quand les ouvriers

demandent à leur patron de se présenter à la députation
(janvier 1902)», *in* P. Favre *et al.*, *L'Atelier…*, *op. cit.*,
p. 163-188.

205. F. Bock et T. Bonzon, art. cit.; voir également
Rosalie Fisher, «La pédagogie de la politesse dans l'école
laïque de la Troisième République», *Romantisme*, 1997,
volume 27, n° 96, p. 41-49.

206. L. Barthas, *op. cit.*, p. 473.

207. SHD 16N1521, enquête au sujet d'inscriptions,
IIIe armée, sûreté, 2 juin 1917.

208. SHD 16N1521, rapport de l'inspecteur stagiaire
Vayssettes, 5 juin 1917.

209. IF, 14 juillet 1917.

210. IF, 4 juillet; 19, 27 juin.

211. SHD 16N1522, document manuscrit, daté du
11 juin 1917.

212. SHD 16N1399, rapport de contrôle postal, 121e RI,
16 mai 1917. Une nouvelle fois, cet extrait de lettre est le
seul indice dont on dispose pour connaître une désobéissance dans cette unité.

213. Céline Braconnier, «Braconnages sur terres d'État.
Les inscriptions politiques séditieuses dans le Paris de
l'après-Commune (1872-1885)», *Genèses*, n° 35, 1999,
p. 107-130.

214. SHD 16N1521, rapport du commissaire spécial de
Reims, 5 juin 1917.

215. SHD 16N1521, enquête au sujet d'inscriptions,
IIIe armée, sûreté, 2 juin 1917.

216. A. Loez, «Mots…», art. cit.

217. D. Rolland, *op. cit.*, p. 336.

218. Document conservé au SHD, 16N1522, ainsi qu'un
autre: «Assez d'hommes tués. LA PAIX».

219. SHD 16N1521, rapport des inspecteurs de police
Pirard et Taddei, 3 juin 1917.

220. IF, 21 juin 1917.

221. SHD 16N1521, le général commandant la 158e DI
au général commandant le 37e CA, 3 juin 1917.

222. SHD 18N37, le général commandant le GAN au
général commandant la VIe armée, 14 juin 1917.

223. IF, 30 et 27 juin 1917.

224. F. Bouloc, *op. cit.*, et R. Cazals et A. Loez, *op. cit.*, p. 263-264.

225. SHD 16N1521, affiches décrites dans le rapport du général Mignot, 2 juin 1917.

226. JM Pradeloux, affiches manuscrites. Les dérogations obtenues ne permettent pas de reproduire ces remarquables documents.

227. Cf. A. Loez, thèse citée, § 4.3.3.3, pour l'étude de cas détaillée de ces faits.

228. JM Pradeloux, déposition Mathieu, 6 juillet 1917.

229. *Id.*, document manuscrit, «à Monsieur le commandant de la 17e Cie». Suivant les compagnies il existe de petites variations syntaxiques.

230. *Id.*, déposition Dutartre, 27 juin 1917.

231. Jean-Gabriel Contamin, *Contribution à une sociologie des usages pluriels des formes de mobilisation. L'exemple de la pétition en France*, thèse, université Paris-I, sous la dir. de Michel Offerlé, 2001, p. 494.

232. *Id.*, qui conclut à la «relative innocuité» de la forme pétitionnaire : elle n'est jamais perçue comme un mode de protestation aussi inquiétant pour le pouvoir que l'action physique manifestante ou émeutière (p. 770).

233. Lettres reçues par les socialistes Pierre Brizon, Henri Barabant, Pierre Laval et Pierre Renaudel ou le radical Victor Dalbiez, qu'ils lisent parfois à la tribune en Comités secrets (F. Bock, *op. cit.*, p. 200 ; *Journal officiel*, 26 juin 1922, Comité secret du 29 juin 1917).

234. SHD 19N305, rapport du colonel Boucher, 9 juin 1917.

235. S. Sirot, *op. cit.*, p. 15.

236. A. Dewerpe, *op. cit.*, p. 42.

237. Mark Granovetter, «Threshold Models of Collective Behavior», *American Journal of Sociology*, vol. 83, n° 6, mai 1978, p. 1420-1443 ; Gerald Marwell et Pamela Oliver, *The Critical Mass in Collective Action : a Micro-Social Theory*, Cambridge, Cambridge University Press, 1993.

238. M. Dobry, «Calcul, concurrence...», art. cit., p. 369.

239. Voir également L. Mathieu, « Les mobilisations improbables : pour une approche contextuelle et compréhensive », *in* S. Cadiou *et al.*, *op. cit.*, p. 187-198.

240. Cf. M. Agulhon, préface à J. Maurin et R. Pech, *op. cit.*

241. Selon la typologie d'A. Oberschall, exposée par É. Neveu, *op. cit.*, p. 54-56.

5. PRENDRE LA PAROLE

1. Gareth Stedman Jones, « Rethinking Chartism », *Languages of Class. Studies in English Working Class History, 1832-1982*, Cambridge, Cambridge University Press, 1983, p. 90-178 ; trad. fr., « Repenser le chartisme », *Revue d'Histoire moderne et contemporaine*, vol. 54, n° 1, janvier-mars 2007, p. 7-68.

2. S. Audoin-Rouzeau et A. Becker, *14-18...*, *op. cit.*, p. 128.

3. SHD 16N298, rapport du chef de bataillon Ménager commandant le 36ᵉ RI, 29 mai 1917.

4. S. Audoin-Rouzeau et A. Becker, *14-18...*, *op. cit.*, p. 128.

5. B. Lahire, « Risquer l'interprétation », in *L'esprit sociologique*, Paris, La Découverte, 2007, p. 40-65, cit. p. 56.

6. G. Pedroncini, *op. cit.*, p. 308 et 310.

7. *Id.*, p. 311. Notons qu'on n'a jamais rencontré au cours de nos recherches une seule occurrence documentaire de cette demande de « confort dans les cantonnements et dans les trains ».

8. L. Smith, *op. cit.*, p. 193.

9. *Id.*, p. 194-195.

10. Posture revendiquée dans le texte de L. Smith à travers une analogie éclairante : « Une mutinerie, comme une bataille, n'existe initialement qu'à travers des fragments auxquels l'historien doit imposer un degré d'ordre conceptuel » (*op. cit.*, p. 188).

11. J.-J. Becker, *La Première Guerre mondiale, op. cit.*, p. 214.

12. Par exemple, *id.*, p. 224 : « Les raisons du déclen-

chement de cette mutinerie restent donc bien floues» (à propos du 308ᵉ RI).

13. Cité par D. Rolland, *op. cit.*, p. 62.

14. SHD 16N1418, CP, 109ᵉ RI, 5 juin 1917.

15. SHD 16N1393, CP, 298ᵉ RI, 29 juin 1917.

16. SHD 16N1393, CP, 129ᵉ RI, 3 juin 1917.

17. *Id.*

18. SHD 16N1418, CP, 77ᵉ DI, 10 juin 1917.

19. *Id.*

20. SHD 18N37, CP, 36ᵉ RI, 7 juin 1917.

21. SHD 16N1521, CP, 36ᵉ RI, 5 juin 1917.

22. *Id.*

23. SHD 16N1521, CP, 36ᵉ RI, 3 juin 1917.

24. SHD 16N1399, CP, 10ᵉ BCP, 16 juin 1917.

25. SHD 16N1399, CP, 159ᵉ RI, 17 juin 1917.

26. SHD 16N1393, CP, 298ᵉ RI, 30 juin 1917.

27. SHD 19N305, CP, 129ᵉ RI, 6-9 juin 1917.

28. SHD 16N1521, CP, 70ᵉ DI, 9 juin 1917.

29. F. Buton, art. cit., p. 189.

30. SHD 6N146, CP du 36ᵉ RI, 5 juin 1917.

31. Cité par D. Rolland, *op. cit.*, p. 271.

32. SHD 16N1521, CP, 70ᵉ DI, 9 juin 1917.

33. SHD 19N305, CP, 5 juin 1917.

34. SHD 19N305, CP, 129ᵉ RI, 6-9 juin 1917.

35. SHD 16N1393, CP, 298ᵉ RI, 30 juin 1917.

36. *Id.*

37. IF, 27 juin 1917.

38. Cf. *infra*, chap. 6.

39. Cité par D. Rolland, *op. cit.*, p. 98.

40. IF, 3 juillet 1917.

41. SHD 16N1418, CP, 20ᵉ BCP, 3 juin 1917.

42. D. Rolland, *op. cit.*, et F. Cochet, « 1917: "L'année trouble"», in *1917, des Monts de Champagne à Verdun*, Paris, Imago, 2008, p. 13-29, qui ne fonde son interprétation d'ensemble que sur une mutinerie (217ᵉ RI).

43. L. Smith, «Refus, mutineries et répressions», art. cit., p. 401.

44. SHD 16N1393, CP, 298ᵉ RI, 29 juin 1917.

45. SHD 16N1393, CP, 129ᵉ RI, 5 juin 1917.

46. A. Loez, « Mots et cultures… », art. cit.

47. SHD 16N1399, CP, 136e RI, 11 juin 1917.

48. SHD 16N1418, CP, 60e BCP, 7 juin 1917, et D. Rolland, *op. cit.*, p. 244.

49. SHD 16N1406, CP, 41e DI, 5 juin 1917.

50. JM Lamarque, PVI Lanquasco, 29 juin 1917.

51. SHD 16N1521, CP, 36e RI, 6 juin 1917.

52. SHD 16N1521, rapport du lieutenant-colonel Borne, 2 juin 1917.

53. L. Smith, *op. cit.*, p. 190.

54. E. Cronier, thèse citée, p. 290.

55. JM Lamarque, déposition de l'aumônier militaire Pirot, 30 juin 1917.

56. SHD 16N1522, compte-rendu de l'inspection des Chemins de fer du nord pour la nuit du 26 au 27 juin 1917, train R ter.

57. SHD 16N1521, rapport du chef de bataillon Brangier commandant le 3e BCP, 6 juin 1917.

58. SHD 11J636, minutes du jugement 627, 9 juin 1917.

59. SHD 16N1418, CP, 370e RI, 24 juin 1917.

60. JM Bauer, rapport du capitaine Anchier, 16 mai 1917.

61. JM Badoizel, ordre d'informer du 16 juin 1917.

62. SHD 16N298, CP, 221e RI, 30 mai 1917.

63. SHD 16N1418, CP, 274e RI, 6 juin 1917.

64. SHD 16N1551, lettre saisie du soldat « Durand », 143e RIT, 21 juin 1917 (l'unité mentionnée est sans doute également fictive).

65. Général Nayral de Bourgon, *op. cit.*, p. 87-88.

66. JM Cabochette, PVI, 16 juin 1917. Un discours proche est tenu par le soldat Barbier au 13e RI : « J'ai déjà eu 3 frères assassinés et 1 mutilé, si on me fout 12 balles dans la peau, cela ne fera qu'un assassinat de plus. » JM Barbier, rapport du capitaine Donnarieix, 12 juin 1917.

67. JM Roy, notes d'audience, 11 juin 1917.

68. JM Pradeloux, PVI Puisais, 27 juin 1917.

69. JM Oxoby, déposition du sous-lieutenant Avril, 17 juin 1917.

70. JM Lamarque, rapport du lieutenant Gapinaud, 28 juin 1917.

71. *Ibid.*, PVI Sanuzeau, 30 juin 1917.

72. JM Allix, PVI Dheilly, 12 juin 1917.

73. SHD 16N1393, CP, 129e RI, 3 juin 1917.

74. JM Vial, notes d'audience, 5 juin 1917 (nous soulignons).

75. Graffiti le plus présent sur les wagons, cri lancé depuis les trains et dans les manifestations, la prégnance obsédante de ce slogan lors des mutineries se lit, par exemple, dans le témoignage de Yulien de Caseboune, *U Souldat biarnès à la guèrre: 1916-1919*, Pau, Casebonne, 1988, où c'est la seule phrase transcrite en français dans un texte écrit en béarnais, p. 20 : « Lous souldats be criden coum hous: "à bas la guerre" » («les soldats, ils crient comme des fous: "à bas la guerre"»).

76. JM Louatron, rapport d'instruction du 5 juillet 1917.

77. *Ibid.*, notes d'audience, 9 juillet 1917.

78. SHD 19N305, audition des officiers du 129e RI, 3 juin 1917, déposition du capitaine Mondanges.

79. JM Mille, PVI Burel, 8 juin 1917.

80. JM Pradeloux, rapport du lieutenant Quélin, 27 juin 1917.

81. *Ibid.*

82. Cité par D. Rolland, *op. cit.*, p. 205. Nous soulignons.

83. SHD 16N1418, CP, 109e RI, 5 juin 1917. Nous soulignons.

84. Cité par D. Rolland, *op. cit.*, p. 185.

85. JM Joly, PVI Boutailler, 12 juin 1917.

86. JM Aubreton, rapport du lieutenant Brice, 5 juin 1917.

87. SHD 16N1393, CP, 129e RI, 4 juin 1917.

88. L. Smith, *op. cit.*, p. 195.

89. SHD 16N1418, CP, 274e RI, 5 juin 1917.

90. JM Marais, PVI, 5 juin 1917.

91. Rappelons l'objection décisive de G. Noiriel, *État, nation...*, *op. cit.*, p. 167 : «Quelles preuves avons-nous, par exemple, qu'au xixe ou au xxe siècle, tous les membres des classes populaires s'identifiaient à cet "être ensemble"

national? Et si ce n'était pas le cas, faudrait-il en conclure que ces individus n'appartenaient pas à la nation?»

92. SHD 11J636, minutes du jugement 637 du 25 juin 1917.

93. JM Lefèvre, déposition du lieutenant Audrieux, 6 juin 1917.

94. SHD 16N1521, rapport du SR de la Vᵉ armée, 4 juin 1917.

95. Indiscutable même cinquante ans plus tard, chez G. Pedroncini: «Ce mal [les mutineries] a même obscurci dans l'esprit des combattants l'importance de l'Alsace-Lorraine» (*op. cit.*, p. 98). Sur le retour bien moins joyeux que prévu des «provinces perdues», voir B. Cabanes, *op. cit.*

96. JM Bourret, carte (interceptée) adressée à un brancardier du 65ᵉ RI (son frère), 19 juin 1917.

97. SHD 16N1418, CP, 77ᵉ DI, 10 juin 1917. On lit également ici l'expérience mal acceptée et mal vécue de l'armée, où l'individu n'est pas «considéré», et la coexistence évidente de la «paix» et des «permissions» dans les revendications.

98. SHD 16N1521, rapport de l'inspecteur de police mobile Pouchet, 7 juin 1917. «Guillaume», c'est le kaiser Guillaume II.

99. Cité par D. Rolland, *op. cit.*, p. 214.

100. Voir les lettres adressées au député socialiste Brizon, qui refuse de voter les crédits de guerre: T. Bonzon et J.-L. Robert, *Nous crions grâce...*, *op. cit.*

101. SHD 11J2484, minutes du jugement 222 du 24 juin 1917.

102. SHD 11J2404, minutes du jugement 528 du 17 septembre 1917.

103. Cf. R. Ducoulombier, thèse citée, p. 279 *sq*, et F. Bouloc, *op. cit.*

104. SHD 19N400, rapport d'enquête du chef de bataillon Mativat, 14 juin 1917.

105. SHD 19N305, lettre saisie par le contrôle postal, s.d. [juin 1917].

106. JM Pradeloux, document manuscrit.

107. SHD 6N146, document manuscrit.

108. SHD 19N305, transcription du tract « vos gueules », 19 juin 1917.

109. SHD 16N1551, CP, lettre d'Armand Lenoir, 303ᵉ RI, 17 juillet 1917. Voir également R. Ducoulombier, art. cit., p. 276-277, qui évoque la lecture aux tranchées par Barthas et ses camarades de documents zimmerwaldiens.

110. SHD 16N1418, CP, 274ᵉ RI, 10 juin 1917.

111. SHD 6N146 4, « état moral/tracts pacifistes ». On ne sait rien de plus de l'identité des soldats arrêtés (ou non), ni du contenu ou de la provenance des documents mentionnés.

112. C'est ce qu'illustrent également l'action des syndicalistes parisiens en juin 1917, décrite par J.-L. Robert, *Les Ouvriers...*, *op. cit.*, p. 149, et les courriers entre soldats et militants évoqués par A. Kriegel, *op. cit.*, p. 156-157.

113. Cf. Thierry Bonzon, « Des tranchées au Palais-Bourbon... », art. cit., et J.-L. Robert, *Les Ouvriers...*, *op. cit.*, p. 79 *sq.*

114. Cf. Jean Maîtron, *op. cit.*

115. SHD 16N1521, télégramme de l'EM de Crugny, 2 juin 1917.

116. IF, 30 juin 1917. Cf. M. Agulhon, *Les métamorphoses de Marianne. L'imagerie et la symbolique républicaines de 1914 à nos jours*, Paris, Flammarion, 2001, p. 32.

117. Pierre Petit, *Souvenirs de guerre.* Tome III : *31 décembre 1916 au 16 août 1919*, Nanterre, Académie européenne du livre, 1990, p. 36.

118. AN, Fonds Painlevé, 313AP123, lettre d'un soldat du 61ᵉ RI, 22 juillet 1917.

119. Cf. F. Bock et T. Bonzon, art. cit., p. 179 : la « confiance » de ceux qui écrivent aux parlementaires est indéniable, ils restent une infime minorité (329 lettres au total) plus active, plus compétente politiquement et maîtrisant davantage l'écrit que l'ensemble des combattants.

120. SHD 16N1393, CP, 298ᵉ RI, 2 juillet 1917.

121. Pour la critique de cette notion, voir Annie Collovald, *Le populisme du FN, un dangereux contresens*, Bellecombe-en-Bauges, Éd. du Croquant, 2004.

122. C. Charle, *op. cit.*, p. 200-206.

123. *Ibid.*, p. 203 et 206.

124. Cf. A. Bach, art. cit., p. 213.

125. JM Gendre, déposition Bernier, 27 mai 1917.

126. JM Milleret, déposition Voyemant, 29 juillet 1917.

127. Cf. H. Neveux, *op. cit.* : « Pour voir le jour, la révolte exige qu'une situation réelle ou redoutée soit ressentie comme intolérable et contraire à la Justice » (p. 157).

128. JM Bonniot, notes d'audience, déposition Mathieu, 13 juin 1917.

129. SHD 16N1418, CP, 159e RI, 10 juin 1917.

130. SHD 16N1399, CP, 27e DI, 13 juin 1917.

131. JM Lamarque, déposition du 2 juillet 1917.

132. Cf. D. Rolland, *op. cit.*, p. 284.

133. SHD 16N1526, CP, 3e bureau, 30 juin 1917.

134. SHD 16N1521, rapport des inspecteurs de police Pirard et Taddei, 3 juin 1917. Pour l'importance du « droit » dans l'identité combattante, voir E. Cronier, thèse citée.

135. Dans *L'écho de Paris* du 30 mai 1917 paraît un article, « Les permissions sur le front », qui réaffirme de manière virulente le droit à la permission, au moment même où les mutineries atteignent leur ampleur maximale : « Les sept jours actuellement concédés ne devraient pas être supprimés sans motifs exceptionnels. [...] Aucun chef de corps n'a le droit d'empiéter sur ses attributions. [...] Aucun chef de corps ne doit, par exemple, refuser d'accorder deux lieux de destination aux soldats qui le demandent. »

136. SHD 16N1521, rapport du général Mignot commandant la 41e DI, 11 juin 1917.

137. AFGG, V, 1, 2, annexe 372, rapport du 3e bureau au GQG, 30 mai 1917.

138. SHD 16N1520, rapport du lieutenant-colonel Dussauge, 370e RI, 5 juin 1917.

139. SHD 16N1521, lettre du général commandant en chef au ministre de la Guerre, 13 juin 1917.

140. C. Ridel, *op. cit.*, p. 134 *sq.*

141. SHD 16N1521, rapport de police, surveillance de la 167e DI, 9 juin 1917.

142. SHD 16N1393, CP, 129e RI, 5 juin 1917.

143. SHD 18N37, CP, 36ᵉ RI, 7 juin 1917.

144. SHD 16N1399, CP, 91ᵉ RI, 18 mai 1917.

145. JM Bauer, rapport du capitaine Anchier, 16 mai 1917.

146. Cité par D. Rolland, *op. cit.*, p. 103.

147. SHD J757, minutes du jugement 145, 16 juillet 1917.

148. SHD J1068, minutes du jugement 531 du 12 juillet 1917.

149. Voir les oppositions aux mutins (chap. 3) et les réactions de certains officiers (chap. 6).

150. SHD 16N1521, compte-rendu du chef d'escadron Ribois commandant provisoirement le 28ᵉ RA, 3 juin 1917. Il s'agit des conducteurs et des servants des batteries de « 75 ». Les aspects pécuniaires de l'expérience de guerre sont une lacune énorme de nos connaissances et nécessiteraient une étude. Cf. A. Loez, « Autour d'un angle mort… », art. cit., p. 38.

151. Cité par D. Rolland, *op. cit.*, p. 133.

152. SHD 16N1551, lettre saisie, correspondance de M. Arice, 228ᵉ RI, avec sa mère, lettre de cette dernière du 30 mai 1917.

153. SHD 16N1399, CP, courrier d'arrivée à la 6ᵉ DI, 11 juin 1917.

154. SHD 19N1055, rapport du chef de bataillon Vincent, 29 juin 1917.

155. SHD 16N1521, rapport des inspecteurs de police Pirard et Taddei, 3 juin 1917. « Barder », c'est « travailler dur » dans l'argot militaire.

156. JM Touillaud, PVI, 1ᵉʳ juin 1917 ; PVI Béclu, 3 juin 1917.

157. Cf A. Prost, « Verdun », *in* Pierre Nora (dir.), *Les lieux de mémoire*, II, *La nation*, 3, Paris, Gallimard, 1986, p. 111-141.

158. JM Baron, notes d'audience, 12 juin 1917. Voir le discours tenu par un officier sur ces inégalités, au 358ᵉ RI, p. 66-69 de l'annexe en ligne.

159. JM Debaye, PVI Boucart du 27 juillet 1917.

160. Georges Leroy, *Pacifiques combattants au 414ᵉ RI*, Marseille, Marcel Leconte, 1935, p. 338.

161. SHD 16N1393, CP, 298ᵉ RI, 30 juin 1917.

162. SHD 16N1520, rapport du lieutenant-colonel Dussauge, 370ᵉ RI, 5 juin 1917.

163. H. Désagneaux, *op. cit.*, p. 130 (5 juin 1917).

164. A. Dewerpe, *op. cit.*, p. 74.

165. JM Micault, notes d'audience, 8 juillet 1917.

166. JM Mille, PVI Coquelin, 8 juin 1917.

167. JM Allix, PVI Castel, 12 juin 1917. Le greffier précise : « L'inculpé donne cette réponse à toutes les questions qui lui sont faites, touchant le caractère d'insubordination de ses actes. »

168. JM Cordonnier, notes d'audience (7 juin 1917) et PVI (1ᵉʳ juin 1917).

169. *Ibid.*

170. Cf. N. Offenstadt, *Les Fusillés...*, *op. cit.*, et P. Olivera, « Le mutin derrière le fusillé », art. cit.

171. JM Chauveau, PVI Papet-Lépine, et Chaix, 13 juin 1917.

172. JM Allix, PVI Coirat, 12 juin 1917. On le voit également dans le dossier Simon, faisant de nouveau référence au « bon travail » à la fois civil et militaire : « J'ai toujours fait mon travail. Je comprends très bien qu'il faut continuer et je ne demande qu'à racheter la faute que j'ai commise » (déposition du 14 juin 1917).

173. JM Debaye, lettre-déclaration du soldat Boucart, 21 juillet 1917.

174. Cité par A. Jacobzone, *Sang d'encre : lettres de normaliens à leur directeur pendant la guerre 1914-1918*, Vauchrétien, I. Davy, 1998, p. 85.

175. D. Rolland, *op. cit.*, p. 182.

176. Voir, pour une approche renouvelée du clientélisme républicain et radical, Frédéric Monier, *La politique des plaintes. Clientélisme et demandes sociales dans le Vaucluse d'Édouard Daladier*, Sèvres, La Boutique de l'Histoire, 2007.

177. JM Martin, rapport du capitaine Richard, 8 juin 1917.

178. *Ibid.*, notes d'audience, 11 juin 1917.

179. JM Gendre, lettre de Troupel, s.d. Voir p. 76 de l'annexe en ligne.

180. JM Cabochette, lettre de sa mère, 28 juin 1917.

181. JM Monin, lettre de sa mère, 11 juin 1917. Le dossier comporte aussi une lettre de son épouse.

182. BDIC F° delta rés. 798 — 198 10231.

183. BDIC F° delta rés. 798 — 195 562, lettre du chef de bataillon Bienfait, mai 1918.

184. Cité par D. Rolland, *op. cit.*, p. 64.

185. BDIC F° delta rés. 798 — 198 10.877.

186. AN, Fonds Painlevé, 313AP123, lettre du 8 juin 1917 de G. Lefèvre à M. Deblenne.

187. *Id.*, lettres du 12, 14 et 15 juin 1917.

188. *Id.*, lettre du 12 juin 1917.

189. D. Rolland, *op. cit.*, p. 192-195. Cf. *infra*, chap. 6.

190. *Id.*, p. 54-55.

191. SHD 16N1399, CP, 109e RI, 3 juin 1917.

192. SHD 16N1393, CP, 129e RI, 16 juin 1917.

193. SHD 16N1399, CP, 74e RI, 27 juin 1917.

194. SHD 16N1399, CP, 74e RI, 27 juin 1917.

195. SHD 16N1418, CP, 269e RI, 14 juin 1917.

196. A. Filoche, *op. cit.*, p. 172.

197. SHD 16N1399, CP, 228e RI, 6 juin 1917.

198. SHD 16N1393, CP, 129e RI, 5 juin 1917.

199. SHD 16N1418, CP, 360e RI, 9 juin 1917.

200. SHD 16N1399, CP, 36e RI, 5 juin 1917.

201. SHD 16N1418, CP, 60e BCP, 7 juin 1917.

202. SHD 16N1521, CP, 36e RI, 5 juin 1917.

203. SHD 16N1418, CP, 228e RI, 5 juin 1917.

204. Jacques Cousin, «1917-1918 : des Joyeux aux carrières de Kabylie», *L'Oribus. Groupe de recherche sur le mouvement social en Mayenne*, n° 24, novembre 1987, p. 37-60.

205. *Id.*, p. 46 à 58.

206. J. Scott, *Weapons of the Weak…*, *op. cit.*, p. 350.

6. RÉTABLIR L'ORDRE

1. Note du général Franchet d'Esperey, le 4 juin 1917, cité par G. Pedroncini, *op. cit.*, p. 157.

2. *Ibid.*, p. 281-288, citation p. 287-288.

3. M. Ferro, *La Grande Guerre* [1969], Paris, Gallimard, coll. «Folio», 1990, p. 311; L. Smith, «The French High Command and the Mutinies of Spring 1917», in H. Cecil, P. Liddle, *Facing Armaggeddon, The First World War Experienced*, Londres, Leo Cooper, 1996, p. 85.

4. Voir les longs rapports cités p. 66-75 de l'annexe en ligne (<http://www.crid1418.org/doc/mutins >).

5. SHD 16N298, le général commandant le GAN au général en chef, 25 mai 1917.

6. Rapport du général Fayolle, 5 juin 1917, cité par G. Pedroncini, *1917...*, *op. cit.*, p. 159-161.

7. AFGG, V, 1, 2, annexe 372, 30 mai 1917.

8. SHD 19N672, rapport du 6 juin 1917.

9. SHD 24N938, rapport du chef de bataillon Combe, 4 juin 1917. Voir également la liste de causes des mutineries produite par le GQG, p. 75 de l'annexe en ligne.

10. Général Jean Dufieux, «La crise du moral des troupes françaises au printemps 1917», *Almanach du combattant*, 1957, p. 43.

11. SHD 24N938, rapport du colonel Baudrand, 133ᵉ RI, 5 juin 1917; SHD 16N1521, rapport des inspecteurs Sabaterie et Brossier, 4 juin 1917.

12. SHD 16N1393, CP, 129ᵉ RI, 5 juin 1917.

13. SHD 16N1393, CP, 298ᵉ RI, 29 juin 1917.

14. JM Redouté, PVI, 11 juin 1917.

15. David Le Breton, *Les passions ordinaires. Anthropologie des émotions*, Paris, Armand Colin/Masson, 1998, p. 112.

16. Cf A. Loez, «Tears in the Trenches...» art. cit., et R. A. Nye, *op. cit.*

17. Edward Spears, *Two Men who Saved France. Pétain and De Gaulle*, Londres, Eyre & Spottiswoode, 1966, p. 53. Voir également Paul Gerbod, «L'éthique héroïque en

France (1870-1914)», *Revue Historique*, n° 544, oct.-déc. 1982, vol. 268, p. 409-429.

18. Dr Bretonneau, art. cit., p. 30.

19. SHD 19N305, rapport du colonel Boucher, audition des officiers du 129ᵉ RI, 3 juin 1917.

20. SHD 1Kt39, Carnet de route Piebourg, vol. 2, p. 107.

21. Cf. D. Rolland, *op. cit.*, p. 392-397.

22. SHD 19N305, rapport du colonel Boucher, audition des officiers du 129ᵉ RI, 3 juin 1917.

23. SHD 16N1418, CP, 21ᵉ BCP, 3 juin 1917. On note encore la référence aux pleurs.

24. Il n'existe que de très rares traces en ce sens, comme la mention imprécise d'un officier médecin qui aurait applaudi le discours d'un mutin à la 41ᵉ DI : D. Rolland, *op. cit.*, p. 189.

25. JM Mille, déposition du caporal Dupas, 5 juin 1917. Arrêté, ce caporal bénéficie d'un non-lieu.

26. P. Bourdieu, *Méditations pascaliennes*, Paris, Seuil, coll. «Points», 2003, p. 54.

27. Voir, dans un autre contexte, les remarques de Christoph Rass et Peter Quadflieg, «Une garantie d'obéissance? Discipline, cohésion sociale et conformisme dans la Wehrmacht durant la Seconde Guerre mondiale», in A. Loez et N. Mariot, *Obéir...*, *op. cit.*, p. 93-108.

28. JM Touillaud, PVI, 9 juin 1917.

29. SHD 16N1393, CP, 298ᵉ RI, 30 juin 1917.

30. AN, BB18-6337, BL 6076.

31. SHD 19N305, avis du général de Cadoudal, 11 août 1917.

32. SHD 16N1520, État nominatif des officiers et sous-officiers du groupe 162ᵉ RI, 26 mai 1917.

33. JM Baron, PVI Marut, 4 juin 1917.

34. SHD 16N298, rapport du capitaine Canonge chef du SR de la 3ᵉ armée, 30 mai 1917.

35. G. Bonnamy, *op. cit.*, p. 133.

36. La même question se pose dans d'autres contextes, pour les surveillants d'établissements scolaires par exemple, pour qui il n'est pas facile de trouver la distance juste avec des élèves proches par l'âge et le milieu social, et dont le

statut précaire n'incite pas toujours à faire tout son possible pour maintenir l'ordre. Cf. Morad Amrouche, « La fonction de surveillance et le maintien de la discipline dans les lycées », *La lettre de l'enfance et de l'adolescence*, n° 57, 2004/3, p. 87-94.

37. SHD 16N1399, rapport de contrôle postal, 74e RI, 27 juin 1917.

38. GQG, 3e bureau, *Manuel du chef de section d'infanterie*, Paris, Imprimerie nationale, 1917 [janv.], p. 18.

39. *Le livre du gradé d'infanterie, à l'usage des élèves-caporaux, caporaux et sous-officiers de l'infanterie et du Génie*, Paris/Nancy, Berger-Levrault, 1917, p. 669 et 671.

40. JM Allix, notes d'audience, déposition du lieutenant Gilles, 24 juin 1917.

41. SHD 16N1520, rapport du lieutenant-colonel Dussauge, 370e RI, 5 juin 1917.

42. On retrouvait une proportion comparable des caporaux parmi les mutins du 17e RI en 1907 : 40 sur 580 hommes environ (J. Maurin et R. Pech, *op. cit.*, p. 59 et 69).

43. Carnet Marc Delfaud (à paraître), 11 juin 1917. A. Prost, dans sa préface à ce témoignage, s'étonne de ce passage, et suggère que « notre témoin exagère sans doute, car les récits des mutineries montrent des lieutenants et des capitaines respectés ». Comme on va le voir, la réalité est plus partagée, et très variable suivant les unités.

44. G. Cuvier, art. cit., p. 315.

45. SHD 24N938, rapport du général Mignot, 2 juin 1917.

46. SHD 11J412, minutes du jugement 407 du 21 juin 1917.

47. JM Calmon, déposition du sergent Dubay, 27 juin 1917.

48. Raymond Lecerf, *Mini-chronique d'un grand combat 1916-1918*, Paris, Anne Yélen, 1998, p. 15. On note la stratégie de temporisation et la gestion paternaliste de l'incident.

49. JM Cordonnier, notes d'audience, 7 juin 1917.

50. SHD 26N834, JMO du 70e BCA, 2 juin 1917.

51. D. Rolland, *op. cit.*, p. 102-103.

52. SHD 26N834, JMO du 70ᵉ BCA, 2 juin 1917.

53. JM Larfouillet, rapport du lieutenant Caporon commandant la section de discipline, 25 juin 1917.

54. *Id.*, déposition du lieutenant Angibault, 30 juin 1917.

55. E. Morin, *op. cit.*, p. 154-155.

56. SHD 16N1520, rapport du colonel Bertrand commandant le 162ᵉ RI, 26 mai 1917.

57. Cf. M. Perrot, *Les ouvriers… op. cit.*, t. 2, p. 568 *sq.*

58. SHD 19N672, rapport du chef de bataillon Villemin, 9 juin 1917.

59. *Manuel du chef de section… op. cit.*, p. 14.

60. JM Gendre, déposition du lieutenant de Cardes, 27 mai 1917.

61. On ne reprend ici qu'une version simple et centrée sur les pratiques de cette notion qui a donné lieu par ailleurs à une littérature proliférante et quelque peu encombrante. Cf. E. Neveu, *op. cit.*, p. 100-101 pour une perspective critique.

62. SHD 24N938, rapport du chef de bataillon Piebourg, 6 juin 1917.

63. *Id.*

64. SHD 16N1399, CP, 91ᵉ RI, 18 mai 1917.

65. JM Gendre, déposition du chef de bataillon Decourbe, 27 mai 1917.

66. JM Lefèvre, déposition du sergent Catusseau, 6 juin 1917.

67. L. Smith, « Remobilizing the citizen soldier through the French army mutinies of 1917 », in John Horne (dir.), *State… op. cit.*, p. 144-159, p. 147.

68. Cité par D. Rolland, *op. cit.*, p. 299.

69. *Id.* ; D. Rolland reprend également l'expression « ramenés à la raison » pour décrire l'attitude des mutins.

70. SHD 16N1521, rapport du capitaine Jean commandant la 9ᵉ Cⁱᵉ du 109ᵉ RI, 2 juin 1917. Cet officier est contredit par ses supérieurs qui annotent négativement ce rapport, en rapportant sa mansuétude à son identité civile et démocratique : « conseiller général » avant guerre, il ne

saurait comprendre les exigences disciplinaires de l'armée (*id.*, annotation des généraux Martin de Bouillon et Pont).

71. SHD 16N1399, CP, 3e hussards, 7 juin 1917.

72. SHD 16N1418, CP, 5e régiment de chasseurs à cheval, 6 juin 1917.

73. *Id.*

74. SHD 1KT86, Fonds Legentil, 30 mai 1917, p. 20. Voir également J.-L. Beaufils, *op. cit.*, p. 240.

75. L. Nicoud, *op. cit.*, p. 489.

76. L. Laby, *op. cit.*, p. 256.

77. J. J. Weber, *op. cit.*, p. 171.

78. M. le Poitevin, cité par D. Rolland, *op. cit.*, p. 137.

79. Cf. *supra*, note 23. Voir, sur les exécutions sommaires, E. Saint-Fuscien, « Forcer… », art. cit., qui en relativise l'importance, mais aussi, pour une moisson d'exemples suggérant une pratique plus répandue, A. Bach, *op. cit.*, p. 260-274 et 319.

80. Cf. *supra*, chap. 3, note 161.

81. E. Morin, cité par D. Rolland, *op. cit.*, p. 122.

82. Mentionnée sans note ni explication par D. Rolland, *op. cit.*, p. 361, qui la place le 28 mai 1917.

83. *Id.*, p. 63.

84. L. Cocordan, *op. cit.*, 31 mai 1917.

85. E. Morin cité par D. Rolland, *op. cit.*, p. 123.

86. SHD 26N294/2, JMO de la 14e DI, 6 juin 1917.

87. Voir les félicitations du chef du CA, le général de Bazelaire : « Hier, dans une circonstance où la discipline devait tout primer, votre 42e s'est montré égal à lui-même. Le régiment qui a veillé à la frontière pendant 45 ans a barré la route aux ferments malsains qui font le jeu de l'ennemi. » (SHD 26N629/7, JMO du 42e RI, 11 juin 1917). On a vu, à l'inverse, les sanctions pour « manque d'énergie ».

88. SHD 19N672, ordre du général Fayolle commandant le GAC, 10 juin 1917.

89. *Le livre du gradé… op. cit.*, p. 615.

90. M. Digo, *op. cit.*, p. 175.

91. SHD 19N672, rapport du chef de bataillon Villemin, 5 juin 1917.

92. SHD 16N1418 CP, 21e RI, 19 juin 1917 [il s'agit sans doute des fusillés du 109e RI de la 13e DI].

93. SHD 16N1418, CP, courrier reçu à la 5e DI, 20 juin 1917.

94. SHD 16N1393, CP, 129e RI, courrier d'arrivée, 4 juin 1917.

95. SHD 16N1393, CP, 129e RI, 6 juin 1917.

96. Dr Bretonneau, art. cit., p. 31.

97. *Manuel du chef de section… op. cit.*, p. 16-17.

98. Cité par D. Rolland, *op. cit.*, p. 150.

99. SHD 18N37, le général Franchet d'Esperey au général commandant la VIe armée, 25 juin 1917.

100. Cité par D. Rolland, *op. cit.*, p. 225.

101. *Id.*, p. 151, qui relève le blâme adressé aux généraux De Roig et Lebrun pour n'avoir pas émis d'«ordre formel» à la 5e DI.

102. SHD 16N1521, rapport du contrôleur général des services de police judiciaire, 7 juillet 1917.

103. SHD 6N146, CP, 30 juin 1917.

104. JM Baron, déposition du capitaine Delpech, 3 juin 1917.

105. SHD 19N672, rapport du général Mordrelle commandant la 71e DI, 10 juin 1917, qui mentionne le rôle du caporal Teyssedre.

106. SHD 19N672, rapport du général Henrys commandant le 17e CA, 14 juin 1917.

107. L. Smith, *op. cit.*, p. 201-203 ; A. Bach, art. cit., p. 206.

108. D. Rolland, *op. cit.*, p. 147.

109. R. Martin du Gard, *op. cit.*, p. 806.

110. D. Rolland, *op. cit.*, p. 243.

111. SHD 1Kt39, Carnet de route Piebourg, vol. 2, p. 108-109.

112. SHD 16N1393, CP, 298e RI, 30 juin 1917.

113. SHD 16N1521, CP, 77e RI, 5 juin 1917.

114. M. Le Poitevin, cité par D. Rolland, *op. cit.*, p. 137.

115. SHD 16N1521, rapport du chef d'escadron Ribois commandant provisoirement le 28e RA, 3 juin 1917.

116. JM Roux, PVI Moreau, 10 juillet 1917.

117. Cf. Julien Mary, «Ordonner ou persuader? Les ambiguïtés du discours militaire français à la veille de la Première Guerre mondiale», in A. Loez et N. Mariot, *Obéir... op. cit.*, p. 17-31.

118. Dr Chagnaud, *op. cit.*, p. 27.

119. SHD 16N1418, CP, 20e BCP, 3 juin 1917.

120. JM Lassablière, déposition du capitaine Bourgeois, 7 juin 1917.

121. SHD 19N305, déposition du colonel Boucher du 129e RI, 3 juin 1917.

122. Ces pratiques sont notées par L. Smith qui évoque une «divide and conquer policy» dans le cadre de la 5e DI : *op. cit.*, p. 185.

123. SHD 6N146, télégramme du général commandant en chef, 8 juin 1917. Le général Nayral de Bourgon écrit de même qu'il faut séparer «des quelques meneurs la masse amorphe des indécis» (*op. cit.*, p. 83).

124. JM Lamarque, déposition du lieutenant-colonel Sallé commandant le 85e RI, 9 juillet 1917.

125. *Id.*, déposition de l'aumônier militaire Pirot, 85e RI, 30 juin 1917.

126. *Id.*, PVI Bontemps, 29 juin 1917.

127. JM Oxoby, déposition du sous-lieutenant Fatoux, 17 juin 1917.

128. SHD 16N1521, rapport du capitaine Jean commandant la 9e compagnie du 109e RI, 2 juin 1917.

129. JM Roux, déposition du maréchal des logis Guillaume, 4 juillet 1917.

130. *Id.*, PVI Prud'homme, 6 juillet 1917.

131. *Id.*, PVI Vurpillot, 4 juillet 1917.

132. *Id.*, PVI Hautot, 9 juillet 1917.

133. JM Barbier, rapport du capitaine Donnarieux et PVI, 12 juin et 3 juillet 1917.

134. Cf. G. Noiriel (dir.), *L'identification. Genèse d'un travail d'État*, Paris, Belin, 2007.

135. JM Lamarque, PVI Rouard, 29 juin 1917.

136. JM Chevalier, rapport d'instruction du 6 septembre 1917.

137. E. Morin, *op. cit.*, p. 156.

138. Entre espoirs de généralisation et difficultés de mobilisation, les mutins éprouvent dans l'action même les paradoxes de la protestation collective et des «passagers clandestins» formalisés par la science politique (voir la présentation synthétique par E. Neveu, *op. cit.*, p. 43-48).

139. SHD 16N1399, CP, 74e RI, 12 juin 1917.

140. SHD 16N1393, CP, 129e RI, 5 juin 1917. Cf. également SHD 16N1393, CP, 298e RI, 30 juin 1917: «Si dans tous les régiments français on fait comme nous ou ferons comme nous je te l'assure que nous aurions la fin d'ici peu.»

141. JM Baron, déposition du capitaine Richard commandant la 31e Cie, 3 juin 1917.

142. JM Gérard, notes d'audience, déposition Saux, 21 juin 1917.

143. SHD 16N1393, CP, 129e RI, 3 juin 1917.

144. JM Ribauté, déposition du sous-lieutenant Rousseau, 23 mai 1917.

145. JM Bibard, déposition du maréchal des logis Gauthier, 10 juin 1917.

146. JM Bourret, notes d'audience, déposition du capitaine Graudy, 26 juin 1917.

147. Voir les travaux en cours d'A. Lafon sur la camaraderie: «La photographie privée de la Grande Guerre: perspectives de recherches autour de la camaraderie», *Matériaux pour l'histoire de notre temps*, no 91, juil.-sept. 2008, p. 42-50.

148. JM Chauveau, déposition Chaudesolles, 18 juin 1917.

149. *Id.*, confrontation de Chauveau avec Freydier, 18 juin 1917.

150. JM Oxoby, complément d'enquête, 12 juin 1917.

151. M. Perrot, *Les ouvriers… op. cit.*, t. 2, p. 505 et 515 *sq*.

152. Ces aspects sont encore trop peu étudiés. Cf. R. Cazals et A. Loez, *op. cit.*, p. 226-227.

153. JM Bibard, déposition Labrue, 10 juin 1917.

154. JM Guidez, déposition Belloncle, 3 juillet 1917. Nous soulignons.

155. *Id.*

156. *Id.*, confrontation Freydier-Chauveau, 18 juin 1917.

157. JM Jolivet, rapport du lieutenant Viel, s.d. (7 juin 1917).

158. SHD 16N1418, CP, 62e BCP, 14 juin 1917

159. JM Cordonnier, notes d'audience, déposition Fortier, 7 juin 1917.

160. Cité par D. Rolland, *op. cit.*, p. 299.

161. SHD 16N1399, CP, lettre envoyée du 75e RI au 300e RI, 14 juin 1917.

162. SHD 16N1393, CP, 298e RI, 2 juillet 1917.

163. P. Mencier, *op. cit.*, p. 180.

164. SHD 16N1393, CP, 129e RI, 5 juin 1917.

165. SHD 16N1393, CP, 129e RI, 5 juin 1917. Faire « sauter » les numéros signifie se débarrasser des insignes qui indiquent sur l'uniforme le régiment auquel on appartient.

166. JM Guidez, rapport du sous-lieutenant Du Moutier, 1er juillet 1917.

167. J. Varenne, *op. cit.*, p. 149-150.

168. SHD 16N298, CP, 128e RI, 30 mai 1917.

169. SHD 16N1418, CP, 274e RI, 15 juin 1917.

170. JM Chauveau, déposition Gouilloux, 13 juin 1917.

171. Cité par D. Rolland, *op. cit.*, p. 136.

172. *Id.*, p. 137.

173. JM Pradeloux, documents manuscrits.

174. SHD 16N1521, rapport des Inspecteurs Sabaterie et Brossier, 4 juin 1917.

175. JM Kuhn, déposition Pellas, 14 mai 1917.

176. JM Lefèvre, déposition Lefèvre, 6 juin 1917.

177. SHD 16N298, historique journalier des faits d'indiscipline, 63e RI, 14 juin 1917.

178. SHD 16N1399, CP, 36e RI, 5 juin 1917. Nous soulignons.

179. Cité par D. Rolland, *op. cit.*, p. 205.

180. Louis Aragon, « La guerre et ce qui s'en suivit », *Le roman inachevé*, Paris, Gallimard, 1967.

181. SHD 16N1393, CP, 129e RI, 5 juin 1917.

182. Jean Hugo, *Le regard de la mémoire*, Arles, Actes Sud, 1994, p. 76.

183. JM Gérard, notes d'audience, déposition du chef de bataillon de Massignac, 9 juin 1917.

184. SHD 16N1418, CP, 294e RI, 12 juin 1917.

185. SHD 16N1393, CP, 298e RI, 30 juin 1917.

186. P. Schoentjes, art. cit., p. 414.

187. Cité par D. Rolland, *op. cit.*, p. 244.

188. Voir P. Olivera, «Le mutin derrière le fusillé...», art. cit., et N. Offenstadt, *Les fusillés... op. cit.*

189. Voir les débats du colloque de novembre 2007, en ligne : <http://www.crid1418.org/espace_scientifique/colloque07/audio.html>.

190. G. Pedroncini, *op. cit.*, p. 312.

191. L. Smith, «The Disciplinary Dilemma of French Military Justice, September 1914-April 1917 : The Case of the 5e Division d'Infanterie», *The Journal of Military History*, vol. 55, no 1, janv. 1991, p. 47-68.

192. Cf. D. Rolland, *op. cit.*, p. 87-91.

193. *Id.*, p. 382.

194. Gén. Nayral de Bourgon, *op. cit.*, p. 89.

195. SHD 16N1418, CP, 106e BCP, 25 juin 1917. Sur les fusillés «pour l'exemple», voir N. Offenstadt, *Les fusillés... op. cit.*, et A. Bach, *op. cit.*

196. J. J. Weber, *op. cit.*, p. 174-175.

197. AFGG, V, 1, 2, annexe 419, le général commandant le GAN au général en chef, 4 juin 1917.

198. SHD 6N146, lettre au ministre de la Guerre, 30 mai 1917

199. A. Bach, art. cit., p. 207.

200. SHD 6N146, ordre no 721 du général en chef, 1er juin 1917.

201. SHD 16N298, télégramme au ministre de la Guerre, 7 juin 1917.

202. A. Bach, art. cit., p. 207 ; D. Rolland, *op. cit.*, p. 381.

203. P. Painlevé, *op. cit.*, p. 145. Cf. A.-L. Anizan, thèse citée, p. 432 *sq.*

204. *Id.*, p. 144.

205. SHD 6N146, note sur la discipline , 18 juin 1917.

206. P. Painlevé, *op. cit.*, p. 146.

207. Cf. *supra*, chap. 5. On peut citer ici, par exemple, le fait que Viviani plaide auprès de Poincaré la cause de l'instituteur et mutin du 128ᵉ RI Paul Breton (R. Poincaré, *op. cit.*, p. 157).

208. R. Poincaré, *op. cit.*, p. 155, 157 et 172.

209. A. Bach, art. cit., p. 207.

210. G. Pedroncini, *op. cit.*, p. 212

211. Par exemple, dans un courrier contrôlé au 274ᵉ RI : « Des caporaux ont été envoyés je ne sais où. On parle que le 36ᵉ et le 129ᵉ sont entre les mains des Anglais pour ces faits » (SHD 16N1418, CP, 274ᵉ RI, 5 juin 1917).

212. Cité par D. Rolland, *op. cit.*, p. 256, qui donne de nombreux autres exemples.

213. SHD 16N1418, CP, 77ᵉ DI, 27 juin 1917.

214. On manque d'une analyse rigoureuse de ces Comités secrets, l'ouvrage de Henri Castex, *L'affaire du Chemin des Dames, Les comités secrets*, Paris, Roblot, 1977, ne remplissant guère ce rôle.

215. Contrairement aux vues de G. Pedroncini évoquant une justice « digne », « nuancée » et « contrôlée (*op. cit.*, p. 238).

216. JM Touillaud, déposition de ce dernier le 4 juin 1917 : « Le Lieutenant Chagnon qui se trouvait près de moi au moment où je rédigeais cette note m'a dit : "Ce n'est pas ça, il faut en faire un autre !" [...] Ensuite, j'ai écrit ce billet qui est au dossier, je l'ai fait à contre-cœur car ce n'est pas ce que je puis affirmer. »

217. JM Meyer, déposition Brousseau, 25 juin 1917 : « Cette déclaration m'a été présentée toute prête, je n'ai fait que la signer sans même avoir pu la lire. »

218. Cf D. Rolland, *op. cit*, p. 213 et 226, et J. Jolinon, art. cit., p. 89.

219. *Op. cit.*, p. 177.

220. H. Mallez, *Souvenirs d'un fantassin de la Grande Guerre*, Cambrai, Mallez, 1972, p. 133. De même pour l'étudiant Joseph du Fontenioux, *op. cit.*, p. 663.

221. H. Mallez, *op. cit.*, p. 134.

222. Cf. les explications du juge J. J. Weber, *op. cit.*, p. 170-171.

223. Voir les tableaux p. 17 de l'annexe en ligne.

224. L. Smith, «The disciplinary dilemma…», art. cit.; A. Bach, *op. cit.*, p. 420.

225. J. du Fontenioux, *op. cit.*, p. 672.

226. H. Désagneaux, *op. cit.*, p. 129.

227. SHD 18N37, le général commandant le GAN au général commandant en chef, 10 juin 1917.

228. Note nº 9464 du général en chef, le 10 juin 1917, rappelée dans la Note sur la discipline du 18 juin 1917, SHD 6N146.

229. AFGG, V, 1 2, annexe 474, le général en chef aux généraux commandant les GA et armées, 10 juin 1917.

230. D. Rolland, *op. cit.*, p. 391, et p. 128, note 99.

231. SHD 19N672, ordre du général commandant la 8e DI, 12 juin 1917.

232. SHD 16N1399, CP, 297e RI, 16 juin 1917.

233. Cité par D. Rolland, *op. cit.*, p. 99.

234. L. Nicoud, *op. cit.*, p. 490.

235. SHD 18N37, confirmation du télégramme du 8 juin 1917, nº 7548, 13 juin 1917.

236. SHD 18N37, télégramme de l'EM de Vic-sur-Aisne à l'EM de Noyon, 11 juin 1917. Cf. D. Rolland, *op. cit.*, p. 391.

237. SHD 18N37, le commandant en chef au général commandant le GAN, 13 juin 1917.

238. C'est l'explication que donne P. Painlevé à ces rumeurs: *op. cit.*, p. 140 *sq.*; voir également A. Bach, art. cit., p. 208.

239. Voir Philippe Vigier *et al.*, *Répression et prison politiques en France et en Europe au xixe siècle*, Paris, Créaphis, 1990.

240. SHD 18N37, le général Maistre commandant la VIe armée au général commandant le GAN, 27 juin 1917.

241. A. Bach, art. cit., p. 206.

242. Parmi les courriers ouverts, une lettre au député Pugliesi-Conti (SHD 19N305, s.d. [juin 1917]), une lettre au député Brizon (SHD 16N1551, 17 juillet 1917).

243. J. Du Fontenioux, *op. cit.*, p. 668. Cf. aussi D. Rolland, *op. cit.*, p. 210.

244. SHD 1Kt39, Carnet de route Piebourg, vol. 2, p. 110.

245. SHD 6N146, instruction 1080 du général en chef, 2 juin 1917, reprise dans la Note du 18 juin 1917.

246. E. Cronier, thèse citée, p. 116, qui note que sur ce point Pétain ne fait pas preuve d'une particulière vertu, se contentant d'appliquer la législation.

247. E. Cronier, art. cit., et thèse citée, p. 145.

248. *Id.*, p. 145, et AFGG, V, 1, 2, annexe 416, le général en chef au ministre de la Guerre, 4 juin 1917.

249. SHD 1Kt86, Fonds Legentil, p. 21.

250. M. Digo, *op. cit.*, p. 175.

251. J. Hugo, *op. cit.*, p. 77.

252. Cité par D. Rolland, *op. cit.*, p. 149.

253. SHD 16N1393, CP, 129e RI, 5 juin 1917.

254. SHD 16N1393, CP, 129e RI, 5 juin 1917.

255. SHD 18N37, le général Franchet d'Esperey au général commandant la 62e DI 3 juin 1917.

256. J. J. Weber, *op. cit.*, p. 170.

257. Cité par D. Rolland, *op. cit.*, p. 158.

258. H. Vaubourg, *O Crux ave. Morituri te salutant*, Val d'Ajol, Vaubourg, 1930, p. 166.

259. A. Bach, art. cit., p. 211.

260. J.-L. Beaufils, *op. cit.*, p. 239.

261. E. Répessé, *op. cit.*, p. 649-651.

262. Cité par D. Rolland, *op. cit.*, p. 193, qui a établi la falsification du document.

263. SHD 6N146, sujets des causeries que les officiers doivent faire aux soldats, 5 juin 1917

264. Bulletin des armées de la République, 27 juin 1917, cité par A. Bach, art. cit., p. 211.

265. SHD 19N652, compte rendu anonyme, 164e RI, 1er juillet 1917.

266. SHD 18N672, rapport du général Baratier commandant la 134e DI, 14 juin 1917.

267. Dr Chagnaud, *op. cit.*, p. 27.

268. Gén. Dufieux, art. cit., p. 43.

269. J. Hugo, *op. cit.*, p. 79.

270. JM Tabard, jugement du 2 juillet 1917.

271. Cité par D. Rolland, *op. cit.*, p. 181.

272. *Les fusillés... op. cit.*, p. 49-55.

273. Gén. Nayral de Bourgon, *op. cit.*, p. 95.

274. D. Rolland, *op. cit.*, p. 402.

275. SHD 19N305, ordre général n° 794 du général Guillaumat, 29 juin 1917.

276. Cité par D. Rolland, *op. cit.*, p. 159.

277. SHD 16N1399, CP, 74ᵉ RI, 12 juin 1917.

CONCLUSION

1. J. Horne, A. Kramer, *op. cit.*

2. N. Offenstadt et P. Olivera, art. cit. ; il manque encore une véritable étude de la place des mutineries dans la mémoire de la gauche et de l'extrême gauche.

3. H. Neveux, *op. cit.*, p. 240.

4. AFGG, V, 1, 2, annexe 235, directive n° 1 du général en chef, 19 mai 1917.

5. G. Pedroncini, *op. cit.*, p. 312.

6. L. Smith, « Refus, mutineries et répressions », art. cit., p. 402.

7. D. Rolland, *op. cit.*, p. 111.

8. Cf. *supra*, introduction, et chap. 1, note 220.

9. Cf A. Watson, *op. cit.*, chap. 6.

10. D. Rolland, *op. cit.*, p. 359, et L. Smith, « Refus, mutineries et répressions », art. cit., p. 401.

11. L. Smith, *op. cit.*, p. 176.

12. P. Bourdieu, *Méditations... op. cit.*, p. 246 et 248.

13. Cf. Dominique Dammame, Boris Gobille, Frédérique Matonti et Bernard Pudal (dir.), *Mai-juin 68*, Paris, éd. de l'Atelier, 2008.

14. Pour l'Allemagne, cf. A. Watson, *op. cit.*, pour une lecture renouvelée de la désobéissance, et P. Jardin, *op. cit.*, pour les dynamiques politiques ; pour la Russie, A. Wildman, *op. cit.*, et Orlando Figes, *La révolution russe*, Paris, Gallimard, coll. « Folio histoire », 2009 [1998], 2 vol.

15. A. Bach, art. cit., p. 208 ; et B. Gobille, *Mai 68*, Paris, La Découverte, coll. «Repères», 2008, p. 95 *sq*.

16. Georges-Henri Soutou, «Paul Painlevé et la possibilité d'une paix négociée en 1917», in C. Fontanon et R. Frank, *Paul Painlevé... op. cit.*, p. 71-82, cit. p. 81-82.

17. J.-Y. Le Naour, *L'affaire Malvy. Le Dreyfus de la Grande Guerre*, Paris, Hachette, 2007.

18. Cf. *supra*, chap. 4, note 75.

19. Cf. A. Wildman, *op. cit.*, p. 63 *sq*, et chap. VII.

20. Cf. «La guerre des mots. 14-18 dans les Parlements européens», *Parlement(s)*, *Revue d'histoire politique*, n° 10, 2008.

21. Cf. A. Dewerpe et F. Bouloc, *op. cit.*, conclusion.

22. Cf. B. Cabanes, C. Charle et F. Bouloc, *op. cit.*, et A. Prost, *Les Anciens Combattants et la société française*, Paris, Presses de la FNSP, 1977, 3 vol.

23. W. Benjamin, cité par Carlo Ginzburg, *Il formaggio e i vermi. Il cosmo di un mugnaio del '500*, Turin, Einaudi, 1976, p. xxv, et, pour une mise en contexte, C. Ginzburg, «L'historien et l'avocat du diable», entretien avec Charles Illouz et Laurent Vidal, *Genèses*, 2004/1, n° 54, p. 112-129.

TABLE DES FIGURES

INDEX DES NOMS*

N. B. Les acteurs des mutineries de 1917 cités dans l'ouvrage (mutins, gradés, sous-officiers, officiers et témoins directs), sont mentionnés ici avec l'indication de leur unité et, pour les supérieurs, leur grade au moment des faits. Certains prénoms ne sont pas connus.

* Établi par l'auteur.

468, 476-477, 595 n. 239, 624 n. 192, n. 200, 631 n. 85, 653 n. 55, 654 n. 81, n. 85, 656 n. 137.
MOUETTE, Auguste (7ᵉ DI) : 203.
MOULIA, Vincent (18ᵉ RI) : 226, 241, 260, 513.
MOUNIER, Jean-Baptiste (70ᵉ RI) : 215, 615 n. 68.
MOUREY (102ᵉ RI) : 203.
MURACCIOLE, Jean-François : 579 n. 22.

NAYRAL DE BOURGON, Pierre-Émile (général, 3ᵉ DI) : 142, 513, 536, 604 n. 116, 642 n. 65, 656 n. 123, 659 n. 194, 663 n. 273.
NEVEUX, Hugues : 540, 575 n. 3, 597 n. 3, 600 n. 44, 646 n. 127, 663 n. 3.
NEVEU, Érik : 613 n. 33, 615 n. 64, 640 n. 241, 653 n. 61, 657 n. 138.
NICOLAS II ROMANOV : 113-114.
NICOT, Jean : 576 n. 49, 597 n. 5.
NICOUD, Louis (60ᵉ BCP) : 475, 523, 571 n. 3, 626 n. 6, 624 n. 75, 661 n. 234.
NIESSEL, Henri (général, 9ᵉ CA) : 192.
NIVELLE, Robert : 114-115, 117-119, 122, 124, 136-147, 180, 255, 349, 547, 573 n. 17, 599 n. 28, 599 n. 42, 603 n. 97, n. 100, 605 n. 126,
NOBÉCOURT, René-Gustave : 572 n. 10, 600 n. 45.
NOIRIEL, Gérard : 576 n. 44 et 45, 581 n. 40, n. 42, 643 n. 91, 656 n. 134.
NYE, Robert A. : 589 n. 154, 627 n. 29, 650 n. 16.

OBERSCHALL, Anthony : 640 n. 241
OEGEMA, Dirk : 613 n. 33.
OFFENSTADT, Nicolas : 536, 571 n. 4, 572 n. 5, n. 8, 573 n. 20, 578 n. 8, 583 n. 63, 585 n. 86, 586 n. 101, n. 104, 596 n. 261, n. 264, n. 269, 597 n. 2, 598 n. 16, n. 21, 599 n. 42, 600 n. 47, 601 n. 59, 603 n. 96, 609 n. 219, 616 n. 72, 622 n. 157, 628 n. 45, n. 48, 633 n. 110, 648 n. 170, 659 n. 188, n. 195, 663 n. 2.
OFFERLÉ, Michel : 630 n. 79, 631 n. 93, 632 n. 102, 636 n. 162, 637 n. 204, 639 n. 231.
OLIVER, Pamela : 639 n. 237.

Table 689

DU MÊME AUTEUR

DANS LES TRANCHÉES DE 1914-18 (en collaboration avec Rémy Cazals). Pau, Cairn, coll. «La vie au quotidien», 2008.

OBÉIR/DÉSOBÉIR. LES MUTINERIES DE 1917 EN PERSPECTIVE (ouvrage collectif dirigé en collaboration avec Nicolas Mariot). Paris, La Découverte, 2008.

CARNETS SECRETS 1914-1918 d'Abel Ferry (nouvelle édition en collaboration avec Nicolas Offenstadt). Paris, Grasset, 2005.

DANS LA COLLECTION FOLIO / HISTOIRE

HISTOIRE DE FRANCE

Jacques Godechot : *La prise de la Bastille. 14 juillet 1789*, n° 24.

Pierre Goubert, Michel Denis : *1789 Les Français ont la parole. Cahiers de doléances des États généraux*, n° 210.

Grégoire de Tours : *L'Histoire des rois francs*, n° 187.

Jean-Pierre Hirsh : *La Nuit du 4 août*, n° 223.

Philippe Joutard : *Les Camisards*, n° 60.

Jacques Le Goff : *Saint Louis*, n° 205.

Emmanuel Le Roy Ladurie : *Le Carnaval de Romans. De la Chandeleur au mercredi des Cendres (1579-1580)*, n° 10.

Emmanuel Le Roy Ladurie : *Montaillou, village occitan de 1294 à 1324*, n° 9.

André Loez : *14-18. Les refus de la guerre. Une histoire des mutins*, n° 174.

Jean Maitron : *Ravachol et les anarchistes*, n° 41.

Manufacture Française des Pneumatiques Michelin : *Les lieux de l'histoire de France. De la Préhistoire à 1945*, n° 189.

Karl Marx : *Les Luttes de classes en France*, suivi de *La Constitution de la République française adoptée le 4 novembre 1848* et de *Le 18 Brumaire de Louis Bonaparte*, n° 108.

Jules Michelet : *Histoire de la Révolution française I, vol. 1*, n° 151.

Jules Michelet : *Histoire de la Révolution française I, vol. 2*, n° 152.

Jules Michelet : *Histoire de la Révolution française II, vol. 1*, n° 153.

Jules Michelet : *Histoire de la Révolution française II, vol. 2*, n° 154.

Gérard Monnier : *L'art et ses institutions en France. De la Révolution à nos jours*, n° 66.

Paul Morand : *Fouquet ou le Soleil offusqué*, n° 7.

Roland Mousnier : *L'assassinat d'Henri IV. 14 mai 1610*, n° 45.

Robert Muchembled : *La sorcière au village. XVᵉ-XVIIIᵉ siècle*, n° 36.

Jean Nicolas : *La rébellion française. Mouvements populaires et conscience sociale (1661-1789)*, n° 165.

Gérard Noiriel : *État, nation et immigration. Vers une histoire du pouvoir*, n° 137.

David O'Connell : *Les propos de Saint Louis*, n° 212.

Zoé Oldenbourg : *Le bûcher de Montségur. 16 mars 1244*, n° 23.

Pascal Ory : *La France allemande. 1933-1945*, n° 67.

Jacques Ozouf : *Nous les maîtres d'école. Autobiographies d'instituteurs de la Belle Époque*, n° 50.

Mona Ozouf : *La Fête révolutionnaire. 1789-1799*, n° 22.

Mona Ozouf : *Varennes. La mort de la royauté (21 juin 1791)*, n° 193.

Martine Poulain : *Livres pillés, lectures surveillées. Les bibliothèques françaises sous l'Occupation*, n° 224.

Miguel Rodriguez : *Le 1er Mai*, n° 213.

Pierre Rosanvallon : *La démocratie inachevée. Histoire de la souveraineté du peuple en France*, n° 126.

Pierre Rosanvallon : *Le peuple introuvable. Histoire de la représentation démocratique en France*, n° 118.

Pierre Rosanvallon : *Le sacre du citoyen. Histoire du suffrage universel en France*, n° 100.

Henry Rousso : *Vichy. L'événement, la mémoire, l'histoire*, n° 102.

Antoine-Louis de Saint-Just : *Œuvres complètes*, n° 131.

Jean-François Sirinelli (dir.) : *Les droites françaises. De la Révolution à nos jours*, n° 63.

Jean-François Sirinelli : *Intellectuels et passions françaises. Manifestes et pétitions au xxᵉ siècle*, n° 72.

Zeev Sternhell : *La droite révolutionnaire (1885-1914). Les origines françaises du fascisme*, n° 85.

Zeev Sternhell : *Ni droite ni gauche. L'idéologie fasciste en France*, n° 203.

Alexis de Tocqueville : *L'Ancien Régime et la Révolution*, n° 5.

Alexis de Tocqueville : *Souvenirs*, n° 94.

Jean Tulard : *L'anti-Napoléon. La légende noire de l'Empereur*, n° 214.

Michel Vovelle : *Mourir autrefois. Attitudes collectives devant la mort aux xviiᵉ et xviiiᵉ siècles*, n° 28.

Patrick Weil : *La France et ses étrangers. L'aventure d'une politique de l'immigration de 1938 à nos jours*, n° 135.

Patrick Weil : *Liberté, égalité, discriminations. L'« identité nationale » au regard de l'histoire*, n° 168.

Patrick Weil : *Qu'est-ce qu'un Français ? Histoire de la nationalité française depuis la Révolution*, n° 134.

Michel Winock : *L'agonie de la IVᵉ République. 13 mai 1958*, n° 206.

Michel Winock : *La République se meurt. 1956-1958*, n° 4.

ANTIQUITÉ ET MOYEN ÂGE

Jérôme Baschet : *L'iconographie médiévale*, n° 161.

Marie-Françoise Baslez : *Bible et Histoire. Judaïsme, hellénisme, christianisme*, n° 121.

Pierre Bordreuil, Françoise Briquel-Chatonnet : *Le temps de la Bible*, n° 122.

Jean Bottéro : *Mésopotamie. L'écriture, la raison et les dieux*, n° 81.

Jean Bottéro : *Naissance de Dieu. La Bible et l'historien*, n° 49.

Jean Bottéro : *La plus vieille religion. En Mésopotamie*, n° 82.

Collectif : *Aux origines du christianisme*, n° 98.

Collectif : *Le monde de la Bible*, n° 88.

Collectif : *Les premiers temps de l'Église. De saint Paul à saint Augustin*, n° 124.

Olivier Delorme : *La Grèce et les Balkans I. Du ve siècle à nos jours*, n° 220.

Marcel Detienne : *Les dieux d'Orphée*, n° 150.

Marcel Detienne : *Les jardins d'Adonis. La mythologie des parfums et des aromates en Grèce*, n° 149.

Hichem Djaït : *La Grande Discorde. Religion et politique dans l'Islam des origines*, n° 164.

Israel Finkelstein, Neil Asher Silberman : *La Bible dévoilée. Les nouvelles révélations de l'archéologie*, n° 127.

Israel Finkelstein, Neil Asher Silberman : *Les rois sacrés de la Bible. À la recherche de David et Salomon*, n° 159.

Véronique Grandpierre : *Histoire de la Mésopotamie*, n° 175.

Véronique Grandpierre : *Sexe et amour de Sumer à Babylone*, n° 195.

Élisabeth Laffont : *Les livres de sagesses des pharaons*, n° 87.

Jacques Le Goff : *La naissance du Purgatoire*, n° 31.

Mario Liverani : *La Bible et l'invention de l'histoire. Histoire ancienne d'Israël*, n° 178.

Arnaldo Momigliano : *Sagesses barbares. Les limites de l'hellénisation*, n° 35.

Zoé Oldenbourg : *Les croisades*, n° 172.

Javier Teixidor : *Le judéo-christianisme*, n° 146.

Jean-Pierre Vernant : *L'individu, la mort, l'amour. Soi-même et l'autre en Grèce antique*, n° 73.

Jean-Pierre Vernant, Charles Malamoud (dir.) : *Corps des dieux*, n° 120.

MONDE MODERNE ET CONTEMPORAIN

Taner Akçam : *Un acte honteux. Le génocide arménien et la question de la responsabilité de la Turquie*, n° 201.

Anne Applebaum : *Goulag. Une histoire*, n° 160.

Hannah Arendt : *Eichmann à Jérusalem. Rapport sur la banalité du mal*, n° 32.

Stéphane Audoin-Rouzeau, Annette Becker : *14-18, retrouver la Guerre*, n° 125.

Jean Baechler : *Le capitalisme I. Les origines*, n° 64.

L'HISTOIRE ET SES MÉTHODES

Composition Interligne.
Impression CPI Bussière
à Saint-Amand (Cher), le 31 juillet 2014.
Dépôt légal : août 2014 .
1ᵉʳ dépôt légal dans la collection : janvier 2010.
Numéro d'imprimeur : 2011284.
ISBN 978-2-07-035523-5./Imprimé en France.